jetzt lerne ich Visual Basic 2008

jetzt lerne ich

Visual Basic 2008

Der einfache Einstieg in die Programmierung für Windows XP und Windows Vista

PETER MONADJEMI

Markt+Technik

Bibliografische Information Der Deutschen Nationalbibliothek
Die Deutsche Nationalbibliothek verzeichnet diese Publikation in der Deutschen Nationalbibliografie; detaillierte bibliografische Daten sind im Internet über http://dnb.d-nb.de abrufbar.

10 9 8 7 6 5 4 3 2 1

11 10 09

ISBN 978-3-8272-4366-9

Lektorat: Sylvia Hasselbach, shasselbach@pearson.de
Herstellung: Martha Kürzl-Harrison, mkuerzl@pearson.de
Korrektorat: Sandra Gottmann, sandra.gottman@t-online.de
Coverkonzeption: independent Medien-Design, Widenmayerstraße 16, 80538 München
Covergestaltung: Thomas Arlt, tarlt@adesso21.net
Satz: text&form GbR, Fürstenfeldbruck
Druck und Verarbeitung: Bercker, Kevelaer
Printed in Germany

Übersicht

jetzt lerne ich

Inhaltsverzeichnis

Vorwort und Einleitung

In diesem Buch geht es um eine solide Einführung in die moderne Programmierung mit Visual Basic 2008. Sie lernen, wie Sie kleinere Programme für Windows XP, Windows Vista und kommende Windows-Versionen umsetzen, die alles das enthalten, was ein Anwender heutzutage von einer modernen Windows-Anwendung erwarten kann. In insgesamt 14 Kapiteln werden alle wichtigen Themen von den ersten Schritten mit Befehlen, Windows-Formularen und Steuerelementen über die objektorientierte Programmierung bis hin zu »Profi-Themen« wie Datenbankzugriff, Multithreading, die moderne *Windows Presentation Foundation* und die »Auslieferung« einer Windows-Anwendung behandelt. Am Ende programmieren Sie eine nette, kleine und überaus nützliche Windows-Anwendung mit Visual Basic 2008, die Sie z.B. auf Ihrer Homepage zum Download anbieten könnten.

Für das Ausprobieren der Beispiele und das Umsetzen der Übungen benötigen Sie Visual Basic 2008 Express, das von Microsoft kostenlos zur Verfügung gestellt wird und das Sie entweder auf der Buch-DVD finden oder von der Microsoft-Webseite herunterladen können (mehr dazu in Kapitel 1).

Wie sieht es mit Vorkenntnissen aus? Gemäß dem Motto der »Jetzt lerne ich«-Serie sind zwar keine Vorkenntnisse erforderlich, Ihre Erfolgserlebnisse hängen aber sehr stark davon ab, ob Sie zum allerersten Mal mit der Programmierung konfrontiert werden oder ob Sie bereits durch Schule, Ausbildung oder Ihre berufliche Tätigkeiten ein wenig »vorbelastet« sind. Ein Programm zu erstellen erfordert auch (oder gerade) im Jahre 2009 Geduld und Ausdauer, denn Programmieren ist oft die Politik der kleinen Schritte, bei der einem nicht immer sofort ein Erfolgserlebnis vergönnt ist. Falls Sie die Welt der Programmierung gerade erst betreten, sollten Sie vor allem die Kapitel 4 und 5 gewissenhaft durcharbeiten und sich ausführlich mit den Übungsaufgaben am Ende des Kapitels beschäftigen (die Lösungen finden Sie im Anhang C). Wer bereits eine andere Programmiersprache oder gar eine ältere Version von Visual Basic kennt, wird es mit den ersten Kapiteln relativ leicht haben.

Was lesen Sie in diesem Buch?

Das Buch besteht aus insgesamt 14 Kapiteln (relativ vielen also), die Sie mit allen Themen der Visual Basic-Programmierung vertraut machen, die ein »Lernanfänger« kennen sollte bzw. muss, möchte er oder sie richtig in die Programmierung mit Visual Basic 2008 einsteigen.

Eine Warnung zum »Lerngefälle«: Gemäß dem Motto des Buches, »Keine Vorkenntnisse erforderlich«, fängt es ganz einfach an. Bereits im ersten Kapitel werden Sie Ihr erstes Visual Basic-Programm Schritt für Schritt umsetzen. Im Laufe der Kapitel steigt das Niveau jedoch ein wenig an, da sich nicht alles auf über 400 Seiten mit der gebotenen Einfachheit erklären lässt und zudem vorausgesetzt wird, dass der liebe Leser (also Sie) sich parallel zum Buch ein wenig mit Visual Basic beschäftigt und seine Kenntnisse erweitert – auch die Online-Dokumentation zu Visual Basic 2008 ist sehr ausführlich und lesenswert.

Ab Kapitel 10 beginnen die »Profi-Kapitel«. Hier geht es um Themen wie Fehlerbehandlung, Datenbankzugriffe und ein paar andere Spezialitäten, die zwar leicht verständlich serviert werden, die aber bereits gewisse Vorkenntnisse voraussetzen.

Kapitel 1: Die ersten Schritte mit Visual Basic 2008

In diesem Kapitel erhalten Sie eine erste Einweisung in die Geheimnisse der Programmierung und setzen Ihr erstes Beispielprogramm um.

Kapitel 2: Rundgang durch die Visual Basic 2008-IDE

In diesem Kapitel lernen Sie Ihre »Werkzeugbank« kennen, mit der Sie Ihre Visual Basic-Programme zusammenbauen. Die Rede ist von der Visual Basic-Entwicklungsumgebung, auch IDE genannt.

Kapitel 3: Formulare und Steuerelemente

Formulare (also Fenster) und Steuerelemente (die Bedienelemente, die auf einem Fenster angezeigt werden) sind das A und O bei der Visual Basic-Programmierung. In diesem Kapitel erhalten Sie einen ersten Überblick über die Toolbox, in der diese Steuerelemente angeboten werden.

Kapitel 4: Die Befehle von Visual Basic 2008

Programmieren bedeutet auch bei Visual Basic, die Befehle einer Programmiersprache zu benutzen. In diesem Kapitel erhalten Sie daher eine gründliche Einführung in die Programmierung mit den Befehlen, die Visual Basic als Programmiersprache bereitstellt.

Kapitel 5: Programmierung mit Objekten

In diesem Kapitel geht es um die objektorientierte Programmierung, kurz OOP, also die Programmierung mit Klassen und deren »Zutaten«, den Feldern, Eigenschaften, Methoden und Events, die sich wie ein roter Faden durch sämtliche Bereiche der Visual Basic-Programmierung zieht.

Kapitel 6: Streifzug durch die .NET-Klassenbibliothek

Zum .NET Framework und damit zu Visual Basic gehört eine riesige Sammlung von Funktionen, die alle möglichen Aufgaben erledigen und die .NET-Klassenbibliothek genannt wird. In diesem Kapitel erhalten Sie einen ersten Überblick über dieses Land der beinahe unbegrenzten Möglichkeiten. In diesem Kapitel geht es auch um das Speichern von Daten in Dateien und das Auslesen dieser Daten aus der Datei auf der Basis von Streams.

Kapitel 7: Collections und LINQ

Eine der wichtigsten mit Visual Basic 2008 und .NET 3.5 eingeführten Neuerungen ist das *Language Integrated Query Framework* (LINQ), das in diesem Kapitel im Zusammenhang mit den Collections vorgestellt wird.

Kapitel 8: Steuerelemente für etwas Fortgeschrittene

Von der Toolbox war bereits in Kapitel 4 die Rede. In diesem Kapitel lernen Sie die wichtigsten Steuerelemente, wie Label, TextBox oder ListBox, etwas ausführlicher kennen.

Kapitel 9: Benutzeroberflächen gestalten

Eine richtige Benutzeroberfläche besteht aus Menüs, Symbolleisten, Statusleisten und einigem mehr. In diesem Kapitel geht es daher um die richtige Umsetzung der Oberfläche einer typischen Windows-Anwendung.

Kapitel 10: Fehler abfangen und aufspüren

Irren ist menschlich, kaum ein Programm ist vollkommen fehlerfrei. Der Fehler und die Suche nach ihm gehören zum Alltag eines Programmierers. In diesem Kapitel lernen Sie, welche Sorte von Fehlern es gibt, wie Sie mit dem Debugger von Visual Basic Fehler aufspüren und wie Sie Fehler gar nicht erst entstehen lassen.

Ab hier beginnt der »Profi-Teil« des Buches. Für ihn werden bereits jene Grundlagen vorausgesetzt, die in den vorangegangenen Kapiteln vermittelt wurden.

Kapitel 11: Multithreading mit Visual Basic

Ein Visual Basic-Programm kann aus mehreren »Programmfäden« (Threads genannt) bestehen, die parallel ausgeführt werden, was oft zu einer Beschleunigung einzelner Vorgänge führt. Dieses Kapitel weiht Sie in das kleine Einmaleins des Multitaskings ein.

Kapitel 12: Visual Basic und die Datenbanken

In diesem Kapitel geht es um das wichtige Thema Datenbankzugriffe. Am Beispiel einer SQL Server Compact- und einer SQL Server Express-Datenbank werden die wichtigsten Datenbankzugriffstechniken vorgestellt. Außerdem lernen Sie mit dem neuen LINQ to SQL eine sehr komfortable Art und Weise kennen, SQL Server-Datenbanken anzusprechen.

Kapitel 13: Mit WPF in die Zukunft

Die Zukunft der Windows-Oberflächen ist bereits da. Sie heißt WPF (*Windows Presentation Foundation*) und wird in diesem Kapitel vorgestellt.

Kapitel 14: Von der Idee zum fertigen Programm

In diesem Kapitel wird mit einer kleinen »Eieruhr« eine komplette Windows-Anwendung vorgestellt. Mit ihrer Hilfe können Sie eine Zeit in Minuten einstellen und festlegen, was nach Ablauf der Zeitspanne passieren soll. Sie erfahren auch, wie Sie Ihre Anwendungen weitergeben und z.B. auf Ihrer Homepage zum Download anbieten können.

Anhang A: Das kleine .NET-Lexikon

Anhang B: Visual Basic 2008-Befehlsreferenz

Anhang C: Lösungen zu den Übungsaufgaben

Auf der Buch-DVD finden Sie ein Kapitel zum Thema XML als PDF-Datei:

Kapitel E1: XML als universelles Datenformat

In diesem Kapitel wird XML als universelles Datenformat vorgestellt, und Sie lernen das neue und sehr praktische LINQ to XML kennen.

Wo finden Sie die Beispielprogramme zu diesem Buch?

Die Beispielprogramme zu diesem Buch finden Sie auf der Buch-DVD im Verzeichnis *Quellen*. Sollte diese aus irgendeinem Grund abhanden gekommen sein, können Sie sich vertrauensvoll an die Webseite des Buches wenden. Die allgemeine Adresse lautet *http://www.vbkompendium.de*. Den Autor erreichen Sie per E-Mail unter *autor@vbkompendium.de*.

> Leider ist kaum etwas so vergänglich wie eine Webadresse (oder besser gesagt, wie eine Webadresse, die einen bestimmten Zweck erfüllen sollte, es dann aber nicht getan hat, weil die damit verbundene Absicht nicht umgesetzt wurde – meine Hauptwebadresse *http://www.activetraining.de* besitze ich bereits seit vielen Jahren). Sollten Sie das Buch in einigen Jahren noch einmal in die Hand nehmen und die obige Adresse (wider Erwarten) nicht mehr aktiv sein, eine einfache Suchabfrage nach dem Autor führt mit hoher Wahrscheinlichkeit zum Erfolg. Die Beispieldateien wird es mit Sicherheit unter der dann aktuellen Adresse geben.

Visual Basic und Windows Vista – leider kein Traumpaar

Sicher enthält die neueste Version von Visual Basic »jede Menge« Befehle und Komponenten, mit denen sich z.B. die Vista-Oberfläche in eine Anwendung einbauen lässt. Das ist leider nicht der Fall. Es ist sogar so, dass Visual Basic 2008 Express rein gar nichts enthält, was etwas mit Vista zu tun hat, was wiederum auch etwas damit zu tun hat, dass Vista im Vergleich zu Windows XP relativ wenige echte Neuerungen enthält. Die schicke Oberfläche von Vista basiert übrigens nicht auf der *Windows Presentation Foundation* (WPF), die in diesem Buch vorgestellt wird. Vista enthält zwar das .NET Framework in der Version 3.0 (aktuell ist die Version 3.5), doch spielt es dort für das Betriebssystem keine Rolle. Erst mit dem kommenden Windows 7 wird für Programmierer deutlich mehr geboten. Die darin enthaltenen neuen Oberflächenelemente sollen dann per .NET-Klassen und damit auch per Visual Basic ansprechbar sein.

Danksagungen

In einem relativ »kurzen« Buch (im Vergleich zu meinem Visual Basic-Kompendium mit knapp 1.100 Seiten ist dieses Buch wirklich geradezu leicht und kompakt) halte ich mich auch mit den Danksagungen ein wenig zurück, wenngleich sie mir wie immer ein echtes Bedürfnis sind. Ganz oben auf der Liste steht meine Lektorin *Sylvia Hasselbach*, die auch zu einem Zeitpunkt, als die nächste Visual Basic-Version bereits am Horizont sichtbar ist, noch an dieses Buch, wie es immer so schön heißt, geglaubt (das »Visual Basic 2010«-Buch kommt pünktlicher) und mir einen Spielraum eingeräumt hat, der das Schreiben eines Buches trotz aller Arbeit, Abenden und Wochenenden am Ende zu einem sehr schönen Erlebnis gemacht hat (anders als beim Visual Basic-Kompendium habe ich mich im Wesentlichen auf eine Aktualisierung beschränkt). Meiner Frau *Andrea* verdanke ich, dass ich das Buch überhaupt schreiben konnte (ab jetzt beginnt ein neuer Lebensabschnitt). Der letzte Dank geht an die Leser des Buches, die sich nicht nur für das zuverlässige und als Informationsträger »nachhaltige« Medium Buch, sondern auch für ein Buch entschieden haben, in dem sehr viel Know-how steckt, von dem Sie in Zukunft mit Sicherheit profitieren werden.

Peter Monadjemi, Remseck

Kapitel 1

jetzt lerne ich

Die ersten Schritte mit Visual Basic 2008

Jede Reise beginnt, so ein altes Sprichwort, mit einem ersten Schritt. Das Reiseziel ist klar umrissen: Visual Basic 2008 als Programmiersprache und Entwicklungsumgebung und das dazugehörende .NET Framework kennenzulernen und zu verstehen, um eigene Programmideen mithilfe von Visual Basic in funktionierende Windows-Programme umsetzen zu können. In diesem Kapitel beginnen Sie die Reise mit einem kleinen Programm, das gleichzeitig zum Kennenlernen der unter Umständen neuen Entwicklungsumgebung als auch für ein erstes Erfolgserlebnis dienen soll. Bevor die Reise losgeht, muss, wie bei jeder gut geplanten Reise, eine Checkliste abgehakt werden.

Sie lernen in diesem Kapitel

- wie Visual Basic installiert wird
- die Umsetzung eines Idealgewichtsrechners als Beispiel für eine einfache Windows-Anwendung, die Schritt für Schritt erweitert wird
- wie Bitmaps und Sounddateien in Ressourcen gespeichert werden
- wie Programmeinstellungen gespeichert werden
- wie sich eine einfache Sprachausgabe realisieren lässt.

Alle Übungen in diesem Buch beziehen sich auf Visual Basic 2008 Express, die kostenlose Version von Visual Basic 2008. Sollten Sie mit Visual Studio 2008 Standard, Professional oder gar Team System arbeiten (hier ist Visual Basic eine Sprache von mehreren), ergeben sich (natürlich) keine Unterschiede.

1.1 Eine Checkliste für den Start

Damit Sie das Beispielprojekt dieses Kapitels umsetzen können, muss eine Reihe von Voraussetzungen erfüllt sein. Die wichtigste ist natürlich, dass Visual Basic 2008 erfolgreich installiert wurde. Wie heutzutage bei praktisch allen Anwendungen ist die Installation unproblematisch und, insbesondere wenn es sich um die Express Edition handelt, schnell erledigt. Die folgende Liste sollten Sie daher trotzdem gewissenhaft der Reihe nach durchgehen.

- Sie benötigen Windows XP ab SP2 (Home oder Pro) oder Vista (SP1 wird empfohlen). Mit Windows Server 2003/2008 funktioniert es natürlich auch, und selbst Windows 2000 (ab SP4) sollte noch gehen (in diesem speziellen Fall sollten Sie aber die Softwarevoraussetzungen genau studieren).
- Auf der Festplatte sollten laut Installationshinweis etwa 800 MByte frei sein, wenngleich diese Zahl etwas zu hoch angesetzt scheint, da am Ende deutlich weniger installiert wird.

Die Installation von Visual Basic 2008 Express unterscheidet sich nicht von der einer typischen Anwendung. Im Zuge der Installation wird auch das .NET Framework in der Version 3.5 installiert, sodass Sie sich darum nicht mehr kümmern müssen. Es wird auch eine Reihe von .NET-Kommandozeilentools, wie z.B. *Ildasm.exe*, installiert. Allerdings nicht im ausgewählten Verzeichnis, sondern im Verzeichnis *Microsoft SDKs\Windows\v6.0A\bin*, das wiederum ein Unterverzeichnis des *Programme*-Verzeichnisses ist.

Sollten Sie aus irgendeinem Grund nicht mehr über die Buch-DVD verfügen (so etwas kann bekanntlich passieren), müssen Sie auf nichts verzichten, denn Visual Basic 2008 Express gibt es auch als Download. Die Adresse lautet:

http://www.microsoft.com/germany/express/default.aspx

Wundern Sie sich nicht, dass Sie eine sehr kleine Datei herunterladen. Dies ist nur das Installationsprogramm, der sog. »Bootstrapper«, das sich den »Rest selbstständig lädt. Sie müssen also während der Download-Phase mit dem Internet verbunden bleiben.

Achten Sie darauf, dass Sie die aktuelle Version Visual Basic 2008 Service Pack 1 (SP1) installieren. Diese Version unterscheidet sich in manchen Kleinigkeiten, wie z.B. dem Umstand, dass statt SQL Server Express 2005 bereits die aktuelle Version 2008 installiert wird, wenngleich dieser Umstand für das Buch keine direkte Rolle spielt. Aber man sollte generell stets mit der aktuellsten Version arbeiten.

Da die Installationsdateien bei der Installation über den Bootstrapper nicht dauerhaft gespeichert werden und Sie beim nächsten Mal wieder alles herunterladen müssten, gibt es eine bessere Variante. Laden Sie sich die komplette Installation als ISO-Datei herunter, die Sie anschließend auf eine CD oder DVD brennen. Die Adresse für diesen Download lautet:

http://www.microsoft.com/germany/express/download/webdownload.aspx

Sie finden die ISO-Datei in der Rubrik »Offline«. Leider bietet Microsoft nur noch das komplette Paket mit allen Express-Editionen an, sodass der Download mit knapp 800 MByte bereits sehr umfangreich ist.

Auf der Webseite finden Sie auch einen Link auf eine Beschreibung, die verrät, wie Sie die heruntergeladene ISO-Datei auf eine DVD brennen.

Falls Sie mit dem Prinzip der ISO-Dateien nicht vertraut sind: Eine ISO-Datei enthält das komplette Abbild einer CD oder DVD, also die komplette Verzeichnisstruktur mit allen Dateien. Wenn Sie die ISO-Datei auf CD/DVD brennen, wird diese Verzeichnisstruktur dort angelegt. Natürlich dürfen Sie die ISO-Datei nicht einfach auf die CD/DVD kopieren, die CD/DVD muss mit dem ISO-Image erstellt werden. Dazu sollten alle gängigen Brennprogramme in der Lage sein. Windows XP alleine kann das leider nicht, Vista dagegen schon. Ein guter Tipp ist das Brennprogramm *CD Burner Pro*, das, anders als der Name es erahnen lassen könnte, kostenlos ist. Der Download erfolgt unter *http://www.cdburnerxp.se.*

Wenn Sie Ihr Visual Basic 2008 Express registrieren, erhalten Sie von Microsoft ein paar attraktive Geschenke (als ob das Visual Basic-Paket nicht bereits Geschenk genug wäre). Unter anderem ein attraktives *Ribbon Control* der Firma *Telerik* (wenngleich nicht in der aktuellsten Version) für die Umsetzung der mit Office 2007 eingeführten Multifunktionsleisten und eine kleine Icon-Sammlung, die sich in vielen Situationen verwenden lässt.

1.1.1 Den SQL Server 2008 installieren

Den SQL Server 2008 Express, die kostenlose Variante des sehr leistungsfähigen SQL Server 2008-Datenbanksystems von Microsoft, sollten Sie bei der Installation ebenfalls auswählen, da er im Kapitel über Datenbankprogrammierung benötigt wird. Sollte die Installation aus irgendeinem Grund nicht glücken, ist das kein Problem, da er keine Voraussetzung ist. Alternativ können Sie auch eine ältere Version wie SQL Server 2005 Express oder notfalls die ebenfalls kostenlose MSDE 2000 einsetzen. Mit Visual Basic 2008 Express wird noch SQL Server 2005 Express installiert, erst das aktuelle SP1 installiert die 2008er-Version.

1.1.2 Es gibt auch eine Hilfe

Alte Visual Basic-Hasen werden sich noch daran erinnern, dass das kostenlose Ablaufmodell zu VB 6 sehr spartanisch ausgestattet war. Man konnte keine Exe-Datei erstellen, und es gab keine Hilfe. Diese Zeiten sind zum Glück vorbei. Auch für Visual Basic 2008 Express gibt es eine Hilfe, und diese ist sogar in Deutsch. Sie heißt *MSDN Express Library 2008* und wird bei der Installation automatisch mitinstalliert. Sie steht auf der Express-Webseite aber auch als separater Download von knapp 360 MByte Umfang zur Verfügung. Die Hilfe enthält alles das, was man für den Einstieg in die Visual Basic-Programmierung benötigt. Wer die komplette MSDN-Hilfe möchte, kann diese ebenfalls von der Express-Seite herunterladen. Der Umfang von knapp 2 GByte macht eindrucksvoll deutlich, dass hier einiges enthalten ist. Komplett auf eine Hilfe verzichten sollten Sie allerdings nicht, denn es gehört zum Programmieren heutzutage einfach dazu, dass man mit der F1-Taste zu jedem Befehl und jeder Framework-Funktion eine Beschreibung erhält.

1.1.3 Die Installation im Detail

Die Installation startet in der Regel automatisch. Die Abfolge ist vollkommen unkompliziert und setzt keinerlei Spezialkenntnisse voraus.

Abb. 1.1: Bei der Installation der ISO-Varianten stehen alle Express-Editionen zur Auswahl.

Nach den üblichen Formalitäten wie dem Bestätigen des Lizenzvertrages (als weitere Option kann hier eingestellt werden, ob der Empfang von RSS-Feeds von der Microsoft-Webseite zugelassen werden soll oder nicht) müssen Sie bei SP1 entscheiden, ob SQL Server 2008 Express und gegebenenfalls die Silverlight-Runtime 2.0 installiert werden sollen. Da gegen beide Komponenten grundsätzlich nichts spricht, sollten Sie das entsprechende Häkchen setzen.

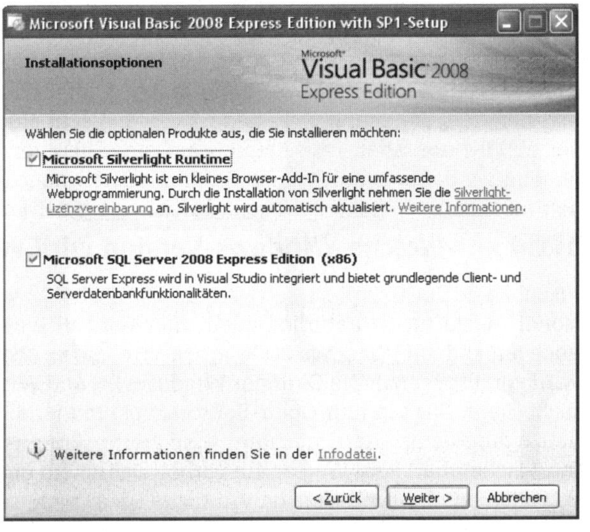

Abb. 1.2: Die Silverlight-Runtime und SQL Server 2008 Express sind bei SP1 optionale Komponenten.

Der vorgeschlagene Installationsordner kann im Allgemeinen übernommen werden. Sollte eine andere Visual Basic- oder Visual Studio-Version bereits installiert sein, kann der Ordner ohnehin nicht mehr geändert werden. Anschließend läuft die Installation durch und sollte nach ca. 30–60 Minuten beendet sein. Wird SQL Server Express 2008 mitinstalliert, ist am Ende ein Neustart erforderlich, was heutzutage ein wenig ungewöhnlich ist. Ging alles gut, steht der Eintrag *Microsoft Visual Basic 2008 Express Edition* direkt in der *Programme*-Gruppe des Startmenüs zur Verfügung (die hinter der Verknüpfung stehende Anwendung heißt naheliegenderweise *Vbexpress.exe*).

Sollten bei der Installation Fehler auftreten, werden diese angezeigt. Mit der reinen Visual Basic-Installation sollte es im Allgemeinen keine Probleme geben, ein wenig empfindlicher ist die Installation von SQL Server 2008 Express. Es wäre natürlich schön, wenn man ohne diese aufwendige Installation auskommen könnte, doch man kann bekanntlich nicht alles haben.

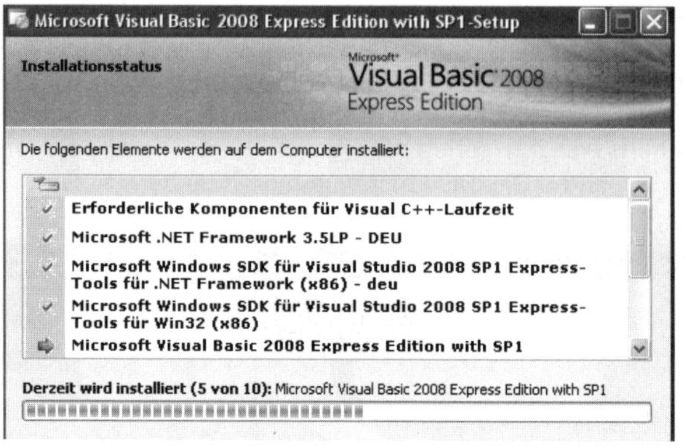

Abb. 1.3: Die Installation läuft und sollte fehlerfrei durchlaufen.

1.1.4 Welche Windows-Version wird vorausgesetzt?

Visual Basic 2008 Express setzt Windows XP ab SP2 voraus (Home oder Professional), Vista tut es natürlich auch. Hier wird SP1 empfohlen. Sollte wirklich noch jemand mit Windows 2000 arbeiten, sollte es ebenfalls funktionieren (SP4 wird vorausgesetzt). Die Oldtimer Windows 98 und Windows Me tun es definitiv nicht mehr. Das mag für Open-Source-Fans und jene, die sich gerne dem »Updatezwang« entziehen möchten, eine herbe Enttäuschung sein, doch leider führt (scheinbar) kein Weg daran vorbei. Das ist ein großer Unterschied zu VB 6, das auch auf der Uralt-Version Windows 95 ausgeführt werden konnte.

Die Beschränkung auf » neuere« Windows-Versionen (Windows XP stammt bereits aus dem Jahr 2001, das wird oft vergessen) betrifft inzwischen auch die Anwendungen, die mit Visual Basic 2008 erstellt werden. Auch hier ist XP SP2 Voraussetzung.

1.1.5 Welche Hardware wird vorausgesetzt?

Diese Frage beantwortet sich indirekt bereits aus der letzten Frage. Auf jedem System, auf dem Windows XP »vernünftig« läuft, läuft auch Visual Basic 2008 Express. Für die Installation sollte auf der Festplatte etwa 1 GByte frei sein, wenngleich diese Angabe bereits sehr großzügig bemessen ist.

1.1.6 Ein erster Probestart

Die Installation moderner Anwendungen ist heutzutage so zuverlässig, dass es extrem unwahrscheinlich wäre, wenn nach dem Klick auf den Eintrag im *Start*-Menü nichts passiert. Starten Sie Visual Basic 2008 über den Eintrag im *Programme*-Menü. Kurz danach sehen Sie die Entwicklungsumgebung in ihrer vollen Pracht, die in Kapitel 3 ausführlicher vorgestellt wird. »Vielen Dank, dass Sie Visual Basic Express verwenden«. Diese nette Servicemitteilung stammt nicht vom Autor dieses Buches, Sie finden sie vielmehr als erste Meldung der »Visual

Basic-Schlagzeilen«, die am linken unteren Rand der Startseite eingeblendet werden und die, sofern die Option nicht deaktiviert wurde, in regelmäßigen Abständen mit Neuigkeiten von der Microsoft-Webseite aktualisiert wird.

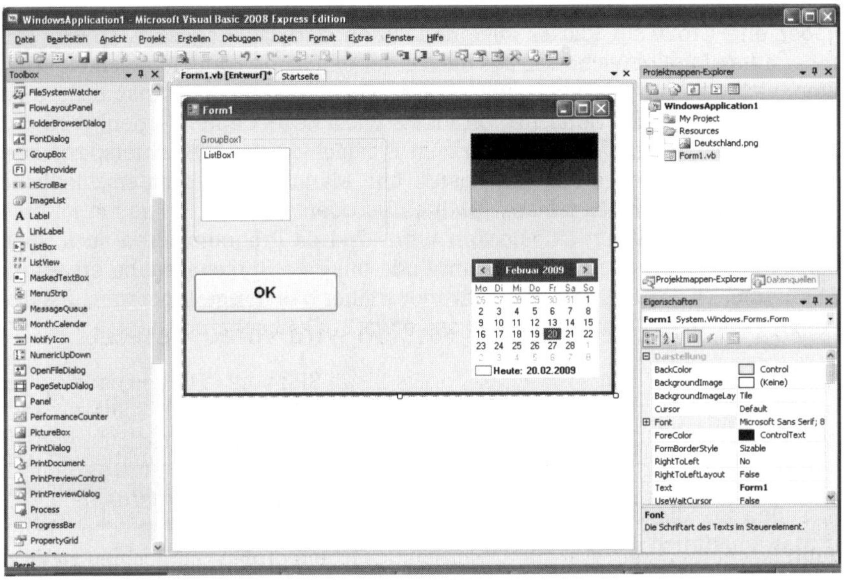

Abb. 1.4: Visual Basic 2008 Express nach dem ersten Start

TIPP

Falls bei Ihnen auf der »Homepage« innerhalb der Visual Basic-IDE englischsprachige »News« erscheinen, über *Extras|Optionen* und Auswahl von *Alle Einstellungen anzeigen* können Sie in der Kategorie *Umgebung|Start* einen anderen Nachrichtenkanal einstellen, z.B. *http://www.microsoft.com/germany/msdn/rss/tools.xml.*

Dieser Hinweis gilt nur, falls Sie mit dem »großen« Visual Studio 2008 (und nicht mit Visual Basic 2008 Express) arbeiten: Nach dem allerersten Start werden Sie hier aufgefordert, ein Tastaturbelegungsschema zu wählen (wie Sie in Kapitel 2 erfahren werden, kann jeder Menüeintrag mit einer eigenen Tastenkombination belegt werden). Für welches Schema Sie sich entscheiden, ist in erster Linie Geschmackssache. Wenn Sie bereits Visual Basic 6.0 kennen, sollten Sie das entsprechende Schema übernehmen. Ansonsten übernehmen Sie die Voreinstellung. Eine falsche Wahl gibt es nicht. Wenn Sie »Visual Basic 6.0« wählen, ist F8 z.B. die Taste für die Ausführung eines Befehls beim Debuggen, ansonsten ist es F11.

1.2 Der Idealgewichtsrechner als erstes Beispielprojekt

Das Beispielprojekt für dieses Kapitel ist ein kleiner Idealgewichtsrechner. Sie geben eine Größe ein, klicken auf einen Button, und das Programm »spuckt« das sogenannte Idealgewicht aus, das nach einer einfachen Formel berechnet wird. Eigentlich eine simple Angelegenheit. Damit es noch ein wenig anspruchsvoller wird und Sie weitere Bereiche von Visual Basic 2008 kennenlernen, wird das Programm später erweitert, indem zum Beispiel eine geschlechterspezifische Unterscheidung möglich ist (für Frauen und Männer gibt es unterschiedliche Formeln), der *Body-Mass-Index* (BMI) einbezogen und das Programm mithilfe von Bitmaps ein wenig aufgelockert wird. Und da Programmieren auch Spaß machen soll, wird das Programm am Ende um eine Sprachausgabe erweitert. Abbildung 1.5 zeigt als kleiner Motivationshelfer das fertige Programm. Bis dahin ist es noch ein weiter Weg, der aus etwa 20 Buchseiten besteht.

> HINWEIS: Sie finden den Idealgewichtsrechner in mehreren »Ausbaustufen« auf der Buch-DVD im Verzeichnis *\Beispiele\Idealgewichtsrechner*. Diese dienen aber in erster Linie für den Fall, dass ein Schritt partout nicht funktioniert und Sie sichergehen möchten, dass Sie keinen Fehler gemacht haben. Ansonsten sollen Sie die Übung Schritt für Schritt nachvollziehen, da der Lerneffekt dann natürlich am größten ist.

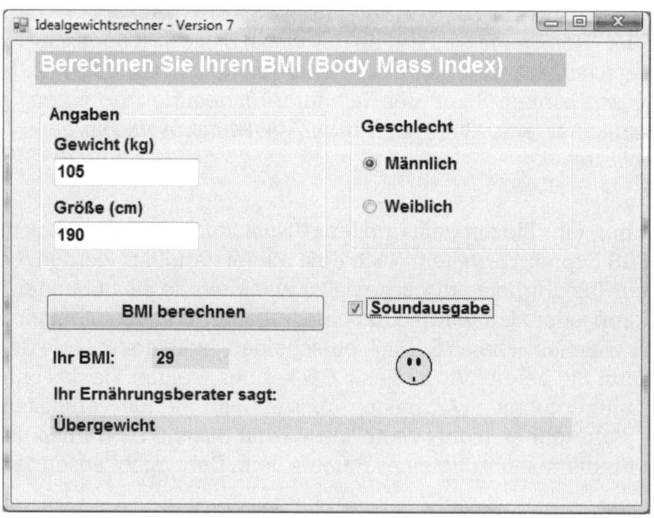

Abb. 1.5: Der Idealgewichtsrechner in seiner fertigen Fassung

Im Folgenden werden einige Dinge vorausgesetzt, die erst in den folgenden Kapiteln ausführlicher erklärt werden.

1.2.1 Version 1 – der Idealgewichtsrechner berechnet ein Idealgewicht

Es geht ganz einfach los. In der ersten Stufe soll der Idealgewichtsrechner in der Lage sein, nach Eingabe einer Größe das Idealgewicht der Person anzuzeigen. Hier erfüllt ein Computerprogramm seine klassische Funktion. Es gibt eine Eingabe, eine Verarbeitung und eine Ausgabe (in den 60er-Jahren wurde dies das *EVA-Prinzip* genannt – damals wurden die Computer aber noch mit Lochstreifen gefüttert, blinkten bei der Verarbeitung so ähnlich wie die Computer im Raumschiff Enterprise und spuckten ihre Ergebnisse auf grün-weiß gestreiftem Papier aus).

Schritt 1

Starten Sie Visual Basic 2008. Sie werden mit dem Dialogfeld zur Auswahl eines Projekttyps begrüßt, das in der Express Edition nur fünf Vorlagen anbietet. Wählen Sie als Projekttyp *Windows Forms-Anwendung*. Geben Sie dem Projekt den Namen *Idealgewichtsrechner*. Der genaue Name spielt allerdings keine Rolle, und er kann zudem nachträglich jederzeit geändert werden. Bestätigen Sie mit *OK*, und das neue Projekt wird angelegt.

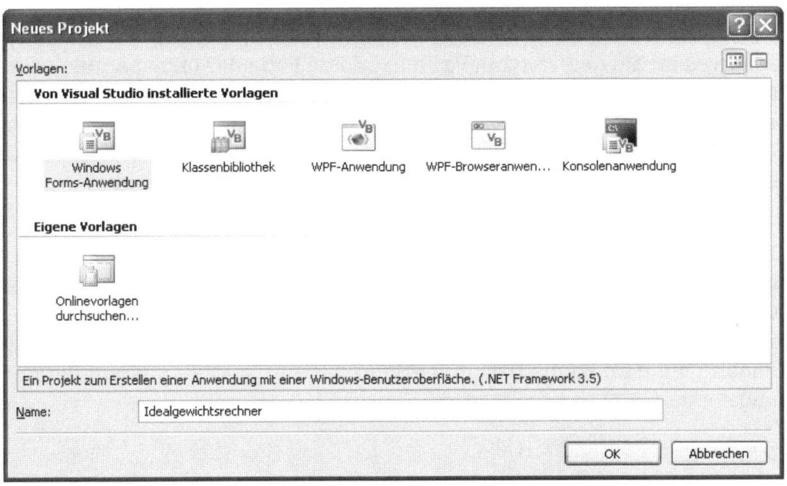

Abb. 1.6: Die Umsetzung beginnt mit dem Anlegen eines neuen Projekts.

Auf der Buch-DVD finden Sie kein Projekt mit dem Namen »Idealgewichtsrechner«, sondern zahlreiche Versionen wie z.B. *IdealgewichtsrechnerV1*, *IdealgewichtsrechnerV2* usw., welche die einzelnen Ausbaustufen enthalten. Dadurch finden Sie genau jene Version, die den im Folgenden vorgestellten Ausbaustufen entspricht.

Schritt 2

Als Erstes sollten Sie das Projekt speichern, damit Sie es später nicht vergessen und damit in dem unwahrscheinlichen Fall, dass Windows abstürzt, nicht alles verloren ist. Dies erreichen Sie über den Menübefehl *Datei|Alles speichern*.

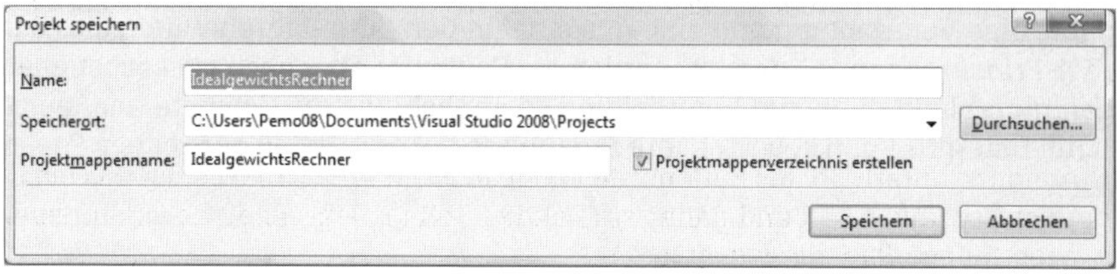

Abb. 1.7: Das Projekt wird im Visual Studio-Projektverzeichnis gespeichert.

Schritt 3

Ein Windows Forms-Projekt besteht am Anfang aus einem leeren Formular. Dies ist das Anwendungsfenster, das nach dem Start automatisch angezeigt wird. Natürlich soll es nicht leer bleiben. Im Folgenden werden Sie daher eine Reihe von Steuerelementen auf diesem Formular anordnen. Orientieren Sie sich dabei an Abbildung 1.8, welche die erste Ausbaustufe zeigt.

Das Prinzip ist immer gleich. Sie selektieren das Steuerelement in der Toolbox, ziehen es an die gewünschte Position in dem Formular und spannen es dann in der gewünschten Größe auf. Sollte dies beim ersten Mal nicht gelingen, probieren Sie es einfach noch einmal. Größe und Position der Steuerelemente können Sie jederzeit nachträglich ändern. Und sollten Sie versehentlich das falsche Steuerelement angeordnet haben, löschen Sie es einfach wieder, indem Sie es selektieren und dann die [Entf]-Taste drücken.

Der Umgang mit dem »Forms Designer«, so wird das Ensemble aus Formularen und der Toolbox auch genannt, ist wirklich sehr einfach und beinahe intuitiv erlernbar. So werden z.B. Führungslinien eingeblendet, anhand derer Sie die einzelnen Steuerelemente relativ einfach bündig ausrichten können. Mehr zum Umgang mit dem Forms Designer erfahren Sie in Kapitel 3, wenn die Entwicklungsumgebung vorgestellt wird.

Schritt 4

Ordnen Sie als Erstes eine TextBox auf dem Formular an. Die TextBox soll über ihre *Name*-Eigenschaft im Eigenschaftenfenster den Namen *tbGroesse* erhalten.

> Auch wenn Umlaute problemlos möglich sind, sind sie in Bezeichnernamen (also zum Beispiel Variablennamen) eher unüblich.

Schritt 5

Ordnen Sie oberhalb der TextBox ein Label an. Geben Sie ihm über seine *Text*-Eigenschaft die Inschrift *Bitte die Größe hier eingeben* (oder etwas ähnlich Aussagekräftiges). Einen neuen Namen erhält das Label nicht, da es rein passiv ist und im Programm nicht direkt angesprochen wird.

Schritt 6

Ordnen Sie unterhalb des Labels einen Button an. Geben Sie ihm den Namen *bnUmrechnen* und über seine *Text*-Eigenschaft die Inschrift *Idealgewicht ausrechnen*.

Schritt 7

Ordnen Sie unterhalb des Buttons ein Label an. Da dieses Label später das Idealgewicht anzeigen soll und daher eine aktive Rolle spielt, erhält es einen neuen Namen. Er soll *lblIdealgewicht* lauten.

Schritt 8

Ordnen Sie oberhalb dieses Labels ein weiteres Label an. Einen neuen Namen erhält es nicht, denn – Sie werden es sich schon denken – es spielt keine aktive Rolle. Geben Sie der *Text*-Eigenschaft den Wert *Ihr Idealgewicht*.

TIPP

Falls es Sie stört, dass sich die Größe eines Labels scheinbar nicht verändern lässt, liegt es lediglich daran, dass die *AutoSize*-Eigenschaft den Wert *True* besitzt. Setzten Sie ihn im Eigenschaftenfenster auf *False*, lässt sich die Größe des Labels mit der Maus verändern.

Schritt 9

Fällt Ihnen auf, dass Ihr Formular im Vergleich zu Abbildung 1.8 ein wenig blass erscheint? Das liegt daran, dass Sie noch nicht die Schrifteigenschaften des Formulars angepasst haben. Holen Sie das nach, indem Sie das Formular selektieren, die *Font*-Eigenschaft selektieren, einmal auf den kleinen Button mit den drei Punkten am rechten Rand klicken und die Schriftart *Arial* und für die Schriftgröße *12* einstellen. Und schon wird alles einen Tick größer.

Sie können das Programm probeweise über [F5] starten. Auch wenn der Button anklickbar ist und Sie nach Herzenslust etwas in die TextBox eingeben können, es passiert natürlich nichts, da noch nichts programmiert wurde. Das soll nun nachgeholt werden.

HINWEIS

Im letzten Abschnitt wurde in einem Nebensatz der wohl wichtigste Satz dieses Kapitels versteckt. Durch das Drücken der [F5]-Taste wird bei Visual Basic das aktuelle Programm in eine ausführbare Programmdatei (sie trägt stets die Erweiterung *.exe*) umgewandelt und im Ausgabeverzeichnis des Projekts (*bin\debug*) abgelegt. Dieses Umwandeln wird auch als *Kompilieren* bezeichnet und das dafür (im Hintergrund) zuständige Programm als Compiler (engl. to compile = zusammenbauen). Sie können die Exe-Datei jederzeit außerhalb von Visual Basic aufrufen – mehr dazu in Kapitel 1.3.

Schritt 10

Beenden Sie das Programm, sofern Sie es gestartet hatten, über [Alt] + [F4] oder den Menübefehl *Debuggen|Debuggen beenden*, und klicken Sie den Button doppelt an.

Sie gelangen in das zweite Fenster eines Formulars – das Codefenster. Hier wird programmiert. Wenn Sie alles richtig gemacht, sprich auf den Button und nicht irgendwo auf das Formular geklickt haben, hat Visual Basic für Sie bereits einen Prozedurrahmen angelegt (wenn nicht, wählen Sie den Namen des Buttons aus der linken und das `Click`-Ereignis aus der rechten Auswahlliste aus).

Schritt 11

Geben Sie in die Prozedur den folgenden Befehl ein:

```
lbIdealgewicht.Text = (tbGroesse.Text - 100) * 0.9 & " kg"
```

Dieser »nimmt« den Inhalt der TextBox mit dem Namen *tbGroesse.text* (die hoffentlich eine Zahl darstellt), zieht davon 100 ab, multipliziert das Ganze mit *0.9* und »hängt« an die resultierende Ziffernfolge die Zeichenfolge *kg* an.

Schritt 12

Jetzt wird es spannend. Starten Sie das Programm (erneut) über [F5]. Geben Sie Ihre Größe in cm in die TextBox ein, und klicken Sie auf den Button. In Bruchteilen einer Millisekunde berechnet der Computer Ihr »Idealgewicht« und zeigt es in dem Label an.

Herzlichen Glückwunsch, Sie haben das erste Visual Basic-Programm in diesem Buch (und vielleicht Ihr erstes überhaupt) erfolgreich umgesetzt und eine erste Hürde genommen. Auch wenn Sie den Startblock vor Kurzem erst verlassen haben, liegt die Startlinie bereits ein wenig in der Ferne. Sie sind auf der Reise und haben noch viele interessante Etappen vor sich.

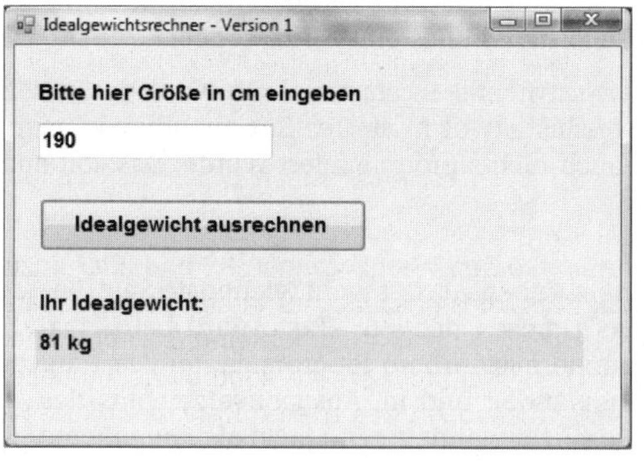

Abb. 1.8: Der Idealgewichtsrechner in der ersten Ausbaustufe

1.2.2 Version 2 – der Idealgewichtsrechner überprüft die Eingabe

Zum Ausruhen auf den ersten Lorbeeren bleibt leider keine Zeit, denn gleich geht es weiter. Vielleicht ist Ihnen schon aufgefallen, dass Sie dem Programm im Textfeld alles unterjubeln können und die Eingabe von allem, was sich nicht in eine Zahl umwandeln lässt, das Programm zum »Absturz« bringt (es wird eine Ausnahme ausgelöst, und Sie müssen das Programm beenden, können es aber gleich wieder starten). Das darf natürlich nicht sein. Das Programm muss solche »faulen« Eingaben erkennen und eine Meldung anzeigen.

Die Änderung ist schnell gemacht. Beenden Sie das Programm, sofern es noch läuft, machen Sie das Formular sichtbar, klicken Sie den Button doppelt an, sodass Sie in seine `Click`-Ereignisprozedur gelangen, und erweitern Sie den Befehl um eine Abfrage, sodass der Prozedurinhalt insgesamt wie folgt lautet:

```
If IsNumeric(tbGroesse.Text) = True Then
  lblIdealgewicht.Text = (tbGroesse.Text - 100) * 0.9
Else
  lblIdealgewicht.Text = "Bitte eine Zahl zwischen 30 und 230 eingeben!"
End If
```

Wenn Sie das Programm neu starten und etwas eingeben, was keiner Zahl entspricht, bricht das Programm nicht mehr ab. Es wird lediglich eine Meldung im Ausgabefeld ausgegeben (Abbildung 1.9).

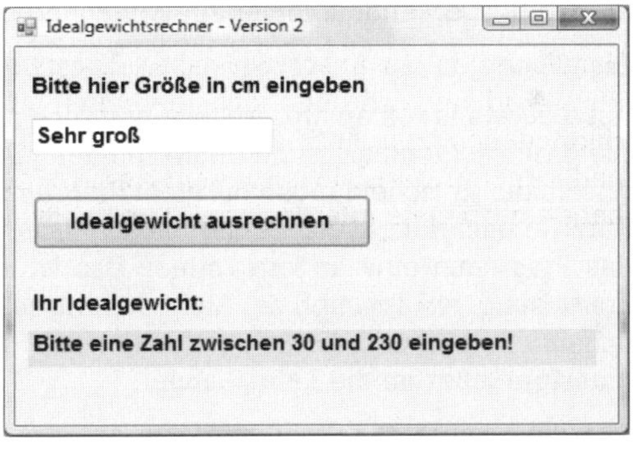

Abb. 1.9: Bei einer falschen Eingabe wird eine Meldung angezeigt.

Erfahrenen Lesern wird vielleicht eine kleine Unstimmigkeit auffallen. Die Fehlermeldung fordert den Anwender auf, einen Wert zwischen 30 und 230 einzugeben, prüft dies aber nicht nach. Nun, dies geschah nur, damit es am Anfang nicht zu »kompliziert« wird, der Anwender nach einer Fehleingabe aber einen vernünftigen Anhaltspunkt erhält. Dem Computer ist diese kleine Unstimmigkeit egal, denn die Ausgabe hat keinerlei Bezug zur erwarteten Eingabe. Wenn Sie möchten, dass das Programm auch zu kleine und zu große Werte zurückweist, muss die Abfrage insgesamt wie folgt lauten:

```
If IsNumeric(tbGroesse.Text) = True AndAlso tbGroesse.Text >= 30 AndAlso
tbGroesse.Text <= 230 Then
  lblIdealgewicht.Text = (tbGroesse.Text - 100) * 0.9
```

```
Else
  lbIdealgewicht.Text = "Bitte eine Zahl zwischen 30 und 230 eingeben!"
End If
```

Und was macht ein Mensch, der größer als 2,30 Meter ist? Nun, für diesen Extremfall fühlt sich das Programm nicht mehr zuständig, denn irgendwo muss eine Grenze gezogen werden (sollte sich herausstellen, dass dies eine größere Anwendergruppe betrifft, muss der Wert einfach erhöht werden, z.B. auf 250).

Mehr zum `If`-Befehl, seinen »Kollegen« und dem Prinzip, nach dem ein Computerprogramm Entscheidungen trifft, lesen Sie in Kapitel 4.

1.2.3 Version 3 – der Idealgewichtsrechner unterscheidet zwischen Männlein und Weiblein

Frauen kommen bekanntlich vom Mars und Männer sind ebenfalls von einem anderen Planeten. Oder war es umgekehrt, und Männer können nicht einparken und Frauen ziehen jederzeit einen Nachmittag auf dem Fußballplatz einem ausgedehnten Einkaufsbummel vor? Sie sehen, über Klischees kann man unterschiedlicher Meinung sein. Relativ eindeutig funktioniert die Geschlechtertrennung, wenn es um das Idealgewicht geht (auch wenn das ebenfalls ein heikles Thema ist). Das Idealgewicht für männliche Artgenossen berechnet sich nach der Formel:

```
IdealGewichtMann = (KörpergrößeCm - 100) * 0.9
```

Die weibliche Variante lautet ein wenig anders:

```
IdealGewichtFrau = (KörpergrößeCm - 100) * 0.85
```

Auf die Details soll an dieser Stelle natürlich nicht weiter eingegangen werden. Die geschlechterspezifische Unterscheidung ist jedoch ideal dazu geeignet, das Prinzip der Entscheidungen bei einer Programmiersprache zu veranschaulichen. Kurz: Je nachdem, welches Geschlecht der Anwender ausgewählt hat, benutzt das Programm eine andere Formel. Das ist künstliche Intelligenz in höchster Vollendung, ein Triumph der Elektronenhirne über den kümmerlichen menschlichen Verstand und die Gelegenheit, den `If`-Befehl vorzustellen, der in Kapitel 4 ausführlicher an die Reihe kommt.

Allerdings muss das Programm dem Anwender auch eine Auswahlmöglichkeit anbieten. Das geschieht über ein Steuerelement mit dem Namen *Radiobutton*. Sie werden es in Kapitel 3 etwas ausführlicher kennenlernen. An dieser Stelle nur so viel: Ein Radiobutton ist ein Steuerelement mit einem kleinen Knopf, der gedrückt sein kann oder nicht. Ist der Knopf gedrückt, besitzt die `Checked`-Eigenschaft des Steuerelements den Wert `True`, ansonsten den Wert `False` (`True` und `False` sind Namen, die für die Werte −1 und 0 stehen). Allerdings gibt es eine wichtige Besonderheit zu beachten. Ein Radiobutton alleine genügt nicht, es werden mindestens zwei benötigt, denn ein Radiobutton kann nur »ausgeschaltet« werden, indem ein anderer Radiobutton »eingeschaltet« wird. Da dieses Verhalten dem der Tasten zur Senderauswahl uralter Radiogeräte ähnelt, wird dieses Steuerelement auch »Radiobutton« genannt.

Schritt 1

Ordnen Sie als Erstes eine GroupBox aus der Toolbox z.B. rechts neben dem Button an (unter Umständen müssen Sie dafür erst ein wenig Platz schaffen). Eine GroupBox ist eine rein passive Vorrichtung, die in erster Linie dazu benutzt wird, Radiobuttons und anderen Steuerelementen ein Zuhause zu geben. Tragen Sie bei der *Text*-Eigenschaft der GroupBox *Geschlecht* ein. Das erspart ein zusätzliches Label.

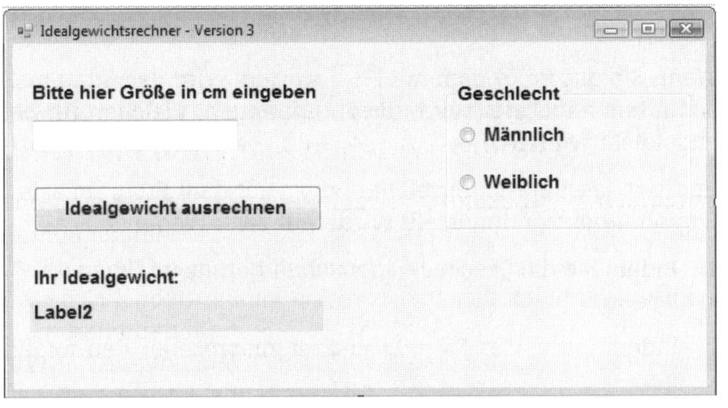

Abb. 1.10: Das Formular wurde um eine GroupBox mit zwei Radiobuttons erweitert.

Schritt 2

Ordnen Sie insgesamt zwei Radiobuttons innerhalb der GroupBox an. Wie alle Steuerelemente finden Sie auch den Radiobutton in der Toolbox. Geben Sie dem ersten Radiobutton im Eigenschaftenfenster den Namen *rbMaennlich* und dem zweiten entsprechend den Namen *rbWeiblich*. Die Namen nachträglich zu ändern ist lediglich eine Konvention und keine Pflicht.

Schritt 3

Ändern Sie auch die Innschrift der beiden Radiobuttons, indem Sie der `Text`-Eigenschaft einmal den Wert `Männlich` und einmal den Wert `Weiblich` zuordnen.

Schritt 4

Damit bei der Berechnung des Idealgewichts das über die beiden Radiobuttons ausgewählte Geschlecht berücksichtigt wird, muss die *If*-Abfrage in der `Click`-Prozedur des Buttons entsprechend geändert werden:

```
If IsNumeric(tbGroesse.Text) = True AndAlso tbGroesse.Text >= 30
AndAlso tbGroesse.Text <= 230 Then
  If rbMaennlich.Checked = True Then
    lbIdealgewicht.Text = "Das Idealgewicht: " & _
     (tbGroesse.Text - 100) * 0.9 & "kg"
  Else
  lbIdealgewicht.Text = "Das Idealgewicht: " & _
     (tbGroesse.Text - 100) * 0.85 & "kg"
  End If
Else
  lbIdealgewicht.Text = _
   "Bitte eine Zahl zwischen 30 und 230 eingeben!"
End If
```

Falls Sie die Befehlsfolge tatsächlich abtippen sollten: Achten Sie auf den unscheinbaren Unterstrich, durch den, damit es korrekt bleibt, längere Zeilen unterbrochen und in der nächsten Zeile fortgesetzt werden können. Diesen Unterstrich müssen Sie nicht eintippen (könnten es aber tun), sondern setzen Sie einfach die Zeile fort.[1]

Zusätzlich zur Frage, ob eine Zahl zwischen 30 und 230 eingegeben wurde, wird in einer weiteren `If`-Abfrage geprüft, welcher der beiden Radiobuttons gedrückt wurde.

Wenn Sie das Programm mit [F5] starten, wird das Ergebnis, das nach Eingabe des Alters angezeigt wird, davon abhängen, welcher der beiden Radiobuttons angeklickt wurde.

Und wie lässt es sich erreichen, dass mit dem Programmstart einer der beiden Radiobuttons voreingestellt wird? Auf zwei Wegen:

1. Indem Sie die `Checked`-Eigenschaft bereits im Eigenschaftenfenster auf `True` setzen.
2. Indem Sie in der `Form_Load`-Ereignisprozedur den folgenden Befehl einfügen:

```
rbMaennlich.Checked = True
```

Dieser Befehl belegt die `Checked`-Eigenschaft des Optionsfeldes `rbMaennlich` mit dem Wert `True`. Die Ereignisprozedur wählen Sie aus, indem Sie (das Programm darf dabei aber nicht ausgeführt werden) im Code-Editor aus der linken Auswahlliste (`Form1_Ereignisse`) und aus der rechten Auswahlliste `Load` auswählen. Diese Prozedur wird automatisch mit dem Laden des Formulars aufgerufen, sodass hier alle Befehle eingebaut werden, die bereits mit dem Laden ausgeführt werden sollen.

Für welche Variante Sie sich entscheiden, spielt keine Rolle. Das Einstellen im Eigenschaftenfenster führt dazu, dass der obige Befehl in die »verborgene« Designerdatei *Form1.designer.vb* eingetragen und damit etwas früher ausgeführt wird als der Befehl in `Form_Load`.

1.2.4 Version 4 – der Idealgewichtsrechner zeigt Bildchen an

Zahlenausgaben sind auf die Dauer etwas nüchtern. Was ein Programm interessant macht, sind Bildchen. Mit Visual Basic 2008 ist das Einbeziehen von Bitmaps deutlich leichter als bei seinen Vorgängerversionen, denn die Bitmap

1. Ein generelles Problem bei Büchern ist, dass sich Befehlszeilen nicht immer vollständig in einer Zeile darstellen lassen. Der Leser muss an dieser Stelle ein gewisses Fingerspitzengefühl entwickeln und sollte sich nicht immer blind darauf verlassen, dass nicht beim Druck ein Unterstrich verloren gegangen ist.

wird als sogenannte Ressource beim Erstellen Teil der Programmdatei und muss nicht mehr »mitgeschleppt« werden. Vor allem gibt es keine Verzeichnispfade, die mal so und mal so lauten.

Leider kommt die Express Edition ohne eine Bildersammlung daher. Erst ab der Standard Edition finden Sie im Verzeichnis *C:\Programme\Microsoft Visual Studio 8\Common7* eine Datei mit dem Namen *VS2008ImageLibrary.zip*, die zahlreiche Icons und Bitmaps enthält. Da es sich um eine reguläre Zip-Datei handelt, packen Sie sie aus, indem Sie sie mit der rechten Maustaste anklicken und *Alle extrahieren* wählen. Das startet bei Windows einen kleinen Assistenten, der den Inhalt in ein Unterverzeichnis mit dem Namen *VS2008ImageLibrary* extrahiert. Sie haben nun eine hübsche Auswahl an Bitmaps für alle möglichen Zwecke.

Passende Symbole für »männlich« und »weiblich« sind hier zwar nicht dabei, doch dient die folgende Erweiterung in erster Linie dem Zweck, das Einfügen von Bitmaps zu veranschaulichen, ohne dass Bitmap-Dateien im Spiel sind, die einigen Lesern aus irgendwelchen Gründen nicht zur Verfügung stehen. Oder konkret: Suchen Sie sich selbst zwei passende Bitmap-Dateien von Ihrer Festplatte oder aus dem Web, oder, wenn Sie aus irgendeinem Grund nicht fündig werden, verwenden Sie zwei beliebige Bitmap-Dateien als provisorische Platzhalter.

Wer nur die Express Edition besitzt, muss sich im Internet auf die Suche begeben. Eine Aufstellung möglicher Fundstellen gibt es unter *http://www.activevb.de/rubriken/faq/faq0034.html*. Grundsätzlich sollte es kein Problem sein, ein paar Bitmaps zu finden. Wer die Express Edition registriert, was nach der Installation jederzeit über HILFE|PRODUKT REGISTRIEREN möglich ist, erhält unter anderem als Geschenk eine recht ausgefallene Icon-Sammlung mit 64 Icons.

Bitmaps (sie tragen meistens die Erweiterung *.Bmp*) und Icons (zu erkennen an der Erweiterung *.Ico*) unterscheiden sich in ihrem internen Aufbau (ihrem Format), sie können z.B. mehrere Bitmaps in unterschiedlichen Größen und Farbtiefen enthalten. Grundsätzlich können auch Ico-Dateien in einer PictureBox angezeigt werden, indem die Ico-Datei ausgewählt und auf diese Weise in die Projektressource als Bitmap eingefügt wird. Wird die Ico-Datei dagegen zuerst zur Projektressource hinzugefügt, landet sie in der Rubrik der Symboldateien und wird später nicht mehr zur Auswahl angeboten, wenn z.B. einer `Image`-Eigenschaft eine Bitmap zugeordnet werden soll (wer sich besser auskennt, kann den zuständigen Eintrag in der Resx-Datei anpassen und auf diese Weise dafür sorgen, dass die Ico-Datei intern als Bitmap behandelt wird). Eine andere Möglichkeit besteht darin, über ein Tool wie *IrfanView* (*http://www.irfanview.de*) die Ico-Datei zu laden und sie als Bitmap-Datei zu speichern.

Im Folgenden wird einfach davon ausgegangen, dass im Verzeichnis *Eigene Bilder* eine Datei *Weiblich.bmp* und eine Datei *Maennlich.bmp* vorliegen. Sollten Sie andere Bitmaps verwenden, müssen Sie diese anstelle der beiden Dateien einsetzen. Theoretisch kommen auch Ico-Dateien infrage, sie müssen entweder direkt über die `Image`-Eigenschaft der PictureBox ausgewählt und zur Projektressource hinzugefügt oder zuvor in das Bmp-Format konvertiert werden (ein kleiner Nachteil hierbei ist, dass eventuell die transparente Farbe verloren geht und der Hintergrund z.B. schwarz erscheint).

Schritt 1

Ordnen Sie auf dem Formular eine PictureBox an (z.B. innerhalb der GroupBox), und geben Sie ihr den Namen *pbGeschlecht*.

Schritt 2

Fügen Sie die beiden Icons zu den Ressourcen hinzu, indem Sie zuerst die Projekteigenschaften öffnen. Sie finden diese im *Projekt*-Menü, in dem Sie den untersten Eigenschaften-Eintrag wählen und in das Register *Ressourcen* wechseln.

Schritt 3

Klicken Sie auf den kleinen Pfeil rechts von *Ressource hinzufügen*, um die Auswahlliste zu öffnen, wählen Sie den Eintrag *Vorhandene Datei hinzufügen*, und wählen Sie nacheinander die beiden Bmp-Dateien aus.

Schritt 4

Stellen Sie sicher, dass das eine Bild den Namen *Maennlich*, das andere Bild den Namen *Weiblich* trägt (über die F2-Taste kann der Name geändert werden).

Abb. 1.11: Zum Projekt wurden zwei Bitmap-Dateien als Ressourcen hinzugefügt.

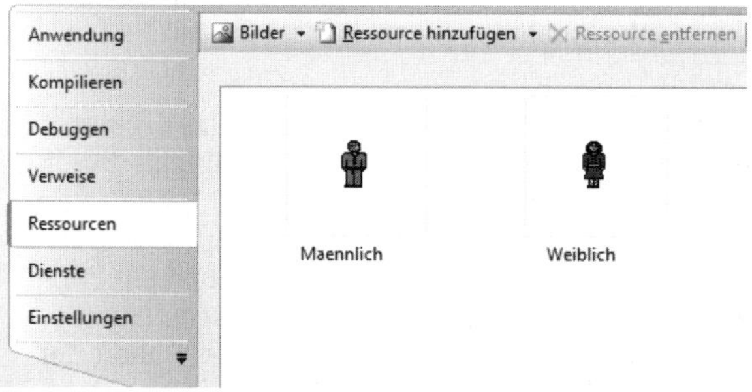

Schritt 5

Schließen Sie das Ressourcenfenster, und schalten Sie per ⇧ + F7 wieder auf das Formular um. Selektieren Sie die PictureBox, und stellen Sie für die `SizeMode`-Eigenschaft den Wert `StretchImage` ein. Damit wird erreicht, dass sich die Bitmap an die Größe der PictureBox anpasst (was nicht immer optimal ist).

Schritt 6

Mit der Auswahl eines Geschlechts über einen der beiden Radiobuttons soll sich das Bild entsprechend ändern. Dafür ist die `CheckedChanged`-Prozedur des Radiobuttons zuständig. Hier muss die PictureBox mit dem entsprechenden Bild geladen werden. Klicken Sie als Erstes den Radiobutton doppelt an. Sie gelangen damit in die `CheckedChanged`-Ereignisprozedur. Geben Sie dort den folgenden Befehl ein:

```
pbGeschlecht.Image = My.Resources.Maennlich
```

Das Schöne an Ressourcen ist, dass Sie nicht den Pfad kennen müssen, da die Ressource Teil des Programms ist. Dank dem *My*-Namespace geht alles sehr einfach, denn jede Ressource wird direkt über ihren Namen angeboten

Schritt 7

Schalten Sie per [⇧] + [F7] wieder auf das Formular um, und klicken Sie den zweiten Radiobutton doppelt an. Geben Sie in der `CheckedChanged`-Prozedur den folgenden Befehl ein:

```
pbGeschlecht.Image = My.Resources.Weiblich
```

Schritt 8

Starten Sie das Programm. Wenn Sie einen der beiden Radiobuttons anklicken, sollte nun die passende Bitmap angezeigt werden.

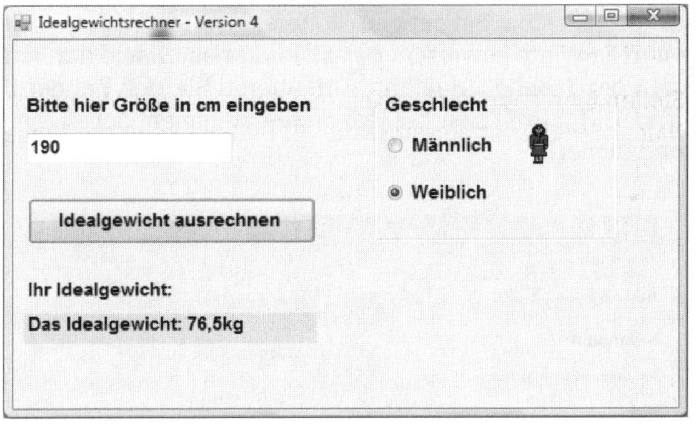

Abb. 1.12: Entsprechend dem gewählten Radiobutton wird die passende Bitmap angezeigt.

1.2.5 Version 5 – der Idealgewichtsrechner berechnet den BMI

Jetzt wird es hochwissenschaftlich. Die bisherige Formel zur Berechnung des Idealgewichts (auch *Broca-Index* genannt) ist ein wenig altmodisch. Es ist eher eine Faustformel, die lediglich für eine erste Orientierung geeignet ist. Etwas genauer und vor allem wissenschaftlicher kommt der *Body-Mass-Index* (BMI) daher, der auf einer richtigen Formel basiert:

```
KörpergewichtInKg / (Körpergröße in Meter) ^ 2
```

Nach dieser Formel ergibt sich ein Wert, der bezogen auf eine Altersstufe und ein Geschlecht dazu herangezogen wird, ob bei der Person Unter- oder Übergewicht oder Normalgewicht vorliegt.

Auch wenn es denkbar wäre, den bisherigen Idealgewichtsrechner einfach ein wenig umzubauen, fangen wir für diese Erweiterung noch einmal ganz von vorn an. Dieser Ansatz hat gleich mehrere Vorteile. Es geht schneller, Sie erhalten noch einmal eine Gelegenheit, ein Visual Basic-Programm von Grund auf zusammenzubauen, und die alte Version bleibt erhalten.

Bei dieser etwas umfangreichen Übung lernen Sie mit dem `Select Case`-Befehl, der `TryParse`-Funktion und dem Zugriff auf Icons, die als Ressourcen vorliegen, wichtige Programmiertechniken kennen, die erst in den Folgekapiteln besprochen werden. Sollte daher etwas nicht auf Anhieb funktionieren, finden Sie in der Projektmappendatei *IdealgewichtsRechnerV5.sln* auf der Buch-DVD eine funktionstüchtige Fassung.

Schritt 1

Starten Sie Visual Basic 2008, und legen Sie ein Projekt *Windows-Anwendung* an. Geben Sie dem Projekt den Namen *IdealgewichtsrechnerV5*, und speichern Sie es über *Projekt|Alles speichern* ab.

Schritt 2

Für das Formular benötigen Sie die Steuerelemente, die in Tabelle 1.1 zusammengestellt sind. Bei einigen Steuerelementen müssen Sie ein paar Eigenschaften neue Werte zuweisen. Der alte und neue Name der betroffenen Eigenschaft ist in der Tabelle aufgeführt. Orientieren Sie sich bei der Umsetzung an Abbildung 1.13. Die Zahlen bei jedem Steuerelement sollen als zusätzliche Orientierung dienen.

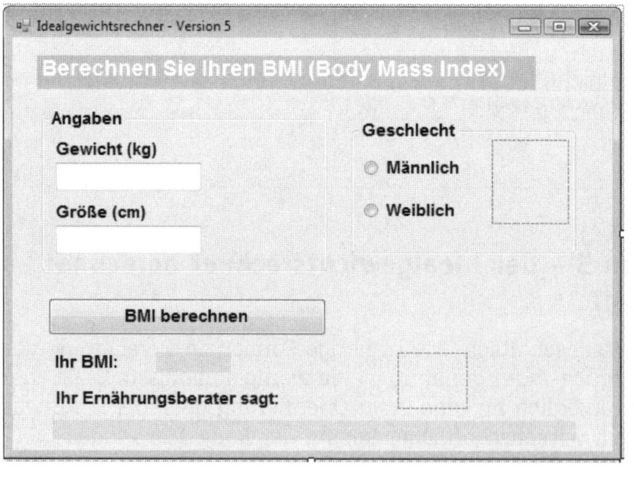

Abb. 1.13: Das Formular zum Idealgewichtsrechner Version 5

Steuerelement	Typ	Eigenschaft	Neuer Wert
1	Label	Text	BMI = Body-Mass-Index
2	GroupBox	Text	Angaben
3	Label	Text	Gewicht (kg)
4	TextBox	Name	tbGewicht
5	Label	Text	Größe (cm)
6	TextBox	Name	tbGroesse
7	Radiobutton	Name	rbMaennlich
7	Radiobutton	Text	Männlich
8	Radiobutton	Text	rbWeiblich
8	Radiobutton	Text	Weiblich
9	Button	Name	bnUmrechnen
9	Button	Text	BMI berechnen
10	PictureBox	Name	pbSmiley
11	Label	Text	Ihr BMI:
12	TextBox	Name	tbBMI
13	Label	Text	Der Ernährungsberater sagt:
14	TextBox	Name	tbErgebnis

Tabelle 1.1: Die Steuerelemente des Formulars und die Eigenschaften mit ihren neuen Werten

Schritt 3

Das Formular steht, jetzt werden die Smileys benötigt, welche die Bewertung des »Ernährungsberaters« ein wenig illustrieren sollen. Leider enthält die Bildersammlung von Visual Basic 2008 keine solchen Lachgesichter, Sie finden diese aber natürlich in den endlosen Weiten des Webs. Achten Sie aber darauf, dass es schlichte Bitmaps im ICO-Format sind und nicht diese überkandidelten Kreationen, die auf vielen Webseiten »kostenlos« angeboten werden. (Vorsicht vor solchen Downloads, da hier in der Regel mehr angeboten wird als nur ein paar bunte Bildchen.) Woher Sie die Smileys letztlich beziehen, spielt für die Übung aber genauso wenig eine Rolle wie das Motiv selbst. Im Folgenden wird davon ausgegangen, dass Sie über vier verschiedene Icons (also Bitmaps mit der Erweiterung *.ico*) verfügen – reguläre Bitmaps funktionieren auch, allerdings werden diese aufgrund ihrer oft nicht einheitlichen Größe nicht immer optimal dargestellt.

Legen Sie im Projektmappen-Explorer ein neues Verzeichnis an, indem Sie im Projektmappen-Explorer das Projekt (nicht die Projektmappe darüber) mit der rechten Maustaste anklicken und nacheinander *Hinzufügen* und *Neuer Ordner* wählen. Geben Sie dem neuen Ordner den Namen *Images* (sollte diese Operation nicht beim ersten Mal gelingen, wiederholen Sie sie, bzw. benennen Sie einen entstandenen, aber nicht richtig benannten Ordner einfach nachträglich um). Warum wird ein neuer Ordner angelegt? Weil dies eine übliche Praxis ist, um für das Projekt benötigte Dateien an einem Ort zusammenzuhalten. Zwingend notwendig ist es nicht.

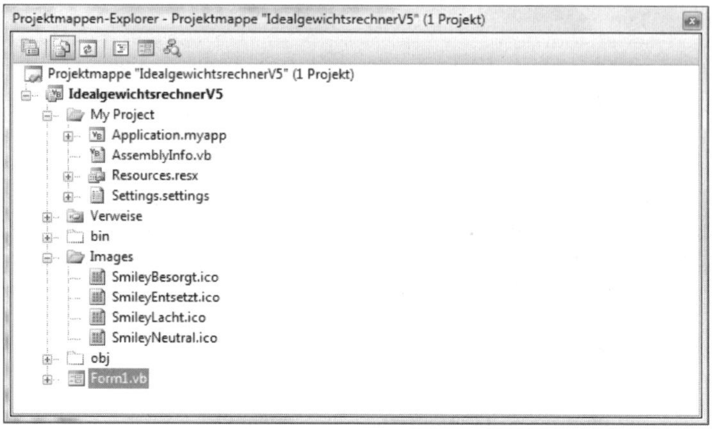

Abb. 1.14: Im Projekt wurde ein neuer Ordner angelegt, und es wurden vier Ico-Dateien hinzugefügt.

Kopieren Sie die vier Ico-Dateien in dieses Verzeichnis. Etwa indem Sie sie aus dem Windows-Explorer heraus auf den Ordner im Projektmappen-Explorer ziehen und dort ablegen. Tabelle 1.2, welche die nachträglich geänderten Dateinamen der vier Smileys enthält, soll als Orientierung dienen.

TIPP

Visual Basic bietet auch einen eingebauten Bitmap-Editor, mit dem Sie zum Projekt gehörende Bitmaps nachbearbeiten können. Klicken Sie dazu einfach eine Bitmap-Datei im Projektmappen-Explorer doppelt an.

Tabelle 1.2: Die vom Programm verwendeten Smileys in der Übersicht

Smiley	Für welchen Zustand steht es?	Dateiname
	Untergewicht	*SmileyNeutral.ico*
	Normalgewicht	*SmileyLacht.ico*
	Übergewicht	*SmileyBesorgt.ico*
	Extremes Übergewicht	*SmileyEntsetzt.ico*

Schritt 4

Dass sich die Bitmaps in einem Projektverzeichnis befinden, bedeutet noch nicht, dass sie auch Teil des Programms sind. Dazu müssen sie erst zu den Programmressourcen hinzugefügt werden. Dies geht am einfachsten, indem Sie zuerst den Eigenschaftendialog des Projekts öffnen, indem Sie im *Projekt*-Menü den untersten Eintrag wählen, dort in das Register *Ressourcen* wechseln und anschließend die vier Ico-Dateien aus dem Projektmappen-Explorer auf das Eigenschaftenfeld ziehen und dort ablegen. Stellen Sie sicher, dass die Namen der Ressourcen so lauten, wie es in Fehler! Verweisquelle konnte nicht gefunden werden. vorgegeben ist.

Schritt 5

Damit ist die »Programmkosmetik« beendet, und es kann endlich an die Programmierung gehen. Schließen Sie den Ressourcendialog, und klicken Sie das Formular doppelt an, damit Sie in die `Form_Load`-Ereignisprozedur gelangen. Geben Sie hier die folgenden Befehle ein:

```
tbGroesse.Text = "180"
tbGewicht.Text = "90"
rbMaennlich.Checked = True
```

Schritt 6

Jetzt kommt der Kern des Programms an die Reihe: die Berechnungen, die beim Anklicken des Buttons, also in dessen *Click*-Prozedur, ausgeführt werden sollen. Es gibt wie üblich mehrere Wege, um zur *Click*-Ereignisprozedur zu gelangen. Entweder durch einen Doppelklick auf den Button oder, wenn Sie sich bereits im Programmcode-Editorfenster befinden, indem Sie aus der linken Auswahlliste den Button *bnUmrechnen* und aus der rechten Auswahlliste den Eintrag *Click* auswählen. Geben Sie hier die Befehle aus Listing 1.1 Zeile für Zeile ein. Allerdings ohne die Zahlen am linken Rand, denn die dienen nur zur Orientierung. Mit über 50 Zeilen ist das Listing zwar ein schöner Brocken, doch dank der Eingabehilfen und der relativ kurzen Zeilen ist es weniger Arbeit, als es zunächst den Anschein haben könnte. Außerdem müssen Sie die Kommentarzeilen, also jene Zeilen, die mit einem Apostroph beginnen (die Zeilen 13, 33 und 54) und lediglich die folgenden Befehlszeilen kommentieren, nicht eingeben.

Lassen Sie sich auch nicht durch den Umstand irritieren, dass einige Befehlszeilen eingerückt sind. Dies hat lediglich optische Gründe. Sie werden feststellen, dass Visual Basic einige Zeilen – etwa die Zeile, die auf die Befehlszeile mit einem `If`-Befehl folgt – automatisch einrückt. Dies dient lediglich dazu, die Lesbarkeit ein wenig zu verbessern.

Listing 1.1: Die Click-Prozedur des Buttons beim Idealgewichtsrechner V5

```
1    Dim Groesse, Gewicht As Single
2    Dim BMI As Short
3    Dim Ergebnis As String
4    Dim Smiley As Icon
5    If Single.TryParse(tbGroesse.Text, Groesse) = False Then
6      MessageBox.Show("Bitte eine Zahl für die Größe angeben!")
7      Exit Sub
8    End If
9    If Single.TryParse(tbGewicht.Text, Gewicht) = False Then
10     MessageBox.Show("Bitte eine Zahl für das Gewicht angeben!")
11     Exit Sub
12   End If
```

```
' Jetzt stehen Größe und Gewicht fest
BMI = Gewicht / (Groesse / 100) ^ 2
If rbMaennlich.Checked = True Then
  Select Case BMI
    Case Is < 20
        Ergebnis = "Untergewicht"
        Smiley = My.Resources.SmileyNeutral
    Case 20 To 25
        Ergebnis = "Normalgewicht"
        Smiley = My.Resources.SmileyLacht
    Case 25 To 30
        Ergebnis = "Übergewicht"
        Smiley = My.Resources.SmileyBesorgt
    Case Is > 30
        Ergebnis = "Extremes Übergewicht"
        Smiley = My.Resources.SmileyEntsetzt
    Case Else
        Ergebnis = "Unbekannter Wert"
    End Select
Else
' Diese Bereiche gelten für Frauen
Select Case BMI
  Case Is < 19
    Ergebnis = "Untergewicht"
    Smiley = My.Resources.SmileyNeutral
  Case 19 To 24
    Ergebnis = "Normalgewicht"
    Smiley = My.Resources.SmileyLacht
  Case 24 To 30
    Ergebnis = "Übergewicht"
    Smiley = My.Resources.SmileyBesorgt
  Case Is > 30
     Ergebnis = "Extremes Übergewicht"
     Smiley = My.Resources.SmileyEntsetzt
  Case Else
    Ergebnis = "Unbekannter Wert"
  End Select
End If
' Jetzt das Ergebnis ausgeben
lbBMI.Text = BMI
lbErgebnis.Text = Ergebnis
pbErgebnis.Image = Smiley.ToBitmap
```

Auch wenn alle Befehle aus Listing 1.1 in den folgenden Kapiteln an die Reihe kommen, sollen Sie bereits jetzt eine erste Orientierung erhalten und nicht mehrere Dutzend Befehlszeilen abtippen, ohne die leiseste Vorstellung davon zu haben, was sie bewirken.

Tabelle 1.3: Das Listing Zeile für Zeile erklärt

Zeile	Was passiert hier?
1	Hier werden die Variablen `Groesse` und `Gewicht` als vom Typ `Single` definiert. Sie sollen später die über die TextBoxen eingegebenen Werte aufnehmen.
2	Hier wird die Variable `BMI` als vom Typ `Short` definiert. Sie soll später das Ergebnis aufnehmen.
3	Hier wird die Variable `Ergebnis` als vom Typ `String` definiert.
4	Hier wird eine Variable definiert, die später ein Icon aufnehmen soll. Sie ist daher vom Typ `Icon`.
5	In dieser Zeile passieren zwei Dinge. Zuerst wird über `TryParse` versucht, aus dem Inhalt der TextBox `tbGroesse` einen `Single`-Wert zu machen. Gelingt dies nicht, weil zum Beispiel der Inhalt der TextBox keine Zahl ist, gibt `TryParse` einen `False`-Wert zurück.
6	Dieser Befehl wird nur ausgeführt, wenn `TryParse` den Inhalt der TextBox nicht umwandeln konnte. Über `Messagebox.Show` wird eine Fehlermeldung ausgegeben.
7	Der Befehl führt dazu, dass die Ereignisprozedur verlassen wird. Das Programm wartet danach wieder auf Eingaben bzw. Aktionen.
8	Dieser Befehl beendet den `If`-Zweig.
9	Dieses Mal versucht `TryParse`, den Wert der TextBox `tbGewicht` in einen `Single`-Wert umzuwandeln und den Wert der Variablen `Gewicht` zuzuweisen.
10	Gelingt die Umwandlung nicht, wird eine Meldung ausgegeben ...
11	... und die Prozedur verlassen.
12	Dieser Befehl beendet den `If`-Zweig.
13	Dies ist nur eine Kommentarzeile
14	Hier wird der BMI aus den eingegebenen Werten für Größe und Gewicht berechnet.
15	Der `If`-Block prüft, ob der Radiobutton `rbMaennlich` gedrückt ist.
16	Die Aufgabe des `Select Case`-Befehls besteht darin, den Wert der Variablen `BMI` mit einer Reihe von Werten oder Wertebereichen zu vergleichen.
17	Der `Case`-Befehl prüft, ob der Wert des BMI kleiner als 20 ist.
18	Ist dies der Fall, erhält die Variable `Ergebnis` einen Wert.
19	Die Variable `Smiley` erhält eine ICO-Bitmap aus den Ressourcen des Programms zugewiesen.
20	Der `Case`-Befehl prüft, ob der Wert des BMI zwischen 20 und 25 liegt.
21	Ist dies der Fall, erhält die Variable `Ergebnis` einen Wert.
22	Die Variable `Smiley` erhält eine ICO-Bitmap aus den Ressourcen des Programms zugewiesen.
23	Der `Case`-Befehl prüft, ob der Wert des BMI zwischen 25 und 30 liegt.

Tabelle 1.3: Das Listing Zeile für Zeile erklärt (Forts.)

Zeile	Was passiert hier?
24	Ist dies der Fall, erhält die Variable `Ergebnis` einen Wert.
25	Die Variable `Smiley` erhält eine Ico-Bitmap aus den Ressourcen des Programms zugewiesen.
26	Der `Case`-Befehl prüft, ob der Wert des BMI größer als 30 ist.
27–28	Die Variablen `Ergebnis` und `Smiley` erhalten ihre Werte.
29–30	Der `Case Else`-Zweig wird aufgerufen, wenn keiner der anderen Vergleiche erfüllt wurde.
31	Der `End Select`-Befehl schließt den `Select`-Befehl aus Zeile 16 ab.
32	Der `Else`-Befehl leitet den Alternativzweig des `If`-Befehls aus Zeile 15 ein.
33–49	Diese Befehle wiederholen die Abfrage der Variablen `BMI` für den Fall, dass der Radiobutton `rbWeiblich` gedrückt wurde.
50	Der `End If`-Befehl schließt den `If`-Befehl aus Zeile 15 ab.
51	Dies ist nur eine Kommentarzeile
52	Gibt den Wert der Variablen `BMI` in dem Label `lbBMI` aus.
53	Gibt den Wert der Variablen `Ergebnis` in dem Label `lbErgebnis` aus.
54	Zeigt das Icon in der PictureBox `pbSmiley` an.

Schritt 7

Starten Sie das Projekt über F5, und lassen Sie sich Ihren BMI ausrechnen (schummeln gilt nicht).

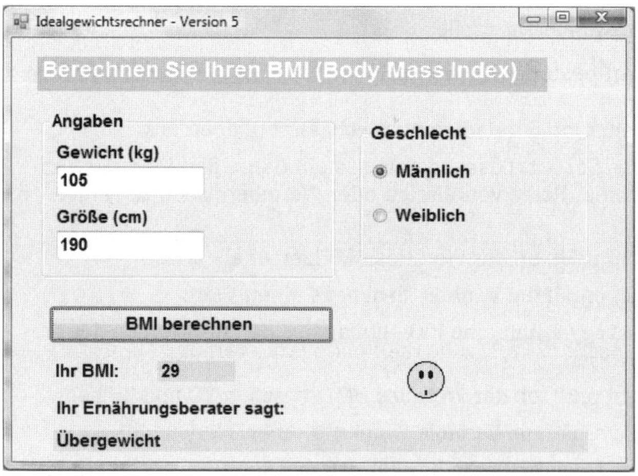

Abb. 1.15: Der Idealgewichtsrechner untermalt das Ergebnis mit einem dazu passenden Smiley.

1.2.6 Version 6 – der Idealgewichtsrechner merkt sich Einstellungen

Ein wenig lästig ist es schon, dass sich das Programm die getroffene Geschlechtereinstellung nicht merkt. Es ist natürlich nur eine unbedeutende Kleinigkeit, aber man erwartet heutzutage von einer modernen Software, dass sie dazu in der Lage ist. Nun, auch das ist bei Visual Basic kein Problem. In den Projekteigenschaften können im Register *Einstellungen* verschiedene Variablen (Einstellungen) angelegt werden, deren Werte nach Beendigung des Programms (sofern bei einer Windows Forms die entsprechende Einstellung *My.Settings beim Herunterfahren speichern* gesetzt ist) in einer externen Datei gespeichert werden. Wo sich diese Datei genau befindet, spielt keine Rolle, da die Einstellungen über den `My`-Namespace direkt angesprochen werden. Die Registry oder irgendwelche Ini-Dateien werden für das Speichern von Programmeinstellungen daher nicht mehr benötigt.

Schritt 1

Für diese Erweiterung müssen Sie kein neues Projekt anlegen, das vorhandene Projekt wird einfach ein wenig erweitert. Öffnen Sie als Erstes die Projekteigenschaften, und wechseln Sie dieses Mal in das Register *Einstellungen*.

Schritt 2

Sie sehen alle Einstellungen, die für das Projekt bereits angelegt wurden – im Moment sollte es aber noch keine Einstellung geben. Tragen Sie in der ersten Spalte bei Name `Geschlecht` ein. Wählen Sie bei Typ `Boolean` aus (wenngleich dies nicht zwingend erforderlich ist). Tragen Sie in der zweiten Zeile bei Name `Gewicht` und bei Typ `Single` ein und in der dritten Zeile `Grösse` und `Single` als Typ. Schließen Sie den Eigenschaftendialog wieder, wobei Sie das Speichern einer Reihe von Dateien bestätigen müssen.

Hinter den Einstellungen steckt der »Trick«, dass Visual Basic für die Einstellungen eine Klasse mit dem Namen *MySettings* anlegt, die im Projektordner *My Project* angelegt wird und über die jede Einstellung als Eigenschaft angeboten wird. Das ist der Grund, warum Sie später die Einstellungen einfach über ein `My.Settings` ansprechen können.

Sie können jede Zeile löschen, indem Sie die Zeile markieren und [Entf] drücken.

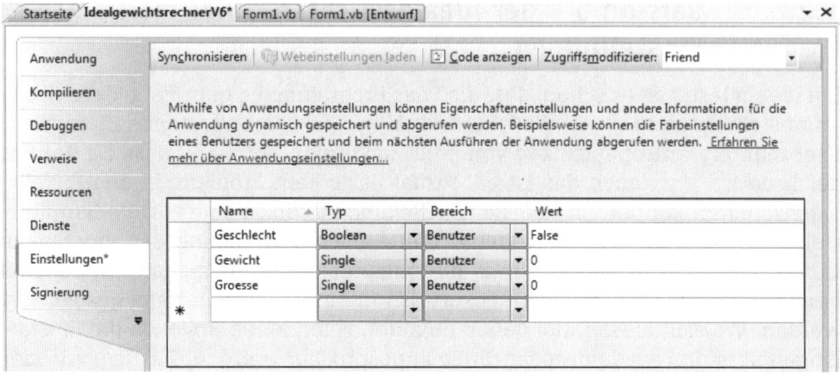

Abb. 1.16: In den Projekteigenschaften wurden drei Einstellungen hinzugefügt.

Schritt 3

Als Nächstes muss beim Start des Programms dafür gesorgt werden, dass die eventuell gespeicherten Werte der Einstellungen abgefragt werden. Dabei müssen Sie aber berücksichtigen, dass es die Einstellungen erst dann gibt, wenn ihnen ein Wert zugewiesen wird – also noch nicht beim allerersten Programmstart. Bauen Sie die `Form_Load`-Ereignisprozedur so um, dass Sie (nur) die folgenden Befehle eingeben müssen:

```
If My.Settings.Groesse <> 0 Then
  tbGroesse.Text = My.Settings.Groesse
Else
  tbGroesse.Text = "180"
End If
If My.Settings.Gewicht <> 0 Then
  tbGewicht.Text = My.Settings.Gewicht
Else
  tbGewicht.Text = "90"
End If
rbMaennlich.Checked = My.Settings.Geschlecht
rbWeiblich.Checked = Not My.Settings.Geschlecht
```

Schritt 4

Um zu erreichen, dass mit dem Beenden des Programms die Auswahl des Geschlechts sowie die aktuellen Werte von `tbGroesse` und `tbGewicht` in den Einstellungen gespeichert werden, wird ein Pendant zur `Form_Load`-Ereignisprozedur gesucht. Dies ist das `FormClosing`-Event eines Formulars, das beim Schließen des Formulars aufgerufen wird. Wählen Sie im Programmcode-Editorfenster aus der linken Auswahl den Eintrag (`Form1-Ereignisse`) und aus der rechten Auswahlliste den Eintrag `FormClosing`. Das führt dazu, dass der Prozedurrahmen für das Ereignis eingefügt wird. Geben Sie hier folgende Befehle ein:

```
My.Settings.Geschlecht = rbMaennlich.Checked
If IsNumeric(tbGewicht.Text) Then
  My.Settings.Gewicht = tbGewicht.Text
End If
```

```
If IsNumeric(tbGroesse.Text) Then
  My.Settings.Groesse = tbGroesse.Text
End If
```

Beim Zuweisen an den Radiobutton `rbWeiblich` wird über den `Not`-Operator einfach das Gegenteil des Werts zugewiesen, den die `Checked`-Eigenschaft des Radiobuttons `rbMaennlich` besitzt.

Ob die gesamten Settings noch einmal gespeichert werden müssen, hängt davon ab, ob in den Projekteigenschaften im Register *Allgemein* die Einstellung *My.Settings beim Herunterfahren speichern* gesetzt ist. Wäre dies nicht der Fall (im Allgemeinen ist dies der Fall), müsste am Ende der Befehl

My.Settings.Save()

ausgeführt werden.

Schritt 5

Starten Sie das Programm, wählen Sie ein Geschlecht, geben Sie Werte für die Größe und das Gewicht ein, und beenden Sie das Programm wieder. Beim nächsten Start sollten diese Werte voreingestellt sein.

1.2.7 Version 7 – der Idealgewichtsrechner lernt sprechen

Vielleicht sind Sie auch Besitzer einer sprechenden Waage, eine der größten Errungenschaften der menschlichen Zivilisation seit der Erfindung des Eierkochers und des Duschvorhangs. Und vermutlich haben Sie bis heute keine Ersatzbatterie eingesetzt, nachdem diese endlich ihren Geist aufgegeben hatte. In der letzten Erweiterung lernt der Idealgewichtsrechner sprechen. Zunächst wird nur »simuliert«, indem eine vorbereitete Wav-Datei abgespielt wird. Danach über die eingebaute Sprachausgabe von Windows XP und Windows Vista. Für die erste Erweiterung nehmen Sie die zu sprechenden Texte mit einem Mikrofon auf und speichern die Aufnahme als Wav-Datei ab (Windows XP bietet dazu den Audiorekorder, der endlich einmal zu seinem verdienten Einsatz kommen kann – der Audiorekorder von Vista zeichnet leider nur im modernen Wma-Format auf, das über `My.Computer.Audio.Play` leider nicht abgespielt werden kann – hier empfiehlt sich z.B. der sehr gute No23 Recorder als Alternative –(*http://no23.de*) –, und spielen diese über `My.Computer.Audio.Play` ab.

Angenommen, Sie haben drei Audioclips angelegt und unter den Namen *Normalgewicht.wav*, *Untergewicht.wav* und *Uebergewicht.wav* abgelegt. Jetzt geht es um die Frage, wie diese per Programm abgespielt werden. Abgespielt wird die erste Sounddatei über diesen Befehl:

```
My.Computer.Audio.Play("Normalgewicht.wav", _
  AudioPlayMode.WaitToComplete)
```

`My.Computer.Audio.Play` ist kein Visual Basic-Befehl, sondern der Aufruf der `Play`-Methode der Klasse `Audio`, die wiederum von der Klasse `Computer` zur Verfügung gestellt wird, die zum `My`-Namespace gehört. Bei `My` handelt es sich um einen universellen »Namen«, über den eine Reihe weiterer Namen angeboten wird, mit denen sich praktisch alles rund um das Programm und den Computer ansprechen lässt. Unter anderem ist auch das Abspielen von Wav-Dateien möglich. *Normalgewicht.wav* ist der Name der Wav-Datei und `AudioPlayMode.WaitToComplete` eine Konstante, die festlegt, dass das Programm erst fortgesetzt wird, wenn die Wav-Datei komplett abgespielt wurde. Doch in welchem Verzeichnis muss die Wav-Datei liegen? Damit das nicht zu einem Suchspiel wird, bietet es sich auch bei Wav-Dateien an, sie als Ressourcen in die Programmdatei einzubauen.

Schritt 1

Auch für diese Erweiterungen müssen Sie kein neues Projekt anlegen (wenngleich Sie diese Ausbaustufe auf der Buch-DVD unter dem Projektnamen *IdealgewichtsrechnerV7.sln* finden). Öffnen Sie die Projekteigenschaften, und wechseln Sie dort in das Register *Ressourcen*.

Schritt 2

Wählen Sie aus der linken Auswahlliste *Audio* aus.

Schritt 3

Wählen Sie über den Button *Ressource hinzufügen* den Eintrag *Vorhandene Datei hinzufügen*, und wählen Sie nacheinander alle die einzelnen Wav-Dateien aus.

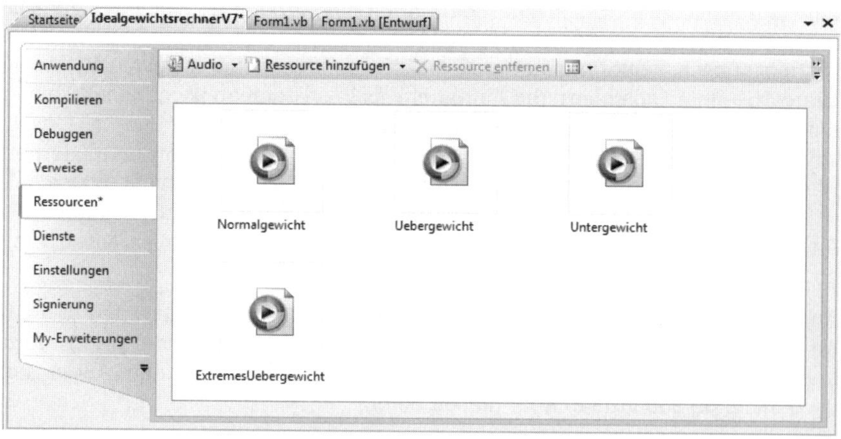

Abb. 1.17: Zu den Programmressourcen können auch Wav-Dateien hinzugefügt werden.

Schritt 4

Schließen Sie den Ressourcendialog, und wechseln Sie an die Stelle, wo eine Sounddatei abgespielt werden soll. Dies wäre zum Beispiel die Stelle, an welcher der Wert der Variablen `Ergebnis` ausgegeben wird. Fügen Sie hier den folgenden Befehl ein:

```
My.Computer.Audio.Play(My.Resources.Uebergewicht,
AudioPlayMode.WaitToComplete)
```

Sie sehen, dass Sie über `My.Ressources.Uebergewicht` genauso elegant auf einen Soundclip zugreifen wie auf eine Bitmap.

Ganz toll ist diese Erweiterung zwar nicht, da eine echte Sprachausgabe sehr viel »cooler« wäre, doch für die ersten Schritte mit Visual Basic kann sie sich sehen lassen. Ein wenig ärgerlich ist, dass Windows schon »seit Jahren« eine Sprachausgabe kennt und mit SAPI (*Speech Application Programming Interface*) auch eine Möglichkeit zur Verfügung steht, diese per Programm ansteuern zu können, die aber weder in Visual Basic noch im .NET Framework zur Verfügung gestellt wird.

Als ambitionierter Programmierer müssen Sie sich immer wieder den Leitsatz erfolgreicher Programmierer vor Augen führen: »Nichts ist unmöglich und es gibt für (fast) alles eine Klasse in der .NET-Klassenbibliothek«. Für die synthetische Sprachausgabe ist die Klasse `SpeechSynthesizer` und die darin enthaltene Methode `Speak` zuständig. Um diese Klasse benutzen zu können, muss allerdings zuerst ein Verweis auf die Bibliothek *System.Speech.dll* eingefügt werden.

Schritt 1

Binden Sie über *Projekt|Verweis hinzufügen* einen Verweis auf die Bibliothek »System Speech« ein, indem Sie in der Liste nach unten scrollen, den Eintrag selektieren und die Auswahl mit *OK* bestätigen. Jetzt stehen die Klassen dieser Bibliothek im Programm zur Verfügung.

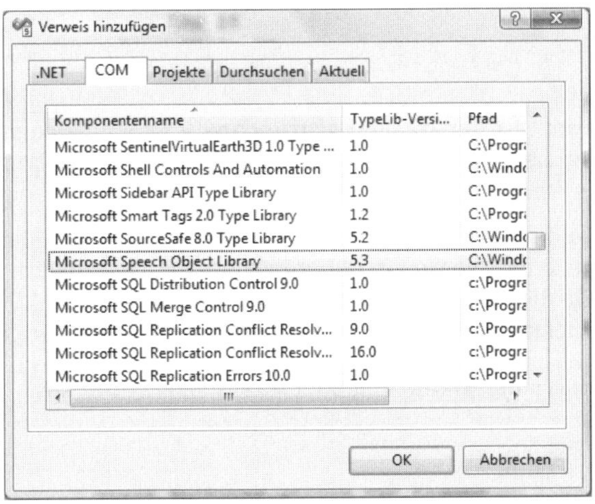

Abb. 1.18: In das Projekt wird ein Verweis auf die System Speech eingefügt.

Schritt 2

Die Sprachausgabe ist wirklich sehr einfach. Sie müssen lediglich die `Speak`-Methode der `SpeechSynthesizer`-Klasse aufrufen. Etwa so:

```
Dim Sp As New System.Speech.Synthesis.SpeechSynthesizer
Sp.Speak("Hello Dave - how are you?")
```

Dass der erste Befehl so lang ist, liegt ganz einfach daran, dass der `SpeechSynthesizer`-Klasse ihr Namespace `System.Speech.Synthesis` vorangestellt werden muss. Leser, die sich bereits etwas besser auskennen, können oberhalb des `Class`-Befehls einen `Imports`-Befehl einfügen:

```
Imports System.Speech.Synthesis
```

Damit vereinfacht sich die Deklaration ein wenig:

```
Dim Sp As New SpeechSynthesizer
Sp.Speak("Hello Dave - how are you?")
```

Probieren Sie es aus und Sie werden feststellen, dass die Ausgabe bezüglich ihrer Qualität vielleicht in einen frühen Roland-Emmerich-Film passen würde, aber sicher nicht in das Jahr 2009. Doch zum Beeindrucken von älteren Verwandten reicht sie sicherlich aus. Mit Windows 7 wird das alles bestimmt besser werden.

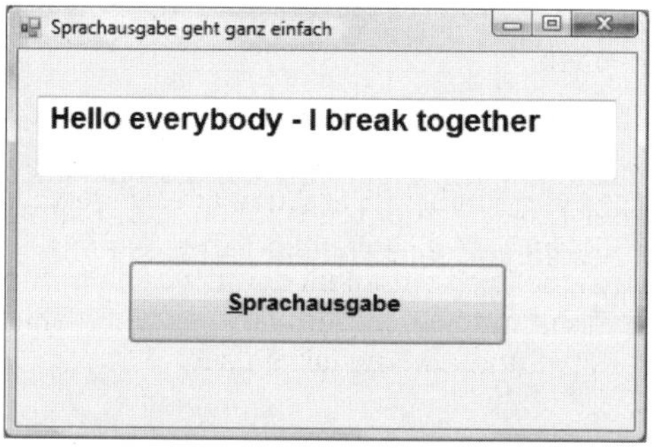

Abb. 1.19: Visual Basic kann auch sprechen.

Damit ist der Idealgewichtsrechner erst einmal komplett (natürlich können Sie ihn nach Herzenslust erweitern – Ideen gäbe es genug). Ihre Version sollte jetzt in etwa mit jener übereinstimmen, die in Abbildung 1.5 zu sehen ist.

Sollten noch einige Punkte bei der Umsetzung unklar geblieben sein, keine Sorge, diese werden in den folgenden Kapiteln erklärt. Im nächsten Kapitel lernen Sie die Entwicklungsumgebung von Visual Basic 2008 kennen, in Kapitel 4 die wichtigsten Befehle der Programmiersprache, und in Kapitel 3 sind die Formulare und Steuerelemente an der Reihe, mit denen die Benutzeroberflächen von Windows-Anwendungen zusammengebaut werden.

1.3 Den Idealgewichtsrechner weitergeben

Der Idealgewichtsrechner ist fertig. Sie können auf das Ergebnis stolz sein. Auch wenn Sie zu diesem Zeitpunkt vielleicht nicht jedes Detail durchschauen, bis zu diesem Punkt muss man erst einmal gelangen (der Autor hofft natürlich, dass Sie nicht den bequemen Weg gegangen sind und das Projekt einfach von der Buch-DVD geladen haben).

Bislang wurde das Programm nur in der Visual Basic-IDE ausgeführt. Gibt es denn auch eine Programmdatei, und wenn ja, genügt es, diese weiterzugeben, sodass auch Freunde, Bekannte, Verwandte, fremde Menschen, eheliche wie uneheliche Kinder das Programm auf ihrem PC ausführen können? Die gibt es natürlich. Es sind gleich mehrere:

- Sie geben einfach die Programmdatei in Gestalt der Exe-Datei weiter. Sie enthält zwar das komplette Programm (inklusive etwaiger Ressourcen), kann aber nur dort ausgeführt werden, wo die .NET-Laufzeit bereits installiert wurde.
- Sie erstellen ein Setup-Projekt für das Projekt und erhalten eine Msi-Datei, die sämtliche Dateien enthält, die für die Programmausführung benötigt werden. Der Anwender erhält die Msi-Datei, die er oder sie nur ausführen muss. Die .NET-Laufzeit muss auch hier bereits vorhanden sein. Setup-Projekte gibt es nicht bei Visual Basic 2008 Express. Eine praktische Alternative lernen Sie in Kapitel 16 kennen.
- Sie veröffentlichen das Projekt über den gleichnamigen Befehl im *Erstellen*-Menü. Dabei werden alle für die Installation benötigten Dateien in ein Verzeichnis kopiert, das Sie zuvor festgelegt haben. Der Anwender startet die Installation durch Aufruf der beim Veröffentlichen angelegten *Setup.exe-Datei*. Diese Form der Weitergabe eignet sich vor allem dann, wenn der Anwender in einem lokalen Netzwerk mit minimalem Aufwand das Programm auf seinen Arbeitsplatzcomputer holen und dort ausführen soll.

1.3.1 Die Rolle der Programmdatei

Die Programmdatei ist stets eine Datei mit der Erweiterung *.exe*. Es gibt bei Visual Basic keinen Interpreter, ein Programm wird in der IDE grundsätzlich kompiliert. Dies ist der Grund, warum es keinen »Exe-Datei erstellen«-Befehl im *Datei*-Menü gibt – es wird immer eine Exe-Datei angelegt. Schön und gut, doch wo finde ich sie? Dazu müssen Sie wissen, dass Visual Basic für jedes Projekt (per Defaulteinstellung) gleich ein neues Verzeichnis mit verschiedenen Unterverzeichnissen anlegt – mehr dazu in Kapitel 2. Nur so viel: Die Exe-Datei finden Sie im Unterverzeichnis *\bin\debug* des Projektverzeichnisses. Lautet der Pfad des Projektverzeichnisses z.B. *C:\Dokumente und Einstellungen\Administrator\Eigene Dateien\Visual Studio 2008\Projects\Idealgewichtsrechner*, finden Sie die Exe-Datei im Unterverzeichnis *Idealgewichtsrechner\bin\debug* – ein wenig umständlich, doch so ist es nun einmal.

Jetzt kommt der wichtigste Punkt. Auch wenn Sie nur die Exe-Datei weitergeben müssen, Voraussetzung dafür, dass Ihr Programm auf einem anderen PC installiert werden kann, ist, dass dort die .NET-Laufzeit (einmalig) installiert wurde. Leider gibt es inzwischen zwei Versionen, die beide eine Rolle spielen: 2.0 und 3.5. Die beste Wahl ist natürlich stets die aktuellste Version, doch ist das .NET 3.5 Framework mit knapp 200 MByte ein recht umfangreicher Download, insbesondere, wenn man sie herunterladen muss, nur um eine Anwendung ausführen zu können. Sie finden diese Version auf der Microsoft-Webseite unter *http://www.microsoft.com/downloads* – der offizielle Name ist »Microsoft .NET Framework 3.5«. Dabei gibt es noch eine kleine Hürde zu nehmen. Die oben auf der Seite angebotene Datei *DotNetFx35setup.exe* ist mit knapp 3 MByte zwar angenehm kompakt, doch handelt es sich hier wieder nur um einen Bootstrap-Loader, der den Rest des Frameworks aus dem Internet nachlädt. Weiter unten auf der Seite finden Sie, gut versteckt, das *.NET Framework 3.5 full package*. Dahinter steckt die Datei *Dotnetfx35.exe*, und die ist knapp 200 MByte groß. Dies ist die offizielle .NET-Laufzeit, die Sie, wenn irgendwie möglich, weitergeben sollten.

Microsoft hat angekündigt, dass mit .NET 3.5 SP1 die Laufzeit wieder auf die üblichen 20 MByte reduziert werden soll. Eventuell liegt diese Variante bereits vor, wenn Sie diese Zeilen lesen.

Natürlich können Sie auch Visual Basic 2008 auf dem anderen Rechner installieren. Das würde genauso funktionieren, wenngleich es ein wenig übertrieben wäre.

1.4 Zusammenfassung

Sie haben Ihre erste Entdeckungsreise durch die hoffentlich interessante und abwechslungsreiche Welt der Windows-Programmierung hinter sich. Herausgekommen ist eine Reihe kleiner Windows-Programme, die durchaus eine nützliche Aufgabe erfüllen. Visual Basic 2008 hat sich dabei als ein freundliches, hilfsbereites und konsequent durchdachtes Werkzeug erwiesen. Mit dem gleichen Visual Basic erstellen Sie vielleicht eines Tages Anwendungen, die aus Tausenden von Befehlszeilen bestehen und die vielleicht große Aufgaben bewältigen, von denen viele Menschen profitieren (und durch die Sie vielleicht nicht reich und berühmt, aber finanziell unabhängig werden). Bis dahin ist es aber noch ein weiter Weg. In den nächsten Kapiteln stehen die Grundlagen der Visual Basic-Programmierung auf dem Programm.

1.5 Fragen zum Abschluss des Kapitels

Warum sollte ein neues Projekt möglichst bald gespeichert werden? **Frage 1**

Wo wird ein Projekt gespeichert, wenn nichts anderes festgelegt wird? **Frage 2**

Was passiert, wenn in Visual Basic die [F5]-Taste gedrückt wird? **Frage 3**

Ein Programmierer aus *Wuppertal* möchte in seinem Programm Plattencover anzeigen und fügt die Jpg-Dateien zu den Programmressourcen hinzu. Wenn das Programm weitergegeben wird, müssen auch die Jpg-Dateien weitergegeben werden? **Frage 4**

Wo wird der Name der Programmdatei eingestellt, die beim Drücken von [F5] jedes Mal kompiliert wird? **Frage 5**

Ein Programmierer aus *Lüdenscheid* möchte seinem Kumpel das gerade fertig gewordene Programm vorführen und schickt es ihm per Mail zu. Kann dieser die Exe-Datei sofort ausführen? **Frage 6**

Die Antworten zu den Fragen finden Sie in Anhang C.

Kapitel 2

jetzt lerne ich

Rundgang durch die Visual Basic 2008-IDE

Früher war vieles überschaubarer. Es gab den Ostblock, eine harte D-Mark, und die Einheit beim Telefonieren kostete 20 Pfennig, egal wohin man innerhalb der BRD telefonierte. Es gab eine Sorte Benzin, und der Liter kostete etwa 90 Pfennig (also 45 Cent) Heutzutage ist alles etwas vielschichtiger geworden. Das betrifft auch Visual Basic. Früher, also zu Zeiten der Vorgängerversion Visual Basic 6.0 (das ist einige Jahre her), war Visual Basic Entwicklungsumgebung, Programmiersprache und Laufzeit in einem. Es gab keinen Grund, diese drei Dinge zu unterscheiden. Bei Visual Basic 2008 ist alles ein wenig anders. Es gibt die Entwicklungsumgebung, die, je nach Edition (und damit Preisklasse), entweder Visual Basic 2008 oder Visual Studio 2008 heißt. Es gibt die Programmiersprache Visual Basic – sie trägt aktuell die Versionsnummer 9.0 – und es gibt eine separate Laufzeit, das .NET Framework, das in der Version 3.5 vorliegt. Zum Glück tritt diese Dreiteilung beim Programmieren nur selten in Erscheinung, aber es ist wichtig zu wissen, dass bei Visual Basic 2008 im Vergleich zu früheren Versionen nicht mehr alles aus einem Guss ist.

Sie lernen in diesem Kapitel

- die Auswahl eines Projekts
- das Öffnen eines vorhandenen Projekts
- das Anpassen der Visual Studio-IDE
- das Hinzufügen externer Tools.

In diesem Kapitel lernen Sie die Entwicklungsumgebung Visual Basic 2008 kennen, die auch Visual Studio heißt. Oder andersherum: Visual Basic 2008 Express ist Visual Studio 2008, nur dass Visual Basic als einzige Programmiersprache enthalten ist. Visual Studio 2008 enthält ab der Standard Edition neben Visual Basic auch die Programmiersprache C#. Falls Visual Basic 2008 Ihre erste Entwicklungsumgebung sein sollte: Eine Entwicklungsumgebung (auf Englisch »Integrated Development Environment« oder kurz IDE) ist eine typische Anwendung, wie etwa eine Textverarbeitung, mit der Sie den Programmtext eingeben, die aus Formularen und Steuerelementen bestehende Benutzeroberfläche umsetzen und das Programm testen und ausführen.

2.1 Der erste Start von Visual Basic 2008

Nach dem Start erscheint eine typische »Fensterumgebung«. Lassen Sie sich von den vielen Symbolleisten und den umfangreichen Menüleisten nicht irritieren, Visual Basic 2008 ist eine sehr freundliche Anwendung, in der Sie sich schnell zu Hause fühlen werden.

Die wichtigsten Arbeitsschritte mit der Visual Basic 2008-IDE sind:

- Das Anlegen neuer Projekte und das Öffnen vorhandener Projekte
- Das Zusammenstellen von Windows-Oberflächen mit dem WinForms-Designer (der in Kapitel 3 vorgestellt wird)
- Das Eingeben von Befehlen mit dem Programmcode-Editor
- Das Ausführen und Testen von Programmen
- Das »Veröffentlichen« einer Anwendung, bei dem alle für die Installation benötigten Dateien in ein Verzeichnis kopiert werden, von dem aus die Anwendung installiert werden kann

2.1.1 Die Rolle der Projekte

Projekte gab es bei Visual Basic schon immer. Ein Projekt ist nichts anderes als ein Name, der alle an dem Projekt beteiligten Dateien unter einem Dach zusammenfasst. Ein Projekt ist nicht gleichbedeutend mit einem Programm, da ein Projekt auch Dateien umfasst, die nur indirekt zum Programm gehören. Allerdings führt die Übersetzung eines Projekts zu einem ausführbaren Programm oder einer (indirekt) ausführbaren Programmbibliothek.

Sobald Sie ein neues Projekt anlegen, legen Sie folgende Dinge an:

- Eine Projektdatei – sie trägt bei Visual Basic die Erweiterung *.vbproj*.
- Eine Projektsammelmappendatei – auch wenn es eher die Ausnahme ist, geht Visual Basic 2008 davon aus, dass Sie mehrere Projekte in einer solchen Projektsammelmappe zusammenfassen möchten. Die Projektsammelmappendatei trägt die Erweiterung *.sln*.

Je nach Projekttyp wird in das Projekt eine Formulardatei, eine Moduldatei oder eine Klassendatei eingefügt. Sie tragen immer die Erweiterung *.vb*.

Für jedes neue Projekt wird ein eigenes Verzeichnis angelegt, in dem sich alle Projektdateien befinden. Am Anfang ist dies ein temporäres Verzeichnis, beim ersten Speichern wird daraus ein dauerhaftes Verzeichnis.

2.1.2 Der Projektmappen-Explorer

Der Inhalt eines Projekts wird im Projektmappen-Explorer angezeigt. Es ist ein kleines Fenster, das nicht nur alle Dateien anzeigt, sondern auch die hierarchische Struktur des Projekts wiedergibt. Kommt Ihnen diese Struktur vielleicht bekannt vor? Kein Wunder, Sie finden sie auch im Windows-Explorer. Tatsächlich ist es so, dass die Projektstruktur der Verzeichnisstruktur im Projektverzeichnis 1:1 entspricht. Legen Sie z.B. im Projektmappen-Explorer einen neuen Ordner an, wird dadurch auch ein neuer Ordner im Projektverzeichnis angelegt. Ja mehr noch, Visual Studio »überwacht« das Projektverzeichnis auf der Festplatte, sodass Änderungen, die außerhalb von Visual Studio an einer zum Projekt gehörenden Datei vorgenommen werden, von Visual Studio erkannt werden. Sie werden in einem solchen Fall gefragt, ob Sie die Datei in Visual Studio aktualisieren möchten.

Wo ist der Projektmappen-Explorer? Er ist meistens am rechten Rand sichtbar, aber nicht immer. Er wird entweder über das ANSICHT-Menü oder über [Strg] + [R] sichtbar gemacht.[1]

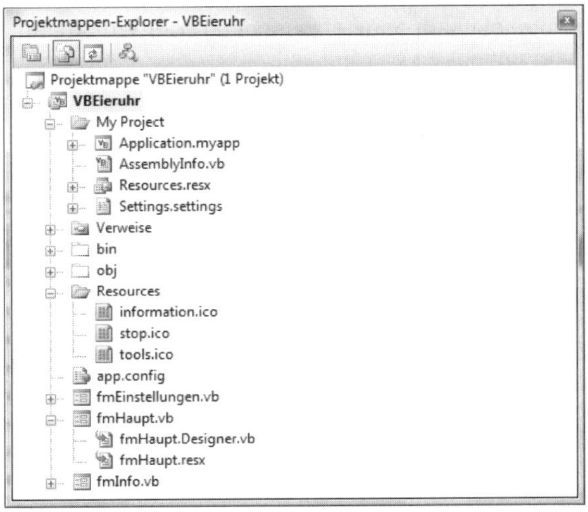

Abb. 2.1: Der Projektmappen-Explorer zeigt alle Dateien (und auch Verzeichnisse) im Projekt an.

Wenn Sie eine Datei aus dem Projekt entfernen, wird sie dadurch nicht gelöscht, sondern ist lediglich nicht mehr Teil des Projekts. Möchten Sie sie ganz löschen, geschieht dies über den *Löschen*-Eintrag im Kontextmenü der Datei.

1. Diese Tastenkombination funktioniert nicht immer.

Der Projektmappen-Explorer besitzt viele Ähnlichkeiten mit dem Windows-Explorer. Unter anderem können Sie Dateien mit der Maus ziehen und an einer anderen Stelle im Projektmappen-Explorer ablegen, was manchmal sehr praktisch sein kann, wenn Sie Dateien von einem Projekt in ein anderes Projekt transferieren wollen. Sie werden dadurch auch in das Projektverzeichnis kopiert.

Die versteckten Dateien anzeigen

Jedes Projekt enthält eine Reihe »versteckter« Dateien, die am Anfang nicht sichtbar sind. Der Grund, warum diese Dateien versteckt werden, hat nichts mit einem Suchspiel mit wertvollen Preisen zu tun, sondern mit dem Umstand, dass sie normalerweise nicht editiert werden sollen. Ein Beispiel ist die Designerdatei eines Formulars, die den vom Formulardesigner bei jeder Änderung generierten Quellcode enthält. Hier sollten Sie, auch wenn es möglich wäre, keine Änderungen durchführen.

2.1.3 Ein vorhandenes Projekt öffnen

Ein vorhandenes Projekt zu öffnen bedeutet, entweder die Projektdatei (Erweiterung *.vbproj*) oder die Projektmappendatei (Erweiterung *.sln*) zu lokalisieren und zu öffnen. Entweder in Visual Basic über DATEI|PROJEKT ÖFFNEN, über [Strg] + [O] oder per Doppelklick auf die Datei.

Sowohl die Projektmappen- als auch die Projektdatei sind Textdateien (im XML-Format), die sich auch mit einem normalen Editor editieren lassen. Das kann bei der Projektmappendatei manchmal erforderlich sein, wenn der Pfad der Projektdatei angepasst werden soll.

Die Projektdatei ist eine MsBuild-Datei und nicht so einfach zu editieren (da sie recht kompliziert aufgebaut ist). MsBuild ist ein Microsoft-Programm, mit dessen Hilfe sich mehrere Projektdateien nach gewissen Regeln außerhalb der IDE übersetzen lassen.

2.1.4 Ein neues Projekt anlegen

Bevor Sie mit Visual Basic programmieren können, müssen Sie entweder ein neues Projekt anlegen oder ein vorhandenes Projekt öffnen. Auch wenn dies ein reiner Formalismus ist (im einfachsten Fall besteht ein Visual Basic-Programm aus einer einzigen Quelltextdatei, die vom Compiler in eine Exe-Datei kompiliert wird), gibt es dazu keine Alternative.

Visual Basic 2009 Express bietet Ihnen verschiedene Projekttypen an. In diesem Buch geht es beinahe ausschließlich um den Projekttyp *Windows-Anwendung*. Bei Visual Studio 2008 Standard oder Professional ist die Projektauswahl deutlich größer. Doch egal, für welchen Projekttyp Sie sich entscheiden, am Ende kommt immer eine Exe- oder eine Dll-Datei heraus.

Der Visual Basic-Compiler kennt nur drei verschiedene »Programmtypen«:

- Die Windows-Anwendung (Exe-Datei)
- Die Konsolen-Anwendung (Exe-Datei)
- Die Programmbibliothek (Dll-Datei)

Und warum gibt es dann bei Visual Basic so viele unterschiedliche Projekttypen (nicht Programmtypen), die nach dem Start zur Auswahl stehen? Ganz einfach, um Ihnen etwas Arbeit abzunehmen, denn die Auswahl eines Projekttyps bedeutet lediglich, dass gewisse Voreinstellungen für einen der drei Programmtypen getroffen werden.

Hinter den angebotenen Projektvorlagen stehen Zip-Dateien im Visual Studio-Vorlagenverzeichnis (z.B. unter *C:\Program Files\Microsoft Visual Studio 9.0\Common7\IDE\ProjectTemplates\VisualBasic\Windows\1031*), die alle zum Projekt gehörenden Vorlagendateien enthalten. Es ist sowohl möglich, diese Vorlagendateien zu bearbeiten als auch komplett neue Vorlagen hinzuzufügen. Der einfachste Weg, eine neue Vorlage anzulegen, besteht darin, in Visual Basic über DATEI|VORLAGE EXPORTIEREN aus dem aktuellen Projekt eine Vorlage zu machen.

2.1.5 Projekte starten, anhalten und beenden

Bei Visual Basic starten Sie nicht ein Programm, sondern das Projekt – genauer die Projektmappe (die auch mehrere Projekte umfassen kann). Den zuständigen Befehl finden Sie im DEBUGGEN-Menü unter dem Namen *Debuggen starten*. Machen Sie sich über diesen Umstand im Moment noch keine Gedanken – das Debuggen lernen Sie in Kapitel 10 kennen.

Am einfachsten funktioniert der Programmstart über die [F5]-Taste oder den grünen Startpfeil in der Symbolleiste.

Ein Projekt kann zwar jederzeit über [Strg] + [Pause] unterbrochen werden, oft wird zu diesem Zeitpunkt aber kein Befehl ausgeführt, da das Programm gerade auf Benutzereingaben wartet. In diesem Fall führt das Unterbrechen nicht dazu, dass das Programm an einer bestimmten Befehlszeile anhält. Da dies aber im Allgemeinen gewünscht wird, muss bei der Zeile, an der das Programm anhalten soll, ein Haltepunkt gesetzt werden. Sie setzen den Cursor in diese Zeile und drücken [F9], um den Haltepunkt zu setzen (auf die gleiche Weise wird er später wieder aufgehoben). Wenn Sie das Programm das nächste Mal starten und die Befehlszeile erreicht wird, hält das Programm an dieser Stelle an, und Sie können sich z.B. im Direktfenster oder im Lokalfenster die Werte von Variablen anschauen, die Befehlszeile ändern und vieles mehr. Mehr zum Thema Debuggen in Kapitel 10.

Ein Programm wird am einfachsten über das *Anhalten*-Symbol (Debuggen beenden) in der Symbolleiste beendet. Sie können auch das Anwendungsfenster schließen, allerdings muss dies nicht immer dazu führen, dass das Programm auch tatsächlich beendet wird.

Abb. 2.2: Über die Symbole in der Standard-Symbolleiste wird ein Programm gestartet, unterbrochen und beendet.

2.1.6 Projekte speichern

Auch wenn Visual Studio für jedes neue Projekt ein temporäres Verzeichnis anlegt, sollten Sie ein neues Projekt möglichst bald nach dem Anlegen speichern – stürzt Windows einmal ab (was auch bei Windows Vista durchaus vorkommen kann), sind die Projektdateien sicher, was bei einem temporären Projekt nicht der Fall ist.

Am einfachsten speichern Sie das Projekt über DATEI|ALLES SPEICHERN. Dadurch werden alle geänderten Dateien gespeichert. Dies geschieht übrigens auch vor jedem Start, sodass Sie daran nicht denken müssen.

Wo finde ich meine Projekte?

Das Projekt wurde gespeichert, die IDE wurde geschlossen. Wenn Sie Visual Basic das nächste Mal starten, wählen Sie die zuletzt gespeicherten Projekte am einfachsten über die Startseite (hier werden stets die Namen der zuletzt gespeicherten Projekte aufgelistet) oder über das DATEI-Menü im Untereintrag *Zuletzt geöffnete Projekte* aus. Doch was ist, wenn das Projekt hier nicht angeboten wird, Sie sich aber sicher sind, es gespeichert zu haben?

Alle Projektdateien werden, sofern Sie beim Anlegen des Projekts kein anderes Verzeichnis gewählt haben, im Verzeichnis *\Eigene Dateien\Visual Studio 2008\Projects* abgelegt. Hier gibt es für jedes Projekt ein eigenes Verzeichnis, dessen Name dem Projektnamen entspricht. In diesem Verzeichnis finden Sie die Projektmappendatei (sie trägt die Erweiterung *.sln*). Wenn Sie auf diese Datei doppelklicken, wird die Projektmappe mit dem Projekt geladen. Die Projektdateien selbst befinden sich in einem weiteren Unterverzeichnis, das ebenfalls den Namen des Projekts trägt. Hier finden Sie auch die Projektdatei (nicht zu verwechseln mit der Projektsammelmappendatei, sie trägt die Erweiterung *.vb-proj*). Auch auf diese Datei können Sie doppelklicken, um das Projekt zu laden (dabei wird aber eine Projektmappe angelegt, die Sie am Ende gegebenenfalls speichern müssen).

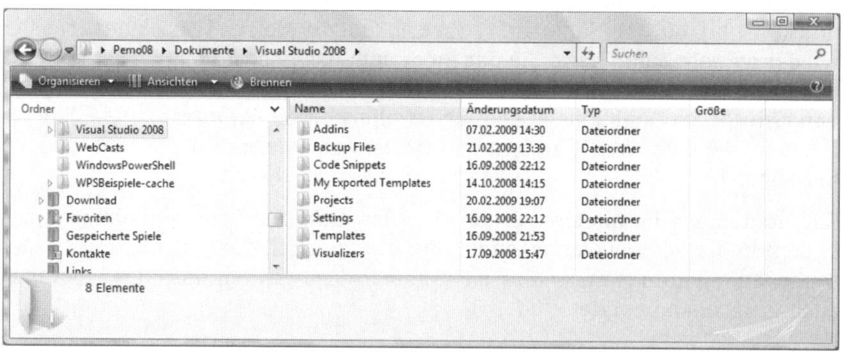

Abb. 2.3: Alle Visual Basic-Projekte werden per Default in einem Unterverzeichnis von Eigene Dateien abgelegt.

Der einfachste Weg, ein Projekt zu laden, besteht in der Auswahl der Projektmappendatei (Sln-Datei).

Bei Visual Basic 2008 Express gibt es keine Versionskontrolle. Es ist daher nicht möglich, einen älteren Stand des Projekts wiederherzustellen, da es stets nur einen Projektstand gibt. Falls Sie eine Version sichern möchten, müssen Sie alle Projektdateien außerhalb der IDE in ein anderes Verzeichnis kopieren (etwa in ein Unterverzeichnis vom Projektverzeichnis).

Wäre das nicht eine nette Idee für ein Add-In? Ein Erweiterung, die per Knopfdruck alle Projektdateien in ein ausgewähltes Verzeichnis sichert? Mit Sicherheit, doch leider sind Add-Ins bei Visual Basic 2008 Express nicht »erlaubt«.

2.1.7 Listings ausdrucken

Hin und wieder möchte man ein Programmlisting auch ausdrucken. Zum einen, um es zu dokumentieren (auch ein Ausdruck ist eine Art Sicherungskopie, wenngleich man diese nicht einfach wieder einscannen kann, um das Programm wiederherzustellen[1]). Zum anderen, weil sich auf einem Blatt Papier ein Fehler oft besser finden lässt als auf dem Bildschirm.

Das Drucken geschieht, wie vermutlich bei jeder anderen Anwendung auch, über den Menübefehl DATEI|DRUCKEN. Leider gibt es praktisch keine Einstellmöglichkeiten, und es ist nicht möglich, das komplette Projekt auszudrucken, sondern immer nur einzelne Module. Das Drucken einer Formularoberfläche ist aus der IDE heraus nicht möglich.

2.1.8 Projekteigenschaften

Projekteigenschaften sind Einstellungen, die für ein Projekt gelten, wie z.B. der Projektname (also nicht der Name der Projektdatei) oder die Einstellungen, die beim Übersetzen des Projekts eine Rolle spielen. Es gibt am Anfang nur selten einen Grund, Projekteigenschaften zu ändern. Tabelle 2.1 stellt daher die wichtigsten Eigenschaften auch nur tabellarisch zusammen (und um das schlechte Gewissen des Autors zu beruhigen, damit auch dieses Thema abgehandelt ist).

Tabelle 2.1: Wichtige Projekteigenschaften und wo man sie findet

Einstellung	Bedeutung	Register
Name der Assembly, die beim Kompilieren entsteht.	Muss im Allgemeinen nicht geändert werden.	Anwendung
Startformular	Legt bei einer Anwendung mit mehreren Formularen fest, welches Formular als Erstes angezeigt wird.	Anwendung
Importierte Namespaces	Dadurch müssen die Namespaces nicht mehr über den `Imports`-Befehl bekannt gemacht werden.	Verweise

1. Theoretisch müsste das natürlich möglich sein. Probiert hat es vermutlich noch niemand.

Die Projekteigenschaften werden über das PROJEKT-Menü eingestellt, indem Sie den untersten Eintrag auswählen. Er lautet *<Projektname>-Eigenschaften*, wobei <Projektname> für den Namen des aktuellen Projekts steht.

2.1.9 Der Aufbau eines Visual Basic-Projekts

Am Anfang wirkt der Umgang mit Projekten vielleicht ein wenig kompliziert, doch der Eindruck täuscht natürlich. Sie müssen nur daran denken, dass Visual Basic seine Projektverwaltung auf der Grundlage einer Verzeichnishierarchie durchführt. Konkret, im Projektmappen-Explorer sehen Sie stets den Inhalt einer Verzeichnisstruktur. Jeder Eintrag ist entweder ein Verzeichnis, eine Datei oder eine Verknüpfung auf eine Datei.

Im Folgenden sollen der Projektmappen-Explorer und der Aufbau eines Visual Basic-Projekts am Beispiel eines Projekts veranschaulicht werden, das Sie auf der Buch-DVD finden. Das Projekt ist die VBEieruhr, die in Kapitel 14 vorgestellt wird.

Schritt 1: Laden eines Projekts

Auch wenn Visual Basic 2008 per Voreinstellung immer eine Projektmappendatei anlegt, soll im Folgenden nur die Projektdatei geladen werden. Wählen Sie im DATEI-Menü *Projekt öffnen*, und laden Sie die Projektdatei *VBEieruhr.vbproj*.

Schritt 2: Anzeigen des Projekts im Projektmappen-Explorer

Machen Sie den Projektmappen-Explorer über [Strg] + [R] sichtbar.

Schritt 3: Anzeigen des Verzeichnisinhalts

Um zu »beweisen«, dass hinter jedem Projekt tatsächlich eine Verzeichnisstruktur steht, öffnen Sie das Verzeichnis, in dem sich die Projektdatei befindet. Sie werden feststellen, dass sich alle Dateien und Verzeichnisse, die im Projektmappen-Explorer angezeigt werden, auch im Verzeichnis befinden. Auch jene »unsichtbaren« Dateien, die normalerweise im Projektmappen-Explorer nicht angezeigt werden.

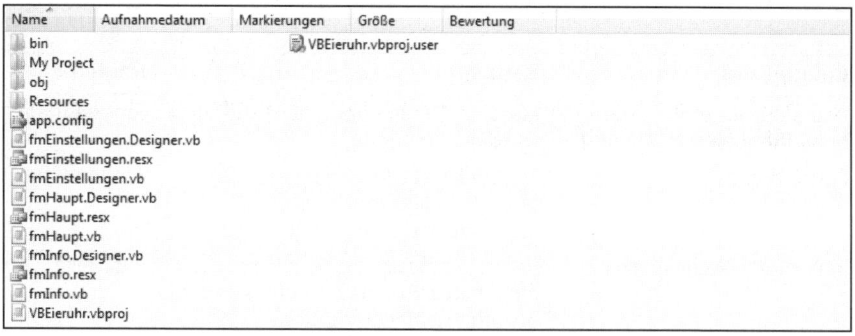

Abb. 2.4: Das Projektverzeichnis enthält alle Verzeichnisse und Dateien, die im Projektmappen-Explorer angezeigt werden.

An der Spitze der Projekthierarchie befindet sich die Projektmappen-Datei; darunter die Projektdatei; eine Ebene tiefer alle Dateien, die zu dem Projekt gehören. Die meisten Dateien besitzen die Erweiterung *.vb*, es handelt sich um Visual Basic-Quelltextdateien. Die Ausgabedatei (also jene Datei, die beim »Projektstart« jedes Mal erstellt wird) befindet sich im Ausgabeverzeichnis, in diesem Fall heißt es *bin\debug*.

Darüber hinaus gibt es eine Reihe von »Spezialeinträgen«, wie *My Project* oder *Ressources*. Sie werden in Tabelle 2.2 vorgestellt.

Tabelle 2.2: Feste Bestandteile eines jeden Visual Basic-Projekts

Projektbestandteil	**Welche Rolle spielt es?**
MyProject	Steht für ein Verzeichnis, in dem alle zum Projekt gehörenden Dateien mit Projekteinstellungen zusammengefasst werden.
Verweise	Hier werden die Bibliotheken aufgeführt, die beim Kompilieren einbezogen werden.
Bin	Hier ist die Assembly-Datei abgelegt, die beim Kompilieren erstellt wird.

Schritt 4: Verborgene Dateien sichtbar machen

Der Projektmappen-Explorer zeigt Ihnen am Anfang nur die halbe Wahrheit, viele Dateien sind zunächst verborgen, da weniger erfahrene Programmierer nicht auf die Idee kommen sollen, an ihnen herumzudoktern. Über das Symbol *Alle Dateien anzeigen* in der kleinen Symbolleiste des Projektmappen-Explorers machen Sie alle Dateien sichtbar, wozu es am Anfang aber keinen zwingenden Grund gibt.

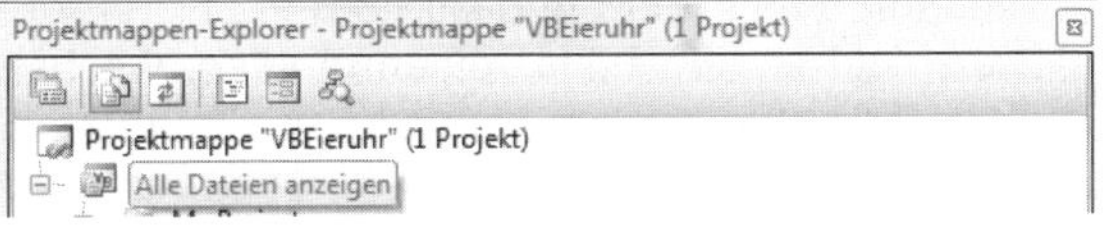

Abb. 2.5: Im Projektmappen-Explorer wurden alle Dateien sichtbar gemacht.

Dateien zu einem Projekt hinzufügen

Sie können zu einem Projekt sowohl vorhandene als auch neue Elemente hinzufügen. Achten Sie darauf, dass vorhandene Dateien in das Projektverzeichnis kopiert werden. Möchten Sie das nicht, müssen Sie beim Anklicken des *Hinzufügen*-Buttons aus der kleinen Auswahlliste *Als Verknüpfung hinzufügen* auswählen – das kann leicht übersehen werden.

2.2 Die IDE als Nachhilfelehrer

Eingabefehler werden bei Visual Studio bereits bei der Eingabe angezeigt. Sie tippen eine Befehlszeile ein, drücken die [↵]-Taste, um sie abzuschließen, und der Visual Basic-Compiler tritt in Aktion und schaut nach, was Sie dem Computer versucht haben mitzuteilen. Falls der Compiler mit irgendetwas nicht einverstanden sein sollte, wird die betreffende Stelle wie bei einer modernen Textverarbeitung, mit einer gewellten blauen Linie unterstrichen. Ja mehr noch, oft erscheint ein rotes Ausrufezeichen, das Sie anklicken können, um weitere Informationen über den Fehler zu erhalten. Alle Fehler werden in einem eigenen Fenster, der Fehlerliste, zusammengefasst.

Neben den Fehlern gibt es bei Visual Basic auch Warnungen. Ein Beispiel ist eine Variable, die zwar deklariert, der aber noch kein Wert zugewiesen wurde. Das ist zwar nicht falsch, allerdings sollte man keine Variablen definieren, die nicht benötigt werden. Visual Basic zeigt in diesem Fall eine Warnung an, die mit einer grünen Wellenlinie unterstrichen wird.

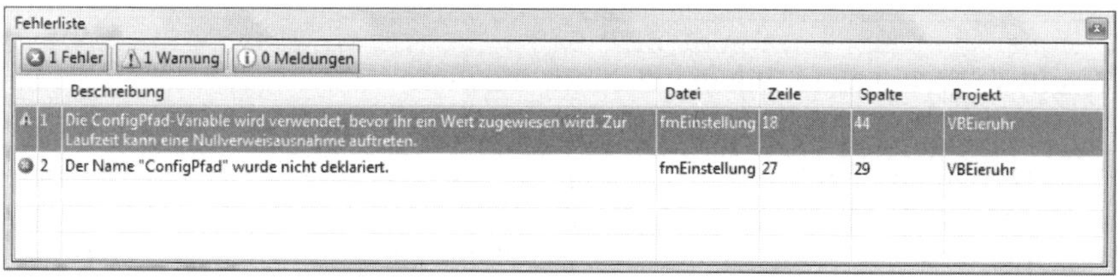

Abb. 2.6: In der Fehlerliste werden Fehler und Warnungen angezeigt.

TIPP

Sollten Sie die grünen Warnmeldungen irritieren, können Sie sie einfach abschalten. Wechseln Sie dazu über PROJEKT|<PROJEKTNAME>-EIGENSCHAFTEN in das Dialogfeld für die Projekteigenschaften, wechseln Sie dort in das Register *Kompilieren*, und legen Sie da für die Bedingung *Verwendung der Variablen vor Zuweisung* fest, ob sie als Warnung, Fehler oder gar nicht angezeigt werden soll. Es ist kein Problem, Warnungen zu unterdrücken. Diese Dinge spielen in erster Linie bei großen Programmen eine Rolle.

Machen Sie ein kleines Experiment, und benehmen Sie sich beim Programmieren absichtlich ein wenig daneben. Definieren Sie eine Prozedur, und geben Sie dort den folgenden Befehl ein:

```
Sub Test
  Private Zahl As Integer
End Sub
```

Es ist klar, dass das nicht geht, denn der `Private`-Befehl darf nicht innerhalb einer Prozedur stehen, es muss `Dim` heißen. Das hat natürlich auch die IDE bemerkt, die Sie ganz dezent darauf hinweist. Klicken Sie auf den kleinen Pfeil des SmartTag-Symbols, und lassen Sie sich (hoffentlich angenehm) überraschen.

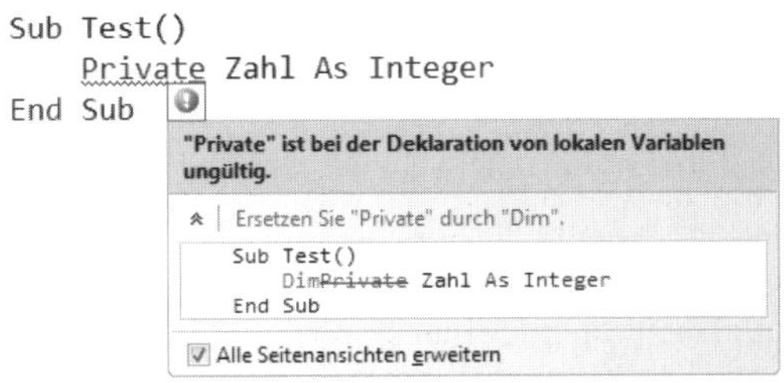

Abb. 2.7: So nicht, lieber Programmierer! Schau her, so wird es richtig gemacht.

2.3 Der Programmcode-Editor

Die IDE ist in erster Linie dazu da, Programmbefehle eingeben zu können. Das geschieht im Programmcode-Editor. Unmittelbar nach dem Start der IDE ist er im Allgemeinen nicht sichtbar. Eine Möglichkeit, ihn sichtbar zu machen, besteht darin, eine Quelltextdatei im Projektmappen-Explorer doppelt anzuklicken. Bei Formularen (bzw. allgemein bei allen Dateien, zu denen es einen Designer gibt) führt dies noch nicht zum gewünschten Effekt, denn es wird lediglich der Formulardesigner angezeigt. Erst über die [F7]-Taste gelangen Sie in den Programmcode-Editor, der den Inhalt der hinter dem Formular stehenden Klasse anzeigt. Eine Alternative zur [F7]-Taste ist das Symbol *Code anzeigen* in der Symbolleiste des Projektmappen-Explorers.

Der Programmcode-Editor ist im Prinzip ein typischer Editor, also eine Fläche, in der man Zeile für Zeile eintippt und am Zeilenende brav die [↵]-Taste drückt. Es gibt aber ein paar Besonderheiten, die man von Anfang an kennen sollte:

- Es lassen sich Zeilennummern anzeigen – mehr dazu in Kapitel 2.4.3.
- Zwischen den Prozeduren wird eine horizontale Führungslinie angezeigt, die aber keine aktive Rolle spielt (sie lässt sich in den Optionen der IDE auch ausblenden).
- Über das Minuszeichen zu Beginn einer Klasse oder Prozedur wird eine zu- und wieder aufklappbare Region angezeigt. Klicken Sie auf das Minuszeichen, wird der Bereich »zugeklappt«, was die Übersichtlichkeit erhöht.
- Noch nicht gesicherte Zeilen werden am linken Rand gelb markiert. Nach dem Abspeichern wird dieser Rand grün. Daran lässt sich erkennen, dass dieser Bereich gespeichert wurde. Sie sehen damit auf einen Blick, wo am Programmtext zuletzt Änderungen durchgeführt wurden.
- Wie bei einer Textverarbeitung können Sie über [Strg] + [Z] die letzten Änderungen wieder rückgängig machen.
- Möchten Sie einen Textblock für eine spätere Verwendung bereithalten, ziehen Sie ihn auf die Toolbox, die immer dann, wenn das Code-Editorfenster aktiv ist, die Rolle einer großen Zwischenablage spielt.

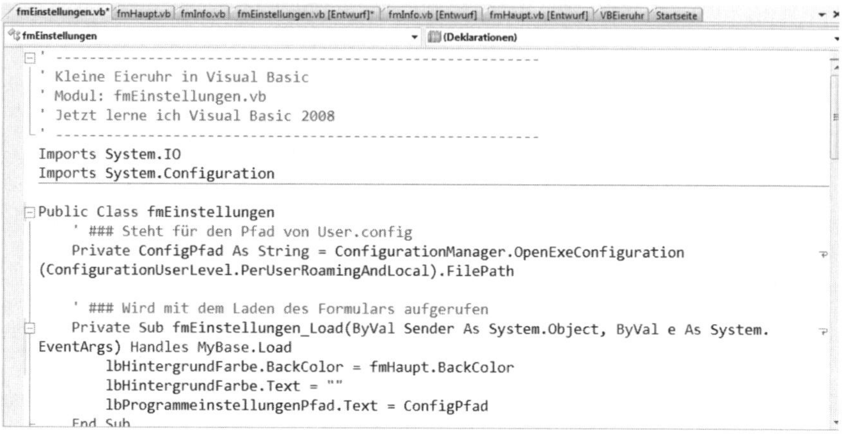

Abb. 2.8: Im Programmcode-Editor wird programmiert.

TIPP

Wie praktisch alles, lässt sich auch die Farbe der jeweils grünen oder gelben Randmarkierung in den Optionen der IDE (EXTRAS|OPTIONEN) ändern.

2.4 Die IDE nach eigenem Geschmack anpassen

Die IDE ist ein wenig das Wohnzimmer des Programmierers, in dem dieser viele Stunden seines Lebens verbringt. Es liegt daher nah, sich gemütlich einzurichten. Folgende Möglichkeiten stehen Ihnen dafür zur Verfügung:

- Schriftart und Schriftgröße einstellen
- Farben des Hintergrunds und der Schrift einstellen
- Zeilennummern anzeigen
- Zeilenumbruch einschalten
- Menübefehle mit eigenen Tastenkombinationen belegen

2.4.1 Schriftart und Schriftgröße einstellen

Die Standardschriftgröße 10 Punkt ist für manchen Geschmack ein wenig klein, auch wenn die Schrift generell gut lesbar ist. Trotzdem macht eine Schriftgröße von 12 oder 14 Punkt gerade umfangreichere Listings deutlich besser lesbar.

2.4.2 Farben des Hintergrunds und der Schrift einstellen

Schwarz und Weiß ergibt zwar einen angenehmen Kontrast, ist aber auf die Dauer ein wenig eintönig. Wer als alter Programmierveteran die gute, alte Zeit von Turbo Pascal & Co oder gar die Großrechnerära vermisst, der kann sich durch ein paar Einstellungen das alte Feeling wieder zurückholen. Ein typisches »EDV-Feeling« entsteht zum Beispiel bei hellgrüner Schrift auf schwarzem Hintergrund.

2.4.3 Zeilenumbruch und Zeilennummern einschalten

Normalerweise kann eine Bildschirmzeile sehr, sehr lang werden. Da das horizontale Scrollen auf die Dauer etwas lästig werden kann, kann man einen Zeilenumbruch aktivieren:

1. Öffnen Sie die Optionen der IDE.
2. Wählen Sie in der Kategorie *Text-Editor* den Untereintrag *Basic* und dort den Untereintrag *Editor*. In der Kategorie *Interaktion* können Sie Zeilenumbruch und Zeilennummern einstellen.

Ein wenig mysteriös mag der Begriff »virtueller Bereich« klingen. Dahinter steckt lediglich der Umstand, dass Sie sich, wenn dieser virtuelle Bereich aktiviert ist, mit den Pfeiltasten im Editorbereich frei bewegen können, zum Beispiel über das Zeilenende hinaus, was ansonsten nicht möglich ist.[1]

2.4.4 Menübefehle mit eigenen Tastenkombinationen belegen

Dies ist die wichtigste Einstellmöglichkeit bei Visual Basic 2008. Sie können jedem Menübefehl eine eigene Tastenkombination zuordnen. Das kann sehr praktisch sein, da manche Menübefehle einen wahren »Affengriff« erfordern und es sehr viel praktischer wäre, etwa die [F12]-Taste zuzuordnen.

Gehen Sie wie folgt vor, um einem Menübefehl eine andere Tastenkombination zuzuordnen:

1. Öffnen Sie die Optionen der IDE.
2. Setzen Sie das Häkchen bei *Alle Einstellungen anzeigen* (sonst wird die Einstellung nicht angezeigt).
3. Wählen Sie den Zweig *Umgebung|Tastatur*.
4. Stellen Sie in der Auswahlliste der Menübefehle den Menübefehl EXTRAS| OPTIONEN ein.
5. Übernehmen Sie in der Auswahlliste darunter die Einstellung *Global*, und drücken Sie im Feld daneben z.B. die [F12]-Taste.
6. Klicken Sie auf *Zuweisen*, und bestätigen Sie die Einstellungen mit *OK*.

Wenn Sie jetzt die [F12]-Taste drücken, wird das Optionen-Dialogfeld sofort angezeigt. Wenn das kein Fortschritt ist?

1. Mir ist leider bis heute relativ rätselhaft, wozu das gut sein soll.

2.4.5 Das Extras-Menü um neue Einträge erweitern

Zum Schluss noch eine Einstellmöglichkeit, die Sie am Anfang nur relativ selten benötigen werden. Im EXTRAS-Menü können Sie weitere Einträge hinzufügen, um z.B. Tools wie den IL-Disassembler starten zu können. Recht praktisch ist es, die Eingabeaufforderung aufrufen zu können, um z.B. einfacher einzelne Dateien außerhalb der IDE manipulieren zu können:

Abb. 2.9: In diesem Dialog werden externe Kommandos zusammengestellt, die im EXTRAS-Menü angeboten werden.

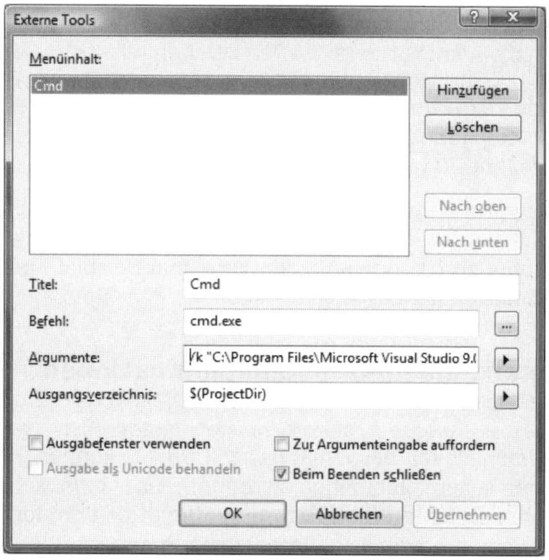

2.4.6 Funktionen, die es bei Visual Basic Express nicht gibt

Es gibt Dinge, die gibt es gar nicht. Dazu gehört eine Reihe von IDE-Funktionen, die Microsoft bei der kostenlosen Express-Edition »abgeschaltet« hat:

- Sie können keine Add-Ins laden (das ist wirklich ein wenig schade, da es ein paar sehr nützliche Erweiterungen als Add-Ins gibt).
- Es stehen weniger Projekttypen zur Auswahl, z.B. kein Projekttyp »Windows-Steuerelementbibliothek«.
- Es gibt keinen Klassendiagrammdesigner.
- In der IDE können keine Webanwendungen angelegt werden – dafür gibt es Visual Web Developer Express als Alternative.
- Die Bildersammlung (in Gestalt der Datei *VS2008ImageLibrary.zip*) ist nicht dabei.

2.5 Zusammenfassung

Die Visual Basic-IDE ist eine genauso detailreiche wie komfortable Anwendung. Microsoft hat sich sehr viel Mühe gegeben, sowohl Anfänger als auch Profis zufriedenzustellen (was keine einfache Herausforderung ist). Am Anfang sollten Sie die ganzen Details ignorieren und sich auf das Anlegen neuer Projekte, den Umgang mit dem Forms Designer, das Eingeben von Programmbefehlen, den Projektmappen-Explorer (er zeigt alle zum Projekt gehörenden Dateien an) und, nicht zu vergessen, das Abspeichern der Projektdateien beschränken. Irgendwelche Einstellungen müssen Sie nicht vornehmen. Den zweiten wichtigen Teil der Visual Studio-IDE, den Debugger, werden Sie in Kapitel 10 kennenlernen.

2.6 Fragen zum Abschluss des Kapitels

Frage 1 Was ist bei Visual Basic ein Projekt? Welchen Inhalt besitzt die Datei mit der Erweiterung *.vbproj*?

Frage 2 Wie unterscheidet sich bei Visual Basic die Projektdatei von der Projektmappendatei (Erweiterung *.sln*), und warum wird Letztere oft nicht angezeigt?

Frage 3 Wo werden die Dateien, die zu einem neu angelegten Projekt gehören, abgespeichert? Wo werden sie abgespeichert, nachdem das Projekt gespeichert wurde? Und wo kann eingestellt werden, dass dies stets automatisch geschieht?

Frage 4 Warum bietet der Projektmappen-Explorer die Möglichkeit, ein neues Verzeichnis anlegen zu können?

Frage 5 Wie unterscheidet sich das Starten eines Projekts über [F5] von dem Starten über [Strg] + [F5]?

Frage 6 Wäre es nicht praktisch, wenn sich der Dialog mit den Projekteigenschaften über die [F10]-Taste öffnen ließe? Lässt sich das bewerkstelligen und, wenn ja, wie?

Die Antworten zu den Fragen finden Sie in Anhang C.

Kapitel 3

jetzt lerne ich

Formulare und Steuerelemente

Haben wir nicht schon zu viel Bürokratie im Alltag, muss es daher auch in diesem Buch um Formulare gehen? Keine Sorge, der Begriff Formular ist nicht die ganz optimale Übersetzung des Begriffs »Form«. Nicht ganz optimal deswegen, weil der Begriff, obwohl die Bedeutung stimmt, eine Reihe von Assoziationen weckt, die nichts mit Programmierung zu tun haben. Ein Form oder Formular ist ein anderes Wort für ein Visual Basic-Fenster, auf dem die Programmiererin, die in diesem Zusammenhang besser Designerin heißen müsste, Steuerelemente (auch Controls genannt) anordnet und damit ein Anwendungsfenster oder Dialogfeld kreiert. Formulare und Steuerelemente sind praktisch eine Erfindung von Visual Basic, inzwischen aber auch in vielen anderen Anwendungen zu finden.

In diesem Kapitel lernen Sie das Prinzip der Formulare und Steuerelemente kennen und lernen, wie Steuerelemente auf einem Formular angeordnet, wie Eigenschaften geändert und Ereignisprozeduren angelegt werden. Visual Basic 2008 bietet in diesem Punkt einen netten Komfort wie z.B. Führungslinien, die automatisch beim Verschieben eines Steuerelements auf dem Formular eingeblendet werden, so dass es sehr viel leichter wird, Steuerelemente bündig zueinander anzuordnen.

Sie lernen in diesem Kapitel

- das Anordnen von Steuerelementen auf einem Formular
- die Rolle der Komponenten
- die wichtigsten Steuerelemente der Toolbox
- das Erweitern der Steuerelemente
- eine kostenlose Erweiterung für die Toolbox.

3.1 Die Anatomie eines Formulars

Ein Formular ist zwar im Grunde nicht viel mehr als ein leeres Fenster mit einer Innenfläche, auf der sich Steuerelemente anordnen lassen, doch bei näherer Betrachtung steckt ein wenig mehr dahinter, wie auch Abbildung 3.1 offenbart. Ein Formular besitzt neben der Innenfläche zahlreiche Bedienelemente, wie einen Minimal- und Maximalknopf, sowie ein Systemmenü, das über das kleine Symbol in der oberen linken Fensterecke geöffnet wird. Ob diese Bedienelemente angezeigt werden, lässt sich über die Eigenschaften des Formulars anzeigen. Hier können Sie auch die Position einstellen, an der das Formular nach dem Start angezeigt werden soll.

Abb. 3.1: Ein Formular und seine verschiedenen Bedienelemente

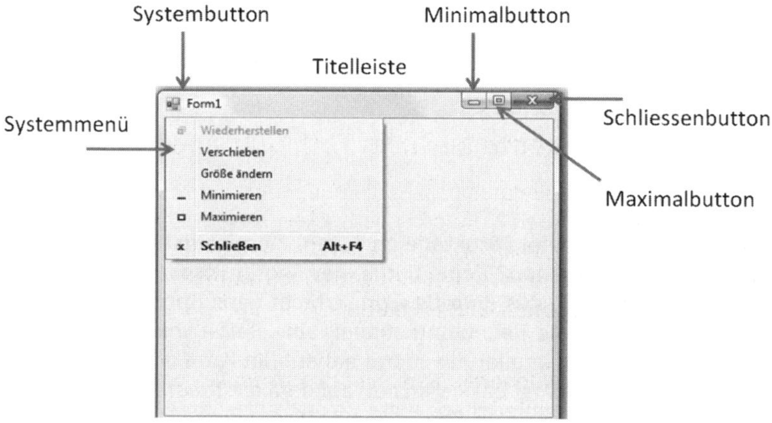

3.2 Steuerelemente und die Toolbox

Ein Steuerelement (engl. »control«) ist ein Bedienelement, das auf dem Formular angeordnet wird und das, wenn das Programm später gestartet und das Formular angezeigt wird, an dieser Stelle erscheint. Über Steuerelemente kann der Anwender Eingaben durchführen, Einträge aus einer Liste auswählen, Aktionen ausführen und vieles mehr. Es gibt (in der .NET-Klassenbibliothek) mehrere Dutzend Steuerelemente für fast alle Wünsche. Sollte ein Steuerelement fehlen, findet man es entweder als kostenlosen Download im Internet, im Rahmen eines kommerziellen Tools oder programmiert es einfach selbst, was bei Visual Basic 2008 nicht allzu schwierig ist.

Alle Steuerelemente, die für das Anordnen auf einem Formular zur Verfügung stehen, werden in einem kleinen Fenster der IDE angeboten, das Toolbox heißt. Die Toolbox ist erweiterbar, so dass ihr Umfang mit der Zeit wachsen kann. Wenn Sie Elemente zur Toolbox hinzufügen oder aus der Toolbox entfernen möchten, klicken Sie sie mit der rechten Maustaste an und wählen Sie *Elemente auswählen* – mehr dazu im weiteren Verlauf dieses Kapitels.

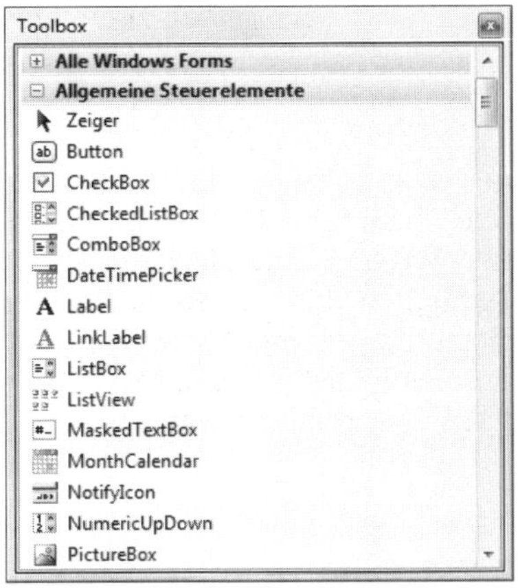

Abb. 3.2: Die Toolbox bietet Steuerelemente und Komponenten für das Anordnen auf einem Formular an.

3.2.1 Steuerelemente auf dem Formular anordnen

Das Anordnen eines Steuerelements auf dem Formular ist sehr einfach – entweder per Doppelklick oder durch Ziehen bei gedrückter linker Maustaste und Loslassen an der gewünschten Position. Ein einmal platziertes Steuerelement kann natürlich jederzeit verschoben werden (übrigens auch während der Programmausführung über seine *Location*-Eigenschaft).

Durch das Anordnen eines Steuerelements auf dem Formular werden in den »Codebehind-Teil« der Formularklasse jene Visual Basic-Befehle eingefügt, die bei der Programmausführung dazu führen, dass das Steuerelement angezeigt wird.

Achten Sie beim Anordnen eines Steuerelements auf die Führungslinien, die immer dann angezeigt werden, wenn sich bereits Steuerelemente auf dem Formular befinden. Damit wird es sehr viel einfacher, Steuerelemente neben- oder untereinander zu positionieren.

3.2.2 Die Rolle der Aufgabenliste

Diese Kleinigkeit kann schnell übersehen werden. Nach dem Platzieren eines Steuerelements auf dem Formular (oder, wenn es nachträglich selektiert wird) erscheint häufig (aber nicht immer) in der rechten oberen Ecke ein kleines Pfeilsymbol. Klicken Sie es an, öffnet sich eine kleine Liste, die Aufgabenliste, mit häufig auszuführenden Aufgaben, die sich auf das Steuerelement beziehen (diese Aufgaben werden zusätzlich auch im unteren Bereich des Eigenschaftenfensters angezeigt). Dies ist sehr praktisch, da Sie nicht im Eigenschaftenfenster nach der passenden Eigenschaft suchen müssen.

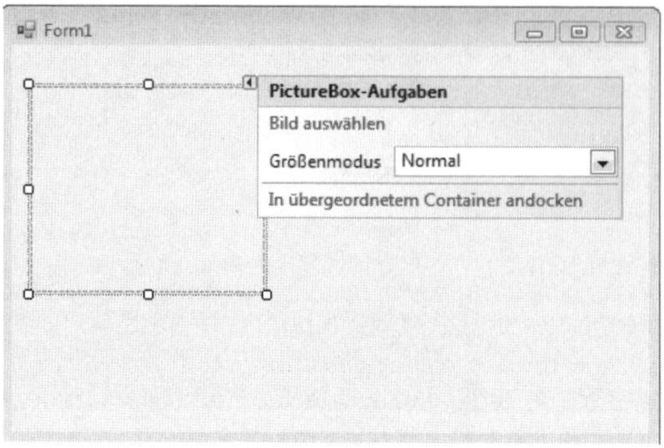

Abb. 3.3: Die Aufgabenliste enthält Aufgaben, die mit dem Steuerelement durchgeführt werden können.

3.2.3 Die Rolle der Komponenten

Neben den Steuerelementen enthält die Toolbox auch Komponenten. Eine Komponente kann zwar ebenfalls auf dem Formular abgelegt werden, sie wird aber nicht auf dem Formular selbst, sondern in einem eigens dafür vorgesehenen Bereich unterhalb des Formulars angeordnet. Komponenten sind während der Programmausführung unsichtbar. Sie stellen eine bestimmte Funktionalität zur Verfügung, die über den Namen der Komponente angesprochen wird. Ein Beispiel für eine Komponente ist `SerialPort`, über die sich die serielle Schnittstelle des Computers sehr einfach ansprechen lässt. Der Umgang mit einer Komponente ist genauso einfach wie der mit einem Steuerelement. Man ordnet die Komponente auf dem Formular an (dass sie dabei in ihrem eigenen Bereich angezeigt wird, spielt keine Rolle), setzt die erforderlichen Werte für einzelne Eigenschaften, fügt eventuell Ereignisprozeduren hinzu und kann die Komponente im Programmcode über ihren Namen ansprechen.

Abb. 3.4: Neben den Steuerelementen enthält die Toolbox auch Komponenten.

Genau wie Steuerelemente können auch Komponenten direkt im Quellcode definiert werden. Werden sie über die Toolbox hinzugefügt lassen sich die Werte ihrer Eigenschaften bequem im Eigenschaftenfenster einstellen (auf diese Weise wird überhaupt erst einmal deutlich wird, welche Eigenschaften es gibt).

3.2.4 Die Toolbox anpassen

Die Toolbox anzupassen bedeutet, Steuerelemente, Komponenten und ActiveX-Steuerelemente hinzufügen oder zu entfernen. Dies geschieht durch Anklicken der Toolbox mit der rechten Maustaste und der Wahl von *Elemente auswählen*. Es erscheint (nach einer kurzen Verzögerung) ein Dialogfeld, in dem jene Elemente ausgewählt werden, die in der Toolbox angezeigt werden, und jene, die nicht angezeigt werden sollen. Ein Element abzuwählen (wofür es im Allgemeinen keinen Grund gibt), bedeutet nicht, dass es vom PC verschwindet, es bedeutet lediglich, dass es nicht mehr in der Toolbox erscheint.

Hinter einem Eintrag in der Toolbox steht immer eine Klasse, die entweder in der .NET-Klassenbibliothek oder einer externen Bibliothek definiert ist. Der genaue »Aufenthaltsort« spielt keine Rolle.

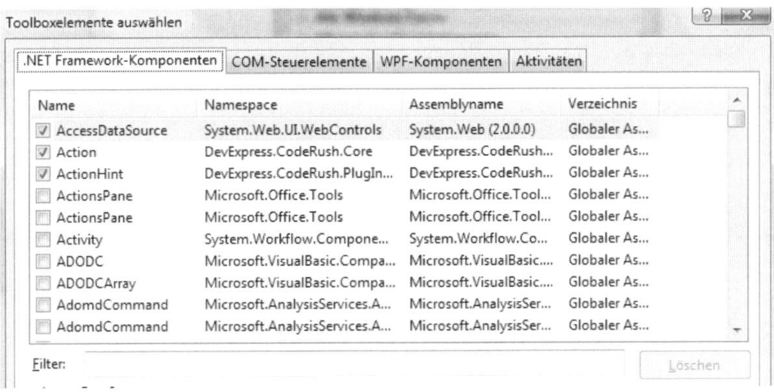

Abb. 3.5: In diesem Dialogfeld wird eingestellt, welche Steuerelemente in der Toolbox angezeigt werden.

3.3 Das Eigenschaftenfenster

Jedes Steuerelement besitzt einen (recht umfangreichen) Satz an Einstellungen, die als *Eigenschaften* (engl. »properties«) bezeichnet werden. Eigenschaften bestimmen unter anderem die Größe und Position des Steuerelements, seine Farbe und vieles mehr. Jede dieser Eigenschaften besitzt von Anfang an einen bestimmten Wert – der Wert der `Location`-Eigenschaft hängt z.B. davon ab, wo das Steuerelement auf dem Formular angeordnet wurde. Die Eigenschaften werden im Eigenschaftenfenster angezeigt und dort eingestellt. Die linke Spalte enthält die Namen der Eigenschaften, die rechte Spalte den aktuellen Wert der Eigenschaften. Die Eigenschaften werden entweder alphabetisch oder nach Gruppen sortiert angezeigt.

Das Eigenschaftenfenster wird z.B. über das ANSICHT-Menü angezeigt oder durch Drücken der [F4]-Taste, wenn das Steuerelement zuvor selektiert wurde. Sollten sich keine Eigenschaften einstellen lassen oder das Eintragen eines Wertes zu einer Fehlermeldung führen, liegt es daran, dass das Programm noch läuft. Eigenschaftswerte lassen sich nur ändern, wenn das Programm nicht ausgeführt wird.

Abb. 3.6: Im Eigenschaftenfenster erhalten Eigenschaften einen neuen Wert.

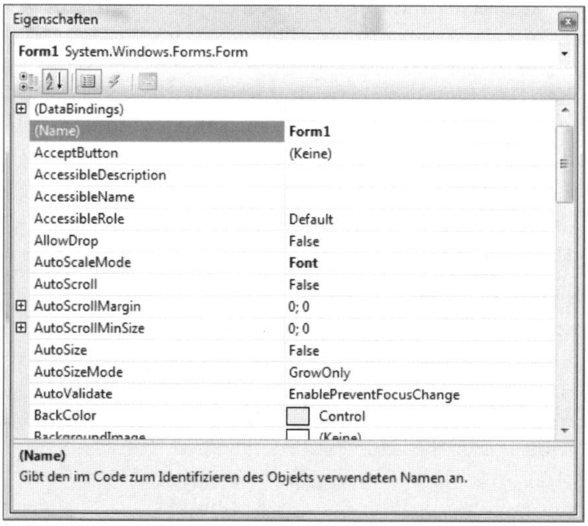

Einigen Eigenschaften geht im Eigenschaftenfenster ein »+«-Zeichen voraus. In diesem Fall steht die Eigenschaft für eine Klasse, die weitere Eigenschaften besitzt. Ein Beispiel ist die `Font`-Eigenschaft.

3.4 Steuerelemente positionieren

Steuerelemente werden in der Regel mit der Maus verschoben. Enthält das Formular viele Steuerelemente, ist dies unter Umständen ein wenig umständlich. Es gibt daher eine weitere Alternative über das FORMAT-Menü (es wird nur angezeigt, wenn das Formular sichtbar ist). Hier besteht die Möglichkeit, alle markierten Steuerelemente bezüglich ihrer Größe oder ihrer relativen Position anzupassen. Auch der Abstand zwischen zwei Steuerelementen lässt sich einstellen.

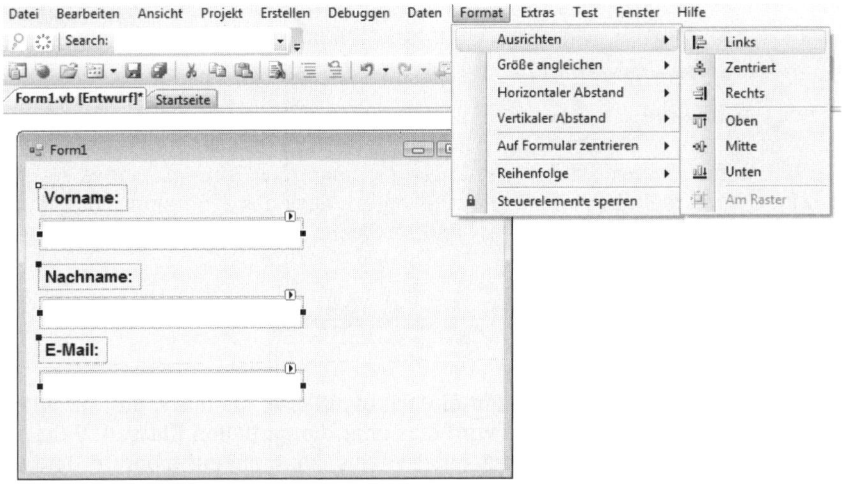

Abb. 3.7: Über das Format-Menü lassen sich Steuerelemente in Gruppen positionieren.

3.4.1 Ein Blick in die Designer-Datei eines Formulars

In diesem Abschnitt wird es etwas fortgeschrittener. Was auf den ersten Blick nicht ersichtlich wird, ist der Umstand, dass jede Formulardatei von einer zweiten Datei begleitet wird, die im Projektmappen-Explorer zunächst nicht angezeigt wird. Diese Datei trägt den Anhang *.designer.vb*. Heißt die Formulardatei z.B. »Form1.vb«, lautet der Name dieser Datei »Form1.designer.vb«. In diese Datei trägt der Formulardesigner die Befehle ein, die beim Platzieren von Steuerelementen auf dem Formular und dem Einstellen von Eigenschaften erzeugt werden. Da sich diese Datei praktisch hinter dem Formular befindet, wird sie auch als *Codebehind-Datei* bezeichnet. Ihr Vorteil ist, dass der Designer die Befehle nicht in die eigentliche Formulardatei einträgt und diese daher übersichtlich bleibt. Möchten Sie die Codebehind-Dateien sehen, müssen Sie die unsichtbaren Dateien im Projektmappen-Explorer sichtbar machen, indem Sie auf das Symbol *Alle Dateien anzeigen* klicken.

Auch die Codebehind-Datei ist eine reguläre Datei. Sie kann daher auch editiert werden, auch wenn dies im Allgemeinen nicht empfohlen wird.

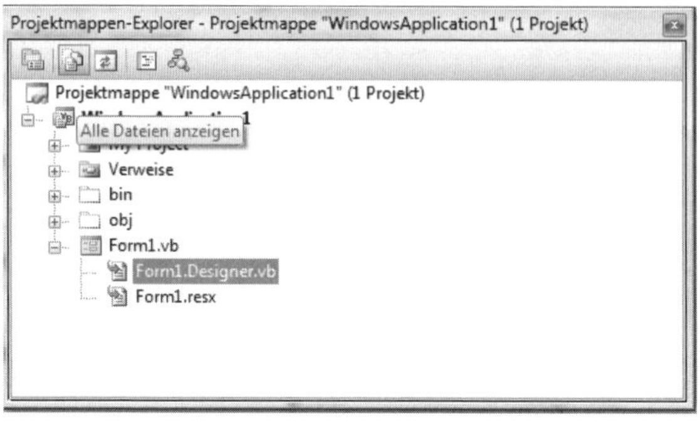

Abb. 3.8: Codebehind-Dateien müssen im Projektmappen-Explorer sichtbar gemacht werden.

AUFSTEIGER

Die Codebehind-Datei erweitert einfach die Klasse, die durch die Formulardatei definiert wird. Möglich wird dies über die partiellen Klassen. Geht einer Klasse das *Partial*-Schlüsselwort voraus, kann sie auf mehrere Dateien verteilt werden.

3.5 Ereignisse und Ereignisprozeduren

Auch wenn sich ein Steuerelement zur Laufzeit, also nachdem das Programm gestartet wurde, »bedienen« lässt, werden dadurch noch keine Befehle ausgeführt. Soll daher nach dem Anklicken eines Buttons, der Eingabe eines Zeichens in eine TextBox, beim Bewegen des Mauszeigers oder dem Drücken der [↵]-Taste etwas passieren, geschieht dies über Ereignisse (engl. »events«) und Ereignisprozeduren, auch Eventhandler genannt. Jedes Steuerelement besitzt einen Satz an Ereignissen, wie z.B. *Click*, *KeyDown* oder *MouseMove*. Soll etwas passieren, wenn das Ereignis während der Programmausführung eintritt, muss das Ereignis mit einer Ereignisprozedur verknüpft werden. Dies kann auf zwei Weisen geschehen:

1. Durch Doppelklick auf das Ereignis in der Kategorie *Ereignisse* im Eigenschaftenfenster .
2. Im Programmcodefenster durch Auswahl des Steuerelements in der linken Auswahlliste und Auswahl des entsprechenden Ereignisses in der rechten Auswahlliste.

In beiden Fällen wird die Ereignisprozedur eingeblendet, die durch das `Handles`-Schlüsselwort am Ende mit dem Event verknüpft wird.

Und was soll man in eine Ereignisprozedur hineinschreiben? Nun, ganz einfach jene Visual Basic-Befehle, die immer dann ausgeführt werden sollen, wenn das Ereignis während der Programmausführung eintritt. Sie werden im Laufe dieses Buches zahlreiche Beispiele kennenlernen, so dass sich diese Frage fast von alleine beantwortet.

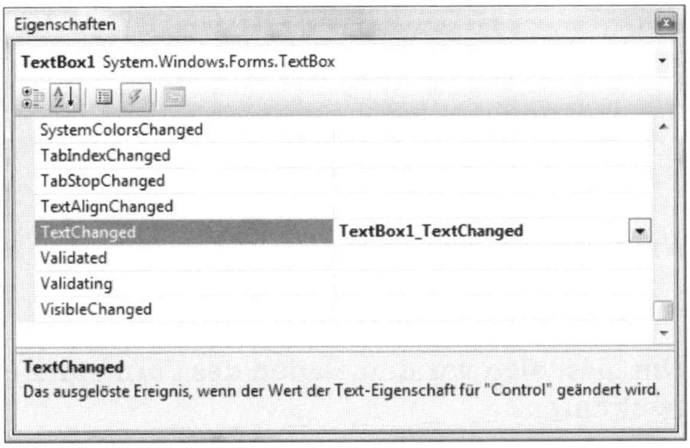

Abb. 3.9: Auch Ereignisse werden im Eigenschaftenfenster angeboten.

Möchten Sie in der Ereignisprozedur ein Steuerelement ansprechen, geschieht dies über den Namen des Steuerelements, den dieses über seine `Name`-Eigenschaft erhält.

Dass es, wenn ein Formular einen Button mit dem Namen »Button1« besitzt, im Programmcode auch eine Variable *Button1* gibt, ist bei Visual Basic 2008 keinesfalls selbstverständlich. Es hängt vom Wert der Eigenschaft `GenerateMember` ab. Besitzt diese den Wert `True`, was im Allgemeinen der Fall ist, wird für jedes Steuerelement automatisch eine sogenannte *Membervariable* definiert. Normalerweise gibt es keinen Grund, diese Eigenschaft für ein Steuerelement auf `False` zu setzen.

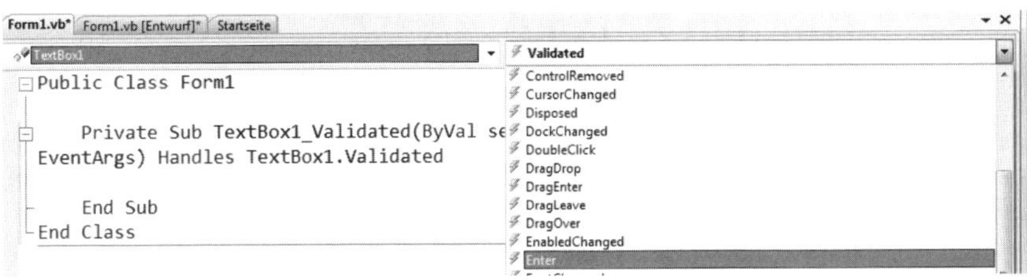

Abb. 3.10: Im Programmcodefenster werden zu jedem in der linken Auswahlliste selektierten Control in der rechten Auswahlliste alle dazugehörigen Events angezeigt.

Lassen Sie sich von der Fülle der Events nicht abschrecken, die es pro Steuerelement gibt. Viele Events sind nicht wirklich wichtig. Der Umgang mit Events ist sehr einfach. Zu den wirklich wichtigen Events gehören in erster Linie `Click`, `Validating`, `KeyUp`, `KeyDown` und `MouseDown`.

3.6 Tipps zu Formularen und Steuerelementen

Zum Schluss ein paar allgemeine Tipps zum Umgang mit Steuerelementen, die Ihnen mit Sicherheit nützliche Dienste leisten.

Wie lässt sich das Formular in der Mitte des Bildschirms anzeigen?

Dafür gibt es die `StartPosition`-Eigenschaft des Formulars.

Wie lässt sich vor dem Laden des Formulars ein Steuerelement selektieren?

Dafür gibt es die `ActiveControl`-Eigenschaft des Formulars. Ihr muss beim Laden des Formulars (also im `Form_Load`-Event) das Steuerelement zugewiesen werden, das aktiv sein soll:

```
Me.ActiveControl = Button2
```

Wie lässt sich die Reihenfolge festlegen, in der die Steuerelemente eines Formulars mit der [Tab]-Taste angesteuert werden?

Die Reihenfolge wird durch die *TabIndex*-Eigenschaft eines Steuerelements bestimmt. Am einfachsten lässt sich diese Einstellung für alle Steuerelemente eines Formulars über *Ansicht|Aktivierreihenfolge* einstellen. Mehr dazu in Kapitel 7, wenn es auch um die Rolle des Eingabefokus geht.

3.7 Die wichtigsten Steuerelemente (für den Anfang)

Zum Schluss dieses Kapitels lernen Sie ein paar jener Steuerelemente kennen, mit denen Sie von Anfang an sehr viel zu tun haben werden. Lassen Sie sich von der bunten Vielfalt, vor allem aber von den scheinbar unzähligen Eigenschaften, nicht entmutigen – der Umgang mit den Steuerelementen ist wirklich sehr einfach. Und was die scheinbar endlose Zahl an Eigenschaften angeht – alle Steuerelemente leiten sich von der allgemeinen `Control`-Klasse ab und übernehmen damit deren Eigenschaften, Methoden und Ereignisse. Mit anderen Worten. Die etwa 100+ verschiedenen Mitglieder der `Control`-Klasse finden Sie daher auch bei jedem Steuerelement. Die einzelnen Steuerelemente unterscheiden sich daher nur in relativ wenigen Eigenschaften, Methoden und Ereignissen, die es nur bei einem Steuerelement gibt. Daher gilt das Motto: Kennen Sie eines, kennen Sie praktisch auch alle anderen.

3.7.1 Das Label

Das Label ist dazu da, kleinere Texte auf einem Formular zu platzieren, die vom Anwender nicht geändert werden können. Im Allgemeinen wird das Label als Beschriftung für andere Steuerelemente benutzt (daher auch sein Name). Eine interessante Eigenschaft ist AutoEllipsis. Ist sie True, werden zu lange Texte mit den üblichen drei Punkten am Ende abgekürzt. Bewegt der Anwender den Mauszeiger über die drei Punkte, wird der komplette Text angezeigt.

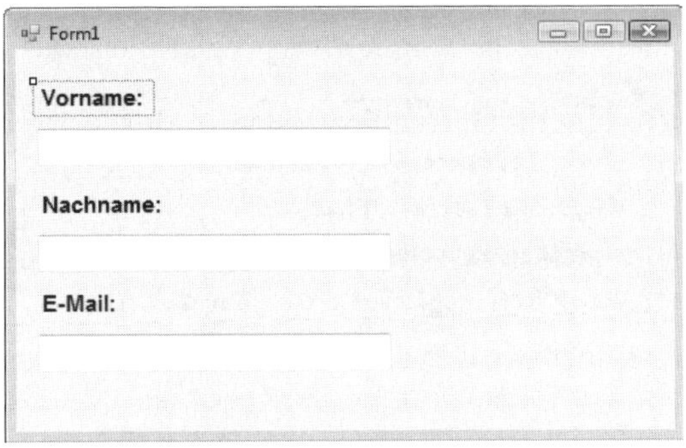

Abb. 3.11: Ein Label beschriftet andere Steuerelemente, wie z.B. eine TextBox.

3.7.2 Der Button

Der Button ist der Knopf, über den im Allgemeinen Aktionen ausgelöst werden. Wird der Button angeklickt, löst dies ein Click-Event aus und die Click-Ereignisprozedur des Buttons (sofern vorhanden) wird aufgerufen und die dort enthaltenen Befehle werden ausgeführt. Interessant ist, dass sich neben Text auch Bitmaps anzeigen lassen. Weitere Möglichkeiten, die Optik des Buttons zu gestalten, gibt es nicht.

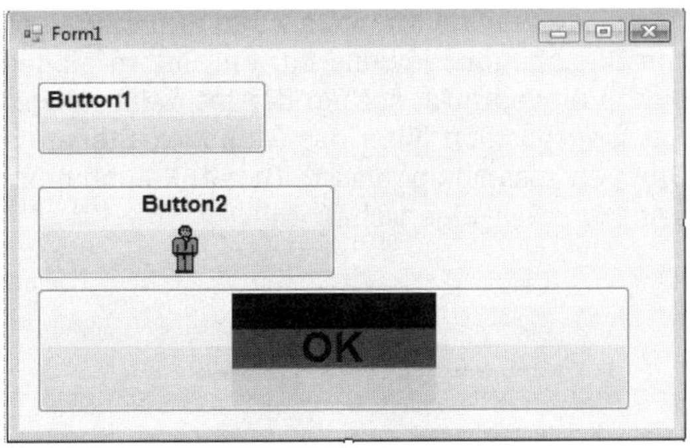

Abb. 3.12: Buttons in verschiedenen Größen – ihr gemeinsames Merkmal ist, dass sie dazu da sind, Aktionen auszulösen.

3.7.3 Die TextBox

Die TextBox ist ein universelles Eingabefeld für Text und Zahlen. Ihr Inhalt wird durch die *Text*-Eigenschaft repräsentiert. Soll die Eingabe mehrzeiliger Texte möglich sein, muss die MultiLine-Eigenschaft auf True gesetzt werden. In diesem Fall empfiehlt es sich, über die Scrollbars-Eigenschaft zusätzlich eine Bildlaufleiste hinzuzufügen.

Der Text der TextBox kann jeweils nur in einer Farbe und einer Schriftart angezeigt werden. Möchte man jeden Buchstaben einzeln formatieren, muss stattdessen die RTFTextBox zum Einsatz kommen. Sie wird in Kapitel 9 vorgestellt.

Abb. 3.13: Die TextBox ist für die Eingabe von Text da.

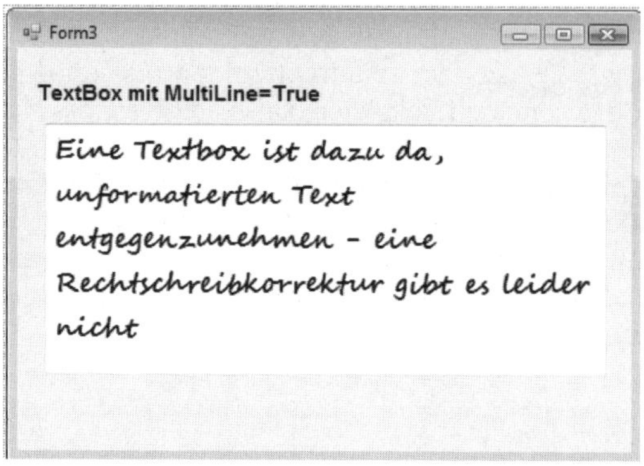

Die TextBox erlaubt die Eingabe beliebiger Texte. Soll der Anwender die Eingabe nur in einem bestimmten Format durchführen können, etwa dem einer Telefonnummer oder Kreditkartennummer, ist die *MaskedEditTextBox* unter Umständen besser geeignet.

3.7.4 Der Radiobutton

Der Radiobutton ist ein kleiner Knopf, der entweder eingedrückt ist oder nicht. Da er sich wie die Knöpfe an den uralten Radios verhält, kann in einer Gruppe von Radiobuttons jeweils nur ein Button eingedrückt sein – wird ein anderer Button eingedrückt, springt der bis dahin eingedrückte Button wieder in seine Ausgangsposition (über das GroupBox-Steuerelement werden Radiobuttons zu Gruppen zusammengefasst). Ob ein Radiobutton eingedrückt ist oder nicht gibt seine `Checked`-Eigenschaft an.

Abb. 3.14: Bei einer Gruppe von Radiobuttons kann immer nur ein Button eingedrückt sein.

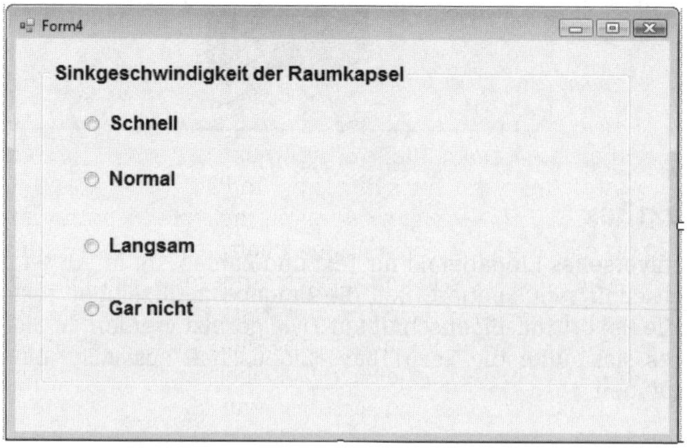

3.7.5 Die CheckBox

Die CheckBox (auch Kontrollkästchen genannt) zeigt neben einem Namen ein kleines Kästchen an, das angekreuzt werden kann, um eine Option zu wählen. Anders als beim Radiobutton können beliebig viele Kontrollkästchen angekreuzt sein. Wie beim Radiobutton wird der aktuelle Zustand (angekreuzt oder nicht) über die `Checked`-Eigenschaft gesetzt oder abgefragt. Anders als beim Radiobutton, der nur gedrückt oder nicht gedrückt sein kann, gibt es bei der CheckBox noch einen dritten Zustand, der als unbestimmt bezeichnet wird. In diesem Fall ist die CheckBox leicht abgegraut dargestellt. Ein solcher Zustand liegt zum Beispiel vor, wenn noch keine Auswahl getroffen wurde und keine Vorauswahl existiert. Neben der `Checked`-Eigenschaft gibt es daher noch die `CheckState`-Eigenschaft, mit der sich der Zustand des Kästchen insgesamt (und nicht nur des Auswahlhäkchens) abfragen lässt.

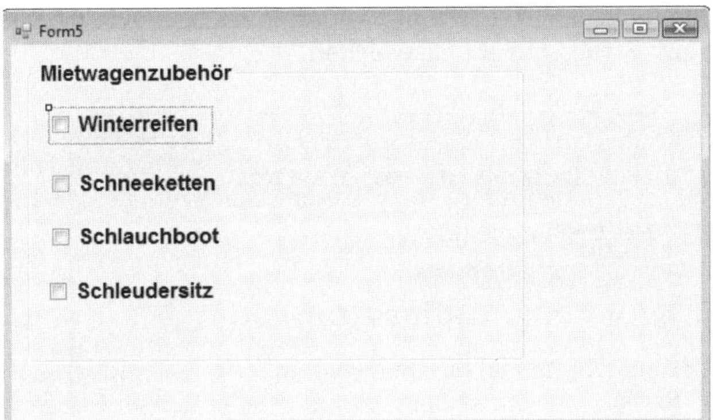

Abb. 3.15: CheckBoxen zeigen mit einem Häkchen an, ob eine Option gewählt wurde oder nicht, oder ob noch keine Auswahl getroffen wurde.

3.7.6 Die ListBox

Die ListBox ist dazu da, eine Liste von Namen anzuzeigen, von denen der Anwender einen oder mehrere Namen selektieren kann. Die in der ListBox angezeigten Namen werden über die `Items`-Eigenschaft repräsentiert. `Items` steht für ein Collection (mehr dazu in Kapitel 7). Über dessen `Add`-Methode wird der Liste ein Objekt hinzugefügt:

```
Listbox1.Items.Add ("Happy, Monday")
```

Auch wenn es so erscheinen mag, als enthielte die ListBox nur Texte, sind es in Wirklichkeit Objekte. Es ist daher problemlos möglich, pro Eintrag ein komplettes Objekt zur `Items`-Collection hinzuzufügen, wobei in diesem Fall unter Umständen zusätzlich über die `DisplayMember`-Eigenschaft festgelegt werden muss, welche Eigenschaft des Objekts in der ListBox angezeigt werden soll. Wird ein Eintrag in der ListBox selektiert, löst dies zuerst ein `Click`- und anschließend ein `SelectedIndexChanged`-Ereignis aus. Die Nummer des aktuell selektierten Eintrags liefert die `ListIndex`-Eigenschaft, wobei die Nummerierung bei 0 beginnt. -1 bedeutet, dass kein Eintrag selektiert wurde.

Soll das Selektieren mehrerer Einträge möglich sein, muss die `SelectionMode`-Eigenschaft auf den Wert `SelectionMode.MultiSimple` gesetzt werden. Hinter diesem Namen steht lediglich eine Zahl (2). In diesem Fall stehen die Nummern der selektierten Einträge über die `SelectedItems`-Eigenschaft zur Verfügung. Eine enge Verwandte der ListBox ist die `CheckedListBox`, die für jeden Eintrag eine CheckBox anzeigt.

Es ist bei der ListBox leider nicht möglich, jeden Eintrag in einer unterschiedlichen Farbe oder Schriftart anzuzeigen (dazu müsste eine neue Klasse definiert werden, die sich von der `ListBox`-Klasse ableitet, und bei der die `DrawMode`-Eigenschaft auf den entsprechenden Wert gesetzt ist). Die normale ListBox kann auch keine Bitmaps anzeigen. Aber auch das ließe sich über eine »selbst gezeichnete« ListBox mit relativ wenig Aufwand realisieren.

Es ist ebenfalls nicht möglich, mehrere unabhängige Spalten anzuzeigen. Es ist lediglich möglich, die Liste auf mehrere Spalten zu verteilen, so dass sie auch in der Horizontalen gescrollt werden kann. Wer das möchte, muss auf das ListView-Steuerelement ausweichen.

Abb. 3.16: Eine ListBox zeigt eine Reihe von Einträgen an, die über die Items-Eigenschaft zur Verfügung gestellt werden.

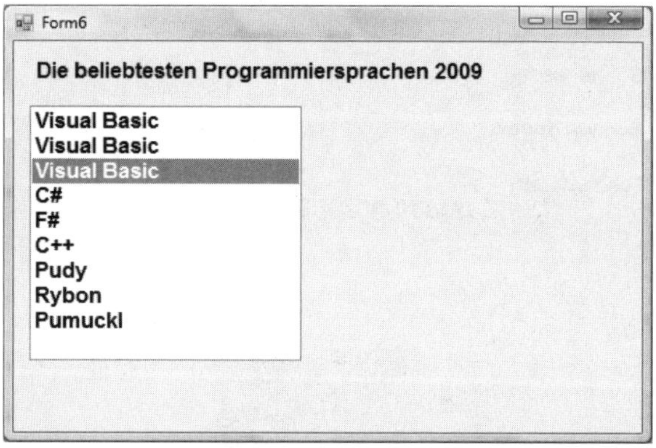

3.7.7 Die ComboBox

Die ComboBox verdankt ihren vielleicht beim ersten Lesen ein wenig ungewöhnlich klingenden Namen einem simplen Umstand: Sie ist eine Kombination aus TextBox und ListBox. Es lassen sich sowohl Namen eingeben als auch aus einer Liste auswählen. Dies ist z.B. bei einer Suchabfrage sehr praktisch, bei der der Suchbegriff entweder eingegeben oder aus einer Liste bereits eingegebener Begriffe ausgewählt wird (wie Sie eine List- oder ComboBox mit solchen Begriffen zur Autovervollständigung füllen, erfahren Sie in Kapitel 7).

Über die `DropDownStyle`-Eigenschaft kann eingestellt werden, ob eine Eingabe in die TextBox möglich ist, und ob die Liste aufklappbar sein oder immer angezeigt werden soll.

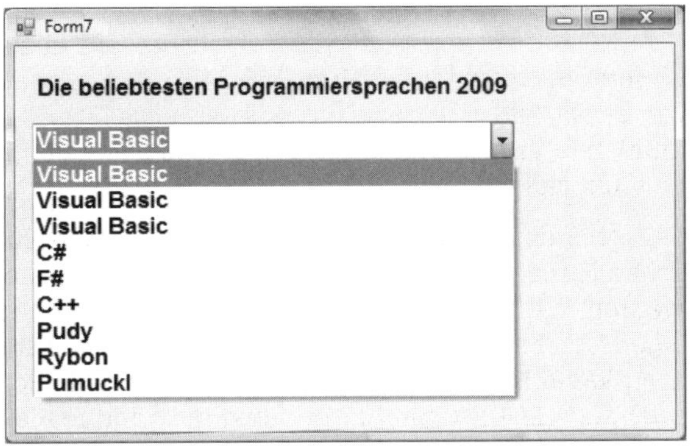

Abb. 3.17: Eine ComboBox ist eine Kombination aus TextBox und ListBox.

3.7.8 Die PictureBox

Die PictureBox ist dazu da, Bitmaps anzuzeigen, wobei alle wichtigen Formate erlaubt sind. Auch animierte GIFs, die nicht nur auf Webseiten für ein wenig Bewegung sorgen. Über die `SizeMode`-Eigenschaft wird eingestellt, wie die Bitmap positioniert werden soll.

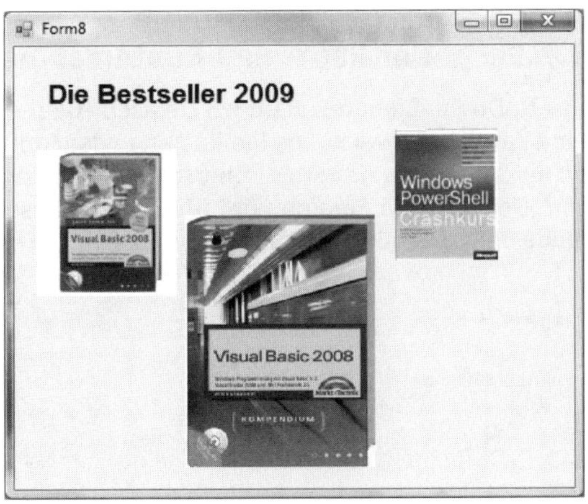

Abb. 3.18: Das PictureBox-Steuerelement zeigt Bitmaps an.

Eine PictureBox erhält über ihre `Image`-Eigenschaft eine Bitmap zugewiesen. Das Dialogfeld ist beim ersten Mal ein wenig irritierend, da es scheinbar keine Möglichkeit gibt, eine Datei direkt auszuwählen. Das liegt daran, dass bei Visual Basic Bitmaps in erster Linie aus der Ressourcendatei stammen sollen, aber nicht müssen. Wer eine Bitmap-Datei direkt auswählen möchte, wählt zuerst die Einstellung *Lokale Ressource* und klickt dann auf *Importieren*.

Abb. 3.19: Eine Bitmap stammt entweder aus einer Ressourcendatei oder direkt aus einer Datei.

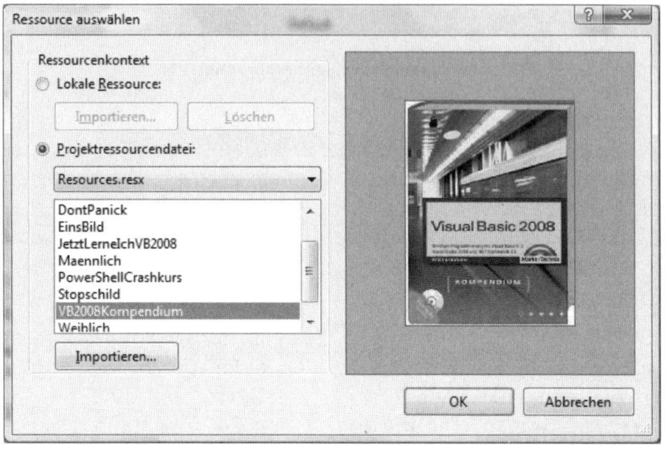

Auch wenn es möglich wäre, bietet das PictureBox-Steuerelement keinerlei »Special Effects«, wie ein Rotieren, Invertieren oder Ein-/Ausblenden der angezeigten Bitmap. Diese müssen mithilfe der Klasse im Namespace `System.Drawing` nachträglich eingebaut werden.

3.7.9 Der Rauf- und Runterzähler (NumericUpDown)

Das UpDown-Steuerelement (zu Deutsch »Rauf- und Runterzähler«) ist dazu da, eine Zahl über zwei kleine Pfeiltasten in der Größe verändern zu können. Das ist oft für den Anwender praktischer, als die Zahl in eine TextBox eingeben zu müssen. Der erlaubte Bereich wird über die Eigenschaften `MinValue` und `MaxValue` eingestellt. Der aktuelle Wert steht über die `Value`-Eigenschaft zur Verfügung.

Abb. 3.20: Das UpDown-Steuerelement erlaubt das Rauf- und Runterzählen einer Zahl.

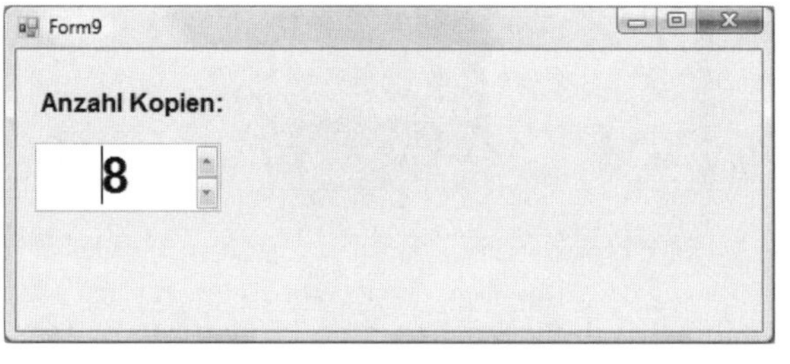

3.8 Eine nette Ergänzung für die Toolbox – die Krypton Controls

Die Windows Forms-Controls besitzen einen kleinen Nachteil, ihre Optik wirkt im Jahre 2009 ein wenig altmodisch. Dies hat zur Folge, dass Formular, die ausschließlich die fest eingebauten Controls verwenden, im Vergleich zu modernen Office-Oberflächen, ein wenig langweilig wirken. Ein weiterer Nachteil ist, dass es keine Vorlagen sind, Änderungen, die die Optik betreffen, bei jedem Control einzeln eingestellt werden müssen.

Zwar gibt es zahlreiche Alternativen in Gestalt kommerzieller Erweiterungen, die keine Wünsche offen lassen, doch kommen diese für Hobby-Programmierer im Allgemeinen nicht in Frage. Von Microsoft gibt es leider nichts, aber es gibt eine nette Alternative, die im Folgenden kurz vorgestellt werden soll. Diese Alternative ist das **Krypton Control Toolkit** der kleinen Softwarefirma *ComponentFactory*, das über 30 Controls enthält, die die Toolbox von Visual Basic erweitern. Wirklich neue Controls gibt es aber nur wenige (Tabelle 3.1), die meisten Controls sind Ableitungen der vorhandenen Windows Forms-Controls, die sie um interessante Layout-Möglichkeiten erweitern. So gibt es z.B. weder ein neues RichTextBox- oder DataGridView-Control, sondern lediglich eine um optische Details erweiterte Fassung der entsprechenden Windows Forms-Controls. Das Besondere an den *Krypton Controls* ist, dass ihr Layout optional über einen Paletten-Manager eingestellt werden kann, so dass sich die hier eingestellten Layout-Einstellungen auf alle *Krypton Controls* übertragen, für dieser Paletten-Manager ausgewählt wurde. Damit muss eine Einstellung für die Schriftgröße oder die Hintergrundfarbe nur einmal getroffen werden und überträgt sich auf alle übrigen Controls. Ein kleiner Nachteil ist, dass die Standard-Controls davon nicht betroffen sind und daher mit den *Krypton Controls* aus Gründen einer einheitlichen Optik nicht kombiniert werden sollten, und dass die *Krypton Controls* noch nicht alle Controls der Toolbox abdecken (es fehlen z.B. Pendant für das Trackbar-Control, das ProgressBar-Control und andere Standard-Controls).

Tabelle 3.1: Neue Controls beim Krypton Control Toolkit

Krypton Control	Was kann es?
KryptonDropButton	Button mit einer aufklappbaren Liste, über die Unterbefehle angeboten werden.
KryptonColorButton	Button mit einer aufklappbaren Liste, über die eine Farbe ausgewählt werden kann.
KryptonBorderEdge	Kombiniert mehrere Krypton-Buttons zu einer Fläche mit abgerundeten Ecken.
KryptonHeader	Anzeigefläche, die sich vor allem für Überschriften eignet.
KryptonBreadCrump	Textanzeige, mit der sich eine Hierarchie darstellen lässt.
KryptonHeaderGroup	Kombination aus Header und Group-Control.

Tabelle 3.1: Neue Controls beim Krypton Control Toolkit (Forts.)

Krypton Control	Was kann es?
KryptonPalette	Dient zum Festlegen von Einstellungen, die das Aussehen eines Krypton Controls betreffen, und die einem Krypton Control zugeordnet werden können.
KryptonManager	Komponente, die im Hintergrund die verschiedenen Paletten verwaltet.
KryptonCommand	Ermöglicht, dass verschiedene Krypton Button-Controls mit demselben `Execute`-Event und damit mit derselben Funktionalität verknüpft werden.

Und es gilt noch eine Besonderheit zu beachten. Das *Krypton Toolkit* mit seinen Controls ist kostenlos, nicht kostenlos sind die übrigen drei Komponenten *KryptonRibbbon*, *KryptonGallery KryptonNavigator* und *KryptonWorkspace*. Als Download wird aber nur die *Krypton Suite* angeboten, in der diese Komponenten zusammen mit den *Krypton Controls* enthalten sind. Wer nur die kostenlosen Controls einsetzen möchte, sollte diese Komponenten nach der Installation wieder aus der Toolbox entfernen, da sie nur für eine Testphase von 30 Tagen eingesetzt werden dürfen.

Download und die Installation der *Krypton Controls* verlaufen wie folgt:

1. Schließen Sie alle Instanzen von Visual Basic bzw. Visual Studio.
2. Laden Sie die *KryptonSuite* von der Webseite *http://www.componentfactory.com/download.php* herunter. Die aktuelle Version ist 3.08, die Datei heißt entsprechend *KryptonSuite308.zip*.
3. Öffnen Sie die Zip-Datei und starten Sie das darin enthaltene Msi-Paket per Doppelklick. Damit wird die Installation gestartet.
4. Bestätigen Sie im Rahmen der Installation unter anderem die Lizenzvereinbarung und das Installationsverzeichnis. Die Installation läuft durch und ist ein paar Minuten später beendet.

In Visual Studio stehen die Controls nach dem nächsten Start über die Toolbox zur Verfügung, außerdem werden verschiedene Vorlagen angeboten, in denen z.B. ein für die Krypto-Controls präpariertes Formular enthalten ist. Bei Visual Basic Express gibt es diese Vorlagen leider nicht und die Controls müssen einzeln hinzugefügt werden, was durch Anklicken der Toolbox mit der rechten Maustaste und dem Eintrag ELEMENTE AUSWÄHLEN geschieht. Anschließend werden alle Einträge ausgewählt, die mit »Krypton« beginnen – mit Ausnahme der Einträge *KryptonRibbon*, *KryptonGallery*, *KryptonNavigator* und *KryptonWorkspace*, da diese nicht kostenlos sind (Sie können sie auch unverbindlich testen und später entfernen). Mit installiert werden im Verzeichnis *\Programme\Component Factory\Krypton Toolkit 3.0.8* auch eine Reihe von Beispielprogrammen, welche die *Krypton Controls* im Einsatz zeigen. Es empfiehlt sich für die *Krypton Controls* in der Toolbox ein eigenes Register anzulegen. Eine Dokumentation gibt es auch (allerdings nur auf Englisch). Sie wird durch die Installation Teil der Visual Basic-Hilfe.

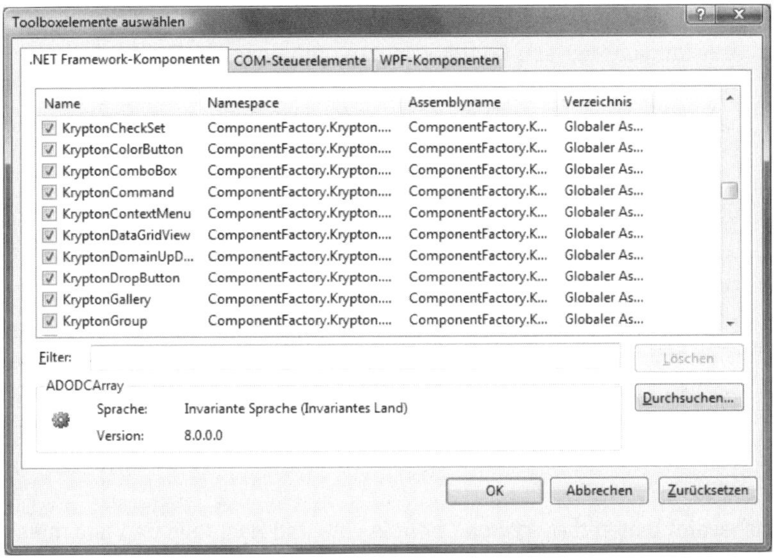

Abb. 3.21: Die Krypton Controls müssen bei Visual Basic Express nachträglich ausgewählt werden

Der Umgang mit den *Krypton Controls* ist ein wenig aufwändiger als der Umgang mit den Standard-Controls, da es eine Fülle von Einstellmöglichkeiten gibt. So dauert es z.B. beim *KryptonLabel*-Control eine Weile bis man herausgefunden hat, dass es für den Inhalt mit *LongText* und *ShortText* gleich zwei Eigenschaften gibt (es können auch zwei Texte in dem Label angezeigt werden) und Einstellungen wie die Vordergrundfarbe daher bei der jeweiligen Eigenschaft vorgenommen werden müssen. Ein *KryptonLabel* besitzt auch keine Eigenschaft für die Hintergrundfarbe oder die Umrandung, da diese über die verschiedenen State-Eigenschaften getroffen werden (bei den Krypton Controls empfiehlt sich, die Eigenschaften nach Kategorien unterteilt anzuzeigen – die Eigenschaften zum Einstellen der Optik findet man in der Kategorie »Styles«). Das Zuordnen von Bitmaps ist anscheinend nur über lokale Ressourcen möglich.

Trotz klarer Vorteile gegenüber den Standard-Controls ist der Umgang mit den *Krypton Controls* ein wenig gewöhnungsbedürftig und arbeitsintensiver. Dafür winkt eine moderne Optik. Über vordefinierte Paletten kann u.a. zwischen einem Office 2003- und einem Office 2007-Modus gewählt werden. Dies lässt sich mit den Standard-Controls der Toolbox leider nicht erreichen.

Zu den Vorteilen der *Krypton Controls* gehören:

1. Das Programm erhält eine moderne Optik und wird damit mit jenen Anwendungen konkurrenzfähig, die bereits die moderne Optik von Office 2007 benutzen.
2. Es gibt zusätzlich Controls, die man sich nicht selber bauen muss.
3. Die Krypton Controls werden laufend weiterentwickelt (wenngleich in einem gemächlichen Tempo), u.a. um ein MonthCalendar-Control.

Zu den kleineren Nachteilen gehören:

1. Der Umgang mit den Controls ist gewöhnungsbedürftig.
2. Bei Verwendung des Paletten-Managers wird die Designerdatei des Formulars durch eine Fülle zusätzlicher Befehle, die alle möglichen Werte des Paletten-Managers vorbelegen, enorm aufgebläht.
3. Ein Formular wird fehleranfälliger, da manche Eigenheiten des Paletten-Managers dazu führen, dass z.B. das Formular nach Fehlern gar nicht mehr angezeigt werden kann. Im ungünstigsten Fall muss das Formular komplett neu aufgebaut werden.
4. Die *Krypton Controls* müssen auf jedem Arbeitsplatz erst einmal installiert und mit der Anwendung weitergeben werden.
5. Es gibt nicht für jedes Windows Forms-Control ein Pendant, so dass sie für manche Situationen gar nicht in Frage kommen, da es sich ungünstig auf die Optik auswirkt, wenn die *Krypton Controls* mit den Standard-Controls kombiniert werden.

Insgesamt bieten die *Krypton Controls* Vor- und Nachteile und man muss selber entscheiden, ob die großen Vorteile die kleineren Nachteile überwiegen. Abbildung 3.22 zeigt eine Umsetzung des Idealgewichtrechners aus Kapitel 1 mit den *Krypton Controls*. An der Programmierung hat sich nichts geändert.

Abb. 3.22: Der Idealgewichtsrechner mit den Krypton Controls umgesetzt

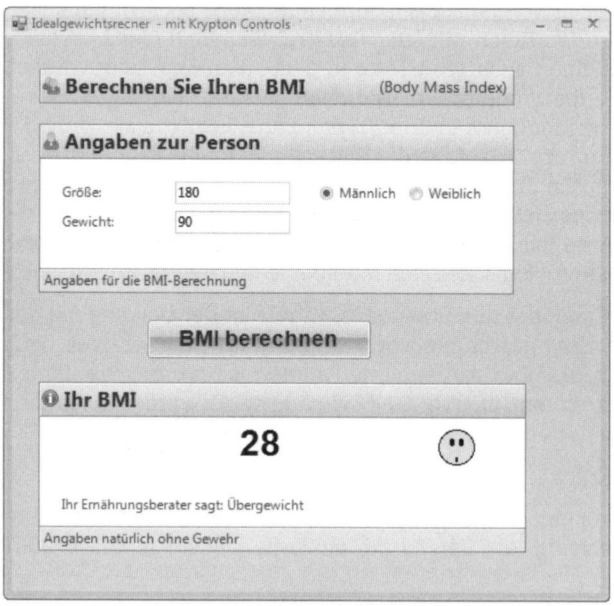

3.9 Zusammenfassung

Bei der Umsetzung von Windows-Programmen mit Visual Basic dreht sich am Anfang fast alles um Formulare und Steuerelemente. Ein Formular ist ein anderer Name für ein Fenster, ein Steuerelement (das ebenfalls eine »Art« Fenster darstellt) ist ein typisches Bedienelement, wie ein Button zum Auslösen einer Aktion, eine TextBox für die Eingabe von Text oder ein Label als Beschriftung für andere Steuerelemente. Damit beim Anklicken des Buttons oder dem Bewegen des Mauszeigers im Programm etwas passiert, gibt es die Ereignisprozeduren. Es sind Visual Basic-Prozeduren, die mit einem Event verknüpft sind und daher mit Eintreten des Events aufgerufen werden. Auch wenn die Toolbox, in der alle Steuerelemente und Komponenten versammelt sind, viele Einträge anbietet, für die ersten Schritte mit Visual Basic kommen Sie mit relativ wenigen Steuerelementen aus.

3.10 Fragen zum Abschluss des Kapitels

Frage 1 Wie unterscheidet sich ein (Visual Basic-)Formular von einem Windows-Fenster?

Frage 2 Wie lässt sich ein Steuerelement, wie eine TextBox, am einfachsten mehrere Dutzend Mal auf einem Formular platzieren?

Frage 3 Was ist der schnellste Weg, um zu erreichen, dass vier nebeneinander platzierte TextBoxen die gleiche Größe und den gleichen Abstand zueinander besitzen?

Frage 4 Welche Rolle spielt die Ereignisprozedur bei Visual Basic?

Frage 5 Was ist der einfachste Weg, den Prozedurrahmen für eine Ereignisprozedur in das Programmcodefenster einzufügen?

Frage 6 Aus der Toolbox sind auf einmal wichtige Steuerelemente und Komponenten verschwunden (das kann passieren). Was ist der einfachste Weg, um sie wiederherzustellen?

Die Lösungen zu den Fragen finden Sie in Anhang C.

KAPITEL 4

jetzt lerne ich

Die Befehle von Visual Basic 2008

In diesem Kapitel lernen Sie die Programmiersprache Visual Basic 2008 (Version 9.0) kennen. Wie praktisch jede Programmiersprache besitzt auch Visual Basic die typischen »Zutaten« einer Programmiersprache, wie Variablen, Entscheidungen, Programmschleifen und die Möglichkeit, Befehle in Funktionen und Prozeduren zusammenzufassen. Eine kleine »Warnung« vorweg: In diesem Kapitel wird das zusammengefasst, was normalerweise als Stoff für ein ganzes Buch reichen würde – die Einführung in eine Programmiersprache. Entgegen dem Motto des Buches »Keine Vorkenntnisse erforderlich« sind in diesem Kapitel gewisse Erfahrungen mit einer (im Grunde beliebigen) Programmiersprache sehr hilfreich, da die Logik des Programmierers nur indirekt vermittelt wird. Aus Platzgründen kann auch nicht jedes Detail erläutert werden. Hier sei die Visual Basic-Hilfe als ein vorzügliches Nachschlagewerk empfohlen. Die kleinen Beispiele verwenden jene Steuerelemente, die bereits in Kapitel 3 vorgestellt wurden.

Sehen Sie dieses Kapitel als einen ersten Überblick über die »Kernbefehle« von Visual Basic 2008, das intern auch »Visual Basic 9.0« heißt – praktisch alle wichtigen Befehle kommen in den folgenden Kapiteln in den kleinen und größeren Beispielen vor, sodass es noch genügend Zeit gibt, sie zu üben.

Sie lernen in diesem Kapitel

- wie ein Computerprogramm ausgeführt wird
- was eine Variable ist und welche Rolle ihr Datentyp spielt
- wie ein Computerprogramm Entscheidungen trifft
- wie ein Computerprogramm Wiederholungen durchführt
- wie schnell ein Visual Basic-Programm ist.

4.1 Schritt für Schritt oder wie wird ein Computerprogramm ausgeführt?

Wenn Sie Programmierer (die »Entwickler«, engl. »Developer«, genannt werden) werden möchten, müssen Sie auch wie ein Programmierer reden oder zumindest den typischen »Programmiererslang« verstehen. Dazu gehören zum Beispiel die Begriffe Sourcecode, Compiler, kompilieren und debuggen. Wenn Ihnen also in Zukunft jemand verrät, dass er noch schnell den Sourcecode seiner Application durch den Compiler »jagen« und debuggen muss, wissen Sie in etwa Bescheid.

4.1.1 Computerprogramm = Befehle, Befehle und noch mehr Befehle

Ein Computerprogramm besteht aus Befehlen einer bestimmten Programmiersprache. Die Aufgabe des Programmierers (also künftig Ihre Aufgabe) besteht darin, diese Befehle so aneinanderzureihen, dass beim Abarbeiten der Befehlsfolge durch den Computer die gewünschte Aktion ausgeführt wird. Entgegen anderslautender Prognosen vor vielen Jahren können sich Computer noch nicht selbst programmieren.[1] Die Gesamtheit aller Befehle wird als Quelltext, engl. »Source Code«, bezeichnet. Der Quelltext ist für den Computer jedoch nur eine Aneinanderreihung von Textzeichen, die für »ihn«[2] zunächst keinerlei Bedeutung hat. Damit der Computer mit den Befehlen etwas anfangen kann, müssen sie in die Muttersprache des Computers, die Maschinensprache, übersetzt werden. Diese Aufgabe übernimmt ein Spezialprogramm, das als Compiler bezeichnet wird (das engl. Verb »to compile« kann mit »zusammenbauen« übersetzt

1. Sie können allerdings streng nach Vorgabe in Sekundenbruchteilen Tausende von Befehlszeilen erzeugen – auch Visual Basic macht davon Gebrauch.

2. Bleiben wir, der (schlechten) Gewohnheit folgend, einfach dabei, den Computer als männliches Wesen zu bezeichnen. Auch wenn Computer, insbesondere wenn sie unter Windows laufen, ihre Launen haben können, mit dem weiblichen Attribut werden sie nur sehr selten belegt.

werden). Auch Visual Basic verfügt über einen solchen Compiler, der z.B. immer dann in Aktion tritt, wenn Sie die F5-Taste drücken. Das Ergebnis ist eine ausführbare Programmdatei mit der Erweiterung *.exe*, die Sie, wie jede andere Programmdatei auch, per Doppelklick starten. Damit wird Ihr Programm Befehl für Befehl ausgeführt, auch wenn es nicht mehr in der ursprünglichen Quellcodeform vorliegt.

Der letzte Abschnitt hat das klassische Prinzip der Programmausführung beschrieben, das bei »altmodischen« Programmiersprachen wie C++ oder Pascal gilt. Das .NET Framework arbeitet ein wenig moderner, indem der Compiler nicht den Maschinencode der CPU des Computers, sondern den Maschinencode einer »virtuellen CPU«, die auch als virtuelle Maschine bezeichnet wird, erzeugt. Dieser Maschinencode heißt auch »Intermediate Language«, kurz IL. Virtuell deswegen, weil diese Maschine mit ihren Registern und internen Einheiten per Software gebaut wird. Auch die Programmiersprache *Java* arbeitet nach diesem Prinzip.

4.1.2 Fehler in einem Programm – die Bugs lauern überall

Programmierer machen Fehler, auch wenn sie sich noch viel mehr Mühe geben, sie zu vermeiden. Diese Fehler werden im Jargon als »Bugs« bezeichnet, das Aufspüren dieser Fehler entsprechend als Debuggen, womit auch dieser wichtige Begriff geklärt wäre. Spätestens nachdem Sie Kapitel 10 durchgearbeitet haben, werden Sie wie selbstverständlich jede Menge Sourcecode durch den Compiler jagen (indem Sie F5 drücken) und Ihren Programmcode debuggen, indem Sie diesen z.B. mit der F8-Taste Befehl für Befehl ausführen.

4.2 Variablen als das Gedächtnis des Computers

Ein Computerprogramm, das sich während seiner Ausführung Werte merken soll, benutzt dazu Variablen. Eine Variable ist ein Name, der für eine Zahl, eine Zeichenkette oder ein Objekt steht (was ein Objekt ist, wird in Kapitel 5 erklärt). Eine Variable wird »irgendwo« im Programm definiert (oder deklariert) und erhält über eine Zuweisung einen Wert. Für die Definition gibt es (unter anderem) den `Dim`-Befehl.

Der folgende Befehl definiert eine Variable mit dem Namen `Mwst`:

```
Dim Mwst As Single
```

Über den Zusatz `As` wird der Datentyp der Variablen festgelegt. Der Datentyp bestimmt, welche »Sorte« von Daten in der Variablen gespeichert werden kann (mehr dazu in Kapitel 4.9.1). In diesem Fall ist die Variable vom (Daten-)Typ `Single`, was bedeutet, dass auch Fließkommazahlen, also Zahlen mit einem Anteil nach dem Dezimalkomma, erlaubt sind. Insgesamt kennt Visual Basic über ein Dutzend Datentypen – eine Liste der gängigen Datentypen finden Sie in Tabelle 4.1, eine vollständige Liste natürlich in der Visual Basic-Hilfe.

Handelt es sich um eine lokale Variable, also eine Variable, die innerhalb einer Sub oder Function definiert wird, kann der Datentyp auch weggelassen werden, da der Compiler anhand der ersten Wertzuweisung den Typ erkennen kann. Durch den folgenden Befehl wird eine Integer-Variable definiert:

```
Dim Zahl = 1234
```

Tabelle 4.1: Die gängigen Datentypen bei Visual Basic

Datentyp-Name	Welcher Typ von Daten darf in der Variablen gespeichert werden?
Char	Ein einzelnes Zeichen.
Decimal	Zahlen mit einem Nachkommaanteil. Das Besondere an diesem Datentyp ist, dass beim Rechnen keine Ungenauigkeiten auftreten können, was bei Single und Double nicht der Fall ist.
Double	Zahlen mit einem Nachkommaanteil. Im Unterschied zu Single dürfen die Zahlen größer werden, und es sind statt sieben bis zu 15 Stellen nach dem Komma erlaubt.
Integer	»Normale« Ganzzahlen bis ca. 2 Milliarden.
Short	Kleine Ganzzahlen bis 32.767.
Single	Zahlen mit einem Nachkommaanteil.
String	Zeichenketten mit bis zu ca. 2 Milliarden Zeichen (was wirklich sehr viel und eher eine theoretische Größe ist).

4.2.1 Variablen besitzen Werte

Eine Variable, die keinen Wert erhält, ist nicht nur relativ nutzlos, sie führt bei Visual Basic dazu, dass eine Warnung angezeigt wird – die betreffende Befehlszeile wird mit einer grünen Welle unterlegt. Variablen erhalten während der Programmausführung Werte. Das erledigt das Gleichheitszeichen, das in diesem Zusammenhang auch als *Zuweisungsoperator* bezeichnet wird.

Der folgende Befehl weist der Variablen Mwst einen Wert zu:

```
Mwst = 19
```

Lesen Sie diesen Befehl nicht als mathematische Gleichung. Die Variable Mwst ist nicht 19, sie erhält den Wert 19 durch die Zuweisung des Wertes, der rechts vom Gleichheitszeichen aufgeführt wird (und »ist« anschließend gleich 19). Besonders deutlich wird dieser Umstand bei folgender Zuweisung:

```
Zaehler = Zaehler + 1
```

Eine Variable kann natürlich nicht gleich einem um eins größeren Wert sein. Sie erhält einen um eins größeren Wert, wird also um eins erhöht. Etwas erfahrenere Visual Basic-Programmierer benutzen dazu den +=-Operator:

```
Zaehler +=1
```

Doch Moment, wenn in einem Programm eine Variable mit dem Namen Mwst auftaucht und sie auch noch den Wert 19 erhält, hat das doch bestimmt etwas damit zu tun, dass Visual Basic in der Lage ist, Mehrwertsteuerberechnungen durchzuführen? Ja und Nein. Nein, weil der Name »Mwst« für Visual Basic keinerlei Bedeutung hat. Sie können Variablen beliebige Namen geben, sofern Sie sich an ein paar allgemeine Regeln halten (die in der Visual Basic-Hilfe ausführlich beschrieben sind). Ja, weil Sie natürlich in Visual Basic (wie in jeder Programmiersprache auch) Mehrwertsteuerberechungen durchführen können. Sie müssen dazu die beteiligte Variable allerdings nicht `Mwst` nennen. Nur wissen, wie man eine Mehrwertsteuer berechnet, müssen Sie, denn auch davon hat Visual Basic nicht die geringste Ahnung.

Das folgende Beispiel weist der Variablen `MwstBetrag` einen aus den Variablen `Mwst` und `Betrag` errechneten Wert zu.

```
MwstBetrag = Betrag / (100 + Mwst) * Mwst
```

Sie sehen, Computer sind gar nicht so clever. Sie müssen als Programmierer nicht nur die richtige Formel erfinden, sondern auch noch durch das Einfügen von Klammern auf die Reihenfolge der Rechenoperationen achten[1]. In diesem Fall soll Addition vor der Division durchgeführt werden.

4.2.2 Variablen und ihr Anfangswert

Jede Variable besitzt einen Anfangswert. Dies ist jener Wert, den sie besitzt, bevor ihr zum ersten Mal ein Wert zugewiesen wird. Bei Zahlenvariablen ist dies (natürlich) der Wert 0, sodass der Befehl

```
Dim Zaehler As Integer = 0
```

streng genommen überflüssig ist, auch wenn man ihn manches Mal in Listings findet.

Zeichenkettenvariablen besitzen als Anfangswert eine leere Zeichenkette, Objektvariablen den Spezialwert `Nothing`.

Definition und Wertzuweisung in einem Schritt

Etwas erfahrenere Visual Basic-Programmierer fassen Definition und (erste) Wertzuweisung zu einem Befehl zusammen:

```
Dim Mwst As Single = 19
```

Der Wert 19 wird auch als »Initialisierungswert« bezeichnet.

Es lassen sich auch mehrere Definitionen in einem Befehl zusammenfassen:

```
Dim Mwst As Single, Zaehler As Integer
```

Möchten Sie den einzelnen Variablen auch Initialisierungswerte zuweisen, sollten Sie besser jede Variable in einer eigenen Befehlszeile definieren.

---

1. Zur Ehrenrettung der Computer sei allerdings erwähnt, dass Visual Basic eine sehr allgemeine Programmiersprache ist und es eine Kleinigkeit wäre, eine solche Funktion in die Klassenbibliothek einzubauen. Die Aufgabenstellung ist zu allgemein, als dass sich das lohnen würde.

4.3 Im Rechnen unschlagbar? Die Operatoren

Computer sind, der landläufigen Meinung zufolge, wahre Rechengenies. Was nicht jeder weiß, Computer sind eigentlich relativ dumm. Ihnen muss alles haarklein, Befehl für Befehl vorgegeben werden. Ihr Geheimnis besteht darin, dass sie diese Befehlsfolge in einer schier unglaublichen Geschwindigkeit abarbeiten, sodass es so erscheint, als würden sie wahre Rechenwunder vollbringen. Visual Basic besitzt als Programmiersprache einen relativ überschaubaren Satz an Rechenoperatoren, der neben den Grundrechenoperatoren für Addition, Subtraktion, Multiplikation und Division lediglich noch den Potenzoperator als Spezialisten umfasst. Etwas anspruchsvollere Rechenfunktionen finden Sie in der Basisklassenbibliothek (und dort im Namespace `System.Math`), die in Kapitel 6 ausführlicher vorgestellt wird.

Ein Rechenoperator ist ein Sonderzeichen wie + (Addition), – (Subtraktion), * (Multiplikation) und / (Division). Insbesondere Letzteres mag für angehende Programmierer ein wenig ungewöhnlich wirken, da sie in der Schule sicherlich das ÷-Zeichen als »Divisionsoperator« kennengelernt hatten. Und es kommt noch ein wenig besser. Neben dem /- gibt es auch einen \-Operator. Er führt eine ganzzahlige Division durch, bei der stets eine Ganzzahl resultiert. 22 \ 7 ergibt demnach 3 und nicht 3.1428571428571428, wie es bei 22 / 7 der Fall wäre. Das Ergebnis einer Rechenoperation wird im Allgemeinen einer Variablen zugewiesen.

Der folgende Befehl berechnet den Nettobetrag und weist ihn der Variablen *Netto* unter der Annahme zu, dass die Variable *Brutto* den Bruttobetrag enthält:

```
Netto = Brutto / 116 * 100
```

In dieser »komplizierten« Rechenoperation werden mit / und * zwei Rechenoperatoren kombiniert. Das »Gebilde« rechts vom Gleichheitszeichen wird als *Ausdruck* (engl. »Expression«) bezeichnet. Ein Ausdruck ist eine Kombination von Rechenoperatoren, Zahlen und Variablen, aus der stets ein einziger Wert resultiert.

Auch bei Visual Basic gilt bei der Auswertung eines Ausdrucks die bekannte Punkt-vor-Strich-Regel. Soll ein Strichoperator einem folgenden Punktoperator vorgezogen werden, muss er (wie im richtigen Leben) in ein Klammerpaar gesetzt werden.

Ohne Klammerung ergibt der folgende Ausdruck den Wert 24:

```
Ergebnis = 12 + 4 * 3
```

Mit Klammerung ergibt sich dagegen 48:

```
Ergebnis = (12 + 4) * 3
```

4.3.1 Ein erstes Beispiel – ein kleiner Mehrwertsteuerrechner

Zeit für ein kleines Beispiel, das die bisherige Theorie zusammenfasst. Im Folgenden wird ein kleines Beispielprogramm Schritt für Schritt umgesetzt, das die Themenbereiche Variablen, Zuweisungen und Rechenoperatoren zusammenfasst.

Schritt 1

Starten Sie Visual Basic 2008, und wählen Sie als Projekttyp *Windows-Forms Anwendung* aus. Tragen Sie als Projektname *MwstRechner* ein, und bestätigen Sie mit *OK*. Visual Basic legt daraufhin ein neues Projekt mit dem Namen *MwstRechner.vbp* und eine Projektmappe mit dem Namen *MwstRechner.sln* mit einem Formular an.

Schritt 2

Ordnen Sie auf dem Formular eine TextBox, eine weitere TextBox, einen Button und ein Label untereinander an. Die Führungslinien erleichtern das bündige Anordnen der Steuerelemente. Orientieren Sie sich dabei an Fehler! Verweisquelle konnte nicht gefunden werden., wobei die Abbildung bereits ein wenig »geschönt« wurde, indem die Schriftgröße geändert und über jede TextBox und das Label ein zusätzliches Label zur Beschriftung gesetzt wurde. Auf die Optik kommt es im Moment jedoch nicht an, sondern nur auf die Funktionalität.

Schritt 3

Klicken Sie den Button doppelt an – Sie gelangen damit in das Programmcodefenster. Hier wird programmiert. Möchten Sie wieder zurück zur Formularansicht, geschieht dies z.B. über die Tastenkombination [⇧] + [F7].

Schritt 4

Geben Sie in die Prozedur (also nach dem `Sub`-Befehl) den folgenden Befehl ein:

```
Label1.Text = Textbox1.Text / (100 + Textbox2.Text) * Textbox2.Text
```

Schritt 5

Mehr gibt es nicht zu tun. Starten Sie das kleine Programm über die [F5]-Taste. Nach einer kurzen Verzögerung wird das Formular mit seinen beiden TextBoxen und dem Button sichtbar.

Schritt 6

Spielen Sie die Rolle des Anwenders, indem Sie in die erste TextBox einen Betrag (z.B. 100), in die zweite TextBox den Mehrwertsteuersatz (z.B. 16) eingeben und auf den Button klicken, um die Berechnung auszuführen. Haben Sie alles richtig gemacht, sollte danach der Nettobetrag in dem Label erscheinen.

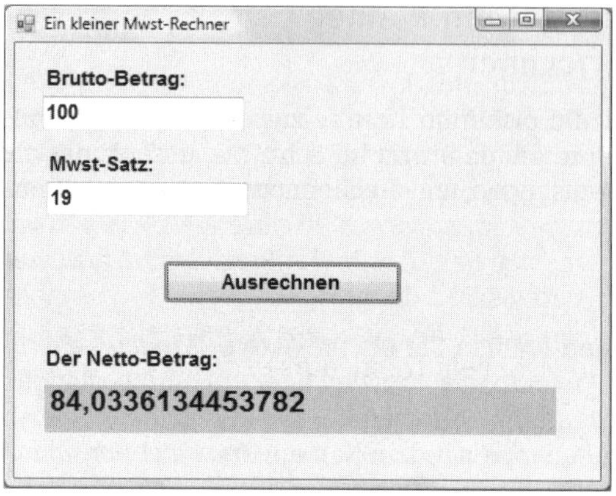

Abb. 4.1: Der kleine Mwst-Rechner in Aktion

Wie immer gibt es etwas zu optimieren. Beenden Sie das Programm, schalten Sie über [F7] erneut in den Code-Editor um, und tauschen Sie den alten Befehl gegen den folgenden Befehl aus:

```
Label1.Text = Textbox1.Text / (1 + Textbox2.Text / 100)
```

Diese Umrechnung führt zum gleichen Resultat, ist aber ein wenig kürzer. Machen Sie sich keine Illusionen, dass Sie der Computer auf diesen Umstand hinweisen könnte. Für die Logik des Programms ist einzig und allein der Mensch zuständig.[1]

Ein Wort zu den Eingabefehlern

Sollte Ihnen, was am Anfang häufig der Fall sein dürfte, der Fehler unterlaufen, die Eingabe des Mehrwertsteuersatzes zu vergessen, ist nach dem Klick auf den Button eine recht ernst wirkende Fehlermeldung die Folge. Die Programmausführung wird zwar nicht beendet, aber unterbrochen (im Allgemeinen ist es das Beste, das Programm danach trotzdem zu beenden). Keine Sorge, das ist lediglich eine sogenannte *Ausnahme* (engl. »Exception«), mit welcher der Compiler darauf hinweist, dass ein Befehl nicht ausgeführt werden kann. In diesem Fall liegt es einfach daran, dass der Inhalt einer leeren TextBox nicht in eine Zahl umgewandelt und die Berechnung daher nicht durchgeführt werden kann. Das Thema Ausnahmen und wie sie vermieden bzw. abgefangen werden ist in Kapitel 10 an der Reihe.[2]

Eine Möglichkeit, diesen Eingabefehler zu vermeiden, ist es, dafür zu sorgen, dass die TextBox für den Mehrwertsteuersatz von Anfang an einen Wert enthält, z.B. 16, sodass in diese Box nur dann etwas eingegeben werden muss, wenn mit einem anderen Wert gerechnet werden soll. Sie wissen bereits, wie Sie einer

---

1. Wenngleich es mit dem Refactoring eine Technik gibt, bei welcher der Programmcode »intelligent« umgestellt wird. Dieses Refactoring gibt es auch bei Visual Basic 2005/2008 in Gestalt eines kostenlosen Tools der Firma DeveloperExpress mit dem Namen Refactor! (allerdings nicht für die Express Edition).
2. Bis dahin werden Ihnen noch einige Ausnahmen begegnen.

Variablen einen Initialisierungswert zuweisen, doch geht dies auch bei einer Eigenschaft, wie der `Text`-Eigenschaft der zuständigen TextBox? Selbstverständlich, es kommt nur darauf an, dies an der »richtigen« Stelle im Programm zu tun. Mit etwas mehr Erfahrung verwenden Sie dazu die `Load`-Ereignisprozedur des Formulars. Behelfen Sie sich im Moment damit, dass Sie auf die Formularansicht umschalten, die TextBox selektieren, mit [F4] das Eigenschaftenfenster öffnen und für die `Text`-Eigenschaft dort den Anfangswert *16* eintragen (Sie werden später noch erfahren, dass dies zur Folge hat, dass in der Prozedur `InitializeComponent` die `Text`-Eigenschaft der TextBox den eingetragenen Wert erhält). Tragen Sie für die erste TextBox den Wert *100* ein. Jetzt können Sie das Programm erneut starten und müssen nicht befürchten, dass es durch eine vergessene Eingabe »abstürzt«.

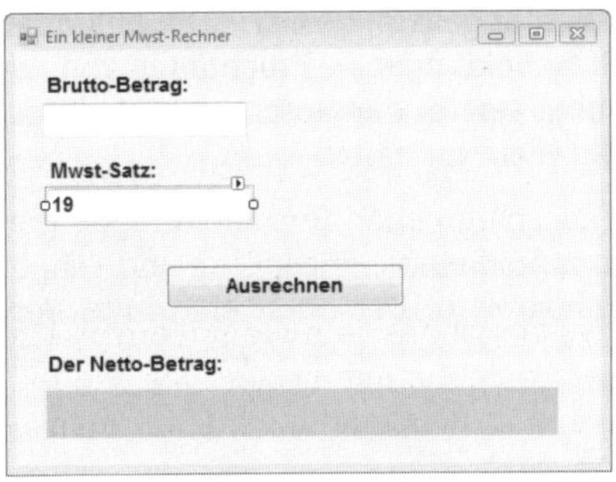

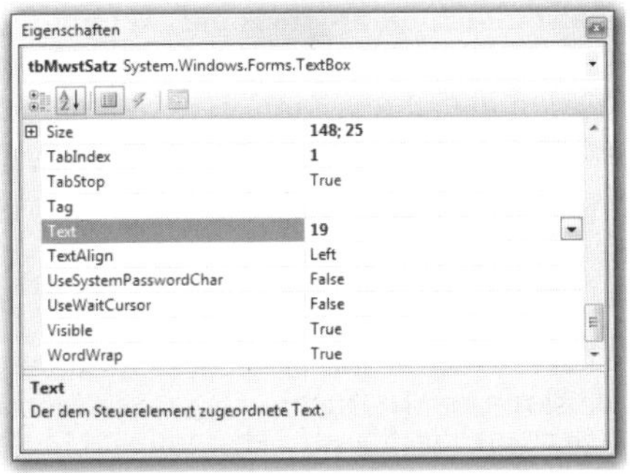

Abb. 4.2: Die TextBox im Entwurfsmodus erhält einen Anfangswert.

4.4 Computerprogramme treffen Entscheidungen

Computer treffen Entscheidungen. Sie entscheiden, ob der Fahrkartenautomat eine Karte ausspuckt, der Geldautomat die gewünschten Scheine auswirft, die Waschmaschine weiteres Wasser einlaufen lässt, oder der Start einer Rakete freigegeben wird. Computer übernehmen im täglichen Leben so viele Aufgaben, dass es fast gar nicht mehr auffällt, dass der Mensch aus diesen Bereichen längst verdrängt wurde.[1] Doch Computer treffen keine echten Entscheidungen – der offensichtliche Widerspruch zur ersten Aussage besteht ganz einfach darin, dass in einem Computerprogramm eine Entscheidung etwas anderes bedeutet als im täglichen Leben. Computerprogramme denken grundsätzlich und ausschließlich in zwei Zuständen, die als Ein oder Aus, True oder False, Wahr oder Falsch bezeichnet werden (suchen Sie sich Ihren Lieblingsbegriff aus). Diese Ja-/Nein-Werte werden auch als *boolesche Werte* bezeichnet (ein wenig mehr dazu unter *http://de.wikipedia.org/wiki/Bool*), der entsprechende Datentyp bei Visual Basic für einen True-/False-Wert heißt entsprechend *Boolean*.

1. Wer erinnert sich noch an den Kassierer einer Bank, das Vorläufermodell des Geldautomaten?

Ein Beispiel für eine Entscheidung

Angenommen, ein Visual Basic-Programm soll prüfen, ob die Variable *Alter* einen Wert enthält, der größer oder gleich 18 oder kleiner als 18 ist. Dieser Vergleich kann nur zu zwei Ergebnissen führen:

```
Der Wert in der Variablen ist größer oder gleich 18.
```

Der Wert in der Variablen ist nicht größer oder gleich 18 (in diesem Fall wäre er kleiner als 18). Sie sehen, das Ergebnis des Vergleichs ist entweder wahr oder falsch.[1] Auf der Grundlage dieser »binären Logik« (das Adjektiv »binär« steht für die Zahl Zwei, denn es sind zwei Zustände) treffen Computerprogramme vollkommen emotionslos ihre Entscheidungen. Dass es doch manchmal so erscheint, als hätten Computerprogramme eine Art Seele, und dass sie, z.B. im Rahmen einer Risikoanalyse, komplexe Empfehlungen geben können, liegt ganz einfach daran, dass ein Computer (genauer gesagt, dessen CPU) Millionen – wenn nicht sogar Milliarden – solcher Entscheidungen in Bruchteilen von Sekunden ausführen kann. Das Geheimnis liegt also in der Geschwindigkeit, mit der selbst ein indischer Kopfrechenkünstler nicht mithalten kann.

Zurück zu Visual Basic. Für die wortreich umschriebenen Entscheidungen gibt es bei Visual Basic den `If`-Befehl, der durch die Befehle `Then`, `Else` und `End If` (mit einem Leerzeichen dazwischen) ergänzt wird. Der oben erwähnte Vergleich müsste wie folgt lauten:

```
If Alter >= 18 Then
  Messagebox.Show("Sie sind volljährig")
End If
```

Ist die Variable `Alter` `>=` (größer gleich) 18, dann (und nur dann) werden die Befehle zwischen `If` und `End If` ausgeführt. Ansonsten werden diese Befehle übersprungen.

```
If Alter >= 18 Then
  Messagebox.Show("Sie sind volljährig")
Else
  Messagebox.Show("Du bist noch nicht volljährig")
End If
```

Abb. 4.3: Der If-Befehl führt eine Weichenstellung bei der Programmausführung durch.

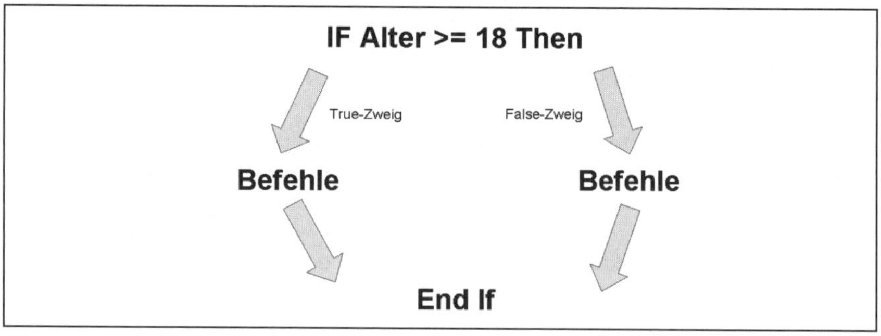

1. Mit Wahrheit und diesen philosophischen Dingen haben diese Begriffe überhaupt nichts zu tun, sie stehen nur für die Zustände »trifft zu« und »trifft nicht zu«.

Soll etwas nur dann passieren, wenn die Bedingung nicht erfüllt ist, kommt der `Else`-Befehl ins Spiel.

4.4.1 Bedingungen verknüpfen – Mr. Boole lässt grüßen

In diesem Abschnitt lernen Sie Mr. Boole kennen. Das ist weder eine trendige Biermarke aus Australien noch ein Billard-Meister aus Sheffield in England. *George Boole* gilt vielmehr als Vater der mathematischen Logik und indirekt (und vermutlich ohne es zu ahnen) als Vater der Programmiersprachenlogik.[1] Sogar ein Datentyp wurde ihm zu Ehren benannt: der Datentyp `Boolean`, den es auch in Visual Basic gibt und der, wie Sie bereits wissen, nur die Werte `True` und `False` annehmen kann.

Ein Teil der booleschen Logik ist es, dass sich Bedingungen verknüpfen lassen, woraus eine Gesamtbedingung resultiert. Visual Basic besitzt, wie jede andere Programmiersprache auch, einen Satz Operatoren für diese Sorte von Operationen. Von den Operatoren `NOT`, `XOR`, `AND` und `OR` sind `AND` und `OR` die wichtigsten:

Der `AND`-Operator verknüpft zwei Bedingungen. Das Ergebnis ist nur dann wahr, wenn beide Bedingungen wahr sind.

Der `OR`-Operator verknüpft zwei Bedingungen. Das Ergebnis ist wahr, wenn eine der beiden Bedingungen wahr ist.

Lassen Sie sich diese kurzen Beschreibungen durch den Kopf gehen, und es wird deutlich, warum es auch UND-Regel (alle Bedingungen müssen erfüllt sein) und ODER-Regel (eine Bedingung muss erfüllt sein) heißt.

```
LoginOK = Benutzername = "Friedrich" AND Kennwort = "Ilse"
```

Die Variable `LoginOK` ist nur dann `True`, wenn die Bedingungen `"Benutzername = Friedrich"` UND `"Kennwort = Ilse"` erfüllt sind. Ist eine der beiden Bedingungen nicht erfüllt (oder sind beide nicht erfüllt), erhält die Variable einen `False`-Wert.

Was sich vielleicht zunächst nach einem dieser Spezialfälle anhören mag, tritt im täglichen Leben praktisch überall auf:

- Ein Fahrstuhl fährt erst los, wenn die Tür geschlossen UND ein Stockwerk gewählt wurde.
- Ein Fahrtkartenautomat spuckt erst dann ein Ticket aus, wenn eine Kategorie gewählt und der Geldbetrag eingeworfen wurde.
- Ein (moderner) Zigarettenautomat wirft erst dann eine Packung süchtig machender Glimmstängel aus, wenn eine Sorte gewählt UND der gewünschte Betrag eingeworfen ODER eine Geldkarte eingesteckt wurde UND diese über einen ausreichenden Betrag verfügt UND ein Altersnachweis erbracht wurde.

1. Mehr natürlich unter *http://de.wikipedia.org/wiki/George_Boole*.

Sie sehen, die Welt ein wenig logischer zu sehen, kann richtig Spaß machen – probieren Sie es einmal aus, Sie werden schnell auf Dutzende von Beispielen kommen.[1] Voraussetzung ist stets, dass es für eine Bedingung nur zwei Zustände geben kann: wahr oder nicht wahr. Sie werden lernen, Bedingungen, auf die dies scheinbar nicht zutrifft, in eine passende Bedingung »umzubiegen«. Ein Auto fährt nur los, wenn es Benzin hat. Ob der Tank fünf, zehn oder 50 Liter enthält, spielt keine Rolle. Die Bedingung lautet, dass das Auto über Benzin verfügt. Dies kann nur mit Ja oder Nein beantwortet werden. Weitere Details spielen keine Rolle.

4.4.2 Sind Sie volljährig oder bist Du es noch nicht? Der Computer findet es heraus

Zeit für eine kleine Übung, die den im letzten Abschnitt beschriebenen Volljährigkeitscheck in die Praxis umsetzt.

Schritt 1

Starten Sie Visual Basic, und wählen Sie als Projekttyp *Windows-Anwendung* aus. Tragen Sie als Projektnamen *VolljaehrigkeitsCheck* ein, und bestätigen Sie mit *OK*. Visual Basic legt daraufhin ein neues Projekt mit einem Formular an. Speichern Sie das Projekt über *Datei|Alles speichern*.

Schritt 2

Ordnen Sie auf dem Formular eine TextBox, einen Button und ein Label untereinander an.

Schritt 3

Klicken Sie den Button doppelt an, um in das Programmcodefenster zu gelangen, und geben Sie in die `Button1_Click`-Prozedur die folgenden Befehle ein:

```
Dim Alter As Integer = Textbox1.Text
If Alter >= 18 Then
    Label1.Text = "Sie sind volljährig."
Else
    Label1.Text = "Du bist noch nicht volljährig."
End If
```

Schritt 4

Starten Sie das Programm mit [F5], geben Sie in die TextBox eine Zahl ein, und klicken Sie auf den Button. Je nachdem, ob die Zahl kleiner oder größer/gleich 18 ist, wird eine entsprechende Meldung ausgegeben.

Nach dem Motto »Vertrauen ist gut, Kontrolle ist besser« sollte sich ein Programm nicht auf die Eingabe einer schlichten Zahl verlassen. Es mag Programme geben, die durch raffinierte Fangfragen, die nur ein Erwachsener beantworten

1. Die Frage, ob das Licht im Kühlschrank wirklich ausgeht, wenn die Tür geschlossen wird, lässt sich damit auch nicht beantworten.

kann, mit an Sicherheit grenzender Wahrscheinlichkeit die Wahrheit herausfinden.[1] Im Folgenden soll eine deutlich einfachere Variante vorgestellt werden, die auf der Eingabe des Geburtsdatums basiert.

Schritt 5

Beenden Sie das Programm, und schalten Sie per Doppelklick auf den Button wieder auf den Programmeditor um.

Jetzt wird es ein wenig komplizierter, denn es muss die Differenz zweier Datumswerte in Jahren gebildet werden: die des eingegebenen Geburtsdatums und die des aktuellen Datums. Letzteres wird über den »Befehl« `Now` zur Verfügung gestellt. Die Differenz in Jahren bildet der folgende Befehl:

```
Dim Geburtsdatum As Date
Dim AnzahlJahre As Short
AnzahlJahre = Now.Year - Geburtsdatum.Year
```

Im Mittelpunkt steht `Now`, das stets für das aktuelle Datum steht. Hinter `Now` steht ein ganzes Objekt (mehr dazu in Kapitel 5), das neben vielen anderen Eigenschaften auch eine `Year`-Eigenschaft hat, die für die Jahreszahl des Datums steht. Auch die Variable `Geburstsdatum` ist ein Datum und besitzt daher ebenfalls eine `Year`-Eigenschaft. Beide Zahlen zu subtrahieren ist eine Kleinigkeit und liefert die Differenz in Jahren.

Programmierprofis lieben Abkürzungen. Hier ein einfaches Beispiel. Soll die Variable `Ruhestand` auf `True` gesetzt werden, wenn die Variable `Alter` größer 65 ist, dann erledigt das der folgende Befehl:

```
If Alter > 65 Then Ruhestand = True
```

Erfahrene Programmierer kürzen das Ganze ein wenig ab:

```
Ruhestand = Alter > 65
```

Ist `Alter` größer 65, erhält `Ruhestand` einen `True`-, ansonsten einen `False`-Wert.

Kurzer Exkurs zur TryParse-Methode

Im obigen Beispiel wurde stillschweigend vorausgesetzt, dass die Variable `Geburtsdatum` bereits ein Datum enthält. Das ist natürlich nicht automatisch der Fall. Sie muss dieses Datum erst zugewiesen bekommen. Obwohl die Variable `Geburtsdatum` vom Typ `Date` ist, kann man ihr einfach eine Zeichenkette zuweisen:

```
Geburtsdatum = "25.10.61"
```

1. Auch der Anschluss eines Lügendetektors an den Computer wäre denkbar – das Thema Hardware wird in diesem Buch allerdings nicht behandelt.

Das »Risiko« einer solchen Zuweisung besteht darin, dass eine Fehlerausnahme der Fall ist, wenn der String kein gültiges Datum darstellt. Um dies von vornherein zu vermeiden, verwenden Programmierprofis die TryParse-Funktion des Date-Objekts. Sie wandelt jene Zeichenkette, die mit TryParse übergeben wird, in ein Datum (also in einen Wert vom Typ Date) um und trägt dieses in eine übergebene Variable vom Typ Date ein. Jetzt passen die Typen zusammen, eine indirekte (Typen-)Umwandlung ist nicht erforderlich (was immer besser ist). Ist die Zeichenkette kein Datum, wird stattdessen #12:00:00 AM# eingetragen, und die Funktion gibt zudem False zurück, was zum Beispiel in einer If-Abfrage abgefangen werden kann. Auf diese Weise wird sichergestellt, dass bei einer Umwandlung immer ein Ergebnis resultiert:

```
If Date.TryParse(Eingabe, Geburtsdatum) = False Then
  Messagebox.Show ("Falsches Datum")
Else
  Dim AnzahlJahre As Short
  AnzahlJahre = Now.Year - Geburtsdatum.Year
  Messagebox.Show("Anzahl Jahre: " & AnzahlJahre)
End If
```

Übrigens ist Visual Basic sehr großzügig, was das Datumsformat betrifft. So ist zum Beispiel auch »25. Oktober 1961« ein gültiges Datum oder, das mag zunächst erstaunen, auch »25 Octobre 1961«, also auf Französisch. Dann muss allerdings über die CultureInfo-Eigenschaft des Programms Französisch (fr-FR) als Landessprache eingestellt sein:

```
If Date.TryParse(Eingabe, Ci, DateTimeStyles.None, Geburtsdatum) =
False Then
```

Da TryParse mehrfach überladen ist, erlaubt es auch ein CultureInfo-Objekt als Argument, durch das die Landessprache festgelegt wird.

Doch zurück zum Programmbeispiel. Die Anzahl an Jahren reicht als Differenz nicht aus. Angenommen, der Anwender hat am 25.10.1988 Geburtstag und die Abfrage findet am 24.10.2006 statt. Zwar ergibt die Differenz 18 Jahre, doch der Anwender ist nicht volljährig, da er noch nicht Geburtstag hatte. Es muss eine zweite Bedingung herangezogen werden, die darin besteht, auch den Monat und den Tag zu vergleichen:

```
Dim Geburtsdatum As Date = Date.Parse(Textbox1.Text)
Dim Jahre As Integer = Geburtsdatum.Year
Dim Monate As Integer = Geburtsdatum.Month
Dim Tage As Integer = Geburtsdatum.Day
If Today.Year - Jahre > 18 Or (Today.Year - Jahre = 18 And Monate <
Today.Month) Or (Today.Year - Jahre = 18 And Monate = Today.Month And
Tage <= Today.Day) Then
```

Hier werden insgesamt drei Bedingungen über die logischen Operatoren And und Or zu einer Bedingung verknüpft:

- Die erste Bedingung lautet: Die Differenz an Jahren zwischen dem aktuellen Datum und dem Geburtsdatum ist größer als 18 – in diesem Fall ist die Person eindeutig volljährig.
- Die zweite Bedingung setzt sich aus zwei Teilbedingungen zusammen: Die Differenz ist gleich 18 Jahre, und der Geburtsmonat ist kleiner oder gleich dem aktuellen Monat.
- Die dritte Bedingung setzt sich aus drei Teilbedingungen zusammen: Die Differenz ist gleich 18 Jahre, der Geburtsmonat ist gleich dem aktuellen Monat, und der Tag der Geburt ist kleiner oder gleich dem aktuellen Tag.

Über die Klammern wird erreicht, dass die (Unter-)Teilbedingungen in einer der drei Teilbedingungen zuerst zu einer einzigen Bedingung verknüpft werden, bevor das Ergebnis mit den übrigen beiden Teilbedingungen verknüpft wird.

Reichlich kompliziert für eine im Grunde simpel erscheinende Angelegenheit. Dennoch basiert die gesamte Abfrage auf simplen Wahr-Falsch-Vergleichen, für die stets die gleiche einfache Regel gilt.

Wie so oft im Leben, gibt es auch hier eine deutlich einfachere Lösung. Sie besteht darin, einfach 18 Jahre zum Geburtsdatum hinzuzuaddieren und das resultierende Datum mit dem aktuellen Datum zu vergleichen:

```
Dim Geburtsdatum As Date = Date.Parse(Textbox1.Text)
Dim DatumVolljaehrig As Date = Geburtsdatum.AddYears(18)
If Today.CompareTo(DatumVolljaehrig) >= 0 Then
    Label1.Text = "Sie sind volljährig."
Else
    Label1.Text = "Du bist noch nicht volljährig."
End If
```

In diesem Fall überträgt das Programm der .NET-Klassenbibliothek die Aufgabe, das korrekte Datum auszurechnen und mit dem heutigen Datum zu vergleichen. Auch wenn diese Lösung scheinbar einfacher ist, da lediglich eine Bedingung geprüft wird, setzt sie bereits einiges an Erfahrung im Umgang mit der .NET-Basisklassenbibliothek voraus. So muss man bereits wissen, dass die DateTime-Klasse, für die Today steht, eine CompareTo- und eine sehr praktische AddYears-Funktion besitzt und dass über die Parse-Methode von DateTime aus einer Zeichenkette ein Datumswert wird. Dies alles sind Dinge, die am Ende des Buches deutlich klarer sein werden. Es lohnt sich daher, am Ball zu bleiben.

Bis auf Weiteres sollten Sie sich einen wichtigen Satz einprägen:

Die Kunst des Programmierens besteht darin, aus einer funktionierenden Lösung eine einfachere Lösung (die natürlich ebenfalls funktioniert) ableiten zu können.

4.4.3 Der Mehrwertsteuerrechner wird erweitert

Der If-Befehl eignet sich hervorragend dazu, den Mehrwertsteuerrechner aus Kapitel 4.3.1 dahingehend zu erweitern, die Eingabe eines »falschen« Mehrwertsteuerwertes zu verhindern. Falsch ist aus der Sicht der Programmlogik ein Wert, der kleiner oder gleich 0 und größer oder gleich 100 ist.

Schritt 1

Laden Sie das Projekt *MwstRechner.sln* (das in Kapitel 4.3.1 im Rahmen einer kleinen Übung angelegt wurde), selektieren Sie das Formular, und schalten Sie per F7 auf den Programmcode-Editor um. Die Frage, die als Nächstes geklärt werden müsste, lautet: An welcher Stelle muss die Eingabe überprüft werden? Vor der Ausführung der Berechnung wäre etwas spät, wenngleich es möglich wäre. Besser ist es, die Eingabe bereits unmittelbar zu dem Zeitpunkt zu prüfen, an dem der Anwender im Begriff ist, die TextBox zu »verlassen«. In diesem Fall wird bei der TextBox ein Validate-Ereignis ausgelöst, sodass die Ereignisprozedur tbBetrag_Validate der »beste« Ort für die Abfrage ist.

Schritt 2

Wählen Sie aus der linken Auswahlliste den Eintrag tbBetrag und aus der rechten Auswahlliste den Eintrag Validate aus. Das führt dazu, dass der Rahmen für die Validate-Ereignisprozedur eingefügt wird.

Schritt 3

Geben Sie in die Prozedur die folgenden Befehle ein:

```
Dim Mwst As Integer = tbBetrag.Text
If Mwst <> 7 And Mwst <> 16 And Mwst <> 0 And Mwst <> 19 Then
  Messagebox.Show ("Die Mehrwertsteuer kann nur 0, 7, 16 oder 19
betragen")
End If
```

Haben Sie die Logik der Abfrage verstanden? Es werden vier Bedingungen verknüpft. Jede einzelne prüft, ob der eingegebene Wert ungleich einer erlaubten Zahl ist. Es müssen alle vier Bedingungen erfüllt sein, damit die Gesamtbedingung erfüllt und eine Meldung ausgegeben wird. Und das ist der Fall, wenn die eingegebene Zahl weder 0, 7, 16 oder 19 lautet.

4.4.4 Mehrfachabfragen mit Select Case

Nicht immer liegen die Verhältnisse bei einer Entscheidung so einfach, dass sie sich in ein einfaches If/Else/Then umsetzen lassen, ohne dass es unübersichtlich werden würde. Das letzte Beispiel hat zudem gezeigt, dass Befehlszeilen, in denen viele Bedingungen zusammengefasst werden, ein wenig unübersichtlich werden können. Geht es darum, einen Wert mit mehreren Werten zu vergleichen, ist der Select Case-Befehl häufig ein wenig praktischer.

Der folgende Befehl weist einer Punktzahl, die bei einem Test als Ergebnis zwischen 0 und 30 erzielt wurde, eine Bewertung zu:

```
Select PunktZahl
 Case 30
  Bewertung = "Das war absolute Spitze"
 Case 27 To 29
  Bewertung = "Eine ganz hervorragende Leistung"
 Case 23 To 26
  Bewertung = "Das war sehr gut"
 Case 19 To 22
  Bewertung = "Sehr gut"
 Case 12 To 18
  Bewertung = "Solide"
 Case 6 To 11
  Bewertung = "Noch verbesserungsfähig"
 Case 1 To 5
  Bewertung = "Beim nächsten Mal wird es besser"
 Case 0
  Bewertung = "Da muss Ihnen erst einmal keiner nachmachen"
Case Else
  Bewertung = "Ganz klar, jenseits von Gut und Böse"
End Select
```

Nicht nur die (vielleicht etwas zu optimistischen) Bewertungen, auch die Einteilungen wurden rein willkürlich getroffen. Auch wenn die Auswertung genauso gut mit einer Aneinanderreihung von `If`-Befehlen funktioniert hätte, der `Select Case`-Befehl macht das Programm deutlich besser lesbar.

Es ist guter Stil, am Ende immer einen `Case Else`-Zweig einzufügen, auch wenn dieser nach der zugrunde liegenden Programmlogik nie erreicht werden kann und damit keine Befehle enthält.

Datumsvergleiche mit Select Case

Ein Beispiel, bei dem sich der `Select Case`-Befehl sehr nützlich machen kann, ist die Zuordnung eines Geburtstages zu einem Sternzeichen. Sie wissen sicherlich, dass es insgesamt zwölf Sternzeichen gibt. Um festzustellen, zu welchem Sternzeichen ein Geburtsdatum gehört, müssten zwölf `If`-Befehle aufeinanderfolgen:

```
If Geburtstag >= "21.3" And Geburtstag <= "20.4" Then
  Sternzeichen = "Widder"
ElseIf Geburtstag >= "21.4" And Geburtstag <= "20.5" Then
  Sternzeichen = "Stier"
ElseIf
usw.
```

Auch wenn diese Befehlsfolge nicht »total daneben« ist, ein wenig umständlich ist sie schon. Ein wenig eleganter lässt sich diese Aufgabe mit dem Select Case-Befehl lösen:

```
Dim DatumTest As Date = Date.Parse(Geburtsdatum.ToString("dd.MM.00"))
Select Case DatumTest
  Case "22.09.00" To "23.10.00"
    Console.WriteLine("Waage")
  Case "24.10.00" To "20.11.00"
    Console.WriteLine("Skorpion")
  Case Else
    Console.WriteLine("Unbekannt")
End Select
```

4.5 Wiederholungen erwünscht – die Programmschleifen

Computerprogramme laufen erst dann zur Höchstform auf, wenn sie eine Gruppe von Befehlen mehrfach ausführen. Eine solche Wiederholung wird als Programmschleife (engl. »Loop«) bezeichnet. Für die Umsetzung einer solchen Programmschleife bietet Visual Basic nicht einen, sondern gleich vier Befehle an:

- For Next
- Do Loop
- While End While
- For Each

4.5.1 Die For Next-Schleife – die Anzahl der Durchläufe steht fest

Bei der For Next-Schleife steht die Anzahl der Durchläufe von Anfang an fest. Die Schleife wiederholt so oft, wie ein festgelegter Startwert, der bei jedem Durchlauf um eine Schrittweite (die in der Regel 1 ist) erhöht wird, einen festgelegten Endwert überschritten hat.

Im folgenden Beispiel wird eine Gruppe von Befehlen genau zehnmal ausgeführt.

```
For z As Short = 1 To 10
  ' Befehle
Next
```

Natürlich spielt es keine Rolle, ob die Schleife bei 1 beginnt und bei 10 endet oder bei 0 beginnt und bei 9 endet. Wichtig ist lediglich die Differenz zwischen Start- und Endwert. Die Schrittweite muss auch nicht 1 sein, über den Zusatz Step kann eine beliebige Schrittweite eingestellt werden. Wie oft läuft die folgende Schleife durch?

```
For z As Short = 0 To 5 Step 0.5
  ' Befehle
Next
```

Die Antwort sollte wieder 10 lauten, denn von 0 bis 5 sind es zehn Schritte, wenn die Schrittweite 0.5 beträgt. Doch sind es wirklich zehn Durchläufe und kann die Schleife überhaupt funktionieren? Nun, probieren Sie es aus, und Sie werden (sicherlich überrascht) feststellen, dass die Schleife endlos durchläuft. Der Grund für dieses seltsame Verhalten ist erst auf den zweiten Blick zu sehen und setzt zudem eine gewisse Erfahrung mit Visual Basic voraus. Da die Schleifenvariable z vom Typ `Short` ist, kann sie nur ganzzahlige Werte annehmen. Sie kann daher gar nicht die Werte 0.5, 1.5 usw. annehmen. Folglich wird auch der Endwert 5 nie erreicht. Wenn Sie `Short` durch `Single` ersetzen, werden Sie zudem feststellen, dass die Schleife nicht zehn-, sondern elfmal durchläuft. Auch hier gibt es eine einfache Erklärung. Eine `For Next`-Schleife endet, wenn der Endwert überschritten wurde, und nicht, wenn er erreicht wurde. Eine Schleife, die von 0 bis 10 läuft, läuft daher insgesamt elfmal durch.

4.5.2 Wiederholen, bis eine Abbruchbedingung erfüllt ist

Nicht immer steht die Anzahl der Durchläufe von Anfang an fest. Für solche Situationen ist eine `Do Loop`-Schleife besser geeignet, denn hier wird entweder zu Beginn oder am Ende der Schleife eine Abbruchbedingung angegeben, die `True` ergeben muss, damit die Schleife erneut durchlaufen wird.

Das folgende Beispiel ist das berühmte »Wie oft muss ein Cent verdoppelt werden, damit eine Million Euro herauskommt?«-Beispiel. In einer `Do`-Schleife wird ein Wert so lange wiederholt, bis er größer oder gleich 1 Million ist.

```
Dim Betrag As Single = 0.01
Dim Tage As Short
Do
    Tage += 1
    Betrag *= 2
Loop Until Betrag >= 1000000
```

Da es keine Rolle spielt, ob die Abbruchbedingung `Until Betrag >= 1000000` oder `While Betrag < 1000000` lautet, ist eine von beiden Varianten im Grunde überflüssig.[1]

4.5.3 Die While End While-Schleife – wie Do Loop, nur ein wenig einfacher

Die `While End While`-Schleife ist im Grunde (ebenfalls) überflüssig, da sie beinahe wie die `Do Loop`-Schleife funktioniert. Der einzige Unterschied ist, dass die Abbruchbedingung immer am Anfang geprüft wird. Viele Programmierer ziehen diese Variante aus alter Gewohnheit oder weil sie ihnen besser gefällt trotzdem der `Do`-Schleife vor.

1. Nicht nur im Grunde.

Das folgende Beispiel entspricht dem letzten Beispiel, nur dass dieses Mal eine While-Schleife zum Einsatz kommt.

```
While Betrag < 1000000
  Tage += 1
  Betrag *= 2
End While
```

4.5.4 Die For Each-Schleife – Spezialist für Collections

Die For Each-Schleife läuft so oft durch, wie eine Collection (oder ein Array) Elemente enthält. Da Collections erst in Kapitel 7 an der Reihe sind, wird auch die For Each-Schleife noch einmal vertagt.

4.5.5 Warten auf Godot – die Endlosschleife

Eine besondere Spezies der Programmschleife ist die Endlosschleife. Wie es der Name vermuten lässt, läuft diese Schleife endlos durch. Hier ein kleines Beispiel:

```
Do
  Betrag *=2
Loop
```

Warum läuft die Schleife »endlos« durch? Ganz einfach, weil es keine Abbruchbedingung gibt. Gibt es wirklich keine? Irgendwann wird durch die dauernde Multiplikation mit 2 der Wertebereich von Betrag überschritten, und es kommt zu einer OverflowException (mehr dazu in Kapitel 10).

Wie sich anhand einer Endlosschleife einiges über das Verhalten eines Fensters lernen lässt, soll die folgende kleine Übung veranschaulichen.

Schritt 1

Legen Sie eine neue *Windows-Anwendung* an, und ordnen Sie auf dem Formular eine TextBox, ein Label und einen Button an (die Namen spielen keine Rolle). Das Projekt müssen Sie nicht speichern.

Schritt 2

Klicken Sie den Button doppelt an, und geben Sie in die Click-Prozedur die folgenden Befehle ein:

```
Button1.Enabled = False
Do
  Zahl += 1
  Label1.Text = Zahl

Loop
Button1.Enabled = True
```

Das sieht sehr nach einer Endlosschleife aus, in der eine Variable bei jedem Durchlauf um eins erhöht und ihr Wert in einem Label ausgegeben wird. Außerdem deaktiviert sich der Button selber, damit auch optisch erkennbar ist, dass das Programm arbeitet.

Schritt 3

Starten Sie das Programm. Sie werden feststellen, dass es sich ein wenig merkwürdig verhält. Es wirkt irgendwie gehemmt, in die TextBox lässt sich nichts eingeben, und im Label erscheint keine Ausgabe (wenn Sie einen Augenblick warten, bricht das Programm mit einer `OverflowException` ab, da der Wertebereich der `Short`-Variablen überschritten wurde – dieses Verhalten ist allerdings gewollt).

Die Ursache für das etwas merkwürdige Benehmen des Fensters hat etwas mit der Endlosschleife zu tun. Da sie so schnell durchrauscht, kommt das Fenster nicht mehr dazu, sich um andere anstehende Aufgaben, wie das Aktualisieren des Labels, zu kümmern (erstaunlich bei einem 3-GHz-Prozessor, der theoretisch drei Milliarden Operationen pro Sekunde ausführen und dabei so einiges nebenbei erledigen können sollte). Das ist typisch für Windows, seine Oberfläche ist nicht für ein Multitasking ausgelegt. Es gibt eine einfache Abhilfe: Bauen Sie in die Schleife den Aufruf von `DoEvents` ein:

```
Application.DoEvents()
```

`DoEvents` sorgt dafür, dass die für das Fenster wartenden »Aufforderungen« (etwa zum Aktualisieren des Labels) abgearbeitet werden. Auch wenn die Methode `DoEvents` heißt, müssen Sie den Klassennamen `Application` voranstellen, denn ansonsten kann der Visual Basic-Compiler `DoEvents` nicht zuordnen.

Schritt 4

Starten Sie das Programm erneut. Jetzt können Sie nicht nur Eingaben in der TextBox durchführen, sondern die Ausgaben werden im Label angezeigt. So, wie man es erwarten sollte. Warum nicht gleich so.

Allerdings hat auch `DoEvents` einen Nachteil. Die Programmausführung wird verlangsamt, da mehr im Hintergrund passiert. Klicken Sie dazu lediglich die Titelleiste des Fensters an, und halten Sie die Maustaste gedrückt. Sie werden feststellen, dass die Ausgabe anhält. Dies liegt daran, dass, solange sich das Fenster in diesem Modus befindet, keine Aufforderungen zum Neuzeichnen der Label-Innenfläche weitergeleitet werden. Windows besitzt eben seine Eigenheiten, was sich zum großen Teil dadurch erklärt, dass es bereits aus den 80er-Jahren stammt. Für die Praxis mit Visual Basic sind diese Eigenheiten im Allgemeinen kein Nachteil, man muss sie nur kennen und gegebenenfalls mit `DoEvents` oder einem echten Multithreading, wie es in Kapitel 11 gezeigt wird, darauf reagieren.

4.6 Befehle zu Gruppen zusammenfassen – die Funktionen und Prozeduren

Programmierer sind von Natur aus faul, das sagen jedenfalls einige talentierte Programmierer über sich selbst. Nicht nur daher rührt der Wunsch, möglichst wenige Befehlsfolgen eintippen zu müssen – Befehle zu Prozeduren oder Funktionen zusammenzufassen, ist ein erster Schritt in diese Richtung.

Eine Prozedur ist ein Name, der für eine Gruppe von Befehlen steht. Eine Funktion ist eine Prozedur, die einen Wert »zurückgibt«, also für einen Wert und damit auch für einen Datentyp steht. Prozeduren kamen in diesem Buch schon mehrfach vor, nun werden sie offiziell vorgestellt.

Prozeduren werden über das Befehlspaar `Sub/End Sub` definiert, Funktionen entsprechend über das Befehlspaar `Function/End Function`.

4.6.1 Prozeduren definieren

Prozeduren werden immer dann benötigt, wenn eine Folge von Befehlen in einem Programm mehrfach vorkommt und es daher effektiver ist, sie unter einem Namen zusammenzufassen. Außerdem kommen Prozeduren als Ereignisprozeduren in jedem Visual Basic-Programm vor, das mit einem Formular ausgestattet ist.

Im folgenden Beispiel wird eine Prozedur definiert, die eine WAV-Sounddatei abspielt, dabei aber zuvor prüft (was im Allgemeinen sinnvoll ist), ob die Datei überhaupt existiert. Alles das wird mit dem sehr praktischen `My`-Namespace durchgeführt, den Sie in Kapitel 6 ausführlicher kennenlernen (ein wenig vorzublättern lohnt sich, denn mit `My` lässt sich eine Menge anfangen).

```
Sub Ding()
  Dim DingPfad As String = "C:\Windows\Media\Notify.wav"
  If My.Computer.FileSystem.FileExists(DingPfad) Then
    My.Computer.Audio.Play(DingPfad, AudioPlayMode.WaitToComplete)
  End If
End Sub
```

Der Pfad der WAV-Datei wird der Variablen `DingPfad` zugewiesen, da er ansonsten mehrfach aufgeführt werden müsste. Sollte man den Pfad ändern, muss dies lediglich an einer Stelle geschehen. Aufgerufen wird die Prozedur ganz einfach durch die Angabe des Prozedurnamens:

```
Ding()
```

Ein `Call`-Befehl (wie bei früheren Visual Basic-Versionen üblich) ist optional.

4.6.2 Variablendeklarationen innerhalb einer Prozedur – die lokalen Variablen

Wird eine Variable innerhalb einer Prozedur mit dem `Dim`-Befehl definiert, gilt sie nur innerhalb dieser Prozedur. Außerhalb der Prozedur ist sie unbekannt. Sie wird daher auch als *lokale Variable* bezeichnet.

4.6.3 Prozeduren mit Parameter

Richtig interessant wird es, wenn einer Prozedur beim Aufruf ein oder mehrere Werte übergeben werden. Für jeden der Werte muss im Prozedurkopf ein Parameter definiert werden, für den Aufruf müssen Werte eingesetzt werden, die in diesem Zusammenhang auch *Argumente* genannt werden. Welche Parameter eine Funktion/Prozedur besitzt, wird im Kopf der Funktion/Prozedur angegeben.

Im folgenden Beispiel wird die Prozedur `Ding2` definiert, bei der über einen Parameter mit dem Namen `BackgroundModus` angegeben werden kann, ob das Abspielen der WAV-Datei im Hintergrund erfolgt oder nicht.

```
Sub Ding2(ByVal BackgroundModus As Boolean)
  Dim DingPfad As String = "C:\Windows\Media\Notify.wav"
  If My.Computer.FileSystem.FileExists(DingPfad) Then
    If BackgroundModus = True Then
       My.Computer.Audio.Play(DingPfad, AudioPlayMode.Background)
    Else
       My.Computer.Audio.Play(DingPfad)
    End If
   End If
End Sub
```

Jetzt muss beim Aufruf der Prozedur für den Parameter auch ein Argument übergeben werden:

```
Ding2(True)
```

Argumente werden beim Aufruf immer in ein rundes Klammerpaar eingerahmt.

Alle Parameter spielen innerhalb der Prozedur die Rolle lokaler Variablen.

Exkurs – die Konstantenliste (Enumeration)

Im obigen Beispiel ist es ein wenig ungeschickt, dass der Prozedur `Ding2` ein Parameter vom Typ `Boolean` übergeben wird. Der Grund: Die Prozedur `Play` erwartet als zweites Argument einen Wert vom Typ `AudioPlayMode`. Dies ist kein Datentyp, sondern der Name einer Konstantenliste, die eine Reihe konstanter Werte unter einem Sammelnamen zusammenfasst. Die Konstantenliste `AudioPlayMode` umfasst drei Konstanten: `Background`, `BackgroundLoop` und `WaitToComplete`. Es ist daher ein wenig vorteilhafter, wenn beim Argument der Prozedur `Ding2` gleich dieser Typ angegeben wird:

```
Sub Ding2(ByVal Modus As AudioPlayMode)
  Dim DingPfad As String = "C:\Windows\Media\Notify.wav"
  If My.Computer.FileSystem.FileExists(DingPfad) Then
    My.Computer.Audio.Play(DingPfad, Modus)
  End If
End Sub
```

Auch die `If`-Abfrage kann entfallen, da das Argument einfach an die `Play`-Methode weitergereicht wird. Sie werden zudem feststellen, dass Visual Basic bereits eine praktische Eingabehilfe anbietet, die aus einer Liste aller infrage kommenden Konstanten der Konstantenliste besteht. Sie können aber trotzdem einen anderen Wert eingeben und die Auswahlliste per [Esc] schließen.

4.6.4 Funktionen definieren

Eine Funktion entspricht einer Prozedur mit einem wichtigen Unterschied – es gibt stets einen Rückgabewert. Eine Funktion wird immer dann eingesetzt, wenn durch den Aufruf ein Wert zurückkommen soll. Ob dieser Wert nun berechnet wird oder anderweitig entsteht, spielt keine Rolle. Hauptsache, die Funktion enthält »irgendwo« (mindestens) einen Return-Befehl, auf den ein (im Prinzip beliebiger) Wert folgt. Es ist die Aufgabe des Return-Befehls, die Funktion zu beenden und dabei den Rückgabewert festzulegen.

Im folgenden Beispiel wird die Funktion Mwst nachgetragen, auf die vielleicht nicht die Welt, aber doch der eine oder andere Leser gewartet hat, da die leidige Mehrwertsteuer schon mehrfach in den Beispielen vorkam. Der Funktion wird neben dem Betrag als Single-Wert auch ein Boolean-Argument übergeben, das angibt, ob der reduzierte Mehrwertsteuersatz verwendet werden soll.

```
Function Mwst(ByVal Betrag As Single, ByVal MwstSatzReduziert As
Boolean) As Double
  Dim MwstBetrag As Single
  If MwstSatzReduziert = False Then
    MwstBetrag = Betrag / 119 * 19
  Else
    MwstBetrag = Betrag / 107 * 7
  End If
  Return MwstBetrag
End Function
```

Wundern Sie sich nicht darüber, dass auf die schließende Klammer noch ein As Double folgt. Das ist wichtig, da die Funktion genau wie eine Variable einen Datentyp besitzt, da sie für einen Wert steht.

Da eine Funktion immer etwas zurückgibt, wird dieses Etwas z.B. einer Variablen zugewiesen:

```
Dim MwstBetrag As Single = Mwst(100, False)
```

Der Rückgabewert der Funktion kann aber auch einer anderen Funktion übergeben werden, wie z.B. der Show-Funktion der MessageBox-Klasse zur Ausgabe in einer kleinen Mitteilungsbox:

```
Messagebox.Show(Mwst(24.95, True))
```

Wäre es nicht besser, wenn die Mwst-Funktion gleich einen gerundeten Betrag zurückgeben würde? Kein Problem, ändern Sie einfach den Ausdruck, auf den der Return-Befehl folgt:

```
Return Math.Round(MwstBetrag, 2)
```

Jetzt gibt der Return-Befehl selbst den Rückgabewert einer Funktion zurück – der Round-Funktion. Visual Basic ist wirklich eine flexible Programmiersprache.[1]

Gibt es eine Liste aller Funktionen, die es in Visual Basic insgesamt gibt? Ja und Nein (also wie üblich »Jein«). Ja, weil es natürlich eine solche Liste gibt. Nein, weil es im Grunde keine Funktionen gibt, sondern nur »Methoden« (diesen Be-

1. Andere Programmiersprachen können das natürlich auch.

griff werden Sie in Kapitel 5 kennenlernen) der .NET-Klassenbibliothek. Und eine Liste aller dieser Funktionen erhalten Sie zum Beispiel über den Objektbrowser.

Gibt es eine Liste aller Funktionen und Prozeduren, die in einem Programm definiert sind? Ja und Nein (also wie üblich »Jein«). Ja, weil es natürlich eine solche Liste gibt. Nein, weil es im Grunde keine Funktionen gibt, sondern nur »Methoden«. Und auch eine Liste der Methoden des eigenen Programms präsentiert Ihnen der Objektbrowser.

4.6.5 Statische Variablen

Eine besondere Sorte lokaler Variablen sind die statischen Variablen. Eine statische Variable wird innerhalb einer Prozedur oder Funktion definiert und besitzt die Besonderheit, dass ihr Wert mit dem Verlassen der Prozedur oder Funktion nicht verloren geht, sodass die Variable beim nächsten Aufruf mit diesem Wert belegt wird. Statische Variablen werden mit dem `Static`-Befehl deklariert. Sie sind zwar nur innerhalb der Funktion oder Prozedur gültig, verlieren ihren Inhalt aber nicht. Über eine statische Variable lässt sich z.B. zählen, wie oft eine Prozedur aufgerufen wurde. Oder den Wert aufaddieren, der im Rahmen des `MouseWheel`-Ereignisses übergeben wird und der für die »Distanz« steht, die das Mausrädchen seit dem letzten Aufruf zurückgelegt hat.

Der folgende Befehl definiert die Variable `AnzahlAufrufe` als statisch. Sie kann daher erhöht werden, ohne dass sie beim nächsten Aufruf von `Test` wieder bei 0 beginnt.

```
Sub Test
  Static AnzahlAufrufe As Integer
  AnzahlAufrufe +=1

End Sub
```

Soll der Variablen ein anderer Anfangswert als 0 zugewiesen werden, geschieht dies wie bei regulären Variablen:

```
Static AnzahlAufrufe As Integer = 5
```

4.7 Wie schnell ist der Computer?

Programmschleifen sind eine hervorragende Gelegenheit, den Computer, genauer gesagt den Prozessor (auch CPU genannt für *Central Processing Unit*), ein wenig zu fordern. Computer sind bekanntlich Geschwindigkeitsmonster, doch Geschwindigkeit ist, auch das ist eine bekannte Weisheit, immer relativ. Wie schnell ist der Computer wirklich, oder besser gefragt, wie schnell wird ein Visual Basic 2008-Programm eigentlich ausgeführt? Diese Fragen beantworten allgemein sogenannte Benchmark-Programme. Diese enthalten typische Berechnungen und andere Dinge, die stets gleich umgesetzt werden. Benchmarks messen die Geschwindigkeit und erlauben so einen relativen Vergleich verschiedener Computersysteme. Ganz so anspruchsvoll soll es im Folgenden nicht zugehen, es soll lediglich festgestellt werden, wie schnell Visual Basic 2008 eine relativ simple Berechnung durchführt. Und dafür leistet die Stopwatch-Klasse aus der Klassenbibliothek hervorragende Dienste.

Schritt 1

Starten Sie Visual Basic 2008, und legen Sie ein neues *Windows Forms-Anwendung*-Projekt an, und geben Sie dem Projekt den Namen »Geschwindigkeitstest«. Speichern Sie das Projekt über den *Alle speichern*-Button in der Symbolleiste ab. Sie wissen bereits, dass Sie damit im Visual Basic-Projektverzeichnis sowohl eine Projektdatei als auch eine Projektmappendatei anlegen.

Schritt 2

Ordnen Sie auf dem Formular folgende Steuerelemente an, wobei die folgende Tabelle nicht nur den Typ des anzuordnenden Steuerelements enthält, sondern auch den neuen Wert, den Sie der Name- und der Text-Eigenschaft zuweisen sollen.

Typ	Name-Eigenschaft	Text-Eigenschaft
Label	Label1	Fibonacci-Zahlen
Label	Label2	Anzahl Durchläufe:
NumericUpDown	updAnzahl	–
Button	bnStart	Start
GroupBox	GroupBox1	Zeit:
Label	lbZeit	–

Schritt 3

Fügen Sie in die Click-Prozedur des Buttons die folgenden Befehle ein:

```
bnStart.Enabled = False
Dim StopUhr As New Stopwatch
StopUhr.Start()
Dim Fib As Long = DoFib(updAnzahl.Value)
StopUhr.Stop()
Dim VerstricheneZeitInMs As Integer = StopUhr.ElapsedMilliseconds
lbZeit.Text = String.Format("{0} ms ({1})", VerstricheneZeitInMs,
Fib)
bnStart.Enabled = True
```

Das passiert bei der Ausführung dieser Befehle:

- Zuerst wird der Button durch Setzen der Enabled-Eigenschaft auf False deaktiviert (er ist damit nicht mehr anklickbar), damit Sie erkennen können, dass das Programm noch dabei ist zu rechnen (am Ende wird der Button wieder aktiviert).
- Dann wird die Stopwatch-Klasse mit New instanziiert, sodass ein Stopwatch-Objekt vorliegt. Stellen Sie sich dieses Objekt wie eine richtige Stoppuhr vor, die Sie starten und wieder stoppen können.

- Das Starten übernimmt die `Start`-Methode. Jetzt läuft die Stoppuhr.
- Als Nächstes wird die Funktion `DoFib` aufgerufen, wobei ihr der über das Rauf-und-Runterzähler-Steuerelement (`updAnzahl`) eingestellte Wert übergeben wird (z.B. 20). `DoFib` ist noch nicht definiert, daher wird ein Fehler angezeigt, den Sie aber ignorieren müssen.
- Die Stoppuhr wird über die `Stop`-Methode angehalten.
- Mit dem nächsten Befehl wird die Variable `VerstricheneZeitInMs` definiert, und ihr wird gleich ein Wert zugewiesen: die Eigenschaft `ElapsedMilliseconds` der Stoppuhr, die für die Anzahl der verstrichenen (engl. »elapsed«) Millisekunden steht.
- Die Variable `VerstricheneZeitInMs` wird in dem Label angezeigt – dazu wird, scheinbar ein wenig umständlich, die `Format`-Methode der `String`-Klasse benutzt. Auf diese Weise können die auszugebenden Werte durch die in geschweiften Klammern gesetzten Platzhalter in die auszugebende Zeichenkette platziert werden.
- Am Ende wird der Button durch Setzen seiner `Enabled`-Eigenschaft auf `True` wieder aktiviert.

Schritt 4

Fügen Sie unterhalb der `Click`-Prozedur die Funktion `DoFib` ein. Diese Prozedur berechnet die Fibonacci-Zahlen in einem rekursiven Aufruf (das ist bereits eine etwas fortgeschrittenere Programmiertechnik, bei der eine Funktion sich selbst aufruft) und ist damit relativ langsam, was in diesem Fall sogar erwünscht ist, damit die Prozedur nicht sofort wieder endet:

```
Function DoFib(ByVal n As Integer) As Integer
  If n < 2 Then
    Return n
  Else
    Return DoFib(n - 1) + DoFib(n - 2)
  End If
End Function
```

Eine Fibonacci-Zahl bildet sich ganz einfach aus der Summe der beiden Vorgänger, wobei für die ersten beiden Zahlen 0 und 1 vorgegeben sind. Die Fibonacci-Zahl von 5 wäre entsprechend $5 = Fib(4) = 2 + 1 + Fib(3) = 2 = 5$.

Schritt 5

Fügen Sie in `Form_Load` die folgenden Befehle ein, die das `NumericUpDown`-Steuerelement und das Label mit Werten vorbelegen:

```
lbZeit.Text = "0"
updAnzahl.Value = 20
updAnzahl.Minimum = 1
updAnzahl.Maximum = 100
```

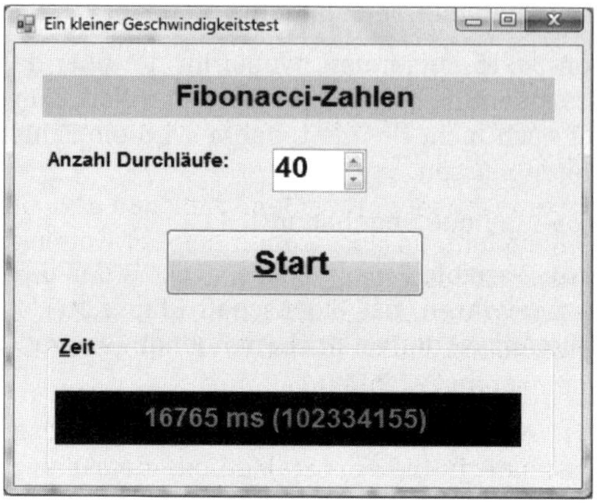

Abb. 4.4: Die Stoppuhr misst die Geschwindigkeit, in welcher der Computer eine Fibonacci-Zahl berechnet.

Ist Ihnen aufgefallen, dass, während das Programm rechnet, das Formular praktisch »einfriert«, was weitere Eingaben angeht? Das liegt daran, dass die Berechnung auf dem Hauptthread durchgeführt wird, der auch für die Entgegennahme der Eingabe zuständig ist, und dieser nicht zwei Aufgaben gleichzeitig erledigen kann. Wie sich durch Hinzunahme weiterer Threads eine Oberfläche etwas »reaktionsfreudiger« wird, erfahren Sie in Kapitel 11.

4.7.1 Den Ausweis bitte – Prüfsummen bilden

Ist der Personalausweis echt? Ein Visual Basic-Programm findet es heraus. Keine Sorge, in diesem Abschnitt bleibt alles auf dem Boden der Legalität. Es wird lediglich ein kleines Programm vorgestellt, das die Prüfsumme der Nummer eines deutschen Personalausweises berechnet und es damit erlaubt festzustellen, ob eine Personalausweisnummer, zumindest was die Nummer selbst angeht, »echt« ist. Weitere Überprüfungen werden also nicht vorgenommen. Das Prinzip, nach dem die Prüfsumme gebildet wird, können Sie an verschiedenen Stellen im Web nachlesen. An dieser Stelle nur so viel: Die letzte Ziffer der Ausweisnummer ist eine Zahl, die Prüfsumme. Die übrigen Zahlen müssen auf eine bestimmte Weise aufaddiert werden, sodass sich diese Prüfsumme am Ende ergibt. Die Regel, nach der die Prüfsumme aufaddiert wird, besagt, dass alle Ziffern der Reihe nach drankommen und dabei die erste Ziffer mit 7, die zweite Ziffer mit 3 und die dritte Ziffer gar nicht multipliziert wird. Die vierte Ziffer wird wieder mit 7, die fünfte mit 3 und die sechste gar nicht multipliziert usw. Der gerade beschriebene Ablauf (dafür wird auch der Begriff Algorithmus verwendet) wird durch folgende Funktion umgesetzt:

```
Public Function CheckSum(ByVal Ziffernfolge As String) As String
  Dim n1, n3, n7 As Long
  ' Die Quersumme bilden
  For i As Short = 0 To Ziffernfolge.Length - 1 Step 3
  n7 += CType(Ziffernfolge.Substring(i, 1), Short)
  n3 += CType(Ziffernfolge.Substring(i + 1, 1), Short)
  n1 += CType(Ziffernfolge.Substring(i + 2, 1), Short)
  Next
```

```
 ' Nur die Einerstelle ist wichtig
  Return CType(n7 * 7 + n3 * 3 + n1) Mod 10, Byte)
End Function
```

Dieser Funktion wird die reine Ziffernfolge als String übergeben, und sie gibt die Prüfsumme als Zahl (vom Typ `Byte`) zurück.

Wie soll diese Funktion in ein Programm eingebaut werden? Sie legen dazu ein Projekt für eine neue *Windows-Anwendung* an und ordnen auf dem Formular eine TextBox für die Eingabe der Personalausweisnummer an. Außerdem wird ein Button benötigt, der die Umrechnung startet, und ein Label, in dem das Ergebnis ausgegeben wird. Die Umrechnung findet in der `Click`-Prozedur des Buttons statt. Geben Sie hier den folgenden Befehl ein:

```
lbErgebnis.Text =
IIf(PersonalausweisOK(tbPersonalausweisNummer.Text), "In Ordnung",
"Nicht in Ordnung")
```

Es wird einfach nur eine weitere Funktion aufgerufen. Sie heißt `PersonalausweisOK` und erhält die eingegebene Personalausweisnummer, die neben den Ziffern noch andere Zeichen enthält. Der praktische `Iif`-Operator setzt, je nachdem, ob die Funktionen einen `True`- oder einen `False`-Wert zurückgibt, die erste oder zweite Zeichenkette ein. Die Aufgabe der Funktion `PersonalausweisOK` besteht also darin, aus der gesamten Zeichenfolge die Ziffern herauszutrennen, die Ziffern an die Funktion `Checksum` zu übergeben und den Rückgabewert, die Prüfziffer, mit der letzten Ziffer der eingegebenen Personalausweisnummer zu vergleichen. Diese Funktion ist wie folgt aufgebaut:

```
Public Function PersonalausweisOK(ByVal PruefNummer As String) As
Boolean
  Dim PruefZahl As String
  Dim Ziffer As Char
  ' Ist die Prüfnummer gültig?
  If PruefNummer.Substring(10, 1) <> "D" Then
      Return -1
  End If
  For i As Short = 0 To PruefNummer.Length - 1
      Ziffer = PruefNummer.Substring(i, 1)
      Select Case Ziffer
          Case "<", " ", "D"
              ' diese Ziffern überspringen
          Case "0" To "9"
              ' Diese Ziffer aufaddieren
              PruefZahl &= Ziffer
          Case Else
              ' Es trat ein ungültiges Zeichen auf
              Exit Function
      End Select
  Next
  ' Prüfsumme berechnen
  If PruefZahl.Substring(24, 1) = CheckSum(PruefZahl.Substring(0,
24)) Then
      Return True
  End If
End Function
```

Insgesamt eine sicher reizvolle Herausforderung, die vor allem alle Visual Basic-Befehle, die in diesem Kapitel bereits vorkamen, noch einmal zusammenfasst. Ganz unauffällig wurde in dem Beispiel auch ein neuer Befehl eingeführt. Es ist der `Exit`-Befehl, über den eine Funktion, Prozedur oder auch Programmschleife vorzeitig verlassen werden kann.

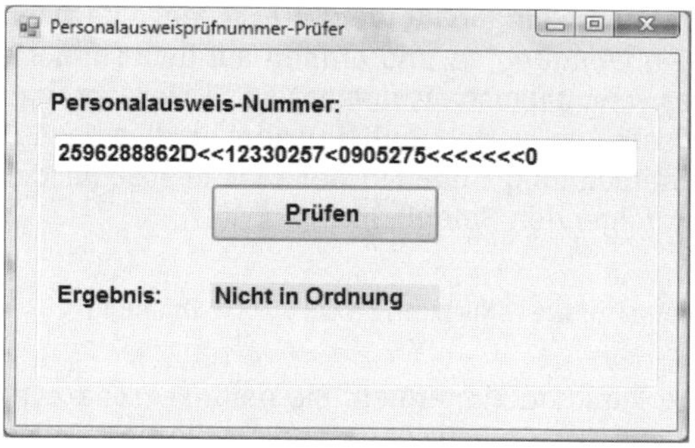

Abb. 4.5: Diese Ausweisnummer ist offenbar nicht in Ordnung.

4.8 Feldvariablen (Arrays)

Arrays sind eines der wichtigsten Sprachelemente bei einer Programmiersprache. Ein Array ist eine Variable, die für mehrere Werte steht. Unterschieden werden die einzelnen Werte durch eine Zahl, die als Index bezeichnet wird.

Andere Namen für Arrays sind Feldvariablen, Felder oder auch Vektoren (wenngleich dieser Name relativ selten ist). Entsprechend werden normale Variablen als *Skalare* bezeichnet (dieser Name ist wirklich selten).

Um statt einer normalen Variablen ein Array zu definieren, folgt auf den Variablennamen ein Klammerpaar. In den Klammern kann die Größe des Array angegeben werden, was aber nicht zwingend erforderlich ist.

4.8.1 Arrays definieren

Ein Array wird wie eine normale Variable definiert, nur dass auf den Variablennamen stets ein Klammerpaar folgt, das entweder leer ist oder in dem eine Zahl steht, welche die Größe des Arrays festlegt. Wie jede Variable besitzt auch ein Array einen Datentyp, der über `As` festgelegt wird.

Der folgende Befehl definiert ein Array mit dem Namen `Messwerte`, das 100 Werte vom Typ `Single` aufnehmen kann.

```
Dim Messwerte(99) As Single
```

Werte besitzt das Array zu diesem Zeitpunkt noch nicht, es besteht aus 100 leeren Feldern. Nun, richtig leer ist das Array natürlich nicht, denn ein `Single`-Wert besitzt automatisch den Anfangswert 0. Das Feld enthält damit 100 Nullen.

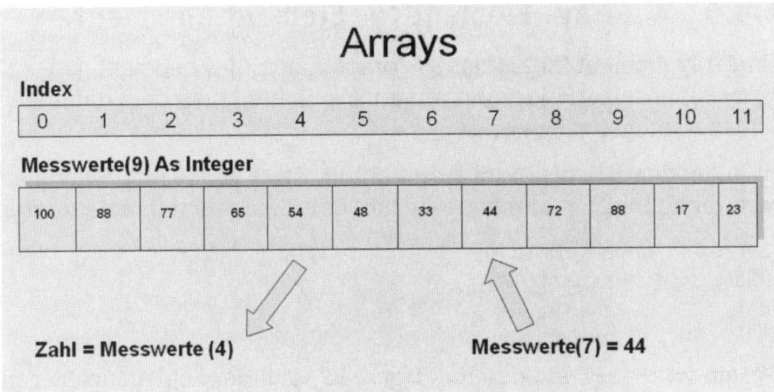

Abb. 4.6: Ein Array ist eine Variable, die mehrere Werte zusammenfasst und in der jeder Wert über einen Index angesprochen wird.

4.8.2 Einen Wert in einem Array ansprechen

Um einen Wert in einem Array zu speichern oder aus einem Array zu lesen, wird der Index benötigt. Dieser beginnt stets bei 0 und geht bis zur Anzahl der Elemente in dem Array minus 1.

Die folgenden Befehle speichern ein paar Werte in dem Array ab:

```
Messwerte(0) = 100.23
Messwerte(1) = 34.47
Messwerte(2) = 12.23
Messwerte(10) = 78.22
```

Es können natürlich nur die Plätze belegt werden, die im Array vorhanden sind. Ansonsten ist ein `OutOfRangeException`-Fehler die Folge.

4.8.3 Die Größe eines Arrays dynamisch ändern

Es ist jedoch kein Problem, ein Array zu vergrößern oder zu verkleinern. Das erledigt souverän der `ReDim`-Befehl, dem allerdings unbedingt der Zusatz `Preserve` mit auf den Weg gegeben werden sollte, wenn der bisherige Inhalt des Arrays durch das Vergrößern (oder Verkleinern) nicht gelöscht werden soll.

Der folgende Befehl vergrößert das Array `Messwerte`, ohne dass der Inhalt verloren geht.

```
ReDim Preserve Messwerte(200)
```

Auch wenn es dafür noch ein wenig zu früh ist: Intern ist das Neuanlegen eines Feldes »kostspielig«, was die Rechenzeit angeht, da ein neues Array angelegt und der Inhalt des alten Arrays in das neue Array kopiert wird.

4.8.4 Arrays Element für Element durchlaufen

Ein Array Element für Element zu durchlaufen, das bedeutet, jedes Element des Arrays über seinen Index einzeln anzusprechen. Klar, dass dafür eine `For Next`-Schleife optimal geeignet ist.

CODE

Im folgenden Beispiel wird jede Zahl im Array `Messwerte` aufaddiert. Am Ende wird durch Division durch die Anzahl der Elemente der Mittelwert gebildet.

```
For n As Short = 0 To 99
  Summe += Messwerte(n)
Next
Mittelwert = Summe / (n-1)
```

Warum wird am Ende durch `n-1` geteilt? Weil der Schleifenzähler nach Verlassen der Schleife um eins größer ist als der Endwert.

Es ist generell eine gute Idee, sich nicht auf feste Grenzen zu verlassen, sondern diese über die `Length`-Eigenschaft des Arrays abzufragen. Die folgende Schleife funktioniert immer, egal wie groß das Array gerade ist:

```
Dim Summe As Short
Dim Mittelwert As Single
Dim Messwerte() As Short = {4, 5, 6}
For n As Short = 0 To Messwerte.Length - 1
  Summe += Messwerte(n)
Next
Mittelwert = Summe / Messwerte.Length
```

Die For Each-Schleife funktioniert auch bei Arrays

In Kapitel 4.5.4 wurde behauptet, dass die `For Each`-Schleife, die bislang noch nicht offiziell vorgestellt wurde, für Collections gedacht ist. Das ist nicht ganz korrekt, denn Sie können sie auch dazu benutzen, ein Array zu durchlaufen.

CODE

Im folgenden Beispiel wird erneut der Mittelwert gebildet, nur dass dieses Mal eine `For Each`-Schleife zum Einsatz kommt.

```
For Each Wert As Single In Messwerte
  Summe += Wert
Next
Mittelwert = Summe / Messwerte.Length
```

Da es bei `For Each` keinen Schleifenzähler gibt, der für die Anzahl an Durchläufen steht, wird am Ende durch die Länge des Arrays geteilt.

TIPP

> Die `For Each`-Schleife ist ein wenig komfortabler, da die Schleifenvariable gleichzeitig auch das aktuelle Element ist, sie ist aber auch deutlich langsamer.

Die For Each-Schleife funktioniert auch bei Arrays

Es ist nicht möglich, ein Array mit bestimmten Werten vorzubelegen. Ein

```
Dim Zahlen(9) As Integer
```

legt ein Array mit zehn Feldern an, von denen jedes den Wert 0 besitzt. Ein

```
Dim Zahlen() As Integer = { 11, 22, 33, 44, 50, 60, 100}
```

gibt zwar jedem Feld einen bestimmten Wert, doch muss dies für jedes Feld geschehen, was z.B. für ein Array mit 1000 oder mehr Feldern nicht mehr praktikabel ist. Natürlich kann man die Werte in einer kleinen Schleife belegen, doch ist diese Variante nicht besonders elegant. Bei Visual Basic 2008 gibt es eine neue Methode, die auf den ersten Blick ein wenig ungewöhnlich erscheint:

```
Dim Zahlen() As Integer = (Enumerable.Range(1, 100)).ToArray
```

Dieser Befehl legt ein Array mit 100 Feldern an und trägt die Werte 1 bis 100 in jedes Feld ein. Dahinter steckt mit LINQ (*Language Integrated Query Framework*) eine neue Technik, die in Kapitel 7 kurz vorgestellt wird.

4.9 Etwas fortgeschrittenere Themen der Visual Basic-Programmierung

Ein Buch, das mit einem »Keine Vorkenntnisse erforderlich« wirbt, kann das meiste leider nur andeuten, was heutzutage nicht mehr ganz so tragisch ist, da zum Beispiel die komplette Dokumentation zu Visual Basic 2008 und dem .NET Framework entweder auf Tastendruck (zur Erinnerung, es ist die [F1]-Taste) oder online zur Verfügung steht und von Mr. Google gerne in Bruchteilen einer Sekunde durchsucht wird.[1] Die folgenden Absätze enthalten Themen, die einem Leser ohne Vorkenntnisse noch nicht gleich am Anfang zugemutet werden sollten, die aber von grundlegender Bedeutung sind. Sie können sie gerne auslassen und zu einem späteren Zeitpunkt nachholen. Für die folgenden Kapitel sind sie keine direkte Voraussetzung.

4.9.1 Die Rolle der Datentypen

Jede Variable besitzt einen Datentyp. Er bestimmt, welche »Sorte« von Daten in der Variablen gespeichert werden kann. Es gibt Datentypen für ganze Zahlen (z.B. `Short`), für Zeichenketten (`String`) oder für True-/False-Werte (`Boolean`). Tabelle 4.1 gab bereits eine Übersicht über die wichtigsten Datentypen bei Visual Basic (eine komplette Liste finden Sie in der Hilfe). Datentypen für »exotische« Datensorten, wie etwa eine Bitmap, gibt es allerdings nicht. Die Datentypen beschränken sich auf die elementaren Ausprägungen von Daten in einem Programm. Dennoch ist es problemlos möglich, eine Variable vom Typ einer Bitmap zu definieren:

```
Dim Bild As Image
```

In diesem Fall ist `Image` kein Datentyp, sondern der Name einer Klasse der .NET-Klassenbibliothek, die in diesem Fall einfach nur als Typ bezeichnet wird.

---

1. Sie müssen den Suchbegriff aber sehr genau angeben – je länger, desto besser –, ansonsten erhalten Sie nur Treffer zur Werbung, Werbung und noch einmal Werbung. Die Zeiten der »ehrlichen« Suchmaschinen sind offenbar vorbei.

Bei .NET ist praktisch alles ein Typ. Auch die Datentypen sind Typen, sie basieren auf Strukturdefinitionen der .NET-Klassenbibliothek. Ein harmloser Integer ist »in Wirklichkeit« eine `Int32`-Struktur, die wie jede Struktur über Eigenschaften und sogar Methoden verfügt.

Visual Basic ist generell recht großzügig, was den Umgang mit Datentypen angeht. Es ist z.B. kein Problem, einer Variablen vom Typ `Integer` einen `String`-Wert zuzuweisen, wenn sich die Zeichenkette in eine Zahl umwandeln lässt:

```
Dim Zahl As Integer = "123"
```

Auch der umgekehrte Weg ist möglich:

```
Dim Zahl As String = 123
```

In beiden Fällen findet eine implizite Typenkonvertierung statt, die bei Visual Basic erlaubt ist.

Abb. 4.7: Die Datentypen von Visual Basic sind in der Hilfe enthalten.

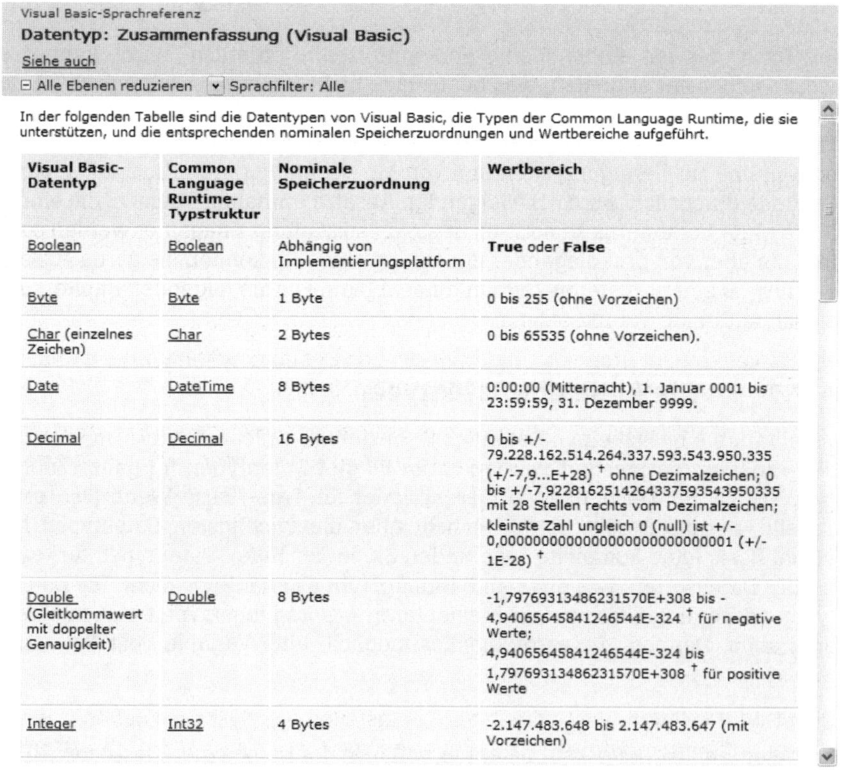

Visual Basic-Sprachreferenz

Datentyp: Zusammenfassung (Visual Basic)

Siehe auch

⊟ Alle Ebenen reduzieren | Sprachfilter: Alle

In der folgenden Tabelle sind die Datentypen von Visual Basic, die Typen der Common Language Runtime, die sie unterstützen, und die entsprechenden nominalen Speicherzuordnungen und Wertbereiche aufgeführt.

Visual Basic-Datentyp	Common Language Runtime-Typstruktur	Nominale Speicherzuordnung	Wertbereich
Boolean	Boolean	Abhängig von Implementierungsplattform	**True** oder **False**
Byte	Byte	1 Byte	0 bis 255 (ohne Vorzeichen)
Char (einzelnes Zeichen)	Char	2 Bytes	0 bis 65535 (ohne Vorzeichen).
Date	DateTime	8 Bytes	0:00:00 (Mitternacht), 1. Januar 0001 bis 23:59:59, 31. Dezember 9999.
Decimal	Decimal	16 Bytes	0 bis +/-79.228.162.514.264.337.593.543.950.335 (+/-7,9...E+28) † ohne Dezimalzeichen; 0 bis +/-7,9228162514264337593543950335 mit 28 Stellen rechts vom Dezimalzeichen; kleinste Zahl ungleich 0 (null) ist +/-0,0000000000000000000000000001 (+/-1E-28) †
Double (Gleitkommawert mit doppelter Genauigkeit)	Double	8 Bytes	-1,79769313486231570E+308 bis -4,94065645841246544E-324 † für negative Werte; 4,94065645841246544E-324 bis 1,79769313486231570E+308 † für positive Werte
Integer	Int32	4 Bytes	-2.147.483.648 bis 2.147.483.647 (mit Vorzeichen)

Die Umwandlung von Typen wird im Programmierjargon »Casting« genannt.

Möchte man erreichen, dass sich Visual Basic, was die Datentypen angeht, etwas strenger verhält, muss die Einstellung `Option Strict` auf `On` gestellt werden, was z.B. in den Projekteigenschaften (Register *Kompilieren*) erledigt wird. In diesem Modus sind implizite Typenumwandlungen, bei denen Informationen »verloren gehen« würden, nicht mehr erlaubt. Das bedeutet nicht, dass Typenumwandlungen nicht mehr möglich sind. Sie müssen nur explizit, z.B. über die `CType`-Funktion, erledigt werden:

```
Dim Zahl As Integer = CType("123", Integer)
```

oder

```
Dim Zahl As String = CType(123, String)
```

Sind diese Dinge denn beim Programmieren wirklich wichtig? Ja und Nein. Nein, weil Visual Basic absichtlich großzügiger ist als viele andere Programmiersprachen. Ja, weil eine präzise Ausdrucksweise auch beim Programmieren (wie im richtigen Leben) Missverständnisse vermeiden hilft.

Der `Option Strict On`-Modus ist daher eine gute Lernerfahrung, denn Sie werden gezwungen, etwas genauer auf implizite Typenumwandlungen zu achten. Ansonsten können Sie diesen Modus für den Anfang getrost ignorieren.

4.9.2 Übergaben von Argumenten als Referenz

Bei Funktions- und Prozeduraufrufen können Argumente auf zwei Weisen übergeben werden: als Wert und als Referenz. Bei der Übergabe als Wert wird nur der in der Variablen enthaltene Wert übergeben. Bei der Übergabe als Referenz wird dagegen nicht der Wert übergeben, sondern eine Referenz auf diesen Wert. Referenz ist ein anderer Name für die »Hausnummer« (auch Adresse genannt) des Wertes (irgendwo) im Arbeitsspeicher. Was sich zunächst nach einer Spitzfindigkeit anhören mag, hat in der Praxis in einigen Situationen handfeste Auswirkungen. Ein Beispiel wird dies deutlich machen.

Im folgenden Beispiel wird eine Prozedur mit einer Variablen als Wert und einer Variablen als Referenz übergeben. Dabei wird deutlich, dass bei einer Übergabe als Referenz eine Änderung innerhalb der Prozedur dazu führt, dass auch die Variable auf der Aufrufebene geändert wird.

Die Prozedur ist wie folgt definiert:

```
Sub TuWas(ByVal Wert1 As Integer, ByRef Wert2 As Integer)
  Wert1 = 0
  Wert2 = 0
End Sub
```

`Wert1` wird als Wert, `Wert2` durch ein Voranstellen von `ByRef` als Referenz übergeben. Aufgerufen wird die Prozedur wie folgt:

```
Dim Zahl1, Zahl2 As Integer
Zahl1 = 1000
Zahl2 = 2000
TuWas(Zahl1, Zahl2)
```

Die Frage ist, welche Werte besitzen die Variablen Zahl1 und Zahl2 nach dem Aufruf? Da Zahl1 als Wert übergeben wurde, hat die Zuweisung an Wert1 in der Prozedur keine Folgen. Zahl2 wurde dagegen als Referenz übergeben. Daher ändert die Zuweisung in der Prozedur auch den Wert der Variablen Zahl2. Ihr Wert ist daher nach dem Aufruf der Prozedur 0.

Die Übergabe eines Argumentes als Referenz ist ein beliebter »Trick«, um zu erreichen, dass auch eine Prozedur Rückgabewerte erhält bzw. eine Funktion mehr als einen Wert zurückgeben kann. Optimal ist diese Technik aber nicht, da die Möglichkeit, eine übergebene Variable indirekt in einer Prozedur ändern zu können, gegen das Prinzip der klaren Abgrenzung von Prozeduren verstößt. Besser wäre es, den Aufruf in eine Klasse zu kapseln und die Rückgabewerte als Eigenschaften zu implementieren (mehr dazu in Kapitel 5).

4.9.3 Eine beliebige Anzahl an Parametern übergeben mit einem ParamArray

Ein »Parameter Array«, kurz *ParamArray*, ist eine praktische Angelegenheit, wenn die Anzahl der Parameter einer Prozedur/Funktion variabel gehalten werden soll. Dazu muss dem Parameter, für den eine beliebige Anzahl an Parameterwerten übergeben werden soll, das Schlüsselwort ParamArray vorausgehen, und er muss als Array deklariert sein. Dann spielt es beim Aufruf keine Rolle, ob für den Parameter ein, zwei oder ganz viele Werte übergeben werden.

Das klassische Beispiel für die Übergabe einer variablen Anzahl an Werten ist die Mittelwertfunktion, die den Mittelwert aus einer variablen Anzahl an Zahlen berechnen soll, die beim Aufruf übergeben werden.

```
Function Mittelwert(ByVal ParamArray Zahlen() As Integer) As Single
  For i As Integer = 0 To Zahlen.Length - 1
    Mittelwert += Zahlen(i)
  Next
  Return Mittelwert / Zahlen.Length
End Function
```

Die Funktion ist so elegant programmiert, dass sogar der Autor ein wenig stolz auf seine Programmierkünste ist. Aufgerufen wird die Funktion z.B. wie folgt:

```
Dim Mw As Single = Mittelwert(10, 20, 30, 40, 1)
```

oder

```
Dim Mw As Single = Mittelwert(10, 1)
```

Wird die Funktion ohne einen Wert aufgerufen, lautet der Rückgabewert übrigens »n.def« für »Nicht definiert«.

4.9.4 Zeichenkettenoperationen mit der String-Klasse

Zeichenketten, im Folgenden kurz Strings genannt, sind nicht nur passive »Behälter« für Buchstaben und Zeichen. Oft möchte man mit ihnen Operationen durchführen. Aus einer Zeichenkette soll ein Teil herausgetrennt, in einer Zeichenkette soll eine andere Zeichenkette gesucht, zwei Zeichenketten sollen zusammengesetzt oder eine Zeichenkette soll anhand eines oder mehrerer Trennzeichen in Teilzeichenketten zerlegt werden. Alle diese Stringoperationen werden mit den Funktionen der `String`-Klasse durchgeführt. Das allgemeine Prinzip der Klassen wird in Kapitel 5 erklärt, die Klassen der .NET-Klassenbibliothek, zu denen auch die `String`-Klasse gehört, sind in Kapitel 6 an der Reihe. Nur so viel: Bei Visual Basic werden Zeichenkettenoperationen mit den Funktionen der `String`-Klasse der .NET-Klassenbibliothek ausgeführt. Eine Zusammenstellung der wichtigsten Funktionen (da es sich um eine Klasse handelt, werden sie auch Methoden genannt) finden Sie in Tabelle 4.2, wobei diese Aufstellung bereits die meisten Funktionen umfasst (eine vollständige Aufstellung finden Sie in der Hilfe, die an dieser Stelle natürlich nicht kopiert werden soll). Doch wo findet man diese `String`-Klasse? Muss dazu irgendetwas nachgeladen oder installiert werden? Keineswegs, die `String`-Klasse ist praktisch fest eingebaut. Machen Sie dazu ein kleines Experiment, indem Sie im Programmcode eine `String`-Variable definieren:

```
Dim Name As String
```

Wenn Sie nun auf `Name` folgend einen Punkt eingeben, öffnet sich eine Liste mit Namen. Bei diesen Namen handelt es sich um die Funktionen (auch Methoden genannt) der `String`-Klasse. Dies sind die »Stringbefehle« von Visual Basic. Möchten Sie zum Beispiel die ersten fünf Zeichen aus dem String `Namen` heraustrennen und der Variablen `Vornamen` zuweisen, lautet der Befehl wie folgt:

```
Name = "Hans Rüdiger"
Dim Vorname As String
Vorname = Name.Substring(0,4)
```

Die Variable `Vorname` enthält danach die Zeichenfolge »Hans«. Das ist nicht nur Stringverarbeitung an einem sehr einfachen Beispiel, das ist auch ein Beispiel für die objektorientierte Programmierung bei Visual Basic 2008. Bei früheren Visual Basic-Versionen, die noch nicht objektorientiert waren, hätte der Befehl wie folgt ausgesehen:

```
Vorname = Left(Name, 4)
```

Hier kommt die alte `Left`-Funktion früherer Versionen von Visual Basic (bezogen auf die Version 6.0 und davor) zum Einsatz, die es (als Teil der »Kompatibilitätsfunktionen« der .NET-Klassenbibliothek) auch bei Visual Basic 2008, sprich Visual Basic 9.0, gibt. Die neue Variante mit `Substring` ist nicht unbedingt besser, weil sie modern ist, sie ist ein wenig besser, da sie konsistent ist zu den vielen anderen Funktionen der .NET-Klassenbibliothek. Gewöhnen Sie sich diesen Stil daher am besten gleich an, Sie haben es damit ein wenig leichter. Die wichtigste Kleinigkeit, die »Alte Schule« und »Neue Schule« bei den Stringfunktionen unterscheidet, ist, dass bei den »alten« Stringfunktionen das erste Zeichen die Nr. 1 besitzt, bei den Methoden der `String`-Klasse dagegen die Nr. 0.

Tabelle 4.2: Nützliche Funktionen der String-Klasse

Funktion	Was bewirkt sie?
`Contains`	Gibt `True` zurück, wenn die Zeichenkette eine andere Teilzeichenkette enthält.
`IndexOf`	Gibt die Position eines Zeichens oder einer Teilzeichenkette zurück.
`Insert`	Fügt ein Zeichen oder eine Zeichenkette ein.
`LastIndexOf`	Gibt die letzte Position eines Zeichens oder einer Teilzeichenkette zurück.
`Length`	Gibt die Länge der Zeichenkette in Zeichen zurück.
`Split`	Teilt die Zeichenkette anhand eines oder mehrerer Trennzeichen auf und gibt die Teilzeichenketten als `String`-Array zurück.
`Substring`	Gibt eine Teilzeichenkette aus einer Zeichenkette zurück, die an der angegebenen Position startet.

4.10 Zusammenfassung

Visual Basic 2008 (Visual Basic 9.0) ist eine komplette Programmiersprache, die alles enthält, was man von einer modernen Programmiersprache erwarten darf. Gegenüber der »Konkurrenz«, wie etwa C#, gibt es nur minimale Unterschiede, sodass es gar nicht so einfach sein dürfte, Visual Basic als Programmiersprache noch wesentlich zu verbessern (nichtsdestotrotz wird es auch ein Visual Basic 10.0 mit weiteren Verbesserungen geben). Dabei darf nicht vergessen werden, dass Visual Basic nur eine Programmiersprache ist und »nur« etwa 90 Befehle und Operatoren umfasst. Der ganze Rest, wie etwa die Befehle für das Anzeigen von Fenstern mit Steuerelementen, der Zugriff auf Dateien, das Erzeugen von Zufallszahlen und vieles, vieles mehr wird von den Funktionen in der umfangreichen .NET-Klassenbibliothek übernommen, die Sie in Kapitel 6 kennenlernen werden.

4.11 Fragen zum Abschluss des Kapitels

Frage 1 Welche Rolle spielt der Datentyp einer Variablen, und welche Folgen hat es, wenn dieser bei der Definition einer Variablen nicht angegeben wird?

Frage 2 Warum wird der folgende Befehl bereits nach der Eingabe (also beim Kompilieren der eingegebenen Zeile) »angemeckert«?

```
Dim Zahl As Byte = 1000
```

Frage 3 Warum wird die folgende `For Next`-Schleife den Programmierer nicht glücklich machen, sondern zu einem Programmfehler führen?

```
For n As Integer = 0 To Messwerte.Length
  Messwerte(n) = 100
Next
```

Warum wird die folgende Do-Schleife niemals verlassen? **Frage 4**

```
Dim Faktor As Short
Dim Wert As Short
Do
   Wert +=1
   Wert *= Faktor
Loop Until Wert > 10
```

Formulieren Sie eine For Next-Schleife, die in einer Zeichenkette alle Umlaute gegen Pendants austauscht, bei denen stattdessen ein »e« angehängt wird (also z.B. ein »ö« durch ein »oe«). Tipp: Dazu ist der Select Case-Befehl praktischer als der If-Befehl. **Frage 5**

In der letzten Aufgabe wird es deutlich anspruchsvoller, es geht um Primzahlen. Eine Primzahl ist eine Zahl, die nur durch 1 und sich selbst teilbar ist (*http://de.wikipedia.org/wiki/Primzahl*). 3, 5, 7, 11 usw. wären demnach Primzahlen. Die Aufgabe lautet daher: Schreibe ein kleines Visual Basic-Programm, das die Primzahlen von 1 bis 100 (oder in einem anderen Bereich) ausgibt. Als Ausgabemöglichkeit haben Sie bislang nur Messagebox.Show richtig kennengelernt – eine einfache Alternative wäre Debug.Print, was zu einer Ausgabe im Direktfenster während der Programmausführung führt. Optimal wäre eine ListBox, in die über Listbox1.Items.Add die gefundene Primzahl nach Anklicken des Buttons eingefügt wird – es wird davon ausgegangen, dass die ListBox Listbox1 heißt. Alles klar? Dann noch ein Tipp: Indem die For Next-Schleife in Zweierschritten zählt (also 3, 5, 7 usw.), was sich mit Step 2 erreichen lässt, werden die geraden Zahlen gar nicht erst berücksichtigt. Und noch einen Tipp zum Schluss: Das Programm muss aus zwei For Next-Schleifen bestehen. Die äußere Schleife zählt z.B. von 1 bis 100 (in Zweierschritten). Die innere Schleife zählt stets von 3 bis zur aktuellen Schleifenzahl und teilt die Schleifenvariable der äußeren Schleife durch die Schleifenvariable der inneren Schleife, um festzustellen, ob die Division einen Rest ergibt (dafür ist der Mod-Operator sehr praktisch). Jetzt viel Erfolg bei der Umsetzung, und schauen Sie nicht zu schnell die Lösung im Anhang C an. **Frage 6**

Die Antworten zu den Fragen finden Sie in Anhang C.

KAPITEL 5

jetzt lerne ich

Programmierung mit Objekten

Auch in diesem Kapitel geht es um die Grundlagen der Programmierung mit Visual Basic, allerdings unter einem speziellen Aspekt, der gerade für die moderne Visual Basic-Programmierung eine zentrale Rolle spielt – die Programmierung mit Objekten und Klassen, deren Eigenschaften, Methoden und Ereignisse und einiges mehr. Kurz, in diesem Kapitel geht es um die (berühmte) objektorientierte Programmierung. Das Kapitel schließt sich nahtlos an das letzte Kapitel an und soll Sie gleichzeitig auf das folgende Kapitel vorbereiten, in dem es um die große .NET-Klassenbibliothek geht, in der Sie mehrere Tausend Klassen und Schnittstellen finden, von denen Sie viele für die tägliche Praxis mit Visual Basic benötigen.

Sie lernen in diesem Kapitel

- wie eine Klasse definiert wird
- den Unterschied zwischen einem Objekt und einer Klasse
- welche Rolle der Konstruktor spielt
- dass Klassen nur durch ihre Mitglieder interessant sind
- dass die Mitglieder einer Klasse nicht austreten können
- wie Methoden überladen und überschrieben werden
- das Ableiten von Klassen
- abstrakte Basisklassen
- Schnittstellen und wozu sie gut sind
- Events
- dass alles eine Frage des Typs ist.

5.1 Was ist ein Objekt?

Gleich vorweg, eine befriedigende Antwort auf die Frage »Was ist ein Objekt?« wird auch dieser Abschnitt nicht geben. Das liegt nicht daran, dass es für den Begriff Objekt keine eindeutige und vor allem einfache Definition gibt oder dass der Autor gewisse Formulierungsschwierigkeiten hätte. Ein Objekt ist auch keiner dieser Modebegriffe, die alles oder nichts bedeuten. Es liegt daran, dass es erfahrungsgemäß eine Weile dauert, bis das Gehirn einen sehr allgemeinen Begriff aus der Alltagssprache (wir sind umgeben von Objekten) auf einen ganz bestimmten und sehr engen Kontext übertragen kann. Sie können die folgende Definition ein Dutzend Mal und mehr lesen und werden den Sinn doch nicht erfassen. Das soll natürlich niemanden entmutigen, im Gegenteil, aber manche Dinge dauern eine Weile.[1]

Ein Objekt ist ein Programmelement, das sich von einer Klasse ableitet und über Eigenschaften und Methoden angesprochen wird.

Kehren Sie, während Sie das Kapitel aufmerksam durchlesen und vor allem die kleinen Beispiele ausprobieren, immer wieder zu diesem Satz zurück. Am Ende des Kapitels wird er mit Sicherheit ein wenig mehr Sinn ergeben.

Ein Wort zu den Beispielen

Die Beispiele in diesem Kapitel sind fast alle kleine Konsolenanwendungen, der zweite wichtige Projekttyp bei Visual Basic. Eine Konsolenanwendung nimmt Eingaben über die Tastatur entgegen und führt Ausgaben im Konsolenfenster der Windows-Eingabeaufforderung aus (mit MS-DOS oder dem Kompatibilitätsmodus hat das nichts zu tun).

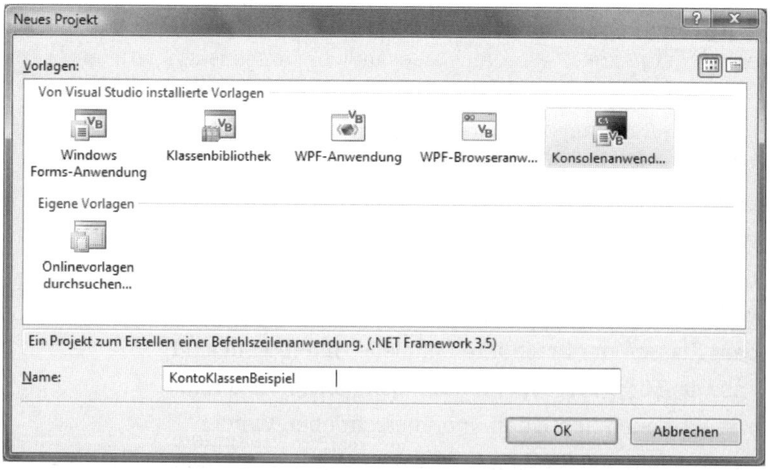

Abb. 5.1: Die Konsolenanwendung ist für einfache Sprachbeispiele etwas besser geeignet als eine Windows Forms-Anwendung.

---

1. Der Autor erinnert sich noch vage daran, wie schwer es ihm vor vielen, vielen Jahren gefallen ist, den Begriff Betriebssystem zu verstehen – es kann aber auch daran gelegen haben, dass er ihm von niemandem erklärt wurde. Mit dem Objekt-Begriff war es dann ähnlich.

Es gibt also keine Fenster oder Steuerelemente. Der Vorteil der Konsolenanwendungen ist, dass sie nur aus ausführbaren Befehlen bestehen und daher die Befehle, die durch das Beispiel erklärt werden sollen, im Mittelpunkt stehen. Fenster und Steuerelemente werden für die kleinen Beispiele in diesem Kapitel nicht benötigt.

5.1.1 Auf zur objektorientierten Programmierung

In diesem Kapitel lernen Sie das Einmaleins der objektorientierten Programmierung kennen, das sich wie ein roter Faden durch alle Bereiche der Visual Basic-Programmierung zieht. Während Klassen zum Grundgerüst eines jeden Programms gehören, sind die etwas fortgeschritteneren Themen, wie abstrakte Basisklassen und Schnittstellen, am Ende des Kapitels den typischen »Spezialfällen« vorbehalten, mit denen Sie sich am Anfang nicht beschäftigen müssen.

In diesem Kapitel werden alle Befehle am Beispiel einer `Konto`-Klasse definiert, die ein Konto einer Bank nachbildet. Es gibt eine Eigenschaft `KontoNr`, eine Methode `Buchen`, und wenn das Konto überzogen wird, wird ein Event ausgelöst. Eine richtige Anwendung entsteht daraus allerdings nicht, denn Klassen sind nur ein (eher harmloses) Programmelement. Um die Konten einer richtigen Bank verwalten zu können, wird sehr viel mehr benötigt. Eine Datenbank, in der alles gespeichert wird, Transaktionen, in denen das Buchen eingebettet wird, und einiges mehr. Damit wären richtige Programmierer einige Monate beschäftigt.

5.2 Eine Klasse wird definiert

Klassen werden über den `Class`-Befehl definiert. Ob dies in einer separaten Datei geschieht, die zuvor über PROJEKT|KLASSE HINZUFÜGEN zum Projekt hinzugefügt wurde, oder ob mehrere Klassen in ein und derselben Datei zusammengefasst werden, spielt keine Rolle. Allerdings ist es üblich, dass jede Klasse in einer anderen Datei definiert wird.

Das folgende Beispiel definiert eine Klasse mit dem Namen `Konto`.

CODE

```
Class Konto

End Class
```

Mit der Definition einer Klasse ist noch nicht viel passiert. Damit eine Klasse nützlich ist, müssen ihr Mitglieder, sprich Felder, Eigenschaften, Methoden oder Events, hinzugefügt werden.

5.2.1 Eine Klasse besitzt Mitglieder

Nicht nur Vereine und Parteien (diese leider in abnehmendem Maße) besitzen Mitglieder, auch eine Klasse besitzt welche. Unter dem Sammelnamen *Mitglied* (engl. »Member«) werden Eigenschaften, Methoden, Felder und Events zusammengefasst. Die Mitglieder einer Klasse bilden auch die Schnittstelle der Klasse – dieser Begriff wird in Kapitel 5.10 ausführlicher erklärt.

5.2.2 Felder definieren

Ein Feld (engl. »Field«) ist lediglich ein anderer Name für eine Variable, die innerhalb einer Klasse definiert wird. Felder sind im Allgemeinen vom Typ `Private`. Das bedeutet, dass sie nur innerhalb der Klasse und nicht von »außen« angesprochen werden können. Wird eine Variable benötigt, die auch von außerhalb der Klasse »erreichbar« ist, ist eine `Property` dafür im Allgemeinen die etwas bessere Wahl.

Das folgende Beispiel erweitert die Klasse `Konto` um ein Feld `mKontoNr`:

```
Class Konto
  Private mKontoNr As String

End Class
```

5.3 Eigenschaften definieren

Auch ein Feld ist noch nicht besonders spannend, vor allem wenn es nicht von außen angesprochen werden kann. Eine Eigenschaft (engl. »Property«) bietet bereits ein wenig mehr. Sie wird über den `Property`-Befehl definiert und umfasst einen sogenannten `Get`- und einen `Set`-Accessor. Der `Set`-Accessor wird aufgerufen, wenn die Eigenschaft einen Wert erhält, wobei der zugewiesene Wert als Argument übergeben wird. Der `Get`-Accessor wird aufgerufen, wenn der Wert der Eigenschaft »abgefragt« wird. Eigenschaften sind keine Felder bzw. Variablen, denn sie speichern keinen Wert. Sie dienen lediglich dazu, dass eine Klasse einen Namen anbieten kann, dem ein Wert zugewiesen und dessen Wert abgefragt werden kann. Dafür, dass der Wert auch irgendwo gespeichert wird, muss der Programmierer sorgen, indem er den Wert z.B. in einem Feld speichert.

Das folgende Beispiel erweitert die Klasse `Konto` um eine Eigenschaft `KontoNr`:

```
Class Konto
  Private mKontoNr As String

  Friend Property KontoNr() As String
    Get
      Return mKontoNr
    End Get

    Set (ByVal Value As String)
      mKontoNr = Value
    End Set
  End Property
End Class
```

Achten Sie darauf, dass die Eigenschaft `KontoNr` mit `Friend` versehen wird. Dieser Gültigkeitsbereichsbezeichner legt fest, dass die Eigenschaft im gesamten Programm, aber nicht von anderen Programmen aus angesprochen werden kann. Dies ist im Allgemeinen die zweckmäßigste Variante. Mehr zu den Gültigkeitsbereichsbezeichnern, die für die Mitglieder einer Klasse und die Klasse selbst zur Verfügung stehen, erfahren Sie in Abschnitt 5.5.

Es ist bei einer Eigenschaft wichtig zu verstehen, dass Sie selbst festlegen können, was beim Aufruf des Get- und des Set-Accessors passiert. Im Allgemeinen wird man im Set-Accessor lediglich den übergebenen Wert in einem privaten Feld abspeichern und im Get-Accessor diesen Wert zurückgeben. Es wäre aber auch genauso gut denkbar, dass im Set-Accessor der zugewiesene Wert überprüft wird.

Soll der Wert einer Eigenschaft nur lesbar, aber nicht beschreibbar sein, dann muss ihr ein ReadOnly vorausgehen, in diesem Fall gibt es keinen Set-Accessor.

Im folgenden Beispiel wird die Eigenschaft KontoNr zur ReadOnly-Eigenschaft.

```
Class Konto
  Private mKontoNr As String

  Friend ReadOnly Property KontoNr() As String
    Get
      Return mKontoNr
    End Get

  End Property
End Class
```

Es gibt auch WriteOnly-Eigenschaften. Hier gibt es nur einen Set-, aber keinen Get-Accessor. Dieser Eigenschaftstyp ist aber relativ selten.

5.4 Aus der Klasse wird ein Objekt

Klassen sind nur Definitionen. Genau wie ein Datentyp wie Integer oder String nur ein Name ist, ist eine Klasse nur ein Name, der bei einer Variablendeklaration angegeben werden kann. Besitzt eine Klasse keine freigegebenen Mitglieder (mehr dazu in Kapitel 5.6), können ihre Mitglieder noch nicht angesprochen werden. Dazu muss die Klasse mit New instanziiert werden. Aus der Klasse wird dadurch ein Objekt.

Der folgende Befehl definiert eine Variable vom Typ Konto. Konto ist eine Klasse, die zuvor definiert wurde.

```
Dim K As Konto
```

K ist kein Objekt, sondern eine Objektvariable, die im Moment aber noch keinen Wert besitzt. Dies geschieht erst, wenn das New-Schlüsselwort ins Spiel kommt:

```
K = New Konto()
```

Oft werden Variablendefinition und Instanziierung in einem Befehl zusammengezogen:

```
Dim K As New Konto()
```

Bei Objekten spricht man auch von Instanzen. Eine *Instanz* ist ein einzelnes Objekt, das von einer Klasse gebildet wurde. Normalerweise werden die einzelnen Instanzen nicht unterschieden, wenngleich dies, z.B. über die GetHashCode-Methode der Instanz, möglich wäre.

5.4.1 Ich instanziiere, also bin ich – das Schlüsselwort Me

Am Anfang werden Sie es nur selten benötigen, doch da Sie es häufig in anderen Programmbeispielen finden werden, soll es auch kurz beschrieben werden. Soll innerhalb einer Klasse die aktuelle Instanz angesprochen werden, wird dafür das Me-Schlüsselwort verwendet.

Das folgende Beispiel ist für den Anfang noch ein wenig zu speziell. Es definiert eine Klasse mit einer Eigenschaft KennID, die über Me die »Kennnummer« der aktuellen Instanz zurückgibt, die von der GetHashCode-Methode, über die jedes Objekt verfügt, geliefert wird.

```
Class Konto

  ReadOnly Property KennID() As Integer
    Get
       Return Me.GetHashCode
    End Get
  End Property

End Class
```

5.4.2 Die Rolle des Konstruktors

Beim Instanziieren der Klasse wird stets eine Prozedur mit dem Namen New aufgerufen. Die New-Prozedur wird auch als *Konstruktor* bezeichnet. Jede Klasse besitzt einen solchen Konstruktor. Soll beim Instanziieren auch etwas passieren, muss die New-Prozedur in die Klasse eingebaut werden. Eine Klasse kann mehrere Konstruktoren besitzen, wenn sich diese in der Anzahl und/oder den Datentypen ihrer Parameter unterscheiden.

Im folgenden Beispiel wird die Klasse Konto um einen Konstruktor erweitert, dem als Argument die KontoNr übergeben wird. Aus diesem Grund wird die KontoNr-Eigenschaft zu einer ReadOnly-Eigenschaft, da die KontoNr nun direkt beim Instanziieren festgelegt wird.

```
Class Konto
  Private mKontoNr As String

  Sub New(ByVal KontoNr As String)
      mKontoNr = KontoNr
  End Sub

  ReadOnly Property KontoNr() As String
      Get
          Return mKontoNr
      End Get
  End Property

End Class
```

5.4.3 Eigenschaften direkt einen Wert zuweisen

Als Alternative zur Verwendung eines Konstruktors können die Eigenschaften einer Klasse bei der Instanziierung auch direkt ihre Werte erhalten.

Im folgenden Beispiel erhalten die Properties `KontoNr` und `KontoStand` bereits bei der Instanziierung der Klasse `Konto` einen Wert.

```
Dim K1 As New Konto With {.KontoNr = "1002", .KontoStand = 1000}
```

Die Schreibweise mit dem `With`-Schlüsselwort, das hier eine weitere Rolle übernimmt (Visual Basic kennt auch einen `With`-Befehl), mag auf den ersten Blick etwas ungewöhnlich erscheinen, ist aber sehr praktisch.

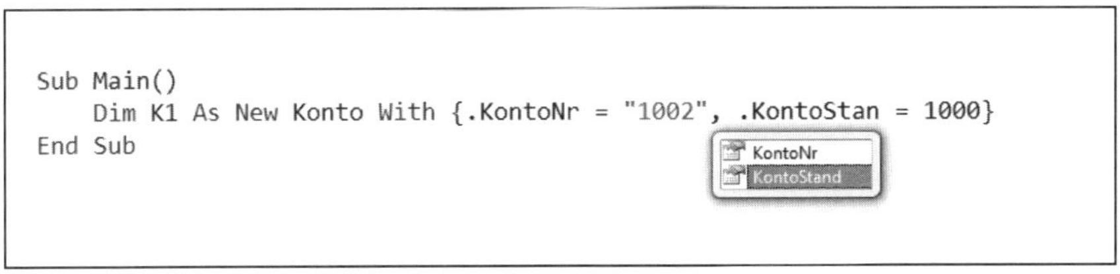

Abb. 5.2: Visual Basic bietet bei der Initialisierung die infrage kommenden Properties in einer Auswahlliste an.

5.5 Methoden definieren und überladen – was steckt hinter dem Gültigkeitsbereich?

Eine Methode ist lediglich ein anderer Name für eine Funktion oder Prozedur innerhalb der Klasse. Und da dieses Thema bereits in Kapitel 4 an der Reihe war, lernen Sie in diesem Abschnitt auch nicht viel Neues. Zwei wichtige Aspekte wurden in Kapitel 4 aber noch nicht behandelt:

1. Der Gültigkeitsbereich von Methoden.
2. Das Überladen von Methoden.

Der Gültigkeitsbereich gibt an, in welchem Bereich des Programms eine Methode (oder Eigenschaft) gültig ist, also angesprochen werden kann. Folgende Bereiche werden dabei unterschieden:

- Innerhalb der Klasse
- Innerhalb des Programms
- Innerhalb und außerhalb des Programms

Für jeden dieser Bereiche gibt es ein Schlüsselwort, mit dem der Gültigkeitsbereich festgelegt wird. Die infrage kommenden Schlüsselwörter `Private`, `Friend` und `Public` sind in Tabelle 5.1 zusammengefasst. Das vierte im Bunde, das `Protected`-Schlüsselwort, kann auch mit dem Schlüsselwort `Friend` zu `Protected Friend` kombiniert werden.

Tabelle 5.1: Die Gültigkeitsbereichsbezeichner für Methoden, Eigenschaften und Felder

Gültigkeitsbereich	Schlüsselwort
Innerhalb der Klasse	`Private`
Außerhalb der Klasse und innerhalb des Programms	`Friend`
Außerhalb des Programms	`Public`
Nur in abgeleiteten Klassen	`Protected`
Nur in abgeleiteten Klassen oder innerhalb des Programms	`Protected Friend`

Warum soll man sich überhaupt über so etwas wie den Gültigkeitsbereich Gedanken machen? Warum sind nicht einfach alle Variablen überall ansprechbar, das wäre doch viel einfacher? Sicher wäre das einfacher, aber es würde eine Reihe kleinerer Nachteile beinhalten:

1. Ein Variablenname könnte im Programm nur einmal vergeben werden.
2. Das »Verbergen« von Feldern in Klassen führt zu einer klareren Programmstruktur und verhindert, dass sie auch dann einen Wert erhalten können, wenn es sinnvoller wäre, dies über eine Eigenschaft zu erledigen.
3. Variablen, die überall im Programm ansprechbar sind, besitzen den Nachteil, dass sie auch überall im Programm geändert werden können, was bei größeren Programmen das Aufspüren von Programmfehlern deutlich erschwert.

Es gehört zu einem modernen Programmierstil, dass Variablen nur dort sichtbar sind, wo sie benötigt werden, und im Rest des Programms nicht.

Den »modernen Programmierstil« werden Sie noch an einigen Stellen in diesem Buch kennenlernen. Mit dem modernen Programmierstil ist es ein wenig so wie mit dem energiesparenden Autofahren, dessen Notwendigkeit auch nicht jeder auf Anhieb einsehen dürfte.

5.5.1 Methoden überladen

Die zweite Besonderheit beim Einsatz von Methoden, für die es in Kapitel 4 noch ein wenig zu früh war, betrifft den Umstand, dass eine Methode in einer Klasse auch mehrfach vorkommen kann. Da sie sich aber durch irgendetwas unterscheiden muss, unterscheidet sie sich durch die Anzahl und/oder die Datentypen ihrer Argumente. Dieses mehrfache Vorkommen wird als Überladen (engl. »Overloading«) bezeichnet und ist eine nützliche Programmiertechnik, da so z.B. eine Methode unterschiedlich aufgerufen werden kann, ohne dass die zusätzlichen Varianten einen anderen Namen erhalten müssen. Einen zwingenden Grund, Mitglieder überladen zu müssen, gibt es jedoch nicht. Auch das `Overloads`-Schlüsselwort, das eine Eigenschaft oder Methoden als überladen kennzeichnet, wird relativ selten benötigt.

CODE

Natürlich sollen Sie in diesem Kapitel auch ein Beispiel für eine Methode kennenlernen. Die Klasse `Konto` wird um die Methode `Buchen` erweitert, die nicht einmal, sondern zweimal vorkommt und damit überladen wird. In der ersten Überladung wird lediglich der zu buchende Betrag übergeben. In der zweiten

Überladung wird ein zusätzliches Argument übergeben, das die Rolle einer Buchungsgebühr spielt. Ohne Überladungsmöglichkeit hätte die zweite Methode einen anderen Namen erhalten müssen, was zwar nicht weiter tragisch ist, aber die Lesbarkeit des Programms ein wenig verschlechtert. Auch optionale Parameter, eine weitere Alternative zur Überladung, werden damit überflüssig.

```
Class Konto
  Private mKontoNr As String
  Private mKontoStand As Double

  Sub New(ByVal KontoNr As String)
      mKontoNr = KontoNr
  End Sub

  ReadOnly Property KontoNr() As String
      Get
          Return mKontoNr
      End Get
  End Property

  Sub Buchen(ByVal Betrag As Double)
      mKontoStand += Betrag
  End Sub

  Sub Buchen(ByVal Betrag As Double, ByVal BuchungsGebuehr As Double)
      mKontoStand += Betrag + BuchungsGebuehr
  End Sub
End Class
```

5.6 Klassen über freigegebene Mitglieder ansprechen

Bislang konnten alle Mitglieder nur über die Instanz der Klasse angesprochen werden. Neben diesen »Instanzenmitgliedern« gibt es noch eine zweite Sorte von Mitgliedern, die direkt über die Klasse angesprochen werden. Ihnen geht ein `Shared` voraus, und sie werden als »freigegebene Mitglieder« (engl. »Shared Members«) bezeichnet.

Im folgenden Beispiel wird die `Konto`-Klasse um ein freigegebenes Feld mit dem Namen `mBankName` und eine dazu passende freigegebene Property mit dem Namen `BankName` erweitert.

```
Class Konto
  Private mKontoNr As String
  Private mKontoStand As Double
  Private Shared mBankName As String

  Sub New(ByVal KontoNr As String)
      mKontoNr = KontoNr
  End Sub
```

```
  Shared Property BankName() As String
    Get
        Return mBankName
    End Get
    Set(ByVal value As String)
        mBankName = value
    End Set
  End Property


  ReadOnly Property KontoNr() As String
    Get
      Return mKontoNr
    End Get
  End Property

End Class
```

Das Besondere an einem `Shared`-Mitglied ist, dass es direkt über die Klasse angesprochen wird:

```
Sub Main()
  Konto.BankName = "Sparkasse Geldstadt"
  Dim K As New Konto("2012601010")
End Sub
```

Da sich alle Instanzen der `Konto`-Klasse die Eigenschaft `BankName` teilen, gibt es den Wert auch nur einmal. Würde der Name später geändert werden, würde dies alle Instanzen betreffen.

Theoretisch kann ein freigegebenes Mitglied auch über die Instanzenvariable, also jene Variable, die für eine Instanz der Klasse steht, angesprochen werden, auch wenn der Compiler in diesem Fall eine Warnung ausgibt.

Freigegebene Mitglieder spielen auch bei den Klassen der .NET-Klassenbibliothek, die in Kapitel 6 an der Reihe sind, eine wichtige Rolle. Sie erkennen diese Mitglieder ganz einfach daran, dass sie nach der Eingabe des Klassennamens und eines Punktes aufgelistet werden. Viele Klassen besitzen sowohl freigegebene Mitglieder als auch Instanzenmitglieder. Eine Klasse, die praktisch nur freigegebene Mitglieder besitzt, ist die `Environment`-Klasse. Machen Sie dazu ein kleines Experiment. Starten Sie Visual Basic, legen Sie ein neues *Windows-Anwendung*-Projekt an, klicken Sie das Formular doppelt an, und geben Sie in `Form_Load` den folgenden Befehl ein:

```
Dim N As String
```

`N` steht für eine Instanzenvariable der `String`-Klasse (und damit für einen String). Geben Sie in der nächsten Zeile die Variable `N` ein, werden nach Eingabe des Punktes sämtliche Mitglieder der Klasse `String` aufgelistet. Geben Sie stattdessen den Namen `Klasse` ein, werden nach Eingabe des Punktes nur die freigegebenen Mitglieder aufgelistet. Am Anfang führt die Unterscheidung zwischen freigegebenen Mitgliedern und Instanzenmitgliedern noch häufig zu Verwirrung, grundsätzlich ist es aber eine einfache Angelegenheit.

Möchten Sie z.B. zwei Zeichenketten A und B mithilfe der Compare-Methode der String-Klasse miteinander vergleichen, lautet der Aufruf wie folgt:

```
Dim Vergleich As Integer = String.Compare(A, B)
```

In diesem Fall wird die freigegebene Compare-Methode der String-Klasse aufgerufen. Diese Methode gibt es aber auch als Instanzenmethode. Hier sieht der Aufruf wie folgt aus:

```
Dim Vergleich As Integer = A.Compare(A. B)
```

Da beim Aufruf die Variable A erneut übergeben wird, ist der Aufruf der freigegebenen Compare-Methode die etwas bessere Wahl, zumal die zweite Variante wieder zu einer Compilerwarnung führt.

Sehr viel häufiger als freigegebene Eigenschaften kommen bei der Programmierung freigegebene Methoden vor.

Im folgenden Beispiel wird die Klasse Konto um eine freigegebene Methode CreateKonto erweitert, die auch gleich zweifach überladen wird (mehr dazu in Kapitel 5.5.1). An diesem Beispiel wird eine typische Rolle freigegebener Methoden deutlich. Sie erzeugen eine Instanz der Klasse, zu der sie gehören, und geben diese als Rückgabewert zurück. Solche Methoden werden auch als »Factory-Methoden« bezeichnet, da sie ein neues Objekt »produzieren«:

```
Class Konto

  Sub New(ByVal KontoNr As String)
    mKontoNr = KontoNr
  End Sub

  Shared Function CreateKonto() As Konto
    Dim KTemp As New Konto("Keine KontoNr")
    Return KTemp
  End Function

  Shared Function CreateKonto(ByVal KontoNr As String) As Konto
    Dim KTemp As New Konto(KontoNr)
    Return KTemp
  End Function

End Class
```

Ein neues Konto-Objekt kann damit etwas eleganter angelegt werden:

```
Dim K As Konto = Konto.CreateKonto("2012601010")
```

Der besondere Reiz dieser Varianten liegt darin, dass CreateKonto ein »fertiges« Konto-Objekt zurückliefert, ohne dass der Programmierer wissen muss, was bei der Instanziierung im Konstruktor übergeben werden muss (in diesem Beispiel wäre es nur die Kontonummer, aber es gibt Klassen, die ein halbes Dutzend Argumente erwarten).

5.7 Klassen ableiten

Vorhang auf für die Vererbung. Diese leicht ironisch gewürzte Einleitung ist allen Generationen von Visual Basic-Programmierern gewidmet, die viele Jahre gehört haben, dass Vererbung das gelobte Land sei, das eines Tages kommen wird. Dann war die Vererbung (mit Visual Basic .NET) plötzlich da, und viele Programmierer mussten erkennen, dass sie zum einen nichts Besonderes ist und dass zum anderen mit den neuen Möglichkeiten auch eine Verantwortung kommt und Vererbung alleine noch keine Vorteile bietet. Doch was ist Vererbung genau, und warum galt sie vor Jahren noch als ein Heilsbringer für die Visual Basic-Programmierer?

Vererbung bedeutet, dass bei der Definition einer Klasse eine andere Klasse angegeben wird, von der die zu definierende Klasse alle (öffentlichen) Mitglieder übernimmt. Vererbung wird auch als Ableiten bezeichnet, wobei sich die zu definierende Klasse von einer Basisklasse ableitet. Jede Klasse kann die Rolle einer solchen Basisklasse spielen, sofern sie nicht mit dem Schlüsselwort `NotInheritable` als nicht vererbbar gekennzeichnet wurde.

Der Vorteil der Vererbung ist, dass die abgeleitete Klasse alle Eigenschaften und Methoden der Basisklasse anbieten kann, so als wären sie auch in der abgeleiteten Klasse definiert. Der Programmierer erspart sich damit nicht nur das erneute Eingeben der Eigenschaften und Methoden, sondern kann einzelne Klassen mit einer Basisfunktionalität ausstatten, die andere Klassen automatisch übernehmen. Das Stichwort heißt *Wiederverwendbarkeit* von Programmcode und war in den 90er-Jahren eine der großen Glaubenslehren der Softwareentwicklung, da sie zu enormen Vereinfachungen bei der Softwareentwicklung hätte führen sollen. Es stellte sich allerdings heraus, dass dies a) nicht so einfach geht und b) dass das Ableiten von Klassen auch seine Nachteile besitzen kann.

Sie werden daher am Anfang vermutlich nur selten eine Klasse ableiten, die Sie zuvor definiert haben. Ganz anders sieht es bei der .NET-Klassenbibliothek aus, sie wäre ohne Vererbung nicht denkbar. Beispiele dafür sind schnell gefunden. Jedes Steuerelement leitet sich von der `Control`-Klasse ab und stellt deren Eigenschaften und Methoden zur Verfügung. `TextBox` und `ComboBox` leiten sich beide von der `TextBoxBase`-Klasse ab, die deren Grundfunktionalität zur Verfügung stellt. Es gibt Dutzende von weiteren Beispielen dafür, wie sich dank Vererbung unter .NET vieles einfacher programmieren lässt. Sehen Sie die Vererbung daher als einen überaus nützlichen Mechanismus, den Sie am Anfang aber nur selten selbst nutzen werden.

Damit sich eine Klasse von einer anderen Klasse ableiten kann, muss sie diese Klasse mit dem `Inherits`-Befehl angeben. Der `Inherits`-Befehl muss dabei unmittelbar auf den `Class`-Befehl folgen. Leitet sich Klasse `A` von einer Klasse `B` ab, ist die Klasse `A` die abgeleitete Klasse und Klasse `B` die sogenannte *Basisklasse* (engl. »Base Class«). Leitet sich Klasse `B` wiederum von einer Klasse `C` ab, spielt `B` in Bezug auf Klasse `C` die abgeleitete Klasse, welche die Rolle der Basisklasse spielt. Klasse `A` erbt dabei nicht nur die Mitglieder der Klasse `B`, sondern auch die der Klasse `C`.

Bei Visual Basic gibt es (genau wie bei der Schwestersprache C#) keine Mehrfachvererbung bei Klassen. Eine Klasse kann sich nur von einer Klasse ableiten (Mehrfachvererbung gibt es dagegen bei Schnittstellen).

Im folgenden Beispiel wird eine Klasse `BusinessKonto` definiert, die sich von der `Konto`-Klasse ableitet.

```
Class BusinessKonto
  Inherits Konto

End Class
```

In der Praxis wird das noch nicht funktionieren. Der Grund ist einfach. Da die `Konto`-Klasse nur einen Konstruktor besitzt, der ein Argument erwartet, muss dieser auch mit dem (indirekten) Instanziieren der Klasse aufgerufen werden. Dies geschieht, indem der `New`-Konstruktor der `BusinessKonto`-Klasse als ersten Befehl den `New`-Konstruktor der Basisklasse aufruft. Doch wie kommt man an die Instanz der Basisklasse heran? Ganz einfach, dafür gibt es das `MyBase`-Schlüsselwort, das in der abgeleiteten Klasse die Basisklasse repräsentiert:

```
Class BusinessKonto
  Inherits Konto

  Sub New(ByVal KontoNr As String)
    MyBase.New(KontoNr)
  End Sub

End Class
```

5.8 Mitglieder überschreiben

Eine abgeleitete Klasse bietet alle Mitglieder der Basisklasse an. Es spielt keine Rolle, ob zum Beispiel eine Methode über die abgeleitete Klasse oder über die Basisklasse aufgerufen wird. Doch was ist, wenn die Methode in der abgeleiteten Klasse etwas anderes tun soll als die Methode der Basisklasse? In diesem Fall muss die Methode auch in der abgeleiteten Klasse vorkommen. Wichtig ist dabei, dass sie die gleichen Parametertypen besitzt. In diesem Fall wird die Methode in der abgeleiteten Klasse überschrieben (engl. »Overriding«).

Grundsätzlich kann jedes Mitglied der Basisklasse überschrieben werden, das mit dem `Overridable`-Schlüsselwort gekennzeichnet ist. Um anzugeben, dass in der abgeleiteten Klasse ein Mitglied überschrieben wird, geht ihr das `Overrides`-Schlüsselwort voraus.

Visual Basic bietet beim Überschreiben eine praktische Hilfestellung an. Sobald Sie in der abgeleiteten Klasse `Overrides` eingeben und [Strg] + [Leertaste] betätigen, werden alle infrage kommenden überschreibbaren Eigenschaften oder Methoden (je nachdem, ob gerade eine Eigenschaft oder Methode implementiert wird) angeboten.

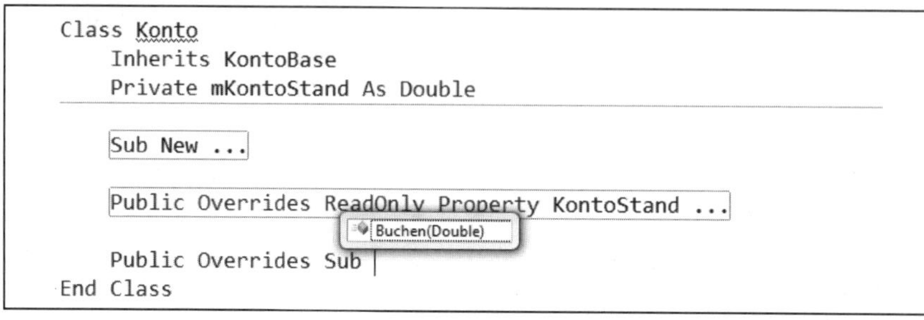

Abb. 5.3: Der Visual Studio-Editor bietet für das Überschreiben eine praktische Hilfestellung an.

Im folgenden Beispiel wird in der abgeleiteten Methode `BusinessKonto` die Methode `Buchen` der `Konto`-Klasse überschrieben, die dazu mit `Overridable` gekennzeichnet werden muss. In der abgeleiteten Klasse verhält sich die Methode `Buchen` ein wenig anders, indem der zu buchende Betrag zusätzlich auf ein Gegenkonto gebucht wird, das in der Klasse über die private Variable `mGegenkonto` angelegt wird. Grundsätzlich spielt es aber keine Rolle, auf welche Weise die überschriebene Methode implementiert wird. Sie ist eine eigenständige Methode, die mit der überschriebenen Methode nur die Signatur (also die Anzahl und Datentypen der Argumente) gemeinsam hat. Soll die überschriebene Methode, etwa am Ende, in der überschreibenden Methode aufgerufen werden, geschieht dies ebenfalls über das `MyBase`-Schlüsselwort.

```
' -----------------------------------------------------
' Abgeleitete Klasse
' -----------------------------------------------------
Class BusinessKonto

  Inherits Konto
  Private mGegenKonto As Konto

  Sub New(ByVal KontoNr As String)
    MyBase.New(KontoNr)
    mGegenKonto = New Konto(KontoNr & "G")
  End Sub

  Overrides Sub Buchen(ByVal Betrag As Double)
     KontoStand += Betrag
     mGegenKonto.Buchen(Betrag)
  End Sub

End Class
' -----------------------------------------------------
' Basisklasse
' -----------------------------------------------------
Class Konto
  Private mKontoNr As String
  Private mKontoStand As Double

  Sub New(ByVal KontoNr As String)
    mKontoNr = KontoNr
  End Sub
```

```
  Property KontoStand() As Double
     Get
       Return mKontoStand
     End Get
     Set(ByVal value As Double)
        mKontoStand = value
     End Set
  End Property

  ReadOnly Property KontoNr() As String
    Get
       Return mKontoNr
  End Get
  End Property

  Overridable Sub Buchen(ByVal Betrag As Double)
     mKontoStand += Betrag
  End Sub

  Sub Buchen(ByVal Betrag As Double, ByVal BuchungsGebuehr As Double)
    mKontoStand += Betrag + BuchungsGebuehr
  End Sub
End Class
```

Es ist bemerkenswert, dass in der Klasse `BusinessKonto` die Eigenschaft `KontoStand` zur Verfügung steht, obwohl sie in der Klasse nicht definiert ist. Das ist der positive Nebeneffekt der Vererbung, alle öffentlichen Mitglieder der Basisklasse stehen in der abgeleiteten Klasse auf die exakt gleiche Weise zur Verfügung als wären sie in der Klasse definiert.

5.9 Abstrakte Basisklassen – ab jetzt wird es ein wenig anspruchsvoller

Während es in den letzten Abschnitten um das kleine Einmaleins der Klassenprogrammierung ging, wird es ab diesem Abschnitt ein wenig anspruchsvoller. Themen wie abstrakte Basisklassen, Schnittstellen und die darauf aufbauenden Programmiertechniken sind bereits fortgeschrittenere Themen. Falls Sie gerade erst mit Visual Basic begonnen haben, sollten Sie sie lediglich überfliegen und zu einem späteren Zeitpunkt vertiefen. Die größte Hürde, die es beim Verständnis dieser teilweise recht abstrakten Konzepte zu überwinden gilt, ist, den praktischen Nutzen bei jenen kleinen Programmen zu erkennen, mit denen Sie sich am Anfang praktisch ausschließlich beschäftigen werden. Die Notwendigkeit für eine Variable ist für jeden ersichtlich, die für eine Klasse auch noch, da sich mit ihrer Hilfe auch etwas komplexere »Gebilde«, wie ein Bankkonto, abbilden lassen und sie in der .NET-Klassenbibliothek unentbehrlich sind. Doch bei abstrakten Basisklassen und Schnittstellen ist das nicht so einfach. Lassen Sie sich davon aber nicht abhalten, sich auch mit diesen Themen ausführlich zu beschäftigen. Es sind nicht nur wichtige (das wird Ihnen jeder erfahrene Programmierer bestätigen), sondern auch sehr nützliche Programmelemente. Es dauert im Allgemeinen nur eine Weile, bis man als Lernender zu dieser Einsicht gelangt.

Eine abstrakte Basisklasse ist ein Spezialfall einer Klasse. Sie enthält, zusätzlich zu regulären Mitgliedern, Mitglieder, die lediglich definiert, aber nicht implementiert werden. Diese Mitglieder müssen in abgeleiteten Klassen überschrieben werden.

Eine abstrakte Basisklasse wird ebenfalls mit dem `Class`-Befehl definiert. Ihm geht allerdings ein `MustInherit`-Schlüsselwort (zu Deutsch »muss vererben«) voraus. Den Methoden, die in der abgeleiteten Klasse überschrieben werden müssen, geht ein `MustOverride`-Schlüsselwort voraus.

> Abstrakte Basisklassen können nicht mit `New` instanziiert werden. Sie sind dazu da, in anderen Klassen abgeleitet zu werden.

Im folgenden Beispiel wird eine abstrakte Basisklasse `KontoBase` definiert, die anschließend in der `Konto`-Klasse abgeleitet wird. Da `Buchen` mit `MustOverride` deklariert wurde, muss sie in der `Konto`-Klasse überschrieben werden.

```
' ------------------------------------------------
' Hier wird KontoBase abgeleitet
' ------------------------------------------------
Class Konto
  Inherits KontoBase
  Private mKontoStand As Double

  Sub New(ByVal KontoNr As String)
      MyBase.New(KontoNr)
  End Sub

  Public Overrides Sub Buchen(ByVal Betrag As Double)
      mKontoStand += Betrag
  End Sub

  Public Overrides ReadOnly Property KontoStand() As Double
      Get
          Return mKontoStand
      End Get
  End Property
End Class

' ------------------------------------------------
' Die abstrakte Basisklasse
' ------------------------------------------------
MustInherit Class KontoBase
  Private mKontoNr As String

  MustOverride ReadOnly Property KontoStand() As Double
  MustOverride Sub Buchen(ByVal Betrag As Double)

  Sub New(ByVal KontoNr As String)
      mKontoNr = KontoNr
  End Sub

End Class
```

Abstrakte Basisklassen sind bereits ein etwas fortgeschritteneres Konzept der Klassenprogrammierung. Sie werden immer dann benötigt, wenn eine Klasse lediglich die Namen von Eigenschaften und Methoden vorgeben soll und in den abgeleiteten Klassen von Fall zu Fall festgelegt werden kann, wie die Eigenschaft oder Methode konkret implementiert wird. Abstrakte Basisklassen werden Sie am Anfang nur selten wirklich benötigen. In der .NET-Klassenbibliothek spielen sie eine wichtige Rolle. Klassen wie `TextBoxBase` oder `DictionaryBase` sind dazu da, dass sie eine bestimmte Grundfunktionalität zur Verfügung stellen und in anderen Klassen implementiert werden, damit diese Grundfunktionalität erweitert werden kann.

5.10 Schnittstellen

Eine Schnittstelle ist wie eine Klasse ein Grundelement der objektorientierten Programmierung. Sie wird mit dem `Interface`-Befehl definiert. Durch eine Schnittstelle werden nur die Namen von Eigenschaften, Methoden und Events und die dazugehörenden Argumente definiert. Eine Schnittstelle enthält nur diese Definitionen, aber keinen einzigen ausführbaren Befehl (aus diesem Grund gibt es etwa zu einem `Function`-Befehl auch kein `End Function`, da es nur um den Namen der Funktion und die Datentypen der Argumente geht). Schnittstellen können daher nicht direkt eingesetzt werden, sie müssen stets in einer Klasse implementiert werden. Dabei wird jedes Mitglied der Schnittstelle mit Befehlen gefüllt, die von Klasse zu Klasse verschieden sein können.

Schnittstellen werden mit dem `Interface`-Befehl definiert.

Das folgende Beispiel definiert eine Schnittstelle mit dem Namen `IKonto`, die drei Mitglieder besitzt – die Eigenschaften `KontoNr` und `KontoStand` sowie die Methode `Buchen`. Damit definiert sie die Grundfunktionalität, die jedes Konto besitzt (bzw. besitzen sollte).

```
Interface IKonto
    ReadOnly Property KontoNr() As String
    ReadOnly Property KontoStand() As Double
    Sub Buchen(ByVal Betrag As Double)
End Interface
```

Schnittstellen müssen in Klassen mit dem `Implements`-Befehl implementiert werden.

Es ist üblich (aber natürlich keine Pflicht), dass der Name einer Schnittstelle mit einem »I« beginnt.

Eine Schnittstelle alleine bringt noch nichts, sie muss in einer Klasse implementiert werden. Das erledigt der `Implements`-Befehl. Nach dem Drücken der [↵]-Taste erleben Sie (wieder einmal) eine angenehme Überraschung. Für alle Mitglieder der Schnittstelle werden die Rahmen der Eigenschaften, Funktionen und Prozeduren eingefügt, sodass Sie sich um diesen »Schreibkram« nicht mehr kümmern müssen.

Im folgenden Beispiel implementiert die Klasse Konto die Schnittstelle IKonto. Beim Implementieren einer Schnittstelle kommt es darauf an, dass jedes Mitglied der Schnittstelle implementiert werden muss. Dabei wird über das Implements-Schlüsselwort eine Verbindung zwischen dem Mitglied der Schnittstelle und dem Mitglied der Klasse hergestellt, das es implementiert. Der Name der implementierten Eigenschaft oder Methode muss daher nicht mit dem Namen der Eigenschaft oder Methode in der Schnittstelle übereinstimmen, da die Zuordnung stets über das Implements-Schlüsselwort hergestellt wird.

```
Class Konto
    Implements IKonto
    Private mKontoStand As Double
    Private mKontoNr As String

    Sub New(ByVal KontoNr As String)
        mKontoNr = KontoNr
    End Sub

    Public Sub Buchen(ByVal Betrag As Double) Implements
IKonto.Buchen
        mKontoStand += Betrag
    End Sub

    Public ReadOnly Property KontoStand() As Double Implements
IKonto.KontoStand
        Get
            Return mKontoStand
        End Get
    End Property

    Public ReadOnly Property KontoNr() As String Implements
IKonto.KontoNr
        Get
            Return mKontoNr
        End Get
    End Property
End Class
```

Im Zusammenhang mit dem Implementieren von Schnittstellen spricht man auch von einem *Vertrag* (engl. »Contract«), der durch das Implementieren der Schnittstelle geschlossen wird. Die Klasse, welche die Schnittstelle implementiert, verpflichtet sich, sämtliche Mitglieder zu implementieren (es gäbe auch gar keine Möglichkeit, einzelne Mitglieder nicht zu implementieren). Dadurch kann ein Aufruf davon ausgehen, dass, wenn eine Klasse die Schnittstelle IKonto implementiert, über eine Instanz der Klasse z.B. die Methode *Buchen* aufgerufen werden kann.

5.10.1 Schnittstellen bei der Variablendeklaration

Es ist interessant, dass eine Schnittstelle überall dort eingesetzt werden kann, wo ein regulärer Datentyp erlaubt ist. Eine Variable kann daher auch vom Typ einer Schnittstelle sein.

```
Dim K As IKonto
```

Da Schnittstellen nicht instanziiert werden können, hat das `New`-Schlüsselwort hier nichts zu suchen. Die Variable `K` kann als Wert die Instanz jeder Klasse erhalten, die `IKonto` (oder eine Schnittstelle, die sich von `IKonto` ableitet) implementiert:

```
K = New Konto()
```

Obwohl `K` offiziell vom Typ `IKonto` ist, darf ihr eine Instanz von `Konto` zugewiesen werden. Der Grund: `Konto` hat `IKonto` implementiert und ist damit zu dieser Schnittstelle typenkompatibel.

5.10.2 Schnittstellen führen zu (etwas) mehr Flexibilität

Auf den ersten Blick erscheinen Schnittstellen als relativ überflüssig. Wie abstrakte Basisklassen erfüllen sie aber eine wichtige Funktion (ansonsten würde es sie auch nicht geben). Schnittstellen definieren einen Satz von Eigenschaften und Methoden, mit dem andere Klassen »ausgestattet« werden.

Genau wie abstrakte Basisklassen spielen auch Schnittstellen im Alltag eines Visual Basic-Programmierers am Anfang keine allzu große Rolle, wenngleich sie sehr nützlich sein können. Und genau wie abstrakte Basisklassen spielen Schnittstellen in der .NET-Klassenbibliothek dagegen eine wichtige Rolle. Die Klassenbibliothek enthält weit über 100 Schnittstellen, die alle eine wichtige Funktion erfüllen. Eine Schnittstelle ist in der .NET-Klassenbibliothek dazu da, dass sie in einer Klasse implementiert wird und die Klasse bzw. ein von der Klasse abgeleitetes Objekt überall dort eingesetzt werden kann, wo ein Parameter vom Typ der Schnittstelle erwartet wird. Da ein übergebenes Objekt alle Mitglieder der Schnittstelle implementieren muss, kann der aufgerufene Programmteil davon ausgehen, dass sie vorhanden sind, und kennt gleichzeitig die vom Schnittstellenmitglied erwarteten Parametertypen. Auf welche Schnittstelle das Schnittstellenmitglied implementiert wird, spielt für den Aufruf keine Rolle.

5.10.3 Ein praktisches Beispiel für die Implementierung einer Schnittstelle

Eine Situation, bei der das Implementieren einer Schnittstelle aus der .NET-Klassenbibliothek erforderlich ist, kommt beim Sortieren von Arrays und Collections vor. Die `Array`-Klasse bietet zwar eine `Sort`-Methode, doch muss dieser mitgeteilt werden, nach welcher Eigenschaft der Klasse sortiert werden soll. Dies geschieht, indem ein Objekt übergeben wird, das die `IComparer`-Schnittstelle im Namespace `System` implementiert. Diese Schnittstelle besitzt als einzige Klasse eine Funktion mit dem Namen `Compare`. Sie wird beim Sortieren intern für jeden Vergleich aufgerufen.

Soll ein Array mit Konto-Objekten nach ihrer Kontonummer sortiert werden, wird eine Klasse benötigt, die IComparer implementiert. In der Compare-Funktion werden die beiden übergebenen Konto-Objekte anhand ihrer Kontonummer verglichen.

Im folgenden Beispiel, das bereits ein wenig umfangreicher ist, werden drei Objekte der Klasse Konto instanziiert (dieses Mal wird beim Konstruktor neben der Kontonummer auch eine Bankleitzahl übergeben) und in einem Array mit dem Namen KontenListe eingefügt. Anschließend wird die Sort-Methode aufgerufen, um die Konto-Objekte nach ihrer BLZ zu sortieren. Das ist nur möglich, weil der Sort-Methode eine Instanz der Klasse BLZVergleicher übergeben wird, welche die IComparer-Schnittstelle implementiert. Nur dadurch gibt es eine Compare-Funktion, die bei jedem internen Vergleich, den die Sort-Methode durchführt, von dieser aufgerufen werden kann.

```
' ------------------------------------------------------------
' Sortieren eines Arrays durch Implementieren
' der IComparer-Schnittstelle in einer Klasse
' Jetzt lerne ich Visual Basic 2008
' ------------------------------------------------------------
Module Module1

  Sub Main()
      Dim K1 As New Konto("CCCC", "2012601010")
      Dim K2 As New Konto("AAAA", "502503013")
      Dim K3 As New Konto("BBBB", "70250150")
      Dim KontenListe() As Konto = {K1, K2, K3}
      Array.Sort(KontenListe, New BLZVergleicher)
      For Each K As Konto In KontenListe
          Console.WriteLine(K.BLZ)
      Next
      Console.ReadLine()
  End Sub

End Module

Class BLZVergleicher
  Implements IComparer

  Public Function Compare(ByVal x As Object, ByVal y As Object) As
Integer Implements System.Collections.IComparer.Compare
      Dim K1 As Konto = CType(x, Konto)
      Dim K2 As Konto = CType(y, Konto)
      If K1.BLZ > K2.BLZ Then
          Return 1
      ElseIf K1.BLZ < K2.BLZ Then
          Return -1
      Else
          Return 0
      End If
  End Function
End Class
```

```
Class Konto
  Private mKontoNr As String
  Private mBLZ As String

  Sub New(ByVal BLZ As String, ByVal KontoNr As String)
      mKontoNr = KontoNr
      mBLZ = BLZ
  End Sub

  ReadOnly Property KontoNr() As String
      Get
          Return mKontoNr
      End Get
  End Property

  ReadOnly Property BLZ() As String
      Get
          Return mBLZ
      End Get
  End Property
End Class
```

5.10.4 Polymorphie – damit auch das einmal geklärt wird

In älteren Büchern finden Sie oft die Behauptung, dass die objektorientierte Programmierung auf drei Säulen basiert: Kapselung, Vererbung und Polymorphie. Kapselung und Vererbung haben Sie bereits kennengelernt (kurz zur Erinnerung: Kapselung liegt vor, wenn Felder mit `Private` definiert werden, sodass sie nicht von außerhalb der Klasse angesprochen werden können). Doch wo ist die *Polymorphie*, und was bedeutet sie überhaupt? Auch Polymorphie war bereits dran, allerdings dürfte es Ihnen nicht aufgefallen sein. Der griechische Begriff bedeutet in etwa »viele Formen« und meint bezogen auf die Programmierung, dass eine Variable eines bestimmten Typs unterschiedliche Referenzen auf Objekte halten kann, die mit diesem Typ typenkompatibel sind. So können die Mitglieder des Typs über die Objektvariable aufgerufen werden, und dabei wird stets jene Implementierung aufgerufen, die zu dem Objekt gehört, das über die Variable referenziert wird. Diese letzten Sätze müssen Sie sicherlich mehrfach lesen (und sollten das auch tun), die Bedeutung ist aber sehr einfach. Auf diese Weise besitzen die Klassen, von denen sich diese Objekte ableiten, z.B. eine gemeinsame Methode, die über die Objektvariable stets auf die gleiche Weise aufgerufen werden kann, egal für welches der Objekte sie steht. Auch Polymorphie dient dem edlen Ziel, die Programmierung zu vereinfachen.

Was im letzten Abschnitt recht wortreich (und hoffentlich halbwegs verständlich) umschrieben wurde, wird am besten wieder an einem kleinen Beispiel deutlich. Gegeben seien die zwei Klassen `BusinessKonto` und `PrivatKonto`, die beide die Schnittstelle `IKonto` mit ihrer Eigenschaft `KontoStand` und den Methoden `Buchen` und `KontoInfo` implementieren. Dadurch besitzen beide Klassen eine Methode `Buchen`, die aber je nach Typ der Klasse etwas anderes macht. Jetzt kommt der entscheidende Punkt. Wird eine Objektvariable vom Typ `IKonto` definiert, kann der Variablen sowohl ein Objekt vom Typ `PrivateKonto` als auch vom Typ BusinessKonto zugewiesen werden. Wird über die Variable die Methode Buchen aufgerufen, hängt es vom jeweiligen Objekt ab, welche Implementierung aufgerufen wird. Sind Objekte vom Typ IKonto in einem Array (oder einer Collection) enthalten und wird das Array z.B. per For Each-Befehl durchlaufen, führt ein Aufruf der Buchen-Methode ebenfalls dazu, dass die jeweilige Implementierung jenes Objekts aufgerufen wird, das gerade an der Reihe ist. Damit kann die Methode Buchen jedes Mal auf die gleiche Weise aufgerufen werden, auch wenn sie auf unterschiedliche Objekte angewendet wird. Das ist Polymorphie in Aktion.

```
' ---------------------------------------------------------
' Polymorphie durch Implementieren einer gemeinsamen
' Schnittstelle
' Jetzt lerne ich Visual Basic 2008
' ---------------------------------------------------------
Module Module1

  Sub Main()
    Dim K1 As New BusinessKonto
    Dim K2 As New PrivatKonto
    Dim K3 As New BusinessKonto
    Dim KontenListe() As IKonto = {K1, K2, K3}
    For Each K As IKonto In KontenListe
        ' Zufallszahl zwischen 100 und 1000
        Dim Betrag As Integer = New Random().Next(100, 1000)
        ' Zwei polymorphe Aufrufe
        K.Buchen(Betrag)
        Console.WriteLine(K.KontoInfo())
    Next
    Console.ReadLine()
  End Sub

End Module

Interface IKonto
  ReadOnly Property KontoStand() As Double
  Sub Buchen(ByVal Betrag As Double)
  Function KontoInfo() As String
End Interface

Class PrivatKonto
  Implements IKonto
  Private mKontoStand As Double

  Public Sub Buchen(ByVal Betrag As Double) Implements IKonto.Buchen
      mKontoStand += Betrag
  End Sub

  Public ReadOnly Property KontoStand() As Double Implements
IKonto.KontoStand
      Get
      Return mKontoStand
      End Get
  End Property
```

```
  Public Function KontoInfo() As String Implements IKonto.KontoInfo
    Return String.Format("Kontostand Privatkonto {0}", mKontoStand)
    End Function
End Class

Class BusinessKonto
  Implements IKonto
  Private mKontoStand As Double

  Public Sub Buchen(ByVal Betrag As Double) Implements IKonto.Buchen
      mKontoStand += Betrag
      mKontoStand -= Betrag * 0.05
  End Sub

  Public ReadOnly Property KontoStand() As Double Implements
IKonto.KontoStand
     Get
         Return mKontoStand
     End Get
 End Property

  Public Function KontoInfo() As String Implements IKonto.KontoInfo
    Return String.Format("Kontostand Businesskonto {0}", mKontoStand)
  End Function
End Class
```

Das ist Polymorphie an einem Beispiel, auch wenn es ein sehr kleines Beispiel ist. Der Vorteil: mehr Flexibilität beim Programmieren, da eine Objektvariable nicht vom allgemeinen Typ `Object` sein muss (das ist immer ungünstig), damit sie unterschiedliche Typen von Objekten aufnehmen kann.

5.11 Events

Klassen können neben Feldern, Eigenschaften und Methoden noch eine vierte Sorte von Mitgliedern besitzen: Events. Ein Event (zu Deutsch »Ereignis«) wird über den `Event`-Befehl definiert und über den `RaiseEvent`-Befehl in der Klasse ausgelöst. Ein solcher Event-Aufruf führt zum Aufruf einer Ereignisprozedur in jener Klasse, welche die Klasse mit dem Event instanziiert hat. Events sind ein einfacher und effektiver Mechanismus, durch den eine Klasse einer anderen Klasse etwas »mitteilen« kann. Diese Mitteilung besteht aus einem oder mehreren Werten, die im Rahmen der Ereignisprozedur übergeben werden.

Events basieren auf sogenannten *Delegaten*. Ein Delegat ist ein Element der .NET-Klassenbibliothek, mit dem ein »Rückruf« einer Klasse in eine andere Klasse durch den Aufruf einer Prozedur möglich ist, deren Name über den Delegaten festgelegt wird. Mehr zu den »geheimnisvollen« Delegaten, auf denen nebenbei auch die Ereignisverarbeitung der Windows Forms basiert, finden Sie in Kapitel 11, wenn es um das Thema Multithreading geht.

Der erste Schritt besteht darin, in einer Klasse ein Event über den `Event`-Befehl zu definieren:

```
Event KontoAlarm(ByVal KontoStand As Double, ByVal Betrag As Double,
ByVal Limit As Double)
```

Diesem Event werden drei Argumente vom Typ `Double` übergeben, für die beim Aufruf des Events über den `RaiseEvent`-Befehl entsprechende Werte eingesetzt werden müssen:

```
RaiseEvent KontoAlarm(mKontoStand, Betrag, mLimit)
```

Nach der Eingabe des `RaiseEvent`-Befehls, der ein Event gezielt auslöst, werden alle infrage kommenden Events aufgelistet.

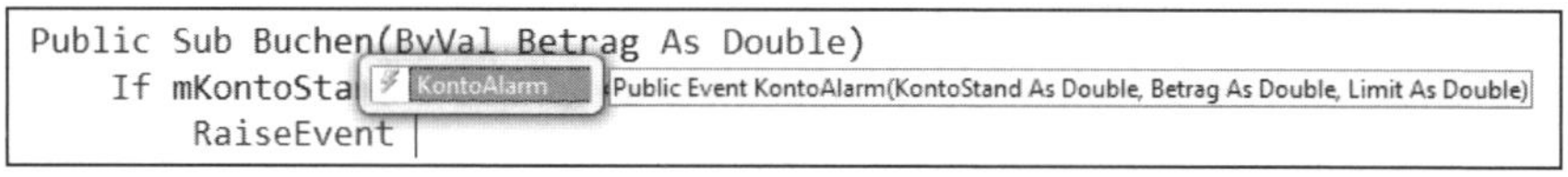

Abb. 5.4: Nach der Eingabe von RaiseEvent werden alle infrage kommenden Events (in diesem Fall nur KontoAlarm) aufgelistet.

Damit eine Klasse ein Event »empfangen« kann, muss die Variablendeklaration jener Variablen, die später eine Instanz der Klasse aufnehmen soll, mit dem `WithEvents`-Schlüsselwort ergänzt werden. Dies ist aber nur bei Variablen möglich, die auf Klassenebene definiert werden:

```
Private WithEvents K1 As Konto
```

Zum Schluss muss eine Prozedur mit diesem Event »verbunden« werden. Dies geschieht über das `Handles`-Schlüsselwort, das im Prozedurkopf den Namen des Events auswählt:

```
Private Sub Konto_KontoAlarm(ByVal KontoStand As Double, ByVal Betrag
As Double, ByVal Limit As Double) Handles K1.KontoAlarm
```

Als Ereignisprozedur kommt grundsätzlich jede Prozedur infrage, die eine wichtige Bedingung erfüllt. Die Datentypen ihrer Argumente müssen mit jenen des Events übereinstimmen – für diese sogenannte *Signatur* spielen die Namen der Argumente keine Rolle.

Auch in diesem Punkt bietet die Visual Basic-IDE eine praktische Hilfe an. Sobald die Variablendeklaration mit `WithEvents` abgeschlossen wurde, steht die Variable in der linken Auswahlliste des Programmcodefensters zur Auswahl. Wird dieser Eintrag selektiert, stehen in der rechten Auswahlliste die Events zur Auswahl, welche die selektierte Klasse anbietet. Die Auswahl eines Eintrags fügt wie üblich eine Ereignisprozedur ein, bei der das `Handles`-Schlüsselwort bereits angehängt wurde.

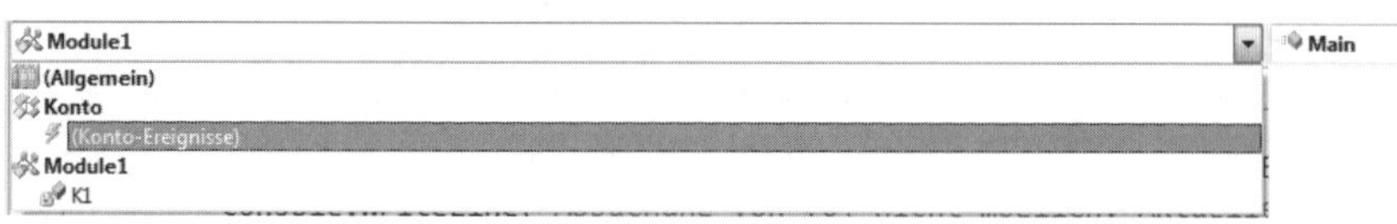

Abb. 5.5: Auch bei der Auswahl eines Events bietet Visual Basic eine Hilfestellung an.

In seltenen Fällen kann ein Event auch vom System ausgelöst werden. Ein Beispiel ist das NetworkAvailabilityChanged-Event der Application-Klasse, die wiederum fester Bestandteil einer Windows Forms-Anwendung ist. Es wird immer dann ausgelöst, wenn die Netzwerkverbindung aktiviert oder deaktiviert wird. Über den e-Parameter und seine IsNetworkAvailable-Eigenschaft erfährt man den aktuellen Status. Unabhängig von diesem Event kann per My.Computer.Network.IsAvaible jederzeit geprüft werden, ob eine Netzwerkverbindung existiert.

5.12 Alles besitzt einen Typ

Bei .NET dreht sich alles um den Typ. In diesem Kapitel haben Sie mit Klassen, Schnittstellen und den Konstantenlisten (die aber nur kurz an der Reihe waren) drei Typensorten kennengelernt. Mit jeder neuen Klasse oder Schnittstelle wird ein neuer Typ definiert, der beim Definieren einer Variablen angegeben werden kann.

5.12.1 Den Typ eines Objekts feststellen

Möchten Sie den Typ eines Objekts feststellen, um etwa vor dem Aufruf einer Methode überprüfen zu können, ob diese überhaupt zur Verfügung steht, gibt es gleich mehrere Möglichkeiten:

- Den TypeOf-Operator
- Die TypeName-Funktion
- Den Vergleich mit einem Type-Objekt

Der TypeOf-Operator wird stets im Rahmen eines If-Befehls zusammen mit dem Is-Schlüsselwort eingesetzt.

Der folgende Befehl prüft, ob die Variable K vom Typ IKonto ist, also die Schnittstelle implementiert.

```
If TypeOf K Is IKonto Then
```

Die TypeName-Funktion ist vor allem im Direktfenster sehr praktisch, da sich mit ihrer Hilfe schnell der Name eines Typs feststellen lässt.

Abb. 5.6: Im Direktfenster wird der Typ einer Variablen angezeigt.

Auch die Schriftgröße für das Direktfenster kann in den Optionen der IDE (unter *Umgebung|Schriftarten und Farben*) eingestellt werden.

5.12.2 Alles über einen Typen – das Type-Objekt gibt Auskunft

Sie werden überrascht sein zu erfahren, was Sie alles über einen Typ in Erfahrung bringen können: seine Eigenschaften, seine Methoden und natürlich auch, um welchen Typ es sich genau handelt. Das Stichwort heißt »Reflection« und bedeutet lediglich, dass sich alle Informationen über die Typen einer Assembly über Klassen im Namespace `System.Reflection` abfragen lassen. Um mehr über einen Typ zu erfahren, müssen Sie gar nicht so weit gehen, denn jedes Objekt besitzt eine `GetType`-Funktion, die für den Typ des Objekts ein `Type`-Objekt zurückgibt.

Im folgenden Beispiel werden nicht nur die Namen aller Typen ausgegeben, die in der aktuellen Assembly enthalten sind. Enthält der Typ ein »Konto« im Namen, werden auch die Namen seiner Eigenschaften und Methoden im Konsolenfenster ausgegeben.

```
Dim Ass As Assembly = Assembly.GetExecutingAssembly
For Each T As Type In Ass.GetTypes
  Console.WriteLine(T.Name)
  If (T.IsClass Or T.IsInterface) And T.Name.IndexOf("Konto") > 0
Then
    Console.WriteLine("-->Eigenschaften")
    For Each P As PropertyInfo In T.GetProperties
        Console.WriteLine("    {0}", P.Name)
    Next
    Console.WriteLine("-->Methoden")
    For Each M As MethodInfo In T.GetMethods
        Console.WriteLine("    {0}", M.Name)
    Next
  End If
Next
```

Ermöglicht wird der ganze »Zauber« durch `Assembly.GetExecutingAssembly`. Das ist kein Befehl, sondern hier wird die (freigegebene) Methode `GetExecutingAssembly` der `Assembly`-Klasse aufgerufen, die das aktuell ausführende Assembly zurückgibt, das der Variablen `As` zugewiesen wird. Über die `GetTypes`-Methode werden anschließend alle Typen in Gestalt eines Arrays mit `Type`-Objekten zurückgegeben, das in einer `For Each`-Schleife bequem durchlaufen wird. Die Eigenschaften und Methoden liefern die `GetProperties`- und `GetMethods`-Methoden der `Type`-Klasse.

Und was bringt eine solche »Typanalyse«? Auch wenn dies bereits zu den etwas fortgeschritteneren Themen der .NET-Programmierung gehört, über Reflection ist es z.B. möglich, Assemblys während der Programmausführung nachzuladen und Methoden aufzurufen, die in der Assembly enthalten sind. Und natürlich kommen alle auf ihre Kosten, die daran interessiert sind zu erfahren, was sich in einer Assembly alles verbirgt.

Ein sehr nützliches Tool, mit dem Sie praktisch alles über das Innenleben einer Assembly erfahren, ist *Reflector!* von *Lutz Roeder*. Laden Sie das kostenlose Tool unter *http://www.aisto.com/roeder/dotnet/* herunter, starten Sie es, laden Sie eine beliebige .NET-Programmdatei, und lassen Sie sich überraschen.

TIPP

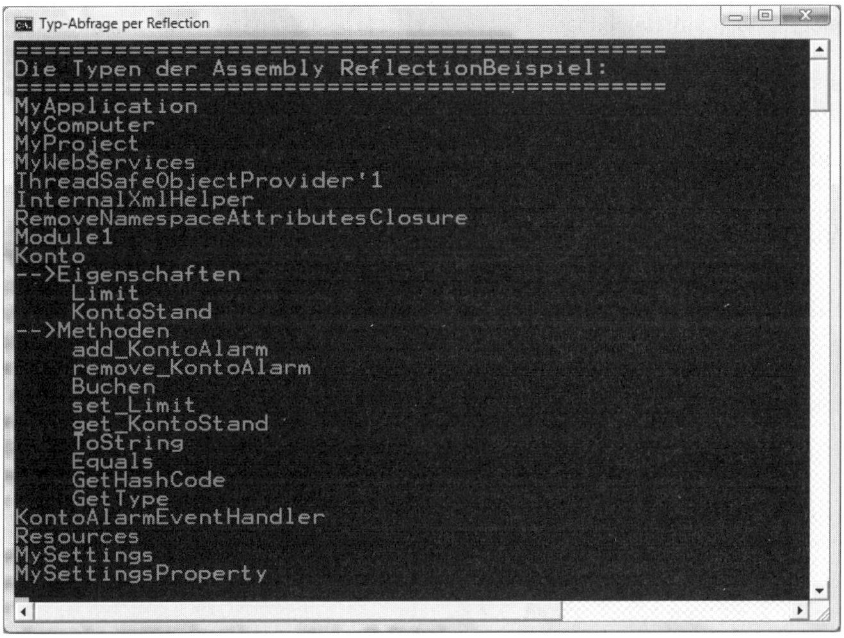

Abb. 5.7: Im Konsolenfenster werden die Namen der Typen ausgegeben.

5.13 Zusammenfassung

Klassen sind bei .NET ein genauso wichtiges Programmelement wie Datentypen. Eine Klasse definiert ein Programmelement, das aus Eigenschaften, Methoden und Events bestehen kann. Beim Instanziieren mit `New` wird aus der Klasse ein Objekt, genauer gesagt eine Instanz.

5.14 Fragen zum Abschluss des Kapitels

Frage 1 Wie unterscheidet sich eine Klasse von einem Objekt?

Frage 2 Wann wird die `New`-Prozedur einer Klasse aufgerufen, und wie wird sie allgemein genannt?

Frage 3 Wie unterscheidet sich ein Feld von einer Eigenschaft?

Frage 4 Eine Klasse enthält zwei Methoden mit dem Namen Buchen. Warum wird das Programm trotzdem fehlerfrei kompiliert?

Frage 5 Nennen Sie drei Unterschiede zwischen einer abstrakten Basisklasse und einer Schnittstelle.

Frage 6 Das folgende Programm enthält vier bis fünf Fehler (die genaue Zahl hängt davon ab, wie streng man den Maßstab angelegt). Welche Fehler sind es?

```
Module Module1

  Sub Main()
    Konto.BankName = "Privatbank Baron Muenchhausen"
    Dim K1 As New Konto("2012601010")
    K1.KontoStand = 1000
  End Sub

End Module

Class Konto
  Private mKontoNr As String
  Private mKontostand As Double
  Private mBankName As String

  WriteOnly Property BankName() As String
    Set(ByVal value As String)
        BankName = BankName
    End Set
  End Property

  ReadOnly Property KontoStand() As Double
    Get
        Return mKontostand
    End Get
  End Property

  ReadOnly Property KontoNr() As String
    Get
        Return mKontoNr
    End Get
  End Property
End Class
```

Die Auflösungen zu den Fragen finden Sie in Anhang C.

Kapitel 6

jetzt lerne ich

Streifzug durch die .NET-Klassenbibliothek

Stellen Sie sich vor, Sie sind von einer beschaulichen Kleinstadt in eine Weltmetropole umgezogen. Alles ist auf einmal anders, größer und verwirrender. Gleichzeitig wissen Sie, dass Sie von nun an hier leben und sich möglichst bald mit dem für das tägliche Leben Notwendigsten auskennen müssen. So ähnlich geht es angehenden Visual Basic-Programmierern, die zum ersten Mal mit der .NET-Klassenbibliothek (auch Basisklassenbibliothek genannt) konfrontiert werden, die in der Version 3.5 mehrere Tausend Klassen umfasst. Doch anders als in einer Millionenmetropole ist die Klassenbibliothek sehr gut strukturiert und glänzt durch ihre Übersichtlichkeit. Sie dürfen sich nur nicht durch die beeindruckende Zahl von Klassen, Schnittstellen und Konstantenlisten und den am Anfang etwas ungewöhnlichen Namen abschrecken lassen. Denken Sie immer daran, die Klassenbibliothek ist ihr Freund und Helfer, der Ihnen (bildlich gesprochen) unendliche Möglichkeiten bietet und an den Sie sich lediglich ein wenig gewöhnen müssen.

Doch wozu ist die Klassenbibliothek da, was bringt sie mir als Visual Basic-Programmierer, und wo steckt sie überhaupt? Diese Fragen werden in diesem Kapitel zwar beantwortet, doch richtig schätzen lernen werden Sie die Klassenbibliothek und ihre Funktionen erst in den Folgekapiteln dieses Buches, wenn sie bei zahlreichen Beispielen zum Einsatz kommen werden. Bei Visual Basic gibt es eine klare Arbeitsteilung. Visual Basic ist »nur« eine Programmiersprache, für alles, was über das Definieren von Variablen, das Durchführen einfacher Rechenoperationen, das Treffen von Entscheidungen, das Formulieren von Programmschleifen und das Zusammenfassen von Befehlen in Prozeduren hinausgeht, benötigen Sie die Funktionen der .NET-Klassenbibliothek.

Sie lernen in diesem Kapitel

- den Aufbau der .NET-Klassenbibliothek
- dass man in einer Klassenbibliothek nichts ausleihen, aber vieles benutzen kann
- die Rolle der Namespaces
- den `My`-Namespace
- das Abspeichern von Daten in Dateien über Streams
- den Umgang mit Dateien und Verzeichnissen.

6.1 Ein erster Überblick

Die .NET-Klassenbibliothek, im Folgenden nur noch Klassenbibliothek genannt, ist ein fester Bestandteil des .NET Frameworks (und der .NET-Laufzeit). Sie ist daher immer anwesend und muss niemals nachgeladen oder nachträglich installiert werden. Sie können die vielen, vielen Klassen und deren Funktionen daher genauso behandeln wie die (wenigen) in Visual Basic fest eingebauten Funktionen. Lediglich der Namespace muss von Fall zu Fall importiert werden – mehr dazu in Kapitel 6.1.2.

6.1.1 Die Environment-Klasse zum Kennenlernen

Eine »typische« Klasse, die Sie gerade am Anfang häufiger benutzen werden, ist `Environment`. Sie bietet 16 Eigenschaften und neun Methoden an – alle freigegeben, was bedeutet, dass sie direkt über die Klasse angesprochen werden. Um sie benutzen zu können, müssen Sie im Programmcode-Editor lediglich `Environment` eintippen. Visual Basic weiß sofort Bescheid und bietet nach der Eingabe des Punktes alle (freigegebenen) Mitglieder der Klasse in einer Auswahlliste an. Microsoft fasst dieses Anbieten von Eingabehilfen übrigens unter dem Begriff »IntelliSense« zusammen. Auch wenn alte Hasen gerne die Nasen rümpfen, für Programmieranfänger sind diese Hilfen enorm praktisch.

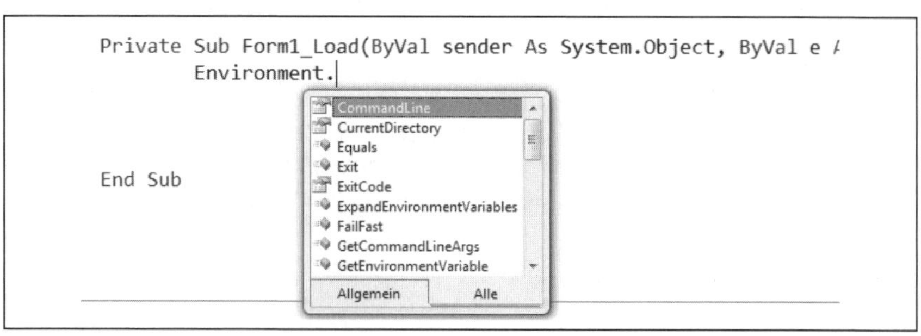

Abb. 6.1: Dank IntelliSense ist der Umgang mit den .NET-Klassen sehr einfach.

Die Environment-Klasse bietet einige höchst interessante Mitglieder. Da wäre zum Beispiel die Eigenschaft ProcessorCount, welche die Anzahl der CPUs angibt:[1]

```
Dim AnzahlCPU As Short = Environment.Count
```

Einen regulären »Abgang« aus einer Anwendung heraus ermöglicht die Exit-Methode, der in Klammern ein Exitcode (hier können Sie sich praktisch eine Zahl ausdenken) übergeben werden muss:

```
Environment.Exit(-1)
```

Der Exit-Code kann von jenem Programm ausgewertet werden, das die Anwendung gestartet hat.

Sehr praktisch ist die GetEnvironmentVariable-Methode, weil Sie durch sie den Inhalt einer beliebigen Umgebungsvariablen erhalten. Der folgende Befehl liefert z.B. den All Users-Pfad, also den Pfad für alle im Netzwerk gemeinsam nutzbaren Ordner, der in der Umgebungsvariablen AllUsersProfile abgelegt ist:

```
Dim Pfad As String =
Environment.GetEnvironmentVariable("AllUsersProfile")
```

Oft ist es einfacher, einen Systemwert über eine Benutzervariable abzufragen, als die Eigenschaft in der Klassenbibliothek zu suchen.

Sie sehen, Environment ist eine reine »Serviceklasse«, die nur dazu da ist, dem Programmierer nützliche Informationen zur Verfügung zu stellen. War das nun kompliziert? Sicher nicht, und genauso geht es in diesem Kapitel auch weiter.

6.1.2 Instanzenmitglieder bei Basisklassen benutzen

Nicht jede Klasse ist so pflegeleicht wie die Environment-Klasse mit ihren ausschließlich freigegebenen Mitgliedern. Viele Klassen bieten (nur) Instanzenmitglieder an, sodass die Klasse erst instanziiert werden muss. Ein gutes, weil beliebtes und vor allem nützliches Beispiel ist die Random-Klasse, die kein freigegebenes Mitglied besitzt. Sie liefert eine oder mehrere Zufallszahlen, muss dafür aber instanziiert werden:

```
Dim R As New Random()
```

Die Variable R enthält nun die Referenz auf eine Instanz der Random-Klasse, oder, um es nicht zu kompliziert zu machen, sie steht für die Instanz.

Bei vielen Klassen ist der Konstruktor überladen, so auch bei Random. Die erste Variante ist parameterlos (daher die leeren Klammern). In einer zweiten Variante kann ein Startwert (genannt »Seed«) übergeben werden, der die Zahlenfolge der »Zufallszahlen« ein wenig beeinflusst:

```
Dim R As New Random(Now.MilliSecond)
```

1. Der Autor ist sich leider nicht ganz sicher, ob sich dies auch auf die Kerne einer Dual Core-CPU bezieht.

In diesem Fall muss als Startwert der Millisekundenanteil der aktuellen Uhrzeit herhalten. Über die Variable R stehen alle Instanzenmitglieder zur Verfügung. Zum Beispiel die Next-Methode, die eine Zufallszahl in einem vorgegebenen Bereich liefert:

```
Dim Z As Short = R.Next(1, 100)
```

Wird der Befehl ausgeführt, enthält die Variable Z eine Zahl zwischen 1 und 100.[1]

Neben der Next-Methode gibt es noch eine NextBytes- (füllt ein Byte-Array mit Zufallszahlen) und eine NextDouble-Methode (liefert eine Zahl zwischen 0 und 1).

Die Random-Klasse ist ein Beispiel für ein Klasse, die ein wenig aktiver ist. Sie muss instanziiert werden, damit es mehrere unabhängige Zufallszahlengeneratoren in einem Programm geben kann. War das nun kompliziert? Sicher ebenfalls nicht, und genauso geht es in diesem Kapitel auch weiter.

6.1.3 Ohne Hilfe geht es (fast) nicht

Natürlich stellt sich die Frage, woher man wissen soll, welche Klassen es gibt und welche Klassen für welche Aufgaben gut sind. Auf die erste Frage gibt es mindestens zwei gute Antworten: MSDN-Dokumentation und Objektbrowser. Setzen Sie den Textcursor in Visual Basic auf eine Klasse, und drücken Sie [F1], gelangen Sie automatisch an jene Stelle der Dokumentation, in der die Klasse ausführlich dokumentiert ist (oft auch mit kleinen Beispielen).

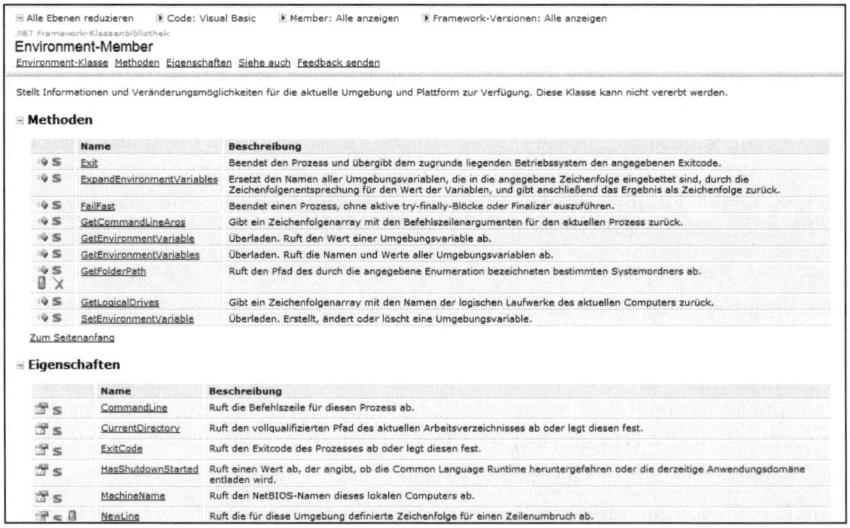

Alle Ebenen reduzieren | Code: Visual Basic | Member: Alle anzeigen | Framework-Versionen: Alle anzeigen

.NET Framework-Klassenbibliothek

Environment-Member

Environment-Klasse Methoden Eigenschaften Siehe auch Feedback senden

Stellt Informationen und Veränderungsmöglichkeiten für die aktuelle Umgebung und Plattform zur Verfügung. Diese Klasse kann nicht vererbt werden.

Methoden

	Name	Beschreibung
S	Exit	Beendet den Prozess und übergibt dem zugrunde liegenden Betriebssystem den angegebenen Exitcode.
S	ExpandEnvironmentVariables	Ersetzt den Namen aller Umgebungsvariablen, die in die angegebene Zeichenfolge eingebettet sind, durch die Zeichenfolgenentsprechung für den Wert der Variablen, und gibt anschließend das Ergebnis als Zeichenfolge zurück.
S	FailFast	Beendet einen Prozess, ohne aktive try-finally-Blöcke oder Finalizer auszuführen.
S	GetCommandLineArgs	Gibt ein Zeichenfolgenarray mit den Befehlszeilenargumenten für den aktuellen Prozess zurück.
S	GetEnvironmentVariable	Überladen. Ruft den Wert einer Umgebungsvariable ab.
S	GetEnvironmentVariables	Überladen. Ruft die Namen und Werte aller Umgebungsvariablen ab.
S X	GetFolderPath	Ruft den Pfad des durch die angegebene Enumeration bezeichneten bestimmten Systemordners ab.
S	GetLogicalDrives	Gibt ein Zeichenfolgenarray mit den Namen der logischen Laufwerke des aktuellen Computers zurück.
S	SetEnvironmentVariable	Überladen. Erstellt, ändert oder löscht eine Umgebungsvariable.

Zum Seitenanfang

Eigenschaften

	Name	Beschreibung
S	CommandLine	Ruft die Befehlszeile für diesen Prozess ab.
S	CurrentDirectory	Ruft den vollqualifizierten Pfad des aktuellen Arbeitsverzeichnisses ab oder legt diesen fest.
S	ExitCode	Ruft den Exitcode des Prozesses ab oder legt diesen fest.
S	HasShutdownStarted	Ruft einen Wert ab, der angibt, ob die Common Language Runtime heruntergefahren oder die derzeitige Anwendungsdomäne entladen wird.
S	MachineName	Ruft den NetBIOS-Namen dieses lokalen Computers ab.
S	NewLine	Ruft die für diese Umgebung definierte Zeichenfolge für einen Zeilenumbruch ab.

Abb. 6.2: Die Hilfe gibt über jede Klasse ausführlich Auskunft.

1. Hier war der Autor wieder einmal etwas ungenau. Heißt es nun »bis 100« oder »einschließlich 100«? Nun, finden Sie es heraus.

Drücken Sie dagegen [⇧] + [F2], gelangen Sie an jene Stelle des Objektbrowsers, an der die Klasse mit ihren Mitgliedern aufgelistet ist. Es ist also eine Kleinigkeit, mehr über eine Klasse zu erfahren. Die zweite Frage lässt sich dagegen nicht per Tastendruck beantworten. Hier spielt Erfahrung eine wichtige Rolle. Auch wenn Sie vielleicht am Anfang das Gefühl haben, vor lauter Bäumen (sprich Klassen) den Wald nicht zu sehen, legt sich dieses Gefühl mit zunehmender Erfahrung. Es ist alles halb so wild. Wenn Sie das Buch weiterhin so gewissenhaft durcharbeiten, wie Sie es bislang getan haben, besitzen Sie am Ende, was die Klassenbibliothek angeht, den vollen Durchblick.

6.2 Die Rolle der Namespaces

Eine so umfangreiche Ansammlung an (Klassen-)Namen, wie sie die .NET-Klassenbibliothek darstellt, benötigt eine Einteilung. Bei .NET (und nicht nur dort) heißt diese Einteilung *Namespace* (die Übersetzung »Namensraum« ist nicht ganz optimal, aber auch nicht falsch). Ein Namespace ist ein Name, dem sich alle Klassen in diesem Namespace unterordnen (zu welchem Namespace eine Klasse gehört, legt der Programmierer der Klasse fest – über den `Namespace`-Befehl könnten Sie für Ihre Klassen eigene Namespaces definieren).

Jede Klasse der .NET-Klassenbibliothek ist Teil eines Namespace. Die Namespaces bilden eine Hierarchie. Der oberste Namespace heißt `System`. Von ihm leiten sich weitere Namespaces wie `IO`, `Net`, `Text` oder `Data` ab. Insgesamt umfasst die .NET-Klassenbibliothek mehrere Hundert Namespaces (so viele sind es daher nicht). Man spricht deshalb auch von hierarchischen Namespaces. Um eine Klasse eindeutig anzusprechen, muss offiziell stets der Namespace vorangestellt werden. Hier ein Beispiel: Die Klasse `FileInfo`, die für eine beliebige Datei steht, ist Teil des Namespace `System.IO`. Ihr kompletter Name lautet daher `System.IO.FileInfo`. Der Befehl, der ein `FileInfo`-Objekt instanziiert, lautet deshalb wie folgt:

```
Dim Fi As New System.IO.FileInfo("C:\Boot.ini")
```

Mit jedem Projekt definiert Visual Basic einen »Hauptnamespace«, der auch als Stammnamespace (engl. »Root Namespace«) bezeichnet wird. Er wird in den Projekteigenschaften festgelegt und heißt zunächst so wie das Projekt. Der Stammnamespace spielt meistens nur dann eine Rolle, wenn das Projekt eine Programmbibliothek ist, deren Klassen von anderen Programmen aus angesprochen werden sollen.

6.2.1 Der Imports-Befehl

Um den Klassen nicht jedes Mal den kompletten Namespace voranstellen zu müssen, gibt es die Möglichkeit, einen Namespace zu »importieren«. Dabei wird aber nichts importiert, sondern nur etwas bekannt gemacht. Am Anfang werden Sie das nicht benötigen (zumal die wichtigsten Namespaces bereits automatisch importiert werden), aber mit zunehmender Erfahrung werden Sie feststellen, dass es auf die Dauer etwas umständlich ist, einigen Klassen stets den vollständigen Namen voranstellen zu müssen. Für das Importieren gibt es bei Visual Basic zwei Möglichkeiten:

- Das Register *Verweise* in den Projekteigenschaften. Hier können nicht nur Verweise hinzugefügt, sondern auch Namespaces importiert werden (die wichtigsten Namespaces sind bereits in einer Liste aufgeführt, sodass Sie sie nur noch ankreuzen müssen).
- Den `Imports`-Befehl.

Am einfachsten ist es, den `Imports`-Befehl als ersten Befehl in einem Programmmodul einzugeben. Der folgende Befehl importiert den Namespace `System.IO`:

```
Imports System.IO
```

Damit wird z.B. das Instanziieren eines `FileInfo`-Objekts ein wenig einfacher:

```
Dim Fi As New FileInfo("C:\Boot.ini")
```

In größeren Projekten empfehlen sich dagegen die Projekteigenschaften, da ein Import an dieser Stelle für alle Dateien gilt.

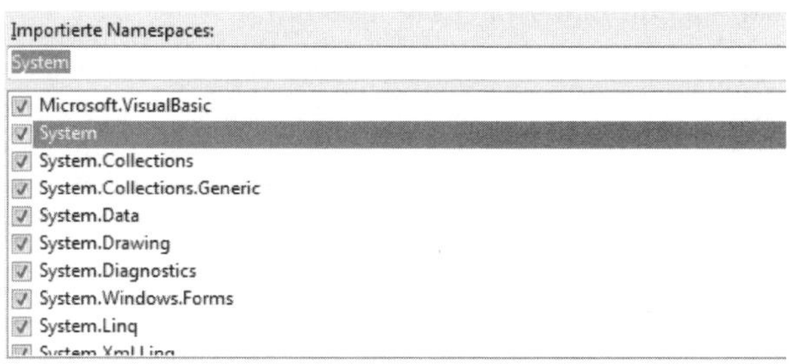

Abb. 6.3: In den Projekteigenschaften können auch Namespaces importiert werden.

TIPP

Ein wenig bekannter Umstand ist, dass sich längere Namespaces durch einen deutlich kürzeren Namen abkürzen lassen:

```
Imports Win = System.Windows.Forms
```

Jetzt kann die Kurzform benutzt werden, um Klassen in diesem Namespace anzusprechen:

```
Dim F As New Win.Form()
```

Das ist praktischer, als es sich vielleicht anhören mag, denn Namespaces sind nicht nur ein lästiges Übel. Sie sind oft sehr praktisch, um Klassen im Quelltext eindeutig zu bezeichnen.

6.2.2 Das Global-Schlüsselwort von Visual Basic

Eine unscheinbare Einrichtung ist das `Global`-Schlüsselwort. Mit seiner Hilfe beginnt ein Klassenname immer an der Spitze der Namespace-Hierarchie, was bei importierten Namespaces nicht immer ganz eindeutig ist. Hier ein Beispiel:

Wenn in einem Projekt zum Beispiel der `System.IO`-Namespace importiert wurde, der Namespace `System.IO.Ports` aber nicht, würde es zwar genügen, die `SerialPort`-Klasse im Namespace `System.IO.Ports` über `Ports.SerialPort` anzusprechen, doch ist dies gerade bei größeren Programmen nicht immer klar. Um unabhängig von etwaigen importierten Namespaces immer den kompletten Namespace angeben zu können, ist es gut, wenn man weiß, wo man beginnen muss – in diesem Fall mit `Global`. (Der `System`-Namespace deckt nur die Basisklassen ab, es gibt aber auch Klassen, die nicht zu diesem Namespace gehören – etwa die Klassen im Namespace `Microsoft.VisualBasic`. Um diese Klassen zu erreichen, kann man nicht mit `System` beginnen, sondern muss den Namen des Hauptnamespace kennen.)

Am Anfang werden Sie dieses Schlüsselwort zwar nie benötigen, es ist aber trotzdem gut zu wissen, wozu es dient:

```
Dim Fi As New Global.System.IO.FileInfo("Boot.ini")
```

6.3 Die Klassenbibliothek enthält nicht nur Klassen

Bislang war ausschließlich von den Klassen die Rede. Die .NET-Klassenbibliothek besitzt aber noch zwei weitere Sorten von »Ureinwohnern«: Konstantenliste und Schnittstellen. Eine Konstantenliste, auch Konstantenenumeration oder einfach nur Enumeration genannt, ist ein Name, der mehrere Konstanten zusammenfasst. Ein Beispiel von vielen ist `MessageBoxButtons`. Dies ist eine Konstantenliste, die insgesamt sechs Konstanten umfasst: `AbortRetryIgnore`, `OK`, `OKCancel`, `RetryCancel`, `YesNo` und `YesNoCancel`. Auch wenn hinter jeder Konstanten eine simple Zahl steht, werden praktisch ausschließlich die Konstanten benutzt:

```
MessageBox.Show("Wollen Sie aufhören", "",
MessageBoxButtons.YesNoCancel)
```

Dem Namen der Konstante geht in der Regel der Name der Konstantenliste voraus (über den `Imports`-Befehl lässt sich auch der Name einer Konstantenliste importieren, sodass er nicht mehr vorangestellt werden müsste, wenngleich dies sehr unüblich wäre). Man sagt, dass der Name damit »vollständig qualifiziert« wird.

Da auch Konstantenlisten zu einem Namespace gehören, müsste der komplette Namespace vorangehen:

```
System.Windows.Forms.MessageBox.Show("Wollen Sie aufhören", "",
System.Windows.Forms.MessageBoxButtons.YesNoCancel)
```

Es handelt sich um den exakt gleichen Befehl, der nur durch das Voranstellen des Namespace-Namens »ein wenig« länger geworden ist (wenn Sie einen Blick in die vom Designer angelegte Datei *Designer.vb* werfen, werden Sie feststellen, dass der Designer grundsätzlich Namespaces voranstellt).

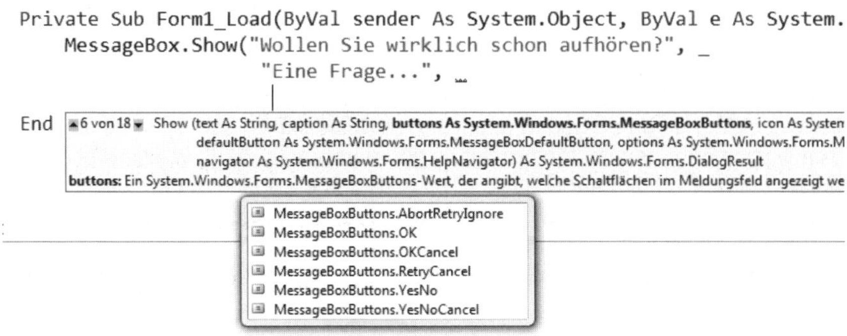

Abb. 6.4: Dank Eingabehilfen ist die Auswahl der passenden Konstante einer Konstantenliste kein allzu großes Problem.

Manchmal sind Klassen- und Konstantenlistennamen nur schwer zu unterscheiden. Da wäre zum Beispiel der Name `Color`. `Color` ist eine Klasse, die eine Farbe repräsentiert. Wenn Sie in Visual Basic auf »Color« folgend einen Punkt eintippen, erscheinen die Namen ganz vieler Farben. Es sind Eigenschaften der `Color`-Klasse, die selbst vom Typ `Color` sind.

Dann gibt es den Namen `KnownColor` (also bekannte Farben). Dies ist keine Klasse, sondern eine Collection von Konstanten. Jede Konstante steht für eine Zahl, die eine Farbe repräsentiert. Diese Kleinigkeiten sind am Anfang ein wenig irritierend, aber alles andere als kompliziert. Mit zunehmender Erfahrung werden Sie feststellen, dass bei .NET das meiste sehr logisch ist.

Von den Schnittstellen war bereits in Kapitel 5 ausführlich die Rede, sodass dieses Thema an dieser Stelle nicht noch einmal aufgewärmt werden soll.

6.4 Die wichtigsten Namespaces im Schnellüberblick

Die .NET-Klassenbibliothek enthält mehrere Tausend Klassen, die auf einige Hundert Namespaces verteilt sind. Abbildung 6.5 illustriert diese Übersicht ein wenig. Trotz der Verbindungslinien und der offensichtlichen Hierarchie sind alle Namespaces und ihre Klassen vollkommen gleichberechtigt. Die Namespace-Hierarchie ist lediglich ein Versuch, ein wenig Struktur in eine ansonsten ein wenig unübersichtliche Angelegenheit zu bringen. Am Ende besteht die .NET-Klassenbibliothek aus mehreren Dutzend Bibliotheksdateien (mit der typischen Erweiterung *.dll*), von der jede eine Vielzahl von Klassen enthält, die zu unterschiedlichen Namespaces gehören – es ist sogar üblich, dass die zu einem Namespace gehörenden Klassen auf mehrere Bibliotheksdateien verteilt sind. Die Namespaces sind also lediglich ein Formalismus, hinter dem nicht allzu viel steckt, der aber für die korrekte Benennung der Klassen unentbehrlich ist.

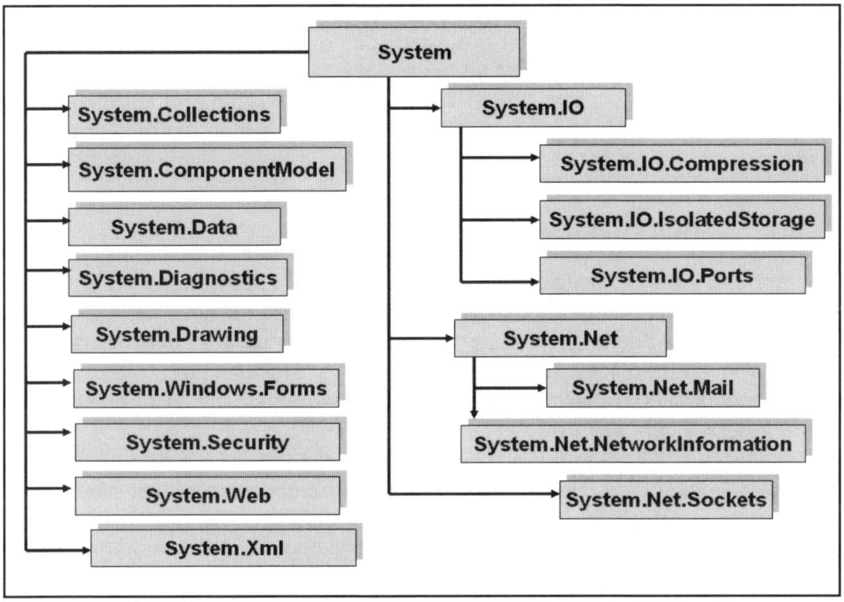

Abb. 6.5: Die wichtigsten Namespaces in einem Schaubild zusammengestellt

6.4.1 Die Namespace-Hierarchie mit dem Objektbrowser erforschen

Der einfachste Weg, mit den Namespaces vertraut zu werden, besteht darin, sie sich einfach einmal anzuschauen. Zu »besichtigen« sind sie zum Beispiel im Objektbrowser, der über die [F2]-Taste eingeblendet wird. Der Objektbrowser zeigt alle Klassen an, die dem Projekt (aufgrund der eingefügten Verweise) aktuell zur Verfügung stehen, entweder sortiert nach Programmbibliotheken oder nach Namespaces. Welche Sortierung aktuell ist, wird über die Auswahlliste am linken Rand der Symbolleiste eingestellt.

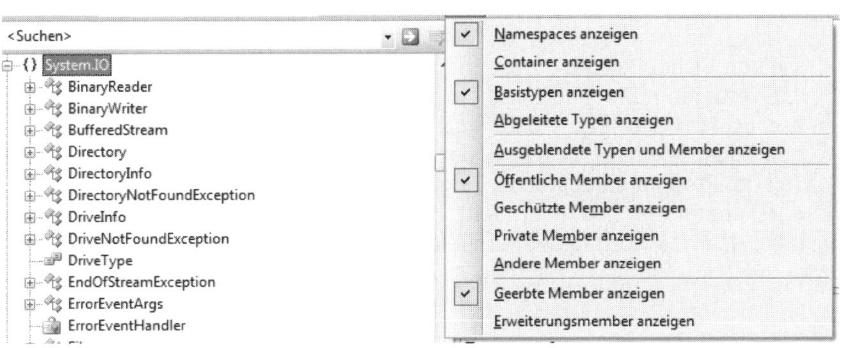

Abb. 6.6: Der Objektbrowser zeigt alle vorhandenen Namespaces und ihre Klassen an.

Über den Knopf am rechten Rand (*Objektbrowser: Einstellungen*) wählen Sie unter anderem aus, ob zu einer Klasse auch die davon abgeleiteten Klassen eingeblendet und welche Mitglieder einer Klasse in der rechten Fensterhälfte aufgelistet werden. Durch das Ausblenden speziellerer Mitglieder, wie geschützter Member (also Mitglieder),[1] wird die Anzeige deutlich übersichtlicher.

6.4.2 Die Suche nach einem Namen

Möchten Sie eine Klasse (oder ein anderes Mitglied) lokalisieren, geben Sie ihren Namen in das Suchfeld oberhalb der Auswahlliste ein und klicken auf den grünen Pfeil. Die Suchergebnisse erscheinen anschließend in der Auswahlliste. Rechts vom grünen Pfeil wird der Knopf *Suche löschen* aktiv, durch den das Suchergebnis wieder verschwindet und die Auswahlliste mit den Namenspaces oder Klassen erscheint.

6.4.3 Mathematikklassen

Keine Sorge, wer seinen Mathematikunterricht mit gewissen traumatischen Erlebnissen verbindet, kann beruhigt weiterlesen.[2] Im Folgenden wird lediglich die `Math`-Klasse mit ihren (relativ harmlosen) Funktionen vorgestellt. Visual Basic besitzt lediglich die einfachen Operatoren als Rechengehilfen, für die »höhere Mathematik« ist die .NET-Klassenbibliothek und dort die Klasse `Math` zuständig.

Wundern Sie sich bitte nicht, wenn Visual Basic Funktionen wie `Floor` oder `Sqrt` scheinbar nicht kennen will. Das liegt (natürlich) daran, dass, wie bei der `Environment`-Klasse, der Klassenname `Math` vorangestellt werden muss.

Theoretisch kann beim `Imports`-Befehl auf den Namespace-Namen auch ein Klassenname folgen, sodass der Klassenname nicht angegeben werden müsste. Dies ist aber kein guter Programmierstil, da der `Imports`-Befehl (wie in C#) nur Namespaces importieren sollte.

Die von Visual Basic 6.0 bekannten Rechenfunktionen stehen nach wie vor zur Verfügung. Sie sind in einem separaten Namespace untergebracht, der `Microsoft.VisualBasic` heißt und von Anfang an eingebunden ist. Sie können Funktionen wie `Exp`, `Rnd` oder `Sng` daher so benutzen, als wären sie ein Teil der Programmiersprache. Es gibt lediglich eine kleine Ausnahme – eine Sqr-Funktion gibt es nicht mehr. Für das Ziehen einer Quadratwurzel muss auf die `Sqrt`-Funktion der `Math`-Klasse zurückgegriffen werden.

---

1. Die Begriffe Member und Mitglied werden relativ austauschbar eingesetzt.
2. Wenngleich die Mathematik in unserer heutigen Gesellschaft als eine genauso faszinierende wie spannende Wissenschaft zu Unrecht keinen sehr guten Ruf genießt.

Tabelle 6.1: Interessante Funktionen der Math-Klasse

Funktion	Was berechnet sie?
`BigMul`	Multipliziert zwei 32-Bit-Integer und gibt eine 64-Bit-Zahl zurück.
`Ceilling`	Gibt die kleinste Ganzzahl zurück, die größer oder gleich der übergebenen Double- oder Decimal-Zahl ist.
`Cos`	Berechnet den Kosinus eines Winkels, der im Bogenmaß übergeben wurde.
`DivRem`	Gibt den Rest einer Ganzzahlendivision zurück.
`Exp`	Exponentialfunktion.
`Floor`	Gibt die nächstkleinere Ganzzahl einer Double- oder Decimal-Zahl mit Nachkommaanteil zurück (entspricht der `Int`-Funktion früherer Visual Basic-Versionen).
`Fix`	Schneidet den Nachkommaanteil einer Nachkommazahl ab. Im Unterschied zur `Int`-Methode gibt `Fix` bei negativen Zahlen die nächstgrößere Ganzzahl zurück (aus –7.2 wird –7).
`IEEERemainder`	Gibt den Rest einer Division zweier Double-Werte zurück.
`Log10`	Berechnet den Logarithmus zur Basis 10.
`Int`	Schneidet den Nachkommaanteil einer Nachkommazahl ab. Im Unterschied zur `Fix`-Methode gibt `Int` bei negativen Zahlen die nächstkleinere Ganzzahl zurück (aus –7.2 wird –8).
`Pow`	Berechnet die Potenzierung einer Zahl mit einer anderen Zahl.
`Round`	Rundet eine Zahl mit Nachkommaanteil mathematisch (also nicht kaufmännisch) auf eine vorgegebene Anzahl Stellen, sodass Zahlen, deren letzte Ziffer eine 5 ist, gerade werden (aus 0.125 wird beim Runden auf zwei Nachkommastellen 0.12, aus 1.5 wird beim Runden auf 0 Nachkommastellen 2, aber auch aus 2.5 wird unter diesen Bedingungen 2).
`Sign`	Gibt das Vorzeichen einer Zahl zurück.
`Sinh`	Berechnet den Sinushyperbolicus eines Winkels (Näheres dazu unter *http://de.wikipedia.org/wiki/sinh*).
`Sqrt`	Berechnet die Quadratwurzel einer Zahl.
`Truncate`	Gibt den ganzzahligen Anteil einer Double- oder Decimal-Zahl zurück.

6.5 Der My-Namespace

Finden Sie den Umgang mit den Klassen nicht doch ein wenig kompliziert (geben Sie es ruhig zu)? Genau das haben auch die Entwickler bei Microsoft festgestellt und Visual Basic den `My`-Namespace spendiert. Er ist eine wirklich tolle Einrichtung, denn durch ihn lassen sich viele Systemaufgaben sehr viel einfacher erledigen als über die Basisklassen. Der `My`-Namespace bietet allerdings nichts grundsätzlich Neues, er fasst lediglich die Funktionalitäten der Basisklassen so zusammen, dass gerade Visual Basic-Programmierern, die mit den Basisklassen noch nicht so vertraut sind, Routinejobs leichter von der Hand gehen. Hier eine kleine Kostprobe.

Stellen Sie sich vor, Sie sind als Extremprogrammierer bei der NASA angestellt. Ihre Aufgabe ist es, Programmierprobleme in extrem kurzer Zeit zu lösen. Und hier kommt schon die erste Aufgabe (vom NASA-Chef höchstpersönlich). Schreiben Sie ein Programm, das die Datei *Default.aspx* von der Webseite *http://www.activetraining.de* herunterlädt, aber nur, wenn eine Netzwerkverbindung besteht. Und: Sie haben nur fünf Minuten Zeit (sonst schlägt der heranrasende Meteorit auf der Erde auf, und alles wäre ohnehin zu spät). Nun, wo jeder andere Programmierer vermutlich in Panik verfallen wäre, bleiben Sie ganz gelassen, denn mit dem My-Namespace lässt sich die Aufgabe wirklich in null Komma nichts lösen:

```
If My.Computer.Network.IsAvailable Then
   My.Computer.Network.DownloadFile("http://www.nasa.gov",
"Nasa.html")
   Dim Datei As String =
My.Computer.FileSystem.ReadAllText("Nasa.html")
   Messagebox.Show (Datei)
  Else
   Messagebox.Show ("Sorry, Netzwerk steht nicht nur Verfügung")
End If
```

Dieses kleine Programm kann auch ein ungeübter Visual Basic-Programmierer schreiben, denn nach der Eingabe von `My.Computer.Network` ergibt sich dank der Eingabehilfen praktisch alles von alleine. Und dass sich hinter `My.Computer.FileSystem` ein Befehl zum Lesen einer Datei verbergen könnte, ergibt sich ebenfalls beinahe von alleine. Die Aufgabe ist gelöst (der NASA-Chef ist hochzufrieden und nimmt Sie auf den nächsten Spaceshuttle-Ausflug mit ins All), und Sie haben gelernt, dass Visual Basic eine Leichtigkeit bietet, die sich in manchen Situationen kaum noch übertreffen lässt.

6.5.1 Mehr über den My-Namespace

Nach der Eingabe von `My` werden mit `Application`, `Computer`, `Settings`, `User` und `WebServices` zwar nur fünf Eigenschaften angeboten, doch der Eindruck täuscht, denn dahinter steht eine Menge an Funktionalität. Insbesondere hinter `Application` und `Computer`. Über `My.Application.Info` erhalten Sie praktisch alle Informationen über die aktuelle Anwendung, wie etwa Programmname, Programmverzeichnis oder Versionsnummer. Hinter `My.Computer` steckt eine Fülle von Informationen über das System, die, damit es ein wenig übersichtlicher wird, in Tabelle 6.2 zusammengestellt sind.

Tabelle 6.2: Alleine die Möglichkeiten von My.Computer sind sehr umfassend.

Name	Was steckt dahinter?
`My.Computer.Audio`	Abspielen von WAV-Dateien.
`My.Computer.Clipboard`	Zugriff auf die Zwischenablage.
`My.Computer.Clock`	Zugriff auf die Systemzeit.
`My.Computer.FileSystem`	Zugriff auf das Dateisystem, z.B. Anlegen von Verzeichnissen, Kopieren von Dateien und vieles mehr.

Tabelle 6.2: Alleine die Möglichkeiten von My.Computer sind sehr umfassend. (Forts.)

Name	Was steckt dahinter?
`My.Computer.Info`	Informationen über das System, wie der freie Arbeitsspeicher, der vorhandene Arbeitsspeicher usw.
`My.Computer.Keyboard`	Informationen über die gedrückten Sondertasten und die Möglichkeit, einem anderen Fenster einen Tastendruck zu senden.
`My.Computer.Mouse`	Informationen über die angeschlossene Maus; etwa ob sie ein Mausrad besitzt (allerdings nicht die Mauskoordinaten, denn diese werden nur ereignisgesteuert geliefert).
`My.Computer.Name`	Nur der Name des Computers.
`My.Computer.Network`	Zugriff auf die Netzwerkfunktionalität, wie Ping, das Feststellen, ob eine Verbindung besteht, und den Up-/Download von Dateien.
`My.Computer.Ports`	Zugriff auf die seriellen Schnittstellen des Computers.
`My.Computer.Registry`	Ein einfacher Zugriff auf die Registry.
`My.Computer.Screen`	Stellt den primären Bildschirm mit seinen Daten, etwa die aktuelle Bildschirmauflösung, zur Verfügung.

Mehr zum praktischen `My`-Namespace finden Sie in den folgenden Kapiteln, in denen er in vielen Beispielprogrammen zum Einsatz kommen wird.

6.6 Dateizugriffe mit Streams

Ein wichtiger Bereich der .NET-Klassenbibliothek sind die Klassen, die für den Umgang mit Dateien und Verzeichnissen zuständig sind. Diese Klassen sind im Namespace `System.IO` zusammengefasst, der mehrere Unternamespaces umfasst (u.a. `System.IO.Ports` mit Klassen für den Zugriff auf die serielle Schnittstelle des Computers). Beim Dateizugriff stehen die Streams im Hinter- und Mittelgrund. Ein Stream (die deutsche Übersetzung würde »Datenstrom« lauten) ist einfach eine Aneinanderreihung von Bytes, die über einen Positionszeiger gesteuert der Reihe nach ein- oder ausgelesen werden. Über Streams werden nicht nur die Inhalte von Dateien dem Programm zur Verfügung gestellt, sondern z.B. auch die Daten, die über die serielle Schnittstelle eintrudeln (das ist auch der Grund, warum die für den Zugriff auf die serielle Schnittstelle zuständige `SerialPort`-Klasse im Namespace `System.IO` untergebracht wurde). Mehr zu dem Umgang mit Streams im weiteren Verlauf dieses Kapitels.

6.6.1 Im Mittelpunkt steht die File-Klasse

Dass das englische Wort »File« für Datei steht, lernen Computerneulinge im Allgemeinen relativ schnell. Es ist daher auch keine Überraschung, dass es im Namespace `System.IO` eine `File`-Klasse gibt. Sie steht aber nicht für eine einzelne Datei, sondern für Dateien allgemein. Sie kann daher als Klasse mit `NotInheritable`-Attribut auch nicht instanziiert werden, sondern stellt nur eine Fülle sehr nützlicher (freigegebener) Methoden zur Verfügung, mit denen Dateien zum Beispiel zum Schreiben oder Lesen geöffnet, neu angelegt, gelöscht, kopiert sowie verschoben werden und noch einiges mehr.

> Auch das muss irgendwo einmal erwähnt werden. Unter dem Lesen (engl. »read«) einer Datei versteht man, Daten aus der Datei zu holen. Der umgekehrte Vorgang, das Abspeichern von Daten in einer Datei, wird Schreiben (engl. »write«) genannt. Als dritte Variante gibt es das Anhängen (engl. »append«) an eine bereits vorhandene Datei. Das Lesen und Schreiben von Dateien wird unter dem Begriff »Zugriff« (engl. »access«) zusammengefasst.

Abspeichern und Einlesen von Texten

Texte werden in Textdateien gespeichert, logisch. Da sich aber Dateien wie ein Ei dem anderen gleichen und sich nur durch ihren Inhalt unterscheiden, ist eine Textdatei eine Datei, die Text enthält. Dennoch müssen Textdateien ein wenig anders behandelt werden als Dateien, die z.B. Zahlen enthalten, denn wenn eine Textdatei z.B. die Zahl 13 enthält, darf diese nicht angezeigt werden, denn es handelt sich um das Zeilenendezeichen (ASCII-Code 13). Die Fähigkeit, diese Unterschiede berücksichtigen zu können, zeichnet den Zugriff auf eine Textdatei aus.

Möchten Sie einen Text in einer Datei speichern, so geht dies sehr einfach über die `WriteAllText`-Methode der `File`-Klasse:

```
File.WriteAllText("Botschaft.txt", "Keine Panik!")
```

Dieser Befehl speichert eine Zeichenkette in der Datei *Botschaft.txt*. Mehr ist nicht zu tun. Insbesondere muss die Datei nicht geöffnet und daher am Ende auch nicht wieder geschlossen werden. Die Frage ist natürlich, in welchem Verzeichnis die Datei angelegt wird. Da kein Pfad angegeben wurde, wird sie in dem Verzeichnis angelegt, in dem sich die Programmdatei (Assembly) befindet. Neben einer relativen Pfadangabe kann der Pfad natürlich auch absolut angegeben werden. Die Erweiterung *.txt* ist natürlich keine Voraussetzung, das ist lediglich eine Konvention. Sie können einer Datei eine beliebige Erweiterung geben. Falls die Datei bereits existiert, wird sie überschrieben (und der alte Inhalt damit gelöscht).

Für einzelne Befehle muss nicht unbedingt das komplette Projekt erstellt und die Programmdatei gestartet werden, die Befehle lassen sich auch im Direktfenster von Visual Basic ausführen. Dabei muss lediglich beachtet werden, dass Klassennamen in der Regel ihr Namespace vorangestellt werden muss und dass sich nicht jeder Befehl im Direktfenster ausführen lässt. Falls Ihnen die Schriftgröße zu klein ist, diese lässt sich in den Optionen der IDE über EXTRAS|OPTIONEN einstellen. Das ? steht übrigens für den Ausgabebefehl (und das seit über 40 Jahren).

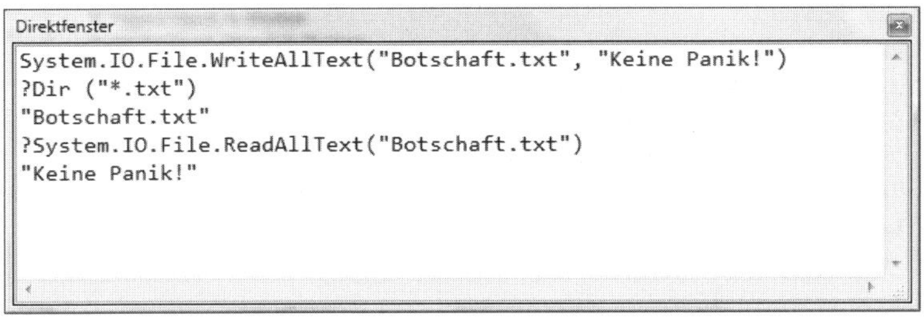

Abb. 6.7: Das Direktfenster eignet sich auch zum Ausprobieren der Dateibefehle.

Einlesen von Texten aus Textdateien

Auch das Einlesen einer Textdatei ist sehr einfach, denn dafür bietet die `File`-Klasse z.B. die `ReadAllText`-Methode.

Der folgende Befehl liest den Inhalt der Datei *Botschaft.txt*, die sich dazu im selben Verzeichnis wie das Programm befinden muss, und zeigt ihn in der TextBox `tbBotschaft` an:

```
tbBotschaft.Text = File.ReadAllText("Botschaft.txt")
```

Feststellen, ob eine Datei existiert

Wird `ReadAllText` ausgeführt, ohne dass es die Datei gibt, ist eine `IOFileNotFoundException`-Ausnahme die Folge (.NET ist in diesem Punkt etwas kleinlich). Um dies zu vermeiden, sollte zuvor mit der `Exists`-Methode geprüft werden, ob die Datei überhaupt existiert:

```
If File.Exists("Botschaft.txt") Then
  tbBotschaft.Text = File.ReadAllText("Botschaft.txt")
End If
```

Dateien löschen

Eine Datei zu löschen ist, Sie werden es sich gedacht haben, sehr einfach. Der Aufruf der `Delete`-Methode der `File`-Klasse genügt. Aber Vorsicht: Es gibt keine Rückfrage, und die Datei wird nicht in den Papierkorb transferiert, sondern komplett gelöscht. Unwiderruflich.

Die Größe einer Datei feststellen

Möchten Sie z.B. die Größe einer Datei oder andere Informationen über die Datei in Erfahrung bringen, kommen Sie mit der File-Klasse nicht weiter. Das ist auch kein Wunder, denn diese Klasse steht nur allgemeinen Methoden für den Umgang mit Dateien zur Verfügung und weiß nichts über eine bestimmte Datei. Hier springt die FileInfo-Klasse ein. Sie wird mit dem Pfad einer Datei instanziiert und gibt über ihre Eigenschaften alle Informationen über die Datei zurück, wie z.B. das Datum, an dem die Datei das letzte Mal geändert wurde, die Attribute und auch die Größe über die Length-Eigenschaft.

CODE

Der folgende Befehl gibt die Größe einer Datei zurück.

```
Dim Fi As New FileInfo("Botschaft.txt")
Dim Laenge As Integer = Fi.Length
```

Im Direktfenster kann die Befehlsfolge nicht ausgeführt werden, da dort der Dim-Befehl nicht »erlaubt« ist. Wer unbedingt möchte, kann beide Befehle auch zu einem Befehl zusammenfassen:

```
?(New System.IO.FileInfo("Botschaft.txt")).Length
```

Berechtigungen bei Dateien abfragen und setzen

Dieses wichtige Thema kann im Rahmen dieser Einführung nur angedeutet werden. Für den Umgang mit (NTFS-)Zugriffsberechtigungen gibt es die FileSecurity-Klasse im Namespace System.Security.AccessControl. Aufgerufen werden diese Berechtigungen über die GetAccessControl-Methode der FileInfo- bzw. DirectoryInfo-Klasse, gesetzt entsprechend über die SetAccessControl-Methode. Über diese Methode lässt sich einstellen, welche Benutzerkonten auf welche Weise auf eine Datei oder ein Verzeichnis zugreifen dürfen.

TIPP

An einigen Stellen in diesem Buch wäre ein weiteres Beispiel sicher wünschenswert, doch aus Platzgründen ist das leider nicht möglich. Da man aber am besten an Beispielen lernt, bietet Microsoft unter der Adresse *http://msdn.microsoft.com/de-de/vbasic/ms789075.aspx* mit *101 Beispiele für Visual Basic 2005* eine Sammlung mit kleinen Beispielen zum Download an, die natürlich auch für Visual Basic 2008 aktuell sind. Mit dabei ist auch ein Beispiel, das den Umgang mit Zugriffsberechtigungen veranschaulicht.

Abspeichern und Laden von Zahlen

Zahlen müssen bei einem Dateizugriff ein wenig anders behandelt werden als Texte. Soll z.B. die Zahl 1.234 gespeichert werden, würde sie in einer Textdatei in Gestalt von vier Zeichen (4 Byte) gespeichert. Würde sie dagegen in einer sogenannten Binärdatei gespeichert, würde sie als Short-Wert und damit nur mit 2 Byte gespeichert. Beim Speichern und Laden, also beim Umgang mit Binärdateien, hilft Ihnen die File-Klasse nicht mehr bzw. macht es ein wenig umständlich. Hier gibt es mit den Klassen BinaryReader und BinaryWriter zwei Spezialisten. Der Umgang mit ihnen ist allerdings nicht ganz so einfach wie mit der File-Klasse, denn Sie werden hier direkt mit den Streams konfrontiert, die in

Kapitel 6.6.2 etwas ausführlicher vorgestellt werden und die am Anfang ein wenig gewöhnungsbedürftig sind, auch wenn das zugrunde liegende Prinzip sehr einfach ist.

Speichern von Zahlen

Für das Speichern von Zahlen bzw. allgemein von binären Daten ist die `BinaryWriter`-Klasse zuständig. Doch wenn Sie versuchen, sie zu instanziieren, stellen Sie fest, dass der Konstruktor lediglich zweifach überladen ist und in beiden Fällen auf einen Stream als Argument besteht. Ein solcher Stream wird z.B. über die `File`-Klasse und deren `OpenWrite`-Methode zur Verfügung gestellt.

Der folgende Befehl öffnet eine Datei und gibt das `Stream`-Objekt, über das ein Zugriff auf die in der Datei gespeicherten Bytes möglich ist, zurück:

```
Dim Fs As FileStream = File.OpenWrite("Zahlen.dat")
```

`FileStream` hört sich zwar vielversprechend an, doch bietet die Klasse keine Methode, mit der sich z.B. ein `Integer`-Wert speichern ließe. Nun, niemand hat gesagt, dass Sie mit dieser Klasse etwas speichern sollen. `FileStream` repräsentiert lediglich den Dateiinhalt in Gestalt eines Streams. Das Schreiben von Werten übernimmt der `BinaryWriter`, in dessen Konstruktor der `FileStream` eingesetzt wird:

```
Dim Bs As New BinaryWriter(Fs)
```

Der `BinaryWriter` bietet eine `Write`-Methode, der Sie praktisch alles übergeben können (wenn es sein muss, auch ein komplettes Byte-Array).

Das folgende Beispiel speichert alle Zahlen einer ListBox als `Integer`-Werte in einer Datei:

```
Using Fs As FileStream = File.OpenWrite("Zahlen.dat")
  Using Bw As New BinaryWriter(Fs)
    For Each z As Integer In liSpeichern.Items
      Bw.Write(z)
    Next
  End Using
End Using
```

Bei diesem Beispiel kommt der sehr praktische `Using`-Befehl zum Einsatz. Der Vorteil dieses Befehls ist, dass er sich automatisch um zwei Dinge kümmert.

1. Dass die Instanz des angelegten Streams bei `End Using` wieder »aufgeräumt«, sprich aus dem Arbeitsspeicher entfernt, wird.
2. Dass der Stream auch wieder geschlossen wird, was sinnvoll, aber nicht zwingend notwendig ist. Ohne den `Using`-Befehl sähe das Beispiel wie folgt aus:

```
Dim Fs As FileStream = File.OpenWrite("Zahlen.dat")
Dim Bw As New BinaryWriter(Fs)
For Each z As Integer In liSpeichern.Items
  Bw.Write(z)
Next
Bw.Close()
```

Kein allzu großer Unterschied, zumal das Schließen des `BinaryWriter` auch den darunter liegenden Stream schließt, trotzdem sollten Sie sich daran gewöhnen, mit `Using/End Using` zu arbeiten.

Das Einlesen von Zahlen

Das Einlesen von Zahlen aus einer Datei übernimmt die `BinaryReader`-Klasse. Das Besondere an dieser Klasse ist, dass sie für jeden Datentyp eine passende Methode bereithält. Möchten Sie einen Integer lesen, verwenden Sie `ReadInt32`, möchten Sie einen Double lesen, entsprechend `ReadDouble`. Dadurch werden genau so viele Bytes gelesen, wie dem Datentyp entsprechen (ob die Datei an der aktuellen Leseposition aber tatsächlich einen Integer oder Double besitzt, spielt keine Rolle, es wird einfach die entsprechende Zahl an Bytes gelesen).

Ein kleines Problem entsteht bei der Frage, wie viel aus der Datei gelesen werden soll. Zwei Zahlen, zehn Zahlen oder mehr? Im Allgemeinen wird alles gelesen, was da ist. Eine `EndOfStream`-Eigenschaft bietet nur der `StreamReader`, aber nicht der `BinaryReader`. Das Ende der Datei (oder EOF für »End Of File«) stellt die `PeekChar`-Methode fest, die `-1` zurückgibt, wenn es nichts mehr zum Lesen gibt.

Das folgende Beispiel liest alle `Integer`-Zahlen (`Int32`) aus einer Datei ein und trägt sie in eine ListBox ein.

```
Using Fs As FileStream = File.OpenRead("Zahlen.dat")
  Using Br As New BinaryReader(Fs)
    Do While Br.PeekChar() <> -1
       liLaden.Items.Add(Br.ReadInt32)
    Loop
  End Using
End Using
```

Es kommt erneut der `Using`-Befehl zum Einsatz. Warum? Ganz einfach, weil er sehr praktisch ist.

My als Alternative

Alle in den letzten Abschnitten vorgestellten Dateibeispiele lassen sich auch über die per `My.Computer.FileSystem` angebotenen Methoden erledigen. Diese Variante ist zwar ein wenig einfacher und vor allem »Visual Basic-freundlicher«, besitzt aber den kleinen Nachteil, dass nicht so richtig deutlich wird, was wirklich passiert. Unter dem Gesichtspunkt der Didaktik ist die direkte Verwendung der .NET-Basisklassen die etwas bessere Wahl.

6.6.2 Im Mittelpunkt steht der Stream

Von dem ominösen Stream war bereits die Rede, nun soll er auch offiziell vorgestellt werden. Ein *Stream* (zu Deutsch »Datenstrom«) ist nichts anderes als eine Aneinanderreihung von Bytes, die wie Wäscheklammern auf einer Wäscheleine aufgereiht sitzen. Das Besondere an dem Stream ist, dass er nur Byte für Byte gelesen oder geschrieben werden kann. Welche Position als Nächstes gelesen oder beschrieben wird, wird durch einen internen Positionszeiger bestimmt, der zum Beispiel über die `Seek`-Methode beliebig vor- und zurückgeschoben werden kann. Ein Stream muss geöffnet und anschließend wieder geschlossen werden (das Schließen erledigt der `End Using`-Befehl automatisch). Das Besondere an einem Stream ist, dass dieser nur die Rohdaten enthält, die sich byteweise lesen und schreiben lassen. Da dies etwa beim Lesen von Texten zu umständlich wäre, gibt es weitere Klassen, die auf dem »Basis-Stream« aufsetzen. Für einen Lesezugriff auf eine Textdatei gibt es die `StreamReader`-Klasse, die für den stets byteweise orientierten Stream Methoden anbietet, mit denen sich einzelne Zeilen (also alle Zeichen bis zum nächsten Ende-Zeile-Zeichen) oder gleich der ganzen Inhalt lesen lassen. Für den binären Zugriff auf eine Datei gibt es als Pendant die `BinaryReader`- und die `BinaryWriter`-Klasse. Sehr interessant ist auch die `MemoryStream`-Klasse, durch die sich ein Stream im Arbeitsspeicher anlegen lässt, der nicht nur als Puffer für eine Bitmap dienen kann, sondern, und das ist der eigentliche Vorteil, einer Schreib- oder Leseoperation übergeben werden kann, die als Argument einen Stream erwartet.

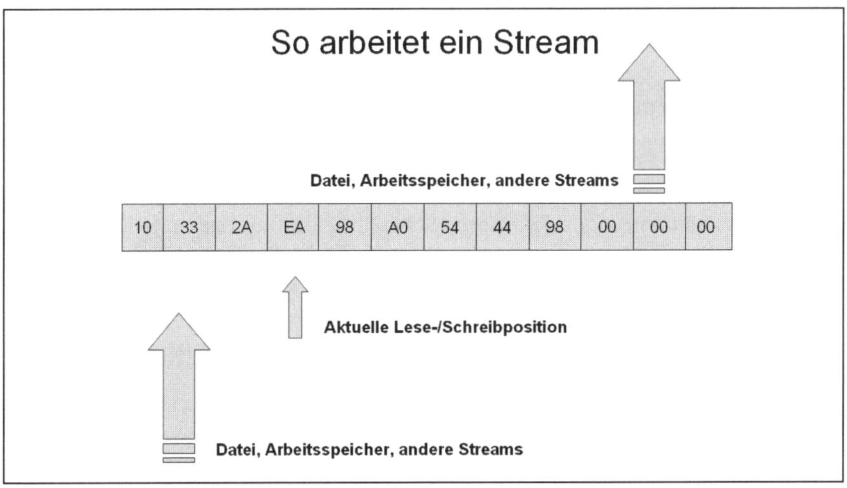

Abb. 6.8: Das allgemeine Prinzip eines Streams

6.6.3 Streams im Arbeitsspeicher anlegen

Es mag sich vielleicht ein wenig ungewöhnlich anhören, aber ein Stream muss nicht unbedingt in einer Datei gespeichert werden. Das ist nur eine von mehreren Möglichkeiten. Über die `MemoryStream`-Klasse kann ein Stream auch direkt im Arbeitsspeicher angelegt werden – Dateien sind hier nicht im Spiel. Das kann immer dann praktisch sein, wenn in einem Programm Daten in einem Stream gehalten werden sollen, damit dieser als Ganzes an Methoden übergeben werden kann, die einen Stream als Argument erwarten. Da sich die `MemoryStream`-Klasse von der abstrakten Basisklasse `Stream` ableitet, kann sie überall dort eingesetzt werden, wo ein Stream als Argument erwartet wird.

Das folgende Beispiel mag ein wenig »nutzlos« wirken, macht aber das nahtlose Zusammenspiel zwischen verschiedenen Streams schön deutlich. Zuerst wird ein `MemoryStream` angelegt, und es werden vier Byte-Werte in den `MemoryStream` geschrieben. Anschließend wird ein `BinaryReader` instanziiert, für dessen Konstruktor der `MemoryStream` übergeben wird. Auch wenn der Konstruktor keinen `MemoryStream` erwartet, ist das in Ordnung, da sich die `MemoryStream`-von der `Stream`-Klasse ableitet Anschließend werden zwei 16-Bit-Integer aus dem `MemoryStream` gelesen und ausgegeben:

```
Using Ms As New MemoryStream()
    ' 4 Bytes schreiben
    Ms.WriteByte(232)
    Ms.WriteByte(3)
    Ms.WriteByte(208)
    Ms.WriteByte(7)
    Ms.Position = 0
    ' Zwei 16-Bit-Werte wieder einlesen
    Using Br As New BinaryReader(Ms)
        Console.WriteLine(Br.ReadInt16)
        Console.WriteLine(Br.ReadInt16)
    End Using
End Using
```

Dass die `Byte`-Werte 232, 3, 208 und 7 in den `MemoryStream` geschrieben werden, ist kein Zufall, werden sie als `Short`-Zahlen (16 Bit) gelesen, ergibt sich 1000 und 2000 (3 * 256 + 232 = 1000). Damit das Auslesen aus dem `MemoryStream`, in dem zuvor 4 Byte geschrieben wurden, funktioniert, muss über `Position=0` der Positionszeiger des `MemoryStream` wieder auf das erste Byte gesetzt werden, da der Positionszeiger ansonsten am Ende des Streams stehen würde und sich dort (natürlich) nichts mehr zum Einlesen befindet.

6.6.4 Der große Visual Basic-Ratgeber für alle Lebenslagen

Wie wäre es, wenn der Computer einem zur Abwechslung nicht einmal Ärger in Gestalt stets voller Festplatten, langer Wartezeiten und anderer Störungen des Betriebsablaufs macht, sondern einem als kompetenter Ratgeber in allen Lebenslagen zur Seite steht? In diesem Abschnitt wird ein kleines Visual Basic-Programm erstellt, das dies ohne Risiken, hohe Telefonkosten und natürlich vollkommen ohne Gewähr erledigt. In erster Linie ist das Programm natürlich dazu da, dass Sie ein Virtuose im Umgang mit Streams werden, und das geht mit einem netten Beispiel natürlich ein wenig besser.

Schritt 1

Legen Sie eine neue *Windows Forms-Anwendung* an. Geben Sie dem Projekt den Namen *VBRatgeber*, und speichern Sie das Projekt über *Datei|Alle speichern* ab.

Schritt 2

Ordnen Sie auf dem Formular einen Button (*bnRatgeber*), eine TextBox (*tbRatgeber*) und darüber ein Label zur Beschriftung an. Setzen Sie bei der TextBox `MultiLine` auf `True`, `Scrollbars` auf `Vertical`, und geben Sie ihr eine etwas ansprechendere Schriftart.

Schritt 3

Fügen Sie über *Projekt|Neues Element hinzufügen* eine Textdatei hinzu, indem Sie den Eintrag *Textdatei* wählen. Geben Sie der Datei den Namen *Tipps.txt*. Tragen Sie hier verschiedene Sätze ein, aus denen der Ratgeber seinen Rat zusammenstellen soll. Jeder Satz gehört zu einer der Kategorien »Allgemein«, »Gesundheit«, »Liebe« und »Geld«, wobei der Name des Bereichs im Format »Bereichname::« (z.B. »Geld::«) vorausgeht. Wichtig ist der doppelte Doppelpunkt, der auf den Bereichsnamen folgt, denn daran erkennt das Programm später, dass hier ein Bereich beginnt.

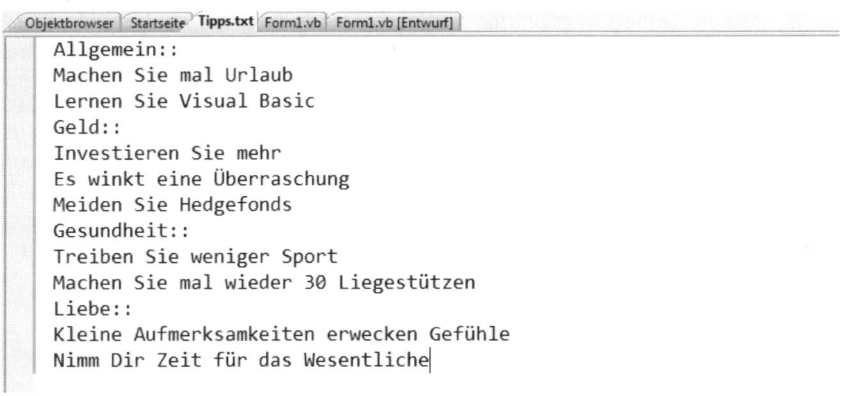


```
Allgemein::
Machen Sie mal Urlaub
Lernen Sie Visual Basic
Geld::
Investieren Sie mehr
Es winkt eine Überraschung
Meiden Sie Hedgefonds
Gesundheit::
Treiben Sie weniger Sport
Machen Sie mal wieder 30 Liegestützen
Liebe::
Kleine Aufmerksamkeiten erwecken Gefühle
Nimm Dir Zeit für das Wesentliche
```

Abb. 6.9: Ein Ausschnitt aus der Datei Tipps.txt

Speichern müssen Sie die Textdatei übrigens nicht, das geschieht vor jedem Programmstart automatisch.

Schritt 4

Schalten Sie per F7 auf den Programmeditor um.

Schritt 5

Als Erstes werden zwei `Imports` benötigt:

```
Imports System.IO
Imports System.Text
```

Schritt 6

Definieren Sie unterhalb des `Class`-Befehls zwei Variablen:

```
Private Allgemein(), Gesundheit(), Geld(), Liebe() As String
Private Tippsdatei As String = "Tipps.txt"
```

Der erste Befehl definiert gleich vier Array-Variablen, in denen später die Tipps der einzelnen Kategorien abgelegt werden. Der Name der Datei mit den Ratschlägen wird über eine Variable festgelegt, auch wenn dies nicht zwingend erforderlich wäre. Es gehört zum guten Ton, dass Dateipfade im Quelltext nicht »fest verdrahtet« werden. Doch in welchem Verzeichnis befindet sich die Datei? Durch das Hinzufügen zum Projekt wurde sie im Projektverzeichnis angelegt. Die Programmdatei befindet sich jedoch im Unterverzeichnis *bin\debug* und damit zwei Ebenen unterhalb des Projektverzeichnisses. Wird das Programm später weitergegeben, befinden sich Programmdatei und eventuelle Datendateien in der Regel im selben Verzeichnis. Damit es nicht unnötig kompliziert wird, gibt es eine einfache Einstellung, die bewirkt, dass jede Datendatei auch innerhalb der IDE beim Erstellen des Projekts in das *bin\debug*-Verzeichnis kopiert wird und damit stets im selben Verzeichnis vorliegt wie die Programmdatei. Diese Einstellung ist die Eigenschaft *In Ausgabeverzeichnis kopieren* der Datei, die auf die Einstellung »Kopieren, wenn neuer« gesetzt werden muss (die Dateieigenschaften sind ein wenig versteckt, selektieren Sie die Datei im Projektmappen-Explorer, und drücken Sie [F4], um das Eigenschaften-Dialogfeld zu öffnen).

Abb. 6.10: Die Einstellung In Ausgabeverzeichnis kopieren sorgt dafür, dass Tipps.txt im Ausgabeverzeichnis vorliegt.

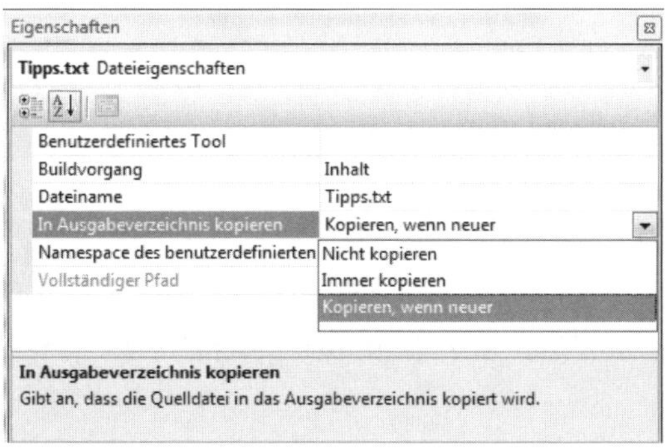

Schritt 7

Fügen Sie die folgende Prozedur ein:

```
Sub TippsEinlesen()
  Allgemein = BereichEinlesen("Allgemein")
  Liebe = BereichEinlesen("Liebe")
  Gesundheit = BereichEinlesen("Gesundheit")
  Geld = BereichEinlesen("Geld")
End Sub
```

In dieser Prozedur passiert nicht viel, es wird lediglich pro Bereich die Funktion `BereichEinlesen` mit dem Namen des Bereichs aufgerufen.

Schritt 8

Fügen Sie als Nächstes folgende Funktion ein:

```
Function BereichEinlesen(ByVal Bereich As String) As String()
  Dim Zeile As String
  Dim ZeilenNr As Integer
  Dim Zeilen() As String
  Dim Gefunden As Boolean
  Using Sr As New StreamReader(Tippsdatei)
      While Not Sr.EndOfStream
          Zeile = Sr.ReadLine
          If Zeile.StartsWith(Bereich & "::") Then
              Gefunden = True
              Exit While
          End If
      End While
      If Gefunden = False Then Return Nothing
      ' Jetzt bis zum nächsten Bereich oder Ende des Streams lesen
      Do While Not Sr.EndOfStream
          Zeile = Sr.ReadLine()
          If Zeile.Contains("::") Then Exit Do
          ReDim Preserve Zeilen(ZeilenNr)
          Zeilen(ZeilenNr) = Zeile
          ZeilenNr += 1
      Loop
  End Using
  Return Zeilen
End Function
```

Schritt 9

Sorgen Sie in `Form_Load` dafür, dass die Prozedur aufgerufen wird:

```
TippsEinlesen()
```

Schritt 10

Fügen Sie in die `Click`-Prozedur des Buttons die folgenden Befehle ein:

```
Dim z As Integer
Dim Rat As New StringBuilder
Dim R As New Random(Now.Millisecond)
If Allgemein IsNot Nothing Then
    z = R.Next(0, Allgemein.Length)
    Rat.Append("Thema: Allgemein" & vbCrLf)
    Rat.Append(">> " & Allgemein(z) & vbCrLf)
End If
If Gesundheit IsNot Nothing Then
    z = R.Next(0, Gesundheit.Length)
    Rat.Append("Thema: Gesundheit" & vbCrLf)
    Rat.Append(">> " & Gesundheit(z) & vbCrLf)
End If
If Geld IsNot Nothing Then
    z = R.Next(0, Geld.Length)
    Rat.Append("Thema: Geld" & vbCrLf)
    Rat.Append(">> " & Geld(z) & vbCrLf)
End If
```

```
If Liebe IsNot Nothing Then
    z = R.Next(0, Liebe.Length)
    Rat.Append("Thema: Liebe" & vbCrLf)
    Rat.Append(">> " & Liebe(z) & vbCrLf)
End If
tbRat.Text = Rat.ToString
```

Hier geht es im Wesentlichen darum, per Zufallszahl aus jeder der vier Feldvariablen ein Element, also einen Satz, auszuwählen. Die Zufallszahl liegt immer zwischen 0 und der Anzahl der Zeichenketten in der jeweiligen Feldvariablen. Zusammengefügt werden die Zeichenketten über den `StringBuilder` im Namespace `System.Text` (daher der Import), damit Sie auch diese Klasse einmal kennenlernen.

Damit ist alles fertig, und Sie können das Projekt über F5 starten.

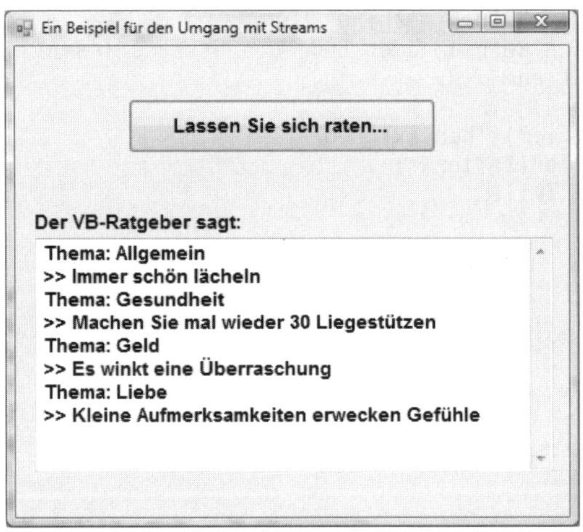

Abb. 6.11: Der Computer, Dein Ratgeber in allen Lebenslagen

AUFSTEIGER

Auch das Vor- und Zurückbewegen in einem Stream ist über die `Position`-Eigenschaft problemlos möglich, die über die `BaseStream`-Eigenschaft des Streams angesprochen wird. Um einen eventuell aus dem letzten Lesevorgang entstandenen Pufferinhalt zu löschen, muss ein `Basestream.DiscardBufferedData()` ausgeführt werden.

6.6.5 Eine Frage der Zeichensätze

Bislang wurde stillschweigend davon ausgegangen, dass ein `StreamReader` schon weiß, wie er den Inhalt eines Streams interpretieren muss. In der Realität ist das nicht immer so einfach. Standardmäßig schreibt Visual Basic eine Textdatei im UTF-8-Format, mit Umlauten gibt es daher keine Probleme. Sollte es einmal erforderlich sein, den Zeichensatz, der beim Schreiben oder Lesen eines Streams berücksichtigt werden soll, direkt anzugeben, geschieht dies über den zweiten Parameter im Konstruktor des Streams. Dieser Parameter ist eine Eigenschaft der `Encoding`-Klasse (Namespace `System.Text`), die für ein `Encoding`-Objekt steht, das den Zeichensatz bestimmt. Im Allgemeinen ist `Encoding.Default`, das den ANSI-Zeichensatz unter Berücksichtigung der unter Windows aktuell eingestellten Sprachregion auswählt, eine gute Wahl.

Im folgenden Beispiel wird der Zeichensatz beim Öffnen des StreamReaders direkt angegeben:

```
Using Sr As New StreamReader(HoroskopdateiPfad, Encoding.UTF8)
```

Programmierprofis verlassen sich nicht darauf, wie ein Programm eine Datei anlegt, sondern schauen sich den Inhalt der Datei direkt an. Hier ist ein sog. *Hex-Editor* unverzichtbar, der den Inhalt der Datei Byte für Byte anzeigt. Ein empfehlenswertes Tool ist der *MX-Hex-Editor* (Download unter *http://hexedit.nextsoft.de/*). Übrigens wäre das Programmieren eines Hex-Editors eine hervorragende Gelegenheit, das bisher erlernte unter Beweis zu stellen. Er verrät z.B., dass UTF-Dateien mit der Bytefolge EF, BB, BF beginnen.

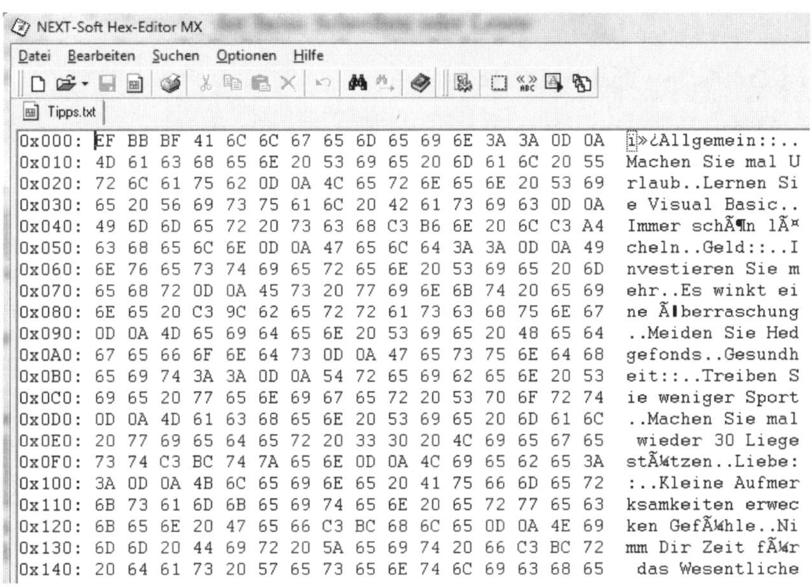

Abb. 6.12: Ein Hex-Editor zeigt den Inhalt beliebiger Dateien Byte für Byte an.

6.6.6 Mit Dateien, Verzeichnissen und Laufwerken umgehen

Soll ein Programm Verzeichnisse anlegen, Verzeichnisse verschieben oder Dateien nur dann kopieren, wenn die Datei im Zielverzeichnis älter ist als die zu kopierende Datei, lässt sich dies alles mit den Methoden der Klassen `File` und `Directory` einfach und elegant erledigen.

Dateien und Verzeichnisse über eine Dialogbox auswählen

Oft möchte man Dateien und Verzeichnisse nicht irgendwo eintippen, sondern sie komfortabel über eine Dialogbox auswählen. Das kann jede Windows-Anwendung – mein Visual Basic-Programm soll es daher auch können. Nun, das ist kein Problem, denn die in Windows eingebauten Dialogboxen werden über Klassen sehr komfortabel zur Verfügung gestellt. Für die Auswahl von Datei- und Verzeichnisnamen sind drei Klassen interessant:

- `OpenFileDialog`
- `SaveFileDialog`
- `FolderBrowerDialog`

`OpenFileDialog` und `SaveFileDialog` unterscheiden sich durch Kleinigkeiten wie die Überschrift und die Tatsache, dass der Button einmal *Öffnen* und einmal *Speichern* heißt, und durch unterschiedliche Eigenschaften. Beide Dialogboxen dienen aber nur dazu, dass ein Dateipfad ausgewählt werden kann. Die Datei wird nicht geöffnet.

Das folgende Beispiel zeigt einen Dateiauswahldialog an und anschließend den Pfad der gewählten Datei.

```
Using Ofd As New OpenFileDialog
  Ofd.Filter = "Vb-Dateien (*.vb)|*.vb|Alle Dateien|*.*"
    If Ofd.ShowDialog = Windows.Forms.DialogResult.OK Then
       MessageBox.Show(Ofd.FileName, My.Application.Info.Title)
    End If
End Using
```

Der praktische `Using`-Befehl leitet den Befehlsblock ein (zwingend erforderlich ist er allerdings nicht). Über die `Filter`-Eigenschaft wird festgelegt, welche Dateitypen zur Auswahl stehen. Die Schreibweise ist etwas eigentümlich und hat sich zudem seit es Visual Basic gibt nicht geändert. Vor dem senkrechten Trennstrich (|) folgt das, was in der Auswahlliste angezeigt werden soll, nach dem Trennstrich erfolgt die für die Dateiauswahl maßgebliche Erweiterung (es können auch mehrere Erweiterungen angegeben werden, die durch Semikolons getrennt werden müssen). Dass ein Dateityp angeboten wird, bedeutet natürlich nicht, dass nur diese Dateitypen ausgewählt werden können. Es ist lediglich eine Vorwahl als Eingabekomfort. Über `ShowDialog` wird die Dialogbox angezeigt. Der Rückgabewert der Methode gibt an, ob der Anwender die Box mit dem `OK`- oder dem `Cancel`-Button geschlossen hat. Da die Ausgabe nur dann erfolgen soll, wenn sie mit dem `OK`-Button geschlossen wurde, erfolgt eine entsprechende `If`-Abfrage. Über die `FileName`-Eigenschaft steht der komplette Pfad der gewählten Datei zur Verfügung.

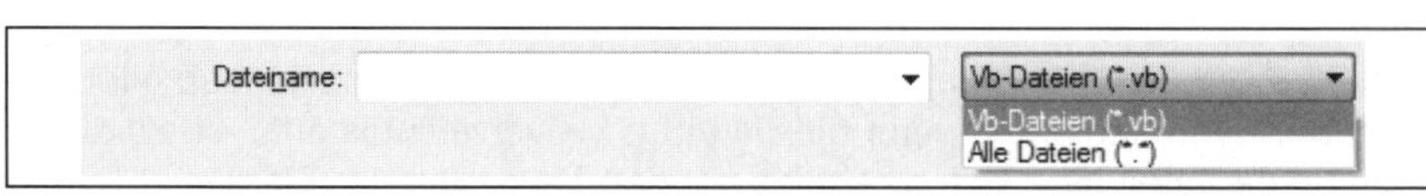

Abb. 6.13: Die Filter-Eigenschaft legt fest, welche Dateitypen zur Auswahl stehen.

Für die Auswahl von Verzeichnissen ist die `FolderBrowserDialog`-Klasse zuständig.

Das folgende Beispiel ermöglicht eine Ordnerauswahl und weist den gewählten Verzeichnispfad der Variablen `QuellVerzeichnis` zu.

```
Using Fbd As New FolderBrowserDialog
  If Fbd.ShowDialog = Windows.Forms.DialogResult.OK Then
    QuellVerzeichnis = Fbd.SelectedPath
  End If
End Using
```

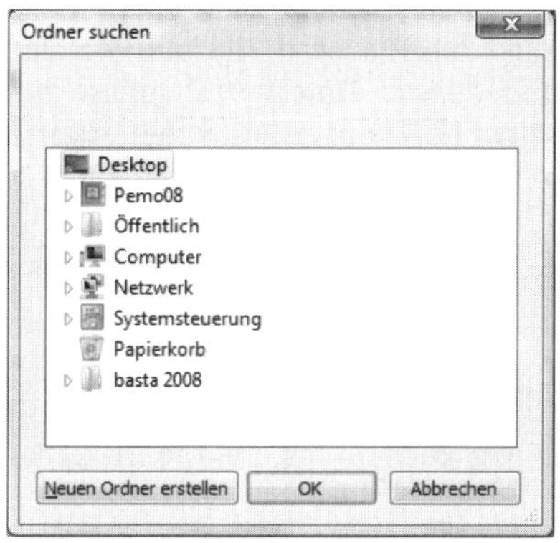

Abb. 6.14: Die Folder-Browser-Klasse ermöglicht eine bequeme Verzeichnisauswahl.

Die Directory-Klasse

Genau wie die `File`-Klasse alle Funktionen für den Umgang mit Dateien zur Verfügung stellt, stellt die `Directory`-Klasse Funktionen für den Umfang mit Verzeichnissen bereit. Damit lassen sich Verzeichnisse anlegen, löschen, verschieben, und es lässt sich feststellen, ob ein Verzeichnis existiert. Aber auch speziellere Operationen, wie das Setzen der letzten Zugriffszeit, sind dabei. Eine Copy-Methode gibt es allerdings nicht. Da diese unter Umständen viele Dateien und Unterverzeichnisse kopieren würde und im Zielverzeichnis die Unterverzeichnisse erst angelegt werden müssten, hat man sich offenbar dazu entschlossen, die Programmierer nicht in Versuchung zu führen, es sich zu bequem zu machen. Ein Verzeichnis muss Datei für Datei und Unterverzeichnis für Unterverzeichnis kopiert werden. Komischerweise gibt es aber eine `Move`-Methode, die ein Verzeichnis komplett (samt eventueller Unterverzeichnisse) verschiebt, wobei das Zielverzeichnis nicht existieren muss.[1]

1. Vielleicht ist meine Theorie zum fehlenden Copy-Befehl doch ein wenig weit hergeholt.

Rekursive Dateisuche

Interessant ist die Eigenschaft GetDirectories, denn sie gibt die Namen aller Unterverzeichnisse als String-Array zurück. Ein wenig irritierend kann am Anfang sein, dass es neben der Directory-Klasse auch eine DirectoryInfo-Klasse gibt, die scheinbar das Gleiche tun. Aber nur scheinbar, denn während Directory allgemein für alle Verzeichnisse steht, steht DirectoryInfo für ein bestimmtes Verzeichnis. Diese Klasse muss daher mit dem Verzeichnispfad instanziiert werden, damit sich dieses Verzeichnis ansprechen lässt.

Soll ein Verzeichnis mit allen seinen Unterverzeichnissen durchsucht werden, muss die Prozedur, die ein Verzeichnis durchsucht, für jedes Unterverzeichnis und dessen Unterverzeichnisse aufgerufen werden. Ruft eine Prozedur sich selbst auf, wird dies als rekursiver Aufruf bezeichnet.

Das folgende Beispiel zeigt eine Prozedur, die alle Verzeichnisse und deren Unterverzeichnisse mit einer bestimmten Erweiterung (z.B. *.vb*) durchsucht (Sie finden das komplette Beispielprojekt auf der Buch-DVD in Gestalt der Projektdatei *DateiVerzeichnisSuche.sln*):

```
Sub ListFiles(ByVal Dir As String)
  liDateien.Items.Add(">" & Dir)
  For Each Fi As String In Directory.GetFiles(Dir, SuchExt)
     AnzahlDateien += 1
    liDateien.Items.Add(Fi)
  Next
  ' Jetzt alle Unterverzeichnisse durchgehen
  For Each SubDir As String In Directory.GetDirectories(Dir)
    AnzahlVerzeichnisse += 1
    ListFiles(SubDir)
  Next
End Sub
```

Haben Sie den rekursiven Aufruf gefunden? Er verbirgt sich vor dem Next-Befehl:

```
ListFiles(SubDir)
```

Durch den Aufruf wird die Prozedur noch einmal aufgerufen, dieses Mal mit dem Namen des Unterverzeichnisses.

Die Prozedur hätte genauso mit der DirectoryInfo-Klasse umgesetzt werden können. Es gibt daher viele Situationen, in denen wahlweise Directory oder DirectoryInfo eingesetzt werden kann.

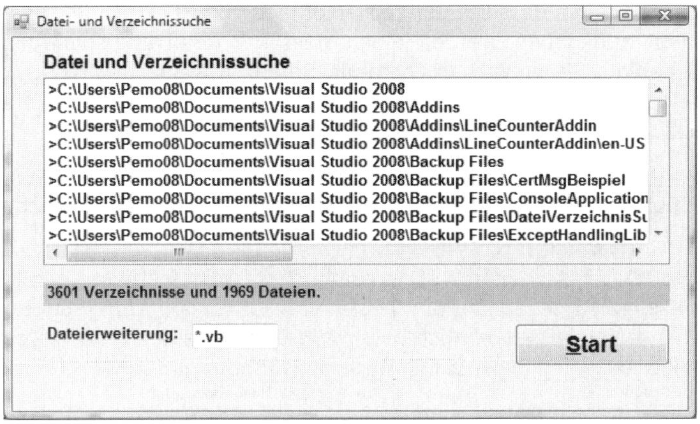

Abb. 6.15: Rekursive Dateisuche dank der Directory-Klasse

Backups mit Datumsvergleich

Das Kopieren von Dateien ist dank der `Copy`-Methode der `FileInfo`-Klasse zwar kein Problem, doch oft soll nur dann kopiert werden, wenn die Zieldatei älter ist als die Quelldatei, denn ansonsten würde eine ältere Datei eine vermeintlich aktuellere Datei überschreiben. Von den verschiedenen Zeitangaben, welche die `FileInfo`-Klasse zu einer Datei anbietet, ist die `LastAccessTime`, also der Zeitpunkt des letzten Zugriffs, am besten geeignet.

Das folgende Beispiel kopiert alle Dateien aus dem Quellverzeichnis in ein Zielverzeichnis. Existiert im Zielverzeichnis eine Datei bereits, wird anhand des Datums des letzten Zugriffs geprüft, ob diese Datei aktueller ist als die Datei, die kopiert werden soll, sodass keine ältere Datei eine neuere Datei überschreibt. Das komplette Beispielprojekt finden Sie auf der Buch-DVD in Gestalt der Projektdatei *BackupMitDatumsVergleich.sln*.

```
Dim Quelle As New DirectoryInfo(Quellverzeichnis)
Dim ZieldateiPfad As String
For Each Fi As FileInfo In Quelle.GetFiles()
  ' Gibt es im Zielverzeichnis die Datei bereits
  ZieldateiPfad = Path.Combine(Zielverzeichnis, Fi.Name)
  If File.Exists(ZieldateiPfad) = True Then
    Dim ZielDatei As New FileInfo(ZieldateiPfad)
    ' Ist die Zieldatei neuer?
    If ZielDatei.LastAccessTime > Fi.LastAccessTime Then
     ' Ja, dann Schleife ohne zu kopieren fortsetzen
      liStatus.Items.Add(ZielDatei.Name & " ist neuer als zu
kopierende Datei.")
        Continue For
    End If
  End If
  ' Jetzt darf kopiert werden
  Fi.CopyTo(ZieldateiPfad, True)
Next
```

Beachten Sie, dass bei der `Copy`-Methode von `FileInfo` über das zweite Argument angegeben werden muss, dass die Datei überschrieben werden soll. Schenken Sie auch dem `Continue`-Befehl Ihre Beachtung. Durch ihn wird erreicht, dass für den Fall, dass aufgrund des Zeitvergleichs nicht kopiert werden soll, die `For Each`-Schleife einen weiteren Durchlauf startet.

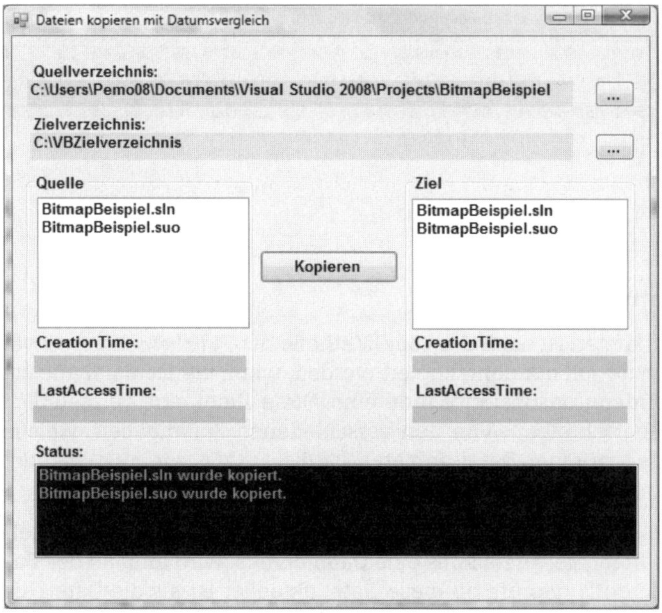

Abb. 6.16: Das kleine VB-Backup-Programm in Aktion

Den Laufwerksbuchstaben des CD-/DVD-Laufwerks ermitteln

Für Installationsprogramme und andere Zwecke kann es wichtig sein, den Laufwerksbuchstaben des oder der CD- oder DVD-Laufwerk(e) zu erfahren. Diese Information liefert die `DriveInfo`-Klasse. Alle Laufwerke des Computers werden über die `GetDrives`-Methode der `DriveInfo`-Klasse als `DriveInfo`-Array zurückgegeben.

Die folgende Schleife durchläuft alle Laufwerke und gibt die Buchstaben aller CD- und DVD-Laufwerke aus, indem die Eigenschaft `DriveType` abgefragt wird:

```
For Each Dr As DriveInfo In DriveInfo.GetDrives()
  If Dr.DriveType = DriveType.CDRom Then
    Debug.WriteLine(Dr.Name)
  End If
Next
```

Die nützliche Path-Klasse

Die `Path`-Klasse ist eine sehr nützliche Klasse, da sie eine Vielzahl freigegebener Methoden enthält, die den Umgang mit Dateien und Verzeichnissen erleichtern. Möchten Sie z.B. einen Dateinamen oder das letzte Verzeichnis aus einem Verzeichnispfad heraustrennen? Der folgende Befehl erledigt dies dank der GetFilename-Methode für Sie:

```
DateiName = Path.GetFileName(DateiPfad)
```

Regelrecht trickreich ist die Methode ChangeExtension, die einfach eine Dateierweiterung gegen eine andere austauscht:

```
NeuerPfad = Path.ChangeExtension(Ofd.FileName, ".txt")
```

Mit den String-Funktionen wäre dies ein wenig mehr Aufwand. Unterschätzen sollten Sie nicht die Nützlichkeit der Combine-Methode. Sie kombiniert zwar nur einen Verzeichnispfad mit einem Dateinamen, doch sorgt sie dafür, dass immer ein gültiger Verzeichnispfadname resultiert. Beim folgenden Aufruf sieht es nach einer einfachen String-Verknüpfung aus:

```
NeuerPfad = Path.Combine("C:\Test\",Dateiname)
```

Doch auch im nächsten Beispiel, bei dem am Ende kein \-Zeichen angehängt ist, resultiert derselbe Pfad:

```
NeuerPfad = Path.Combine("C:\Test",Dateiname)
```

Tabelle 6.3: Ein paar nützliche Methoden der Path-Klasse

Methode	Was macht sie?
ChangeExtension	Tauscht eine Erweiterung gegen eine andere Erweiterung aus.
Combine	Fügt zwei Teile eines Pfades zu einem Pfad zusammen (zuverlässiger als das Zusammensetzen zweier Strings).
GetDirectoryName	Gibt den Verzeichnisnamen des Pfades zurück.
GetExtension	Gibt die Erweiterung einer Datei zurück.
GetFileName	Gibt den Dateinamen eines Pfades zurück.
GetFileNameWithoutExtension	Gibt den Dateinamen eines Pfades ohne seine Erweiterung zurück.
GetInvalidFileNameChars	Gibt die Zeichen in einem Dateinamen zurück, die ungültig sind.
GetTempFileNamet	Gibt einen temporären Dateinamen zurück.

6.7 Zusammenfassung

Die Klassenbibliothek ist eine (sehr) umfangreiche Sammlung von Funktionen, die über Klassen angeboten werden. Alle Klassen sind in hierarchischen Namespaces organisiert. Der Obernamespace heißt System, von ihm leiten sich alle übrigen Namespaces ab. Die Klasse SerialPort ist Teil des Namespace System.IO.Ports, ihr vollständiger Name lautet daher System.IO.Ports.SerialPort. Um den Namespace nicht jedes Mal voranstellen zu müssen, wird er importiert; entweder in den Projekteigenschaften oder über den Imports-Befehl.

Auch wenn die Klassenbibliothek in separaten Programmbibliotheken enthalten ist, die Teil der .NET-Laufzeit sind, wird sie von einem Visual Basic-Programm so angesprochen, als wäre sie ein fester Bestandteil der Programmiersprache.

6.8 Fragen

Frage 1 Wie viele Klassen enthält die .NET-Klassenbibliothek (eine ungefähre Schätzung genügt), und wie ließe sich diese Zahl exakt ermitteln? (Das wurde in diesem Buch allerdings noch nicht direkt erwähnt.)

Frage 2 Ein Programmierer aus *Erkrath* möchte ein Formular, zu dem ein Button hinzugefügt wird, wie folgt definieren:

```
Dim F As New System.Windows.Forms()
F.Controls.Add (New System.Windows.Forms.Button)
```

Wie ließen sich die Befehle ein wenig verkürzen?

Frage 3 Ein Programmierer aus *Remscheid* möchte in seinem Programm den praktischen `StringBuilder` benutzen und definiert ihn wie folgt:

```
Dim Sb As New StringBuilder
```

Zu seiner Überraschung behauptet Visual Basic, den Namen nicht zu kennen, obwohl `StringBuilder`, das weiß er ganz genau, eine Klasse in der .NET-Klassenbibliothek ist. Was ist da los?

Frage 4 Ein Programmierer aus *Dormagen* möchte in einem Programm feststellen, ob eine Netzwerkverbindung existiert, hat aber völlig den Überblick über die Klassenbibliothek verloren. Wie kann ihm geholfen werden, sodass er sein Problem auf einfachste Weise löst?

Frage 5 Ein Programmierer aus *Detmold* erhält die Aufgabe, alle Dateien in einem Verzeichnis *C:\Test* zu löschen, die noch aus dem letzten Jahrtausend stammen. Können Sie ihm dabei helfen?

Frage 6 Schreiben Sie eine kleine Routine, die alle Dateien im Ordner *Eigene Bilder* durchgeht und die Erweiterung *.jpg* gegen die Erweiterung *.jpeg* austauscht. Dieser Austausch ist »gefahrlos«, da beide Erweiterungen für eine JPEG-Datei erlaubt sind.

Frage 7 Schreiben Sie ein kleines Programm, das sechs Zufallszahlen, die sich nicht wiederholen dürfen, Zeile für Zeile in eine Textdatei schreibt. Welcher Unterschied bezüglich der Dateigrößte ergibt sich zu einer Binärdatei?

Frage 8 Diese Aufgabe ist bereits ein wenig anspruchsvoller. Schreiben Sie ein kleines Programm, das die Größe aller Dateien in *Eigene Dateien* aufsummiert und dabei auch die Unterverzeichnisse durchsucht.

Die Antworten zu den Lösungen finden Sie in Anhang C.

Kapitel 7

jetzt lerne ich

Collections und LINQ

In diesem Kapitel verlassen Sie die seichten Gefilde der »Visual Basic für Anfänger«-Programmierung und betreten die etwas raueren Gewässer der modernen Visual Basic-Programmierung. »Rau« deswegen, weil die Konzepte, um die es in diesem Kapitel geht, bereits ein wenig abstrakter, aber alles andere als kompliziert sind. Es geht um Collections, Funktionsausdrücke und die Möglichkeit, die Inhalte einer Collection (oder eines Array) per LINQ abzufragen.

Auch in diesem Kapitel sind alle Beispiele Konsolenanwendungen, da es in erster Linie darum geht, den Umgang mit aufgezählten Elementen zu veranschaulichen. Die Ausgaben werden daher wieder mit einem `Console.WriteLine` durchgeführt. Eine Benutzeroberfläche wird für diese Beispiele nicht benötigt.

Sie lernen in diesem Kapitel

- die Vorteile einer Collection
- die neuen Funktionsausdrücke
- Durchsuchen einer Collection mit Funktionsausdrücken
- LINQ.

7.1 Eine Collection ist ...

Eine Collection ist ein Objekt, das für eines oder mehrere Objekte steht, die durch die Collection zusammengefasst werden. Anders als bei einem Array, mit dem eine Collection gewisse Ähnlichkeiten besitzt, werden die Elemente nicht ausschließlich über ihren Index angesprochen. Häufig wird dazu, je nach Typ der Collection, ein sog. *Schlüssel* (engl. »Key«) verwendet, bei dem es sich um eine Zeichenfolge oder allgemein um ein (beliebiges) Objekt handeln kann. Collections basieren auf Klassen, die im Namespace `System.Collections` und `System.Collections.Specialized` zusammengefasst sind. Insgesamt gibt es knapp zwei Dutzend Collection-Klassen, von denen am Anfang aber nur ein paar eine Rolle spielen, die in Tabelle 7.1 zusammengefasst sind. Die wichtigsten Collection-Klassen sind `ArrayList` und `List(Of Typ)`.

Eine Collection besitzt eine (im Prinzip) beliebige Anzahl an Elementen, die über die Collection angesprochen werden. Gegenüber einem Array, welches das prinzipiell auch kann, gibt es vier wichtige Unterschiede:

1. Die Elemente müssen nur dann denselben Typ besitzen, wenn es sich um eine generische Collection handelt (mehr dazu im weiteren Verlauf des Kapitels). Ansonsten spielt der Typ keine Rolle.
2. Eine Collection muss nicht mit einer bestimmten Größe initialisiert und nicht vergrößert oder verkleinert werden. Collections wachsen und schrumpfen dynamisch.
3. Einer Collection wird per `Add`-Methode ein neues Element hinzugefügt, das per `Remove`- oder `RemoveAt`-Methode wieder entfernt wird.
4. Die Anzahl der Elemente erhält man stets über ihre `Count`-Eigenschaft.

Collections sind der einfachste Weg, wenn es darum geht, beliebig viele Werte (beliebigen Typs und Inhalts) unter einem gemeinsamen Namen zusammenzufassen.

7.1.1 Die universelle ArrayList-Collection

Die `ArrayList` ist eine Collection für alle Gelegenheiten. Sie ist unkompliziert im Umgang, sodass sie für die folgenden Beispiele, die den allgemeinen Umgang mit einer Collection veranschaulichen sollen, als Grundlage verwendet wird. Das macht die `ArrayList` zu einem sehr »gemütlichen« Programmierelement, das sich in vielen Situationen vorteilhaft einsetzen lässt. Eine Collection muss grundsätzlich instanziiert werden, sie entsteht nicht aus dem Nichts.

Der folgende Befehl legt eine neue ArrayList-Collection mit dem Namen »Personen« an.

```
Dim Personen As New ArrayList()
```

Da beim Instanziieren kein spezieller Typ angegeben wird, kann jedes beliebige Objekt in der Collection abgelegt werden.

7.1.2 Elemente hinzufügen

Eine Collection erhält ihre Elemente über die `Add`-Methode.

Der folgende Befehl fügt zur `Personen`-Collection ein `Person`-Objekt hinzu (das auf einer Klasse `Person` basiert, die mit `Name`, `Alter` und `EMail` drei Properties besitzt, deren Definition aber nicht abgebildet wird, da sie nichts zur Sache tut).

```
Personen.Add P
```

Oder, wenn die angelegte Instanz danach nicht über eine Variable angesprochen werden soll:

```
Personen.Add (New Person())
```

Es ist wichtig zu verstehen, dass auch im letzten Fall eine Referenz auf das `Person`-Objekt angelegt und in der Collection gehalten wird. Es spielt also keine Rolle, ob die Objektreferenz in einer eigenen Variablen gehalten wird oder, zusammen mit vielen anderen wie Hühner in einer Legebatterie, in einer Collection (oder einem Array).

Profis verwenden immer dann anstelle von `Add`- die `AddRange`-Methode, wenn mehrere Werte desselben Typs auf einmal hinzugefügt werden sollen. Dieser Methode wird ein ganzes Array übergeben, das auch direkt bei der Übergabe gebildet werden kann:

```
Personen.AddRange(New Person() {P1, P2, P3})
```

Diese Schreibweise erscheint sicher bereits »ein wenig« fortgeschritten, ist aber elementar bezogen auf die eingangs erwähnte moderne Visual Basic-Programmierung.

Über den Konstruktor kann zwar die Kapazität der `ArrayList` vorgegeben werden (sie lässt sich nachträglich aber immer wieder ändern), was aber nur selten erforderlich ist und wahrscheinlich bei sehr großen Listen den Vorteil bietet, dass die *Common Language Runtime* (CLR) den benötigten Arbeitsspeicher auf einmal bereitstellen kann.

7.1.3 Elemente wieder entfernen

Es gibt zwei Möglichkeiten, das aus einer Collection zu entfernende Element anzugeben: über den Index (wie einem Array) und über das Objekt selber.

Das folgende Beispiel demonstriert die zweite Variante, da diese etwas ungewöhnlicher erscheinen dürfte. Wie kann ein Objekt praktisch durch sich selber aus einer Collection entfernt werden? Ganz einfach, indem die Objektvariable, die eine Referenz auf das Objekt enthält, als Parameter der `Remove`-Methode eingesetzt wird.

```
Personen.Remove(P2)
```

Damit dürfte auch klar sein, wie es wirklich funktioniert. Das zu entfernende Objekt wird anhand seiner Referenz (die als Adresse stets eindeutig ist) identifiziert.

7.1.4 Eine Collection durchlaufen

Möchte man alle Elemente einer Collection der Reihe nach ansprechen, geht dies am einfachsten (aber nicht ausschließlich) über den `For Each`-Befehl von Visual Basic.

Das folgende Beispiel gibt die Namen aller Personen in der Konsole aus.

```
For Each P As Person In Personen
  Console.WriteLine("Name: {0}", P.Name)
Next
```

Die Schleifenvariable ist vom Typ `Person` sein, da dies der Typ ist, den alle Objekte in der ArrayList besitzen.

Alternativ kann die ArrayList, wie ein Array, über einen Index durchlaufen werden:

```
For i As Integer = 0 To Personen.Count – 1
  Console.WriteLine("Name: {0}", P(i).Name)
Next
```

Welche der beiden Formate zum Einsatz kommt, spielt meistens keine Rolle.

7.1.5 Eine Collection durchsuchen

Natürlich wird es eine komfortable Möglichkeit geben, eine Collection zu durchsuchen, oder? Nun, eine solche Möglichkeit gibt es zunächst nicht, da es zunächst kein Kriterium gibt, das bei der Suche herangezogen werden könnte. Enthält eine Collection z.B. viele `Person`-Objekte, wäre es zwar naheliegend, den Namen der Person als ein Suchkriterium heranzuziehen, doch da genauso gut ein Dutzend anderer Suchkriterien infrage kommen könnten, ist es sinnvoller, dass der Programmierer seine eigene Suchroutine implementiert. Das Einzige, was bei der ArrayList-Collection einer Suchfunktion nahekommt, ist die `IndexOf`-Methode. Sie gibt die Nummer des Objekts zurück, das als Referenz übergeben wird. Dieser Index kann dann dazu benutzt werden, das Objekt selber zu holen. Damit kann man im Allgemeinen aber nicht allzu viel anfangen. Das Durchsuchen einer Collection wird auf Kapitel 7.4 vertagt, weil es dafür bei Visual Basic neuerdings LINQ gibt.

7.1.6 Eine Collection in ein Array umwandeln

Hin und wieder ist es praktisch, aus einer Collection ein Array zu machen. Zum Beispiel, weil ein Prozedurparameter auf ein Array als Parameterwert besteht und mit einer Collection nichts anfangen kann.

Der folgende Befehl wandelt die Collection `Personen` in ein Array um.

```
Dim PersonenAr() As Person = Personen.ToArray
```

Doch Moment, kann dieser Befehl so funktionieren? Leider nicht, denn Personen enthält nur Werte vom Typ `Object`, die sich nicht implizit in Objekte vom Typ `Person` konvertieren lassen. Während der Ausführung tritt daher eine `Invalid-`

CastException auf. Das Array müsste daher vom Typ Object sein, was aber keine ganz optimale Lösung ist.

Erfahrene Entwickler benutzen zur Konvertierung die ConvertAll-Methode der Array-Klasse:

```
Dim PersonenAr() As Person = Array.ConvertAll(Personen.ToArray,
New Converter(Of Object, Person)(AddressOf Obj2Pers))
```

Obj2Person ist eine kleine Funktion, die einen Parameter vom Typ Object entgegennimmt und diesen in ein Objekt vom Typ Person konvertiert und zurückgibt. Sie wird durch ConvertAll für jedes Element im Array aufgerufen:

```
Function Obj2Pers(ByVal P As Object) As Person
  Return DirectCast(P, Person)
End Function
```

Zwingend erforderlich ist eine solche Zwangskonvertierung im Allgemeinen nicht, wenngleich es Situationen gibt, in denen sie sehr praktisch ist.

Tabelle 7.1: Für die Praxis wichtige Collection-Klassen

Collection-Klasse	**Bedeutung**
ArrayList	Die universellste Collection der .NET-Klassenbibliothek.
HashTable	Speichert Schlüssel-Wert-Paare, bei denen jeder Wert von einem Schlüssel begleitet wird, über den der Wert angesprochen wird.
List(Of Typ)	Das generische Pendant zur ArrayList-Klasse. Nimmt nur Objekte jenes Typs auf, der beim Instanziieren angegeben wurde.
Dictionary(Of Typ)	Das generische Pendant zur HashTable-Klasse.
StringCollection	Nimmt nur Zeichenketten auf.
BitVector32	Ermöglicht den Zugriff auf einzelne Bits.

7.1.7 Die HashTable – Zugriff nur über einen Schlüssel

Eine HashTable-Klasse ist eine Collection, bei der jeder Wert von einem Schlüssel begleitet wird, der bezogen auf die übrigen Schlüssel eindeutig sein muss, denn durch ihn wird das Element angesprochen. Der Vorteil einer HashTable ist, dass aufgrund der internen Struktur der Zugriff bei sehr großen Listen über den Schlüssel sehr schnell erfolgt und ein Schlüssel oft der effektivere Weg ist, ein Element anzusprechen, als ein Index.

Der Begriff »Hash« rührt von dem Umstand her, dass intern ein sogenannter »Hash-Wert« (ausgesprochen wie »Häsch«) gebildet wird, der dazu dient, die Schlüssel auf verschiedene »Speichertöpfe« der Liste zu verteilen.

Im folgenden Beispiel wird eine HashTable `Staedte` definiert, der eine Reihe von Zeichenketten hinzugefügt wird. Als Schlüssel wird das Kfz-Kennzeichen verwendet, das (zumindest in Deutschland) eindeutig ist.

```
Dim Staedte As New Hashtable()
Staedte.Add("GI","Giessen")
Staedte.Add("M","München")
Staedte.Add("BN","Bonn")
Staedte.Add("ME","Erkrath")
Staedte.Add("STA","Starnberg")
```

Spannend ist die Frage, auf welche Weise ein Wert bei einer HashTable abgerufen wird. Dies geschieht, natürlich, über den Schlüssel:

```
Dim MeineStadt = Staedte.Item("GI")
```

Die `HashTable` kann auch durchlaufen werden, allerdings müssen Sie sich hier entscheiden, ob Sie die Werteauflistung (`Values`-Eigenschaft) oder die Schlüsselauflistung (`Keys`-Eigenschaft) durchlaufen möchten. Im folgenden Beispiel werden alle Werte durchlaufen:

```
For Each Stadt In Staedte.Values
  Console.WriteLine("Die Stadt heißt: {0}", Stadt)
Next
```

7.2 Generische Collections – nur ein Typ erlaubt

Eine spezielle Sorte von Collections sind die generischen Collections. Das Adjektiv *generisch* bezieht sich auf den Umstand, dass sie zunächst auf keinen Typ festgelegt sind (aber auch nicht vom Typ `Object` sind).

Klassen wie `ArrayList` und `HashTable` sind sehr freizügig, was die Werte angeht, die sie aufnehmen. Über die `Add`-Methode kann ihnen alles untergejubelt werden. Die obigen `For Each`-Schleifen gingen stets davon aus, dass nur eine »Sorte« Elemente in der Auflistung abgelegt wurde. Eine Auflistung, die wie folgt belegt wird:

```
Dim Liste As New ArrayList
Liste.Add (1000)
Liste.Add ("Nur ein Wort")
Liste.Add (Now)
Liste.Add (Liste)
```

kann nicht wie folgt durchlaufen werden:

```
For Each Wert As String In Liste
  Console.WriteLine (Wert)
Next
```

Bis zum dritten Element funktioniert die Schleife, nur beim vierten Wert »knallt« es (es kommt zu einem Fehler), da sich die hinzugefügte `ArrayList` nicht in einen String umwandeln lässt.

Generische Collections lösen dieses Problem, in dem sie für jenen Typ spezifisch sind, der beim Instanziieren angegeben wird. Dabei kommt das unscheinbare Schlüsselwort `Of` zum Einsatz, dem bei Visual Basic der Namen der Klasse (bzw. allgemein des Typs) in runden Klammern folgt. Es handelt sich aber nicht um den Konstruktor, der folgt als weiteres Klammerpaar, sodass die Definition einer generischen Collection gerade erfahrenen Programmierern, die damit in der Vergangenheit keinen Kontakt hatten (»Generics« gibt es bereit seit Visual Basic 2005), ein wenig seltsam vorkommen könnte.

Der folgende Befehl definiert eine Collection `Personen`, zu der nur Objekte vom Typ Person hinzugefügt werden dürfen:

```
Dim Personen As New List(Of Person)()
```

Keine Sorge, das ist alles noch Standard-Visual Basic-Programmierung (und es gibt sogar noch etwas seltsamere Konstruktionen).

```
Sub Main()
    Dim Personen As New Dictionary(Of String, Person)
    Dim P1 As New Person With {.EMail = "pemo@localhost.de"}
    Personen.Add(P1.EMail, |
                 Add (key As String, value As ConsoleApplication1.Person)
                 value:
End                The value of the element to add. The value can be null for reference types.
```

Abb. 7.1: Bei generischen Collections ist nur der beim Instanziieren festgelegte Typ erlaubt.

Die beiden wichtigsten generischen Collections sind `List(Of Typ)` und `Dictionary(Of Typ)`, die beide in diesem Buch an verschiedenen Stellen zum Einsatz kommen.

Die `List`-Klasse entspricht der `ArrayList`-Klasse, nur dass beim Instanziieren ein Typ angegeben wird, zu dem die Auflistungsklasse typenstreng ist.

Im folgenden Beispiel wird eine Auflistung vom Typ `Person` definiert (`Person` ist eine x-beliebige Klasse, die zuvor im Programm definiert wurde). Die `Add`-Methode der Liste akzeptiert anschließend nur Objekte vom Typ `Person`.

```
Dim Personen As New List(Of Person)
Personen.Add (P1)
Personen.Add (P2)
Personen.Add (P3)
```

Auf den ersten Blick ergibt sich kein allzu großer Unterschied zur `ArrayList`-Collection, doch die Kleinigkeit, dass alle Elemente denselben Typ besitzen, kann in der Praxis eine wichtige Rolle spielen.

7.2.1 Die Dictionary-Klasse – mit Typ und Schlüssel

Die `Dictionary`-Klasse ist das generische Pendant zur `HashTable`-Klasse. Beim Instanziieren muss daher nicht nur ein Typ für den Wert, sondern auch für den Schlüssel festgelegt werden (und zwar in der umgekehrten Reihenfolge). Die Bezeichnung `Dictionary` (zu Deutsch »Nachschlagewerk«) wurde natürlich nicht zufällig gewählt. Der Name rührt von dem Umstand her, dass ein einzelner Wert über seinen Schlüssel »nachgeschlagen« wird.[1]

Im folgenden Beispiel werden beliebte Kfz-Kennzeichen zu einer `Dictionary`-Collection zusammengefasst, wobei dieses Mal sowohl Wert als auch Schlüssel vom Typ `String` sein müssen:

```
Dim KfzKennzeichen As New Dictionary(Of String, String)
KfzKennzeichen.Add("BM", "Bergheim")
KfzKennzeichen.Add("LM", "Limburg")
KfzKennzeichen.Add("FFB", "Fürstenfeldbruck")
KfzKennzeichen.Add("ME", "Mettmann")

For Each Kfz As String In KfzKennzeichen.Values
  Console.WriteLine(Kfz)
Next
```

Das Besondere an den Generics ist, dass der Compiler bereits darauf achtet, dass der `Add`-Methode der richtige Typ übergeben wird. Das wird durch die Eingabehilfe von Visual Basic sehr gut deutlich, die unmissverständlich klarmacht, dass beide Argumente vom Typ `String` sein müssen.

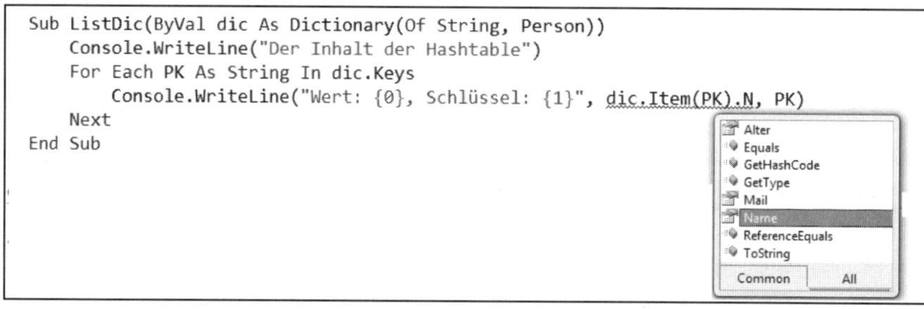

Abb. 7.2: Bei einer Dictionary-Collection sind sowohl Schlüssel als auch Wert typisiert.

7.3 Funktionsausdrücke – praktischer, als man denkt

Gleich vorweg, Funktionsausdrücke werden in ihrer Reinform am Anfang nur selten benötigt. Ausschließen kann man es natürlich nicht. Insbesondere Leser mit einer gewissen Vorliebe für Mathematik werden sie schnell zu schätzen lernen. Ein Funktionsausdruck ist ein (sehr einfacher) Ausdruck, der einer Variablen zugewiesen oder als Parameter an eine Prozedur übergeben werden kann.

Das folgende Beispiel definiert zunächst ein kleines Array mit Zahlen.

```
Dim Zahlen() = {11, 22, 33, 44, 55, 66, 77, 88, 99, 100, 200}
```

Möchte man nur die geraden Zahlen erhalten, könnte man natürlich das Array mit einer kleinen Schleife »durchlaufen« und jeden Feldwert entsprechend prü-

1. Eigentlich hätte man die `HashTable` von Anfang an Dictionary nennen sollen, da sie genauso funktioniert. In JavaScript nennt man diese »Dinger« übrigens assoziative Arrays. Auch nicht sehr einprägsam.

fen. Mithilfe eines Funktionsausdrucks geht es ein wenig einfacher. Zunächst wird der Funktionsausdruck selber definiert:

```
Dim CheckGerade = Function(z) z Mod 2 = 0
```

Das dürfte gerade erfahrenen Visual Basic-Programmierern sehr seltsam erscheinen, denn der `Function`-Befehl wird normalerweise zur Definition einer Funktion verwendet und taucht nicht rechts vom Zuweisungsoperator auf. Es hat aber alles seine Richtigkeit. Nun muss der Funktionsausdruck zum Einsatz kommen. Dafür gibt es bei einem Array die (Erweiterungs-)Methode `Where`, die einen Funktionsausdruck als Parameter erwartet:

```
Dim GeradeZahlen = Zahlen.Where(CheckGerade)
```

Die große Frage ist, was `GeradeZahlen` für ein »Ding« ist, denn es wurde kein Typ angegeben. Ist es etwa ein Array? Auch wenn es so aussehen könnte, ist das nicht der Fall. Bei `GeradeZahlen` handelt es sich um einen sog. Iterator, ein sehr spezielles Gebilde, für das man sich aber nicht weiter interessieren muss. Wichtig ist lediglich, dass der Rückgabewert der `Where`-Methode wie ein Array behandelt werden kann:

```
For z In GeradeZahlen
  Console.WriteLine(z)
Next
```

Durch das Durchlaufen von `GeradeZahlen` mit dem `For Each`-Befehl wird die Abfrage ausgeführt und das Ergebnis wie ein Array behandelt. Möchte man gleich ein Array erhalten, muss der Befehl wie folgt lauten:

```
Dim GeradeZahlen = Zahlen.Where(CheckGerade).ToArray()
```

Das angehängte `ToArray` sorgt dafür, dass die Variable `GeradeZahlen` ein `Integer`-Array erhält.

Wer es gerne etwas formaler mag, deklariert die Variable, die den Funktionsausdruck enthält, mit einem Typ:

```
Dim CheckUngerade As Func(Of Integer, Boolean) = Function(P) P Mod 2
= 1
```

Irgendwelche Vorteile bietet diese Variante aber nicht. In beiden Fällen steht die Variable `CheckUngerade` für einen Funktionsausdruck, der über die `Invoke`-Methode des dahinter stehenden `Func`-Objekts aufgerufen wird:

```
CheckUngerade.Invoke(3)
```

Zugegeben, es gibt bei Visual Basic einfachere Wege festzustellen, ob eine Zahl ungerade ist, zumal das Ergebnis im obigen Befehl nicht weiterverarbeitet wird.

Richtig praktisch wird ein Funktionsausdruck z.B. dann, wenn er für alle Zahlen eines Arrays aufgerufen wird. Das geschieht im folgenden Beispiel:

```
Dim Zahlen() As Integer = {11, 22, 33, 77, 99, 123, 267, 400}
Dim UngeradeZahlen = Zahlen.Where(CheckUngerade)
```

oder wenn man den Funktionsausdruck direkt einsetzt:

```
Dim UngeradeZahlen = Zahlen.Where (Function(z) z mod 2 = 1)
```

oder wenn anstatt der Where-Erweiterungsmethode die `FindAll`-Methode der Array-Klasse eingesetzt wird:

```
Dim UngeradeZahlen = Array.FindAll(Zahlen, Function(P) P Mod 2 = 1)
```

Eine Funktionsvariable kann an dieser Stelle nicht eingesetzt werden, da sich ihr Typ nicht in den erwarteten Typ `Predicate(Of T)` umwandeln lässt. Doch das spielt an dieser Stelle keine Rolle, zumal auch viele erfahrene Entwickler die `FindAll`-Methode und ihre »Verwandten« nicht kennen, da sie ein wenig »speziell« sind.

Ein weiterer Aspekt, der Funktionsausdrücke attraktiv macht, ist der Umstand, dass eine Funktionsvariable natürlich jederzeit einen neuen Wert erhalten kann, der in diesem Fall einfach ein anderer Funktionsausdruck ist. Damit lassen sich z.B. mit den Zahlen eines Arrays mit ein und demselben Aufruf unterschiedliche Operationen durchführen.

Im folgenden Beispiel wird der Variablen `CheckZahl` zwei Mal nacheinander ein anderer Funktionsausdruck zugewiesen und zwei Mal die Prozedur `DoCheck` aufgerufen, der die Variable als Parameter übergeben wird, sodass mit dem Array `Zahlen` zwei Mal durch denselben Aufruf eine unterschiedliche Operation durchgeführt wird.

```
Dim CheckZahl As Func(Of Integer, Boolean)

CheckZahl = Function(P) P Mod 2 = 1
Console.WriteLine("Die ungeraden Zahlen...")
DoCheck(CheckZahl)
Console.WriteLine("Die geraden Zahlen...")
CheckZahl = Function(P) P Mod 2 = 0
DoCheck(CheckZahl)
```

Die Funktion `DoCheck` ist wie folgt definiert:

```
Sub DoCheck(ByVal F As Func(Of Integer, Boolean))
  Dim Zahlen() As Integer = {11, 22, 33, 77, 99, 123, 267, 400}
  Dim Ergebnis = Zahlen.Where(F)
  For Each z In Ergebnis
    Console.WriteLine(z)
  Next
End Sub
```

Das Beispiel zeigt auch, dass natürlich auch einer Funktion ein Parameter vom Typ einer Funktionsvariablen übergeben werden kann.

Ist es auch möglich, den Funktionsausdruck über eine Zeichenkette festzulegen? Etwa in der Form:

```
CheckZahl = "Function(P) Math.Sqrt(P)"
```

Die Variable `CheckZahl` erhält dieses Mal eine Zeichenkette und einen Funktionsausdruck zugewiesen, obwohl sich beide Werte auf den ersten Blick sehr ähnlich sehen.

So weit geht die Flexibilität bei Visual Basic leider nicht. Wäre es möglich, wäre dies insofern praktisch, da sich auf diese Weise der Funktionsausdruck vom Anwender in eine Textbox eingeben ließe. Was wiederum z.B. bei »Funktionsplottern« praktisch wäre, die nach Eingabe einer Funktion diese zeichnen.

Die Einschränkung aus dem letzten Absatz bedeutet nicht, dass es nicht grundsätzlich geht. .NET ist sehr flexibel, was das Umwandeln von Text in IL-Code (*Intermediate Language*) angeht, der danach und damit während der Programmausführung gleich ausgeführt werden kann. Die Details würden den Rahmen des Buches wie es so schön heißt »sprengen«, aber allzu kompliziert dürfte es nicht sein. Experimentierfreudige Leser sollten sich ein wenig im Internet umsehen, speziell unter der Webseite *http://www.codeproject.com*, wo Programmierer aus der ganzen Welt kleine Beispielprojekte und andere technische Aspekte der Allgemeinheit vorstellen (allerdings auf Englisch, was heutzutage alleine dank GoogleTranslate&Co kein Hindernis mehr sein sollte).

Bei Visual Basic 9.0 beschränkt sich ein Funktionsausdruck auf einen Ausdruck, der in einen Wert resultiert (z.B. `P.Alter > 60`, der einen True-/False-Wert liefert) und bei dem maximal über den IIf-Operator eine Entscheidung getroffen werden kann. Erst mit der nächsten Visual Basic-Version, so viel sei an dieser Stelle bereits verraten, kann ein Funktionsausdruck auch aus einer im Prinzip beliebigen Befehlsfolge bestehen, die zudem nicht unbedingt einen Wert zurückgeben muss.

Funktionsausdrücke werden manchmal auch als *Lambdas* bezeichnet. Dieser Ausdruck geht noch auf die Programmiersprache LISP und damit auf die 50er-Jahre des letzten Jahrhunderts zurück. Wer sich für die Details interessiert, dem sei (natürlich) der entsprechende Wikipedia-Eintrag empfohlen.

7.4 LINQ für den Einstieg

LINQ, vier Buchstaben, die den Umgang mit Daten in einem Visual Basic-Programm in Zukunft verändern werden und dies bereits getan haben. LINQ ist deswegen so innovativ, weil sich alltägliche Abfragen deutlich vereinfachen.

Eine kleine Formalität vorweg, bevor es mit LINQ losgeht. Die Beispiele in diesem Abschnitt basieren auf einer Klasse `Person`, welche die Properties `Ort` (`String`), `Alter` (`Short`), `Name` (`String`) und `PersonNr` (`Integer`) besitzt (den Beispielcode finden Sie auf der Buch-DVD).

Gegeben sei eine generische Collection mit dem Namen `Personen`, die eine Reihe `Person`-Objekte enthält. Möchte man alle `Person`-Objekt ausfiltern, bei denen die Eigenschaft `Alter` einen Wert > 60 besitzt, sähe dies konventionell wie folgt aus:

```
Dim PersonenUeber60 As New List(Of Person)
For Each P In Personen
  If P.Alter > 60 Then
    PersonenUeber60.Add(P)
  End If
Next
```

Zugegeben, das ist nicht unzumutbar lang, auf die Dauer aber ein wenig eintönig. Mit LINQ lässt sich diese »Datenabfrage« auf einen Befehl reduzieren:

```
Dim PersonenUeber60 = From P In Personen Where P.Alter > 60 Select P
```

Nicht nur, dass dieser Befehl ein wenig kürzer ist, er ist deutlich »natürlicher« strukturiert.

Die Vorzüge von LINQ liegen aber nicht so sehr darin, dass alles kürzer und kompakter wird, sondern in erster Linie darin, dass sich beliebige Daten beliebig kombinieren lassen.

Normalerweise kommen die Daten, die in den letzten Beispielen verarbeitet wurden, irgendwoher, wobei dieses Irgendwo in der Regel eine Datenbank ist. Wie kann denn LINQ dazu beitragen, eine Datenbankabfrage zu vereinfachen, oder muss man erst die Daten per ADO.NET in eine DataTable laden, damit eine solche Abfrage möglich wird? Auf keinen Fall, denn über eine neue Technik, die LINQ to SQL heißt, können Sie SQL Server-Datenbanken direkt abfragen und müssen sich keine Gedanken darüber machen, wie die Daten im Detail abgerufen werden. Auch das Aktualisieren, also das Zurückschreiben im Programm geänderter Daten, ist bei LINQ to SQL problemlos möglich. Mehr zu LINQ to SQL in Kapitel 14, wenn es um den Zugriff auf Datenbanken geht.

Wie sähe eine LINQ-Abfrage aus, die alle Personen zurückgibt, die in einem Ort wohnen, der mit »D« beginnt? Zum Beispiel wie folgt:

```
Dim PersonenInOrtenMitD = From P In Personen Where
P.Ort.StartsWith("D") Select P
```

Über das `Select`-Schlüsselwort am Ende wird das komplette Objekt in die Ergebnismenge »projiziert«. Soll das Objekt in der Ergebnismenge nicht alle Properties besitzen, legt man einfach ein neues Objekt an:

```
Dim PersonenInOrtenMitD = From P In Personen Where
P.Ort.StartsWith("D") _
  Select New With {.Person = P.Name, .Wohnort = P.Ort}
```

Da der neue Typ keinen Namen besitzt, wird er als *anonymer Typ* bezeichnet und ist eine der Neuerungen, die mit Visual Basic 9.0 eingeführt wurden.

AUFSTEIGER

Die im letzten Abschnitt vorgestellten Funktionsausdrücke sind hinter den Kulissen bei LINQ im Einsatz, allerdings treten sie nur indirekt in Erscheinung, denn LINQ soll die Programmierung vereinfachen. In einem Befehl wie

```
Dim Oldies = From P In Personen Where P.Alter > 60
```

ist `P.Alter > 60` (natürlich) ein Funktionsausdruck, der als Parameter der `Where`-Methode übergeben wird. Doch dank der in diesem Zusammenhang ebenfalls eingeführten Abfragevereinfachungen kann der Funktionsausdruck sehr viel natürlicher in den Befehl eingebaut werden.

7.5 LINQ für etwas Fortgeschrittenere

Richtig interessant wird LINQ, wenn es über das einfache Abfragen von Collections hinausgeht. Für das folgende Beispiel kommt erneut die Klasse `Person` mit ihren Properties `Name`, `Alter`, `PersonNr` und `Ort` zum Einsatz. Außerdem eine Klasse `AusleihVorgang` mit den Properties `AusleihDatum`, `BuchNr` und `PersonNr` und eine weitere Klasse `Buch` mit den Properties `BuchNr`, `Titel` und `Preis`. Es wird also bereits etwas umfangreicher (den Quellcode finden Sie auf der Buch-DVD). Erfahrene Leser erkennen bereits, um was es geht, über gemeinsame Felder sollen sich Beziehungen herstellen lassen, die im Rahmen einer sog. »Join-Operation« kombiniert werden.

Damit als die Grundlage für eine Reihe bereits etwas umfangreicher LINQ-Abfragen eine Reihe von »Datensätzen« zur Verfügung steht, werden drei generische Collections angelegt:

```
Private Buecher As List(Of Buch)
Private Personen As List(Of Person)
Private Ausleihaktionen As List(Of AusleihAktion)
```

Als Nächstes werden die drei Collections mit Objekten gefüllt, die wiederum mit »Zufallsdaten« initialisiert werden (auch hier wird ein Blick in den Quellcode auf der Buch-DVD empfohlen).

Die folgende LINQ-Abfrage gibt alle Bücher zurück, die von einer bestimmten Person ausgeliehen wurden.

```
Dim AlleBuecherPerson = From A In Ausleihaktionen Join P In Personen
On A.PersonNr Equals P.PersonNr Where A.PersonNr = SuchPersonNr Join
B In Buecher On A.BuchNr Equals B.BuchNr _
  Select New With {.Name = P.Name, .Titel = B.Titel, .Datum =
A.AusleihDatum}
```

Im letzten Beispiel wurde mit `PersonNr` nur ein Kriterium in die Abfrage einbezogen. Es ist grundsätzlich kein Problem, über die logischen Operatoren `And` und `Or` weitere Kriterien einzubeziehen.

Die folgende LINQ-Abfrage gibt die Ausleihen in einem vorgegebenen Zeitraum zurück.

```
Dim StartDatum As Date = Date.Parse("1.4.2009")
Dim EndDatum As Date = Date.Parse("1.5.2009")
Dim AlleBuecherImZeitraum = From A In Ausleihaktionen Where
A.AusleihDatum >= StartDatum And A.AusleihDatum <= EndDatum Join B In
Buecher On A.BuchNr Equals B.BuchNr Select A, B
```

Mit LINQ ist nicht nur das Zusammenstellen von Daten möglich, sondern auch die von SQL bekannten Aggregatfunktionen, mit denen z.B. die Summe über alle Werte oder der Durchschnittswert aller Werte gebildet werden kann.

Die folgende LINQ-Abfrage gibt die Summe der Preise aller Bücher zurück, die von einer bestimmten Person ausgeliehen wurden.

```
Dim SummeAllerBuecher = (From A In Ausleihaktionen Join P In Personen
On A.PersonNr Equals P.PersonNr Where A.PersonNr = SuchPersonNr Join
B In Buecher On A.BuchNr Equals B.BuchNr Select B.Preis).Sum()
```

AUFSTEIGER

Was im Rahmen einer LINQ-Abfrage grundsätzlich geht, bestimmen die Methoden der Klassen `Enumerable` und `Queryable`, deren Methoden in einer LINQ-Abfrage stets aufgerufen werden. Es ist also nicht so, dass alles irgendwie möglich ist. Es geht nur das, was über die beiden Klassen an Methoden zur Verfügung gestellt wird. Und das sind knapp über 40 Methoden, die in der Hilfe ausführlich beschrieben werden.

7.6 Zusammenfassung

Sobald mehrere Zahlen, Zeichenketten bzw. allgemein Objekte in einer Variablen abgelegt werden sollen, bietet sich dafür eine Collection an. Bei einer regulären Collection dürfen alle Elemente ihren eigenen Typ besitzen, bei einer generischen Collection nur jenen Typ, der beim Instanziieren der Collection angegeben wurde. Sollen mit den Elementen der Collection Such- und Filter-Operationen durchgeführt werden, bieten sich dafür Funktionsausdrücke an, die als Parameter an eine (Erweiterungs-)Methode wie `Where`, über die jedes Array und jede Collection verfügt, übergeben werden. Noch komfortabler lassen sich solche Abfragen mit LINQ durchführen, mit dem Abfragen durch an die Datenbanksprache SQL angelehnte Schlüsselwörter formuliert werden.

7.7 Fragen zum Abschluss des Kapitels

Frage 1 Was hat der Programmierer bei folgendem Funktionsausdruck vergessen?

```
Dim AltersCheck = P > 60
```

Frage 2 Definieren Sie einen Funktionsausdruck, der zwei `Person`-Objekte entgegennimmt und jedes Objekt zurückgibt, dessen `Alter`-Eigenschaft den größeren Wert besitzt.

Frage 3 Fassen Sie die beiden Funktionsausdrücke zum Prüfen auf ungerade und gerade in einem Array zusammen, und definieren Sie eine Funktion `CheckZahl`, in der per Zufallszahlengenerator eine von beiden Funktionen aufgerufen wird.

Frage 4 Definieren Sie eine Collection, in der die Namen von Fußballspielern gespeichert werden und jeder Spieler über ein eindeutiges Merkmal abgerufen werden kann. Warum kommt der Vereinsname dafür nicht infrage?

Frage 5 Wie lautet eine LINQ-Abfrage, die von einem `Integer`-Array mit Zahlen jene Zahlen zurückgibt, deren Quadratwurzel eine ganze Zahl ist?

Frage 6 Was wurde bei der folgenden LINQ-Abfrage »vergessen«, welche Sorte von Objekten gibt sie zurück, und wie müsste sie erweitert werden, dass nur Objekte vom Typ `Buch` zurückgegeben werden?

```
Dim AusleihTitel = From B In Buecher Where B.Ausgeliehen = True Join
P In Personen On Buecher.PersonNr Equals P.PersonNr
```

Die Antworten zu den Fragen finden Sie in Anhang C.

jetzt lerne ich

Formulare und Steuerelemente für etwas Fortgeschrittene

In Kapitel 3 haben Sie den Umgang mit Steuerelementen (den Controls) kennengelernt. In diesem Kapitel ging es lediglich um das Prinzip, nachdem ein Steuerelement auf einem Formular platziert wird, und es wurde der »harte Kern« der Steuerelemente der Toolbox wie Label, TextBox und Button vorgestellt, die praktisch bei jeder Oberfläche verwendet werden. In diesem Kapitel lernen Sie etwas »fortgeschrittenere« Steuerelemente wie das TreeView-, das ListView-, das TabControl- oder das WebBrowser-Steuerelement kennen. Wenn Sie sich bereits in Grundzügen mit den Collections auskennen, was bei gewissenhaftem Durcharbeiten des entsprechenden Abschnitts in Kapitel 7 der Fall sein sollte, werden Sie es deutlich leichter haben, die Arbeitweise dieser Controls zu verstehen, denn jedes Steuerelement, das mehrere Elemente anbietet, fasst diese (natürlich) in einer Collection zusammen.

Sie lernen in diesem Kapitel

- die Rolle der Events und der Ereignisprozeduren
- Tastatur- und Mauseingaben
- wie sich der im Browser angezeigte Inhalt als Bitmap abspeichern lässt.

8.1 Die Rolle der Events

Beim Umgang mit Steuerelementen dreht sich fast alles um die Events, zu Deutsch »Benachrichtigungen«. Ein Event ist eine Benachrichtigung, die durch eine Aktivität des Benutzers der Anwendung ausgelöst wird und die zum Aufruf einer zuvor festgelegten Ereignisprozedur führt. Der Windows Forms-Designer sorgt dafür, dass diese Verknüpfung automatisch eingerichtet wird. Wenn Sie einen Button auf einem Formular platzieren und diesen doppelt anklicken, erscheint im Programmcodefenster ein fertiger Prozedurrahmen:

```
Private Sub Button1_Click(ByVal sender As System.Object, ByVal e As
System.EventArgs) Handles Button1.Click

End Sub
```

Dafür, dass nach dem Klick auf den Button die Prozedur `Button1_Click` aufgerufen wird, sorgt das unscheinbare `Handles`-Schlüsselwort, das auf den Prozedurkopf folgt. Es verknüpft die Prozedur mit dem `Click`-Event des Buttons, der durch die Variable `Button1` repräsentiert wird. `Button1` ist eine reguläre Variable, die in jener »unsichtbaren« Designer-Datei definiert wird, die jedes Formular begleitet. Wenn Sie ihren Inhalt sehen möchten, müssen Sie im Projektmappen-Explorer zunächst alle Dateien sichtbar machen (indem Sie auf den Button *Alle Dateien anzeigen* in der Symbolleiste des Explorers klicken) und anschließend auf das +-Zeichen vor dem Formular. In der Designer-Datei ist die Variable wie folgt definiert:

```
Friend WithEvents Button1 As System.Windows.Forms.Button
```

Das Schlüsselwort `WithEvents` sorgt dafür, dass die Variable Ereignisse »empfangen« kann und das Verknüpfen mit einem Event per `Handles` möglich ist.

Es ist übrigens überhaupt kein Problem, dass sich eine Ereignisprozedur um mehrere Events kümmert. Soll die Ereignisprozedur `Button1_Click` auch für die `Click`-Events weiterer Steuerelemente zuständig sein, werden deren Namen einfach auf `Handles` folgend aufgeführt:

```
Private Sub Button1_Click(ByVal sender As System.Object, ByVal e As
System.EventArgs) Handles Button1.Click, Button2.Click,
ListBox1.Click

End Sub
```

In diesem Fall wird die Ereignisprozedur auch dann aufgerufen, wenn die Steuerelemente `Button2` oder `ListBox1` angeklickt werden. Grundsätzlich kommt jedes Event infrage, das dieselbe Signatur besitzt. Unter *Signatur* werden die Anzahl und die Datentypen der Prozedurparameter verstanden (ihre Namen spielen dagegen keine Rolle). Der `Click`-Eventhandler besitzt zwei Parameter: `Sender` steht als `Object`-Wert für das Steuerelement, welches das Event ausgelöst hat. `e` steht als Objekt vom Typ `EventArgs` für einen zusätzlich übergebenen Wert, der aber in der Praxis nie einen Wert besitzt. Mehr zu den Event-Parametern erfahren Sie in den nächsten Abschnitten, in denen es um die Auswertung von Tastatur- und Mauseingaben geht.

Ein wichtiger Hinweis zum Schluss. Ereignisprozeduren werden nicht eingegeben, auch wenn das grundsätzlich möglich ist. Ihr Rahmen wird vielmehr automatisch eingefügt. Es gibt drei Wege, das zu erreichen:

1. Per Doppelklick auf das Steuerelement (oder Formular). Dabei wird aber immer ein bestimmtes Event ausgewählt, für das der Rahmen automatisch eingefügt wird.
2. Im Programmcodefenster durch Auswahl des Steuerelements in der linken und des Events in der rechten Auswahlliste.
3. Im Eigenschaftenfenster (dies ist der offizielle Weg), in dem in der Spalte *Ereignisse* das Ereignis ausgewählt wird. Ein Doppelklick auf den Eintrag in der linken Spalte fügt den Rahmen ein. Alternativ kann in der rechten Spalte eine bereits vorhandene Ereignisprozedur ausgewählt werden.

Wird der Name eines Steuerelements nachträglich geändert, ändert sich nicht der Name der Ereignisprozedur. Der Grund ist, dass dieser Name keine Rolle spielt – die Verknüpfung zu dem Event wird über das `Handles`-Schlüsselwort hergestellt. Sie können daher der Ereignisprozedur einen beliebigen Namen geben.

8.2 Tastatureingaben

Die Tastatur ist auch bei einer Windows-Anwendung das wichtigste Eingabemedium. Gerade erfahrene Anwender teilen einem Programm sehr viel schneller ihre Wünsche per Tastatur mit als mithilfe der Maus. Wird eine Taste gedrückt, hat dies eine oder mehrere Tastaturereignisse (Events) zur Folge. Ausgelöst werden diese Events bei jenem Steuerelement, das den Eingabefokus besitzt. Da es pro Formular nur ein solches aktives Steuerelement geben kann, ist die Angelegenheit relativ einfach geregelt. Genauso einfach ist die Antwort auf die Frage, welches Steuerelement auf Tastaturereignisse reagieren kann: Grundsätzlich alle, da sich alle Steuerelemente von der allgemeinen `Control`-Klasse ableiten und diese die Tastaturevents `KeyDown`, `KeyPress` und `KeyUp` anbietet (servicefreundlich, wie es in diesem Buch üblich ist, zusammengestellt in Tabelle 8.2). Allerdings finden Sie diese Events nur bei jenen Controls, die den Eingabefokus erhalten können, wie z.B. bei der TextBox, aber nicht beim Label.

8.2.1 Was ist genau passiert? Die Aufgabe des e-Arguments

Tastatur- wie Mausereignissen ist gemeinsam, dass man in der Regel etwas mehr erfahren möchte, als dass ein Ereignis eingetreten ist. Bei Tastaturevents interessiert man sich meistens für den Tastencode der gedrückten Taste oder dafür, ob gleichzeitig die [Alt]- oder [⇧]-Taste gedrückt wurde; bei Mausevents natürlich für die Mauskoordinaten oder die gedrückte Maustaste. Grundsätzlich ist der Prozedurkopf aller Ereignisprozeduren bei Steuerelementen gleich aufgebaut. Das erste Argument heißt `Sender`, steht für das Steuerelement und ist vom Typ `Object`. Das zweite Argument heißt e und ist entweder vom Typ `EventArgs` oder von einem Typ, der sich von der `EventArgs`-Klasse ableitet. Interessant wird es immer dann, wenn sich das e-Argument von der `EventArgs`-Klasse ableitet, also im Prozedurkopf auf e nicht `EventArgs`, sondern eine andere Klasse folgt. In diesem Fall werden über die Eigenschaften dieser Klasse und damit über e zusätzliche Informationen übertragen. Welche Eigenschaften dies sind, hängt von der Klasse ab. Bei einem `MouseMove`-Event ist das e-Argument vom Typ `MouseMoveEvents`. Diese Klasse besitzt, wie könnte es anders sein, unter anderem eine Eigenschaft `Location` (oder alternativ `X` und `Y`, um die Koordinaten einzeln abzufragen), die für die aktuelle Position des Mauszeigers (als `Point`-Objekt) steht, und eine Eigenschaft `Delta`, die für die Anzahl an Einheiten steht, die das Mausrädchen (sofern vorhanden) seit dem letzten Event weitergedreht wurde. Richten Sie daher Ihr Augenmerk auf den e-Parameter, wenn Sie mehr über einen Event erfahren möchten. Uninteressant ist das Argument immer dann, wenn es vom Typ `EventArgs` ist, wie es etwa beim `Click`-Event der Fall ist. In diesem Fall werden keine zusätzlichen Informationen übertragen, und Sie können das e-Argument ignorieren.

Als kleine Vereinfachung können in einer `Click`-Ereignisprozedur die beiden Prozedurparameter auch entfallen:

```
Sub ButtonClick() Handles Button1.Click

End Sub
```

8.2.2 Der Unterschied zwischen KeyDown, KeyUp und KeyPress

Ein Blick in Tabelle 8.2 könnte zur Annahme verleiten, dass das `KeyPress`-Event im Grunde überflüssig ist, da bei einem Tastendruck immer zuerst ein `KeyDown`-Event ausgelöst wird. Doch nur scheinbar, denn `KeyPress` wird immer dann zusätzlich ausgelöst, wenn eine Taste gedrückt wurde, die einem darstellbaren Zeichen entspricht. Konkret, die [⇧]-Taste löst nur ein `KeyDown`-Event aus, aber kein `KeyPress`-Event. Die [A]-Taste löst beide Events aus genau wie die [↵]-Taste. Auch wenn dieses Zeichen nicht sichtbar ist, besitzt es einen ASCII-Code (13) – mehr dazu in Kürze.

Eine wichtige Rolle spielt der kleine Unterschied zwischen `KeyDown` und `KeyPress` bei der Unterscheidung, ob ein Groß- oder Kleinbuchstabe eingegeben wurde. Über `KeyDown` erhalten Sie für die Taste [A] immer den Keycode 65, da Sie immer dieselbe Taste drücken, egal ob Sie ein großes oder ein kleines A eingeben. Halten Sie die [⇧]-Taste gedrückt, wird `KeyDown` ein weiteres Mal aufgerufen, und Sie erhalten beim ersten Mal den Keycode 16. Über `KeyPress` erhalten Sie dagegen das tatsächlich gedrückte Zeichen. Über die praktische `Asc`-Funktion erhalten Sie bei einem großen A den ASCII-Code 65, bei einem kleinen a entsprechend 97.[1] Tabelle 8.1 enthält die ASCII-Codes für einige Tasten, eine vollständige Liste finden Sie »überall« im Web.

Tabelle 8.1: Die ASCII-Codes einiger Zeichen

Zeichen	**ASCII-Code**
←	8
↹	10
↵	13
Leertaste	32
0	48
1	49
@	64
A	65
B	66
Z	90
A	97
B	98
_	128
Ä	228
Ä	196
ß	223

Auf der Buch-DVD finden Sie das Projekt *KeyboardEvents.sln*, mit dem Sie ein wenig die verschiedenen Keyboard-Events ausprobieren können. Hier wird Ihnen auch zu jeder Taste der ASCII-Code angezeigt.

Tabelle 8.2: Die Keyboard-Events der Control-Klasse

Event	**Wann wird es ausgelöst?**	**Besonderheiten beim e-Parameter**
`KeyDown`	Wenn eine Taste gedrückt wird	Übergibt den Tastencode in Gestalt von `KeyValue` als Integer und in Gestalt von Keycode als `Keys`-Wert.
`KeyUp`	Wenn eine gedrückte Taste wieder losgelassen wird	Übergibt den Tastencode in Gestalt von `KeyValue` als Integer und in Gestalt von Keycode als `Keys`-Wert.
`KeyPress`	Wenn eine Taste, die für ein darstellbares Zeichen steht, gedrückt wird	Übergibt das (ASCII-)Zeichen, das für die gedrückte Taste steht, als `Char`-Wert.

1. Der American Standard Code for Information Interchange aus den 60er-Jahren ist immer noch aktuell. Diese Abkürzung konnte der Autor übrigens schreiben, ohne bei Wikipedia nachschauen zu müssen. Erfahrung zahlt sich eben manchmal aus.

8.2.3 Die Rolle des Eingabefokus

Auf einem Formular kann es nur ein Steuerelement geben, das den Eingabefokus besitzt. Normalerweise bewegt der Anwender den Fokus über die [Tab]-Taste oder direkt durch Anklicken mit der Maus. Während der Mauszeiger jederzeit in ein beliebiges Steuerelement gesetzt werden kann, gibt es für die [Tab]-Taste eine feste Reihenfolge. Sie wird durch den Wert der `TabIndex`-Eigenschaft eines Steuerelements bestimmt. Möchten Sie daher erreichen, dass die Steuerelemente in einer bestimmten Reihenfolge angesteuert werden, erreichen Sie das durch Setzen der `TabIndex`-Eigenschaft. Soll ein Steuerelement nicht per [Tab]-Taste erreichbar sein, muss seine `TabStop`-Eigenschaft auf `False` gesetzt werden.

TIPP

Da es nicht nur bei größeren Formularen mit mehreren Steuerelementen relativ lästig sein kann, die `TabIndex`-Eigenschaft für jedes Steuerelement einzustellen, bietet Visual Basic über den Menübefehl ANSICHT|AKTIVIERREIHENFOLGE eine praktische Hilfe. Wählen Sie diesen Eintrag, wird der aktuelle Wert der `TabIndex`-Eigenschaft nicht nur für jedes Steuerelement eingeblendet, der Wert kann durch Anklicken des Kästchens auch eingestellt werden (in diesem Modus ist es allerdings nicht möglich, weitere Steuerelemente auf dem Formular zu platzieren). Eine Überprüfung, ob die eingestellten Zahlen auch sinnvoll sind, findet nicht statt.

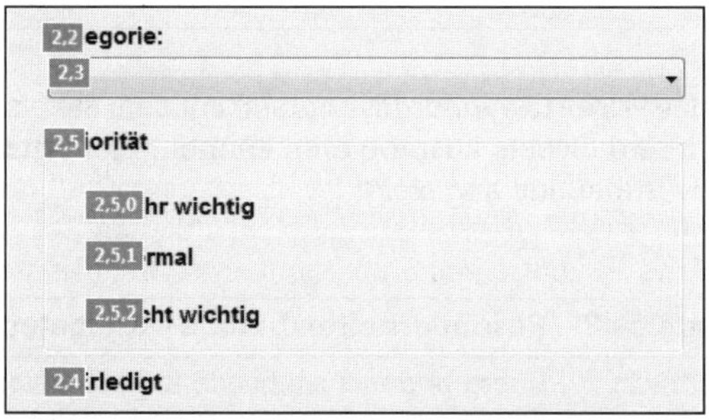

Abb. 8.1: Die Tab-Reihenfolge wird am einfachsten per Mausklick eingestellt.

Auch Labels besitzen eine `TabIndex`-Eigenschaft, auch wenn sie nie den Eingabefokus besitzen können. Der scheinbare Widerspruch hat einen einfachen Hintergrund. Indem ein Label, das ein Steuerelement beschriftet, einen um eins kleineren `TabIndex`-Wert erhält als das Steuerelement, kann das Steuerelement auch über die [Alt]-Taste und jenen Buchstaben, dem in der `Text`-Eigenschaft des Labels ein &-Zeichen vorausgeht, angesprungen werden. Der Buchstabe, dem das kaufmännische Und (Ampersand) vorausgeht, wird unterstrichen dargestellt.

8.2.4 Den Eingabefokus per Programm setzen

Über die Select-Methode erhält ein Steuerelement den Eingabefokus. Dabei wird ein Enter-Ereignis (und aus Kompatibilitätsgründen zu alten Visual Basic-Versionen auch ein GotFocus-Ereignis) ausgelöst. Soll in einer TextBox der gesamte Inhalt selektiert werden, wird anschließend die SelectAll-Methode aufgerufen.

Verliert das Steuerelement den Eingabefokus, wird ein Leave-Ereignis ausgelöst (und aus Kompatibilitätsgründen auch ein LostFocus-Ereignis). Zusätzlich zu Leave wird jedes Mal ein Validating-Ereignis ausgelöst. In diesem Event kann über den e-Parameter und das Setzen von dessen Cancel-Eigenschaft auf True erreicht werden, dass der Eingabefokus das Steuerelement nicht verlässt, z.B. weil die Eingabe nicht im richtigen Format vorliegt. Zum Schluss wird ein Validated-Ereignis ausgelöst, und die Eingabevalidierung ist abgeschlossen.

8.2.5 Wie das Formular Tastaturereignisse erhält

Normalerweise erhält das Formular selbst keine Tastaturereignisse, da es stets ein Steuerelement gibt, das den Eingabefokus besitzt und daher bevorzugt wird. Ist das aus irgendeinem Grund nicht erwünscht, muss beim Formular einfach die KeyPreview-Eigenschaft auf True gesetzt werden.

8.2.6 Automatische Zeilenschaltung – kurzer Ausflug zu SendKeys

Manche Anwender sind es gewohnt, dass das Drücken der [↵]-Taste dazu führt, dass der Eingabefokus in das nächste Eingabefeld springt. Dieses Verhalten ist bei einem Formular nicht automatisch aktiv, kann aber relativ einfach nachgerüstet werden. Wie immer gibt es dafür mehrere Möglichkeiten. Die einfachste besteht darin, im KeyPress-Event eines Steuerelements per Select das nächste Steuerelement anzuspringen:

```
If e.KeyChar = Chr(13) Then
  Textbox2.Select()
End If
```

Ein kleiner Nachteil ist, dass das nächste Steuerelement praktisch »fest verdrahtet« ist, also immer dieses Steuerelement angesprungen wird. Soll generell das nächste Steuerelement in der erwähnten Tab-Reihenfolge angesprungen werden, gibt es mit der SendKeys-Funktion eine flexiblere Alternative. Man schickt einfach eine [⇆]-Taste an das Fenster, sodass es den gleichen Effekt hat, als wenn der Anwender die Taste gedrückt hätte. Diese praktische Funktion wird unter anderem über den My-Namespace zur Verfügung gestellt:

```
If e.KeyChar = Chr(13) Then
  My.Computer.Keyboard.SendKeys("{Tab}")
End If
```

In Klammern wird der Name der Taste aufgeführt, wobei Sie nicht nur jede Taste, sondern auch Tastenfolgen senden können (eine Liste aller möglichen Namen finden Sie in der Hilfe). Achten Sie auf das optionale `Wait`-Argument. Ist es `True`, wartet das Programm, bis die Taste angekommen ist. Da dies standardmäßig der Fall ist, kann es unter Umständen zu Verzögerungen kommen, wenn das Empfängerfenster blockiert ist.

Noch praktischer wäre es natürlich, wenn das Senden der [Tab]-Taste nicht in jeder einzelnen `KeyPress`-Prozedur verdrahtet werden müsste. Auch dafür gibt es eine einfache Lösung. Setzen Sie beim Formular die `KeyPreview`-Eigenschaft auf `True`, und fügen Sie die obigen Befehle nicht in die `KeyPress`-Prozedur eines bestimmten Steuerelements, sondern in die `KeyPress`-Prozedur des Formulars ein, auf dem die Steuerelemente platziert wurden. Dadurch wird diese Prozedur bei jedem Tastendruck als Erste aufgerufen und sendet eine [Tab]-Taste an das Fenster, sodass das nächste Steuerelement in der Tab-Reihenfolge angesprungen wird. Ein kleiner Nachteil ist, dass das Weiterreichen bei einem Button hängen bleibt (ist dies absolut nicht erwünscht, kann dessen `TabStop`-Eigenschaft auf `False` gesetzt werden).

8.3 Mausaktionen

Neben der Tastatur ist die Maus nach wie vor das zweitwichtigste Eingabegerät. Jahrelang als »Geheimtipp« gehandelte Nachfolger, wie Spracheingabe, Touchscreen oder Eingabepad, konnten sich nicht durchsetzen (wenngleich mit dem kommenden Windows 7 der TouchScreen eine erneute Chance erhält). Jedes Steuerelement bietet daher eine Auswahl an Mausevents an, die alle gängigen Situationen abdecken. Tabelle 8.3 stellt alle MouseEvents der `Control`-Klasse zusammen, die bei praktisch jedem Steuerelement zur Verfügung stehen. Die meisten Ereignisse sollten selbsterklärend sein. Möchten Sie zum Beispiel die Mauskoordinaten erfahren oder möchten Sie wissen, welche der Tasten [Alt], [Strg] und [⇧] gleichzeitig gedrückt war, erfahren Sie dies über das e-Argument.

Ich drehe am Rad

Keine Sorge, in diesem (kurzen) Abschnitt geht es nicht um die persönliche Beichte des Autors, der nach nächtelangen Sitzungen am PC am sprichwörtlichen Rad dreht. Es geht um das kleine Mausrädchen, über das sich die überwiegende Mehrzeit der elektronischen Nager heutzutage erfreut und das eine wichtige Eingabefunktion darstellt. Sozusagen die dritte Maustaste. Wann immer der Anwender am Rädchen dreht, wird beim Steuerelement, das den Eingabefokus besitzt, ein `MouseWheel`-Ereignis ausgelöst. Dessen e-Argument ist vom Typ `MouseEventArgs`, sodass über die `Delta`-Eigenschaft die Anzahl der Einheiten zur Verfügung steht, um die das Rädchen gedreht wurde. Der Wert beträgt entweder +120 oder –120, was aber keine Rolle spielt, da es in der Regel nur um die relative Bewegung geht.

Tabelle 8.3: Die Mausevents eines Steuerelements

Ereignis	Wann wird es ausgelöst?	e-Parameter
MouseCaptureChanged	Wenn das Steuerelement keine Mausevents mehr empfängt. Dieses Event ist sehr speziell und trägt dem Umstand Rechnung, dass ein MouseUp-Event bei einem Steuerelement auch dann noch empfangen werden kann, wenn der Mauszeiger bei gedrückter Maustaste außerhalb des Formulars bewegt wurde.	EventArgs
MouseClick	Bei einem einfachen Klick auf das Steuerelement.	MouseEventArgs
MouseDoubleClick	Bei einem Doppelklick auf das Steuerelement.	MouseEventArgs
MouseDown	Wenn die Maustaste über dem Steuerelement gedrückt wird.	MouseEventArgs
MouseEnter	Im Rahmen einer Ziehen-und-Loslassen-Operation, wenn der Mauszeiger die Innenfläche des Steuerelements erreicht.	EventArgs
MouseHover	Im Rahmen einer Ziehen-und-Loslassen-Operation, wenn der Mauszeiger in der Innenfläche des Steuerelements bewegt wird.	EventArgs
MouseLeave	Im Rahmen einer Ziehen-und-Loslassen-Operation, wenn der Mauszeiger die Innenfläche des Steuerelements wieder verlässt.	EventArgs
MouseMove	Wenn der Mauszeiger in der Innenfläche des Steuerelements bewegt wird.	MouseEventArgs
MouseUp	Wenn die Maustaste wieder losgelassen wird.	MouseEventArgs
MouseWheel	Wenn das Mausrad (sofern vorhanden) bewegt wird, wenn das Steuerelement den Eingabefokus besitzt.	MouseEventArgs

8.3.1 Den Mauszeiger »verschönern«

Als leidgeprüfter Anwender nimmt man es irgendwann einfach hin, dass der Mauszeiger entweder die Gestalt eines nüchternen Zeigers oder einer nicht gerade erbauenden Sanduhr annimmt, die mit Vista in ein scheinbar endlos drehendes Rädchen umgewandelt wurde. Doch das muss nicht sein, denn über die Cursor-Eigenschaft lässt sich jedem Steuerelement ein Mauszeigersymbol zuordnen, das dieser annimmt, sobald sich der Cursor im Innenbereich des Steuerelements befindet. Per Programm kann die Cursor-Eigenschaft natürlich ebenfalls gesetzt werden, wobei die möglichen Konstanten in einer Konstantenliste angeboten werden.

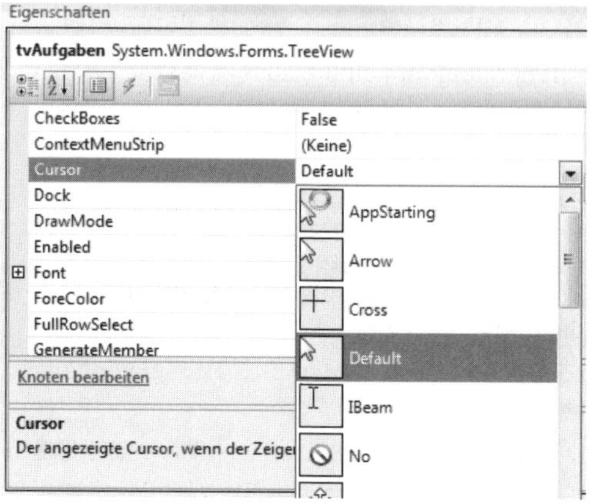

Abb. 8.2: Für das Cursorsymbol gibt es verschiedene Auswahlmöglichkeiten.

8.4 Ein einfacher Kreditrechner

In diesem Abschnitt wird ein kleiner Kreditrechner in Gestalt einer Windows Forms-Anwendung umgesetzt. Nach Eingabe des Kreditbetrags, des Zinssatzes und der Laufzeit in Monaten wird der Gesamtbetrag des Kredits ausgegeben, der nach der erweiterten Zinsformel berechnet wird (natürlich ohne Gewähr, denn der Autor ist auf diesem Gebiet alles andere als ein Experte). An diesem Beispiel lernen Sie die Umsetzung des typischen Ein- und Ausgabe-Prinzips und die Eingabevalidierung bei einer TextBox kennen.

Schritt 1

Legen Sie ein neues Windows Forms-Anwendung-Projekt an. Geben Sie dem Projekt den Namen »VBKreditrechner«, und speichern Sie es über ALLE SPEICHERN in der Symbolleiste ab.

Schritt 2

Setzen Sie die `Font`-Eigenschaft des Formulars auf »Arial, 11pt, Fett«, damit die Schrift etwas besser lesbar wird.

Schritt 3

Tragen Sie für die `Text`-Eigenschaft des Formulars »VB-Kreditrechner« ein.

Schritt 4

Ordnen Sie auf dem Formular ein Label und rechts davon eine TextBox an. Die TextBox erhält den Namen »tbKreditbetrag«, beim Label wird die `Text`-Eigenschaft auf »Kreditbetrag« gesetzt.

Schritt 5

Ordnen Sie unterhalb des Labels ein weiteres Label und rechts davon eine weitere TextBox an. Die TextBox erhält den Namen »tbZinssatz«, beim Label wird die `Text`-Eigenschaft auf »Zinssatz« gesetzt.

Schritt 6

Ordnen Sie unterhalb des Labels ein weiteres Label und rechts davon eine weitere TextBox an. Die TextBox erhält den Namen »tbLaufzeit«, beim Label wird die `Text`-Eigenschaft auf »Laufzeit in Monaten« gesetzt.

Schritt 7

Ordnen Sie unterhalb des Labels einen CommandButton an. Die `Name`-Eigenschaft erhält den Wert »bnBerechnen«, die `Text`-Eigenschaft »Berechnen«.

Schritt 8

Ordnen Sie unterhalb des Buttons ein Label und rechts davon eine TextBox an. Die TextBox erhält den Namen »tbKreditkosten«, beim Label wird die `Text`-Eigenschaft auf »Der Kredit kostet« gesetzt.

Schritt 9

Stellen Sie sicher, dass die Aktivierreihenfolge aufsteigend ist, d.h., dass das erste Label eine `TabIndex=0`, die dazugehörige TextBox eine `TabIndex=1`, das nächste Label eine `TabIndex=2` usw. besitzt. Das lässt sich über ANSICHT|AKTIVIERREIHENFOLGE sehr leicht überprüfen und anpassen und bewirkt, dass die einzelnen Eingabeelemente per [Tab]-Taste in der richtigen Reihenfolge angesprungen werden.

Schritt 10

Klicken Sie den Button doppelt an, um in die `Click`-Ereignisprozedur zu gelangen. Geben Sie hier die folgenden Befehle ein:

```
Dim Zinssatz As Single
Dim MonatsRate As Single
Dim Kreditbetrag As Single
Dim KreditKosten As Single
Dim Laufzeit As Short
Dim Zinsfaktor As Single
Zinssatz = tbZinssatz.Text
Kreditbetrag = tbKreditbetrag.Text
Laufzeit = tbLaufzeit.Text
Zinsfaktor = (Zinssatz / 100 + 1) ^ (1 / 12)
MonatsRate = Kreditbetrag * (Zinsfaktor ^ Laufzeit) / (Zinsfaktor ^
Laufzeit - 1) * (Zinsfaktor - 1)
KreditKosten = MonatsRate * Laufzeit
tbKreditkosten.Text = KreditKosten
```

Zuerst wird eine Reihe von Variablen definiert. Anschließend werden die Variablen mit den Inhalten der zuständigen TextBox belegt, in die zwischenzeitlich etwas eingegeben wurde, und anschließend wird ein wenig gerechnet. Wer sich noch in einer kaufmännischen Ausbildung befindet, wird die Formel als die »erweiterte Zinsformel« erkennen, bei der zuerst der sog. Zinsfaktor aus der 12ten Wurzel des Zinssatzes berechnet wird. Da es eine nte-Wurzel-Methode bei Visual Basic nicht gibt (wenn es sie geben würde, wäre sie eine Methode der `Math`-Klasse), wird einfach mit dem reziproken Wert potenziert. Das Ergebnis wird in der untersten TextBox angezeigt.

Schritt 11

Wählen Sie aus der linken Auswahlliste »Formular-Ereignisse« und aus der rechten Auswahlliste »Load« aus, um den Ereignisprozedurrahmen für die `Load`-Ereignisprozedur des Formulars zu erhalten. Geben Sie hier die folgenden Befehle ein:

```
tbKreditbetrag.Text = 10000
tbLaufzeit.Text = 36
tbZinssatz.Text = 5.5
```

Diese Befehle sorgen dafür, dass die drei TextBoxen zur Eingabe mit Werten vorbelegt werden.

Erstellen und starten Sie das Projekt über F5, und überprüfen Sie die Funktionstüchtigkeit des Zinsrechners an ein paar Musterberechnungen.

Erweiterung 1: Sperren der TextBox für die Ausgabe des Kreditbetrags

Die TextBox zur Ausgabe sollte Eingaben entgegennehmen. Das kann durch Setzen der `Locked`-Eigenschaft auf `True` erreicht werden.

Erweiterung 2: Der Betrag soll im Währungsformat ausgegeben werden

Auch das ist kein allzu großer Mehraufwand, denn jede »Zahlenvariable« besitzt eine `ToString`-Methode, der ein sog. Formatbezeichner übergeben werden kann, der festgelegt, auf welche Weise die Zahl formatiert, also nach einem Muster in eine Zeichenfolge konvertiert wird:

```
tbKreditkosten.Text = KreditKosten.ToString("C")
```

Erweiterung 3: Eingabevalidierung

Ein kleiner Nachteil ist natürlich, dass jede Eingabe, die sich nicht in eine Zahl konvertieren lässt, zu einer lästigen Ausnahme führt. Wie Sie Ausnahmefehler abfangen, erfahren Sie in Kapitel 10. Noch besser als Ausnahmefehler abzufangen ist, sie gar nicht erst entstehen zu lassen. Das Stichwort heißt »Eingabevalidierung« und bedeutet, dass bereits unmittelbar nach der Eingabe geprüft wird, ob die Eingabe in Ordnung ist. Bei der TextBox gibt es dafür das `Validating`-Event. Es wird immer dann ausgelöst, wenn der Fokus aus der TextBox herausbewegt wird, z.B. weil der Fokus mit der Maus in eine andere TextBox gesetzt wird. Im `Validating`-Ereignis wird die Eingabevalidierung durchgeführt. Allerdings ist es nicht ratsam, eine Falscheingabe durch eine Meldungsbox zu quittieren, da dies für den Anwender auf Dauer ein wenig lästig wird. Man führt vielmehr zwei andere Aktionen durch:

1. Der Eingabefokus verbleibt in der TextBox. Das wird durch Setzen von `e.Cancel` auf `True` erreicht.
2. Es wird ein Fehlersymbol neben der TextBox angezeigt. Das erledigt die ErrorProvider-Komponente sehr elegant.

Schritt 11

Beenden Sie das Projekt, sofern es noch ausführen sollte, und ziehen Sie eine *ErrorProvider*-Komponente aus der Toolbox auf das Formular, und legen Sie sie dort ab. Wie es sich für eine Komponente gehört, wird sie im Komponentenfach des Formulars abgelegt.

Schritt 12

Selektieren Sie die oberste TextBox, wechseln Sie in das Eigenschaftenfenster, dort in die Kategorie *Ereignisse*, selektieren Sie dort das `Validating`-Event für die TextBox, und klicken Sie die linke, leere Spalte doppelt an, um den Ereignisprozedurrahmen für dieses Ereignis einzufügen.

Geben Sie in die Ereignisprozedur die folgenden Befehle ein:

```
If Not IsNumeric(DirectCast(sender, TextBox).Text) Then
  ErrorProvider1.SetError(sender, "Eingabe ist keine Zahl.")
  e.Cancel = True
End If
```

Schritt 13

Statt die letzten beiden Schritte für die anderen beiden TextBoxen zu wiederholen, gibt es eine Abkürzung. Wählen Sie für das `Validating`-Event der anderen beiden TextBoxen einfach die bereits eingegebene Ereignisprozedur aus. Da diese allgemein gehalten sind, spielt es keine Rolle, für welche TextBox das Event ausgelöst wird.

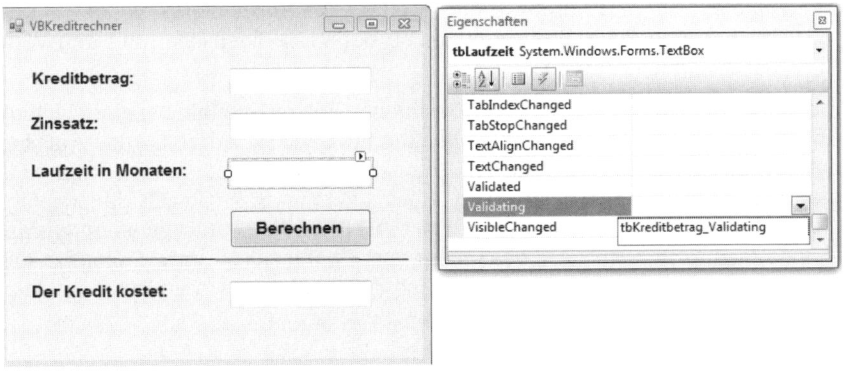

Abb. 8.3: Für das Leave-Event der anderen beiden TextBoxen wird die bereits vorhandene Ereignisprozedur gewählt.

Wenn Sie das Projekt starten, werden Sie feststellen, dass die Eingabevalidierung nicht nur zuverlässig funktioniert (der Fokus lässt sich nicht aus der betroffenen TextBox herausbewegen), sondern eine Falscheingabe optisch angenehm angezeigt wird.

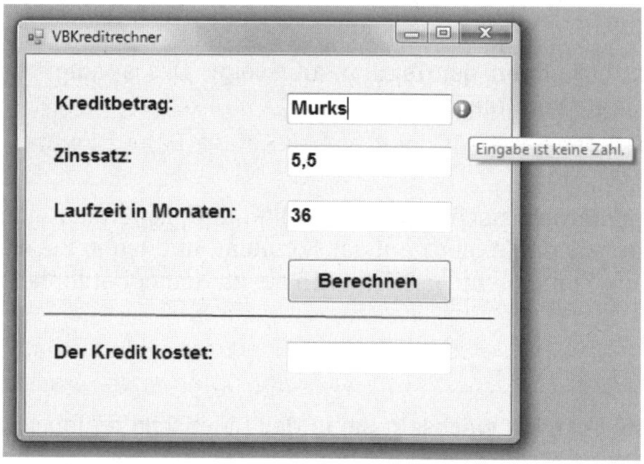

Abb. 8.4: Lässt sich eine Eingabe nicht in eine Zahl konvertieren, wird ein Fehlerzustand angezeigt.

Es ist eine grundsätzliche Überlegung wert, die lieben Anwender nicht zu stark zu »bevormunden« und auf das Einfrieren des Fokus ganz zu verzichten und lediglich eine Fehleranzeige anzuzeigen.

8.5 Listen mit Details und Spalten – das ListView-Control

Das ListView-Control kann etwas, was die normale ListBox nicht kann, mehrere Spalten nebeneinander darstellen. Es ist allerdings keine mehrspaltige ListBox, sondern stellt die typische Innenansicht des Windows-Explorers zur Verfügung, bei der die Elemente wahlweise als große Symbole, als kleine Symbole, in einer Listenansicht und eben auch in einer Detailansicht angezeigt werden können. Von den insgesamt fünf Ansichten einer ListView (Details, Große Symbole, Kleine Symbole, Liste und Geschachtelt) spielt für die Praxis meistens nur die Details-Ansicht eine Rolle, die durch Setzen der `View`-Eigenschaft auf den Wert `View.Details` aktiviert wird.

Eine ListView erhält ihren Inhalt in Gestalt von Texten, die wie bei einer ListBox über die `Add`-Methode der `Items`-Collection hinzugefügt werden. Anders als bei einer ListBox kann jeder Eintrag Untereinträge besitzen, die über die `Add`-Methode der `SubItems`-Eigenschaft eines `ListViewItem`-Objekts hinzugefügt werden, das von der `Add`-Methode der `Items`-Collection zurückgegeben wurde. Voraussetzung ist allerdings, dass zuvor eine Spalte zur `Columns`-Collection der ListView hinzugefügt wurde. Das hört sich vielleicht etwas kompliziert an, doch auch der Umgang mit der ListView ist sehr einfach.

Das folgende Beispiel listet MP3-Musikdateien im Verzeichnis *Eigene Musik* in einem ListView-Control auf und gibt zusätzlich zur Größe auch die Bitrate und die Länge der Datei an. Da dies allerdings mit den Mitteln von Visual Basic und der .NET-Klassenbibliothek alleine nicht möglich ist, greift man auf eine Komponente zurück, welche die sogenannten ID3-Tags einer MP3-Datei ausliest. Eine solche Komponente ließe sich zwar mit relativ wenig Aufwand selbst programmieren, Sie finden aber auch viele Beispiele im Internet, die das bereits für Sie erledigt haben – das folgende Beispiel greift auf ein Projekt von *Thommy Mewes* zurück, das Sie unter *http://www.codeproject.com/vb/net/vbmp3header.asp* finden. Gehen Sie wie folgt vor, um diese Datei herunterzuladen:

1. Registrieren Sie sich bei *CodeProject*. Das geht schnell und kostet nichts.
2. Klicken Sie unter der angegebenen Adresse auf den Link *Download Sourcecode*. Sie laden damit die Datei *Vbmp3header_src.zip* herunter.
3. Öffnen Sie die Zip-Datei, und kopieren Sie aus dem Verzeichnis *bin* die Datei *Monotic.Multimedia.MP3.dll* in ein anderes Verzeichnis. Dies ist die Assembly-Programmbibliothek, die unter anderem die *Mp3Info*-Klasse enthält.
4. Führen Sie in Visual Basic den Menübefehl *Projekt|Verweis hinzufügen* aus, und wählen Sie diese DLL-Datei aus. Sie wird damit zum Projekt hinzugefügt und beim Erstellen automatisch in das Ausgabeverzeichnis kopiert (das ist Voraussetzung, damit sie von der Exe-Datei angesprochen werden kann).
5. Geben Sie ganz am Anfang die folgenden beiden `Imports`-Befehle ein:

```
Imports System.IO
Imports Monotic.Multimedia.MP3
```

6. Ordnen Sie ein ListView-Control auf einem Formular an, und geben Sie in `Form_Load` die folgenden Befehle ein:

```
Dim MusikPfad As String =
Environment.GetFolderPath(Environment.SpecialFolder.MyMusic)
Dim Mp3Info As New MP3Info
' Listview einrichten
Listview1.Columns.Add("Name", 360)
Listview1.Columns.Add("Interpret", 180)
Listview1.Columns.Add("Dauer", 80)
Listview1.Columns.Add("Bitrate", 80)
Listview1.Columns.Add("Abtastrate", 80)
Listview1.View = View.Details
For Each Fi As FileInfo In New
DirectoryInfo(MusikPfad).GetFiles("*.mp3")
  Dim Lv As ListviewItem = Listview1.Items.Add(Fi.Name)
  Mp3Info.Filename = Fi.FullName
  Dim T As New TimeSpan(0, 0, Mp3Info.Length)
  Lv.SubItems.Add(Mp3Info.ID3v1Tag.Artist)
  Lv.SubItems.Add(T.ToString)
  Lv.SubItems.Add(Mp3Info.Bitrate)
  Lv.SubItems.Add(Mp3Info.SamplingRateFrequency)
Next
```

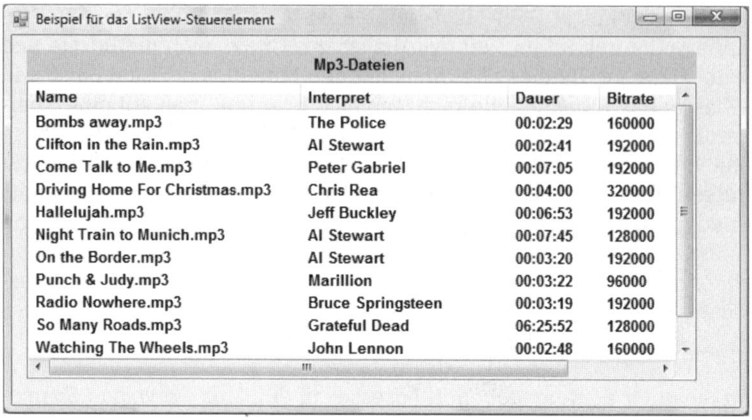

Abb. 8.5: Das ListView-Control in Aktion

TIPP

Ein nettes Tool zum Editieren der angehängten Informationen einer MP3-Datei ist *Mp3Tag* von *Florian Heidenreich* (*http://www.mp3tag.de)*.

8.6 Es lebe die Hierarchie – das TreeView-Control

Das TreeView-Control zeigt einen aus Knoten bestehenden Baum von Textelementen an, wobei jedem Knoten eine kleine Bitmap zugeordnet werden kann. Jeder Knoten wird durch ein `TreeNode`-Objekt repräsentiert. Es besitzt selber eine `Nodes`-Collection, an die über die `Add`-Methode weitere `TreeNode`-Objekte gehängt werden können, sodass sich eine theoretisch beliebig tief verschachtelte Baumstruktur realisieren lässt. Ein `TreeNode`-Objekt besteht aus einem Text und einem Icon. Letzteres kann leider nicht direkt zugeordnet, sondern muss durch eine `ImageList`-Komponente zur Verfügung gestellt werden (mehr dazu in Kürze). Die Zuordnung geschieht über einen Index oder ein Schlüsselwort (Key). Über verschiedene Eigenschaften der `TreeNode`-Klasse kommt man schnell an die Nachbarknoten heran. Der Umgang mit dem TreeView-Steuerelement ist relativ einfach, wie das folgende Beispiel zeigt.

Ein neuer Knoten wird wie folgt angelegt:

```
Dim Tn As TreeNode = Treeview1.Nodes.Add("Neuer Eintrag")
```

Die Variable `Tn` steht für den neuen Knoten, sodass der folgende Befehl einen Unterknoten anhängt:

```
Dim SubTn As TreeNode = Tn.Nodes.Add("Ein Untereintrag")
```

Soll der Unterknoten nicht weiter angesprochen werden, muss der Rückgabewert von `Add` natürlich keiner Variablen zugewiesen werden.

Das folgende Beispiel liest den Inhalt der Textdatei *Laender.txt* Zeile für Zeile aus. Jede Zeile enthält zuerst den Namen des Landes, dann den Pfad einer Bitmap, welche die Landesflagge enthält, und anschließend zwei weitere Angaben zum jeweiligen Land (Hauptstadt und Anzahl der Einwohner). Mit diesen Informationen wird ein TreeView-Control gefüllt, sodass pro Land ein Knoten mit der Landesflagge angezeigt wird. Wird der Knoten angeklickt, erscheinen die Informationen zu jedem jeweiligen Land als Unterknoten.

Die Datei *Laender.txt* ist wie folgt aufgebaut:

```
Bahamas;Flaggen\Bahamas.png;Nassau;303.770
```

Es kommt natürlich darauf an, dass der Pfad existiert und stimmt. Die folgenden Befehle in `Form_Load` füllen die TreeView mit Inhalten:

```
Dim BildPfad As String = "Laender.txt"
Dim Tn, SubTn As TreeNode
Treeview1.ImageList = ImageList1
Treeview1.ItemHeight = 32
ImageList1.ImageSize = New Size(24, 24)
Using Sr As New StreamReader(BildPfad)
    Dim Land, FlaggenPfad, Hauptstadt, Einwohner As String
    While Not Sr.EndOfStream
        Dim Zeilen() As String = Sr.ReadLine.Split(";")
        Land = Zeilen(0)
        FlaggenPfad = Zeilen(1)
        Hauptstadt = Zeilen(2)
        Einwohner = Zeilen(3)
        ImageList1.Images.Add(Hauptstadt, New Bitmap(FlaggenPfad))
        Tn = Treeview1.Nodes.Add(Hauptstadt, Land, Hauptstadt)
        SubTn = Tn.Nodes.Add(Hauptstadt, "Hauptstadt=" & Hauptstadt,
Hauptstadt)
         SubTn.SelectedImageKey = Hauptstadt
         SubTn = Tn.Nodes.Add(Einwohner, "Einwohner=" & Einwohner,
Hauptstadt)
         SubTn.SelectedImageKey = Hauptstadt
    End While
End Using
```

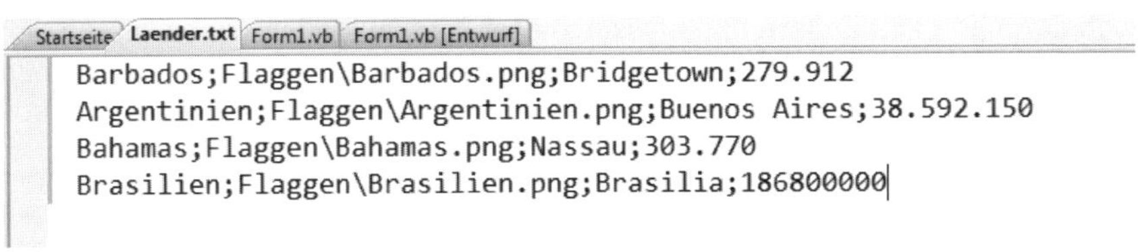

Abb. 8.6: Ein Blick in die Datei Laender.txt

Voraussetzung Nr. 1 ist, dass eine `ImageList`-Komponente zum Formular hinzugefügt wurde. Sie wird beim Einlesen der Zeilen mit Bitmaps gefüllt, die anschließend dem Länderknoten über das `ImageKey`-Argument zugewiesen werden. Hier wird der Name der Hauptstadt gewählt. Voraussetzung Nr. 2 besteht darin, dass es in dem Verzeichnis, in dem sich die Programmdatei befindet, ein Unterverzeichnis *Flaggen* gibt, in dem sich die Flaggen-Bitmapdatei befinden, deren Name wiederum in *Laender.txt* enthalten ist.

Auch das TreeView-Control hat seine Eigenheiten. Eine besteht offenbar darin, dass es nicht möglich ist, lediglich dem Hauptknoten ein Icon zuzuweisen. Erhalten die Unterknoten kein Image zugewiesen, zeigt die TreeView dafür stets das erste Bild an, das die Rolle des Default-Bildes spielt. Damit dieses Bild nicht beim Anklicken eines Knotens eingeblendet wird, muss die `SelectedImageKey`-Eigenschaft des Unterknotens mit dem Namen des dem Knoten zugeordneten `ImageKey` belegt werden. Ein wenig umständlich, doch anders anscheinend nicht machbar.

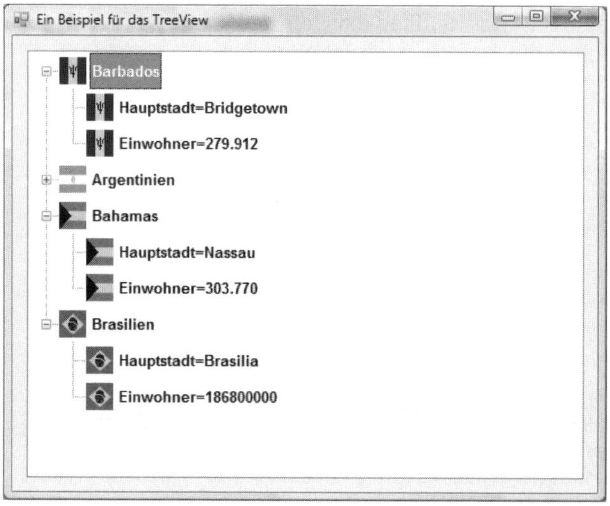

Abb. 8.7: Das TreeView-Control zeigt den Inhalt einer Textdatei in einer Baumstruktur an.

8.6.1 Relative Pfade beim Umgang mit Bitmaps

Absolute Pfade wirken zwar vertraut, besitzen aber den Nachteil, dass sie nicht als gegeben vorausgesetzt werden können. Wird eine Bitmap z.B. unter dem Pfad *C:\Documents\Harry\Bilder\Flaggen/Bahamas.png* angesprochen, darf sich der Pfad nicht ändern und muss in dieser Form auf jedem PC existieren, auf dem das Programm ausführen soll. Ein relativer Pfad ist daher günstiger, doch relativ zu was? Im Allgemeinen relativ zu dem Verzeichnis, in dem sich die Programmdatei befindet. Ein

```
pbFlagge.ImageLocation = "Flaggen\Bahamas.png"
```

lädt die angegebene Bitmap aus dem Unterverzeichnis *Flaggen*, das sich wiederum in dem Verzeichnis befindet, in dem sich die Exe-Datei befindet. Sie wissen bereits, dass sich bei Visual Studio die Exe-Datei im *bin\debug*-Unterverzeichnis befindet, das ein Unterverzeichnis im Projektverzeichnis ist. Müsste daher das *Flaggen*-Verzeichnis kein Unterverzeichnis von *bin\debug* sein? Im Prinzip ja, aber besäße diese Variante den Nachteil, dass das Unterverzeichnis z.B. auch im *bin\release*-Verzeichnis vorhanden sein müsste, wenn anstelle der voreingestellten Debug- die Build-Konfiguration gewählt wird, was im Register *Kompilieren* der Projekteigenschaften geschieht (diese Einstellung wird aber nur angeboten, wenn zuvor in den Optionen der IDE unter *Projekte und Projektmappen|Allgemein* die Einstellung *Erweiterte Buildkonfiguration anzeigen* gesetzt ist). Es gibt zum Glück eine einfachere Lösung. Diese besteht darin, in den Eigenschaften jeder (Bitmap-)Datei (die Teil des Projekts ist) bei *In Ausgabeverzeichnis kopieren* die Einstellung »Kopieren, wenn neuer« zu setzen. Das hat zur Folge, dass mit dem Erstellen des Projekts nicht nur die Datei in das Ausgabeverzeichnis (sprich jenes Verzeichnis, in dem sich die Programmdatei befindet) kopiert wird, sondern auch das Verzeichnis, in dem sich die Bitmapdatei befindet, sodass es im Ausgabeverzeichnis vorliegt.

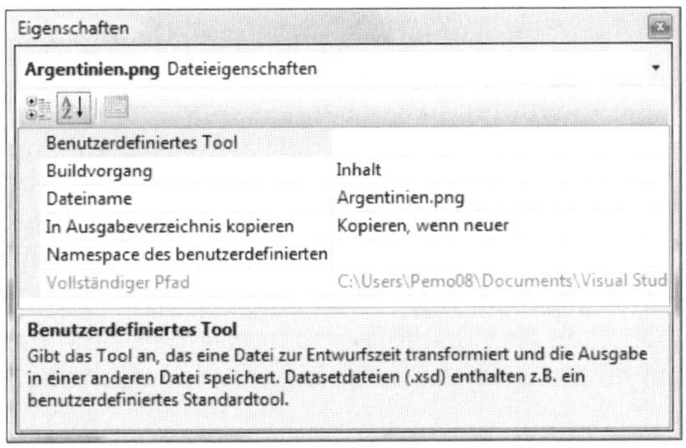

Abb. 8.8: Die Einstellung In Ausgabeverzeichnis kopieren sorgt dafür, dass die Projektdatei automatisch in das Ausgabeverzeichnis kopiert wird.

8.6.2 Woher bekommen ListView und TreeView ihre Bitmaps?

ListView und TreeView gehören noch zur »älteren Generation« an Steuerelementen, denen man nicht direkt eine Bitmap aus den Projektressourcen zuordnen kann. Sie benötigen eine `ImageList`-Komponente (Sie finden sie ebenfalls in der ToolBox, allerdings in der Kategorie *Komponenten*), die zuvor mit allen Bitmaps geladen wird. Über die `ImageSize`-Eigenschaft lässt sich die Größe für alle Bitmaps einstellen. Anschließend erhalten beide Steuerelemente ihre Bitmaps über eine Zahl (Index) oder ein Wort (Key), das innerhalb der `ImageList` festgelegt wurde.

8.7 Das TabControl-Control für ein in Registern unterteiltes Dialogfeld

Wenn es eine universelle »Designregel« für Benutzeroberflächen gibt, dann ist es die, dass eine Oberfläche nicht mit Eingabeelementen »überfrachtet« werden sollte. Ein Dialogfeld mit »Hunderten« von Einstellungen wirkt ähnlich einladend wie das Cockpit einer alten Boeing 737. Das TabControl-Control schafft Abhilfe, indem es die Unterteilung in sog. *Registerseiten* (engl. »Tab Pages«) erlaubt. Jede Registerseite ist ein eigener Container, auf dem beliebige Steuerelemente platziert werden können, die angezeigt werden, wenn die Registerseite ausgewählt wird. Zwar ist ein Registerdialog nicht mehr ganz auf der Höhe der Zeit, doch für viele Anwendungen noch vollkommen ausreichend (mehr zu bieten hat die Toolbox in diesem Punkt leider nicht). Wer mehr möchte, muss sich in den umfangreichen Angeboten von Anbietern wie *Telerik*, *Infragistics* oder *DeveloperExpress* umsehen, die nicht nur überaus attraktive Controls bieten, sondern teilweise auch kostenlose Angebote im Programm haben.

Der Umgang mit dem TabControl-Control ist praktisch selbsterklärend. Nach dem Platzieren auf einem Formular werden zusätzliche TabPages hinzugefügt, was natürlich auch programmgesteuert geschehen kann. So wäre es denkbar, die Namen der TabPages in einer externen Konfigurationsdatei zu halten und damit die Anzahl der Seiten extern konfigurierbar zu machen. Neben einer Überschrift kann im Kopf einer Registerseite auch ein Icon angezeigt werden. Da das TabControl ebenfalls zur älteren Generation der Controls gehört, wird dazu eine *ImageList*-Komponente benötigt, in welche die Icons (oder Bitmaps) zuvor geladen wurden (was ebenfalls programmgesteuert geschehen kann – auf diese Weise lässt sich die ImageList-Komponente mit den Bitmaps der Ressourcendatei »bestücken«, was oft sehr praktisch ist). Die Eigenschaften der TabPages werden zur Entwurfszeit in einem eigenen Dialogfeld getroffen, das über die Eigenschaft `TabPages` des TabControl-Steuerelements geöffnet wird. Es ist erfahrungsgemäß nicht ganz einfach, eine TabPage zu selektieren, da durch das Anklicken des Seitenkopfes immer das TabControl als Ganzes selektiert wird. Am einfachsten ist, in die Innenfläche des TabControls zu klicken.

CODE

Das folgende Beispiel soll andeuten, wie flexibel sich ein TabControl per »Konfigurationsdatei« aufbauen lässt. Diese besteht aus einer Reihe von Zeilen mit jeweils zwei Spalten, von denen die erste Spalte den Titel des Registers und die zweite Spalte den Namen eines Icons aus den Ressourcen darstellt:

```
Deutschland;Deutschland
Australien;Australien
USA;Usa
Bahamas;Bahamas
Kanada;Canada
```

Die Textdatei befindet sich im Verzeichnis der Programmdatei und wird nach dem Start eingelesen, sodass pro Zeile eine Seite zu dem leeren TabControl hinzugefügt wird. Die Icon-Namen beziehen sich auf Symbole, die sich bereits in den Ressourcen befinden. Da eine TabPage ihr Bildchen über eine ImageList-Komponente erhalten muss, die unter dem Namen imTabControl bereits Teil des Formulars ist, muss die kleine Herausforderung gelöst werden, die Symbole aus den Programmressourcen nach dem Programmstart in die ImageList zu laden, was wiederum bedeutet, auf die einzelnen Ressourcen der Reihe nach zugreifen zu können. In diesem Punkt wird es ein wenig trickreich, denn normalerweise kann eine bestimmte Ressource nur über ihren Namen angesprochen werden:

```
My.Resources.Deutschland
My.Resources.USA
```

usw. Da die Namen aber erst eingelesen werden und damit noch nicht in den Befehl eingebaut werden können, muss ein anderer Weg gefunden werden. Die folgende Prozedur `InitTab` erledigt genau das und muss dabei ein wenig in die ».NET-Trickkiste« greifen, indem z.B. die einzelnen Ressourcen über die `ResourceReader`-Klasse (Namespace `System.Resources`) angesprochen und per

Enumerator durchlaufen werden. Betrachten Sie die folgende Prozedur daher in erster Linie als ein Anschauungsbeispiel für die fortgeschrittenere Visual Basic-Programmierung:

```
Sub InitTab()
  ' Den Namen des ersten Typs der Assembly holen, um daraus den
Namespace herauszutrennen
  Dim NsName As String =
Assembly.GetExecutingAssembly.GetTypes()(0).FullName
  NsName = NsName.Substring(0, NsName.IndexOf("."))
  ' Über den Namespace werden die Projektressourcen angesprochen
  Dim Str As Stream =
Assembly.GetExecutingAssembly.GetManifestResourceStream(NsName & "."
& "Resources.resources")
  ' Die einzelnen Ressourcen werden über einen ResourceReader
angesprochen
  Using Rs As New Resources.ResourceReader(Str)
    ' Und können nur per Enumerator durchlaufen werden
     Dim En As IEnumerator = Rs.GetEnumerator
    ' Bildgröße für Bitmap in der ImageList festlegen
     imTabcontrol.ImageSize = New Size(32, 32)
     ' Alle durchgehen
     While En.MoveNext
       ' Key = Ressourcenname
      Dim ResName As String = En.Current.Key
       ' Icon aus Ressource mit Key in der ImageList ablegen
      Dim Ic As Icon =
DirectCast(My.Resources.ResourceManager.GetObject(ResName), Icon)
     imTabcontrol.Images.Add(ResName, Ic)
    End While
  End Using
  ' Die Namen der Register aus TabInfo.txt lesen
  Using Sr As StreamReader =
My.Computer.FileSystem.OpenTextFileReader("TabInfo.txt")
    While Not Sr.EndOfStream
       Dim Zeile As String = Sr.ReadLine
       Dim Land As String = Zeile.Split(";")(0)
       Dim ImageKey As String = Zeile.Split(";")(0)
       Dim tp As New TabPage(Land)
       ' Kleiner "Trick" - anders scheint es wohl nicht zu gehen
      tp.ImageIndex = imTabcontrol.Images.IndexOfKey(ImageKey)
      tcTest.TabPages.Add(tp)
      InitTabPage(tp, Land)
    End While
   End Using
 End Sub
```

Ganz fertig ist das Beispiel noch nicht. Mit der Prozedur `InitTab` wird pro Zeile der Textdatei *TabInfo.txt* eine TabPage in dem TabControl angelegt. Damit dort auch irgendetwas angezeigt wird, wird jeweils eine Frage mit einer variablen Anzahl an Antworten aus einer Textdatei gelesen, deren Name mit »Fragen« beginnt, auf welche die Überschrift der TabPage folgt (z.B. »FragenDeutschland.txt«) und die sich ebenfalls im Verzeichnis der Assembly befindet (dazu wird in den Eigenschaften der Textdateien bei »In Ausgabeverzeichnis kopieren« jeweils »Kopieren, wenn neuer« eingestellt).

Pro TabPage soll dort eine GroupBox angelegt und in der GroupBox soll pro Antwort ein Radionbutton platziert werden. Mit anderen Worten, die TabPage wird komplett programmgesteuert aufgebaut, was bei Windows Forms relativ einfach ist:

```
' Anlegeneiner GroupBox mit RadioButtons pro Frage
Sub InitTabPage(ByVal Tp As TabPage, ByVal Land As String)
    Try
      Using Sr As StreamReader =
My.Computer.FileSystem.OpenTextFileReader("Fragen" & Land & ".txt")
      Dim Zeile As String
      Dim Frage As String = Sr.ReadLine
      Dim Gr As New GroupBox
      Gr.Text = Frage
      Gr.Location = New Point(10, 10)
      Gr.Size = New Size(500, 240)
      Tp.Controls.Add(Gr)
      Dim Hoehe As Integer = 30
      Do
          Zeile = Sr.ReadLine
          If Not Char.IsLower(Zeile.Substring(0, 1).Chars(0)) Then
              Exit Do
          End If
          Dim Rb As New RadioButton
          Rb.Location = New Point(20, Hoehe)
          Rb.Size = New Size(360, 24)
          Hoehe += 32
          Rb.Text = Zeile
          Gr.Controls.Add(Rb)
      Loop Until Sr.EndOfStream
    End Using
    Catch ex As Exception
      MessageBox.Show(String.Format("Fragen für {0} konnten nicht
gelesen werden!", Land), My.Application.Info.Title)
    End Try
End Sub
```

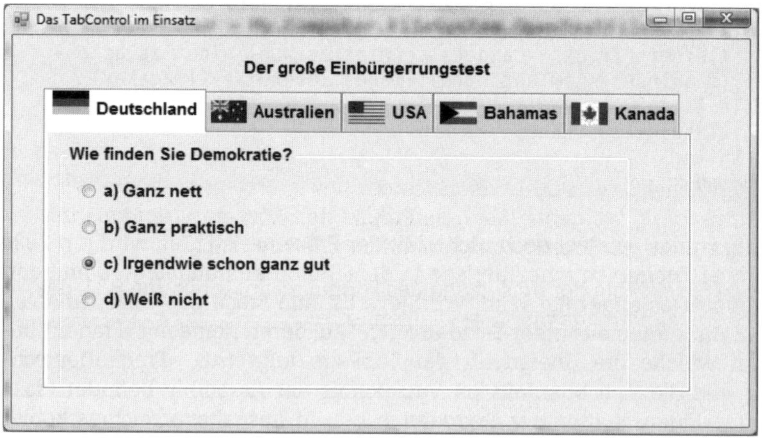

Abb. 8.9: Das TabControl wird komplett zur Laufzeit aufgebaut.

8.8 Ein Aufgabenplaner – Schritt für Schritt

Das nächste Beispiel in diesem Kapitel ist bereits ein wenig umfangreicher und anspruchsvoller. Es geht um eine kleine Aufgabenverwaltung, mit der Sie jedem Datum in einem Kalenderblatt eine Aufgabe zuweisen können. Neben einem Datum können Sie jeder Aufgabe eine Kategorie, eine kurze Beschreibung und eine Priorität zuordnen. Damit alles ganz einfach bleibt, werden die Einträge in einer Textdatei abgelegt. Grundsätzlich kommt dafür natürlich auch eine XML-Datei oder eine Datenbank infrage. Da das Beispielprogramm bereits etwas umfangreicher ist, zeigt Abbildung 8.10 das fertige Programm als kleine Motivationshilfe für die Umsetzung, die bereits etwas umfangreicher ist (Sie finden das komplette Projekt auf der Buch-DVD unter dem Namen *VBAufgabenplaner.sln*).

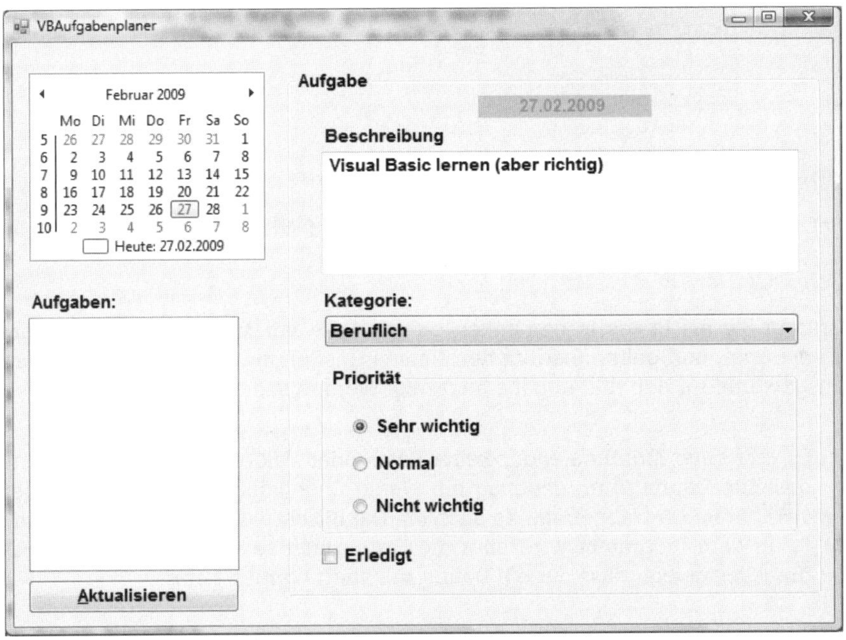

Abb. 8.10: Der Aufgabenplaner in Aktion

Schritt 1

Starten Sie Visual Basic 2008, legen Sie ein neues Projekt vom Typ *Windows Forms-Anwendung* an, geben Sie dem Projekt den Namen *VBAufgabenplaner*, und speichern Sie das Projekt über *Datei|Alles speichern* ab.

Orientieren Sie sich bei der Umsetzung des Formulars an Abbildung 8.11, das die einzelnen Steuerelemente mit ihren Namen anzeigt.

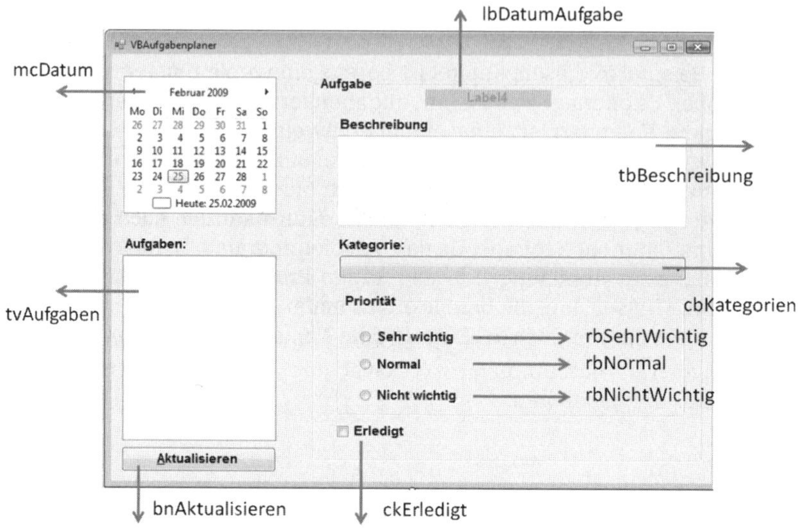

Abb. 8.11: Das Formular des VBAufgabenplaners mit seinen Steuerelementen

Schritt 2

Setzen Sie die `Text`-Eigenschaft des Formulars auf »VBAufgabenplaner«.

Schritt 3

Ordnen Sie als Erstes in der linken oberen Ecke ein *MonthCalendar*-Steuerelement an, und geben Sie ihm den Namen »mcDatum«. Darüber wird der Tag ausgewählt, für den die Aufgabe angezeigt werden soll.

> Es gibt beim *MonthCalendar* keine Date- oder Value-Eigenschaft, das eingestellte Datum wird, das mag ein wenig ungewöhnlich erscheinen, über `SelectionStart` abgefragt, da auch ein Datumsbereich selektiert sein könnte. In dem Programm wird über die Eigenschaft `MaxSelectionCount` allerdings festgelegt, dass nur ein Datum selektiert werden kann.

Schritt 4

Ordnen Sie darunter ein TreeView-Control an, und geben Sie ihm den Namen »tvAufgaben«. Hier werden später die Aufgaben nach Kategorien unterteilt angezeigt.

Schritt 5

Ordnen Sie unterhalb des TreeView-Controls einen Button ein, geben Sie ihm den Namen »bnAufgaben«, und setzen Sie seine `Text`-Eigenschaft auf »Aktualisieren«. Über den Button werden die vorhandenen Aufgaben gezielt abgerufen.

Schritt 6

Ordnen Sie rechts vom Monatskalender eine GroupBox an, und setzen Sie die `Text`-Eigenschaft auf »Aufgabe«.

Schritt 7

Platzieren Sie in die GroupBox ein Label, und geben Sie ihm den Namen »lbDatumAufgabe«. Hier wird das aktuelle Datum angezeigt.

Schritt 8

Ordnen Sie unterhalb eine TextBox (Name = tbBeschreibung) und darüber ein Label zur Beschriftung (Text = Beschreibung) an. Setzen Sie bei der TextBox `MultiLine` auf `True`.

Schritt 9

Ordnen Sie unterhalb der TextBox eine ComboBox (`Name=cbKategorien`) und darüber ein Label zur Beschriftung (`Text=Kategorie`) an. Hier werden die Kategorien zur Auswahl angeboten.

Schritt 10

Ordnen Sie unterhalb der ComboBox eine weitere GroupBox an, und setzen Sie die `Text`-Eigenschaft auf »Priorität«.

Schritt 11

Platzieren Sie in die GroupBox untereinander drei RadioButton-Controls, und setzen Sie die `Name`-Eigenschaft der drei Controls auf »rbSehrWichtig«, »rbNormal« und »rbNichtWichtig« respektive.

Schritt 12

Ordnen Sie unterhalb der GroupBox eine CheckBox an und setzen Ihre `Name`-Eigenschaft auf »ckErledigt« und die `Text`-Eigenschaft auf »Erledigt«.

Damit ist die Benutzeroberfläche des VBAufgabenplaners auch schon fertig, und es kann mit der Programmierung losgehen.

Schritt 13

Schalten Sie per [F7] auf das Programmcodefenster um, und geben Sie als Erstes einen `Imports`-Befehl ein:

```
Imports System.IO
```

Schritt 14

Definieren Sie unterhalb des `Class`-Befehls die folgenden Variablen:

```
Private AlleAufgaben As Dictionary(Of Date, Aufgabe)
Private AktuellePrioritaet As Prioritaeten
Private AktuellesDatum As Date
Private AufgabenDateipfad As String = "VBAufgabenplaner.dat"
Private AufgabeWurdegeaendert As Boolean
```

Schritt 15

Fügen Sie die Prozedur `InitProgramm` ein:

```
' # Schritt 3: Startvorbereitungen
Sub InitProgramm()
    AlleAufgaben = New Dictionary(Of Date, Aufgabe)
    AktuellesDatum = Now.Date
    ' Die drei Radiobuttons mit demselben Event-Handler verknüpfen
    AddHandler rbNormal.CheckedChanged, AddressOf PrioAuswahl
    AddHandler rbSehrWichtig.CheckedChanged, AddressOf PrioAuswahl
    AddHandler rbNichtwichtig.CheckedChanged, AddressOf PrioAuswahl
    ' Die einzelnen Changed-Handler verknüpfen
    AddHandler tbBeschreibung.TextChanged, AddressOf
AufgabenAenderung
    AddHandler ckErledigt.CheckedChanged, AddressOf AufgabenAenderung
    ' Kategorien anzeigen
    cbKategorien.Items.Add("Privat")
    cbKategorien.Items.Add("Beruflich")
    cbKategorien.Items.Add("Sonstiges")
    cbKategorien.SelectedIndex = 1
    ' Eintrag für den heutigen Tag anlegen
    If Not AlleAufgaben.ContainsKey(Now.Date) Then
        Dim NeueAufgabe As New Aufgabe With {.Datum = Now.Date,
.Kategorie = "Sonstiges"}
        AlleAufgaben.Add(Now.Date, NeueAufgabe)
    End If
    ' Eventuell vorhandene Aufgaben laden
    AlleAufgabenLaden()
    ' Nur ein Tag im Kalenderblatt soll auswählbar sein und
Wochennummern anzeigen
    mcDatum.MaxSelectionCount = 1
    mcDatum.ShowWeekNumbers = True
End Sub
```

Hier passiert eine ganze Menge. In erster Linie werden die (trotz allem relativ einfache) Benutzeroberfläche und eine Reihe von Eventhandlern »eingerichtet«. Am wichtigsten ist der Befehl:

```
AlleAufgaben = New Dictionary(Of Date, Aufgabe)
```

Hier wird eine `Dictionary`-Collection für alle Aufgaben definiert. Jede Aufgabe wird als Objekt vom Typ `Aufgabe` (die Klasse wird zum Schluss definiert) als Wert abgelegt. Als Schlüssel wird das Datum, also ein `Date`-Wert, verwendet.

Schritt 16

Fügen Sie die Prozedur `AufgabenAenderung` ein:

```
' # Schritt 4: Vermerken, dass eine Aufgabe geändert wurde
Sub AufgabenAenderung(ByVal Sender As Object, ByVal e As EventArgs)
  AufgabeWurdegeaendert = True
End Sub
```

Hier wird lediglich durch Setzen einer Variablen vermerkt, dass die aktuelle Aufgabe geändert wurde.

Schritt 17

Fügen Sie die Prozedur PrioAuswahl ein:

```
' # Schritt 5: Eventhandler für die Priorität-Radiobuttons
Sub PrioAuswahl(ByVal Sender As RadioButton, ByVal e As EventArgs)
    Dim RbGewaehlt As RadioButton = DirectCast(Sender, RadioButton)
    Select Case RbGewaehlt.Name.ToLower
        Case "rbsehrwichtig"
            AktuellePrioritaet = Prioritaeten.SehrWichtig
        Case "rbnormal"
            AktuellePrioritaet = Prioritaeten.Normal
        Case "rbnichtwichtig"
            AktuellePrioritaet = Prioritaeten.NichtWichtig
        Case Else
            ' Sollte nie aufgerufen werden
    End Select
    AufgabeWurdegeaendert = True
End Sub
```

Dies ist der gemeinsame Eventhandler für die drei RadioButton-Controls zur Auswahl einer Priorität. Je nach selektiertem RadioButton wird der entsprechende Wert der Konstantenliste Prioritaeten in die Variable AktuellePrioritaet eingetragen.

Schritt 18

Fügen Sie die Prozedur AlleAufgabenLaden ein:

```
' # Schritt 6: Laden aller Aufgaben aus der Datei
Sub AlleAufgabenLaden()
  ' Gibt es die Datei bereits?
  If File.Exists(AufgabenDateipfad) Then
    Using Sr As StreamReader = File.OpenText(AufgabenDateipfad)
      ' Alle Zeilen einlesen
      While Not Sr.EndOfStream
        Dim NeueAufgabe As New Aufgabe With {.Datum = Now.Date}
        Dim Zeile As String = Sr.ReadLine()
        With NeueAufgabe
          .Datum = Zeile.Split(";")(0)
          .Kategorie = Zeile.Split(";")(1)
          .Prioritaet = Zeile.Split(";")(2)
          .Erledigt = Zeile.Split(";")(3)
          .Beschreibung = Zeile.Split(";")(4)
        End With
        AlleAufgaben.Add(NeueAufgabe.Datum, NeueAufgabe)
      End While
    End Using
    ' Aktuelle Aufgaben anzeigen
    AufgabeAnzeigen(AlleAufgaben.Item(AktuellesDatum))
    MessageBox.Show(String.Format("{0} Aufgaben eingelesen", _
     AlleAufgaben.Count), _
    My.Application.Info.Title)
  End If
End Sub
```

In dieser Prozedur wird die Textdatei mit den Aufgaben geladen, und pro Zeile wird ein Aufgabe-Objekt angelegt und mit den Angaben der Zeile belegt.

Schritt 19

Fügen Sie die Prozedur AlleAufgabenSpeichern ein:

```
' # Schritt 7: Speichern aller Aufgaben in der Datei
Sub AlleAufgabenSpeichern()
    Using Sw As StreamWriter = File.CreateText(AufgabenDateipfad)
    ' Alle Aufgaben schreiben
    For Each A As Aufgabe In AlleAufgaben.Values
        If A.Beschreibung <> "" Then
            Dim Zeile As String
          Zeile = A.Datum
          Zeile &= ";" & A.Kategorie
          Zeile &= ";" & A.Prioritaet
          Zeile &= ";" & A.Erledigt
          Zeile &= ";" & A.Beschreibung
          Sw.WriteLine(Zeile)
        End If
    Next
    End Using
End Sub
```

In dieser Prozedur wird die Collection AlleAufgaben in die Textdatei gespeichert.

Schritt 20

Fügen Sie in das Form_Closing-Event die folgenden Befehle ein:

```
If AufgabeWurdegeaendert Then
    AufgabeAktualisieren(AlleAufgaben.Item(AktuellesDatum))
    AufgabeWurdegeaendert = False
End If
AlleAufgabenSpeichern()
```

Damit wird dafür gesorgt, dass vor dem Schließen des Formulars alle Aufgaben gespeichert werden.

Schritt 21

Fügen Sie in das Form_Load-Event den folgenden Befehl ein:

```
InitProgramm()
```

Schritt 22

Fügen Sie in das DatumChanged-Event des Monatskalenders die folgenden Befehle ein:

```
If AufgabeWurdegeaendert Then
    AufgabeAktualisieren(AlleAufgaben.Item(AktuellesDatum))
    AufgabeWurdegeaendert = False
End If
AktuellesDatum = mcDatum.SelectionStart.Date
If AlleAufgaben.ContainsKey(AktuellesDatum) Then
    AufgabeAnzeigen(AlleAufgaben.Item(AktuellesDatum))
```

```
Else
    ' Neue Aufgabe anlegen
    Dim NeueAufgabe As New Aufgabe() With {.Datum = AktuellesDatum}
    AlleAufgaben.Add(AktuellesDatum, NeueAufgabe)
    AufgabeAnzeigen(NeueAufgabe)
End If
```

Hier wird geprüft, ob es für das gewählte Datum bereits eine Aufgabe gibt. Ist dies der Fall, wird sie angezeigt. Ansonsten wird eine neue Aufgabe angelegt.

Schritt 23

Fügen Sie die Prozedur `AufgabeAnzeigen` ein:

```
' # Schritt 11: Anzeigen einer Aufgabe
Sub AufgabeAnzeigen(ByVal A As Aufgabe)
    tbBeschreibung.Text = A.Beschreibung
    If cbKategorien.FindStringExact(A.Kategorie) >= 0 Then
        cbKategorien.SelectedIndex =
cbKategorien.FindStringExact(A.Kategorie)
    Else
        cbKategorien.SelectedIndex = 0
    End If
    Select Case A.Prioritaet
        Case Prioritaeten.SehrWichtig
            rbSehrWichtig.Checked = True
        Case Prioritaeten.Normal
            rbNormal.Checked = True
        Case Prioritaeten.NichtWichtig
            rbNichtwichtig.Checked = True
        Case Else
            ' Dieser Fall sollte nie eintreten
    End Select
    ckErledigt.Checked = A.Erledigt
    lbDatumAufgabe.Text = A.Datum
End Sub
```

Mit dieser Prozedur werden die Angaben der Aufgabe zum ausgewählten Tag in den Steuerelementen angezeigt.

Schritt 24

Fügen Sie die Prozedur `AufgabeAktualisieren` ein:

```
' # Schritt 12: Aktualisieren einer Aufgabe
Sub AufgabeAktualisieren(ByVal A As Aufgabe)
    A.Beschreibung = tbBeschreibung.Text
    A.Kategorie = cbKategorien.Text
    A.Prioritaet = AktuellePrioritaet
    A.Erledigt = ckErledigt.Checked
End Sub
```

Diese Prozedur überträgt den Inhalt der Steuerelemente in das `Aufgabe`-Objekt, das beim Aufruf übergeben wird.

Schritt 25

Fügen Sie die Prozedur `AufgabenImTreeViewAnzeigen` ein:

```
' # Schritt 13: Alle Aufgaben im Treeview anzeigen
Sub AufgabenImTreeViewAnzeigen()
    tvAufgaben.Nodes.Clear()
    Dim AufgabenProKategorie = From A In AlleAufgaben Group By
A.Value.Kategorie Into Aufgaben = Group
    For Each K In AufgabenProKategorie
        Dim tn As TreeNode = tvAufgaben.Nodes.Add(K.Kategorie)
        For Each A In K.Aufgaben
            tn.Nodes.Add(A.Value.Datum)
        Next
    Next
End Sub
```

Diese unscheinbare Prozedur hat es in sich, indem sie über eine simple LINQ-Abfrage dafür sorgt, dass alle in der Collection vorhandenen Aufgaben nach ihrer Kategorie gruppiert werden, sodass sie nach Kategorien gruppiert in das TreeView-Control übernommen werden können.

Schritt 26

Fügen Sie in die `Click`-Ereignisprozedur von `bnAktualisieren` den folgenden Befehl ein:

```
AufgabenImTreeViewAnzeigen()
```

Schritt 27

Fügen Sie in die `DoubleClick`-Ereignisprozedur vom TreeView-Control `tvAufgaben` die folgenden Befehle ein:

```
Dim Datum As Date = Date.Parse(tvAufgaben.SelectedNode.Text)
AufgabeAnzeigen(AlleAufgaben.Item(Datum))
```

Schritt 28

Fügen Sie über PROJEKT|KLASSE HINZUFÜGEN eine Klassendatei hinzu, und geben Sie ihr den Namen »Aufgaben«. Dadurch wird die `Aufgabe`-Klasse definiert.

Schritt 29

Definieren Sie die Klasse wie folgt:

```
Private mDatum As Date
Private mBeschreibung As String
Private mErledigt As Boolean
Private mKategorie As String
Private mPrioritaet As Prioritaeten

Property Datum() As Date
    Get
        Return mDatum
    End Get
```

```
    Set(ByVal value As Date)
        mDatum = value
    End Set
End Property

Property Beschreibung() As String
    Get
        Return mBeschreibung
    End Get
    Set(ByVal value As String)
        mBeschreibung = value
    End Set
End Property

Property Erledigt() As Boolean
    Get
        Return mErledigt
    End Get
    Set(ByVal value As Boolean)
        mErledigt = value
    End Set
End Property

Property Prioritaet() As Prioritaeten
    Get
        Return mPrioritaet
    End Get
    Set(ByVal value As Prioritaeten)
        mPrioritaet = value
    End Set
End Property

Property Kategorie() As String
    Get
        Return mKategorie
    End Get
    Set(ByVal value As String)
        mKategorie = value
    End Set
End Property
```

Schritt 30

Definieren Sie unterhalb der Klasse eine Konstantenliste:

```
Public Enum Prioritaeten
  SehrWichtig
  Normal
  NichtWichtig
End Enum
```

Eine solche Konstantenliste ist recht praktisch, da sie eine Reihe von (Zahlen-) Konstanten unter einem Namen zusammenfasst und als eigener Typ geführt wird und daher bei einer Variablendeklaration als Typ angegeben werden kann. (In »Wirklichkeit« erhält die Variable den Typ Integer, und es kann ihr auch ein Wert außerhalb der durch die Konstantenliste zusammengestellten Werte zugewiesen werden.)

> Anstelle einer Klasse hätte es auch eine simple Struktur sein können, die über den `Structure`-Befehl definiert wird (Strukturen werden relativ selten benötigt und kommen in diesem Buch daher auch nicht vor):
>
> ```
> Structure Aufgabe
>
> End Structure
> ```
>
> Ob Klasse oder Struktur spielt in vielen Fälle keine Rolle. Auch Strukturen können Eigenschaften, Methoden und Events besitzen und sogar Schnittstellen implementieren. Sie können allerdings nicht ableiten. Der wichtigste Unterschied ist, dass Strukturen Werttypen sind und daher in ihrem »lokalen Kontext« (für lokale Variablen und Methodenparameter wäre dies der sog. Aufrufstack, für alle anderen Variablen der *lokale Heap* (engl. heap = »Haufen«) der Anwendung) und nicht im *globalen Heap* der CLR angelegt werden. Das bedeutet konkret, dass sie ein wenig schlanker sind, was sich günstig auf die Geschwindigkeit auswirkt.

Damit ist das Programm endlich komplett. Das war eine Menge Arbeit. Doch die Mühe hat sich gelohnt, denn das Programm fasst praktisch alles das zusammen, was in den ersten Kapiteln des Buches beschrieben wurde. Sicherlich sind Sie sehr gespannt, ob es auch funktioniert. Probieren Sie es daher aus, indem Sie [F5] drücken. Sollte es noch Fehler enthalten, was nicht unwahrscheinlich ist, werden diese in der Fehlerliste zusammengefasst. Korrigieren Sie die Fehler (per Doppelklick geraten Sie in die Programmzeile, wo der Fehler auftrat), und probieren Sie es erneut. Tragen Sie bei verschiedenen Tagen etwas in die TextBox ein, wählen Sie eine Kategorie aus, und stellen Sie eine Priorität ein. Wenn Sie das Programm beenden und erneut starten, sollten alle getroffenen Einstellungen wieder angezeigt werden. Sollte es funktionieren, herzlichen Glückwunsch, das war bereits eine etwas anspruchsvollere Übung.

8.9 Die ganze Welt im eigenen Programm – das Webbrowser-Control

Ein Webbrowser ist im Jahre 2009 nicht unbedingt etwas Besonderes, und einen Webbrowser auf einem Formular zu platzieren, sodass dort eine Webseite angezeigt werden kann, funktionierte im Prinzip bereits bei Visual Basic 4.0. Das Webbrowser-Control der Toolbox ist dennoch etwas Besonderes, denn es handelt sich nicht mehr um ein »altmodisches« ActiveX-Control, das lediglich in einem »Korsett« auf ein Formular gehievt wird. Die »Browser Engine« des Internet Explorers wird bei .NET von einer Klasse eingehüllt, die sich von der `Control`-Klasse ableitet und damit nicht nur einen konsistenten Satz an Eigenschaften und Methoden anbietet, sondern auch den üblichen Komfort eines Steuerelements wie eine `DrawToBitmap`-Methode, mit der sich der Inhalt des angezeigten HTML-Dokuments in eine Bitmap umwandeln lässt.

Das folgende Beispiel lädt eine Webseite in das `Webbrowser`-Control:

```
Webbrowser1.Navigate("http://www.mut.de")
```

Möchte man erreichen, dass erst etwas passiert, wenn die Webseite vollständig geladen wurde, muss diese Aktion in das `DocumentCompleted`-Event des Webbrowser-Controls eingebaut werden, das dazu lediglich aus der Eventliste ausgewählt werden muss.

Abb. 8.12: Das Webbrowser-Control zeigt den Inhalt der geladenen Webseite an, darunter wird der HTML-Code angezeigt.

Zugriff auf das DOM

Ist ein HTML-Dokument erst einmal geladen, möchte man vielleicht auch auf dessen Inhalte zugreifen. Hier kommt das *Document Object Model* (DOM) ins Spiel, das jedes HTML-Dokument als einen Objektbaum darstellt, dessen Objekte mit den Seitenelementen korrespondieren und dessen Struktur der stets hierarchischen Struktur einer HTML-Seite entspricht. Damit lassen sich zum Beispiel alle Tags, alle Frames, alle Skriptblöcke und deren Inhalte nicht nur ansprechen und enumerieren (also Eintrag für Eintrag durchlaufen), sondern auch verändern.

Das folgende Beispiel listet im `DocumentCompleted`-Ereignis die Namen aller Tags des geladenen Dokuments auf.

```
Dim Wb As Webbrowser = CType(sender, Webbrowser)
lbDOM.Items.Clear()
For Each T As HtmlElement In Wb.Document.All
    If T.TagName <> "" Then lbDOM.Items.Add(T.TagName)
Next
```

Den Webbrowser-Inhalt als Bitmap speichern

Eine einfache »Screenshot«-Funktion lässt sich dadurch realisieren, dass die universelle CopyFromScreen-Methode der Graphics-Klasse zum Einsatz kommt, die einen Bereich vom Bildschirm in ein Graphics-Objekt kopiert, das zuvor aus einer frisch angelegten Bitmap angelegt wird, die anschließend in eine Datei kopiert wird.

CODE

Das folgende Beispiel »schießt« ein Bildschirmfoto von dem Inhalt des Webbrowser-Control-Fensters, speichert dieses als Bitmap und zeigt die Bitmap anschließend über die Start-Methode der Process-Klasse mit dem Programm MS Paint an. Außerdem wird eine kleine Vorschau des Bildes dank der GetThumbnailImage-Methode der Bitmap-Klasse in einer PictureBox angezeigt.

```
Sub MakeScreenShot()
  Dim bm As New Bitmap(WebBrowser1.Width, WebBrowser1.Height)
  Dim g As Graphics = Graphics.FromImage(bm)
  g.CopyFromScreen(WebBrowser1.PointToScreen(WebBrowser1.Location),
New Point(0, 0), WebBrowser1.ClientSize)
  g.Dispose()
  bm.Save(BmFileName, Imaging.ImageFormat.Bmp)
  Process.Start("MsPaint", BmFileName)
  pbVorschau.Image = bm.GetThumbnailImage(pbVorschau.Width, _
   pbVorschau.Height, Nothing, Nothing)
End Sub
```

AUFSTEIGER

Falls Sie in einem Programm mit mehreren großen Bitmaps hantieren, sollten Sie daran denken, die Bitmap-Objekte, sobald sie nicht mehr gebraucht werden, über einen Aufruf ihrer Dispose-Methode wieder »freizugeben«.

Anzeigen von animierten GIFs

Im Zusammenhang mit dem letzten Beispiel kommt ein weiterer Aspekt ins Spiel, der sich bei früheren Visual Basic-Versionen nicht ohne Hilfsmittel lösen ließ: das Anzeigen und vor allem Steuern animierter GIF-Dateien. Während das HTML-Dokument geladen wird, soll ein rotierender Globus angezeigt werden, der aus einer simplen animierten GIF-Datei (*World.gif*) mit einer Reihe von Bitmaps besteht, die der Reihe nach angezeigt werden. Ein animiertes GIF anzuzeigen ist grundsätzlich kein Problem. Es wird einfach ein Bitmap-Objekt instanziiert und der Image-Eigenschaft einer PictureBox zugewiesen:

```
pbGlobus.Image = Image. FromFile("World.gif")
```

oder

```
pbGlobus.ImageLoacation = "World.gif"
```

Um das animierte GIF auch steuern zu können, bedarf es der ImageAnimator-Klasse und ihrer freigegebenen Methoden Animate und StopAnimate:

```
ImageAnimator.Animate(pbStatus.Image, FrameEv)
```

In beiden Fällen muss ein simpler Eventhandler übergeben werden, der eine Ereignisprozedur definiert, die aufgerufen wird, wenn die Animation läuft:

```
Private FrameEv As New EventHandler(AddressOf FrameChange)
```

Auch wenn die Eventprozedur (pro Frame) aufgerufen wird, passiert hier nicht viel, zumal aufgrund des allgemeinen Typs des Eventhandlers z.B. die Framenummer nicht übergeben wird.

8.10 Fast wie eine kleine Textverarbeitung – die RTFTextBox

Im Unterschied zur einfachen TextBox kann die RTFTextBox jedes Zeichen unterschiedlich formatieren. Das liegt daran, dass ihr Inhalt im *Rich Text Format* (RTF) gespeichert wird, in dem, ähnlich wie bei HTML, eine Formatierung jedes einzelnen Zeichens möglich ist.

Das Geheimnis der Formatierung besteht darin, diese auf den selektierten Text anzuwenden. Netterweise stellt die `RichTextBox`-Klasse mit Eigenschaften wie `SelectionFont` oder `SelectionColor` gleich die passenden Eigenschaften bereit, sodass die Formatierung dadurch sehr einfach ist.

Der folgende Befehl stellt den aktuell selektierten Text fett dar:

```
RichTextBox1.SelectionFont = New Font(RichTextBox1.SelectionFont,
FontStyle.Bold)
```

Da die Font-Eigenschaft als Ganzes angesprochen wird, muss ihr ein komplettes Font-Objekt zugewiesen werden, das durch Instanziierung der Font-Klasse mit einem Minium an Angaben entsteht. Ein wenig umständlich, aber scheinbar nicht anders machbar.

Wenn Sie sich wundern sollten, dass der Text scheinbar nicht fett formatiert dargestellt wird, liegt dies lediglich daran, dass er das bereits ist. Man muss daher vorher abfragen, ob die `Bold`-Eigenschaft den Wert `True` besitzt, und dann das `Bold`-Attribut gegebenenfalls auch zurücksetzen. In der `FontStyle`-Konstantenliste werden die Attribute `Bold`, `Italic`, `Regular`, `StrikeOut` und `Underline` zusammengefasst, die per `OR`-, `AND`- oder `XOR`-Operator entsprechend kombiniert werden müssen. Der folgende Befehl hebt den Text fett hervor, ohne die übrigen Attribute zu beeinflussen:

```
RichTextBox1.SelectionFont = New Font(RichTextBox1.SelectionFont,
RichTextBox1.SelectionFont.Style Or FontStyle.Bold)
```

Der folgende Befehl hebt die Hervorhebung wieder auf, ohne die übrigen Attribute zu beeinflussen:

```
RichTextBox1.SelectionFont = New Font(RichTextBox1.SelectionFont,
RichTextBox1.SelectionFont.Style XOr FontStyle.Bold)
```

Der kleine Unterschied ist ein »X«, genauer gesagt der `XOR`-Operator, der anstelle von `OR` zum Einsatz kommt.

Gespeichert wird der Textinhalt der RTFTextbox über ihre `SaveFile`-Methode, geladen entsprechend über die `LoadFile`-Methode, wobei hier angegeben werden muss, welche »Sorte« von Textdatei geladen werden soll. Interessant ist auch die `Text`-Eigenschaft, denn sie enthält unformatiert den Inhalt der RTFTextBox.

Zeilenweises Hervorheben

Ein weiterer wichtiger Unterschied zur regulären TextBox ist, dass sich auch einzelne Bereiche hervorheben lassen.

CODE

Das folgende Beispiel demonstriert einen interessanten Effekt, bei dem der Text in einer RTFTextBox zeilenweise hervorgehoben wird. Sie finden das komplette Beispiel in Gestalt der Projektdatei *RTF_ZeileHervorheben.sln* auf der Buch-DVD. Der »Trick« besteht einfach darin, Zeilenanfang und Zeilenlänge zu bestimmen und die Werte für die jeweils letzte Zeile in einer Variablen zu speichern, sodass ein Herstellen der alten Hintergrundfarbe möglich ist.

```
Sub MarkLine()
  'Alte Markierung aufheben
  Dim StartPos, ZeilenLaenge As Integer
  StartPos = rtfTextbox.GetFirstCharIndexFromLine(ZeilenNrAlt)
  rtfTextbox.Select(StartPos, ZeilenLaengeAlt)
  rtfTextbox.SelectionColor = rtfTextbox.ForeColor
  rtfTextbox.SelectionBackColor = rtfTextbox.BackColor
  StartPos = rtfTextbox.GetFirstCharIndexFromLine(ZeilenNr)
  ZeilenLaenge = rtfTextbox.Lines(ZeilenNr).Length
  rtfTextbox.Select(StartPos, ZeilenLaenge)
  rtfTextbox.SelectionColor = Color.White
  rtfTextbox.SelectionBackColor = Color.Red
  ZeilenNrAlt = ZeilenNr
  ZeilenLaengeAlt = ZeilenLaenge
End Sub
```

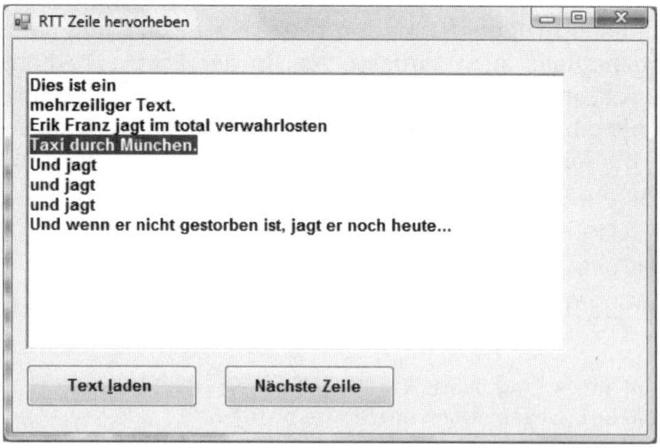

Abb. 8.13: In der RTFText-Box wird jede Zeile einzeln hervorgehoben.

8.11 Zusammenfassung

Eine Benutzeroberfläche zu »programmieren« bedeutet auch bei Visual Basic 2009 recht viel Arbeit, sobald ein Formular aus mehr besteht als ein paar Steuerelementen. Tastatur- und Mauseingaben führen zu Ereignissen, die Ereignisprozeduren aufrufen, die zuvor mit dem Event verknüpft wurden. Sollen »strukturierte« Informationen angezeigt werden, kommen dafür Controls wie ListView und TreeViews infrage, die ihre Daten in den in Kapitel 7 vorgestellten Collections handeln.

8.12 Fragen zum Abschluss des Kapitels

Frage 1 Wie lässt sich erreichen, dass mit dem Drücken der [Esc]-Taste der Inhalt der TextBox gelöscht wird, die gerade den Eingabefokus besitzt (ob dies sinnvoll ist, sei einmal dahingestellt)?

Frage 2 In welcher Reihenfolge werden die Events `KeyPress`, `KeyUp` und `KeyDown` ausgelöst?

Frage 3 Ein Programmierer aus *Emden* möchte erreichen, dass der Anwender eine TextBox nicht verlassen kann, wenn dort keine Zahl eingegeben wurde. Wie kann er das erreichen?

Frage 4 Was ist der eleganteste Weg, um eine fehlerhafte Eingabe in einer TextBox anzuzeigen?

Frage 5 Formulieren Sie eine kleine `For Next`-Schleife, die in die ListBox `liMonate` die Namen aller Monate einträgt. (Tipp: Den Monatsnamen erhalten Sie am einfachsten über die `MonthName`-Funktion, wenngleich diese noch aus der Zeit von Visual Basic 6.0 stammt.)

Frage 6 Erweitern Sie das ListView-Beispiel in diesem Kapitel so, dass ein Titel per Doppelklick abgespielt wird. Kleiner Tipp: Die *Process*-Klasse besitzt eine *Start*-Methode, die jeden Prozess startet, dessen Name bzw. Pfad übergeben wird (der Windows Media Player heißt z.B. *Wmplayer.exe*). Als zweites Argument wird der Pfad der abzuspielenden Datei übergeben.

Die Antworten zu den Lösungen finden Sie in Anhang C.

KAPITEL 9

jetzt lerne ich

Benutzeroberflächen gestalten

Eine Benutzeroberfläche ist mehr als nur die Summe ihrer Steuerelemente. Die Schwierigkeit beim Entwerfen einer »vernünftigen«, sprich ergonomischen, Benutzeroberfläche liegt weniger in dem Anordnen der einzelnen Steuerelemente (das lässt sich in kurzer Zeit erlernen), sondern in dem »richtigen« Anordnen, sodass sich für den Anwender eine stimmige Benutzerführung ergibt. Dazu gehören unter anderem auch oder vor allem Kleinigkeiten, wie eine stimmige Tabulatorreihenfolge, der Umstand, dass die einzelnen Eingabefelder auch über einen Buchstaben in Kombination mit der [Alt]-Taste angesteuert werden können, und eine Eingabevalidierung, die Eingabefehler so angezeigt, dass sie den Anwender nicht im »Eingabefluss« behindern. Neben dem in Kapitel 3 und 8 vorgestellten Standardset an Steuerelementen stellt Windows Forms eine große Auswahl etwas fortgeschrittenerer Steuerelemente zur Verfügung. Dazu gehören vor allem die »Strip-Elemente« *ToolStrip*, *MenuStrip*, *StatusStrip* und *ContextMenuStrip*. Hier kommt es nicht nur darauf an, sie auf dem Formular zu platzieren, man muss auch ein wenig mehr über die zahlreichen Eigenschaften Bescheid wissen, um ein Ergebnis zu erzielen, das dem einer »richtigen« Windows-Anwendung entspricht. In einer durchdachten Benutzeroberfläche steckt daher oft viel Kleinarbeit. Arbeit, die der Anwender normalerweise nicht sieht. In diesem Kapitel lernen Sie den Einsatz der wichtigen Strip-Steuerelemente am Beispiel eines Bildbetrachters kennen. Diese typische Windows-Anwendung besitzt alles das, was ein Anwender von einer richtigen Windows-Anwendung erwarten kann, und eignet sich daher auch als Prototyp für eigene Umsetzungen.

Sie lernen in diesem Kapitel

- den Umgang mit Menüleiste, Symbolleiste und Statusleiste
- eingebaute Dialogfelder für die Dateiauswahl
- Dialogfelder und Auswerten des Rückgabewertes
- das Erstellen einer Windows Forms-Anwendung.

9.1 Auf die richtigen »Zutaten« kommt es an

Programmierer, die Benutzeroberflächen zusammenstellen, sind ein wenig wie Köche, die sich nicht nur mit ihren Utensilien gut auskennen, sondern auch einen gewissen Geschmack besitzen müssen, damit ihr Gericht ihren Gästen, sprich den Anwendern des Programms, nicht sauer aufstößt. Zum Glück ist es heutzutage unter Windows relativ einfach, den Geschmack der Massen zu treffen, denn etwa 90 % aller Anwendungen arbeiten im Wesentlichen mit den gleichen Bedienelementen, die zudem durch die Windows-Oberfläche vorgegeben werden (und in Windows enthalten sind). Im Einzelnen sind dies:

- Eine Menüleiste – sie wird durch das `MenuStrip`-Steuerelement repräsentiert
- Eine Symbolleiste – sie wird durch das `ToolStrip`-Steuerelement repräsentiert
- Eine Statusleiste – sie wird durch das `StatusStrip`-Steuerelement repräsentiert
- Kontextmenüs, die über die rechte Maustaste geöffnet werden – sie werden durch das `ContextMenuStrip`-Steuerelement repräsentiert

Wer mehr möchte und auf der Suche nach ausgefallenen Bedienelementen ist, die keiner hat, der muss sich entweder im Internet umsehen (die meisten der teilweise sehr einfallsreichen und komfortablen Bedienelemente sind aber nicht kostenlos) oder selbst aktiv werden, indem er ein neues Steuerelement kreiert, was zwar grundsätzlich keine unlösbare Aufgabe, aber mit Visual Basic 2008 Express leider nicht möglich ist (dafür wird mindestens die Standard Edition von Visual Studio benötigt, wobei hier grundsätzlich auch eine ältere .NET-Version infrage kommt).

Eine große Familie

Das `ToolStrip`-, das `MenuStrip`-, das `StatusStrip`- und das `ContextMenuStrip`-Steuerelement (das engl. Wort »Strip« bedeutet übrigens Streifen) weisen nicht ohne Grund eine so große Ähnlichkeit auf. Die drei zuletzt genannten Klassen leiten sich von der allgemeinen ToolStrip-Klasse ab, es handelt sich also nur um Varianten dieser Klasse.

9.2 Die Menüleiste – das MenuStrip-Steuerelement

Über eine Menüleiste verfügt praktisch jedes Anwendungsfenster. Sie besteht aus einer horizontalen Reihe von Namen (den Menüs), die, wenn sie angeklickt werden, eine Liste mit Namen (die Menüeinträge) anzeigen. Da ein Menüeintrag wieder zum Öffnen eines weiteren Menüs führen kann, sind Menüs oft verschachtelt.[1] Eine Menüleiste wird durch das MenuStrip-Steuerelement in der Toolbox realisiert. Das Umsetzen einer Menüleiste ist sehr einfach. Im Allgemeinen »schreiben« Sie die Menüs und ihre Einträge einfach herunter, da nach der Eingabe eines Menüs gleich der erste Eintrag angezeigt wird und nach der Eingabe eines Textes der Folgeeintrag erscheint – drücken Sie einfach [Esc], wenn der Eintrag nicht übernommen werden soll. Selbstverständlich können Sie die Einträge jederzeit ändern. Auch um die Namensgebung der einzelnen Elemente (hinter einem Menü bzw. Menüeintrag steht ein Objekt vom Typ ToolStripMenuItem) brauchen Sie sich nicht zu kümmern, denn wenn Sie einem Menü z.B. die Überschrift »Datei« geben, gibt ihm der Windows Forms Designer automatisch den Namen DateiToolStripMenuItem, was oft sehr praktisch ist. Die Zeiten, in denen die einzelnen Menüeinträge im Programm MenuItem1, MenuItem2 usw. hießen, sind damit vorbei. Anstelle eines Standardeintrags, der einfach nur angeklickt werden kann, kann eine Menüleiste auch eine ComboBox oder eine TextBox erhalten. Es handelt sich aber nicht um die regulären Steuerelemente, sondern um eigene Klassen, von denen später noch die Rede sein wird.

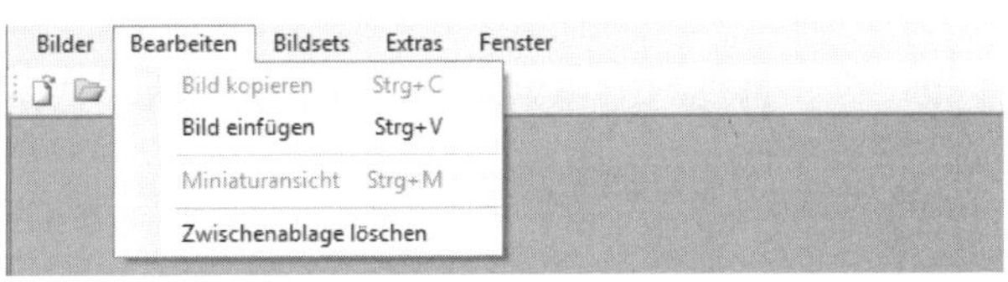

Abb. 9.1: Eine typische Menüleiste

Ein Menüeintrag kann nicht nur einen Namen anzeigen, er kann dem Anwender auch noch ein wenig mehr an »visuellen Feinheiten« bieten:

- Einen Tastaturshortcut, über den der Menüeintrag auch über eine Tastenkombination geöffnet werden kann (das ist generell sinnvoll).
- Einen Buchstaben, der durch Voranstellen des kaufmännischen Und (&) zu jenem Buchstaben wird, über den zusammen mit der [Alt]-Taste das Menü geöffnet werden kann.

1. Die Zeiten, wo ein Anwender drei und mehr Menüs nacheinander öffnen musste, um zu einem Eintrag zu gelangen, sind aber längst vorbei. Dafür gibt es heutzutage die mit Office 2007 eingeführten Multifunktionsleisten.

- Ein Häkchen, das anzeigen soll, dass der Eintrag selektiert wurde.
- Eine Bitmap, die zusätzlich zum Text angezeigt wird.
- Einen Tooltipp, der angezeigt wird, wenn der Anwender den Mauszeiger über den Eintrag bewegt.

Vor allem die Möglichkeit, Bitmaps anzuzeigen, ist sehr interessant – mehr dazu in Kapitel 9.3.3. Sicher ist Ihnen auch die Trennlinie aufgefallen. Es handelt sich um einen eigenen Eintrag vom Typ `ToolStripMenuItem`, der aber nicht angeklickt werden kann. Sie geben ihn durch Eingabe eines »-«-Zeichens ein.

MenuItem-Events

Neben dem obligatorischen `Click`-Ereignis bietet ein `ToolStripMenuItem` noch eine Reihe weiterer interessanter Events, die in Tabelle 9.1 zusammengestellt werden. Damit lässt sich auf alles, was der Anwender in einem Menü anstellen kann, entsprechend reagieren. Am Anfang werden Sie sich aber lediglich auf das `Click`-Event beschränken. Hier wird festgelegt, was passieren soll, wenn ein Eintrag angeklickt wurde.

Tabelle 9.1: Wichtige Ereignisse bei der ToolStripMenuItem-Klasse

Event	Wann wird es ausgelöst?
`DropDownClosed`	Wenn die Menüliste geschlossen wurde.
`DropDownItemClicked`	Wenn ein Element aus einer DropDown-Liste ausgewählt wurde.
`DropDownOpened`	Wenn die Menüauswahlliste geöffnet wird.
`DropDownOpening`	Wenn die Menüauswahlliste geöffnet werden soll.
`CheckedChanged`	Wenn sich der Wert der `Checked`-Eigenschaft geändert hat.

9.3 Die Symbolleiste – das ToolStrip-Steuerelement

Mithilfe des `ToolStrip`-Steuerelements erweitern Sie ein Fenster um eine typische Symbolleiste. Eine Symbolleiste ist eine kleine Fläche, auf der neben kleinen Buttons auch andere Elemente, wie ein Label, eine TextBox, eine ComboBox oder eine Progressbar (Fortschrittsbalken), angeordnet werden können. Damit lassen sich praktisch alle wichtigen Funktionen eines Programms über die Symbolleiste anbieten. Eine Symbolleiste wird meistens unterhalb der Menüleiste des Fensters angeordnet, wenngleich Symbolleisten bei modernen Anwendungen frei verschoben werden können (damit dies mit Visual Basic möglich ist, müsste das `ToolStrip`- in einem `ToolStripContainer`-Steuerelement platziert werden, wovon an dieser Stelle aber abgeraten werden soll).

Abb. 9.2: Eine typische Symbolleiste

Der Umgang mit einem ToolStrip ist, genau wie der mit dem MenuStrip, sehr einfach. Entweder fügen Sie nach dem Anordnen des ToolStrips auf dem Formular die einzelnen Bedienelemente über die Auswahlliste einzeln hinzu, oder Sie klicken das ToolStrip mit der rechten Maustaste an und wählen *Standardelemente einfügen*. Dadurch werden die typischen Bedienelemente einer Symbolleiste mit ihren Icons hinzugefügt, was wirklich sehr praktisch ist. Bei den Bedienelementen handelt es sich aber nicht um die regulären Steuerelemente. Es sind vielmehr spezielle Steuerelemente, die sich, wie beim Button (`ToolStripButton`), dem Label (`ToolStripLabel`) oder der ComboBox (`ToolStripComboBox`), von der `ToolStripItem`-Klasse ableiten, die sich nicht von der `Control`-Klasse ableitet (streng genommen sind es daher gar keine »echten« Steuerelemente). Dies sind aber Details, mit denen Sie sich am Anfang nicht beschäftigen müssen (sie sollen lediglich ein Fingerzeig dafür sein, wo Sie nachschauen müssten, wenn Sie mehr mit dem ToolStrip anstellen möchten), da der Umgang mit einem ToolStrip praktisch selbsterklärend ist und zum typischen schnellen Ausprobieren einlädt. Er besteht aus folgenden Schritten:

1. Anordnen eines `ToolStrip`-Steuerelements auf dem Formular
2. Hinzufügen der gewünschten Bedienelemente
3. Hinzufügen von Icons zu den `ToolStripButtons`
4. Gegebenenfalls dem Einstellen weiterer Eigenschaften
5. Doppelklick auf ein Bedienelement, um in dessen `Click`-Ereignisprozedur zu gelangen, wo festgelegt wird, was passieren soll, nachdem der Anwender das Element angeklickt hat.

HINWEIS

Finger weg von dem `ToolStripContainer`. Er ist sehr unhandlich, bringt keine echten Vorteile, und es ist zudem schnell passiert, dass eine zuvor mit viel Liebe zum Detail erstellte Symbolleiste versehentlich gelöscht wird (in diesem Fall können Sie versuchen, per Strg + Z das Löschen rückgängig zu machen), weil man versucht hat, den Container wieder loszuwerden. Aber, falls Sie es lieber selbst ausprobieren möchten: Ein `ToolStripContainer` wird am einfachsten hinzufügt, indem Sie bei einem vorhandenen ToolStrip in der Aufgabenliste *In ToolStripContainer einbetten* wählen. Ein `ToolStripContainer` wird durch Anklicken mit der rechten Maustaste und Auswahl von *Auswählen|<Name des ToolStripContainer>* selektiert.

TIPP

Oft steht ein und derselbe Befehl sowohl innerhalb einer Symbolleiste als auch in einer Menüleiste zur Verfügung. In diesem Fall liegt es nahe, die auszuführenden Befehle in einer Prozedur zusammenzufassen, die von beiden `Click`-Eventhandlern aufgerufen wird. Wie das in der Praxis aussieht, wird im Beispielprojekt in Kapitel 9.5 zu sehen sein.

Der einfachste Weg, die Bedienelemente des ToolStrips nachträglich zu bearbeiten, besteht darin, es mit der rechten Maustaste anzuklicken und den Befehl

Einträge bearbeiten zu wählen. Es öffnet sich eine relativ komfortable Dialogbox, in der die Eigenschaften aller Elemente eingestellt werden können.

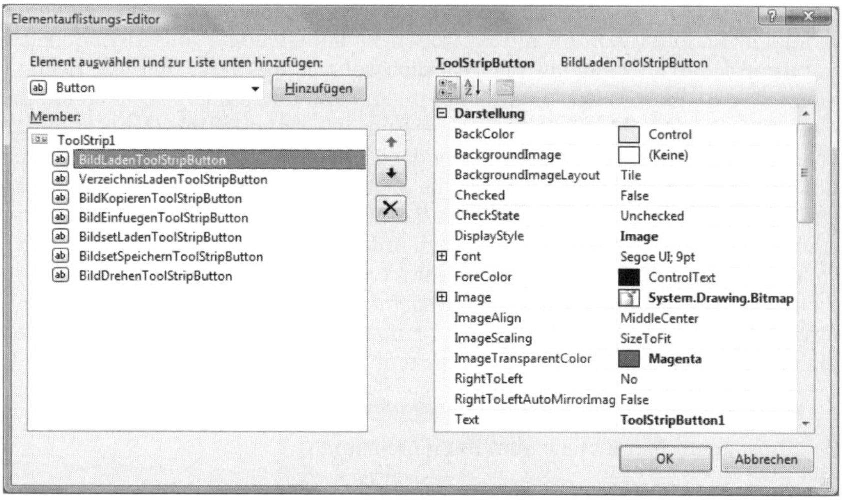

Abb. 9.3: In dieser Dialogbox werden die Eigenschaften der ToolStrip-Bedienelemente eingestellt.

TIPP

Falls Sie eine Menü- oder Symbolleiste mit einer Reihe von Standardeinträgen möchten, klicken Sie sie mit der rechten Maustaste an, wählen Sie STANDARDELEMENTE EINFÜGEN, und lassen Sie sich angenehm überraschen.

9.3.1 Die Statusleiste

Die Statusleiste wird im Allgemeinen am unteren Rand eines Fensters platziert. Hier werden allgemeine Informationen, wie z.B. der Name der geladenen Datei, die aktuelle Uhrzeit, der Blutdruck oder andere Dinge, angezeigt, die der Anwender hin und wieder zur Kenntnis nehmen soll. Eine Statusleiste wird durch das StatusStrip-Steuerelement hinzugefügt. Nach dem Anordnen eines solchen Steuerelements auf dem Formular platziert es sich, wie es sich gehört, am unteren Rand des Fensters. Über die kleine Auswahlliste fügen Sie die Bedienelemente hinzu. Neben einem Statuslabel für die Anzeige von Text stehen eine Progressbar für die Anzeige eines Fortschrittbalkens, ein Drop-down-Button für die Auswahl aus einer Liste und ein Split-Button, mit dem sich die Breite der angrenzenden Bereiche verschieben lässt, zur Auswahl. Das Statuslabel wird am häufigsten eingesetzt. Es besitzt drei interessante Eigenschaften:

- `IsLink`
- `Overflow`
- `Spring`

Über `IsLink` kann aus dem Statuslabel ein anklickbarer Link gemacht werden. Über `Overflow` wird eingestellt, ob und auf welche Weise sich das Statuslabel automatisch ausdehnen kann, wenn es mehr Platz benötigen sollte, und über

`Spring` wird eingestellt, ob das Statuslabel automatisch die restliche Fläche ausfüllt, wenn keine weiteren Elemente mehr folgen. Auch wenn eine Statusleiste ein im Grunde unkompliziertes Steuerelement ist, gehört ein wenig Fingerspitzengefühl dazu, die einzelnen Bedienelemente so anzuordnen, dass ihr Inhalt optimal angezeigt wird.

9.3.2 Kontextmenüs mit dem ContextMenuStrip-Steuerelement

Kontextmenüs sind Menüs, die sich durch Anklicken einer Fläche mit der rechten Maustaste öffnen. Sie sind ebenfalls ein wichtiges Element moderner Fensteranwendungen, da ihr Inhalt in der Regel »kontextsensitiv« ist, das heißt, dass die angezeigten Einträge davon abhängen, an welcher Stelle innerhalb der Anwendung das Menü geöffnet wird. Sie werden z.B. für Anwendungen benötigt, die sich im Infofeld der Taskleiste platzieren, da über ein Kontextmenü die Grundfunktionalität der Anwendung angeboten wird. Visual Basic macht es Ihnen leicht, indem es auch dafür mit dem ContextMenuStrip-Steuerelement ein eigenes Steuerelement zur Verfügung stellt und Sie nicht nötigt, dafür ein reguläres Menü zu verwenden. Erstellt wird ein Kontextmenü zwar wie ein reguläres Menü, angezeigt wird es aber erst über seine `Show`-Methode, die in der Regel im `MouseDown`-Event des Formulars (oder eines anderen Containers) aufgerufen wird, wenn die rechte Maustaste gedrückt wurde. Damit das Kontextmenü nicht irgendwo erscheint, kann der mehrfach überladenen `Show`-Methode die Position übergeben werden.

Der folgende Aufruf zeigt das Kontextmenü innerhalb der Innenfläche des Formulars dort an, wo das Formular mit der Maus angeklickt wurde:

CODE

```
ContextMenuStrip1.Show(Me, e.X, e.Y)
```

9.3.3 Die passenden Bitmaps finden

Menü- und Symbolleisten zeigen in der Regel kleine Bitmaps der Größe 16 x 16 oder 32 x 32 Pixel an (wenngleich es keine »vorgeschriebenen« Größen gibt), welche die Funktion des jeweiligen Eintrags illustrieren. Leider ist es gar nicht so einfach, passende Bitmaps zu finden. Um Programmierern die lästige Suche im Web (oder das Beauftragen eines kostspieligen Designers[1]) zu ersparen, bietet Microsoft eine umfangreiche Bildbibliothek in Gestalt der Datei *VS2008ImageLibrary.zip* an, leider aber nicht bei der Express Edition. Ab der Standard Edition von Visual Studio sollten Sie sie im Verzeichnis *\Programme\Microsoft Visual Studio8\Common7* finden und müssen sie erst einmal auspacken. Hier finden Sie mehrere Hundert ordentlich gestaltete Bitmaps in verschiedenen Größen und mit einer unterschiedlichen Anzahl an Farben. Wundern Sie sich nicht, wenn viele Bitmaps einen rosafarbenen Hintergrund besitzen. Hier liegt weder eine der üblichen Geschmacksverirrungen noch ein Lebensbekenntnis des Bitmap-Designers vor, es handelt sich um die transpa-

1. Nicht jeder hat schließlich eine talentierte, junge Grafikerin in der Familie.

rente Farbe, die dafür sorgt, dass die Hintergrundfarbe der Bitmap unsichtbar und stattdessen die Hintergrundfarbe der Symbol- oder Befehlsleiste sichtbar wird. Falls dies nicht bereits automatisch geschehen ist, müssen Sie die ImageTransparentColor-Eigenschaft auf den Farbwert setzen, der bei der Bitmap als transparente Farbe gewählt wurde (bei den Microsoft-Bitmaps ist dies *Magenta*).

TIPP

Beim normalen Button gibt es keine ImageTransparentColor-Eigenschaft. Möchte man hier ebenfalls eine transparente Farbe für die angezeigte Bitmap festlegen, geschieht dies durch Setzen der TransparencyKey-Eigenschaft auf den entsprechenden Farbwert (meistens »Magenta«). Dank Vererbung wirkt sich diese Einstellung auch auf den Button aus (wirksam wird sie aber erst während der Programmausführung).

Damit wurden die wichtigsten Bedienelemente einer modernen Fensteranwendung vorgestellt, und die Umsetzung eines Beispielprojekts kann im übernächsten Abschnitt beginnen, bei dem alle diese Elemente zum Einsatz kommen werden.

9.4 Dialogfelder

Ein Dialogfeld ist ein reguläres Formular, das von einem anderen Formular aus über die Show- oder ShowDialog-Methode angezeigt wird, und das in der Regel nur vorübergehend sichtbar ist. Da es von einem anderen Fenster aus angezeigt wird, wird es auch als »Kindfenster« bezeichnet. Ein Dialogfeld kann auf zwei grundsätzliche Weisen angezeigt werden: blockierend über die ShowDialog- und nicht blockierend über die Show-Methode. Blockierend bedeutet, dass die Anwendung nicht fortgesetzt wird, solange das Dialogfeld geöffnet ist. Ein nicht blockierend angezeigtes Dialogfeld kann dagegen beiseitegeschoben werden, sodass ein anderes Fenster der Anwendung ausgewählt und die Programmausführung mit dem Befehl zur Anzeige des Dialogfeldes fortgesetzt wird.

9.4.1 Eingebaute Dialogfelder

Windows besitzt eine Reihe von eingebauten Dialogfeldern, z.B. für die Auswahl einer Datei oder das Einstellen einer Farbe, die über ihre ShowDialog-Methode nur blockierend angezeigt werden. Tabelle 9.2 stellt die zuständigen Klassen zusammen.

CODE

Das folgende Beispiel zeigt einen Dateiauswahldialog für die Auswahl einer Datei an. Wird eine Datei gewählt, wird ihr Pfad über die FileName-Eigenschaft des Dialogfeldes übergeben. Sie wird durch die Auswahl aber nicht geöffnet. Ist das gewünscht, muss die OpenFile-Methode verwendet werden, die ein Stream-Objekt zurückgibt.

```
Using Ofd As New OpenFileDialog
  With Ofd
    .Filter = "Bitmaps
(*.bmp,*.gif;*.jpg,*.png)|*.bmp;*.gif;*.jpg;*.png|Alle Dateien|*.*"
    .InitialDirectory =
Environment.GetFolderPath(Environment.SpecialFolder.MyPictures)
    If .ShowDialog = Windows.Forms.DialogResult.OK Then
        BildAnzeigen(.FileName)
    End If
  End With
End Using
```

Über `InitialDirectory` wird das Verzeichnis festgelegt, das in dem Dialogfeld voreingestellt sein soll. Das Festlegen des Filters, der die in der Auswahlliste der Dateitypen angebotenen Dateitypen festgelegt, ist seit frühen Windows-Tagen gleich geblieben. Der Filter wird durch eine Folge von *Name|Dateierweiterungspaaren* angegeben, wo jedes Element durch einen senkrechten Strich von seinem Vorgänger getrennt wird. Das erste Element gibt den Namen an, der angezeigt wird. Das zweite Element gibt den eigentlichen Filter an, der zur Dateiauswahl verwendet wird.

Tabelle 9.2: Fest eingebaute Dialogfelder

Dialogfeld	Was wird angezeigt?
OpenFileDialog	Ein Dialogfeld zur Auswahl einer zu öffnenden Datei.
SaveFileDialog	Ein Dialogfeld zum Speichern einer Datei.
ColorDialog	Ein Dialogfeld zur Auswahl einer Farbe.
FontDialog	Ein Dialogfeld zum Einstellen von Schrifteigenschaften.
FolderBrowserDialog	Ein Dialogfeld für die Auswahl eines Ordners.

9.4.2 Den Rückgabewert eines Dialogfelds festlegen

Ein Dialogfeld ist ein reguläres Formular, das von einem anderen Formular über seine `Show`- oder `ShowDialog`-Methode angezeigt wird. Um festzustellen, ob ein über `ShowDialog` angezeigtes Dialogfeld vom Anwender mit *OK* oder *Cancel* geschlossen wurde, muss lediglich der Rückgabewert ausgewertet werden. Da ein Dialogfeld im Allgemeinen mehrere Buttons enthält, muss ein Button z.B. die Rolle des »OK-Buttons« übernehmen. Jenes Buttons also, der, wenn er angeklickt wird, das Dialogfeld wieder schließt und ein »OK« zurückgibt. Diese Einstellung wird über die `DialogResult`-Eigenschaft des Buttons eingestellt. Hier stehen alle möglichen Rückgabewerte zur Auswahl. Ein auf diese Weise ausgezeichneter Button legt nicht nur den Rückgabewert der `ShowDialog`-Methode fest, sondern sorgt dafür, dass das Dialogfeld wieder geschlossen wird.

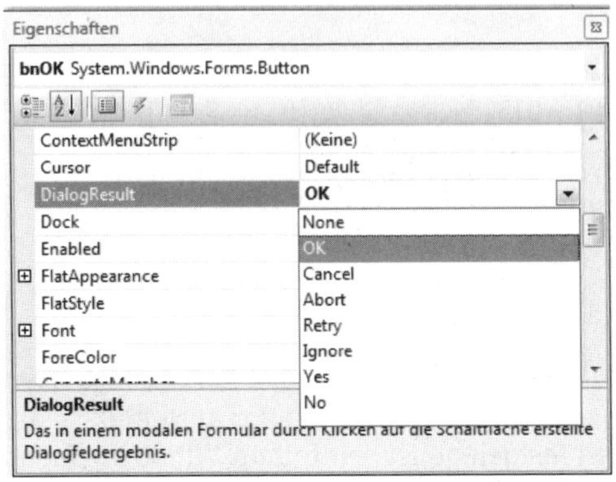

Abb. 9.4: Pro Button kann ein eigener Rückgabewert eingestellt werden.

Darüber hinaus kann pro Formular über dessen Eigenschaft `AcceptButton` ein Button ausgewählt werden, durch den durch das Drücken der ↵-Taste das `Click`-Ereignis beim *OK*-Button ausgelöst wird. Das Pendant ist die `CancelButton`-Eigenschaft des Formulars, die jenen Button auswählt, der beim Drücken der Esc-Taste aktiviert wird. Das ist sehr praktisch, da die beiden Buttons nicht explizit mit der Maus angeklickt werden müssen, um das Formular bestätigend oder abbrechend zu schließen.

9.5 Der Bildbetrachter stellt sich vor

In diesem Abschnitt lernen Sie anhand eines kleinen Bildbetrachters, der jedes geladene Bild in einem eigenen Fenster anzeigt, eine typische Windows-Anwendung kennen. Neben einer Menüleiste, einer Symbolleiste und einer Statusleiste wird die Anwendung auch weitere Elemente einer »typischen« Windows-Anwendung besitzen. Abbildung 9.5 zeigt den kleinen Bildbetrachter in seiner fertigen Form. Bis es so weit ist, müssen Sie noch ein wenig arbeiten. Beim Bildbetrachter handelt es sich um eine MDI-Anwendung, bei der es ein Elternfenster gibt (bei Visual Basic könnte es auch mehrere MDI-Elternfenster geben), in dessen Innenfläche sich die MDI-Kindfenster bewegen.[1] Ein Formular wird zum MDI-Elternfenster, indem dessen `IsMdiContainer`-Eigenschaft auf `True` gesetzt wird. Ein Formular wird zum MDI-Kindfenster, indem während der Programmausführung seine `MdiParent`-Eigenschaft auf die Instanz (nicht den Namen) des MDI-Hauptformulars gesetzt wird. Ansonsten handelt es sich aber um reguläre Formulare.

1. Das »Multiple Document Interface«-Konzept ist beinahe so alt wie Windows selbst und kommt so langsam wieder aus der Mode. Microsoft Word benutzt es z.B. schon lange nicht mehr. Für Anwendungen, in denen es beliebig viele »Dokumentfenster« geben kann, ist es nach wie vor ganz praktisch.

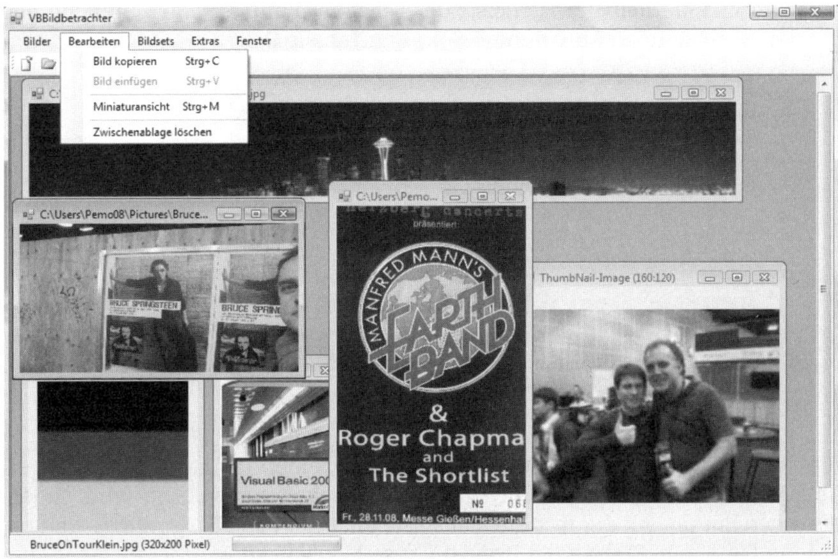

Abb. 9.5: Der fertige Bildbetrachter in Aktion

9.5.1 Die Umsetzung Schritt für Schritt

Das Grundgerüst der Anwendung ist relativ überschaubar, sodass Sie relativ (die Betonung liegt auf relativ) wenig Code eintippen müssen. Dennoch wird, dank der neuen Strip-Steuerelemente, eine funktional reichhaltige Benutzeroberfläche entstehen.

Sie finden das Projekt auf der Buch-DVD in Gestalt der Projektmappendatei *VBBildBetrachter.sln*.

Schritt 1

Das Anlegen eines neuen Projekts ist wie immer der erste Schritt. Legen Sie ein neues Projekt vom Typ *Windows Forms-Anwendung* an, geben Sie ihm den Namen »VBBildbetrachter«, und speichern Sie es gleich ab.

Schritt 2

Das Formular *Form1* wird zum MDI-Elternformular. Setzen Sie dazu die `IsMdiContainer`-Eigenschaft des Formulars auf `True`. Sie werden feststellen, dass die Hintergrundfarbe dunkler wird. Mehr passiert allerdings nicht, es handelt sich nach wie vor um ein reguläres Formular.

Schritt 3

Das Formular erhält eine Menüleiste, indem Sie ein *MenuStrip*-Steuerelement auf das Formular ziehen und dort ablegen. Sie werden feststellen, dass es sich automatisch unterhalb der Titelleiste des Fensters anordnet. Orientieren Sie sich bei der Umsetzung an Abbildung 9.6 und an Tabelle 9.3.

Abb. 9.6: Die Menüleiste des Bildbetrachters

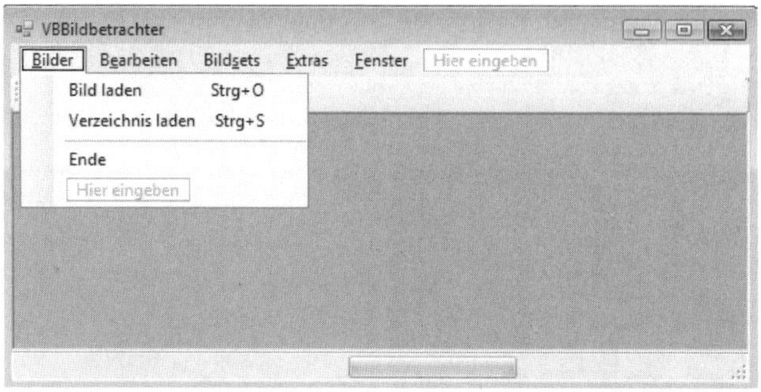

Die Tabelle enthält für die meisten Einträge auch einen Tastatursshortcut, der einem Eintrag über dessen `ShortcutKeys`-Eigenschaft zugewiesen wird. Indem Sie einen Eintrag mit der rechten Maustaste anklicken und BILD FESTLEGEN wählen, ordnen Sie einem Eintrag ein Icon zu. Diese Möglichkeit wird im Moment aber noch auf später verschoben.

Ein Wort zur Namensgebung der Menüeinträge

Visual Basic greift Ihnen zwar etwas unter die Arme, indem es, zumindest bei den neu angelegten Einträgen, dem Namen den Wert der `Text`-Eigenschaft zuweist, doch ist diese Namensvergabe nicht immer optimal, da die Namen dadurch oft ein wenig lang werden. Für dieses Beispielprojekt wird die einfache Regel angewendet, dass jeder Menüeintrag mit dem Namen der `Text`-Eigenschaft (ohne Leerzeichen) beginnt, auf den »MenuItem« folgt. Aus einem »Bild laden« wird so der Name »BildLadenMenuItem«. Auf diesen Umstand wird nicht mehr separat hingewiesen. Er ist aber wichtig, damit Sie später die Ereignisprozeduren leichter den Menüeinträgen zuordnen können.

Abb. 9.7: Ein Menüeintrag erhält einen Tastatursshortcut.

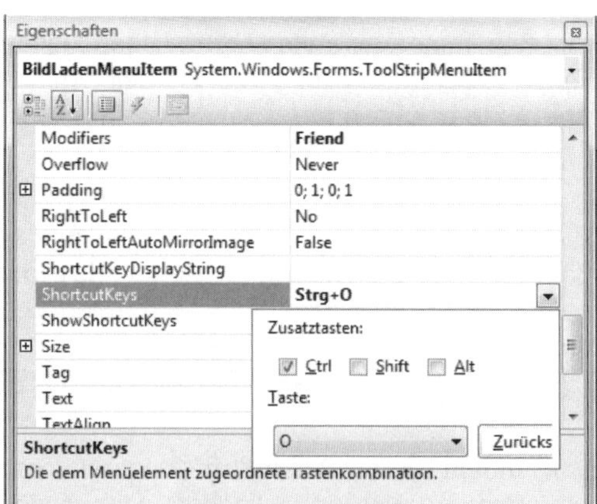

Menü	**Einträge**
Bilder	Bild laden Strg + O
	Verzeichnis laden Strg + V
	- (Trennstrich)
	Ende
Bearbeiten	Bild kopieren Strg + C
	Bild einfügen Strg + V
	- (Trennstrich)
	Miniaturansicht Strg + M
	- (Trennstrich)
	Zwischenablage leeren
Bildsets	Bildset laden Strg + L
	Bildset speichern Strg + S
Extras	Bild drehen Strg + B
Fenster	Alle schließen
	Nebeneinander anordnen
	Untereinander anordnen

Tabelle 9.3: Die Zusammensetzung des Menüs des Bildbetrachters

Schritt 4

Das Formular erhält eine Symbolleiste, indem Sie ein *ToolStrip*-Steuerelement auf das Formular ziehen und dort ablegen. Sie werden feststellen, dass es sich automatisch unterhalb der Menüleiste anordnet. Orientieren Sie sich bei der Umsetzung an Abbildung 9.8. Anders als bei der Menüleiste müssen bzw. sollten Sie den einzelnen Buttons von Anfang an eine Bitmap zuordnen, wenngleich es nicht immer ganz einfach ist, ein passendes Symbol zu finden – im Beispiel wird auf die Bitmaps der bereits erwähnten Visual Studio Image Library zurückgegriffen. Welche Bitmap Sie am Ende auswählen, spielt natürlich keine Rolle.

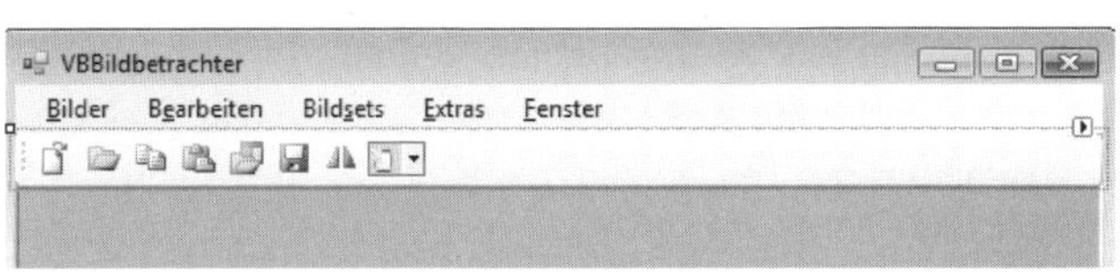

Abb. 9.8: Das Formular hat eine Symbolleiste erhalten.

Schritt 5

Das Formular erhält eine Statusleiste, indem Sie ein *StatusStrip*-Steuerelement auf das Formular ziehen und dort ablegen. Sie werden feststellen, dass es sich automatisch am unteren Rand des Fensters anordnet. Fügen Sie zur Statusleiste über die Auswahlliste ein *Statuslabel* und eine *Progressbar* hinzu.

Damit ist die Umsetzung der Benutzeroberfläche auch schon fertig. Ein weiteres Formular zum Anzeigen eines Bildes muss nicht angelegt werden, da dies während der Programmausführung geschieht.

Schritt 6

Schalten Sie mit F7 auf den Programmcodeeditor um. Da verschiedene Klassen aus dem Namespace `System.IO` benötigt werden, sollten Sie zuerst einen `Imports`-Befehl voranstellen:

```
Imports System.IO
```

Schritt 7

Im Folgenden wird zunächst eine Reihe von allgemeinen Prozeduren hinzugefügt, die in den weiteren Schritten in die `Click`-Eventhandler der Einträge der Menüleiste eingefügt und den Buttons der Symbolleiste zugeordnet werden.

Fügen Sie die Prozedur `BildLaden` ein:

```
' ---------------------------------------------------------
' Codepunkt Nr. 1
' Laden eines Bildes
' ---------------------------------------------------------
Sub BildLaden()
  Using Ofd As New OpenFileDialog
   With Ofd
    .Filter = "Bitmaps
(*.bmp,*.gif;*.jpg,*.png)|*.bmp;*.gif;*.jpg;*.png|Alle Dateien|*.*"
    .InitialDirectory =
Environment.GetFolderPath(Environment.SpecialFolder.MyPictures)
     If .ShowDialog = Windows.Forms.DialogResult.OK Then
       BildAnzeigen(.FileName)
     End If
   End With
  End Using
End Sub
```

Die Prozedur zeigt einen Dateiauswahldialog an und übergibt den Pfad der ausgewählten Datei an die Prozedur `BildAnzeigen`.

Schritt 8

Fügen Sie die Prozedur `BildAnzeigen` ein:

```
' ---------------------------------------------------------
' Codepunkt Nr. 2
' Anzeigen eines Bildes
' ---------------------------------------------------------
Sub BildAnzeigen(ByVal BildPfad As String)
  Dim Fo As New Form
  With Fo
    .BackgroundImage = Image.FromFile(BildPfad)
    .Size = .BackgroundImage.Size
    .Text = BildPfad
    .Tag = Path.GetFileName(BildPfad)
     .MdiParent = Me
      .Show()
  End With
End Sub
```

Die Prozedur legt ein neues Formular »aus dem Nichts« an und weist das Bild, dessen Bildpfad übergeben wurde, der Eigenschaft `BackgroundImage` zu, sodass es in der Innenfläche des Formulars angezeigt wird.

Schritt 9

Fügen Sie die Prozedur `BildsetSpeichern` ein:

```
' --------------------------------------------------------
' Codepunkt Nr. 3
' Alle aktuell geladenen Bilder als ein Set abspeichern
' --------------------------------------------------------
Sub BildsetSpeichern()
  Using Sfd As New SaveFileDialog
   With Sfd
     .Filter = "PicSet (*.picset)|*.picset|Alle Dateien|*.*"
     .InitialDirectory =
Environment.GetFolderPath(Environment.SpecialFolder.MyPictures)
     If .ShowDialog = Windows.Forms.DialogResult.OK Then
    ' Progressbar vorbereiten
     ToolStripProgressbar1.Value = 0
     ToolStripProgressbar1.Maximum = Me.MdiChildren.Length
     Using Sw As New StreamWriter(.FileName)
         ' Jetzt alle offenen Mdi-Fenster durchgehen
         For Each Mdi As Form In Me.MdiChildren
            Sw.WriteLine(Mdi.Text)
          Next
         ToolStripProgressbar1.Value += 1
     End Using
     MessageBox.Show(Me.MdiChildren.Length & " Bildpfade
gespeichert.", My.Application.Info.Title)
     ToolStripProgressbar1.Value = 0
      End If
   End With
  End Using
End Sub
```

Diese Prozedur speichert die Pfade aller aktuell geladenen Bilder in einer Textdatei mit der Erweiterung *.picset*, sodass sie später wieder alle auf einmal geladen werden können. Dabei wird der Fortschritt beim Laden mithilfe des kleinen Fortschrittsbalkens in der Statusleiste angezeigt.

TIPP

Es wäre kein Problem, die Erweiterung *.picset* im Windows-Explorer (über EXTRAS|ORDNEROPTIONEN|DATEITYPEN) zu registrieren, sodass ein Doppelklick auf eine solche Datei das Visual Basic-Programm und die in der Datei enthaltenen Bilder lädt.

Die Steuerung eines Fortschrittsbalkens

Die Anwender erwarten, dass stets etwas passiert. Und wenn einmal nicht viel passieren kann, weil das Programm gerade mit einer größeren Aktion beschäftigt ist (Sie werden feststellen, dass der Bildbetrachter beim Laden vieler großer Bilder ein wenig »in die Knie« gehen kann), sollte es einen visuellen Fingerzeig in Gestalt eines Fortschrittsbalkens geben. Ein solcher steht zum einen über die Toolbox zur Verfügung, zum anderen kann er in ein ToolStrip- oder StatusStrip-Steuerelement eingebaut werden. Auch wenn es sich um ein anderes Steuerelement handelt, besitzen beide gemeinsame Eigenschaften:

- `Minimum` – hier wird der kleinste Wert festgelegt, den die `Value`-Eigenschaft besitzen kann.
- `Maximum` – hier wird der größte Wert festgelegt, den die `Value`-Eigenschaft besitzen kann.
- `Value` – der aktuelle Wert und damit auch der Stand des Balkens.

Die »Kunst« besteht also darin, den maximalen Wert der `Value`-Eigenschaft passend zu wählen und dafür zu sorgen, dass sich dieser während einer Operation kontinuierlich vergrößert, sodass der Balken sich weiterbewegt. Im obigen Beispiel wird der Balken mit jedem geladenen Bild um eins erhöht. Bei sehr großen Operationen wird die `Value`-Eigenschaft z.B. nur jedes hundertste Mal erhöht.

Schritt 10

Fügen Sie die Prozedur `BildsetLaden` ein:

```
' -------------------------------------------------------
' Codepunkt Nr. 4
' Alle Bilder eines gespeicherten Sets laden
' -------------------------------------------------------
Sub BildsetLaden()
  Dim AnzahlBilder As Integer
  Using Ofd As New OpenFileDialog
    With Ofd
      .Filter = "PicSet (*.picset)|*.picset|Alle Dateien|*.*"
       .InitialDirectory =
Environment.GetFolderPath(Environment.SpecialFolder.MyPictures)
      If .ShowDialog = Windows.Forms.DialogResult.OK Then
          Using Sr As New StreamReader(.FileName)
             Do While Not Sr.EndOfStream
                Sr.ReadLine()
                AnzahlBilder += 1
             Loop
             Sr.BaseStream.Flush()
             Sr.BaseStream.Seek(0, SeekOrigin.Begin)
            ' Progressbar vorbereiten
            ToolStripProgressbar1.Value = 0
            ToolStripProgressbar1.Maximum = AnzahlBilder
            AnzahlBilder = 0
             ' Jetzt alle Bilddateien laden
             Do While Not Sr.EndOfStream
               Dim Dateiname As String
               Dateiname = Sr.ReadLine
               Try
                  BildAnzeigen(Dateiname)
                  AnzahlBilder += 1
                  ToolStripProgressbar1.Value = AnzahlBilder
```

```
                Catch Ex As FileNotFoundException
                  MessageBox.Show(Dateiname & " existiert nicht.",
My.Application.Info.Title)
                Catch ex As Exception
                   MessageBox.Show("Fehler beim Laden eines Bildes",
ex.Message, MessageBoxButtons.OK, MessageBoxIcon.Error)
               End Try
             Loop
           End Using
           MessageBox.Show(AnzahlBilder & " Bilder wurden geladen.",
My.Application.Info.Title)
           ToolStripProgressbar1.Value = 0
       End If
     End With
   End Using
End Sub
```

Diese Prozedur ist deutlich umfangreicher, was auch daran liegt, dass eine Ausnahmebehandlung eingebaut wurde, die in dem Fall aktiv wird, dass eine Bilddatei nicht mehr existiert (die Ausnahmebehandlung wird in Kapitel 10 vorgestellt). Zu Beginn erhält der Anwender die Gelegenheit, die Picset-Datei aus einer Auswahlbox auszuwählen. Anschließend wird die Textdatei über einen `StreamReader` Zeile für Zeile gelesen und das Bild, dessen Dateipfad gelesen wurde, in einem MDI-Kindfenster angezeigt.

Schritt 11

Fügen Sie die Prozedur `VerzeichnisLaden` ein:

```
' -----------------------------------------------------------
' Codepunkt Nr. 5
' Laden eines kompletten Verzeichnisses
' -----------------------------------------------------------
Sub VerzeichnisLaden()
  Dim AnzahlPics As Integer
  Using Fbd As New FolderBrowserDialog
    With Fbd
      .ShowNewFolderButton = False
      .RootFolder = Environment.SpecialFolder.MyPictures
        If .ShowDialog = Windows.Forms.DialogResult.OK Then
          ' Jetzt alle Bitmaps in dem Verzeichnis durchgehen
          Dim PicDir As New DirectoryInfo(.SelectedPath)
          ToolStripProgressbar1.Maximum = _
            PicDir.GetFiles.Length
          ToolStripProgressbar1.Minimum = 0
          ToolStripProgressbar1.Value = 0
          For Each Pic As FileInfo In PicDir.GetFiles()
            Select Case Path.GetExtension(Pic.Name).ToLower
              Case ".bmp", ".jpg", ".gif", ".png"
               AnzahlPics += 1
                ToolStripProgressbar1.Value = AnzahlPics
                ToolStripProgressbar1.Progressbar.Refresh()
                Dim Fo As New Form
```

```
                With Fo
                  .BackgroundImage = _
 Image.FromFile(Pic.FullName).GetThumbnailImage(200, 200, Nothing,
Nothing)
                  .BackgroundImageLayout = ImageLayout.Zoom
                  .Size = .BackgroundImage.Size
                  .Text = Pic.FullName
                  .Tag = Path.GetFileName(Pic.FullName)
                  .MdiParent = Me
                  .Show()
                End With
                ' Kurz warten
                Threading.Thread.Sleep(200)
                ToolStripProgressbar1.Value = 0
              Case Else
               ' Hier passiert nichts
              End Select
          Next
        End If
    End With
  End Using
End Sub
```

Auch diese Prozedur hat es in sich. Als Erstes zeigt sie einen Ordnerauswahldialog an und lädt anschließend alle Bitmap-Dateien in dem ausgewählten Verzeichnis. Da dies eine Weile dauern kann, wird der Fortschritt im Fortschrittsbalken der Statusleiste angezeigt.

Sie werden feststellen, dass beim Laden einer größeren Anzahl an Bildern die Oberfläche »einfriert«, sich also z.B. das *Extras*-Menü nicht öffnen lässt. Eine Möglichkeit, dies zu vermeiden, wäre, das Laden der Bilder mithilfe der Backgroundworker-Komponente auf einem eigenen Thread zu erledigen. Mehr zum Thema Multithreading finden Sie in Kapitel 12.

Der Zugriff auf die Zwischenablage

Bei praktisch jeder Anwendung ist es möglich, das selektierte Element per [Strg] + [C] in die Zwischenablage zu kopieren. Möglich wird dies bei Visual Basic über das `Clipboard`-Objekt, das die Zwischenablage repräsentiert und eine große Auswahl an Methoden anbietet, mit deren Hilfe sich etwas in die Zwischenablage kopieren oder feststellen lässt, ob sich etwas in der Zwischenablage befindet.

Schritt 12

Fügen Sie die Prozedur `BildKopieren` ein:

```
' ---------------------------------------------------------
' Codepunkt Nr. 6
' Kopieren des aktiven Bildes in die Zwischenablage
' ---------------------------------------------------------
Sub BildKopieren()
  If Me.ActiveMdiChild IsNot Nothing _AndAlso _
     Me.ActiveMdiChild.BackgroundImage IsNot Nothing Then
```

```
    Dim Bm As Bitmap = Me.ActiveMdiChild.BackgroundImage
    Clipboard.SetImage(Bm)
  End If
End Sub
```

Diese Prozedur ist angenehm überschaubar. Sie prüft, ob ein Fenster mit Hintergrundbild aktiv ist, und kopiert das Bild über die `SetImage`-Funktion des `Clipboard`-Objekts in die Zwischenablage.

Schritt 13

Fügen Sie die Prozedur `BildInfoAnzeigen` ein:

```
' -------------------------------------------------------------
' Codepunkt Nr. 7
' Anzeigen der Bildinformation
' -------------------------------------------------------------
Sub BildInfoAnzeigen()
  If Me.ActiveMdiChild IsNot Nothing AndAlso
Me.ActiveMdiChild.BackgroundImage IsNot Nothing Then
    Dim Bm As Bitmap = Me.ActiveMdiChild.BackgroundImage
    ToolStripStatuslabel1.Text = Me.ActiveMdiChild.Tag & " (" &
Bm.Width & "x" & Bm.Height & " Pixel)"
  End If
End Sub
```

Diese Prozedur macht nichts anderes, als die Abmessungen des aktuell selektierten Bildes im Statuslabel der Statusleiste anzuzeigen.

Ein wenig »Bildverarbeitung« mit System.Drawing

Die Bildverarbeitung ist ein Thema, über das sich ganze Bücher schreiben ließen. Daher nur so viel: Der Namespace `System.Drawing` enthält eine Vielzahl von Funktionen für 2D-Grafiken und den Umgang mit Bitmaps. Eine Reihe dieser Funktionen wird über die `Image`-Klasse aus diesem Namespace angeboten, die eine Bitmap repräsentiert. Dazu gehört auch die `RotateFlipMethode`, die eine Bitmap zum Beispiel um 90 Grad dreht.

Schritt 14

Fügen Sie die Prozedur `BildDrehen` ein:

```
' -------------------------------------------------------------
' Codepunkt Nr. 8
' Drehen des aktuell selektierten Bildes um 90 Grad
' -------------------------------------------------------------
Sub BildDrehen()
  If Me.ActiveMdiChild IsNot Nothing AndAlso
Me.ActiveMdiChild.BackgroundImage IsNot Nothing Then

Me.ActiveMdiChild.BackgroundImage.RotateFlip(RotateFlipType.Rotate90F
lipNone)
    Me.ActiveMdiChild.Refresh()
  End If
End Sub
```

Die Prozedur dreht das aktive Bild um jeweils 90 Grad.

Schritt 15

Fügen Sie die Prozedur `BildEinfuegen` ein:

```
' --------------------------------------------------------
' Codepunkt Nr. 9
' Einfügen eines Bildes aus der Zwischenablage
' --------------------------------------------------------
Sub BildEinfuegen()
  Dim Fo As New Form
  With Fo
   .BackgroundImage = Clipboard.GetImage()
   .BackgroundImageLayout = ImageLayout.Zoom
   .Size = .BackgroundImage.Size
   .Text = "Aus Zwischenablage"
   .Tag = "Zwischenablage"
   .MdiParent = Me
   .Show()
  End With
End Sub
```

Die Prozedur holt ein Bild aus der Zwischenablage und zeigt es als neues Formular an. Natürlich darf sie nur ausgeführt werden, wenn ein Bild in der Zwischenablage vorliegt. Wie das gelöst wird, zeigt der nächste Schritt.

Schritt 16

Jetzt geht es an die Umsetzung einiger Ereignisprozeduren. Den Auftakt macht das `DropDownOpening`-Event des Bearbeiten-Menüs, das durch das Objekt `BearbeitenMenuStripItem` repräsentiert wird. Hier soll sichergestellt werden, dass mit dem Öffnen des Menüs nur jene Einträge aktiv sind, die auswählbar sein sollen. Ein Einfügen-Befehl soll zum Beispiel nur dann auswählbar sein, wenn die Zwischenablage eine Bitmap enthält. Fügen Sie daher in die Ereignisprozedur die folgenden Befehle ein:

```
' --------------------------------------------------------
' Codepunkt Nr. 10
' Beim Öffnen des Bearbeiten-Menüs sollen die richtigen
' Einträge aktiviert werden
' --------------------------------------------------------
' Gibt es ein aktives Kindfenster, und gibt es ein Hintergrundbild?
If Me.ActiveMdiChild IsNot Nothing AndAlso
Me.ActiveMdiChild.BackgroundImage IsNot Nothing Then
  BildEinfügeMenuItem.Enabled = True
Else
  BildKopiereMenuItem.Enabled = False
End If
' Gibt es ein aktives Kindfenster und gibt es ein Hintergrundbild?
If Me.ActiveMdiChild IsNot Nothing AndAlso
Me.ActiveMdiChild.BackgroundImage IsNot Nothing Then
  MiniaturansichtMenuItem.Enabled = True
Else
  MiniaturansichtMenuItem.Enabled = False
End If
```

```
' Enthält die Zwischenablage ein Bild?
If Clipboard.ContainsImage = True Then
  BildEinfügeMenuItem.Enabled = True
Else
  BildEinfügeMenuItem.Enabled = False
End If
```

Schritt 17

Fügen Sie in die `Click`-Prozedur des Eintrags `MiniaturansichtMenuItem` die folgenden Befehle ein:

```
'-----------------------------------------------
' Codepunkt Nr. 11
' Anzeigen der Miniaturansicht über Menüleiste
'-----------------------------------------------
Dim Fo As New Form
Dim Breite, Hoehe, Aspekt As Single
Breite = 160
Aspekt = Me.ActiveMdiChild.BackgroundImage.Width /
Me.ActiveMdiChild.BackgroundImage.Height
Hoehe = Breite / Aspekt
Fo.BackgroundImage =
Me.ActiveMdiChild.BackgroundImage.GetThumbnailImage(Breite, Hoehe,
Nothing, IntPtr.Zero)
Fo.BackgroundImageLayout = ImageLayout.Zoom
Fo.Text = String.Format("ThumbNail-Image ({0}:{1})", Breite, Hoehe)
Fo.MdiParent = Me
Fo.Show()
```

Über die sehr praktische `GetThumbnailImage`-Methode lässt sich ein kleines Vorschaubild anfertigen, das nicht daumengroß sein muss und das oft eine bessere Qualität besitzt, als wenn die Bitmap einfach nur über ihre Höhe und Breite verkleinert worden wäre. Der Methode werden zwei Argumente übergeben, die keine Bedeutung haben, aber übergeben werden müssen. Dazu gehört auch der Spezialwert `IntPtr.Zero`, der für einen »Nullzeiger« steht.

Schritt 18

Fügen Sie den folgenden Befehl in `Form_Load` ein:

```
MenuStrip1.MdiWindowListItem = FensterMenuStripItem
```

Er bewirkt, dass das FENSTER-Menü zum MDI-Menü wird, was bedeutet, dass hier automatisch die Namen der geöffneten Kindfenster aufgelistet werden, ohne dass dies programmiert werden müsste.

Schritt 19

Fügen Sie in die `Click`-Ereignisprozedur des Menüeintrags `AlleSchliessenMenuItem` die folgenden Befehle ein:

```
For Each Mdi As Form In Me.MdiChildren
  Mdi.Close()
Next
ToolStripStatuslabel1.Text = ""
```

Die kleine Schleife geht alle offenen MDI-Kindfenster durch und schließt sie über die `Close`-Methode. Am Ende wird auch der Inhalt des Statuslabels in der Statusleiste gelöscht.

Schritt 20

Fügen Sie in die `MdiChildActivate`-Ereignisprozedur den folgenden Befehl ein:

```
BildInfoAnzeigen()
```

Dieser Aufruf bewirkt, dass bei jedem Anklicken eines Bildes die Abmessungen der aktuellen Bitmap in der Statusleiste angezeigt werden.

Schritt 21

Jetzt haben Sie es (wieder einmal) fast geschafft. Der Rest sind nur noch harmlose Aufrufe bereits eingegebener Prozeduren in den `Click`-Handlern der verschiedenen Menüeinträge und Symbolleistenbuttons. Damit es nicht zu unübersichtlich wird, fasst Tabelle 9.4 alle `Click`-Eventhandler zusammen.

Tabelle 9.4: Die Prozeduren und die Click-Events

Steuerelement	Inhalt des Click-Eventhandlers
`BildKopierenToolStripMenuItem`	`BildKopieren()`
`ZwischenablageLöschenToolStripMenuItem`	`Clipboard.Clear()`
`BildsetSpeichernMenuItem`	`BildsetSpeichern()`
`BildsetLadenMenuItem`	`BildsetLaden()`
`VerzeichnisLadenMenuItem`	`VerzeichnisLaden()`
`EndeMenuItem`	`Me.Close()`
`BildLadenToolStripButton`	`BildLaden()`
`BildKopierenToolStripButton`	`BildKopieren()`
`BildEinfuegenToolStripButton`	`BildEinfuegen()`
`BildsetLadenToolStripButton`	`BildsetLaden()`
`BildsetSpeichernToolStripButton`	`BildsetSpeichern()`
`BildDrehenToolStripButton`	`BildDrehen()`
`BildKopierenMenuItem`	`BildKopieren()`
`BildEinfügenMenuItem`	`BildEinfuegen()`
`ZwischenablageLöschenMenuItem`	`Clipboard.Clear()`
`BildDrehenToolStripMenuItem`	`BildDrehen()`
`VerzeichnisLadenToolStripButton`	`VerzeichnisLaden()`
`BildLadenMenuItem`	`BildLaden()`
`AlleNebeneinanderMenuItem`	`Me.LayoutMdi(MdiLayout.TileHorizontal)`
`AlleUntereinanderMenuItem`	`Me.LayoutMdi(MdiLayout.TileVertical)`

Das wäre geschafft. Starten Sie das Programm über F5, und probieren Sie die einzelnen Funktionalitäten der Reihe nach aus.

9.5.2 Erweiterung 1 – eine Dateiliste

Richtige Programme bieten die zuletzt bearbeiteten Dokumente in einer Liste im DATEI-Menü an. Irgendwie müsste sich das Programm merken, welche Dateien zuletzt gespeichert wurden. Allerdings nicht alle, sondern lediglich die letzten vier, zehn oder zwölf Dateien. Für das Merken wäre eine Collection ideal (diese wurden in Kapitel 7vorgestellt), zu der man per `Add`-Methode laufend Elemente hinzufügen, in der aber nur eine bestimmte Anzahl gespeichert werden kann, in der – sobald das Fassungsvermögen erreicht ist – der jeweils älteste Eintrag automatisch überschrieben wird und doppelte Einträge nicht vorkommen können. Eine solche Collection gibt es zwar nicht in der Klassenbibliothek, es ist aber relativ einfach, eine solche Collection durch Vererbung zu erhalten.

In der Beispielanwendung auf der Buch-DVD finden Sie das Projekt *VBBild-Betrachter.sln*, in dem diese Erweiterung umgesetzt ist.

9.5.3 Erweiterung 2 – ein Begrüßungsbildschirm

Zu einer Anwendung gehört ein Begrüßungsbildschirm, der für ein paar Sekunden angezeigt wird und dann wieder verschwindet. Ein solches Begrüßungsfenster wird als »Splash-Screen« bezeichnet. Es lässt sich in wenigen Schritten hinzufügen:

Schritt 1

Fügen Sie über *Projekt|Windows Form hinzufügen* ein neues Formular hinzu, und wählen Sie als Typ *Begrüßungsbildschirm* aus.

Schritt 2

Wechseln Sie in die Projekteigenschaften, und wählen Sie dort bei *Begrüßungsbildschirm* das hinzugefügte Formular aus.

Wenn Sie jetzt das Projekt starten, wird der Begrüßungsbildschirm kurz angezeigt. Die Dauer lässt sich über `My.Application.MinimumSplashScreenDisplayTime` einstellen.

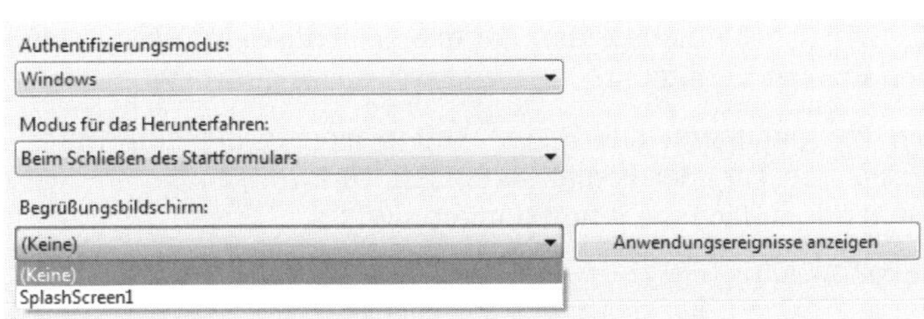

Abb. 9.9: In den Projekteigenschaften kann auch ein Begrüßungsbildschirm ausgewählt werden.

9.5.4 Die Anwendung weitergeben

Was ist zu tun, damit Sie diese Anwendung auch auf einem anderen PC ausführen können? Grundsätzlich müssen Sie nur die Exe-Datei auf dem anderen PC in ein beliebiges Verzeichnis kopieren, um sie dort ausführen zu können. Voraussetzung ist aber die .NET-Laufzeit, die bei der Version 2.0 in Gestalt der ca. 24 MByte großen Datei *Dotnetfx.exe* und mit der aktuellen Version 3.5 in Gestalt der mit ca. 250 MByte deutlich angewachsenen *Dotnetfx35.exe* vorliegt und die Sie z.B. auf der Visual Basic 2008-CD, aber auch im Internet finden und die Sie ohne Einschränkungen benutzen und weitergeben können. Sie muss auf jedem PC einmalig ausgeführt werden.

Bei Windows Vista ist die .NET-Laufzeit zwar von Anfang an dabei, aber noch in der Version 3.0.

9.5.5 Weitere Erweiterungen

Der kleine Bildbetrachter ist (natürlich) noch längst nicht vollständig. Es gibt viele Erweiterungen, die Sie, um in Übung zu bleiben, auch umsetzen sollten. Hier sind nur ein paar Vorschläge, die Sie mit Ihren bisher erworbenen Kenntnissen umsetzen können:

- Vor dem Abspeichern abfragen, ob ein Set angelegt werden soll, wenn Bilder geladen sind.
- Beim Speichern eines Sets wird auch die aktuelle Größe abgespeichert, sodass die Bilder beim erneuten Laden in dieser Größe angezeigt werden.

9.6 Zusammenfassung

Für Windows Forms-Anwendungen gibt es ein einfaches Kochrezept, das sich in vielen Fällen bewährt. Auf dem Anwendungsfenster werden erst einmal Symbolleiste, Menüleiste und Statusleiste platziert, wodurch sich bereits ein Rahmen ergibt, der nach und nach mit Programmfunktionalitäten ergänzt wird.

9.7 Fragen zum Abschluss des Kapitels

Frage 1 Kann ein Formular auch mehrere Symbol- und Menüleisten enthalten? Ist es möglich, eine Symbol- oder Menüleiste auch in einer GroupBox zu platzieren?

Frage 2 Ein Programmierer aus *Bad Tölz* möchte beim Aufruf eines Formulars mit der ShowDialog-Methode einen Parameter übergeben. Welche Möglichkeiten stehen ihm zur Verfügung?

Frage 3 Ein Programmierer aus *Baden-Baden* möchte mit dem Aufruf des Formulars *Form2* den Titel des Formulars setzen, verzweifelt aber an dem folgenden Aufruf, da er einfach nicht funktionieren will:

```
Form2.ShowDialog()
Form2.Text = "Reich werden als Schaf"
```

Frage 4 Ein Dialogfeld *Form2* enthält zwei TextBoxen *TextBox1* und *TextBox2* und wird von einem Formular Form1 über die `ShowDialog`-Methode angezeigt. Wie kann *Form1*, nachdem *Form2* wieder geschlossen wurde, auf den Inhalt der beiden Textboxen zugreifen?

Die Antworten zu den Lösungen finden Sie in Anhang C.

Kapitel 10

jetzt lerne ich

Fehler abfangen und aufspüren

In diesem Kapitel geht es um ein für Programmierer wie Anwender weniger erfreuliches Thema, es geht um Fehler. Auch erfahrene Programmierer machen Fehler, sodass ein nicht gerade geringer Aufwand betrieben werden muss, diese zu finden und aus dem Programmcode zu entfernen bzw. diese gar nicht erst entstehen zu lassen. Zum Glück ist beim Lernen von Visual Basic alles halb so wild. Tritt in einem Ihrer ersten Programme oder beim Ausführen der Beispielprogramme von der Buch-DVD ein Fehler auf, beendet man das Programm eben, schaut nach, wo der Fehler liegen könnte (alle Fehler werden in der Fehlerliste angezeigt), behebt ihn, startet das Programm erneut und hofft, dass der Fehler nicht mehr auftritt. Soll das Programm aber beim lieben Anwender (egal ob dies nur Bekannte, Kollegen, Verwandte oder der viel zitierte »Kunde« ist) laufen, dürfen oder besser sollten keine Fehler auftreten, da dies a) keinen guten Eindruck macht und b) dazu führen würde, dass das Programm vorzeitig beendet werden muss. Ein Programm sollte daher fehlerfrei sein und Fehler, auf die der Programmierer keinen direkten Einfluss hat, sollten so abgefangen werden, dass sie nicht zum Anzeigen einer Fehlermeldung verbunden mit einem Programmabbruch führen.

Sie lernen in diesem Kapitel

- wie Sie Fehler während der Programmausführung, die bei .NET *Ausnahmen* genannt werden, abfangen.
- wie Sie logische Fehler im Programm mithilfe des integrierten Debuggers aufspüren. Ganz zu Beginn dieses Kapitels muss natürlich die Frage beantwortet werden, was man unter einem Fehler (engl. »Error«) versteht.

10.1 Was genau sind Programmfehler?

Keines der großen Anwendungspakete für den PC ist vermutlich fehlerfrei, das Betriebssystem ist keine Ausnahme. Die Hersteller geben sogar freimütig zu, dass ihre Anwendungen so und so viele *Bugs* (so werden Fehler im Jargon genannt[1]) enthalten, und machen sich manchmal auch die Mühe, diese sorgfältig zu dokumentieren. Ausnahmen von dieser realistischen Regel sind natürlich jene Steuerungsprogramme, die etwa einen Airbus oder ein Kernkraftwerk steuern. Diese Programme müssen absolut fehlerfrei sein,[2] da ein Fehler hier katastrophale Folgen haben würde. Diese »Fehlerfreiheit« wird auf verschiedenen Wegen erreicht: durch überaus sorgfältiges Programmieren, sehr ausführliches Testen, durch den Einsatz anderer Programmiersprachen, die von Anfang an Sicherheitsmechanismen eingebaut haben (z.B. Eiffel), und natürlich durch den Einsatz von Ersatzsystemen, die automatisch einspringen, wenn das Originalsystem aufgrund eines Fehlers abgeschaltet werden muss. Bei Visual Basic-Programmen, insbesondere jenen, die von nur einer Person entwickelt werden, gibt es keine eingebaute Sicherheit. Hier ist der Programmierer für jedes Detail verantwortlich. Grundsätzlich wird zwischen drei Fehlertypen unterschieden:

- Syntaxfehler – dies sind die harmlosesten Fehler, die in der Regel durch einen falsch geschriebenen Befehl entstehen. Solche Fehler werden bereits bei der Eingabe erkannt und in der Fehlerliste angezeigt (die über das *Ansicht*-Menü sichtbar gemacht werden muss). Da ein Programm gar nicht ausgeführt werden kann, wenn es noch Syntaxfehler enthält, können Ihnen diese Fehler nicht durch die Lappen gehen.
- Laufzeitfehler – diese Fehler treten erst während der Programmausführung auf, daher auch der Name Laufzeitfehler (mit »Laufzeit« wird allgemein die Zeit, während das Programm läuft, umschrieben). Das klassische Beispiel ist der Versuch, eine Datei zu öffnen, die nicht existiert oder gesperrt ist. Auch ein zu großer oder zu kleiner Indexwert bei einem Array oder das Ansprechen einer Objektvariablen, die keinen Wert besitzt, sind häufige Ursachen für Laufzeitfehler. Laufzeitfehler werden durch Abfangen verhindert. Das Ziel muss es sein, ein Programm so »wasserdicht« zu machen, dass Laufzeitfehler, die praktisch immer auftreten, keine Störungen im Programmablauf hervorrufen.
- Logische Fehler – diese treten auf, weil der Programmierer eine Befehlsfolge falsch umgesetzt hat. Ein (harmloses) Beispiel hierfür wäre, für die Berechnung des Kreisumfangs die Formel für die Berechnung der Kreisfläche einzusetzen. Diese Fehler sind oft am schwierigsten aufzuspüren, da sie nicht angezeigt werden und sich nur dadurch äußern, dass das Programm (irgendwann) nicht das tut, was es tun sollte. Die beste Methode, um logische

---

1. Dank Wikipedia kann sich der Autor inzwischen so manche »historische« Anmerkung sparen und sich auf Andeutungen beschränken. In Bezug auf den Bug z.B. Admiral Grace Hoper.
2. Bei den Fahrkartenautomaten der öffentlichen Verkehrsbetriebe kann es schon einmal passieren, dass man mit einem »Bluescreen« begrüßt wird, da offenbar auf vielen Automaten Windows NT läuft.

Fehler aufzuspüren, ist es, den Debugger von Visual Basic zu verwenden, durch den ein Programm Schritt für Schritt durchlaufen wird. Auf diese Weise kann die Programmausführung nachvollzogen werden, und es lässt sich herausfinden, warum ein Programm nicht das tut, was es eigentlich tun sollte.

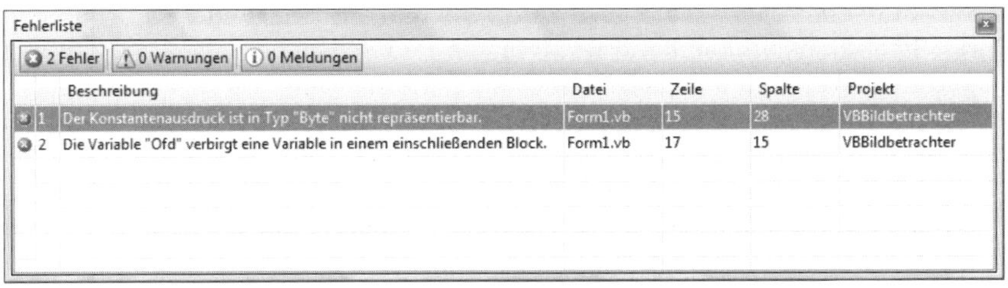

Abb. 10.1: Die Fehlerliste von Visual Studio zeigt alle Syntaxfehler und Warnungen an.

10.2 Fehler = Ausnahme

Fehler, die während der Programmausführung auftreten, werden bei Visual Basic (bzw. allgemein bei .NET) als Ausnahmen (engl. »Exception«) bezeichnet. Auf den ersten Blick mag sich der Begriff Ausnahme ein wenig ungewöhnlich anhören, sieht man ihn aber unter dem Aspekt, dass die CLR (*Common Language Runtime*) wegen einer Ausnahme die reguläre Ausführung des Programms unterbrechen muss, ergibt er etwas mehr Sinn.[1] Hinter jeder Ausnahme steht bei Visual Basic ein Objekt, das auf einer Klasse basiert, die sich von der allgemeinen `Exception`-Klasse ableitet. Das bedeutet konkret, dass beim Auftreten einer Ausnahme ein Objekt vom Typ der Ausnahmeklasse zur Verfügung steht, das alle Details der Ausnahme über seine Member zur Verfügung stellt. Allzu viele sind es nicht, wie Tabelle 10.1 zeigt. Die wichtigste Eigenschaft ist `Message`, die für die Meldung steht. Eine Fehlernummer (wie früher) gibt es bei .NET offiziell nicht mehr (allerdings steht sie wie früher über `Err.Number` nach wie vor zur Verfügung). Auch eine Zeilennummer wird nur indirekt durch die `StackTrace`-Eigenschaft zur Verfügung gestellt. Aber nur dann, wenn das Programm im Debug-Modus ausgeführt bzw. kompiliert wird, da nur dann die Information in der Assembly enthalten ist (in Visual Basic Express ist es allerdings nicht möglich, ein Programm ohne diese Informationen zu kompilieren, was in der Regel kein Nachteil ist).

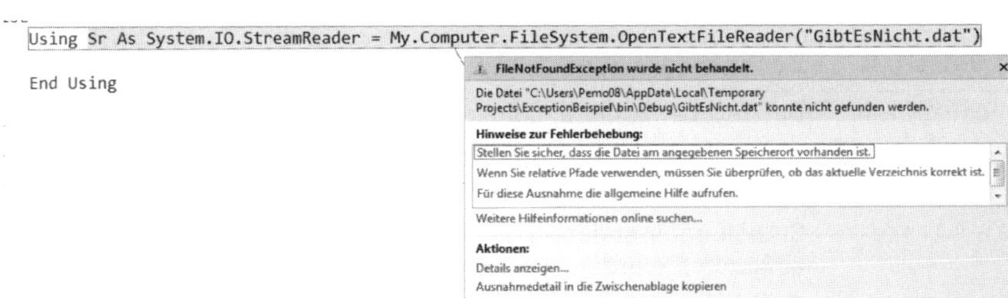

Abb. 10.2: Tritt eine Ausnahme auf, die nicht abgefangen wird, bricht die Programmausführung ab.

1. Mehr dazu unter *http://de.wikipedia.org/wiki/Ausnahmebehandlung*.

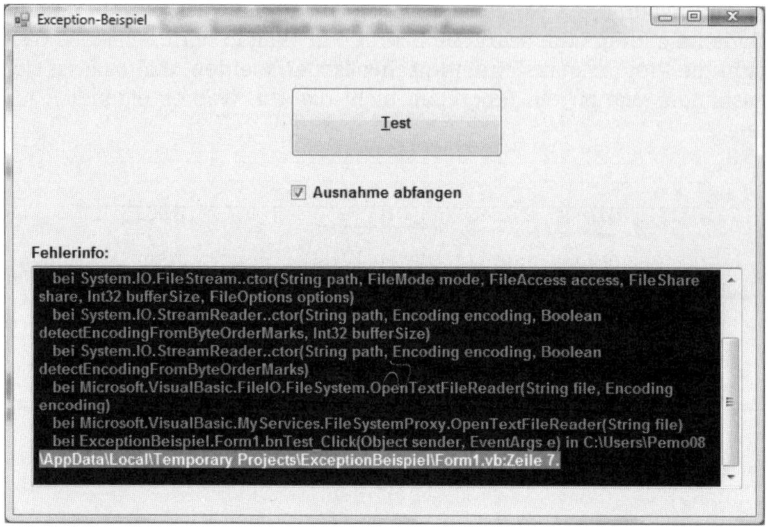

Abb. 10.3: Die StackTrace-Eigenschaft enthält am Ende auch die Zeilennummer.

Eine andere Möglichkeit, die Zeilennummer jener Zeile zu erhalten, in der die Ausnahme auftrat, besteht darin, die (ur)alte `Erl`-Funktion von Visual Basic zu verwenden. Diese Funktion liefert aber nur dann eine Zeilennummer zurück, wenn diese zuvor in den Quelltext eingefügt wurde. Sie müssten sich also die Mühe machen, an den entscheidenden Stellen im Programm Zahlen einzufügen, die mit einem Doppelpunkt enden, damit Visual Basic sie als Zeilennummern erkennt. Dafür funktioniert diese Methode, im Unterschied zur Zeilennummer in `StackTrace`, auch dann, wenn das Programm im Release-Modus kompiliert wurde.

Der einzige Weg, an das `Exception`-Objekt heranzukommen, besteht darin, eine Variable vom Typ der Ausnahmeklasse, die abgefangen werden soll, im `Catch`-Zweig der Ausnahmebehandlung zu definieren:

```
Catch Ex As SystemException
```

Über die Variable `Ex` (die natürlich einen beliebigen Namen erhalten kann und in diesem Buch eher zufällig immer `Ex` heißt) stehen der Typ der Ausnahme und die Fehlermeldung zum Abruf bereit.

Tabelle 10.1: Die wichtigsten Mitglieder der SystemException-Klasse

Eigenschaft	Bedeutung
`Description`	Der Text der Fehlermeldung.
`Source`	Name der Assembly, welche die Ausnahme ausgelöst hat. Dies ist in der Regel der Name der Klassenbibliothek (z.B. »mscorlib«).
`StackTrace`	Enthält unter anderem die Namen der Methoden, die zuvor aufgerufen wurden, sowie (im Debug-Modus) auch die Zeilennummer.

Eigenschaft	Bedeutung
TargetSite	Stellt den Namen der Methode zur Verfügung, in der die Ausnahme auftrat. Da sie für ein MethodBase-Objekt steht, muss der Name über MethodBase.Name abgefragt werden. Dies ist aber ebenfalls in der Regel der Name der Klassenbibliotheksmethode.

Tabelle 10.1: Die wichtigsten Mitglieder der SystemException-Klasse (Forts.)

10.2.1 Ausnahmen basieren auf regulären Klassen

Jede Ausnahme basiert auf einer regulären Klasse, die zu einem bestimmten Namespace gehört. Der Namespace `System.IO` enthält insgesamt acht Exception-Klassen, darunter `FileNotFoundException` und `DirectoryNotFoundException`. Jede Ausnahmeklasse kann zusätzliche Eigenschaften besitzen. Bei der `FileNotFoundException` wäre dies die `FileName`-Eigenschaft, die für den Dateinamen steht, der nicht gefunden werden konnte. Eine der häufigsten Ausnahmen, mit der Sie am Anfang konfrontiert werden, ist die `NullReferenceException`. Sie tritt immer dann auf, wenn Sie eine Objektvariable ansprechen, die den Wert `Nothing` enthält, also leer ist.[1] Der Fehlertext lautet: »Der Objektverweis wurde nicht auf eine Objektinstanz festgelegt.« Auch wenn diese Meldungen oft nicht gerade durch ihre Klarheit bestechen, es wird ungefähr deutlich, um was es dem Visual Basic-Compiler dabei geht.

Eine `NullReferenceException`-Ausnahme wird im Allgemeinen nicht abgefangen, da sie in der Regel auf einen Programmierfehler hindeutet, der besser behoben werden sollte.

10.3 Das Ausnahmefenster

Visual Studio zeigt Ausnahmen in einem Fenster an, das deutlich mehr Komfort bietet als eine typische Mitteilungsbox. Nicht nur, dass als Ergänzung zur Fehlermeldung ein sehr ausführlicher Hinweis zur Fehlerbehebung eingeblendet wird, Sie können sich auch weitere Details anzeigen lassen und die Fehlermeldung in die Zwischenablage kopieren, sodass Sie zum Beispiel direkt danach googeln können.

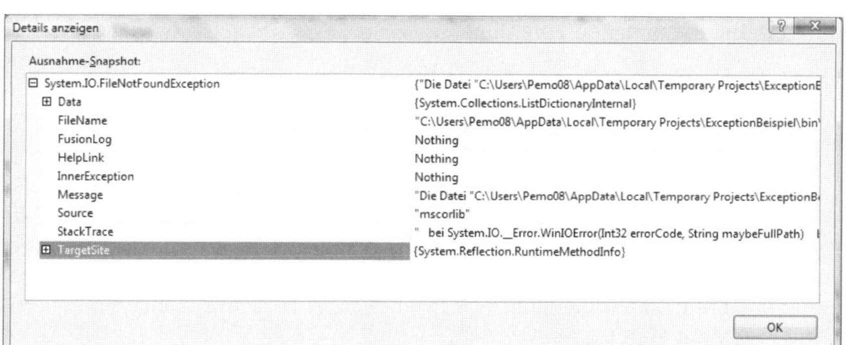

Abb. 10.4: Die Ausnahmebox beschreibt die aufgetretene Ausnahme sehr ausführlich.

1. Dieser Spezialwert wird bei allen übrigen Programmiersprachen »Null« genannt.

Diesen Komfort bietet aber nur die Visual Studio-IDE. Tritt die Ausnahme auf, wenn die Exe-Datei außerhalb der IDE ausgeführt wird, ist sie weitaus weniger detailliert. Und abbrechen können Sie das Programm auch nicht, es kann nur beendet werden, wobei eventuell bereits eingegebene Daten verloren gehen. Genau aus diesem Grund ist es so wichtig, dass Ausnahmen zuverlässig abgefangen werden.

Abb. 10.5: So nüchtern werden Ausnahmen außerhalb der IDE angezeigt.

10.4 Ausnahmen abfangen

Damit eine Ausnahme nicht zu einem Programmabbruch führt, muss sie abgefangen werden (der englische Ausdruck lautet »to catch an exception«). Das Abfangen geschieht, indem der Befehl, der eine Ausnahme auslösen kann, in einen »`Try Catch End Try`«-Befehl eingebaut wird. Dabei ist es üblich, nicht nur diesen einen Befehl mit einem `Try/Catch` einzurahmen, sondern die Befehlsfolge, in der er auftritt. Tritt eine Ausnahme bei einem der auf `Try` folgenden Befehle auf, wird automatisch die Programmausführung mit dem Befehl fortgesetzt, der auf den `Catch`-Befehl folgt. Hier werden daher jene Befehle aufgeführt, die nur beim Auftreten einer Ausnahme ausgeführt werden sollen.

Das folgende Beispiel greift per `StreamReader`-Klasse auf eine Textdatei zu und erhält dabei keine neuen Befehle:

```
Using Sr As New StreamReader(DateiPfad)
  Dim Zeile As String = Sr.ReadLine
  Console.WriteLine(Zeile)
End Using
```

Wo genau könnte hier eine Ausnahme auftreten? Die Antwort: Bereits beim Instanziieren der `StreamReader`-Klasse, denn wenn zum Beispiel der angemeldete Anwender keine Leseberechtigung besitzt, kann die Datei auch nicht geöffnet werden, und eine `UnauthorizedAccessException` ist die Folge. Damit diese nicht zu einer Abbruchfehlermeldung wie in Abbildung 10.4 führt, muss sie über einen `Try`-Befehl abgefangen werden.

Das folgende Beispiel entspricht dem letzten Beispiel, nur dass der Zugriff dieses Mal in einen `Try Catch`-Block eingebettet ist:

```
Try
  Using Sr As New StreamReader(DateiPfad)
    Dim Zeile As String = Sr.ReadLine
    Messagebox.Show(Zeile, My.Application.Info.Title)
  End Using
Catch Ex As SystemException
  Messagebox.Show("Zugriff nicht möglich!", Ex.Message)
End Try
```

Jetzt wird keine Fehlermeldung des Systems mehr angezeigt. Tritt beim Instanziieren der `StreamReader`-Klasse eine Ausnahme auf, wird der Befehlsblock ausgeführt, der auf den `Catch`-Befehl folgt. Hier wird lediglich eine »normale« Fehlermeldung ausgegeben. Vor allem wird das Programm regulär fortgesetzt, auch wenn die Datei nicht geöffnet werden konnte.

10.4.1 Variablen in einem Try-Block

Variablen, die innerhalb eines `Try`-Blocks definiert werden, sind auch nur zwischen `Try` und dem nächsten `Catch` gültig. Das ist immer dann ein wenig unpraktisch, wenn man innerhalb des `Catch`-Zweiges auf die Variable zugreifen möchte. Es gibt eine einfache Lösung, die aber nicht immer befriedigend ist: die Variable außerhalb des `Try`-Blocks definieren.

Das folgende Beispiel kann nicht funktionieren, da die Variable `Zahl1` in dem `Catch`-Zweig nicht zur Verfügung steht.

```
Try
  Dim Zahl1, Zahl2 As Short
  Zahl1 = 1000
  Zahl2 = Zahl1 ^ 2
Catch Ex As OverflowException
  Messagebox.Show("Der Wert von " & Zahl1 & " ist zu groß!")
End Try
```

10.4.2 Mehrere Ausnahmen abfangen

Im letzten Beispiel wurde die `SystemException`-Ausnahme abgefangen, die bei jeder Ausnahme im Spiel ist, da sich alle Ausnahmeklassen von dieser Ausnahmeklasse ableiten. Möchte man spezifischer auf eine Ausnahme reagieren, muss auf `Catch` der Name einer spezielleren Ausnahmeklasse folgen. Dabei muss eine wichtige Regel beachtet werden: Die speziellste Ausnahme muss zuerst, die allgemeinste Ausnahme zuletzt aufgeführt werden. Wäre es umgekehrt, würde die allgemeine Ausnahme immer abgefangen werden, und die speziellere Ausnahme käme nicht mehr zum Zug, da immer nur eine Ausnahme abgefangen werden kann.

Im folgenden Beispiel wird die UnauthorizedAccessException gesondert behandelt. Tritt diese Ausnahme ein, wird eine andere Meldung angezeigt, als wenn eine allgemeine Ausnahme eintritt.

```
Try
  Using Sr As New StreamReader(DateiPfad)
    Dim Zeile As String = Sr.ReadLine
    Messagebox.Show(Zeile)
  End Using
Catch Ex As UnauthorizedAccessException
    Messagebox.Show("Sie haben keinen Zugriff auf die Datei
(merkwürdig)", My.Application.Info.Title)
  Catch Ex As Exception
    Messagebox.Show("Ein allgemeiner Fehler trat auf!", _
    Ex.Message, My.Application.Info.Title)
End Try
```

Übrigens, Fehlertexte müssen nicht immer sachlich trocken sein.

Im folgenden Beispiel wird wieder eine Ausnahme abgefangen, nur dass der Anwender etwas unterhaltsamer informiert wird.

```
Try
  Using Sr As New StreamReader(DateiPfad)
  Catch Ex As FileNotFoundException
    Messagebox.Show("Sorry, ich find die Datei einfach nicht. Bin als
Programm wohl eine Enttäuschung." , My.Application.Info.Title))
End Try
```

10.4.3 Damit in jedem Fall etwas passiert – der Finally-Befehl

Soll auch dann etwas passieren, wenn kein `Catch`-Zweig aufgerufen wurde, muss auf den letzten `Catch`-Befehl ein `Finally`-Befehl folgen. Die Befehle zwischen `Finally` und `End Try` werden in jedem Fall ausgeführt. Auch dann, wenn in einem `Catch`-Zweig die aktuelle Prozedur/Funktion über den `Exit`-Befehl verlassen wird. Durch den (neuen) `Using`-Befehl, der zum Beispiel dafür sorgt, dass eine geöffnete Datei in jedem Fall wieder geschlossen wird, gibt es für `Finally` aber deutlich weniger Gründe.

10.4.4 Ausnahmen im Debugger abfangen

Dieser Abschnitt ist für Leser, die sich bereits ein wenig besser mit der Visual Basic-Programmierung im Allgemeinen und dem Debuggen von Anwendungen auskennen. Wenn Programme im Debugger (also in der IDE) ausgeführt werden, verhalten sie sich ein wenig anders, als wenn die Exe- oder Dll-Datei außerhalb der IDE ausgeführt wird. Sie können festlegen, dass die Programmausführung beim Auftreten einer Ausnahme trotzdem anhält. Hier kommt der Begriff der »First Chance Exception« ins Spiel, der Ihnen eventuell schon einmal im Ausgabefenster aufgefallen sein dürfte (auf Deutsch heißt er »Eine Ausnahme (erste Chance) ...« – bei der Express Edition von Visual Basic werden diese Ausnahmen allerdings nicht angezeigt). Wenn eine Ausnahme auftritt, wird sie zuerst an den Debugger gemeldet und tritt als »First Chance Exception« in Erscheinung. Der Debugger entscheidet nun, ob sie zur Programmunterbrechung führt oder nicht, was immer dann nicht der Fall ist, wenn sie abgefangen wird. Erst wenn sie nicht abgefangen oder weitergereicht und auf der höheren Ebene auch nicht abgefangen wird, führt sie zu einer »Second Change Exception«.

Möchten Sie erreichen, dass eine Ausnahme auch dann zur Unterbrechung führt, wenn sie im Quellcode abgefangen wird, kann dies in der IDE eingestellt werden:

1. Wählen Sie den Eintrag AUSNAHMEN im DEBUGGER-Menü.
2. Lokalisieren Sie die Ausnahme im Zweig *Common Language Runtime Exception*, bei deren Auftreten das Programm unterbrechen soll, auch wenn die Ausnahme abgefangen wird.
3. Setzen Sie zusätzlich zum Häkchen in der Spalte *Vom Benutzercode* ein Häkchen in der Spalte *Ausgelöst*, und bestätigen Sie mit *OK*.

Beim nächsten Mal, wenn das Programm im Debug-Modus ausgeführt wird, hält es beim Auftreten einer Ausnahme auch dann an, wenn die Ausnahme abgefangen wird.

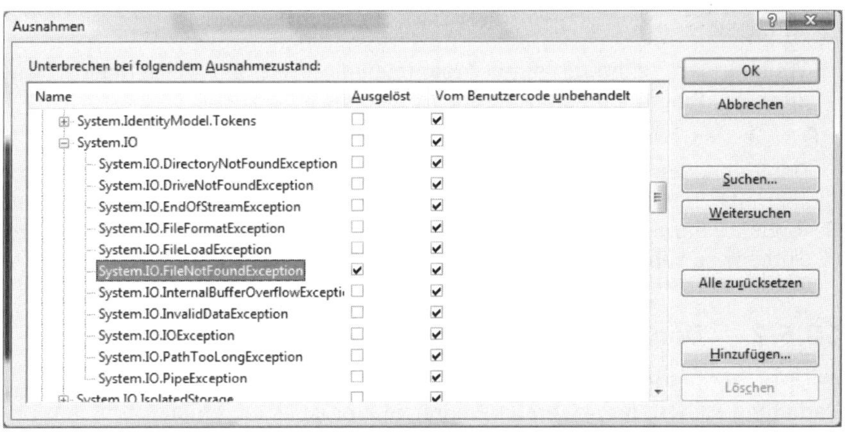

Abb. 10.6: Im Ausnahmen-Fenster kann eingestellt werden, dass eine abgefangene Ausnahme trotzdem zu einer Programmunterbrechung führt.

10.5 Der integrierte Debugger stellt sich vor

Visual Basic besitzt einen integrierten Debugger, mit dessen Hilfe Sie ein Programm Befehl für Befehl ausführen und dabei in verschiedenen Fenstern den Zustand einzelner Variablen und Eigenschaften betrachten oder gezielt überwachen können. Die Befehle des Debuggers finden Sie im *Debuggen*-Menü oder in der gleichnamigen Symbolleiste. Drei Fenster spielen beim Debuggen eine Rolle:

1. Das Direktfenster – hier können Sie (nicht nur während einer Programmunterbrechung) die Werte von Variablen ausgeben oder Befehle ausführen.

2. Das Lokalfenster – hier werden die aktuellen Werte von Variablen angezeigt.
3. Das Überwachungsfenster – hier können gezielt die Werte von Variablen bzw. allgemein von Ausdrücken »überwacht«, also laufend angezeigt, werden. Das Überwachungsfenster ist am Anfang leer und zeigt hinzugefügte Ausdrücke auch nur dann an, wenn das Programm unterbrochen wurde.

10.5.1 Ein erster Überblick über den Debugger

Mithilfe des Debuggers können Sie:

- ein Programm im Einzel- oder Prozedurschritt ausführen
- die Programmausführung bei einer bestimmten Zeile fortsetzen
- Haltepunkte setzen
- Haltepunkte setzen, die von einer Bedingung abhängig sind
- den aktuellen Wert von Variablen und ganzen Ausdrücken verfolgen
- den aktuellen Wert von Ausdrücken protokollieren
- das Programm anhalten lassen, wenn ein Ausdruck einen bestimmten Wert annimmt
- Änderungen während einer Programmunterbrechung vornehmen, ohne dass das Programm neu gestartet werden muss

HINWEIS

Der Debugger der Express Edition von Visual Basic ist ein wenig eingeschränkt im Vergleich zur Standard Edition. Es ist z.B. nicht möglich, alle Haltepunkte aufzulisten, bedingte Haltepunkte einzurichten und die laufenden Threads zu sehen.

10.5.2 Den Debugger über die Tastatur steuern

Auch wenn alle Befehle des Debuggers über die Menü- und Symbolleiste zur Verfügung stehen, für erfahrene Programmierer ist es am einfachsten, den Debugger über die Tastatur zu steuern. Tabelle 10.1 enthält die wichtigsten Tastatushortcuts (bezogen auf die Visual Basic-Tastaturbelegung).

Tabelle 10.1: Die wichtigsten Tastatushortcuts für das Debugging bei Visual Basic-Tastaturbelegung

Tastatushortcut	Bedeutung
F5	Projekt im Debug-Modus starten
⇧ + F8	Prozedurschritt
F11	Einzelschritt
Strg + F5	Projekt im Release-Modus starten
F9	Haltepunkt umschalten
Strg + ⇧ + F9	Alle Haltepunkte löschen

Tabelle 10.1: *Die wichtigsten Tastaturshortcuts für das Debugging bei Visual Basic-Tastaturbelegung*

Tastaturshortcut	**Bedeutung**
Strg + Alt + B	Haltepunkte-Fenster anzeigen (nicht bei Visual Basic 2005 Express)
⇧ + F9	Aktuellen Wert des selektierten Ausdrucks anzeigen
Strg + Alt + Pause	Debuggen beenden
Strg + G	Direktfenster anzeigen
Strg + L	Aufrufliste anzeigen
Strg + Alt + V	Lokalfenster anzeigen
Strg + Alt + H	Threads-Fenster anzeigen (nicht bei Visual Basic 2005 Express)

10.5.3 Das Direktfenster

Das Direktfenster ist eine sehr praktische Angelegenheit, denn hier können Sie während einer Programmunterbrechung den Wert von Ausdrücken ausgeben und einzelne Befehle ausführen.

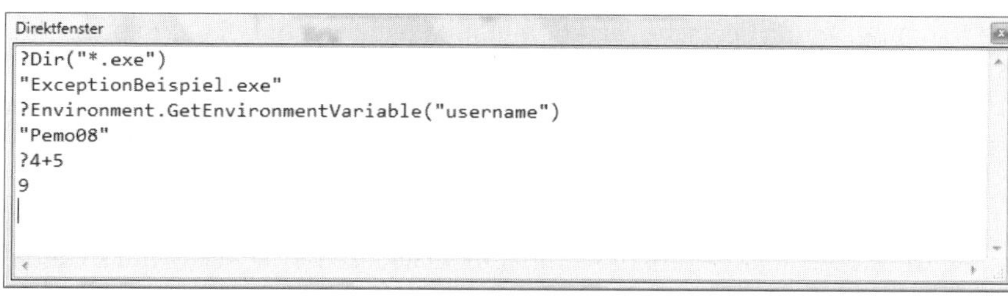

Abb. 10.7: *Das Direktfenster erlaubt das Ausführen von Befehlen während einer Programmunterbrechung.*

10.5.4 Ein Programm im Einzelschritt-Modus ausführen

Um ein Programm im Einzelschritt-Modus auszuführen, starten Sie das Programm über die F8-Taste. Setzen Sie es mit dieser Taste nach einer Programmunterbrechung fort, wird der jeweils nächste Befehl ausgeführt. Möchten Sie eine Programmschleife »in einem Rutsch« ausführen, also nicht Befehl für Befehl durchlaufen, drücken Sie ⇧ + F8.

10.5.5 Festlegen der nächsten Anweisung

Es ist beim Debuggen sehr hilfreich, als nächste Anweisung eine andere Anweisung festlegen zu können als jene, welche die nachfolgende Anweisung wäre. Damit kann zum Beispiel innerhalb einer Prozedur eine Anweisung wiederholt werden (die Variablen werden aber nicht auf den Wert gesetzt, den sie besaßen, als der Befehl zum ersten Mal ausgeführt wurde). Dies geschieht über den Eintrag *Nächste Anweisung anzeigen* im Kontextmenü des Code-Editors.

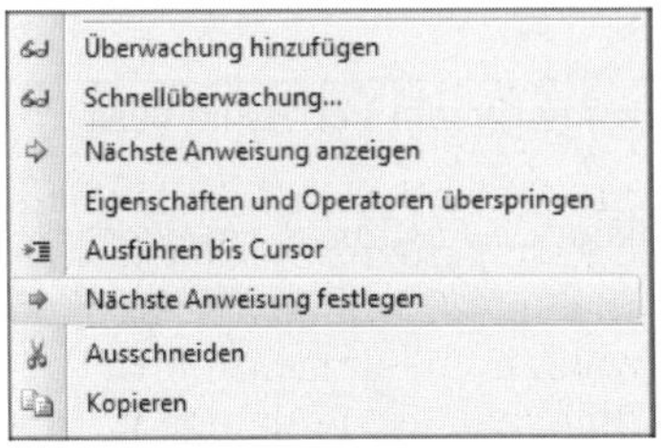

Abb. 10.8: Über das Kontextmenü des Code-Editors wird die nächste Anweisung festgelegt.

10.5.6 Haltepunkte setzen

Haltepunkte sind das A und O beim Debuggen. Wird ein Haltepunkt auf eine Zeile gesetzt (z.B. über die F9-Taste oder indem Sie die Zeile in der linken Randspalte anklicken), erscheint in der Spalte am linken Rand ein roter Punkt. Wird während der Programmausführung eine Befehlszeile erreicht, bei der ein Haltepunkt gesetzt wurde, hält das Programm an dieser Stelle an, und Sie können die Programmausführung z.B. im Einzelschritt-Modus fortsetzen oder auch Änderungen am Quelltext durchführen.

Die folgende, sehr praktische Funktion gibt es leider nicht bei der Express Edition von Visual Basic. Eine Liste aller Haltepunkte erhalten Sie über DEBUGGEN|FENSTER|HALTEPUNKTE oder Strg + Alt + B, und alle gesetzten Haltepunkte löschen Sie auf einmal über DEBUGGEN|ALLE HALTEPUNKTE LÖSCHEN (oder Strg + ⇧ + F9).

TIPP

Oft ist es bequemer, einen Haltepunkt nicht zu löschen, sondern ihn zu deaktivieren (klicken Sie dazu den Haltepunkt mit der rechten Maustaste an).

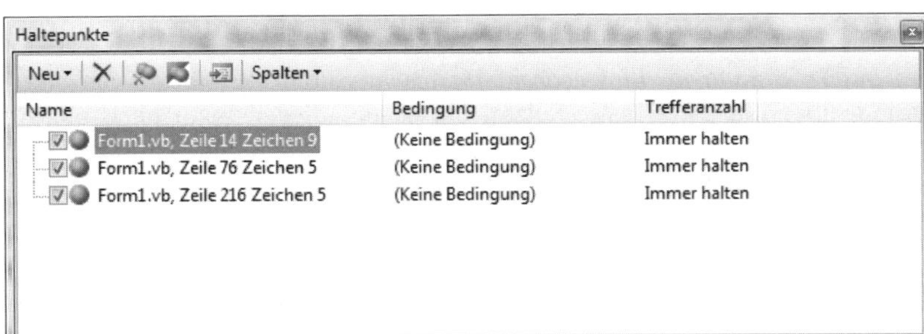

Abb. 10.9: Alle Haltepunkte werden in einem Fenster aufgelistet (nicht bei der Express Edition) – ein Haltepunkt kann auch deaktiviert sein.

10.5.7 Bedingte Haltepunkte einrichten

Auch die folgende Funktion gibt es leider nicht bei der Express Edition. Ein bedingter Haltepunkt ist ein Haltepunkt, bei dem die Frage anhalten oder nicht von einer Bedingung abhängt. Bedingte Haltepunkte werden bei Visual Studio ganz einfach durch Anklicken eines (absoluten) Haltepunktes mit der rechten Maustaste und Auswahl von *Bedingung* eingerichtet. Allerdings ist es nicht ganz so einfach, eine passende Bedingung zu wählen. Im einfachsten Fall geben Sie jenen Ausdruck ein, den Sie auch im Rahmen einer `If`-Abfrage im Programmcode eingeben würden.

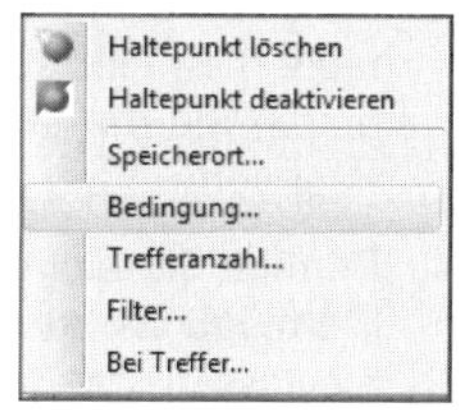

Abb. 10.10: Im Kontextmenü eines Haltepunktes lassen sich Bedingungen festlegen.

10.5.8 Ausdrücke überwachen

Ab einer gewissen Größe des Programms wird es relativ schwierig, die aktuellen Werte aller Variablen im Kopf zu behalten. Wäre es nicht praktisch, wenn Visual Basic die aktuellen Werte in einem Fenster anzeigen würde? Genau dafür gibt es das Überwachungsfenster. Es funktioniert allerdings nur während einer Programmunterbrechung. Markieren Sie den zu überwachenden Ausdruck, klicken Sie ihn mit der rechten Maustaste an, und wählen Sie ÜBERWACHUNG HINZUFÜGEN. Er wird dadurch einem von insgesamt vier Überwachungsfenstern hinzugefügt. Hier können Sie die zu überwachenden Ausdrücke auch direkt eingeben und editieren.

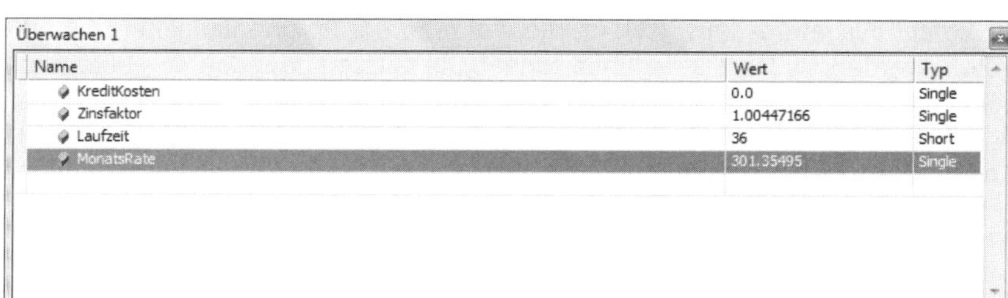

Abb. 10.11: Im Überwachungsfenster werden die aktuellen Ausdrücke der hinzugefügten Ausdrücke angezeigt.

10.6 Tipps, um Fehler zu vermeiden

Fehler zu vermeiden, ist stets besser, als sie später mit viel Zeitaufwand (und bei nächtelangen »Sitzungen« am Computer) finden zu müssen. Das ist natürlich leichter gesagt als getan, denn bekanntlich ist »Nobody perfect«, und zu einem erfahrenen Programmierer wird man nicht durch Lesen eines Buches.[1] Das dauert im Allgemeinen viele Jahre. Die folgenden, sehr allgemein gehaltenen Regeln sollen dazu beitragen, dass Sie den Zustand allgemeiner Weisheit schon etwas eher erlangen:

- Programmieren Sie defensiv. Machen Sie in einem Programm keine Annahmen, die nicht erfüllt sein könnten. Das typische Beispiel sind Verzeichnispfade, die auf jedem System anders lauten können. Diese sollten niemals »fest verdrahtet«, sondern immer vom Programm abgefragt werden.
- Denken Sie nicht nur modular, sondern programmieren Sie auch so. Fassen Sie möglichst viele Befehlsgruppen in Prozeduren oder Klassen zusammen. Sie lassen sich so später leichter und vor allem voneinander unabhängig testen.
- Arbeiten Sie konsequent mit `Try Catch`-Befehlen (wobei es für das Debuggen sinnvoll sein kann, dass die Programmausführung auch bei einer behandelten Ausnahme anhält).
- Lernen Sie den Debugger gut kennen, er ist ihr bester Freund, wenn es darum geht, Fehler in einem Programm zu finden.

10.7 Zusammenfassung

Fehler sind beim Programmieren praktisch unvermeidlich. Nur selten tut ein Programm beim ersten Start exakt das, was es tun soll. Diese logischen Fehler werden in der Regel mit dem Debugger aufgespürt, indem das Programm Befehl für Befehl ausgeführt wird. Fehler, die während der Programmausführung auftreten, werden als Ausnahmen bezeichnet. Sie müssen über den `Try`-Befehl abgefangen werden, damit sie nicht zu einer Programmunterbrechung führen. Während einer Programmunterbrechung ist es bei Visual Basic 2005 möglich, Änderungen am Programm vorzunehmen, sodass das Programm anschließend per [F5] fortgesetzt werden kann und nicht neu gestartet werden muss.

1. Schön wär's.

10.8 Fragen

Frage 1 Ein Programmierer aus *Gütersloh* möchte vorbildlich die in diesem Kapitel gegebenen Tipps zur defensiven Programmierung umsetzen und baut konsequent einen `Try`-Befehl in seine Prozeduren ein. Doch obwohl die zu öffnende Datei nicht existiert, wird scheinbar keine Ausnahme ausgelöst. Warum nicht?

```
Sub DateiOeffnen()
  Try
    Using Sr As New StreamReader("C:\GibtsNicht.txt")

    End Using
  Catch Ex As Exception
    '
  Catch Ex As FileNotFoundException
    Messagebox.Show("Die Datei gibt es nicht")
  End Try
End Sub
```

Zusatzfrage: Wie hätte der Programmierer bei einem genauen Blick in den Code-Editor feststellen können, dass diese Folge der `Catch`-Befehle nicht funktionieren würde?

Frage 2 Schreiben Sie eine kleine Befehlsfolge, die aus dem Wert der `StackTrace`-Eigenschaft die Zeilennummer herausfischt.

Frage 3 Wann wird die Befehlsfolge aus Frage 2 nicht funktionieren?

Zusatzfrage: Wie kann beim Kompilieren festgestellt werden, ob ein Programm im Debug-Modus läuft? (Dies wurde im Kapitel nicht erwähnt.)

Frage 4 Müssen Haltepunkte, nachdem das Projekt erneut geladen wurde, auch neu gesetzt werden? Wie kann ein Haltepunkt, der nicht benötigt wird, beibehalten werden?

Die Antworten zu den Fragen finden Sie in Anhang C.

KAPITEL 11

jetzt lerne ich

Multithreading mit Visual Basic

In diesem Kapitel wird es etwas anspruchsvoller, Sie verlassen (bildlich gesprochen) die seichten Gefilde der »Windows Forms-Programmierung«, wo das gesamte Programm lediglich vom Hauptthread ausgeführt wird. In diesem Kapitel geht es um die Themen Multithreading und asynchrone Aufrufe bei Windows Forms-Anwendungen, die bereits eindeutig in die Kategorie »Profithemen« fallen. Wie in den ersten Kapiteln des Buches werden Sie alles Schritt für Schritt kennenlernen und Visual Basic als einen treuen und zuverlässigen Helfer schätzen lernen. Am Ende des Kapitels kennen Sie mit dem Anlegen zusätzlicher Threads eine wichtige Technik, durch die Windows Forms-Anwendungen etwas reaktionsfreudiger gemacht werden und die CPU (*Central Processing Unit*) des Computers besser ausgelastet wird. Ein Prozessor, der theoretisch drei Milliarden Rechenoperationen pro Sekunde ausführen kann, sollte nicht die meiste Zeit damit verbringen, auf etwas zu warten.

Eine kleine »Warnung« gleich zu Beginn. Multithreading ist ein auch für erfahrene Programmierer anspruchsvolles Thema. In diesem Kapitel geht es daher nur um das kleine Einmaleins des Multithreadings.

Sie lernen in diesem Kapitel

- die Rolle der Threads
- die Aufgabe eines Delegaten
- Multithreading mit der BackgroundWorker-Komponente
- den asynchronen Aufruf von Methoden
- die Rolle von `DoEvents`
- den Umgang mit einem Timer.

11.1 Ein »Hallo, Welt« mit mehreren Threads

Ein *Thread* (zu Deutsch »Faden«) ist ein weiterer »Unterprozess«, der parallel zum Hauptprozess des Programms läuft. Jede Anwendung läuft auf einem Hauptthread, der automatisch mit dem Start des Programms angelegt wird. Die meisten größeren Anwendungen arbeiten mit mehreren Threads (oft sind es sogar mehrere Dutzend, was einen Blick in den Task-Manager verrät – die Spalte *Threads* muss allerdings nachträglich eingeblendet werden). Da auf einem Computer mit einem Prozessor (und einem Kern) immer nur ein Prozess/Thread zu einem Zeitpunkt ausführen kann, spielt das Anlegen weiterer Threads immer dann seine Vorteile aus, wenn dadurch Wartezeiten bei der Ausführung des Hauptthreads besser genutzt werden können. Während der Hauptthread z.B. auf Eingaben des Benutzers wartet (was in einer Windows Forms-Anwendung sehr häufig der Fall ist), kann eine anstehende Berechnung auf einem weiteren Thread ausgeführt werden. Das klassische Beispiel ist eine längere Berechung, die durch den Klick auf einen Button gestartet wird (der kleine Geschwindigkeitstest aus Kapitel 4 ist ein gutes Beispiel). Dauert die Berechung länger und wird zwischendurch kein `DoEvents`-Aufruf durchgeführt (mehr dazu in Kapitel 11.1.4), blockiert die Berechnung den Hauptthread, sodass sich dieser z.B. nicht um das Verschieben des Fensters oder das Neuzeichnen einzelner Steuerelemente kümmern kann. Die Folge: Die Anwendung »friert« ein, und in der Titelleiste erscheint der bestens bekannte »Keine Rückmeldung«-Zusatz. Es gibt gleich drei Möglichkeiten, diesen Zustand zu vermeiden und die Methode, die den lange dauernden Vorgang ausführt oder startet, auf einem zweiten Thread auszuführen:

1. Durch direktes Anlegen des Threads. Diese Variante ist für Programmieranfänger nicht zu empfehlen.
2. Durch einen asynchronen Aufruf der Methode (dabei wird ein Thread aus dem sog. Thread-Pool geholt). Dies hört sich leichter an, als es ist, zumal die Lösung »kochrezeptartig« angewendet werden kann.

3. Durch die BackgroundWorker-Komponente der Toolbox. Diese Variante entspricht der ersten Varianten, nur dass sich der Programmierer nicht um das Problem kümmern muss, das immer dann auftritt, wenn der zweite Thread versucht, eine Eigenschaft bei einem Steuerelement zu verändern, das auf dem Hauptthread angelegt wird.

Alle drei Varianten werden in diesem Kapitel vorgestellt, wobei die Verwendung der BackgroundWorker-Komponente vor allem für den Einstieg in die Thematik die empfohlene Variante darstellt und der einfachste Weg ist, einen weiteren Thread in die Programmausführung einzubeziehen.

Viele moderne Computer arbeiten mit CPUs, die mehrere Kerne (engl. »Cores«) besitzen. Theoretisch kann ein Programm mit seinen Threads auf mehreren Kernen gleichzeitig ausführen, was eine echte Parallelverarbeitung ermöglicht. Diese wird vom aktuellen .NET Framework 3.5 aber noch nicht unterstützt. Erst mit dem kommenden .NET Framework 4.0 wird die Parallelverarbeitung sowohl in die Klassenbibliothek als auch in die Programmiersprachen eingebaut, und es wird z.B. eine AsParallel-Methode geben, durch die eine andere Methode parallel ausgeführt wird.

11.1.1 Ein erstes Beispiel (das nicht auf Anhieb funktioniert)

Im Folgenden werden in einer kleinen Windows Forms-Anwendung zwei Threads eingebaut, die beide ein und dieselbe Prozedur aufrufen, die eine Variable im Rahmen einer Schleife erhöht und den aktuellen Wert des Schleifenzählers in einer ListBox ausgibt. Was sich einfach anhört, wird an einer Kleinigkeit scheitern. Es ist nicht möglich, von einem weiteren Thread auf die Steuerelemente zuzugreifen. Natürlich erfahren Sie im nächsten Abschnitt, wie sich dieses kleine, aber lästige Problem relativ einfach lösen lässt.

Schritt 1

Legen Sie eine neue Windows Forms-Anwendung an, geben Sie ihr den Namen »VBMultithreadBeispiel« (oder so ähnlich), und speichern Sie sie ab.

Schritt 2

Ordnen Sie auf dem Formular zwei Buttons (bnThread1 und bnThread2) an, setzen Sie die `Text`-Eigenschaft auf »Thread1« bzw. »Thread2«, und ordnen Sie unterhalb der beiden Buttons eine ListBox an.

Schritt 3

Schalten Sie mit F7 auf das Programmcodefenster um, und fügen Sie als erstes einen `Imports`-Befehl für den Namespace `System.Threading` ein, in dem sich alle Thread-Klassen befinden:

```
Imports System.Threading
```

Schritt 4

Fügen Sie als Nächstes die Prozedur TuWas ein, die von beiden Threads ausgeführt werden soll:

```
Sub TuWas()
  Dim Ausgabe As String
  For n As Short = 1 To 50
  Ausgabe = String.Format("{0} meldet {1}",
Thread.CurrentThread.Name, n)
    ListBox1.Items.Add(Ausgabe)
    Thread.Sleep(500)
  Next
  Ausgabe = String.Format("{0} ist fertig.",
Thread.CurrentThread.Name)
  ListBox1.Invoke(D, Ausgabe)
End Sub
```

In einer kleinen Schleife wird eine Variable von 1 bis 50 gezählt, und bei jedem Durchlauf wird der Wert der Variablen zusammen mit dem Namen des aktuellen Threads in einer ListBox ausgegeben. Diese Prozedur enthält nichts Besonderes und könnte bereits ausgeführt werden (in diesem Fall wird für den Threadnamen nichts ausgegeben, da der Hauptthread im Allgemeinen keinen Namen besitzt).

Schritt 5

Fügen Sie in die Click-Prozedur des Buttons bnThread1 die folgenden Befehle ein:

```
Dim Ts1 As New ThreadStart(AddressOf TuWas)
Dim T1 As New Thread(Ts1)
T1.Name = "T1-Thread"
T1.Start()
```

Zuerst wird ein ThreadStart-Objekt angelegt, dem per AddressOf die Adresse der zu startenden Prozedur übergeben wird. Dann wird ein neuer Thread über ein Objekt der Thread-Klasse (die einen Thread repräsentiert) angelegt, dem das ThreadStart-Objekt beim Instanziieren übergeben wird. Das neue Thread-Objekt erhält einen Namen und wird anschließend über die Start-Methode gestartet. Der Start führt zum Aufruf der Methode TuWas. Der Thread beendet automatisch, wenn die Prozedur über End Sub beendet wird. Da TuWas auf einem zweiten Thread ausgeführt wird, wird die Programmausführung auf dem Hauptthread unmittelbar mit dem folgenden Befehl fortgesetzt.

Schritt 6

Fügen Sie in die Click-Prozedur des Buttons bnThread2 die folgenden Befehle ein:

```
Dim Ts2 As New ThreadStart(AddressOf TuWas)
Dim T2 As New Thread(Ts2)
T2.Name = "T2-Thread"
T2.Start()
```

Die Befehle sind mit den Befehlen des ersten Buttons praktisch identisch, nur dass der Thread einen anderen Namen erhält.

Schritt 7

Starten Sie das Projekt, und klicken Sie auf einen der beiden Buttons, um den Thread zu starten. Statt einer Ausgabe erhalten Sie gleich darauf eine Ausnahme vom Typ *InvalidOperationException*. Wäre auch zu einfach gewesen.

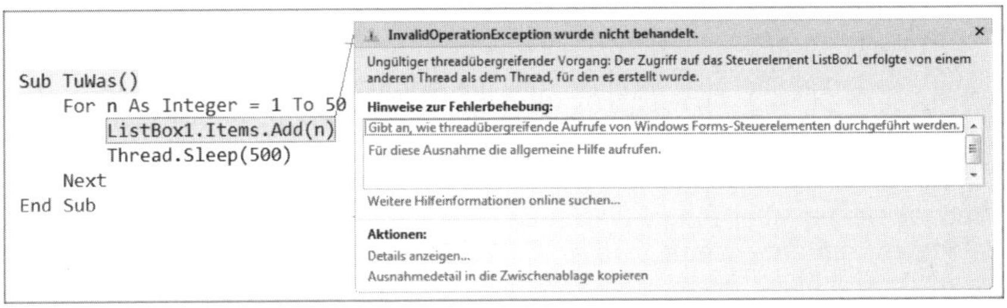

Abb. 11.1: Diese Fehlermeldung erscheint, wenn ein Thread versucht, auf die Steuerelemente des Hauptthreads (schreibend) zuzugreifen.

Schuld an der Fehlermeldung ist der Umstand, dass Windows Forms nicht »threadsicher« ist, was konkret bedeutet, dass die Eigenschaften der auf dem Hauptthread der Anwendung angelegten Formulare und Steuerelemente nicht von einem zweiten Thread der Anwendung aus verändert werden können, was bei einem Hinzufügen eines Eintrags zur ListBox z.B. der Fall gewesen wäre. Es gibt zwei Lösungen: die BackgroundWorker-Komponente und die Verwendung eines Delegaten.

11.1.2 Vorhang auf für die Delegaten

Ein *Delegat* ist ein weiterer Typ der .NET-Klassenbibliothek, der bislang noch nicht direkt in Erscheinung trat, der aber bei jeder Windows Forms-Anwendung vielfach vertreten ist, da jedes Event auf einem Delegaten basiert. Der etwas ungewöhnliche Name lässt sich mit »Für den Aufruf beauftragt« übersetzen.[1] Bei .NET ist ein Delegat ein »Methodenzeiger«, also ein Adresszeiger auf die Methode, die über den Delegaten damit indirekt aufgerufen werden kann. Die offizielle Definition für einen Delegaten bei .NET ist: Ein Delegat ist ein typischer Funktionszeiger (engl. »Type Safe Function Pointer«). Das bedeutet konkret, dass ein Delegat eine Prozedur oder Funktion repräsentiert, die über ihn aufgerufen werden kann. Doch welche Prozedur oder Funktion? Jede beliebige Prozedur oder Funktion, solange diese jene Signatur besitzt, die durch die Delegat-Definition vorgegeben wird. Damit erklärt sich die Bedeutung von »typsicher«, denn es kann nur jene Prozedur/Funktion aufgerufen werden, welche die richtige Signatur besitzt.

1. Das Wort leitet sich mit Sicherheit von dem lateinischen »delegare« ab, was so viel wie »beauftragen« heißt.

Ein Delegat wird über den Delegate-Befehl definiert, der auch außerhalb einer Klasse stehen kann, da der Delegate nicht Teil der Klassendefinition ist. Der folgende Befehl definiert einen Delegaten, der für eine Prozedur steht, die mit einem String-Parameter aufgerufen wird.

```
Delegate Sub ListBoxUpdateDel(ByVal Wert As String)
```

Dies ist aber nur die Definition des Delegaten. Benutzt werden kann ein Delegat erst dann, wenn er instanziiert wird. Dabei wird per AddressOf-Operator der Name der Prozedur festgelegt, die über den Delegaten aufrufbar sein soll:

```
Dim D As New ListBoxUpdateDel(AddressOf ListBoxAusgabe)
```

Damit existiert ein Delegate-Objekt, das die Methode ListBoxAusgabe repräsentiert. Aufgerufen wird die Methode über die Invoke-Methode des Delegaten:

```
ListBoxAusgabe.Invoke()
```

Doch warum um alles in der Welt sollte man eine Methode indirekt über einen Delegaten aufrufen, wenn man sie jederzeit direkt ohne Delegaten aufrufen kann? Ganz einfach, weil diese Art des Aufrufs bei einem Steuerelement dafür sorgt, dass es threadsicher angesprochen wird.

Jedes Steuerelement besitzt eine Invoke-Methode. Ihr wird ein Delegat übergeben, der für jene Methode steht, die von einem anderen Thread auf das Steuerelement zugreifen soll. Um festzustellen, ob ein solcher Aufruf überhaupt erforderlich ist (also ob der Zugriff von einem anderen Thread aus erfolgt), besitzt ein Steuerelement die InvokerRequired-Eigenschaft, die immer dann True ist, wenn ein Zugriff nicht direkt, sondern indirekt über Invoke erfolgen muss.

11.1.3 Das Beispiel wird funktionstüchtig gemacht

Damit ist die Vorgehensweise hoffentlich klar, wie das kleine Thread-Problem aus dem letzten Beispiel gelöst werden kann.

Schritt 1

Definieren Sie oberhalb des Class-Befehls einen Delegaten:

```
Delegate Sub ListBoxUpdateDel(ByVal Wert As String)
```

Schritt 2

Ersetzen die alte TuWas-Prozedur durch die folgende Prozedur, bei der der indirekte Zugriff auf die ListBox über den Delegaten und eine zusätzliche Prozedur mit dem Namen ListBoxAusgabe gelöst wird:

```
Sub TuWas()
  Dim Ausgabe As String
  Dim D As New ListBoxUpdateDel(AddressOf ListBoxAusgabe)
  Ausgabe = String.Format("Thread {0} wurde gestartet.", _
   Thread.CurrentThread.Name)
  If ListBox1.InvokeRequired Then
    ListBox1.Invoke(D, Ausgabe)
  Else
    ListBoxAusgabe(Ausgabe)
  End If
```

```
    For n As Short = 1 To 50
      Ausgabe = String.Format("{0} meldet {1}", _
       Thread.CurrentThread.Name, n)
      If ListBox1.InvokeRequired Then
         ListBox1.Invoke(D, Ausgabe)
      Else
         ListBoxAusgabe(Ausgabe)
      End If
       Thread.Sleep(500)
    Next
    Ausgabe = String.Format("{0} ist fertig.", _
      Thread.CurrentThread.Name)
   If ListBox1.InvokeRequired Then
      ListBox1.Invoke(D, Ausgabe)
    Else
      ListBoxAusgabe(Ausgabe)
    End If
End Sub
```

Schritt 3

Zum Schluss fehlt noch die Prozedur `ListBoxAusgabe`:

```
Sub ListBoxAusgabe(ByVal Ausgabe As String)
  ListBox1.Items.Add(Ausgabe)
End Sub
```

Diese kleine Umbaumaßnahme ist leider erforderlich, damit die Ausgabe in der ListBox threadübergreifend erfolgen kann. Das Anlegen und der Aufruf der Threads muss nicht geändert werden. Wenn Sie das Projekt erneut starten, sollte es funktionieren, und beide Threads sollten (mehr oder weniger abwechselnd) ihre Ausgabe in der ListBox durchführen. Viel gewonnen ist dadurch natürlich nicht, das Programm läuft also nicht schneller als vorher (das ist generell nicht das Ziel von Multithreading). Obwohl jeder Thread durch die `Sleep`-Methode künstlich verlangsamt wird, bleibt das Anwendungsfenster reaktionsfreudig und friert nicht ein, wenn es über den Bildschirm verschoben wird. Das ist der wahre Vorteil des Einbeziehens weiterer Threads.

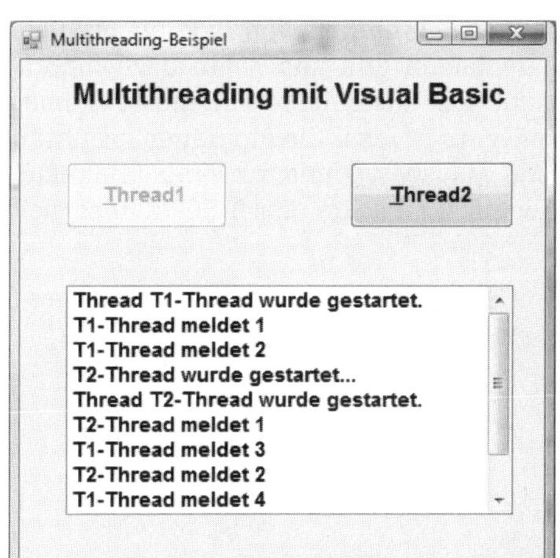

Abb. 11.2: Zwei Threads führen ihre Ausgaben in der ListBox durch.

Wenn Sie erreichen möchten, dass der Button mit dem Start des Threads deaktiviert und mit der Beendigung des Threads wieder aktiviert wird, ist diese Aufgabe gar nicht so einfach zu lösen. Es gibt zwar verschiedene Mechanismen, mit denen sich erreichen lässt, dass ein Thread dem Hauptthread signalisiert, dass er beendet hat, alle haben aber gemeinsam, dass ein Warten des Hauptthreads nicht infrage kommt, da, wenn der Hauptthread auf irgendetwas wartet, damit die ganze Anwendung lahmgelegt wird. Das Setzen der `Enabled`-Eigenschaft auf `True` erfolgt damit am besten innerhalb der `TuWas`-Prozedur und dort natürlich über einen Delegaten. Und damit die Prozedur weiß, welcher Button gemeint ist, wird dieser beim Aufruf als Parameter übergeben. Damit einem Thread ein Parameter übergeben werden kann, muss der `Start`-Methode anstelle eines `ThreadStart`- ein `ParameterizedThreadStart`-Objekt übergeben werden. Beim folgenden Aufruf wird der Button `bnThread1` als Parameter übergeben:

```
Dim Ts1 As New ParameterizedThreadStart(AddressOf TuWas)
Dim T1 As New Thread(Ts1)
T1.Name = "T1-Thread"
T1.Start(bnThread1)
```

Das Projekt *VBMultithreading.sln* auf der Buch-DVD enthält die fertige Lösung.

11.1.4 DoEvents macht Windows Forms-Anwendungen reaktionsfreudiger

Es müssen nicht gleich zusätzliche Threads sein, wenn eine Anwendung, was ihre Oberfläche angeht, reaktionsfreudiger werden soll. Eine sehr einfache Abhilfe stellt der Aufruf der `DoEvents`-Methode der `Application`-Klasse dar. Ein

```
Application.DoEvents()
```

bewirkt, dass die Anwendung die Gelegenheit erhält, sich um anstehende Anforderungen z.B. zum Verschieben oder Neuzeichnen des Fensters zu kümmern, sodass das Einfrieren des Anwendungsfensters vermieden wird. Dieser Aufruf sollte z.B. innerhalb von Programmschleifen platziert werden, die relativ häufig durchlaufen und ansonsten dazu führen würden, dass sich der Hauptthread nicht um anstehende Ereignisse kümmern kann. Ein kleiner Nachteil von `DoEvents` ist, dass die Programmausführung ein wenig verlangsamt wird, da z.B. jede Mausbewegung zu einer (indirekten) Programmunterbrechung führt. Im Allgemeinen sollte dieser Effekt aber nicht spürbar sein.

TIPP

Geht es nur darum, dass ein einzelnes Steuerelement seinen Inhalt sofort aktualisieren soll, gibt es dafür die `Refresh`-Methode.

11.2 Die BackgroundWorker-Komponente als komfortable Alternative

Da es auf die Dauer etwas umständlich ist, für jeden threadübergreifenden Zugriff auf ein Steuerelement einen Delegaten definieren zu müssen, gibt es mit der BackgroundWorker-Komponente eine Vereinfachung. Sie erlaubt in ihrer `DoWork`-Ereignisprozedur das Ausführen einer beliebigen Befehlsfolge auf einem weiteren Thread, der aus dem sog. *Thread-Pool* der .NET-Laufzeit geholt wird, der für das schnelle Anlegen sog. *Workerthreads* (das sind Threads, die lediglich irgendeine Arbeit, aber keine Ein- und Ausgaben durchführen) gedacht ist. Was sich kompliziert anhören mag, könnte in der Praxis einfacher nicht sein. Lassen Sie sich also nicht von den technisch klingenden Begriffen abschrecken.

Bei der BackgroundWorker-Komponente ist über deren `ReportProgress`-Methode ein threadsicherer Zugriff auf jedes Steuerelement möglich. Die BackgroundWorker-Komponente ist damit der einfachste Weg, Multithreading in ein Visual Basic-Programm einzubauen. Das soll im Folgenden an einem einfachen Beispiel demonstriert werden, bei dem erneut eine Prozedur, die auf einem zweiten Thread ausgeführt wird, eine ListBox und, als kleine Zugabe, einen Fortschrittsbalken aktualisiert, wobei sich die Operation zudem jederzeit abbrechen lässt, was beim direkten Anlegen eines Threads ebenfalls nicht ganz so einfach wäre.

Schritt 1

Legen Sie eine neue Windows Forms-Anwendung an, geben Sie Ihr den Namen »BackgroundWorkerBeispiel« (oder so ähnlich), und speichern Sie sie ab.

Schritt 2

Ordnen Sie auf dem Formular zwei Buttons (`Name=bnStart` und `Name=bnStop`) an, setzen Sie die `Text`-Eigenschaft auf »&Start« bzw. »&Stop«, und ordnen Sie unterhalb der beiden Buttons eine ListBox und ein ProgressBar-Control an.

Schritt 3

Klicken Sie das Formular an einer freien Stellen doppelt an, um in die `Form_Load`-Ereignisprozedur zu gelangen, und geben Sie dort folgende Befehle ein:

```
BackgroundWorker1.WorkerReportsProgress = True
BackgroundWorker1.WorkerSupportsCancellation = True
ProgressBar1.Minimum = 0
ProgressBar1.Maximum = 100
bnStop.Enabled = False
```

Schritt 4

Geben Sie die Prozedur TuWas ein:

```
Sub TuWas()
    For n As Short = 1 To 100
        BackgroundWorker1.ReportProgress(n)
        If BackgroundWorker1.CancellationPending Then Exit Sub
        ' Jetzt etwas warten
        Threading.Thread.Sleep(100)
    Next
End Sub
```

Schritt 5

Geben Sie in die Click-Prozedur des Start-Buttons die folgenden Befehle ein:

```
bnStart.Enabled = False
bnStop.Enabled = True
BackgroundWorker1.RunWorkerAsync()
```

RunWorkerAsync startet den Background-Thread, ohne aber den Namen einer Prozedur anzugeben. Der Ablauf sieht so aus, dass als Nächstes bei der BackgroundWorker-Komponente das DoWork-Ereignis ausgelöst wird. Fügen Sie hier den Aufruf von TuWas ein:

```
TuWas()
```

Schritt 6

Fügen Sie in die ProgressChanged-Ereignisprozedur die folgenden Befehle ein:

```
ListBox1.Items.Add(e.ProgressPercentage)
ListBox1.SelectedIndex = ListBox1.Items.Count - 1
ProgressBar1.Value = e.ProgressPercentage
```

Schritt 7

Fügen Sie in die RunWorkerCompleted-Ereignisprozedur die folgenden Befehle ein:

```
bnStart.Enabled = True
bnStop.Enabled = False
ProgressBar1.Value = 0
```

Schritt 8

Geben Sie in die Click-Prozedur des Stop-Buttons den folgenden Befehl ein:

```
BackgroundWorker1.CancelAsync()
```

Wenn Sie das Programm über [F5] starten, wird die Ausgabe der Zahlenfolge über den *Start*-Button gestartet und über den *Stop*-Button vorzeitig beendet, wobei der Fortschritt über den Fortschrittsbalken angezeigt wird. Nicht gerade spektakulär, doch dafür, dass das Zählen auf einem Workerthread ausgeführt wird, wurde das Ergebnis dank der BackgroundWorker-Komponente mit minimalem Aufwand realisiert.

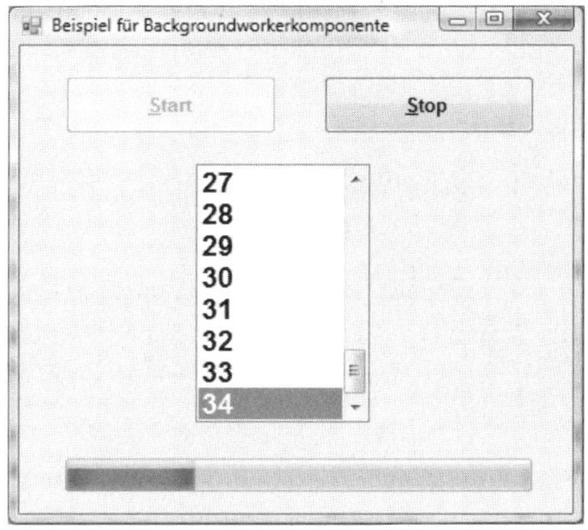

Abb. 11.3: Die BackgroundWorker-Komponente führt eine Prozedur auf einem Thread aus und erlaubt den Zugriff auf die Steuerelemente.

11.2.1 Fibonacci mit Background-Threads

Erinnern Sie sich noch an den kleinen Geschwindigkeitstest aus Kapitel 4? Damals ging es darum, mit einer lang andauernden Operation (der Berechnung der sog. *Fibonacci-Zahlen*) die Rechengeschwindigkeit des Computers »messen« zu können. Ein Nebeneffekt, der damals in Kauf genommen werden musste, war, dass das Fenster bei einer wirklich lang andauernden Berechnung natürlich einfror. Mithilfe der BackgroundWorker-Komponente sind Sie nun in der Lage, das Programm dahingehend anzupassen, dass die Berechnung auf einem Workerthread ausgeführt wird und nicht mehr zum Einfrieren des Fensters führt.

Führen Sie folgende Schritte aus, um das Beispiel aus Kapitel 4 so umzubauen, dass die Berechnung der Fibonacci-Zahlen auf einem Workerthread ausgeführt wird.

Schritt 1

Fügen Sie eine BackgroundWorker-Komponente zum Formular hinzu, die im Komponentenfach angelegt wird.

Schritt 2

Fügen Sie in die `Click`-Prozedur des *Start*-Buttons die folgenden Befehle ein:

```
bnStart.Enabled = False
StopUhr.Start()
lbZeit.Text = "Bitte Geduld ... ich rechne"
BackgroundWorker1.RunWorkerAsync()
```

Der Aufruf der `DoFib`-Funktion entfällt, stattdessen wird der Workerthread gestartet.

Schritt 3

Bauen Sie in das `DoWork`-Ereignis die folgenden Befehle ein:

```
e.Result = DoFib(updAnzahl.Value)
```

Über die Result-Property des per e-Parameter übergebenen DoWorkEventArgs-Objekts wird der Rückgabewert festgelegt.

Schritt 4

Bauen Sie in die RunWorkerCompleted-Ereignisprozedur die folgenden Befehle ein:

```
StopUhr.Stop()
Dim VerstricheneZeitInMs As Integer = StopUhr.ElapsedMilliseconds
Dim Ergebnis As Integer = DirectCast(e.Result, Integer)
lbZeit.Text = String.Format("{0} ms ({1})", VerstricheneZeitInMs,
Ergebnis)
bnStart.Enabled = True
```

Das war's. Wenn Sie das Programm starten und als Anzahl eine Zahl wie z.B. 40 eingeben, bleibt das Anwendungsfenster reaktionsfreudig, wenngleich die Berechnung nicht schneller ausgeführt wird. Vielen Anwendungen sieht man daher nur indirekt an, dass sie mit Workerthreads arbeiten.

Ab der Standard Edition von Visual Studio wird im DEBUGGEN-Menü unter FENSTER während einer Programmunterbrechung auch das Thread-Fenster angeboten, in dem alle laufenden Threads aufgelistet werden.

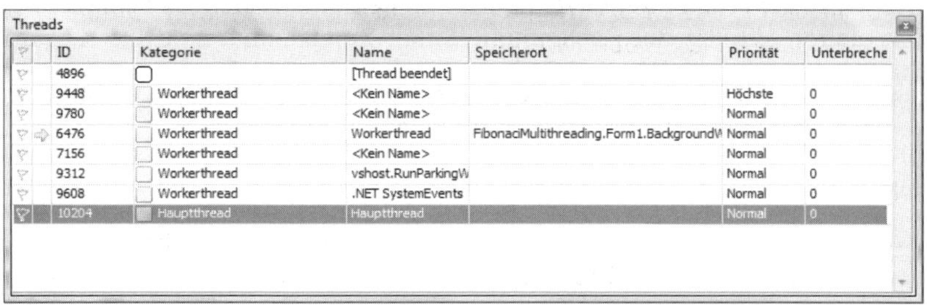

Threads

ID	Kategorie	Name	Speicherort	Priorität	Unterbreche
4896		[Thread beendet]			
9448	Workerthread	<Kein Name>		Höchste	0
9780	Workerthread	<Kein Name>		Normal	0
6476	Workerthread	Workerthread	FibonacciMultithreading.Form1.BackgroundW	Normal	0
7156	Workerthread	<Kein Name>		Normal	0
9312	Workerthread	vshost.RunParkingW		Normal	0
9608	Workerthread	.NET SystemEvents		Normal	0
10204	Hauptthread	Hauptthread		Normal	0

Abb. 11.4: Das Thread-Fenster zeigt während einer Programmunterbrechung die laufenden Threads an.

11.3 Methodenaufrufe zur Abwechslung einmal asynchron

Jede Methode kann prinzipiell asynchron aufgerufen werden (ob es sinnvoll ist, ist eine andere Frage). Asynchron bedeutet in diesem Zusammenhang, dass die Methode auf einem Workerthread ausgeführt und unmittelbar nach dem Methodenaufruf der Hauptthread mit dem auf den Aufruf folgenden Befehl fortgesetzt wird. Der Vorteil ist klar: Der Hauptthread kann sich um andere Dinge kümmern, während der Workerthread vor sich hin werkelt. Um eine Methode asynchron aufrufen zu können, wird ein Delegat mit der Signatur der Methode benötigt, über dessen BeginInvoke-Methode die Methode aufgerufen wird. Mehr ist nicht zu tun.

Der folgende Delegat erlaubt den Aufruf einer Prozedur, der eine generische Collection vom Typ *Double* übergeben wird.

```
Delegate Sub ListboxUpdateDel(ByVal Zahlen As List(Of Double))
```

Damit kann eine Methode mit dieser Signatur asynchron aufgerufen werden:

```
Dim D As New GetMesswerteAsyncDel(AddressOf GetMesswerte)
D.BeginInvoke()
```

Bei `GetMesswerte` handelt es sich um eine reguläre Methode, die nicht auf irgendeine Weise »präpariert« werden muss, damit sie auch asynchron aufgerufen werden kann.

Im Allgemeinen möchte man erfahren, wann die asynchron aufgerufene Methode fertig ist. Dafür gibt es zwei Möglichkeiten:

1. Die Abfrage der `IsCompleted`-Eigenschaft jenes `IAsyncResult`-Objekts, das von `BeginInvoke` zurückgegeben wird (z.B. in einer Schleife).
2. Die Übergabe eines Callback-Delegaten, der für eine Prozedur steht, die aufgerufen wird, wenn die asynchrone Methode fertig ist.

Im Allgemeinen kommt die zweite Variante zum Einsatz. Handelt es sich bei der asynchron aufgerufenen Methode um eine Funktion, kann ihr Rückgabewert in der Callback-Prozedur über den Aufruf der `EndInvoke`-Methode jenes Delegaten abgeholt werden, mit dem der Aufruf gestartet wurde. Damit dieser Delegat in der Callback-Prozedur zur Verfügung steht, kann er als zweiter Parameter (dem `State`-Parameter) übergeben werden.

Das folgende Beispiel demonstriert einen einfachen asynchronen Aufruf einer Methode, die eine Collection von `Double`-Zahlen zurückgibt.

Schritt 1

Legen Sie eine neue Windows Forms-Anwendung an, geben Sie Ihr den Namen »AsyncBeispiel« (oder so ähnlich), und speichern Sie sie ab.

Schritt 2

Ordnen Sie auf dem Formular einen Button (`Name=bnStart`) an, darunter eine CheckBox (`Name=ckAsynchron`) und darunter eine Listbox an. Ordnen Sie außerdem eine Textbox an, die lediglich dazu dient zu demonstrieren, dass bei einem asynchronen Aufruf nach wie vor die Eingabe in Steuerelementen möglich ist, die bei einem synchronen Aufruf in der Regel blockiert ist.

Schritt 3

Schalten Sie per [F7] auf den Programmcode um, und definieren Sie oberhalb des `Class`-Befehls zwei Delegaten:

```
Delegate Sub ListboxUpdateDel(ByVal Zahlen As List(Of Double))
Delegate Function GetMesswerteAsyncDel() As List(Of Double)
```

Der erste Delegat wird für das Darstellen der Zahlen in der Listbox, der zweite Delegat über den asynchronen Aufruf der Methode `GetMesswerte` benötigt.

Schritt 4

Definieren Sie die Funktion `GetMesswerte`:

```
' Diese Methode kann synchron oder asynchron aufgerufen werden
Function GetMesswerte() As List(Of Double)
  Dim tmpWerte As New List(Of Double)
  For n As Integer = 1 To 200
    tmpWerte.Add(New Random().NextDouble)
    ' Ein wenig warten
    Threading.Thread.Sleep(100)
  Next
  Return tmpWerte
End Function
```

Schritt 5

Fügen Sie in die `Click`-Prozedur des Buttons die folgenden Befehle ein:

```
bnStart.Enabled = False
ListBox1.DataSource = Nothing
ListBox1.Items.Clear()
ListBox1.Refresh()
If ckAsynchron.Checked Then
  Dim Cb As New AsyncCallback(AddressOf MesswerteFertig)
  Dim D As New GetMesswerteAsyncDel(AddressOf GetMesswerte)
  D.BeginInvoke(Cb, D)
Else
  ListBox1.DataSource = GetMesswerte()
End If
bnStart.Enabled = True
```

Schritt 6

Fügen Sie die Prozedur `MesswerteFertig` ein:

```
Sub MesswerteFertig(ByVal Ar As IAsyncResult)
  Dim Mw As List(Of Double) = DirectCast(Ar.AsyncState,
GetMesswerteAsyncDel).EndInvoke(Ar)
  ListBox1.Invoke(New ListboxUpdateDel(AddressOf ListboxUpdate), Mw)
End Sub
```

Dies ist die Prozedur, die aufgerufen wird, wenn die asynchron aufgerufene Methode fertig ist. Ihr wird ein Parameter vom Typ `IAsyncResult` übergeben. Seine `AsyncState`-Eigenschaft steht über dem als zweiten Parameter beim asynchronen Aufruf übergebenen Delegaten, sodass nach einer direkten Typenkonvertierung (die streng genommen nicht erforderlich wäre) der Rückgabewert der Funktion `GetMesswerte` in Gestalt einer Collection mit `Double`-Werten abgerufen werden kann. Diese Collection wird in Gestalt der Variablen `Mw` als zweiter Parameter mit einem Delegaten vom Typ `ListboxUpdateDel` übergeben, was zur Folge hat, dass die Zahlen der Collection in der Listbox angezeigt werden. Auch das muss über einen Delegaten und den Aufruf von `Invoke` durchgeführt werden, da die `Callback`-Methode auf dem Workerthread ausführt und daher ein direkter Zugriff auf die ListBox nicht möglich ist.

Schritt 7

Fügen Sie die Prozedur `ListboxUpdate` ein:

```
Sub ListBoxUpdate(ByVal Mw As List(Of Double))
  ListBox1.DataSource = Mw
End Sub
```

Die Methode gibt die Zahlen der Collection in der ListBox aus, indem die Collection der `DataSource`-Eigenschaft zugewiesen wird (dieses Prinzip nennt man Datenbindung).

Das war alles. Wenn Sie das Projekt starten, werden Sie feststellen, dass bei einem synchronen Aufruf das Formular »einfriert« und sich z.B. keine Eingaben in der TextBox durchführen lassen. Wird die Option *Asynchron ausführen* gewählt, ist der Button unmittelbar nach dem Aufruf wieder aktiv, das Formular lässt sich verschieben, und es lassen sich Eingaben in der TextBox durchführen (die allerdings keine Folge haben). Das alles ist möglich, da der Hauptthread frei ist, da die Berechnung auf einem Workerthread ausgeführt wird.

Sie finden das Beispiel in Gestalt der Projektdatei *AsyncBeispielSimpel.sln* auf der Buch-DVD. Sie finden dort auch das Projekt *AsyncBeispiel.sln*, das ein erweitertes Beispiel für den asynchronen Aufruf von Methoden darstellt. Es werden Messwerte in eine Textdatei im Ausgabeverzeichnis geschrieben, die auf einer Struktur für Messwerte basieren, die anschließend wieder gelesen und in einer ListBox angezeigt werden. Beide Vorgänge können synchron oder asynchron ausgeführt werden.

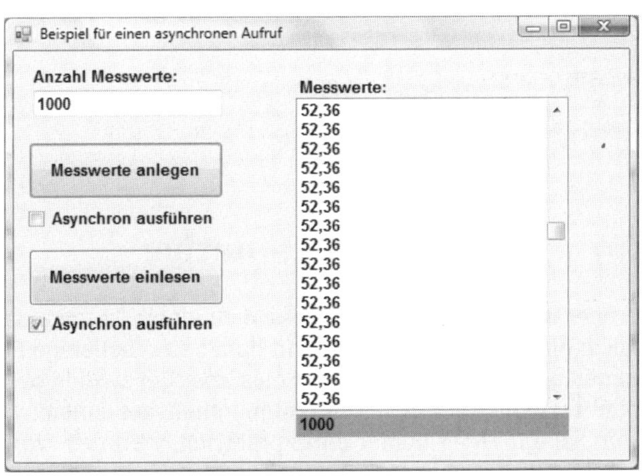

Abb. 11.5: Das Beispiel demonstriert den Unterschied zwischen einem synchronen und einem asynchronen Methodenaufruf.

11.3.1 Asynchrones Lesen und Schreiben von Dateien

Speziell für das asynchrone Lesen und Schreiben von Dateien bietet die `FileStream`-Klasse die Methoden `BeginRead`, `EndRead`, `BeginWrite` und `EndWrite`. Auf der Buch-DVD finden Sie in Gestalt der Projektdatei *AsyncFileCopy.sln* ein Beispiel, das eine beliebige Datei in ein anderes Verzeichnis kopiert. Dabei wird die

Datei »portionsweise« asynchron in einen Byte-Buffer gelesen und der Fortschritt der Operation mit einem Fortschrittsbalken angezeigt. Geschrieben wird die Datei »in einem Rutsch«, also synchron, wenngleich es natürlich grundsätzlich möglich wäre, auch das Schreiben asynchron zu erledigen. Schauen Sie sich das Beispiel einmal an, denn Sie lernen dabei einiges über den Aufruf asynchroner Methoden. Noch mehr werden Sie lernen, wenn Sie das Programm dahingehend erweitern, dass auch das Schreiben der Datei in das Zielverzeichnis asynchron ausgeführt wird.

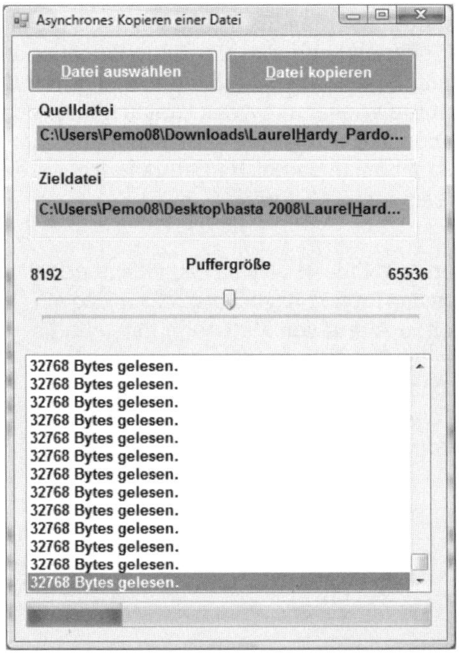

Abb. 11.6: Die ausgewählte Datei wird in dem Beispiel asynchron gelesen.

11.4 Timer als Alternative

Ein Timer ist keine direkte Alternative zu einem Thread, da ein Timer zunächst lediglich eine Ereignisprozedur und damit eine beliebige Befehlsfolge in einem regelmäßigen Intervall aufruft. Da dies aber bei zweien der insgesamt drei verfügbaren Timer der .NET-Klassenbibliothek auf einem weiteren Thread geschieht, ist ein Timer immer dann praktisch, wenn ein Vorgang regelmäßig auf einem Workerthread ausgeführt werden soll. Es wurde bereits angedeutet, dass es nicht nur eine, sondern gleich drei Timer-Klassen gibt (natürlich in unterschiedlichen Namespaces), die sich alle sehr ähnlich sind:

```
System.Threading.Timer
```

```
System.Timers.Timer
```

```
System.Windows.Forms.Timer
```

Für das folgende Beispiel wird die Timer-Klasse im Namespace `System.Windows.Forms` verwendet, die über die Timer-Komponente der Toolbox zum Programm hinzugefügt wird. Da die `Tick`-Ereignisprozedur dieses Timers (anders als bei den anderen beiden Exemplaren) nicht auf einem eigenen Thread ausführt, gibt es auch keine Probleme beim Schreibzugriff auf die Steuerelemente.

Schritt 1

Legen Sie eine neue Windows Forms-Anwendung an, geben Sie Ihr den Namen »TimerBeispiel« (oder so ähnlich), und speichern Sie sie ab.

Schritt 2

Ordnen Sie auf dem Formular zwei Buttons (*Name=bnStart* und *Name=bnStop*) an, setzen Sie die `Text`-Eigenschaft auf »&Start« bzw. »&Stop«, ordnen Sie unterhalb der beiden Buttons eine ListBox an.

Schritt 3

Fügen Sie eine Timer-Komponente von der Toolbox hinzu.

Schritt 4

Fügen Sie in `Form_Load` die folgenden Befehle ein:

```
Timer1.Interval = 1000
bnStop.Enabled = False
bnStart.Enabled = True
```

Schritt 5

Fügen Sie in die `Tick`-Prozedur des Timers die folgenden Befehle ein:

```
Static AktuellerWert As Integer
AktuellerWert += 1
ListBox1.Items.Add(AktuellerWert)
ListBox1.SelectedIndex = ListBox1.Items.Count – 1
```

Schritt 6

Fügen Sie in die `Click`-Prozedur des Start-Buttons die folgenden Befehle ein:

```
Timer1.Start()
bnStop.Enabled = True
bnStart.Enabled = False
```

Schritt 7

Fügen Sie in die `Click`-Prozedur des Stop-Buttons die folgenden Befehle ein:

```
Timer1.Stop()
bnStop.Enabled = False
bnStart.Enabled = True
```

Wenn Sie das Projekt starten und auf den Start-Button klicken, wird der Inhalt der ListBox laufend hochgezählt.

11.5 Zusammenfassung

Ein Thread ist ein weiterer Unterprozess, der vom Hauptthread der Anwendung aus jederzeit gestartet werden kann. Ein Thread arbeitet eine Prozedur ab und endet dann wieder. Durch Threads können länger dauernde Operationen »im Hintergrund« ausgeführt werden. Diese Sorte von Thread wird auch als Worker- oder Background-Thread bezeichnet. Der Hauptthread wird entlastet und kann sich weiter um Eingaben und die Aktualisierung der Benutzeroberfläche kümmern. Der einfachste Weg, eine Windows Forms-Anwendung mit Threads zu erweitern, besteht in dem Einsatz der BackgroundWorker-Komponente. Ihre `DoWork`-Ereignisprozedur wird auf einem Workerthread ausgeführt. Im Rahmen der `ReportProgress`-Ereignisprozedur ist zudem ein threadsicherer Zugriff auf die Steuerelemente (des Hauptthreads) möglich, was das direkte Einbeziehen von Delegaten überflüssig macht. Auch wenn Threads ein typisches Fortgeschrittenenthema sind, ermöglicht die BackgroundWorker-Komponente, dass auch Programmieranfänger die Möglichkeit erhalten, länger dauernde Vorgänge auf einen Workerthread auszulagern.

11.6 Fragen zum Abschluss des Kapitels

Frage 1 Definieren Sie den Begriff »Thread« in einem Satz.

Frage 2 Welche Vorteile bringt es, in einem Programm weitere Threads anzulegen?

Frage 3 Wie viele Threads kann ein Visual Basic-Programm maximal starten?

Frage 4 Wie lässt sich feststellen, auf welchem Thread ein Befehl ausgeführt wird?

Frage 5 Ein Programmierer aus *Wuppertal* möchte erreichen, dass ein zweiter Thread eine Datei einliest und den Fortschritt beim Einlesen in einem Fortschrittsbalken anzeigt. Beim ersten Versuch erhält er eine unerklärliche Fehlermeldung und ist kurz davor, die Flinte ins Korn zu werfen. Wie kommt er trotzdem zum Ziel?

Frage 6 Das folgende Programmbeispiel ist bereits etwas fortgeschrittener und basiert auf einer Konsolenanwendung und nicht auf einer Windows Forms-Anwendung. In der `Main`-Prozedur der Konsolenanwendung werden zusätzlich zum Hauptthread zwei Threads gestartet, die eine Variable hochzählen. Welcher Thread ist zuerst fertig, und wie lässt sich erreichen, dass der »Gewinner« auf den Nachzügler wartet? (Dies wurde in dem Kapitel nicht erwähnt – Sie finden eine von mehreren möglichen Lösungen auf der Buch-DVD.)

```
Imports System.Threading

Module Module1

  Sub Main()
      Dim T1 As New Thread(AddressOf TuWas)
      Dim T2 As New Thread(AddressOf TuWas)
      T1.Name = "T1"
      T1.Priority = ThreadPriority.AboveNormal
      T2.Name = "T2"
```

```
      Thread.CurrentThread.Name = "Main"
      T2.Start()
      TuWas()
      T1.Start()
      Console.ReadLine()
  End Sub

  Sub TuWas()
    For i As Short = 1 To 40
      Console.WriteLine("Thread {0} sagt {1}",
Thread.CurrentThread.Name, i)
    Next
  End Sub
End Module
```

Die Antworten zu den Fragen finden Sie in Anhang C.

Kapitel 12

jetzt lerne ich

Visual Basic und die Datenbanken

In diesem Kapitel geht es um das nach wie vor für die meisten Programmierer wichtigste Thema, das Ansprechen von Datenbanken und ihren Inhalten, die stets auf Tabellen, Zeilen und Spalten verteilt sind. Das war bereits bei den frühen Visual Basic-Versionen so, daran hat sich auch bei Visual Basic 9.0 nichts geändert. Da Datenbankprogrammierung ein sehr umfangreiches Kapitel ist, mit dem sich problemlos ganze Bücher füllen ließen (und bereits gefüllt wurden), geht es in diesem Kapitel nur um die elementaren Themen, wie das Abrufen von Daten per SQL, das Aktualisieren einer Datenbank, die Datenbindung über eine Datenquelle und das moderne LINQ to SQL, mit dem sich Objekte und ihre Inhalte direkt in einer Datenbank speichern lassen, was im Allgemeinen sehr praktisch ist.

Sie lernen in diesem Kapitel

- Datenbanken ansprechen mit ADO.NET und SQL
- Visual Basic als Datenbankwerkzeug
- SQL-Abfragen
- Datenbankinhalte in einem Formular aktualisieren
- die Rolle der Datenquellen
- LINQ to SQL.

Die meisten Beispiele in diesem Kapitel beziehen sich auf eine kleine SQL Server Compact-Datenbankdatei mit dem Namen VBKassenbuch.sdf, die auf der Buch-DVD enthalten ist. Als Pendant finden Sie die Datenbankdatei VBKassenbuch.mdf für den SQL Server. Auch wenn die Datenbankschnittstelle des .NET Frameworks ADO.NET vollkommen datenbankneutral ist, steht in diesem Kapitel SQL Server Compact im Mittelpunkt, der bei Visual Basic 2008 von Anfang an dabei ist.

12.1 Allgemeines über Datenbanken

Dieser Abschnitt ist für jene Leser, die bislang noch keinen direkten Kontakt zu Datenbanken hatten und erst einmal wissen möchten, was ein SQL Server ist, ob ein Datenbankserver auf einem eigenen Server-Computer laufen muss und warum man bei Datenbanken immer von Tabellen spricht. Kurz, es geht um das kleine Einmaleins der Datenbanken. Ein Thema übrigens, an dem sich in den letzten 20 Jahren erstaunlich wenig geändert hat.

Eine Datenbank ist ein »Ort«, an dem Daten gehalten werden. Die Daten werden dabei nicht »irgendwie« gespeichert, sie werden auf Tabellen verteilt. Eine Tabelle (engl. »Table«) besteht aus einer oder mehreren Zeilen (engl. »Rows«), jede Zeile besteht aus einer bei der Definition der Tabelle festgelegten Anzahl an Spalten (engl. »Columns«), wobei jede Spalte wie eine Variable einen Typ besitzt (zum Beispiel `Integer` oder `String`, wenngleich die Typen einer Datenbanken mit den Typen von Visual Basic nicht 1:1 übereinstimmen). Kleine Datenbanken besitzen nur ein paar Tabellen, »richtige« Datenbanken können über 100 Tabellen enthalten, wenngleich es irgendwann sinnvoll ist, die Tabellen in einer zweiten Datenbank unterzubringen, anstatt die Datenbank immer größer werden zu lassen.

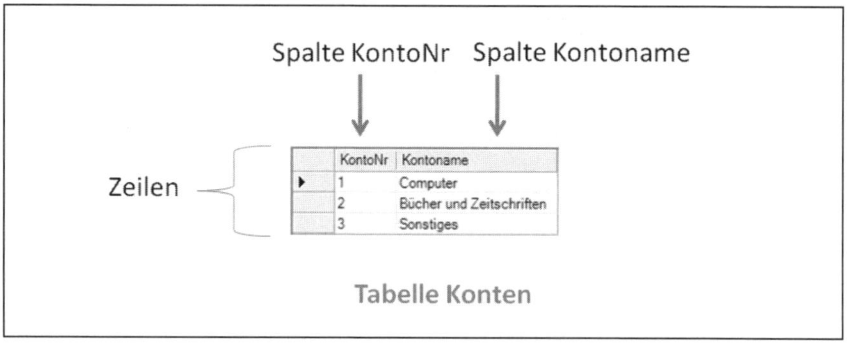

Abb. 12.1: Eine Tabelle besteht aus Zeilen und Spalten.

Auf die Beziehungen kommt es an

Das Besondere an dem heute praktisch ausschließlich im Einsatz befindlichen Typ der *relationalen Datenbanken* ist, dass zwischen einzelnen Tabellen der Datenbank Beziehungen (auch Relationen genannt) bestehen. Erst durch diese Beziehungen wird eine Datenbank für den Praxiseinsatz tauglich.

Hier ein einfaches Beispiel: Eine Datenbank, die jeder Freiberufler oder Handwerker im Einsatz haben könnte, soll Kunden und deren Aufträge speichern. Da ein Kunde im Laufe des Geschäftslebens mehrere Aufträge erteilen wird, ist es sinnvoll bzw. notwendig, die Kunden in einer Tabelle und die Aufträge in einer zweiten Tabelle abzulegen. Nun wäre es aber nicht nur Platzverschwendung, sondern auch äußerst ineffektiv, wenn die Tabelle mit den Aufträgen zu jedem Auftrag alle Kundendaten, wie Straße und Wohnort für die Rechnung, enthalten würde. Stattdessen erhält die Tabelle mit den Aufträgen nur die fortlaufende Kundennummer, für die es ein eigenes Feld gibt. Die Tabelle mit den Kunden erhält ebenfalls ein Feld, in dem die Kundennummer gespeichert wird. Nun kommt der entscheidende Punkt, zwischen beiden Feldern kann eine Beziehung eingerichtet werden. Dadurch lässt sich eine Reihe von Automatismen nutzen, die im Datenbankalltag sehr wichtig sind. Ein solcher Automatismus liegt vor, wenn sich eine Kundenummer ändert. Anstatt die Änderung bei jedem in der Tabelle der Aufträge enthaltenen Auftrag durchzuführen, wird sie nur einmal in der Tabelle der Kunden geändert. Die Datenbank sorgt dafür, dass diese Änderung automatisch in allen Datensätzen der Tabelle mit den Aufträgen durchgeführt wird.

Ein anderes Beispiel ist der Fall, dass ein Kunde gelöscht wird (zum Beispiel weil die Geschäftsbeziehung beendet wird). Da es keine Aufträge mehr geben darf, die sich auf einen Kunden beziehen, der nicht mehr existiert, müssen alle Aufträge in der Tabelle mit den Aufträgen, welche die Kundennummer des gelöschten Kunden enthalten, gelöscht werden. Aufgrund der vorhandenen Beziehung kümmert sich die Datenbank darum, dass mit dem Löschen des Kunden auch automatisch alle Aufträge des Kunden aus der Auftragstabelle gelöscht werden.

Unabhängig davon, ob eine solche Beziehung existiert, lässt sich der Umstand, dass ein Feld, das in beiden Tabellen vorkommt, beide Tabellen logisch verbindet, für SQL-Abfragen ausnutzen. Auch wenn SQL erst in Kapitel 12.4 an der Reihe ist, folgt hier eine Abfrage, die alle Aufträge eines Kunden mit der Kundennummer 1001 zurückgeben würde:

```
Select * From Auftraege, Kunden Where Auftraege.KundenNr =
Kunden.KundenNr And Kunden.KundenNr = 1001
```

Beziehungen zwischen Tabellen sind (lebens)wichtig für den effektiven Umgang mit einer Datenbank.

12.1.1 Was steckt hinter einer Datenbank?

Eine Datenbank ist kein mysteriöses Gebilde, sie ist in einer regulären Datei enthalten. Bei SQL Server-Datenbanken trägt sie die Erweiterung *.mdf*, bei Access-Datenbanken die Erweiterung *.mdb*. Es ist allerdings nicht möglich, an den Inhalt der Datenbank ohne das Datenbankmanagementsystem heranzukommen. Auch ein Doppelklick auf eine MDF-Datei hat keine Folgen. Eine SQL Server-Datenbankdatei kann nur über eine Instanz eines laufenden SQL Servers angesprochen werden.

12.1.2 Was ist eigentlich ein SQL Server?

Der Name klingt imposant, und in den folgenden Abschnitten werden Sie einen SQL Server etwas näher kennenlernen. Doch was steckt dahinter, brauchen Sie dafür etwa einen Server-Computer? Das natürlich nicht. Das Allerweltswort Server soll in diesem Zusammenhang nur die Funktion des *Datenbankmanagementsystems* (DBMS) unterstreichen – es »serviert« die Daten auf der Grundlage der Datenbanksprache SQL. *Microsoft SQL Server* ist lediglich ein Produktname. Neben Microsoft SQL Server gibt es Oracle SQL Server und viele andere DBMS, bei denen der Begriff »Server« im Produktnamen auftaucht. Auch wenn große Datenbanken in großen Unternehmen auf eigenen Servern (in diesem Fall ist die Hardware gemeint) ausgelagert werden, der Microsoft SQL Server Express läuft zum Beispiel auch auf XP Home. Hinter dem Microsoft SQL Server steckt ein unscheinbarer Systemdienst, der im Hintergrund auf Anfragen wacht, die ihm von Anwendungen geschickt werden. Davon, dass der SQL Server tatsächlich auf Ihrem System läuft, können Sie sich überzeugen, indem Sie in der Systemsteuerung den Ordner *Verwaltung* öffnen und das *Dienste*-Programm starten. Es sollte ein Dienst mit dem Namen *MSSQL$SQLEXPRESS* aktiv sein. Und wie kommt der SQL Server auf mein System? Ganz einfach, er wurde mit der Installation von Visual Basic 2008 Express mitinstalliert.

12.1.3 Welche Datenbank ist die beste?

Streng genommen müsste die Überschrift »Welches Datenbankmanagementsystem ist das beste für Visual Basic?« lauten, denn die Datenbank ist lediglich die Datei, in der die Daten gehalten werden. Es ist das Datenbankmanagementsystem (DBMS), das den Zugriff durchführt und über das Programm angesprochen wird. Und natürlich gibt es nicht »das beste DBMS«, denn dafür sind die Anforderungen und Vorstellungen viel zu unterschiedlich. Genauso wenig wie es das »beste Auto der Welt« gibt, richtet sich die Frage nach dem besten DBMS danach, was man machen möchte und was man auszugeben bereit ist. Und da man oft am liebsten gar nichts ausgibt (zumal schon Visual Basic Express kostenlos war), schränkt sich die Auswahl auf die kostenlos erhältlichen Varianten ein. Trotzdem ist die Auswahl auch in diesem »Segment« erstaunlich groß. Die Auswahl reicht von der Open-Source-Datenbank wie FireBird oder PostgreSQL bis zur Profi-Datenbank à la Microsoft SQL Server Express und Oracle Server Express, die für den »Heimwerker« ein wenig »herunterkonfiguriert« wurden, die aber ansonsten auf dem neuesten Stand der Technik sind.[1]

Wie es in der Einleitung bereits angedeutet wurde, kommt für die meisten Beispiele in diesem Buch Microsoft SQL Server Compact Edition, kurz SSC, zum Einsatz. Dieses kleine, aber feine DBMS ist einfach zu handhaben, kompakt, schnell, pflegeleicht und natürlich kostenlos (es ist ein fester Bestandteil des .NET Frameworks 3.5). Außerdem spricht es denselben SQL-Dialekt wie der Microsoft SQL Server 2005/2008 und läuft auch auf mobilen Geräten wie einem SmartPhone.

1. Man kann Microsoft dafür gar nicht oft genug danken. Warum sind sie bloß so gut zu uns Visual Basic-Programmierern?

Der Grund, warum in diesem Kapitel nicht durchgängig das SQL Server Express-DBMS verwendet wird (es ist ja kostenlos), ist ganz einfach der, dass ein SQL Server für viele Anwendungen ein wenig überdimensioniert ist. Auch wenn eine SQL Server-Datenbank genauso leicht per Programm angesprochen wird wie eine einfache dateibasierte Datenbank und auch die Administration am Anfang kein Thema ist, auch SQL Server Express Edition ist ein SQL Server, der erst einmal installiert werden muss, der als Dienst (und nicht als reguläre Anwendung) läuft und bei dem es immer dann sehr technisch wird, wenn es einmal nicht so klappt, wie es klappen sollte. Dann geht es auch einmal um Themen wie Benutzerinstanzen, Log-Dateien und Berechtigungen, Themen, die einen Hobbyprogrammierer hoffnungslos überfordern können. Und da ja in dieser Kategorie eine Datenbank in der Regel (aber nicht immer) lediglich ein paar Dutzend Tabellen und einige Tausend Datenbanksätze enthält, ist für diese Anforderungen eine dateibasierte Datenbank wie SQL Server Compact Edition genauso gut geeignet.

Lassen Sie sich von dem Zusatz »Server« nicht irritieren – das soll lediglich den Umstand unterstreichen, dass dieser Datenbanktyp von Microsoft als das »mobile Pedant« zum SQL Server positioniert wird und dass beide Datenbankengines denselben SQL-Dialekt sprechen. Ansonsten haben beide Datenbanktypen nichts gemeinsam.

Leider kann eine SQL Server Compact-Datenbank nicht über das Netzwerk angesprochen werden (genau wie eine SQL Server Express-Datenbankdatei), sodass auch ihr Einsatzgebiet auf den lokalen Zugriff beschränkt ist. Dafür muss bei der Weitergabe der Anwendung lediglich die Sdf-Datenbankdatei mitgegeben werden. Auf dem Zielrechner muss nichts installiert werden, die Datenbank kann mit dem Programmstart angesprochen werden. Insgesamt ist SQL Server Compact Edition für ein »Jetzt lerne ich«-Buch daher die etwas bessere Wahl. In Abschnitt 12.6, in dem es um LINQ to SQL geht, kommt dagegen SQL Server Express Edition zum Einsatz, da diese Technik nur mit diesem Datenbanktyp funktioniert bzw. bei SQL Server Compact Edition ein Zwischenschritt erforderlich ist, der Ihnen in diesem Buch erspart werden soll.

Die Frage, ob eine neue Anwendung auf einer SQL Server Express- oder einer SQL Server Compact-Datenbank basieren soll, lässt sich daher nicht ganz so einfach beantworten. Tabelle 12.1 stellt die wichtigsten Merkmale beider Datenbanktypen gegenüber. Die Empfehlung des Autors ist, erst einmal mit einer SQL Server Compact-Datenbank zu beginnen und diese eventuell später auf eine SQL Server Express-Datenbank umzustellen, was mithilfe spezieller Werkzeuge (die allerdings nicht von Microsoft stammen) problemlos möglich ist. Wer sich die Mühe macht und für den Datenbankzugriff konsequent die datenbankneutralen Klassen im Namespace System.Data.Common (die in diesem Buch aber nicht vorgestellt werden) verwendet, muss den Programmcode beim Wechsel der Datenbank nicht umstellen.

Tabelle 12.1: Gegenüberstellung SQL Server Compact Edition/SQL Server Express

	SQL Server Compact	**SQL Server Express Edition**
Sicherheit	Keine	Umfangreiches Berechtigungs- und Rollensystem.
Datenbankgröße	4 GByte	4 GByte [1]
Verschlüsselung der Datenbanken	Nein	Nein
Datenbankdateien	Ja (Erweiterung .sdf)	Ja (Erweiterung .mdf)
Datenbankdateien im Netzwerk	Nein	Nein
Fortgeschrittene SQL-Features wie gespeicherte Prozeduren	Nein	Ja
Umstellen der Datenbank auf großen SQL Server	Über Konverter	Kein Problem

12.1.4 Ein Wort zu den Access-Datenbanken

Visual Basic-Programmierer sind früher mit den sog. Access-Datenbanken aufgewachsen. Das sind dateibasierte Datenbanken (Erweiterung .mdf), die in der Regel mit Microsoft Access angelegt werden. Dieser Datenbanktyp spielt in der Praxis nach wie vor eine wichtige Rolle, weniger dagegen in der Microsoft-Produktentwicklung. Wer eine Access-Datenbank ansprechen möchte, benötigt dazu die Klassen im Namespace System.Data.OleDb. Die Verbindungszeichenfolge lautet:

```
Provider=Microsoft.Jet.Oledb.4.0;Data Source=<Pfad zur Mdb-Datei>
```

Ist die Datenbank durch ein Kennwort geschützt, wird es ebenfalls in der Verbindungszeichenfolge aufgeführt, aber nicht, wie man vermuten könnte, unter dem Namen Password, sondern im Rahmen der »OLEDB Properties«:

```
Provider=Microsoft.ACE.OLEDB.12.0;Data Source=<Pfad zur <Pfad zur
.Accdb-Datei>;Jet OLEDB:Database Password=Pw
```

Dies ist gleichzeitig ein Beispiel dafür, wie sich die mit Access 2007 eingeführten ACE-Datenbanken ansprechen lassen.

> Datenbanken vom Typ FoxPro, dBase, aber auch Excel-Tabellen, werden ebenfalls über den OLE DB-Provider und eine entsprechende Verbindungszeichenfolgen (mehr dazu unter *http://www.connectionstrings.com*) angesprochen.

1. künstliche Begrenzung bei SQL Server Express

12.2 Visual Basic als Datenbankwerkzeug

Selbst in der Express Version bietet Visual Basic mit dem Datenbank-Explorer eine komfortable Einrichtung, mit der sich Datenbankinhalte betrachten, Datenbankabfragen ausführen und sogar SQL Server-Datenbankdateien anlegen lassen. Es ist wichtig zu verstehen, dass das Datenbankfenster eine in erster Linie passive Einrichtung ist und es z.B. nicht möglich ist, Tabellen aus dem Datenbankfenster auf ein Formular zu ziehen, um auf diese Weise eine Datenbindung einzurichten. Dafür sind die Datenquellen zuständig, die in Kapitel 12.5 an der Reihe sind.

Der Datenbank-Explorer wird über das *Ansicht*-Menü geöffnet. Legen Sie dazu eine neue Datenbankverknüpfung an, indem Sie in der Toolleiste des Datenbank-Explorers auf *Mit Datenbank verbinden* klicken, als Datenquelle *Microsoft SQL Server-Datenbankdatei* wählen, auf *Weiter* klicken und die Mdf-Datei über *Durchsuchen* auswählen. Nach Bestätigen mit *OK* wird sie in einer typischen Baumansicht angezeigt. Alle wichtigen Aktionen finden Sie im Kontextmenü eines Eintrags. Möchten Sie den Inhalt einer Tabelle sehen, klicken Sie sie mit der rechten Maustaste an und wählen TABELLENDATEN ANZEIGEN. Möchten Sie die Definition der Tabelle sehen oder ändern, wählen Sie TABELLENDEFINITION ÖFFNEN. Möchten Sie eine Abfrage ausführen, wählen Sie entsprechend NEUE ABFRAGE.

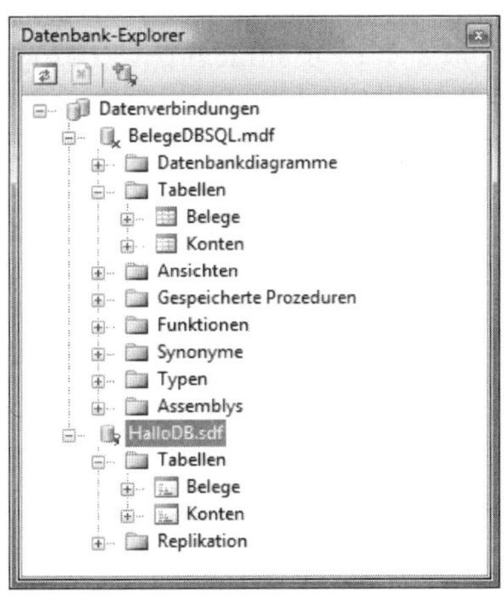

Abb. 12.2: Der Datenbank-Explorer von Visual Basic Express zeigt Datenbanken und ihre Inhalte an.

TIPP

Der Datenbank-Explorer ist nur zum Betrachten von Datenbankinhalten gedacht (eine Ausnahme ist das neue LINQ to SQL, wo die Tabellen, für die eine Objektschicht gebaut werden soll, aus dem Datenbank-Explorer auf die Innenfläche des Designers abgelegt werden). Für das Administrieren von SQL Server-Datenbanken bietet Microsoft als komfortable Alternative das *SQL Server Managementstudio*, das in der Express Edition unter *http://www.microsoft.com/downloads* kostenlos zur Verfügung steht.

12.3 Datenbanken ansprechen mit ADO.NET und SQL

Im Folgenden legen Sie eine SQL Server Compact-Datenbank mit zwei Tabellen an, fügen ein paar Datensätze ein und sprechen die Datenbank anschließend per ADO.NET an.

12.3.1 ADO.NET in 5 Minuten

ADO.NET ist der Teil des .NET Frameworks, der für den Zugriff auf Datenbanken zuständig ist. Für jedes DBMS verfügt ADO.NET über einen Provider, der einen Satz von Klassen enthält, über den die Datenbank angesprochen wird. Von Anfang stehen bei .NET 3.5 folgende fünf Provider zur Verfügung:

- SQL Server (Namespace System.Data.Client)
- OLE DB (Namespace System.Data.OleDb)
- ODBC (Namespace System.Data.ODBC)
- Oracle (Namespace System.Data.Oracle)
- SQL Server Compact Edition (Namespace System.Data.SqlServerCe)

Die Klassen, die von den einzelnen Providern zur Verfügung gestellt werden, sind sich sehr ähnlich bzw. bezüglich ihrer Syntax kompatibel. Die Klasse, die ein stets providerspezifisches Command-Objekt repräsentiert, heißt beim OLE DB-Provider z.B. `OleDbCommand`, beim Provider für SQL Server dagegen `SqlCommand`.

Neben einem providerspezifischen Satz an Klassen enthält ADO.NET im Namespace `System.Data` auch Klassen, die absolut providerneutral sind. Die wichtigste Klasse ist `DataTable`, die als datenbankneutrale Tabellenstruktur die von einer (beliebigen) Datenbank abgerufenen Datensätze enthält, sodass die Daten im Programm angesprochen werden können.

> Falls Sie eine Datenbank ansprechen möchten, für die es im .NET Framework 3.5 keinen Provider gibt, Sie finden zahlreiche weitere Provider im Internet (allerdings nur in Ausnahmefällen kostenlos). Eine gute Adresse ist *http://www.devart.com*. Auch wenn die Angebote nicht kostenlos sind und daher nur für professionelle Entwickler infrage kommen, gibt es kostenlose, zeitlich begrenzte Testversionen.

12.3.2 Die allgemeine Vorgehensweise beim Abrufen von Daten

Datenbankprogrammierung, also konkret das Abrufen von Daten, die in einer Datenbank enthalten sind, ist zwar ein vielschichtiges Thema, lässt sich aber zum Glück auf ein paar sehr einfache und vor allem providerunabhängige Grundoperationen reduzieren, die bei jedem Datenbankzugriff im Spiel sind.

Anlegen einer Verbindung

Die allgemeine Vorgehensweise beim Abrufen von Daten aus einer Datenbank besteht darin, zuerst ein Verbindungsobjekt mit der Verbindungszeichenfolge anzulegen:

```
Dim Cn As New SqlCeConnection(CnSt)
```

`CnSt` ist der Name der Variablen, die für die Verbindungszeichenfolge steht, über die die Datenbank ausgewählt wird:

```
Private CnSt As String = "Data Source=HalloDB.sdf"
```

Anlegen eines DataReaders zum Abrufen von Datensätzen

Wie es weitergeht, hängt davon, ob die abgerufenen Daten nur gelesen werden oder ob sie über eine DataTable editierbar sein sollen, sodass sie später wieder in die Datenbank zurückgeschrieben werden können. Bei Variante 1 wird die Verbindung geöffnet, ein providerspezifisches Command-Objekt angelegt, dem ein SQL-Kommando zugewiesen wird, und über das Command-Objekt ein ebenfalls providerspezifisches DataReader-Objekt angelegt, mit dem sich die Datensätze Datensatz pro Datensatz lesen lassen:

```
Dim Cmd As SqlCeCommand = Cn.CreateCommand()
Cn.Open()
Dim Dr As SqlCeDataReader = Cm.ExecuteReader()
While Dr.Read()
    Messagebox.Show (Dr.Item("Betrag"))
End While
Cn.Close()
```

Schließen der Verbindung

Am Ende wird die Verbindung wieder geschlossen (wenngleich dies nicht zwingend erforderlich wäre), und die eingelesenen Datensätze sind Teil des Programms. Diese Art des Datenabrufs eignet sich vor allem dann, wenn die Daten der Datenbank nur abgerufen werden sollen.

Laden der Datensätze in eine DataTable per Datenadapter

Bei der zweiten Variante ist ein Datenadapter im Spiel, der die Datenbank mit einer DataTable, in der die Daten während der Programmausführung gehalten werden, »verbindet«. Die Verbindung läuft ebenfalls über ein providerspezifisches Connection-Objekt, muss in diesem Fall aber nicht explizit geöffnet werden. Stattdessen wird der Datenadapter mit dem Verbindungs- und einem vorbereiteten Command-Objekt instanziiert:

```
Dim Cmd As SqlCeCommand = Cn.CreateCommand()
Dim Da As New SqlCeDataAdapter(Cmd)
```

Der Datenadapter hält keine Daten, er befüllt damit eine DataTable:

```
Dim Ta As new DataTable()
Da.Fill(Ta)
For Each Zeile As DataRow In Ta.Rows
    Messagebox.Show(Zeile.Item("Betrag"))
Next
```

Nachdem die DataTable befüllt wurde, wird die Verbindung zur Datenbank ebenfalls implizit wieder geschlossen. Die abgerufenen Daten werden über die DataTable angesprochen, wobei diese im Allgemeinen an Steuerelemente gebunden wird. Werden in diesen Steuerelementen Änderungen vorgenommen, wirken sich diese unmittelbar auf die DataTable, nicht aber auf die Datenbank aus. Sollen die Änderungen in die Datenbank übernommen werden, muss der Datenadapter erneut aktiv werden, der dafür eine `Update`-Methode besitzt:

```
Dim Anzahl As Integer = Da.Update(Ta)
```

Was soeben etwas »locker« beschrieben wurde, wird im Folgenden an zwei konkreten Beispielen, einmal mit einer SQL Server Compact- und einmal mit einer SQL Server Express-Datenbank, umgesetzt.

> Ein DataReader gilt als die schnellste Methode, Datensätze aus einer Datenbank einzulesen. Über die `Load`-Methode der `DataTable`-Klassen lassen sich die Datensätze auch in eine DataTable laden, die an Steuerelemente wie ein DataGridView gebunden werden kann. Auch wenn die Daten damit editierbar sind, um das Zurückspeichern der Datensätze müsste sich der Programmierer kümmern, da es in diesem Fall keinen Datenadapter gibt, der dazu benutzt werden könnte.

12.3.3 Die Umsetzung Schritt für Schritt

Im Folgenden wird eine kleine Datenbankanwendung inkl. Datenbank Schritt für Schritt umgesetzt. Mir ihr wird es möglich sein, den Inhalt der SQL Server Compact-Datenbank *HalloDB.sdf* abzurufen (aber nicht zu aktualisieren – das folgt im nächsten Abschnitt).

Schritt 1

Legen Sie eine neue Windows Forms-Anwendung an, geben Sie ihr den Namen »HalloDB« (der genaue Name spielt keine Rolle), und speichern Sie sie gleich ab.

Schritt 2

Fügen Sie über Projekt|Neues Element hinzufügen eine SQL Server Compact-Datenbank durch Auswahl der Vorlage »Lokale Datenbank« hinzu. Geben Sie der Datenbankdatei den Namen »HalloDB.sdf«, wenngleich der exakte Name auch hier keine Rolle spielt.

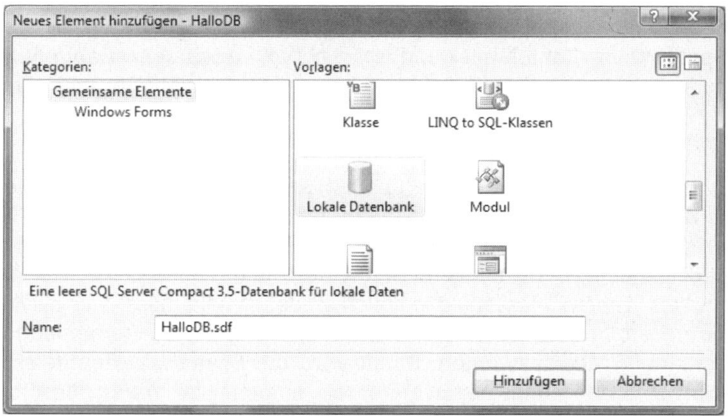

Abb. 12.3: Für das Anlegen einer SQL Server Compact-Datenbankdatei gibt es eine eigene Vorlage.

Schritt 3

Die Datenbankdatei wird im Projektverzeichnis angelegt und damit im Projektmappen-Explorer angezeigt, als Nächstes startet der Assistent zum Konfigurieren von Datenquellen, der an dieser Stelle aber nicht benötigt wird, sodass Sie ihn über den *Abbrechen*-Button gleich wieder abbrechen.

Schritt 4

Klicken Sie die Sdf-Datei im Projektmappen-Explorer doppelt an. Das öffnet bei der Express Edition den Datenbank-Explorer, bei den übrigen Editionen den Server-Explorer, in dem die Datenbank mit ihrer (im Moment noch nicht existierenden) Struktur angezeigt wird.

Achten Sie in den Dateieigenschaften der Sdf-Datei im Projektmappen-Explorer darauf, dass bei *In Ausgabeverzeichnis kopieren* »Kopieren, wenn neuer« eingestellt ist. Das bedeutet konkret, dass die Datei immer dann aus dem Projektverzeichnis ins Ausgabeverzeichnis kopiert wird, wenn sie aktueller ist als jene Datei (mit demselben Namen), die sich dort bereits befindet.

Die Datenbank soll zwei Tabellen erhalten: *Konten* und *Belege*. Diese lassen sich direkt in Visual Basic mit minimalem Aufwand hinzufügen. Klicken Sie im Datenbank-Explorer den Eintrag *Tabellen* mit der rechten Maustaste an, und wählen Sie TABELLE ERSTELLEN. Es erscheint das Dialogfeld *Neue Tabelle*, in der alle zur Tabelle gehörenden Felder angelegt werden. Tragen Sie bei Name »Konten« ein, bestätigen Sie aber noch nicht mit OK, da erst die Felder angelegt werden müssen.

Schritt 5

Pro Tabellenfeld werden ein Spaltenname und ein Datentyp angegeben. Die erste Spalte heißt »KontoNr«, besitzt den Datentyp »int« und ist ein Primärschlüsselfeld, sodass bei »Primärer Schlüssel« ein »Ja« eingestellt wird. Die zweite Spalte heißt »KontoName« und ist vom Typ »nvachar« (variable Anzahl an Unicode-Zeichen), sodass Sie die voreingestellte Auswahl übernehmen können.

Schritt 6

Damit sind die beiden Felder (Spalten) angelegt, aber eine wichtige Kleinigkeit fehlt noch. Erfahrene Datenbankanwender wissen bereits, dass es praktisch wäre, wenn sich der Wert für die Spalte *KontoNr* mit jedem eingefügten Datensatz automatisch um eins erhöhen würde, da der genaue Wert keine Rolle spielt und als Primärschlüsselfeld lediglich eindeutig sein muss. Dies lässt sich einfach erreichen, in dem Sie im Eigenschaftenbereich der Spalte bei *Identität* die Einstellung »True« auswählen. Damit wird die Spalte zur Identitätsspalte, deren Wert sich mit jedem neuen Datensatz automatisch erhöht. Bestätigen Sie die Auswahl mit *OK*. Die Tabelle *Konten* mit ihren beiden Feldern wurde dadurch angelegt.

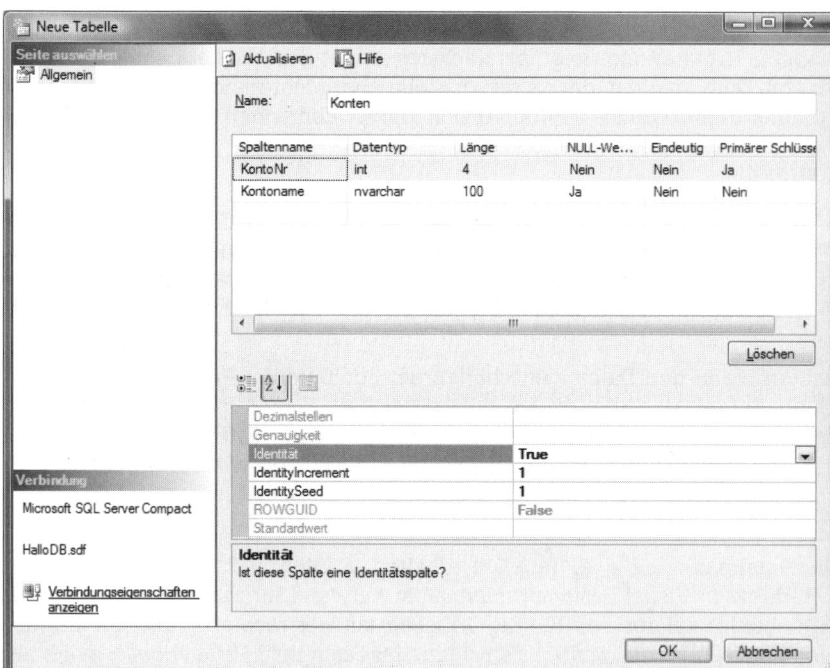

Abb. 12.4: Das Feld KontoNr bei der Tabelle Konto und das Feld BelegNr bei der Tabelle Belege sollen Identitätsspalten sein.

Schritt 7

Legen Sie nach dem gleichen Schema eine Tabelle »Belege« an. Sie soll die Felder mit den Namen »BelegNr« (»int« als Datentyp und »Ja« bei Primärschlüsselfeld), »Datum« (Datentyp *datetime*), »Betrag« (Datentyp *money*), »Beschreibung« (Datentyp *nvarchar*, Länge 100) und »KontoNr« (Datentyp *int*) besitzen. Bei dieser Tabelle soll die Spalte *BelegNr* die Identitätsspalte sein.

Damit besitzt die Datenbank zwei Tabellen, die aber noch keine Datensätze beinhalten. Das soll sich im Folgenden ändern.

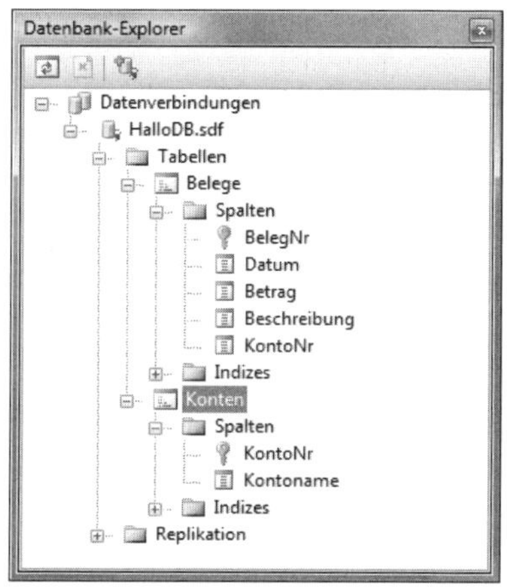

Abb. 12.5: Die Datenbank enthält zwei Tabellen.

Schritt 8

Klicken Sie die Tabelle *Konten* im Datenbank-Explorer mit der rechten Maustaste an, und wählen Sie *Tabellendaten anzeigen*. Es öffnet sich ein Visual Studio-Fenster, in dem die beiden Spalten zu sehen sind, aber noch keine Datensätze. Tragen Sie in der ersten Zeile für KontoName »Computer« ein. Den Wert für *KontoNr* müssen Sie nicht eintragen, da die Datenbank die Zahl »1« einträgt, die bei jedem neuen Datensatz um eins erhöht wird. Die nächste Zeile enthält für *KontoName* »Bücher und Zeitschriften« und die dritte Zeile für *KontoName* »Sonstiges«. Fühlen Sie sich frei, weitere Datensätze hinzuzufügen, für die Übung sollen die drei Datensätze erst einmal genügen.

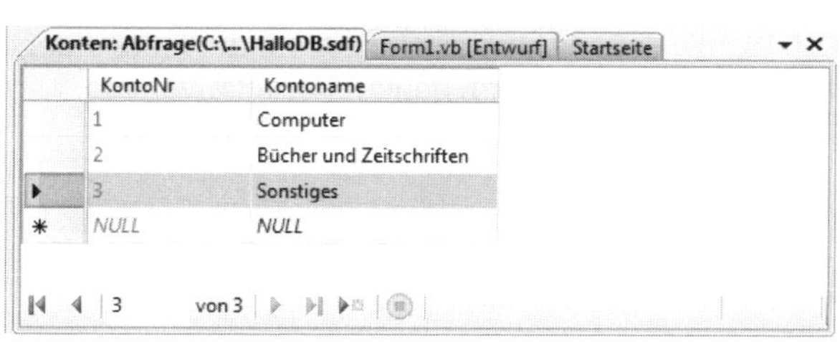

Abb. 12.6: Die Tabelle Konten enthält drei Datensätze.

Schritt 9

Wiederholen Sie den Schritt für die Tabelle *Belege*, indem Sie dort ebenfalls ein paar Musterdatensätze anlegen (etwa zehn bis zwölf, damit einfache Abfragen möglich sind). Geben Sie für die Felder *Datum*, *Betrag* und *Beschreibung* jeweils einen beliebigen Wert ein, und achten Sie bei *KontoNr* darauf, die zu dem Konto passende Nummer einzugeben. Handelt es sich um eine Computerzubehörausgabe, dann entsprechend die Zahl 1, wenn es sich um eine Ausgabe handelt, die in die Kategorie »Sonstige« fällt, die Zahl 2 usw. Auf diese Weise wird eine Beziehung zwischen den beiden Tabellen hergestellt.

Schritt 10

Die Datenbank steht, jetzt geht es an die Programmierung. Da es sich um eine SQL Server Compact-Datenbank handelt, wird ein Verweis auf den zuständigen ADO.NET-Provider benötigt. Fügen Sie über PROJEKT|VERWEIS HINZUFÜGEN daher einen Verweis auf »System.Data.SqlServerCe« ein.

Schritt 11

Ordnen Sie auf dem Formular eine ComboBox und ein DataGridView an. Beim Platzieren des DataGridView-Controls werden Sie feststellen, dass sich eine Aufgabenliste öffnet, über die Sie eine Datenquelle auswählen oder sogar anlegen können, welche die Daten zur Verfügung stellt, die in dem DataGridView-Control angezeigt werden sollen. Das ist im Allgemeinen sehr praktisch, wird in diesem Fall aber nicht benötigt, da keine Datenquelle im Spiel ist.

Schritt 12

Schalten Sie per F7 auf das Programmcodefenster um, und geben Sie oberhalb des `Class`-Befehls den folgenden `Imports`-Befehl ein:

```
Imports System.Data.SqlServerCe
```

Schritt 13

Fügen Sie unterhalb des `Class`-Befehls die folgende Variablendeklaration ein:

```
Private CnSt As String = "Data Source=HalloDB.sdf
```

`CnSt` steht für die Verbindungszeichenfolge, welche die Verbindung zur Datenbankdatei herstellt und die bei einer SQL Server Compact-Datenbank lediglich aus einem schlichten `Data Source=<Pfad der Sdf-Datei>` besteht. Da sich die Sdf-Datei im Projektverzeichnis befindet und automatisch in das Ausgabeverzeichnis kopiert wird, genügt der relative Pfad, was natürlich sehr praktisch ist.

Schritt 14

Fügen Sie in Form_Load die folgenden Befehle ein:[1]

```
Using Cn As New SqlCeConnection(CnSt)
    Dim Cmd As SqlCeCommand = Cn.CreateCommand
    Cmd.CommandText = "Select * From Konten"
    Dim Da As New SqlCeDataAdapter(Cmd)
    Dim Ta As New DataTable
    Da.Fill(Ta)
    ComboBox1.DisplayMember = "KontoName"
    ComboBox1.ValueMember = "KontoNr"
    ComboBox1.DataSource = Ta
    ComboBox1.DropDownStyle = ComboBoxStyle.DropDownList
End Using
```

Diese Befehlsfolge stellt eine Verbindung zur Datenbank über ein SqlCeConnection-Objekt her, legt über die Verbindung ein SqlCeCommand-Objekt an und weist dessen CommandText-Eigenschaft eine einfache SQL-Abfrage zu:

```
Select * From Konten
```

Anschließend wird mit dem Command-Objekt ein SqlCeDataAdapter-Objekt initialisiert, das die Datensätze abruft und über die Fill-Methode in das DataTable-Objekt füllt, das dann an die ComboBox über dessen DataSource-Eigenschaft gebunden wird. Da eine DataTable mehrere Felder umfasst, muss über DisplayMember festgelegt werden, welches der Felder in der ComboBox angezeigt wird. Über die ValueMember-Eigenschaft der ComboBox wird dagegen festgelegt, welches Feld über die SelectedValue-Eigenschaft zur Verfügung gestellt wird, wenn ein Eintrag in der ComboBox selektiert wird. Auf diese Weise steuert dieser Datensatz die zweite Tabelle *Belege*, die aber noch in das Programm eingelesen werden muss.

Schritt 15

Fügen Sie in das SelectedIndexChanged-Event der ComboBox die folgenden Befehle ein:

```
Using Cn As New SqlCeConnection(CnSt)
  Dim Cmd As SqlCeCommand = Cn.CreateCommand
  Cmd.CommandText = "Select * From Belege Where
Belege.KontoNr=@KontoNr"
  Cmd.Parameters.AddWithValue("KontoNr", ComboBox1.SelectedValue)
  Dim Da As New SqlCeDataAdapter(Cmd)
  Dim Ta As New DataTable
  Da.Fill(Ta)
  DataGridView1.DataSource = Ta
End Using
```

Dieses Mal enthält die SQL-Abfrage einen Parameter:

```
Cmd.CommandText = "Select * From Belege Where
Belege.KontoNr=@KontoNr"
```

1. Ein geübter Programmierer benötigt dazu ein bis zwei Minuten. Bei Ihnen wird es am Anfang etwas länger dauern, doch nur Übung macht den Meister.

Der anschließend über den Befehl

```
Cmd.Parameters.AddWithValue("KontoNr", ComboBox1.SelectedValue)
```

mit dem Wert des Feldes `KontoNr` belegt wird, der über die `SelectedValue`-Eigenschaft der ComboBox zur Verfügung gestellt wird. Auf diese Weise werden nur jene Datensätze aus der Tabelle *Belege* ausgewählt, die zu dem Konto gehören, das in der ComboBox ausgewählt wird. Das ist eine der elementarsten Operationen bei Datenbankprogrammen.

Wenn Sie das Projekt starten, sollten in der ComboBox die Namen der Konten aufgelistet werden und in dem DataGridView-Control die Belege des jeweils ausgewählten Kontos. Damit ist Ihre erste kleine Datenbankanwendung fertig, die bereits eine parametrisierte SQL-Abfrage enthält.

12.3.4 Und nun mit einer SQL Server-Datenbank

Soll das kleine Beispiel aus dem letzten Abschnitt mit einer SQL Server-Datenbank arbeiten, müssen theoretisch nur drei Dinge geändert werden:

1. Als Provider wird der Provider für SQL Server-Datenbanken gewählt – der *Imports*-Befehl lautet entsprechend `Imports System.Data.SqlClient`.
2. Die Klassen müssen entsprechend ausgetauscht werden (statt `SqlCeConnection` heißt es z.B. `SqlConnection`).
3. Die Verbindungszeichenfolge muss geändert werden.

Die Verbindungszeichenfolge ist am Anfang der »kritische« Part, hier werden die meisten kleinen Fehler gemacht. Sie ist bei ADO.NET allgemein eine reguläre Zeichenfolge, die verschiedene Name-Wert-Paare enthält, die für die jeweilige Datenbank einen Sinn ergeben. Sie hat weder mit Visual Basic noch mit .NET etwas zu tun. Anders als bei einer harmlosen SQL Server Compact-Datenbankdatei enthält sie bei einer SQL Server-Datenbank mehrere Elemente, die vorhanden sein müssen. Da SQL Server Express Edition nur das Ansprechen von lokalen SQL Server-Datenbankdateien erlaubt, muss in der Verbindungszeichenfolge der Pfad der Mdf-Datei angegeben werden – und zwar stets absolut:[1]

```
"Data Source=.\SQLEXPRESS;Integrated Security=True;User
Instance=true; Inital Catalog=BelegeDBSQL; AttachDbFilename=" &
DBPfad
```

`DBPfad` ist eine Variable, die für den (absoluten) Pfad der Mdf-Datei steht. Sie kann naturgemäß auf verschiedene Weisen gebildet werden. Befindet sie sich im Ausführungsverzeichnis, liegt es nahe, den Pfad wie folgt zu bilden:

```
DBPfad = My.Application.Info.DirectoryPath & "\" & DBPfad
```

`My.Application.Info.DirectoryPath` steht allgemein für das Verzeichnis, in dem sich die Programmdatei bei der Ausführung befindet.

1. Auch wenn es in der Microsoft-Dokumentation heißt, dass ebenso eine relative Pfadangabe infrage kommen würde.

12.3.5 Relative Pfade für die Mdf-Datei

Es ist natürlich ein wenig lästig, dass die Verbindungszeichenfolge den absoluten Pfad der Mdf-Datei enthalten muss. Zum Glück gibt es eine einfache Abkürzung in Gestalt des »Pfadplatzhalters« `|DataDirectory|`. Dieser Platzhalter steht für das »Datenverzeichnis« der Anwendung, das, wenn nichts anderes festgelegt wird, dem Anwendungsverzeichnis entspricht. Die Verbindungszeichenfolge wird damit ein wenig kürzer:

```
AttachDbFileName=|DataDirectory|HalloDBSql.mdf
```

Natürlich kann auch ein Unterverzeichnis, z.B. Daten, folgen, in dem sich die Mdf-Datei befindet:

```
AttachDbFileName=|DataDirectory|\Daten\HalloDBSql.mdf
```

TIPP

Soll sich das Verzeichnis, für das `|DataDirectory|` steht, ganz woanders befinden, muss das Verzeichnis (am besten in `Form_Load`) über folgenden Befehl gesetzt werden:

```
AppDomain.CurrentDomain.SetData("DataDirectory",
Environment.GetFolderPath(Environment.SpecialFolder.MyDocuments) &
"\SQLDB")
```

Dieser Befehl setzt den Pfad (für die aktuelle Anwendungsdomäne – dieser Begriff wird absichtlich nicht erklärt, da er im Alltagsgebrauch am Anfang keine Rolle spielt) in *DataDirectory* auf *Eigene Dateien* (XP) bzw. *Dokumente* (Vista) und dort auf das Unterverzeichnis *SQLDB*, in dem sich die Mdf-Datei befinden muss.

Die einzelnen Bestandteile einer Verbindungszeichenfolge für eine SQL Server-Datenbankdatei sind in Tabelle 12.2 zusammengefasst.

TIPP

Falls Sie einmal auf der Suche nach einer Verbindungszeichenfolge sein sollten, unter *http://www.connectionstrins.com* werden Sie fündig werden.

Der Zusatz »User Instance=True« ist immer dann notwendig, wenn die Datenbankdatei noch nicht an den lokalen SQL Server »gehängt« wurde, was z.B. immer dann der Fall ist, wenn die Datenbank in Visual Basic angelegt wird, wie es in diesem Kapitel stets geschieht. Sie sorgt dafür, dass eine sog. Benutzerinstanz des SQL Servers gestartet wird, bei der auch ein Anwender ohne Administratorberechtigungen eine neue Datenbank am SQL Server anhängen darf. Dieser Zusatz sorgt daher dafür, dass Sie eine Visual Basic-Anwendung mit begleitender Mdf-Datei auf einen anderen PC kopieren und dort sofort auszuführen können (Voraussetzung ist natürlich stets, dass dort der SQL Server Express bereits installiert wurde und das .NET Framework vorhanden ist).

Tabelle 12.2: Die wichtigsten Elemente einer Verbindungszeichenfolge für eine SQL Server-Datenbank

Zeichenfolgenelement	Bedeutung
Data Source	Legt den Namen des SQL Servers fest. Je nach Verbindungsprotokoll gibt es für den lokalen SQL Server andere Namenskürzel, der Punkt wird bei einer SQL Server Express-Datenbank angegeben. Außerdem muss der Name der SQL Server-Instanz angegeben werden, die immer, sofern bei der Installation nichts anderes festgelegt wurde, »SQLEXPRESS« lautet, sodass der komplette Name des lokalen SQL Server Express-Servers ».\SQLEXPRESS« lautet.
Integrated Security=True	Bei einer SQL Server-Datenbank ist immer eine Anmeldung erforderlich. Dass es bei den Beispielen in diesem Kapitel ohne geht, liegt daran, dass hier die Windows-Anmeldung verwendet wird. Das wird durch Integrated Security=True angegeben. Ansonsten müssten Benutzername und das dazugehörige Kennwort angegeben werden, wobei das Kennwort im Klartext abgelegt werden würde.
AttachDbFileName	Legt den kompletten Pfad der Mdf-Datei fest, die »attached« werden soll.
UserInstance=True	Bewirkt, dass die SQL Server-Instanz als Benutzerinstanz gestartet wird, was wiederum das Anhängen einer noch nicht verknüpften Datenbankdatei auch für den Benutzer ohne (SQL Server-)Administratorrechte ermöglicht.
Inital Catalog	Auf diese Weise wird der »logische« Name der SQL Server-Datenbank festgelegt, was immer dann eine Rolle spielt, wenn die Datenbank als Mdf-Datei angehängt wird, da ansonsten ihr logischer Name dem Namen der Mdf-Datei inkl. Pfad entsprechen würde, was nicht immer optimal ist. Dieser Teil kann aber auch entfallen.

Auch wenn das folgende Beispiel, das anstelle einer SQL Server Compact-Datenbank eine SQL Server Express-Datenbank verwendet, mit dem letzten Beispiel praktisch identisch ist, wird die Umsetzung erneut Schritt für Schritt beschrieben, da dieses Mal das Programm ein wenig umgestellt wird, damit auch eine Aktualisierung der Datenbank möglich wird.

Schritt 1

Legen Sie eine neue Windows Forms-Anwendung an, geben Sie Ihr den Namen »BelegeDBSQL«, und speichern Sie sie gleich ab.

Schritt 2

Fügen Sie über PROJEKT|NEUES ELEMENT HINZUFÜGEN eine SQL Server-Datenbankdatei durch Auswahl der Vorlage »Dienstbasierte Datenbank« hinzu (zugegeben, der

Name ist etwas ungewöhnlich). Geben Sie der Datenbankdatei den Namen »BelegeDBSQL«, wenngleich der exakte Name wieder einmal keine Rolle spielt.

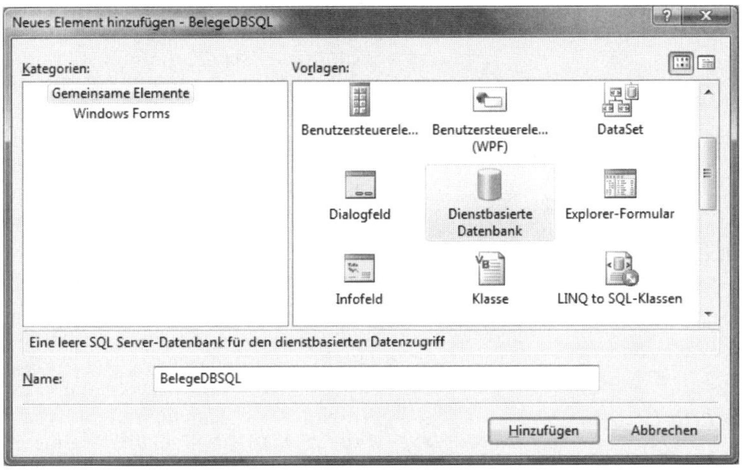

Abb. 12.7: Auch für eine SQL Server-Datenbankdatei gibt es eine eigene Vorlage.

Schritt 3

Die Datenbankdatei wird im Projektmappen-Explorer angezeigt. Wie bei einer SQL Server Compact-Datenbank startet der Assistent zum Konfigurieren einer Datenquelle, der an dieser Stelle ebenfalls nicht benötigt wird (Sie werden ihn im nächsten Abschnitt kennenlernen), sodass Sie ihn über *Abbrechen* gleich wieder »abwürgen«.

Schritt 4

Legen Sie die Datenbank mit ihren Tabellen »Konten« und »Belege« und ihren Feldern wie bereits bei der SQL Server Compact-Datenbank im letzten Abschnitt beschrieben an. Auch wenn ein etwas anderes Dialogfeld im Spiel ist, der Name der Tabelle erst beim Speichern festgelegt und statt »nvarchar(100)« ein »nchar(10)« voreingestellt wird, sind die Schritte nahezu identisch und beinahe selbsterklärend. Vergessen Sie nicht, *KontoNr* und *BelegNr* als Primärschlüsselfelder zu markieren (sonst ist später keine Aktualisierung der Datenbank möglich) und beide Spalten zu Identitätsspalten zu machen. Das Markieren eines Primärschlüsselfeldes geschieht durch Anklicken der Spalte mit der rechten Maustaste und Auswahl von PRIMÄRSCHLÜSSEL FESTLEGEN. Die Identitätsspalte wird bei den Spalteneigenschaften unter »Identitätsspezifikation« eingestellt, in dem hier bei »(Ist Identity)« ein »Ja« ausgewählt wird.[1]

1. Warum diese Dinge nicht einheitlich benannt werden können, ist mir ein Rätsel.

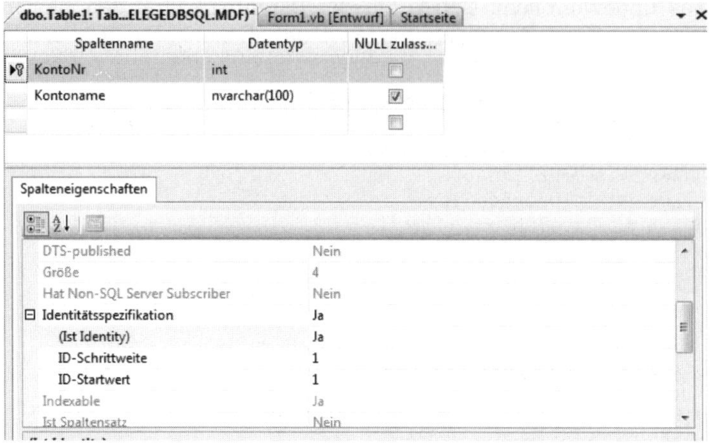

Abb. 12.8: Die SQL Server-Datenbankdatei mit ihren beiden Tabellen wurde angelegt.

Schritt 5

Füllen Sie die beiden Tabellen wie am Beispiel der SQL Server Compact-Datenbank beschrieben mit ein paar »Musterdatensätzen«. Theoretisch wäre es möglich, die vorhandene Sdf-Datei in eine Mdf-Datei zu »konvertieren«, sodass Sie sich das Anlegen der SQL Server-Datenbank ganz sparen könnten, allerdings geht dies nur mit Tools, die leider nicht Teil von Visual Basic sind.

Schritt 6

Achten Sie auf den Pfad der Mdf-Datei. Sie werden feststellen, dass sie sich ebenfalls im Projektverzeichnis befindet. Legen Sie im Projektverzeichnis ein Unterverzeichnis mit dem Namen »Daten« an, in dem Sie den Projekteintrag im Projektmappen-Explorer mit der rechten Maustaste anklicken und HINZUFÜGEN| NEUER ORDNER WÄHLEN, und verschieben Sie die Mdf-Datei mit der Maus in dieses Verzeichnis. Das ist nicht zwingend erforderlich und dient in diesem Beispiel lediglich dazu, dass die Projektstruktur ein wenig übersichtlicher wird.

Schritt 7

Ordnen Sie auf dem Formular eine ComboBox und darunter ein DataGridView an.

Schritt 8

Schalten Sie per [F7] auf den Programmcode um, und geben Sie als Erstes einen entsprechenden `Imports`-Befehl ein:

```
Imports System.Data.SqlClient
```

Das Einfügen eines Verweises ist nicht erforderlich.

Schritt 9

Fügen Sie unterhalb vom `Class`-Befehl folgende Variablendeklarationen ein:

```
Private DBPfad As String = "BelegeDBSQL.mdf"
Private CnSt As String = "Data Source=.\SQLEXPRESS;Integrated
Security=True;Inital Catalog=BelegeDBSQL; User Instance=true"
Private DaKonten As SqlDataAdapter
Private DaBelege As SqlDataAdapter
Private TaKonten As DataTable
Private TaBelege As DataTable
Private Cn As SqlConnection
```

Schritt 10

Geben Sie in `Form_Load` die folgenden Befehle ein:

```
DBPfad = "|DataDirectory|" & "\Daten\" & DBPfad
CnSt &= ";AttachDbFilename=" & DBPfad
Cn = New SqlConnection(CnSt)
Dim Cmd As SqlCommand = Cn.CreateCommand
Cmd.CommandText = "Select * From Konten"
DaKonten = New SqlDataAdapter(Cmd)
TaKonten = New DataTable("Konten")
DaKonten.Fill(TaKonten)
ComboBox1.DisplayMember = "KontoName"
ComboBox1.ValueMember = "KontoNr"
ComboBox1.DataSource = TaKonten
ComboBox1.DropDownStyle = ComboBoxStyle.DropDownList
```

Schritt 11

Geben Sie in die `SelectedIndexChanged`-Ereignisprozedur der ComboBox die folgenden Befehle ein:

```
Dim Cmd As SqlCommand = Cn.CreateCommand
Cmd.CommandText = "Select * From Belege Where
Belege.KontoNr=@KontoNr"
Cmd.Parameters.AddWithValue("KontoNr", ComboBox1.SelectedValue)
DaBelege = New SqlDataAdapter(Cmd)
TaBelege = New DataTable("Belege")
DaBelege.Fill(TaBelege)
DataGridView1.DataSource = TaBelege
```

Das war alles. Wenn Sie das Projekt starten, werden in der ComboBox erneut die Namen der Konten zur Auswahl angeboten und die Belege für das aktuell selektierte Konto im DataGridView angezeigt. Das Setzen von *DropDownStyle* auf »DropDownList« hat übrigens zur Folge, dass in der TextBox keine Eingabe möglich ist, was in diesem Fall etwas störend wäre. Außerdem kann es sein, dass die ComboBox ein »sonderbares« Verhalten zeigt, das darin besteht, dass stets ihr gesamter Inhalt selektiert ist und der Kontoname dadurch nicht lesbar ist, weil das gesamte Feld aus 100 Zeichen besteht, für die entsprechend Leerzeichen eingefügt wurden.

Gegenüber der SQL Server Compact-Varianten gibt es keine großen Unterschiede. Das Beispiel wurde lediglich ein wenig umgebaut, und zwar in der Form, dass die Variablen `Da`, `Ta` und `Cn` in der gesamten Klasse gültig sind und die Verbindung, während das Programm läuft, offen gehalten wird (was ein `Using/End Using` verhindern würde). Dies wiederum ist notwendig, da die Daten dieses Mal in der Datenbank aktualisiert werden sollen (was bei einer SQL Server Compact-Datenbank natürlich genauso möglich ist).

12.3.6 Datenbankinhalte aktualisierbar machen

Es ist wichtig zu verstehen, dass Änderungen im DataGridView nur die Daten in der DataTable betreffen, die über die `DataSource`-Eigenschaft an das DataGridView gebunden wurde, aber nicht die Datenbank. Sie können daher im DataGridView so viel ändern, löschen oder hinzufügen, wie Sie möchten, auf die Datenbank hat dies keine Wirkung, da eine DataTable grundsätzlich verbindungslos betrieben wird. Nachdem die Daten über den Datenadapter abgerufen wurden und die DataTable mit den Datensätzen gefüllt wurde, liegen die Daten im Programm vor, und die Datenbank spielt keine aktive Rolle mehr. Natürlich wäre es ganz schön, wenn sich die im DataGridView gemachten Änderungen wieder in die Datenbank zurückschreiben ließen. Nach dem Motto »Wer die Daten holt, muss sie auch wieder zurückbringen« ist für die Aktualisierung ebenfalls der Datenadapter mit seiner `Update`-Methode zuständig. Dieser wird z.B. die DataTable übergeben, deren Datensätze an die Datenbank zurückgeschrieben werden sollen. Pro geänderten Datensatz wird dieser per Update-SQL-Kommando an die Datenbank geschickt.

CODE

Platzieren Sie auf dem Formular des letzten Beispiels einen weiteren Button, und fügen Sie in dessen `Click`-Prozedur die folgenden Befehle ein, die unter anderem die `Update`-Methode aufrufen:

```
Dim Anzahl As Integer = DaBelege.Update(TaBelege)
MessageBox.Show(Anzahl & " Datensatz/Datensätze wurde(n)
aktualisiert.", My.Application.Info.Title)
```

Wenn Sie das Programm starten und eine Änderung in einer der Spalten durchführen, werden Sie beim Klick auf den *Update*-Button eine lästige Fehlermeldung erhalten. Sie besagt im Klartext: Dem Datenadapter fehlt das Update-Kommando für das Aktualisieren der Datensätze. Kein Wunder, dieses wurde auch noch nicht zur Verfügung gestellt. Eine sehr einfache Möglichkeit, das für *Update-*, *Insert-* und *Delete-*Operation erforderliche SQL-Kommando zu erhalten, besteht darin, einen sog. *CommandBuilder* heranzuziehen (die Übersetzung »Kommandobauer« passt zur Abwechslung einmal sehr gut). Dieser basiert auf einer providerspezifischen Klasse, die mit dem Datenadapter instanziiert wird, der für das Abrufen der Daten zuständig war. Das ist deswegen wichtig, weil der CommandBuilder das bereits vorhandene *Select*-Kommando, das zum Abrufen der Datensätze verwendet wird, analysiert und daraus das SQL-Kommando für die übrigen vier CRUD-Operationen (*Create, Read, Update* und *Delete*) angelegt.

Fügen Sie vor dem Aufruf der `Update`-Methode den folgenden Befehl ein:

```
Dim Cb As New SqlCommandBuilder(DaBelege)
```

Mehr ist nicht zu tun. Wenn Sie das Projekt erneut starten, ein paar Änderungen im DataGridView vornehmen und auf den Button klicken, werden die Datensätze dieses Mal aktualisiert. Na also, warum nicht gleich so.

Was viele angehende Datenbankprogrammierer am Anfang ein wenig irritiert, ist der Umstand, dass der CommandBuilder im weiteren Programmverlauf keine Rolle spielt und z.B. beim Update nicht angegeben werden muss. Das ist auch gar nicht erforderlich, da die Aufgabe des CommandBuilders lediglich darin besteht, den Datenadapter zu präparieren. Der obige Befehl muss daher auch nur einmal ausgeführt werden und könnte sich z.B. auch in `Form_Load` befinden. Er muss nur ausgeführt werden, nachdem der Datenadapter eine DataTable gefüllt hat, da nur dann das erforderliche SelectCommand bereits existiert.

12.3.7 Wenn sich eine Abfrage aus mehreren Tabellen zusammengesetzt

Ein wenig vielschichtiger liegen die Verhältnisse, wenn in der Abfrage mehr als eine Tabelle beteiligt ist. Wenn Sie sich die Datensätze betrachten, die im DataGridView angezeigt werden, wird Ihnen auffallen, dass nicht der Kontoname, sondern die Kontonummer angezeigt wird. Kein Wunder, denn der Kontoname ist Teil der Tabelle *Belege*, und die ist nicht Teil der Abfrage. Erweitern Sie die SQL-Abfrage, die der `CommandText`-Eigenschaft des zuständigen `SQLCommand`-Objekts zugewiesen wird, wie folgt:

```
Cmd.CommandText = "Select Betrag, Datum, KontoName, Beschreibung,
BelegNr From Belege Inner Join Konten On Belege.KontoNr =
Konten.KontoNr Where Belege.KontoNr=@KontoNr"
```

Jetzt werden die beiden Tabellen *Konten* und *Belege* in einer Abfrage verknüpft, und anstelle der Kontonummer wird der Kontoname in die Ergebnismenge aufgenommen. Wenn Sie das Projekt erneut starten, werden Sie feststellen, dass sich die Spalten im DataGridView geändert haben. Anstelle der Kontonummer wird jetzt der Kontoname angezeigt. Grundlage ist eine sog. *Join-Verknüpfung* zweier Tabellen.

Doch leider ist damit der kleine CommandBuilder hoffnungslos überfordert. Er kann nur für eine Tabelle das Update-Kommando zusammenbauen. Wenn Sie daher eine Aktualisierung versuchen, indem Sie z.B. den Betrag in einer Zeile ändern und danach auf den Button klicken, erhalten Sie eine entsprechende Fehlermeldung (»Dynamische SQL-Generierung wird gegen mehrere Basistabellen nicht unterstützt.«).

Sie müssen selber aktiv werden und ein eigenes Update-SQL-Kommando zusammenbauen, das dem Datenadapter zugewiesen wird. Auch wenn das bereits etwas fortgeschrittenere Datenbankprogrammierung ist, ist es relativ einfach. Kommentieren Sie den Befehl, der den CommandBuilder instanziiert, aus, und fügen Sie vor dem Aufruf der `Update`-Methode die folgenden Befehle ein:

```
Dim Updatecmd As SqlCommand = Cn.CreateCommand
Updatecmd.CommandText = "Update Belege Set
Betrag=@Betrag,Datum=@Datum,Beschreibung=@Beschreibung Where
BelegNr=@BelegNr"
Updatecmd.Parameters.Add("Betrag", SqlDbType.Money, 0, "Betrag")
Updatecmd.Parameters.Add("Datum", SqlDbType.DateTime, 0, "Datum")
Updatecmd.Parameters.Add("Beschreibung", SqlDbType.VarChar, 100,
"Beschreibung")
Updatecmd.Parameters.Add("BelegNr", SqlDbType.Int, 0, "BelegNr")
DaBelege.UpdateCommand = Updatecmd
```

Wenn Sie das Projekt erneut starten, werden Änderungen akzeptiert und in der Datenbank abgelegt. Na also, geht doch, wenngleich es ein wenig Programmierarbeit war, mit der man nicht rechnen konnte. Bei ADO.NET gilt das Mitmachprinzip. Es ist keine »Blackbox«, die sich z.B. selbstständig um Aktualisierungen kümmert. Vieles muss eingestellt werden, was Vorteile (mehr Flexibilität) und Nachteile (mehr Arbeit, man muss wissen, wie es geht) hat.

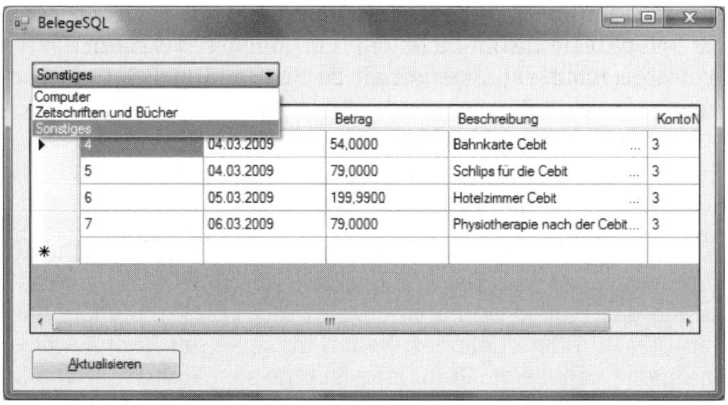

Abb. 12.9: Das fertige SQL Server-Beispiel – jetzt sind auch Aktualisierungen möglich.

12.4 SQL-Abfragen

SQL ist das Esperanto der Datenbankwelt, und das bereits seit über 30 Jahren. SQL wird in erster Linie für Datenbankfragen und -aktualisierungen eingesetzt, per SQL lassen sich aber auch Tabellen und ganze Datenbanken anlegen. Der Befehlssatz von SQL ist relativ einfach, wenngleich eine Abfrage, insbesondere wenn sie mehrere Tabellen umfasst, schnell kompliziert werden kann. Eine einfache SQL-Abfrage beginnt mit einem der Kommandos *Select* (Datensätze abrufen), *Update* (Datensätze aktualisieren), *Insert* (Datensätze einfügen) oder *Delete*

(Datensätze löschen), auf das die Namen einzelner Felder oder eines * folgt, wenn alle Felder angesprochen werden sollen. Dann folgt der *From*-Befehl, auf den wiederum der Name einer oder mehrerer Tabellen folgt. Da in der Regel nicht alle Datensätze zurückgegeben werden sollen, folgt eine sog. *Where*-Klausel, die eine oder mehrere Bedingungen angibt, die ein Datensatz erfüllen muss, damit er Teil der Ergebnismenge wird.

Auch wenn es einen anerkannten SQL-Standard gibt, kocht jedes Datenbankmanagementsystem (DBMS) sein eigenes Süppchen, indem es eigene SQL-Kommandos enthält oder die Standard-SQL-Kommandos ein wenig anders anbietet. Man spricht von *SQL-Dialekten*. Der SQL-Dialekt des Microsoft SQL Servers und von SQL Server Compact Edition heißt *T-SQL*. Trotzdem sind die verschiedenen SQL-Dialekte in ihrem Kern identisch, sodass sich eine Abfrage, ohne Änderungen vornehmen zu müssen, in der Regel gegen eine SQL Server-Datenbank als auch gegen eine MySQL-Datenbank ausführen lässt.

12.4.1 SQL-Kommandos ausprobieren

Visual Basic eignet sich auch als SQL-Trainer. Klicken Sie dazu die Datenbank im Datenbank-Explorer mit der rechten Maustaste an, und wählen Sie NEUE ABFRAGE. In Visual Basic/Visual Studio wird ein neues Abfragefenster geöffnet, das eine Fülle von Möglichkeiten bietet, von denen Sie im Moment vermutlich noch nichts ahnen. Die Tabellenauswahl, die gleich zu Beginn angezeigt wird, ist normalerweise praktisch, wird aber immer dann nicht benötigt, wenn die Abfrage komplett eingegeben und nicht mit der Maus zusammengestellt werden soll. Schließen Sie daher das Dialogfeld *Tabelle hinzufügen* gleich wieder. Das Abfragefenster besteht aus vier untereinander liegenden Bereichen: Im obersten Bereich werden die Tabellen als Symbole platziert, sodass einzelne Felder ausgewählt werden können, die Teil der Abfrage sein sollen. Im zweiten Bereich werden die ausgewählten Felder aufgelistet. Im dritten und wichtigsten Bereich wird die Abfrage eingegeben. Geben Sie hier nach Auswahl der BelegeSQL-Datenbank z.B. ein:

```
Select * From Belege Where KontoNr=@KontoNr
```

Und wird diese parametrisierte SQL-Abfrage ausgeführt? Ganz einfach, die *Abfrage-Designer*-Symbolleiste, die unterhalb der Visual Studio-Symbolleiste angezeigt wird, enthält einen Button mit einem roten Ausrufezeichen als Symbol. Alternativ können Sie den Eingabebereich auch mit der rechten Maustaste anklicken und SQL AUSFÜHREN wählen. Wenn Sie alles richtig eingegeben haben, erscheint ein Eingabefeld für die Eingabe des Parameterwertes (geben Sie hier z.B. eine 1 ein). Anschließend wird das Ergebnis der Abfrage im vierten und untersten Bereich angezeigt.

Abb. 12.10: Eine SQL-Abfrage wird direkt in Visual Basic ausgeführt.

Mit Programmierung hat dies direkt nichts zu tun, das heißt, die eingegebene Abfrage wird weder Teil der Datenbank noch kann sie vom Programm aus angesprochen werden. Diese eigentlich praktische Einrichtung ist bei der Express Edition nur zum Ausprobieren von Datenbankabfrage da.

12.4.2 Das SQL Server Management Studio als Alternative

Für die Administration eines SQL Servers bietet Microsoft ein komfortables Werkzeug mit dem Namen SQL Server Management Studio, das bei einem regulären SQL Server 2005/2008 Teil der Installation ist. Bei SQL Server 2005/2008 Express Edition ist es zunächst nicht dabei, kann aber in Gestalt von »Microsoft SQL Server Management Studio Express« nachträglich heruntergeladen werden. Auch wenn die Version keine Rolle spielt, geht es im Folgenden um die aktuelle 2008er-Version.

Die allgemeine Download-Adresse lautet *http://www.microsoft.com/downloads*. Suchen Sie dort nach dem Stichwort »Microsoft SQL Server 2008 Management Express«, stellen Sie die Sprache gegebenenfalls auf »Deutsch«, laden Sie die knapp 200 MByte große Datei *SQLManagementStudio_x86_DEU.exe* herunter, und führen Sie sie aus. Mit dem Management Studio können Sie eine Menge anfangen, u.a. Datenbanken importieren und exportieren, Mdf-Dateien an einen SQL Server hängen, sodass sie direkt über den Server angesprochen werden können, und natürlich Abfragen ausführen. Nach dem Start müssen Sie sich an dem SQL Server anmelden, wobei der Name der Instanz im Allgemeinen ».\SQLEXPRESS« lautet.

Starten Sie SQL Server Management Studio unter Vista bei aktivierter Benutzerkontensteuerung als Administrator, da sich ansonsten bestimmte Aktionen nicht ausführen lassen.

TIPP

12.4.3 Anhängen einer Mdf-Datei

Wenn Sie sich die Mühe gemacht und das SQL Server Management Studio erfolgreich installiert haben, sollen Sie natürlich auch etwas davon haben. Bislang wurden SQL Server-Datenbanken immer in Gestalt einer Mdf-Datei angesprochen. Der normale Weg besteht jedoch darin, die Datenbank direkt über den SQL Server anzusprechen. Dazu muss die Datenbankdatei an den SQL Server »attached«, also angehängt werden. Das geht am einfachsten mit dem SQL Server Management Studio Express.

Schritt 1

Auch wenn es nicht zwingend erforderlich ist, ist es sinnvoll, die Mdf-Datei in das *Data*-Verzeichnis des SQL Servers zu kopieren, dessen Pfad leider nicht ganz einfach zu lokalisieren ist, da es von der SQL Server-Version und -Instanz abhängig ist. Ein Beispiel ist *C:\Program Files\Microsoft SQL Server\MSSQL.1\MSSQL\Data*. Kopieren Sie daher als Erstes die Datei *BelegeDBSQL.mdf* zusammen mit der dazugehörenden Ldf-Datei aus dem Projektverzeichnis in dieses Verzeichnis.

Schritt 2

Selektieren Sie als Nächstes im SQL Server Management Studio den Knoten »Datenbanken« mit der rechten Maustaste, und wählen Sie ANFÜGEN. Es erscheint das Dialogfeld *Datenbanken anfügen*, in dem Sie über *Hinzufügen* die Mdf-Datei aus dem *Data*-Verzeichnis auswählen. Ging alles gut, wird die Datenbank nach einem Refresh im Datenbankenbaum angezeigt. Falls der Name dem Pfad der Datenbank entspricht, können Sie sie nachträglich umbenennen, z.B. in »BelegeSQLDB«.

Ging alles gut, steht die Datenbank jetzt als richtige SQL Server-Datenbank zur Verfügung, was sich z.B. auch auf die Verbindungszeichenfolge auswirkt, die nun wie folgt lauten kann:

```
Data Source=.\SQLEXPRESS; Integrated Security=True; Initial
Catalog=BelegeSQLDB
```

Der wichtigste Nebeneffekt ist natürlich, dass sich im SQL Server Managementstudio über einen Klick auf *Neue Abfrage* in der Symbolleiste mal eben SQL-Abfragen gegen die Datenbank ausprobieren lassen.

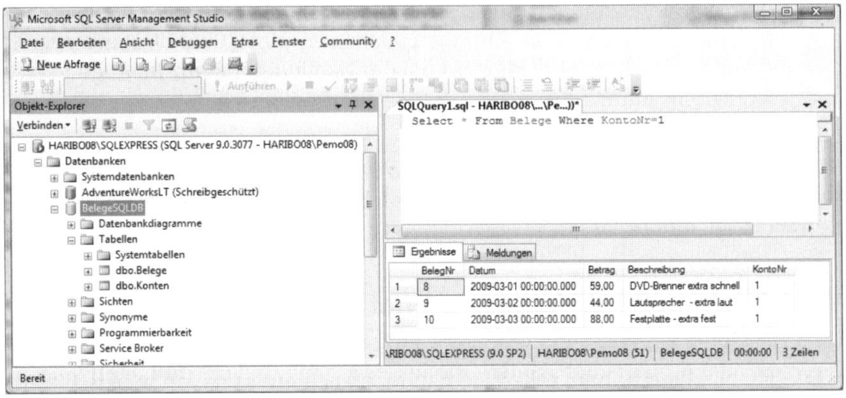

Abb. 12.11: Das SQL Server Management Studio ist ein praktisches Allround-Werkzeug für SQL Server-Datenbanken.

12.4.4 QueryExpress als praktische Alternative

Wer SQL lernen, dafür aber nicht jedes Mal den beschriebenen Weg über Visual Basic/Visual Studio oder SQL Server Management Studio gehen möchte, für den gibt es mit *Query Express* von *Joseph Albahari* eine kleine, aber trotzdem sehr nützliche Alternative. Die Download-Adresse lautet:

http://www.albahari.com/queryexpress.aspx

Die einzige kleine Einschränkung ist, dass *Query Express* nur mit SQL Server-Datenbanken arbeitet, eine Mdf-Datei daher bereits vorher an eine SQL Server-Instanz angehängt werden muss.

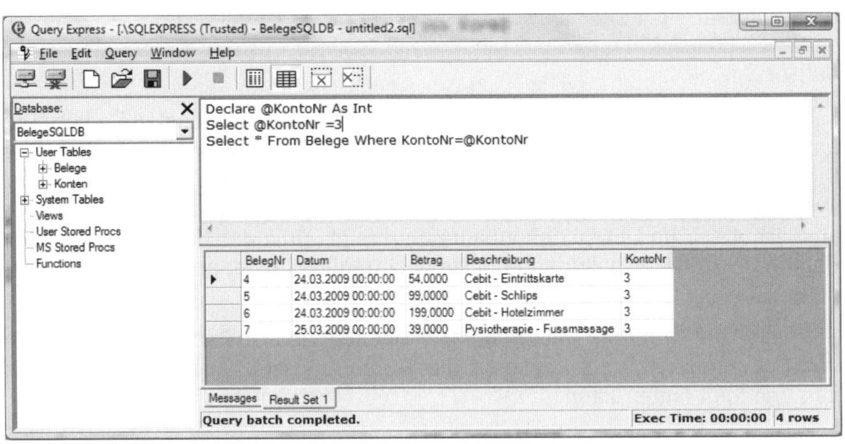

Abb. 12.12: QueryExpress zeigt das Ergebnis einer SQL-Abfrage an.

12.4.5 SQL-Beispiele

Auf den folgenden Abschnitten werden ein paar einfache SQL-Beispiele vorgestellt, die Sie mit jeder der vorgestellten Varianten ausprobieren können.

TIPP: Bei SQL spielt weder die Groß-/Kleinschreibung eine Rolle, noch muss bei den meisten Abfragetools der SQL-Befehl in derselben Zeile eingegeben werden.

Das SELECT-Kommando

Über das `SELECT`-Kommando werden Datensätze ausgewählt. Die folgende Abfrage gibt die Namen aller Konten, die in der `Konten`-Tabelle enthalten sind:

```
SELECT KontoName FROM Konten
```

Der folgende Befehl gibt mehrere Felder der Tabelle `Belege` zurück:

```
SELECT Datum, Betrag, Beschreibung FROM Belege
```

Datensätze mit WHERE einschränken

Der folgende Befehl gibt alle Datensätze zurück, die ein auf `WHERE` folgendes Kriterium erfüllen:

```
SELECT * FROM Belege WHERE Betrag > 50
```

Da `WHERE` eine Einschränkung wie bei einem Vertrag vornimmt, wird es auch als Klausel bezeichnet.

Falls die Einschränkungsbedingung einen Platzhalter verwenden soll, muss der `Like`-Operator zum Einsatz kommen. Hier sind die Platzhalter % (beliebige folgende Zeichen) und _ (ein beliebiges Zeichen) erlaubt. Die folgende Abfrage

```
SELECT * FROM Belege WHERE Beschreibung Like 'Cebit'
```

gibt keine Ergebnisse zurück, da es kein Feld gibt, das exakt mit dem Suchbegriff übereinstimmt. Erst die folgende Abfrage führt eventuell zu Ergebnissen:

```
SELECT * FROM Belege WHERE Beschreibung Like '%Cebit%'
```

Datensätze mit UPDATE aktualisieren

Per SQL können auch Datensätze in einer Tabelle aktualisiert werden, dafür ist das `UPDATE`-Kommando zuständig. Der folgende Befehl aktualisiert die aufgeführten Felder der Tabelle `Belege` mit den angegebenen Werten, wobei der zu aktualisierende Datensatz das auf `WHERE` folgende Kriterium erfüllen muss:

```
UPDATE Belege SET Betrag=23.40 WHERE BelegNr = 1
```

Wenn Sie diese Abfrage ausführen, werden Sie lediglich die Meldung erhalten, dass der Befehl ausgeführt wurde bzw. dass eine Zeile von der Abfrage betroffen war. Mit einem

```
Select Beschreibung From Belege Where BelegNr = 1
```

erhalten Sie die Beschreibung des geänderten Belegs.

Neue Datensätze einfügen über INSERT

Per SQL können über das INSERT-Kommando auch neue Datensätze in eine Tabelle eingefügt werden. Der folgende Befehl fügt einen neuen Datensatz in die Tabelle Belege ein:

```
Insert Into Belege (Betrag, Datum, Beschreibung, KontoNr) Values
(3.99, '01/03/2009', 'Spagheti-Eisbecher', 3)
```

Wenn nicht alle Felder aufgeführt werden, wird in den nicht aufgeführten Feldern in der neuen Zeile ein sogenannter *Null-Wert* eingetragen. Das steht im Datenbankjargon für »Kein Inhalt«. Das ist aber nur dann möglich, wenn dies über die Tabellendefinition erlaubt ist – wichtige Felder, wie Schlüsselfelder, dürfen keinen Null-Wert erhalten. Ebenfalls wichtig ist der Umstand, dass durch das Einfügen für das Feld BelegNr automatisch ein Wert angelegt wurde (in diesem Fall 10, da dies der nächste freie Wert war).

Löschen von Datensätzen über DELETE

Schließlich ist auch das Löschen von Datensätzen kein Problem, das erledigt zuverlässig der DELETE-Befehl. Der folgende Befehl löscht den gerade hinzugefügten Datensatz wieder:

```
Delete From Belege Where BelegNr = 10
```

Doch Vorsicht, per DELETE gelöschte Datensätze sind unwiderruflich weg.

Abfragen mit mehreren Tabellen und Funktionen

Wie wäre es, wenn ein SQL-Befehl die Summe aller Belege zurückgeben würde, die über das Konto »Computer« zwischen dem 1.1.2008 und dem 32.12.2008 gebucht werden? Das wäre natürlich toll, denn ansonsten müssten Sie relativ viel programmieren. Diese Information steckt natürlich nicht in der Tabelle *Belege* alleine, da hier nur die Kontonummer abgelegt ist, sie ergibt sich vielmehr aus der Kombination der Tabellen *Belege* und *Konten* über eine typische Join-Verknüpfung:

```
Select Sum(Betrag) As Summe From Belege Inner Join Konten On
Belege.KontoNr=Konten.KontoNr Where KontoName='Computer' And Datum >=
'22.03.2009' And Datum <= '24.03.2009'
```

Wie hoch ist die Summe der Beträge aller Konten, und über welches Konto wurden die meisten Beträge gebucht? Das lässt sich am einfachsten über eine Gruppierung mit dem GROUP BY-Befehl herausbekommen:

```
Select Sum(Betrag) As Summe From Belege Group By KontoNr Order By
Summe Desc
```

Natürlich wäre es nett, wenn neben dem Betrag auch der Name des Kontos angezeigt werden würde. Versuchen wir es doch mit einem:

```
Select Sum(Betrag) As Summe, KontoName From Belege, Konten Group By
Belege.KontoNr Order By Summe Desc
```

Funktioniert leider nicht, auch wenn die Abfrage zunächst plausibel erscheinen mag. In diesem Punkt ist SQL etwas heikel (mit LINQ wäre es kein Problem, die Abfrage auf diese Weise zu erweitern), da die zusätzliche Spalte *KontoName* nicht Teil der Aggregatfunktion (in diesem Fall *Sum*) ist. Die Lösung ist erstaunlich »kompliziert«, denn es muss eine »Sub Query« zum Einsatz kommen:

```
Select KontoNr, Sum(Betrag) As Summe From Belege Group By KontoNr
having KontoNr in (Select KontoNr From Konten)
```

Damit wäre bereits die Kontonummer Teil der Ausgabemenge. Ob wir es schaffen, dass auch der Kontoname erscheint? Sie können gerne selber ein wenig an der Herausforderung knobeln, geben Sie nur nicht gleich auf, denn ganz so einfach wird es nicht. Hier ist eine mögliche Lösung:

```
Select KontoName, Sum(Betrag) As Summe From Belege Inner Join Konten
On Belege.KontoNr = Konten.KontoNr Group By KontoName  having
KontoName in (Select KontoName From Konten)
```

Das ist bereits ein wenig fortgeschritteneres SQL, wenngleich es in der Praxis noch deutlichere Steigerungsformen gibt.[1] Das Ganze nach der größten Summe zu sortieren, ist mit der `ORDER BY`-Klausel dann relativ einfach:

```
Select KontoName, Sum(Betrag) As Summe From Belege Inner Join Konten
 On Belege.KontoNr = Konten.KontoNr Group By KontoName
 Having KontoName in (Select KontoName From Konten)
 Order By Summe Desc
```

Abb. 12.13: Das Ergebnis einer etwas anspruchsvolleren SQL-Abfrage in Query Express.

Muss man denn überhaupt heutzutage noch zum SQL-Experten werden, da mit LINQ solche Abfragen deutlich programmiererfreundlicher ausgeführt werden können? Das ist schwer zu beurteilen, da SQL und LINQ verschiedene Einsatzbereiche besitzen. SQL ist immer dann erforderlich, wenn eine Abfrage in der Datenbank abgelegt werden soll, LINQ-Abfragen werden nur im Programm ausgeführt, nicht in der Datenbank. LINQ gibt es zudem nur in der Microsoft-Welt, und dort auch seit relativ kurzer Zeit, SQL ist seit Jahrzehnten der Standard in der Datenbankwelt und wird es auch die nächsten Jahrzehnte bleiben. Es ist vermutlich notwendig, sich in beiden Welten gut genug auszukennen.

1. Der Autor würde sich auch nicht gerade als »SQL-Experte« bezeichnen.

TIPP

Geht es beim Abfragen von *DateTime*-Werten darum, dass nur der Datumsanteil berücksichtigt werden soll, lässt sich das z.B. über die T-SQL-Funktion *Convert* erreichen. Der folgende T-SQL-Befehl gibt von der Spalte Datum der Tabelle Belege nur das Datum aus:

```
Select Convert(varchar(10),Datum,101) As Datum From Belege
```

Bei einem *DateTime*-Feld, für das nur ein Datum eingegeben wurde, besitzt die Uhrzeit stets den Wert 00:00.

Die obige SQL-Anweisung ist bereits SQL für etwas Fortgeschrittenere. Auf `FROM` folgen zwei Tabellen, die per Inner Join kombiniert werden, über `AS` wird einem Feldausdruck ein kurzer (Alias-)Name zugewiesen, die `SUM`-Funktion bildet eine Summe, auf `WHERE` folgen mehrere Bedingungen, und über `GROUP BY` und `Having` werden die zurückgegebenen Datensätze nach Feldern gruppiert. Probieren Sie es aus, indem Sie den Befehl eintippen (die Zeilenumbrüche spielen, genau wie die Leerzeichen, gar keine Rolle), und lassen Sie sich von den Möglichkeiten von SQL beeindrucken. Tools wie das *Microsoft Management Studio Express* (ein separater Download) oder *QueryExpress* sind ideal zum Ausprobieren von SQL-Abfragen.

12.5 Datenquellen für die Datenbindung

Bislang wurden die Ergebnisse einer Datenbankabfrage im DataGridView angezeigt. Möchte man die einzelnen Felder eines Datensatzes in verschiedenen Steuerelementen betrachten und editieren können, müsste man theoretisch die Datenbindung über die `DataBindings`-Eigenschaft jedes einzelnen Steuerelements einzeln herstellen. Über die Datenquellen geht das sehr viel einfacher. Eine Datenquelle ist eine »Einrichtung«, die eine oder mehrere Tabellen einer beliebigen Datenbank im Programm repräsentiert und es erlaubt, einzelne Elemente (Felder) an Steuerelemente zu binden. Und das alles, ohne dass eine einzelne Zeile Programmcode geschrieben werden muss. Datenquellen gelten immer für ein Projekt (sie heißen daher manchmal auch Projektdatenquellen)

Führen Sie die folgenden Schritte aus, um die SQL Server-Datenbankdatei *BelegeDBSQL.mdf* über eine Datenquelle anzusprechen.

Schritt 1

Legen Sie ein neues Windows Forms-Anwendung-Projekt an. Geben Sie ihm den Namen »DatenbindungBelege« (oder so ähnlich), und speichern Sie es ab, wenngleich das nicht zwingend notwendig ist, da nur ein Programmbefehl nachträglich eingefügt wird, das Projekt sich also in wenigen Minuten neu aufsetzen ließe.

Schritt 2

Fügen Sie über DATEN|NEUE DATENQUELLE HINZUFÜGEN eine neue Datenquelle zum Projekt hinzu. Es startet ein kleiner Assistent, der über mehrere Dialogfelder alle Details abfragt. Im ersten Schritt legen Sie fest, welche Sorte von Datenquelle angelegt werden soll. Wählen Sie hier die Auswahl »Datenbank«, und klicken Sie auf *Weiter*.

Schritt 3

Im nächsten Schritt wird die Verbindungszeichenfolge ausgewählt. Gibt es im Datenbank-Explorer (Server-Explorer) bereits eine Verbindung zu der Datenbank, wird diese in der Auswahlliste angeboten. Wenn nicht, legen Sie über *Neue Verbindung* eine neue Verbindung an.

Schritt 4

Nach dem Klick auf *Neue Verbindung* öffnet sich das übliche Dialogfeld zur Auswahl einer Datenbank. Klicken Sie *Ändern*, um die Datenquelle zu wechseln, und wählen Sie in der Auswahlliste »Microsoft SQL Server Datenbankdatei« aus, und bestätigen Sie die Auswahl mit *OK*.

Schritt 5

Es erscheint ein weiteres Dialogfeld, in dem die Datenbankdatei ausgewählt wird. Klicken Sie auf *Durchsuchen*, und wählen Sie die Datei *BelegeDBSQL.mdf* (oder eine andere Mdf-Datei) in Ihrem Projektverzeichnis aus.

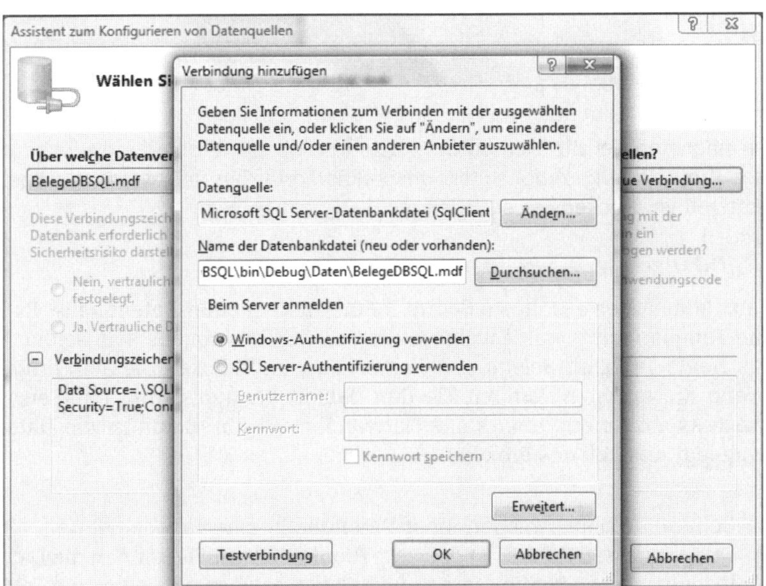

Abb. 12.14: Die Sdf-Datei wurde ausgewählt.

Schritt 6

In diesem Schritt muss die obligatorische Verbindungszeichenfolge angelegt werden – sie wird benötigt, um eine Datenbank anzusprechen. Da es noch keine Verbindungszeichenfolge geben dürfte, klicken Sie auf *Neue Verbindung*, um diese anzulegen. Durch Bestätigen mit *OK* wird die Verbindung für die ausgewählte Datenbank angelegt, und die Verbindungszeichenfolge wird durch Klicken auf das +-Zeichen angezeigt.

Schritt 7

Mit dem Klick auf *Weiter* erscheint eine kleine Meldungsbox mit einer Meldung, die nicht sofort einen Sinn ergeben würde. Der Hintergrund ist, dass sich die Mdf-Datei nicht im Projektverzeichnis befindet und durch Anklicken mit JA genau dorthin kopiert wird. Dadurch wird eine Kopie der Datenbankdatei angelegt, mit der das Projekt arbeitet. Klicken Sie auf JA, da dies im Allgemeinen die etwas sinnvollere Methode ist.

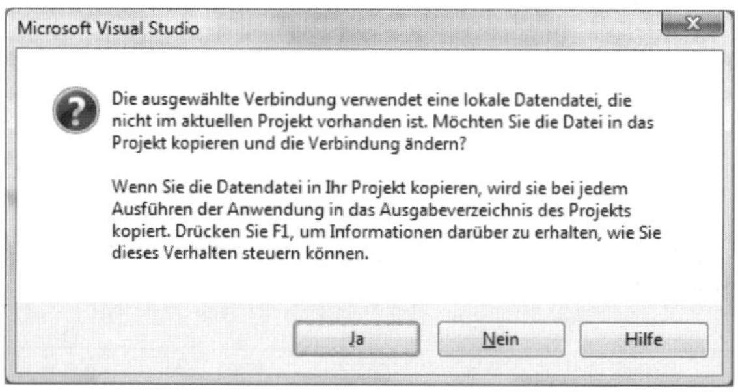

Abb. 12.15: In dieser Dialogbox besteht die Möglichkeit, die ausgewählte Datenbankdatei in das Projektverzeichnis zu kopieren.

Schritt 8

Im nächsten Schritt können Sie festlegen, ob die Verbindungszeichenfolge in der Projektkonfigurationsdatei gespeichert werden soll, was im Allgemeinen sinnvoll ist. Klicken Sie auf *Weiter*.

Schritt 9

Jetzt kommt der wichtigste Schritt beim Anlegen einer Datenquelle. Es können die Tabellen ausgewählt werden, die Teil der Datenquelle sein sollen. Wählen Sie beide Tabellen *Belege* und *Konten* aus, und klicken Sie auf *Fertig stellen*. Wenn Sie möchten, können Sie den Namen des typisierten DataSets ändern, wozu es am Anfang aber keine Notwendigkeit gibt. Damit ist die Datenquelle angelegt und Teil des Projekts.

TIPP

Sollten Sie beim Anlegen einer Datenquelle eine Tabelle oder ein einzelnes Feld vergessen haben, ist das kein Problem, denn Sie können die Datenquelle jederzeit neu konfigurieren und dabei zusätzliche Tabellen und Felder auswählen.

Abb. 12.16: Für die Datenquelle wurden beide Tabellen ausgewählt.

Schritt 10

Öffnen Sie über DATEN|DATENQUELLEN ANZEIGEN das Datenquellenfenster. Die neue Datenquelle wird mit ihrem Inhalt aufgeführt.

Schritt 11

Öffnen Sie den Zweig »Konten«. Sie sehen die Felder der Tabelle *Konten*. So weit, so gut. Erfahrenen Lesern wird auffallen, dass die über die beiden *KontoNr*-Felder beider Tabellen existierende Beziehung zur Tabelle *Belege* nicht berücksichtigt wird. Wäre dies der Fall, besäße *Konten* noch einen weiteren Eintrag mit dem Namen »Belege«. Da diese Beziehung für die gewünschte Form der Datenbindung aber wichtig ist, soll sie im Folgenden nachträglich in der Datenquelle angelegt werden.

Schritt 12

Klicken Sie im Datenquellenfenster den Eintrag »BelegeDBSQLDataSet« mit der rechten Maustaste an, und wählen Sie DATASET MIT DESIGNER BEARBEITEN. Die Datenquelle (genauer, die dahinter stehende XML-Schemadatei mit der Erweiterung *.Xsd*) wird dadurch im Designer angezeigt. Klicken Sie das Rechteck, das die Tabelle *Belege* repräsentiert, mit der rechten Maustaste an, und wählen Sie HINZUFÜGEN und RELATION. Es öffnet sich ein Dialogfeld, in dem die beiden Felder ausgewählt werden, die Teil der Beziehung sein sollen. Stellen Sie sicher, dass die übergeordnete Tabellen *Konten* und die untergeordnete Tabelle *Belege* ist. Wählen Sie in der linken Auswahlliste bei Schlüsselspalten »KontoNr« und in der rechten Spalte bei Fremdschlüsselspalten ebenfalls »Spalten« aus. Klicken Sie auf OK, um die Beziehung anzulegen.

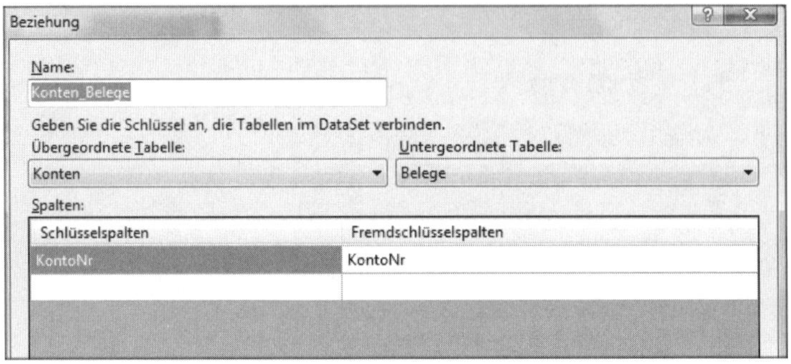

Abb. 12.17: Die Beziehung zwischen den Tabellen Konten und Belege wird angelegt.

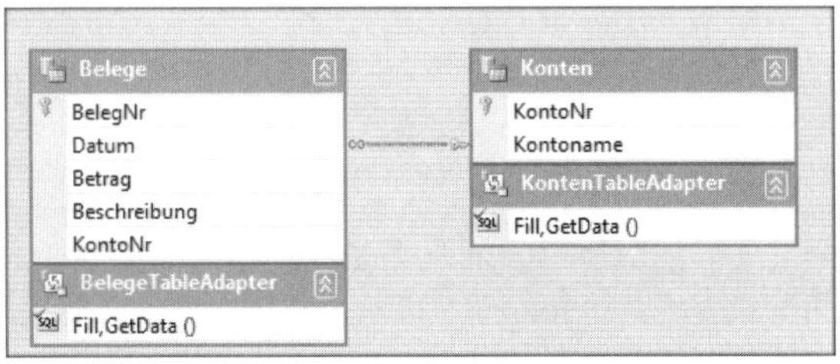

Abb. 12.18: Die Beziehung wird im DataSet-Designer angezeigt.

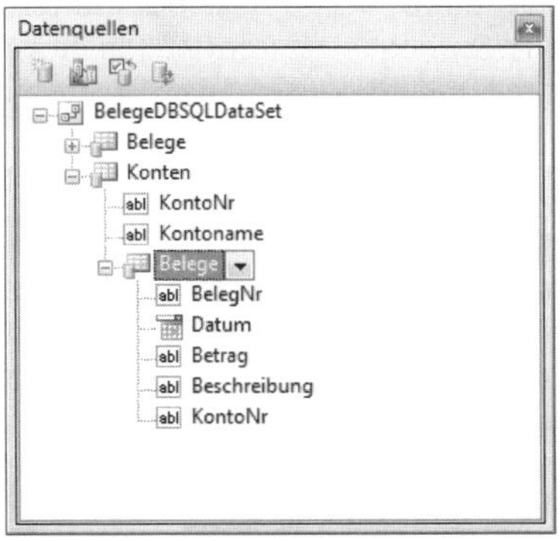

Abb. 12.19: Die Beziehung wird jetzt auch im Datenquellenfenster angezeigt.

Schritt 13

Damit ist die Datenquelle fertig und kann für die Datenbindung eingesetzt werden. Eine Kleinigkeit muss aber noch vorbereitet werden. Da die Tabelle Konten als ComboBox angezeigt werden soll, muss dieses Steuerelement eventuell erst hinzugefügt werden. Klicken Sie dazu auf den Pfeil neben dem Eintrag Konten in der Datenquelle, und wählen Sie ANPASSEN.

Schritt 14

Setzen Sie in der Liste der zugeordneten Steuerelemente das Häkchen bei ComboBox, und bestätigen Sie die Auswahl mit *OK*. Wählen Sie anschließend über die Auswahlliste neben Konten den neu hinzugefügten Eintrag »ComboBox« aus.

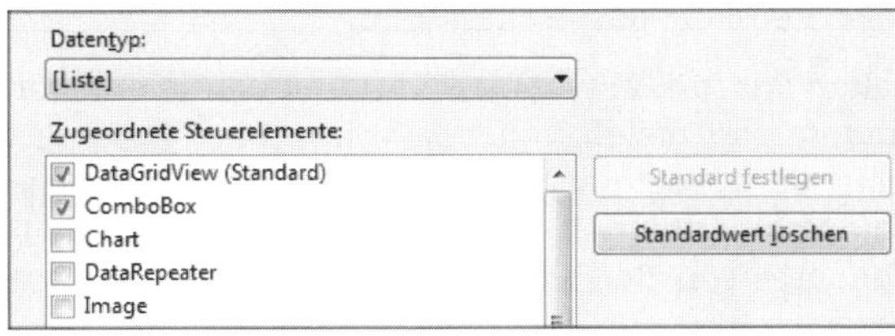

Abb. 12.20: Die ComboBox steht in der Liste der für die Datenbindung zur Verfügung stehenden Steuerelemente bereit.

Schritt 15

Öffnen Sie die Auswahlliste neben dem Eintrag »Konten« im Datenquellfenster, wählen Sie »ComboBox«, ziehen Sie den Eintrag auf das Formular, und legen Sie ihn dort ab. Wenn Sie alles richtig gemacht haben, erscheint (neben einer Reihe weiterer Komponenten, von denen noch die Rede sein wird) eine ComboBox auf dem Formular. Wenn nicht, müssen Sie die letzten Schritte noch einmal durchgehen. Das Besondere ist nicht, dass eine ComboBox hinzugefügt wurde, sondern dass diese bereits datengebunden ist. Würden Sie das Projekt jetzt starten, würden bereits die Namen der Konten in der ComboBox erscheinen. Doch bevor es so weit ist, soll dafür gesorgt werden, dass auch die Belege auf dem Formular erscheinen.

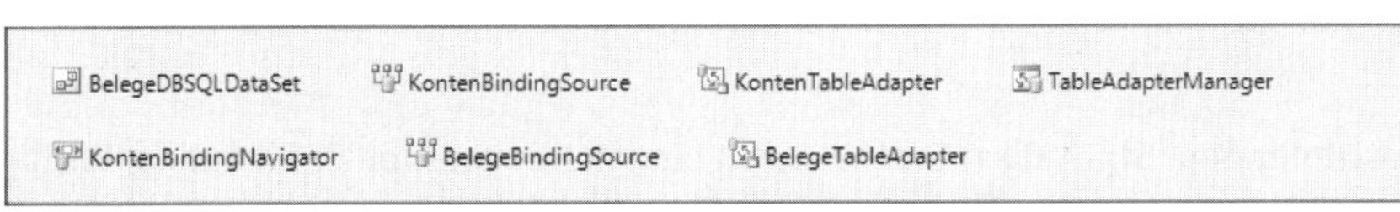

Abb. 12.21: Durch das Anlegen einer Datenquelle werden im Komponentenfach verschiedene Komponenten angelegt, die für die Datenbindung eine Rolle spielen.

Schritt 16

Selektieren Sie den Eintrag »Belege« unterhalb von Konten in der Datenquelle, und legen Sie ihn ebenfalls auf dem Formular unterhalb der ComboBox ab. Dieses Mal wird ein DataGridView erzeugt, die Sie vermutlich etwas verbreitern müssen, damit alle Spalten sichtbar sind.

TIPP

Eine nette Arbeitserleichterung ist der Umstand, dass sich ein Eintrag aus der Datenquelle auch auf ein vorhandenes Steuerelement ziehen und ablegen lässt. Dadurch wird die Verbindung zu dem Feld nachträglich hergestellt (und eine eventuell bereits vorhandene Verbindung ersetzt).

Starten Sie das Projekt. Sie werden (sicherlich erfreut) feststellen, dass die Namen der Konten in der ComboBox aufgelistet werden und nach Auswahl eines Kontos die dazugehörigen Belege in der DataGridView erscheinen. Doch nicht nur das, auch die Schaltflächen der Navigationsleiste sind voll funktionsfähig, sodass Sie z.B. die Daten eines Belegs editieren oder sogar einen Beleg löschen oder neu hinzufügen können und diese Änderung über den Speicherbutton in der Datenbank gespeichert wird.

Halten wir fest, in wenigen Schritten wurde eine funktionstüchtige Datenbankanwendung erstellt, und das ohne eine Zeile Programmcode. Das bedeutet nicht, dass Programmierung auf einmal überflüssig wird. Durch das Anlegen der Datenquelle wurden in der Klassendatei, die das typisierte DataSet begleitet, Hunderte von Befehlszeilen eingefügt, doch müssen Sie diese nicht interessieren.

Abb. 12.22: Die Datenbindung in Aktion

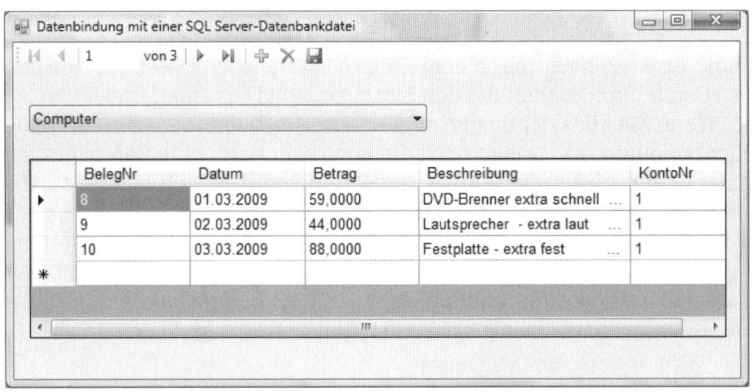

Hinter dem `BindingNavigator` steckt ein alter Bekannter. Es ist das ToolStrip-Steuerelement, das Sie bereits in Kapitel 9 kennengelernt haben. Möchten Sie es trotz des Andockens verschieben, müssen Sie auf den kleinen Pfeil des Elements am rechten oberen Rand klicken und beim Eintrag *Dock* vorübergehend *None* wählen, das Element verschieben und zum Schluss das `BindingNavigator`-Element wieder oben andocken lassen. Geübte Programmierer erledigen das mit ein paar Mausklicks, Sie werden unter Umständen ein paar Minuten länger benötigen.

12.5.1 Eine Abfrage zur Datenquelle hinzufügen

In diesem Abschnitt wird es richtig interessant, wenngleich aus Platzgründen alles leider nur im Schnelldurchgang erläutert werden kann. Zur Datenquelle wird eine neue Abfrage hinzugefügt, welche die Summe aller Belege eines Kontos aufaddiert, die in einem Label angezeigt werden soll.

Schritt 1

Beenden Sie das Programm, sofern es noch ausführen sollte, und platzieren Sie z.B. unterhalb des DataGridViews ein Label. Hier soll die Summe der Bestellungen angezeigt werden.

Schritt 2

Klicken Sie im Komponentenfach die Komponente *BelegeTableAdapter* mit der rechten Maustaste an, und wählen Sie ABFRAGEN IN DATASET BEARBEITEN. Denselben Eintrag finden Sie auch in der SMARTTAG-Liste der Komponente (alternativ könnten Sie im Projektmappen-Explorer die Xsd-Datei doppelt anklicken, um den Designer zu öffnen).

Schritt 3

Klicken Sie »BelegeTableAdapter« mit der rechten Maustaste an, und wählen Sie (je nachdem, welche Einträge angeboten werden) entweder ABFRAGE HINZUFÜGEN oder HINZUFÜGEN und dann QUERY.

Schritt 4

Übernehmen Sie die Voreinstellung »SQL-Anweisung verwenden«, und klicken Sie auf *Weiter*.

Schritt 5

Wählen Sie für den Abfragetyp die Einstellung »SELECT-Anweisung, die einen einzelnen Wert zurückgibt«, denn die Abfrage wird mit der Summe einen Wert zurückgeben, und klicken Sie auf *Weiter*.

Schritt 6

Geben Sie die SQL-Abfrage ein, die wie folgt lautet:

```
Select Sum(Betrag) As Summe From Belege Where KontoNr=@KontoNr
```

Schritt 7

Klicken Sie auf *Weiter*, und geben Sie der Abfrage den Namen »SummeBelege«, klicken Sie auf *Fertig stellen* (die Abfrage wird in der Tabelle *Belege* angezeigt), und schließen Sie den DataSet-Designer wieder.

Schritt 8

Jetzt muss die Abfrage auch ausgeführt werden. Und zwar immer dann, wenn ein neues Konto ausgewählt wurde und die Belege zu diesem Konto an das DataGridView gebunden werden. Das `SelectedIndexChanged`-Ereignis der ComboBox käme dafür theoretisch infrage, besser geeignet ist das `PositionChanged`-Ereignis der *KontenBindingSource*-Komponente, da dieses immer dann ausgelöst wird, wenn der Positionszeiger auf den nächsten Datensatz positioniert wird. Selektieren Sie die »KontenBindingSource«-Komponente im Komponentenfach, drücken Sie [F4], um das Eigenschaftenfenster zu aktivieren, und klicken Sie doppelt auf *PositionChanged*, um den Ereignisprozedurrahmen für dieses Ereignis einzufügen.

Schritt 9

Fügen Sie die folgenden Befehle ein:

```
If KontenBindingSource.Current IsNot Nothing Then
  Label1.Text = BelegeTableAdapter.SummeBelege _
  (DirectCast(KontenBindingSource.Current, _
   DataRowView).Item("KontoNr"))
End If
```

Dieser Befehl holt über die `Current`-Eigenschaft der BindingSource-Komponente, die stets für ein `DataRowView`-Objekt steht (daher auch die Typkonvertierung), die aktuelle Zeile und greift über `Item` auf den Wert des Feldes *KontoNr* zu, der als Parameter der hinzugefügten Abfrage *SummeBelege* übergeben wird, die als Methode des TableAdapters *BelegeTableAdapter* angeboten wird.

Wenn Sie das Projekt über [F5] starten, wird die Summe aller Beträge aller Belege, die auf das aktuell ausgewählte Konto gebucht wurden, in dem Label angezeigt. Ganz nebenbei bemerkt ist das der erste Befehl, der bislang eingegeben werden musste. Natürlich ist es ein wenig unschön, dass der Betrag nicht im Währungsformat angezeigt wird. Das lässt sich ändern, indem der `Object`-Wert des Feldes per `CType`-Funktion in einen `Double`-Wert konvertiert wird, der über die `ToString`-Methode und den Formatbezeichner »C« in einen Währungswert konvertiert wird:

```
Label1.Text =
CType(BelegeTableAdapter.SummeBelegeProKonto(DirectCast(KontenBinding
Source.Current, DataRowView).Item("KontoNr")), Double).ToString("C")
```

Es ist wichtig zu verstehen, dass die Abfrage zur Datenquelle und nicht zur Datenbank hinzugefügt wird.

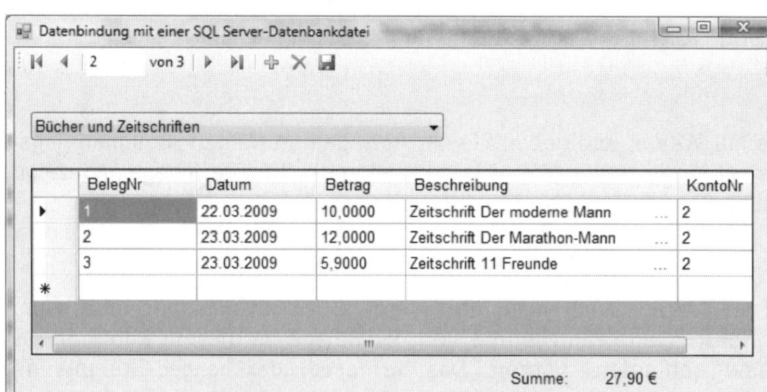

Abb. 12.23: Das Ergebnis der hinzugefügten Abfrage wird in einem Label angezeigt.

12.5.2 Ein Blick hinter die Kulissen

Auch eine Datenquelle ist keine »Blackbox«, sie basiert auf Programmelementen, die alle auch einzeln eingesetzt werden können:

- Ein *typisiertes DataSet*. Das ist das Fundament der Datenquelle. Ein typisiertes DataSet kapselt ein reguläres DataSet und erweitert es um die Namen der Tabellen und Felder, die als Properties implementiert werden, sodass die Tabellen und ihre Felder typisiert angesprochen werden können. Ein typisiertes DataSet wird stets von einer XML-Schemadatei begleitet (Erweiterung *.Xsd*), die im Projektmappen-Explorer angezeigt wird, und einer Quelltextdatei, die zunächst unsichtbar ist. Hier ist die Klasse definiert, die das typisierte DataSet definiert und sich von der `DataSet`-Klasse ableitet. Wenn Sie eine Datenquelle wieder aus einem Projekt entfernen möchten, entfernen Sie die Xsd-Datei.
- Die *BindingSource*-Komponente. Diese steuert die Bindung der Datensatzgruppe an die einzelnen Steuerelemente. Sie verwaltet einen Positionszeiger, der den aktuellen Datensatz (bezogen auf die Bindung) angibt, und stellt diesen über die `Current`-Eigenschaft zur Verfügung.
- Die *TableAdapter*-Komponente. Sie kaspelt einen Datenadapter, der für das Abrufen und Aktualisieren der Datensätze zuständig ist. Im Unterschied zur Datenadapter-Klasse ist der `TableAdapter` eine Klasse, die aus dem Anlegen der Datenquelle resultiert (sie ist also nicht Teil der .NET-Klassenbibliothek).
- Der *BindingNavigator*. Diese Komponente versorgt eine gewöhnliche ToolStrip-Komponente mit den bindungsrelevanten Informationen, sodass die einzelnen Buttons ihre Funktionalität wie das Hinzufügen eines Datensatzes, das Löschen eines Datensatzes (in der gebundenen DataTable) oder das Aktualisieren der geänderten Datensätze in der Datenbank durchführen können.

Alle Komponenten können natürlich auch einzeln eingesetzt werden, auch wenn sie beim Anlegen einer Datenquelle als Ensemble zum Formular hinzugefügt werden. Sie können die Komponenten problemlos löschen und neu anordnen. Dadurch gehen weder Daten noch Programmcode, der für die Programmlogik zuständig ist, verloren. Abbildung 12.24 illustriert das Zusammenspiel der verschiedenen Komponenten bezogen auf das Beispielprogramm.

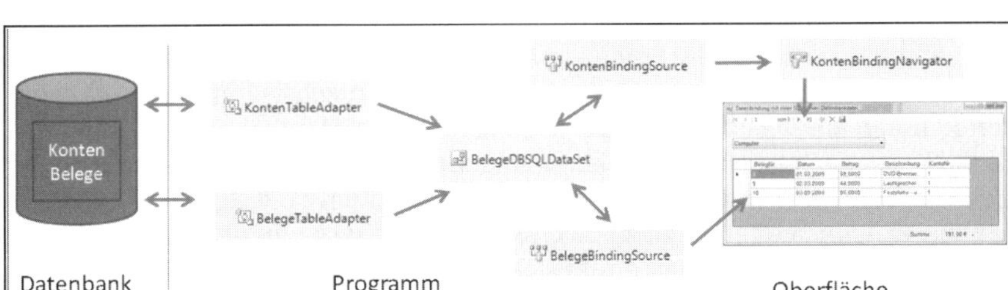

Abb. 12.24: TableAdapter- und Binding-Source-Komponente im Zusammenspiel

12.6 LINQ to SQL

Seit Visual Basic 2008 gibt es mit *LINQ to SQL* ein neues Verfahren, um die Daten aus einer Datenbank dem Programm direkt zur Verfügung zu stellen. Direkt bedeutet in diesem Zusammenhang, dass aus den Tabellen und ihren Feldern Klassen mit entsprechenden Properties abgeleitet werden, ohne dass der Programmierer den immer gleichen »Zugriffscode« schreiben muss. Dieser muss nur einmalig die gewünschten Tabellen mit ihren Feldern auswählen, sodass LINQ to SQL eine entsprechende Zuordnung (engl. »Mapping«) zu den Klassen treffen kann, welche die Tabellen und ihre Inhalte später im Programm repräsentieren.

LINQ to SQL bietet die Grundfunktionalität eines sog. O/R-Mappers (O/R = objektrelational). Ein O/R-Mapper sorgt dafür, dass die Tabellen einer Datenbank direkt über Klassen angesprochen werden können, ohne dass sich die Programmierer um die Details kümmern müssen.

LINQ to SQL führt dazu, dass sich die Inhalte einer vorhandenen SQL Server-Datenbank in durch *LINQ to SQL* zur Verfügung gestellte Objekte einlesen lassen, die per Datenbankbindung an entsprechende Steuerelemente gebunden werden, und sich die dort gemachten Änderungen am Ende wieder in die Datenbank zurückschreiben lassen, ohne dass dazu der übliche Zugriffscode programmiert werden muss. Die auf diese Weise dem Programm zur Verfügung gestellten Objekte, welche die Inhalte von Tabellen und Datenbankabfragen repräsentieren, lassen sich per LINQ abfragen, was zu sehr flexiblen Abfragemöglichkeiten führt. Klingt zu schön, um wahr zu sein? Nun, es ist wahr, aber es gibt zwei große Einschränkungen:

1. LINQ to SQL funktioniert leider nur mit einer SQL Server-Datenbank (ab SQL Server 2000 bzw. MSDE). Diese Einschränkung ist gewollt, da Entwickler für andere Datenbanken das *Entity Framework* von Visual Studio 2008 SP1 verwenden sollen.
2. *LINQ to SQL* ist zwar ganz neu, wird aber bereits nicht mehr weiterentwickelt, da Microsoft den Fokus auf das *Entity Framework* gelegt hat, das bei Visual Studio 2008 SP1 dabei ist (und auch bei Visual Basic 2008 Express SP1).

Ist doch eigentlich kein Problem, warum vergessen wir dann nicht *LINQ to SQL* und benutzen dieses *Entity Framework*? Auch das ist nicht ganz so naheliegend, da der Umgang mit dem *Entity Framework* deutlich schwieriger ist und daher den Rahmen eines Buches der Reihe »Jetzt lerne ich« deutlich übersteigen würde. *LINQ to SQL* besticht durch seine Einfachheit, die für viele Situationen (aber nicht für alle) vollkommen ausreichend ist. Außerdem sind SQL Server-Datenbanken weit verbreitet, nicht zuletzt, weil der SQL Server in der Express Edition kostenlos zu haben ist. Damit ergibt sich folgendes Zwischenfazit: Wer mit einer SQL Server-Datenbank arbeiten möchte, für wen die Unabhängigkeit von einem Datenbanktyp keine Rolle spielt und wer nicht allzu große Ansprüche an die Möglichkeiten des O/R-Mappers stellt (so werden allgemein die Programme genannt, die dafür sorgen, dass Datenbankdaten direkt über Objekte angesprochen werden können), ist mit *LINQ to SQL* bestens bedient. Vor allem ist *LINQ to SQL* hervorragend dazu geeignet, die Arbeitsweise eines O/R-Mappers kennenzulernen. Und genau darum soll es im Folgenden im Rahmen einer kleinen Übung gehen.

Führen Sie zur Umsetzung der Übung die folgenden Schritt durch:

Schritt 1

Legen Sie ein neues Windows Forms-Anwendung-Projekt an. Geben Sie ihm den Namen »BelegeLINQ« (der genaue Name spielt keine Rolle), und speichern Sie es ab.

Schritt 2

Fügen Sie über PROJEKT|NEUES ELEMENT HINZUFÜGEN eine LINQ to SQL-Klassen-Vorlage hinzu. Geben Sie ihr den Namen »BelegeDB«, wenngleich auch hier der genaue Name keine Rolle spielt.

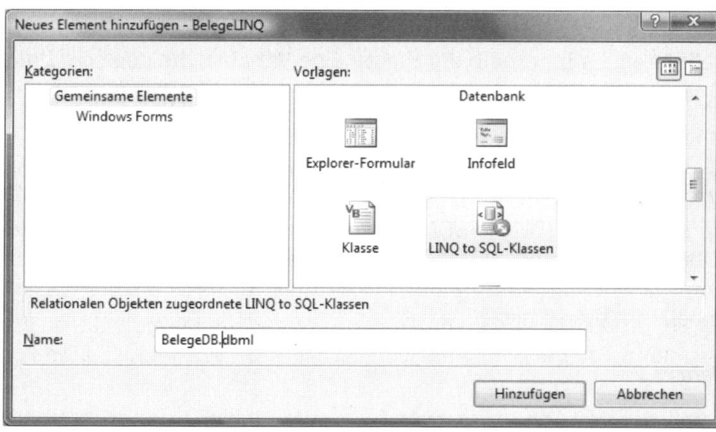

Abb. 12.25: Für LINQ to SQL gibt es eine eigene Vorlage.

Schritt 3

Die Designeroberfläche ist am Anfang noch relativ leer. Machen Sie den Datenbank-Explorer sichtbar (ab der Standard Edition ist es der Server-Explorer), und legen Sie eine Verbindung auf die Datenbankdatei *BelegeDBSQl.mdf* an, sofern diese noch nicht vorhanden sein sollte. Alternativ können Sie natürlich auch jede andere SQL Server-Datenbank verwenden. Wie üblich werden Sie bei Auswahl einer Datenbankdatei gefragt, ob Sie die Datei in das Projektverzeichnis kopieren möchten, und wie üblich können Sie diese Frage mit JA beantworten.

Schritt 4

Ziehen Sie beiden Tabellen *Konten* und *Belege* auf die leere Fläche, wodurch sie in der typischen Klassensymbolik mit ihren Feldern angeordnet werden. Theoretisch könnten Sie einzelne Felder entfernen (oder neue Felder hinzufügen), was im Moment aber nicht erforderlich ist. Damit ist das »O/R-Mapping« bereits abgeschlossen, die »Objektschicht« für die Datenbank ist fertig, und Sie können den Designer schließen. Das Ergebnis ist eine Datei mit dem Namen *BelegeDB.dbml* als neues Mitglied im Projekt. Sie wird von einer Datei *BelegeDB.designer.vb* begleitet, in der das Mapping auf Quellcodeebene umgesetzt wird. Über sog. *Attribute* (die in diesem Buch nicht vorgestellt werden) wird eine Klasse mit einer Tabelle der Datenbank »gemappt« (also zugeordnet). Es ist lehrreich, einen Blick in den Quellcode zu werfen, Änderungen sollten Sie hier nicht vornehmen.

Schritt 5

Da dieses Mal keine Datenquelle angelegt wurde, gibt es auch nichts, was sich auf dem Formular ablegen ließe (es wäre aber möglich, eine Datenquelle für die Objektschicht anzulegen, wobei als Typ dieses Mal »Objekt« gewählt und als Nächstes die per *LINQ to SQL* angelegten Klassen ausgewählt werden müssten). Ordnen Sie daher eine ComboBox und darunter ein DataGridView auf dem Formular an.

Schritt 6

Definieren Sie innerhalb der Klasse eine Variable, die den sog. *DataContext* repräsentiert:

```
Private Db As BelegeDBDataContext
```

Der Name der Klasse, mit der die Variable `Db` deklariert wird, lautet so, wie die LINQ to SQL-Klassen-Vorlage genannt wurde. Der DataContext ist der Dreh- und Angelpunkt bei *LINQ to SQL*. Er repräsentiert die über den Designer angelegte »Objektschicht« und ist Teil der Dbml-Datei, die durch den Designer angelegt wird. Er enthält keine Daten, sondern die Klassen, welche die ausgewählten Tabellen repräsentieren.

Schritt 7

Damit der DataContext verwendet werden kann, muss er instanziiert werden. Anschließend stehen die Datensätze der beiden Tabellen über die Eigenschaften `Belege` und `Konten` zur Verfügung und können entweder direkt oder im Rahmen einer LINQ-Abfrage gelesen werden. *LINQ to SQL* verwendet dabei standardmäßig ein »verzögertes Laden«, d.h., die Datensätze werden nicht mit dem Instanziieren des DataContext, sondern erst im Rahmen der Abfrage aus der Datenbank abgerufen.

Geben Sie in `Form_Load` die folgenden Befehle ein:

```
Db = New BelegeDBDataContext
ComboBox1.DisplayMember = "KontoName"
ComboBox1.ValueMember = "KontoNr"
ComboBox1.DataSource = Db.Konten
ComboBox1.DropDownStyle = ComboBoxStyle.DropDownList
```

Schritt 8

Geben Sie in `SelectedIndexChanged` der ComboBox die folgenden Befehle ein:

```
DataGridView1.DataSource = From B In Db.Belege Where B.KontoNr =
CType(ComboBox1.SelectedValue, Integer) Select B
```

Bereits bei der Eingabe werden Sie feststellen, dass es dank der Auswahlhilfen (IntelliSense) relativ einfach ist, nicht vom rechten Pfad abzuweichen.

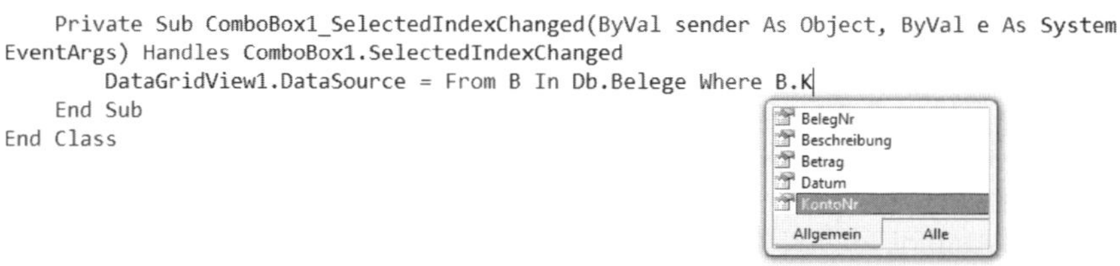

Abb. 12.26: Eingabehilfen erleichtern den Umgang mit LINQ.

Wenn Sie diesen Befehl mit den Befehlen aus dem ersten Beispiel in diesem Kapitel vergleichen, werden Sie feststellen, dass diese LINQ-Abfrage deutlich eleganter ist und Sie sie dank IntelliSense-Unterstützung durch Visual Studio einfach so »herunterprogrammieren« können, da Ihnen die als Nächstes einzugebenden Schlüsselwörter in einer Auswahlliste angeboten werden. Diesen Komfort gibt es bei SQL nicht. Es ist wichtig zu verstehen, dass *LINQ to SQL* kein modernes oder objektorientiertes SQL ist, sondern etwas ganz Eigenes.

Starten Sie das Projekt, und Sie werden feststellen, dass es genauso funktioniert wie in den bisherigen Beispielen, das Ziel aber mit deutlich weniger Aufwand erreicht wurde und keinerlei datenbankspezifisches Know-how erforderlich war.

Schritt 9

Natürlich wäre es netter, wenn anstelle der Kontonummer der Kontoname angezeigt werden würde. Kein Problem, eine Join-Operation ist auch mit LINQ möglich:

```
DataGridView1.DataSource = From B In Db.Belege Join K In Db.Konten On
B.KontoNr Equals K.KontoNr Select B.Betrag, B.Datum, B.Beschreibung,
K.KontoName
```

Diese natürliche Art und Weise, per LINQ Datenbankfragen zu formulieren, ist wirklich sehr praktisch und innovativ.

Schritt 10

Zum Schluss soll auch in dieser Variante die Summe aller Belege pro ausgewähltem Konto angezeigt werden. Auch das ist dank LINQ ein Kinderspiel:

```
Label1.Text = (From B In Db.Belege Where B.KontoNr =
CType(ComboBox1.SelectedValue, Integer) Select CType(B.Betrag,
Double)).Sum().ToString("C")
```

Schritt 11

Auch das Aktualisieren von Daten in der Datenbank ist möglich. Dazu muss lediglich die `SubmitChanges`-Methode des DataContext-Objekts aufgerufen werden. Ordnen Sie auf dem Formular einen Button an, und geben Sie in dessen `Click`-Prozedur den folgenden Befehl ein:

```
Db.SubmitChanges()
```

Eine Bestätigung, dass die Aktualisierung geglückt ist, gibt es nicht. Genauso wenig wird die Anzahl der Datensätze zurückgegeben, die aktualisiert wurden.

Hat es funktioniert? Leider nicht, was daran liegt, dass die Abfrage auf zwei Tabellen basiert (das DataGridView ist in diesem Fall gar nicht erst editierbar, um diesen Zustand anzuzeigen). Auch *LINQ to SQL* kann für diesen Fall alleine kein Update-Kommando generieren. Weisen Sie der `DataSource`-Eigenschaft wieder die erste Abfrage zu, die lediglich auf der *Konten*-Tabelle basiert, wird es funktionieren. Ein eigenes SQL-Kommando zu definieren oder eine gespeicherte Prozedur ist bei *LINQ to SQL* grundsätzlich möglich, würde aber den Rahmen dieser kleinen Einführung aber wieder einmal »sprengen«.

12.6.1 LINQ to SQL bei der Arbeit zusehen

Das Schöne an *LINQ to SQL* ist, dass es wie alle auf ADO.NET basierenden Techniken keine »Blackbox« darstellt, deren interne Arbeitsweise im Dunkeln liegt, sondern dass sich z.B. nachvollziehen lässt, welches SQL an die Datenbank geschickt wird. Gehen Sie dazu wie folgt vor:

1. Fügen Sie unterhalb des `Class`-Befehls eine weitere Variable ein:

   ```
   Private SqlStw As System.IO.StringWriter
   ```

   Diese Variable dient dazu, den »SQL-Output« aufzunehmen.

2. Fügen Sie in `Form_Load` unmittelbar nach dem Instanziieren von `Db` die folgenden beiden Befehle ein:

   ```
   SqlStw = new System.IO.StringWriter
   Db.Log = SqlStw
   ```

   Damit schreibt *LINQ to SQL* seine genierten SQL-Kommandos zusätzlich in den StringWriter.

3. Ordnen Sie auf dem Formular eine TextBox mit `MultiLine=True` an, und fügen Sie sowohl in `SelectedIndexChanged` als auch in das `Click`-Event des Update-Buttons den Befehl

   ```
   Textbox1.Text = SqlStw.ToString()
   ```

   ein. Dieser bewirkt, dass das von *LINQ to SQL* generierte SQL in der TextBox angezeigt wird.

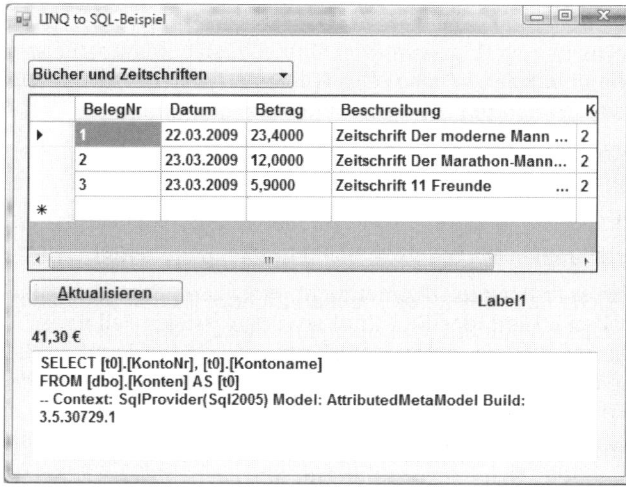

Abb. 12.27: LINQ to SQL bei der Arbeit zugeschaut

12.7 Zusammenfassung

Die Datenbankprogrammierung ist bei Visual Basic 2008 (auch in der Express Edition) eine angenehme Angelegenheit. Dafür sorgen das Providermodell von ADO.NET, das dazu führt, dass jeder Datenbanktyp, für den es einen solchen Provider gibt (und es ist im Jahre 2009 schwierig, ein DBMS zu finden, für das es keinen Provider gibt), über einen nahezu identischen Satz an Klassen angesprochen werden kann. Da Programmierer heutzutage nicht immer denselben Zugriffscode programmieren sollen, gibt es die Datenquellen, die dem Programmierer eine Menge Arbeit abnehmen, ohne ihn einzuschränken. Ganz neu bei Visual Basic 2008 ist *LINQ to SQL*, mit dem sich eine auf Klassen basierende Datenzugriffsschicht ohne programmieren zu müssen anlegen lässt. Leider funktioniert *LINQ to SQL* nur mit einer Microsoft SQL Server-Datenbank (mit einer SQL Server Compact-Datenbank geht es auch, in diesem Fall muss die Dbml-Datei aber über das Kommandozeilentool *Sqlmetal.exe* angelegt werden – der *LINQ to SQL*-Designer unterstützt diesen Datenbanktyp leider nicht) und wird auch nicht weiterentwickelt, da es seit Visual Basic 2008 SP1 das *Entity Framework* gibt, das zwar deutlich flexibler, aber auch anspruchsvoller ist.

12.8 Fragen zum Kapitelabschluss

Frage 1 Wie unterscheidet sich eine SQL Server-Datenbank von einer SQL Server Compact-Datenbank?

Frage 2 Wie lautet die Verbindungszeichenfolge, um die SQL Server-Datenbankdatei *Finanzen.mdf* auf einer lokalen SQL Server-Instanz mit dem Namen »SQLServerEx08« anzusprechen?

Frage 3 Beschreiben Sie die Rolle des Datenadapters bei ADO.NET in einem Satz.

Frage 4 Welche Rolle spielt der CommandBuilder für den Datenadapter? Wann kann der CommandBuilder leider nicht zum Einsatz kommen?

Frage 5 Beschreiben Sie die Aufgaben der BindingSource-Komponente im Zusammenspiel mit einer Datenquelle in einem Satz.

Frage 6 Eine Programmiererin aus *Heilbronn* möchte eine SQL Server-Datenbank auf folgende Weise ansprechen, um über einen Datenadapter alle Datensätze der Tabelle *Belege* in eine DataTable zu laden. Warum kann der Aufruf der `Update`-Methode in der `bnUpdate_Click`-Ereignisprozedur nicht funktionieren?

```
Imports System.Data.SqlClient

Public Class Form1
  Private Cn As SqlConnection
  Private CnSt As String
  Private Da As SqlDataAdapter
  Private Ta As DataTable

  Private Sub Form1_Load(ByVal sender As System.Object, ByVal e As
System.EventArgs) Handles MyBase.Load
    Dim DBPfad As String = "|DataDirectory|BelegeDBSQL.mdf"
    CnSt = "Data Source=.\SQLEXPRESS;Integrated Security=True;User
Instance=True;AttachDBFileName=" & DBPfad
    Using Cn As New SqlConnection(CnSt)
      Dim Cmd As SqlCommand = Cn.CreateCommand
      Cmd.CommandText = "Select * From Belege"
      Da = New SqlDataAdapter(Cmd)
      Ta = New DataTable()
      Da.Fill(Ta)
      DataGridView1.DataSource = Ta
    End Using
  End Sub

  Private Sub bnUpdate_Click(ByVal sender As System.Object, ByVal e
As System.EventArgs) Handles bnUpdate.Click
    Dim Cb As New SqlCommandBuilder(Da)
    Da.Update(Ta)
  End Sub
End Class
```

Die Antworten zu den Fragen finden Sie in Anhang C.

KAPITEL 13

jetzt lerne ich

WPF mit Visual Basic 2008

Hinter den drei unscheinbaren Buchstaben **WPF**, die für *Windows Presentation Foundation* stehen, steht nicht weniger als eine von Microsoft für das .NET Framework komplett neu entwickelte Oberflächenbibliothek für Windows-Anwendungen, die als fester Bestandteil des .NET Frameworks 3.5 theoretisch der Nachfolger der Windows Forms sein könnte, die Sie bislang in diesem Buch für die Oberflächenprogrammierung verwendet haben. Theoretisch deswegen, weil WPF »inkompatibel« zu Windows Forms ist, WPF deutlich komplexer ist als Windows Forms, was fundamentale Konzepte betrifft, die Unterstützung in Visual Basic 2008 auch noch nicht so ist, wie sie sein könnte, und WPF seine Vorteile nicht bei jedem Anwendungstyp ausspielt. In diesem Kapitel erhalten Sie einen »Crashkurs« in WPF mit Visual Basic 2008 SP1 und können am Ende selber entscheiden, ob Sie künftig Ihre Windows-Oberflächen weiterhin mit Windows Forms oder mit dem moderneren, teilweise aber auch deutlich anspruchsvolleren WPF umsetzen möchten.

Sie lernen in diesem Kapitel

- die drei wichtigsten Unterschiede zu Windows Forms
- die Rolle von *XAML*
- die klare Trennung zwischen Benutzeroberflächencode und Programmcode
- eine kleine Oberfläche mit WPF
- das Prinzip der Datenbindung.

Ein mögliches Missverständnis soll gleich zu Beginn ausgeräumt werden. Die Benutzeroberfläche von *Windows Vista* basiert **nicht** auf der WPF. WPF hat mit Windows Vista nichts zu tun, sodass es auch unter Windows XP 100% zur Verfügung steht. Die einzige Verbindung zu Vista besteht darin, dass das .NET Framework 3.0 ein Teil von Vista ist (das Betriebssystem davon aber keinen Gebrauch macht) und dass das intern auf DirectX basierende WPF unter Vista bestimmte Grafikkartenfeatures, wie Antialiasing-Effekte für 3D-Objekte, nutzt, die bei XP per Software realisiert werden müssen. Der mit Vista im Rahmen des *Aero-Designs* eingeführte »Glaseffekt«, der u.a. die Titelleiste eines Fensters durchsichtig erscheinen lässt, muss auch für WPF-Fenster über API-Aufrufe erst einmal aktiviert werden. *Aero* setzt mindestens DirectX 9.0 voraus (das lässt sich über START|AUSFÜHREN und Eingabe von »Dxdiag.exe« schnell herausfinden). Für den Anwender wird *Aero* beim Anpassen des Desktops unter *Fensterfarbe und -darstellung* bei den Eigenschaften für die klassische Darstellung als Farbschema ausgewählt.

Abb. 13.1: Das Vista-Aero-Design muss eventuell erst einmal ausgewählt werden.

Für die ernsthafte Programmierung mit WPF ist es praktisch »zwingend«, dass Sie mit Visual Basic 2008 Express SP1 (und nicht mit Visual Basic 2008 Express ohne SP1) arbeiten, da hier bei WPF einige wichtige Verbesserungen unter der Haube vorgenommen wurden.

13.1 WPF in 10 Minuten

In einem Buch namens »Jetzt lerne ich Visual Basic 2008« kann WPF leider nur kurz beleuchtet werden, insbesondere wenn es sich um ein so umfangreiches und vielschichtiges Thema handelt. Dieser Abschnitt stattet Sie daher lediglich mit dem Allernotwendigsten zur WPF aus, sodass Sie in die Lage versetzt werden, einige der kleineren Windows Forms-Beispiele aus diesem Buch auf WPF zu »portieren«.

WPF ist eine komplette Neuentwicklung mit dem Ziel, eine tragfähige und in vielen Situationen einsetzbare »Oberflächen-Klassenbibliothek« zu schaffen. Es gibt gleich vier »Sorten« von WPF-Anwendungen:

- Die WPF-Anwendung – dies ist die klassische Windows-Anwendung, bei der ein einzelnes Fenster im Mittelpunkt steht.
- Die WPF-Browseranwendung – diese WPF-Anwendung wird im Browser ausgeführt, es handelt sich aber ebenfalls um eine Windows-Anwendung (anstelle eines Window-Containers ist ein Page-Container der Hauptcontainer, das geladene Dokument trägt die Erweiterung *.Xbap*).
- Die *XAML*-Anwendung – dies ist streng genommen kein eigener Anwendungstyp, da er in der Praxis keine allzu große Rolle spielt. Die auch »Loose XAML« genannte Anwendung besteht aus einer einzigen *XAML*-Datei, die neben dem Beschreibungscode auch die Programmlogik in Visual Basic enthält.
- Die Silverlight-Anwendung – dies ist eine WPF-Anwendung, die auf einer Teilmenge von WPF basiert und die ebenfalls im Browser ausgeführt wird. Im Unterschied zu einer WPF-Browseranwendung läuft eine Silverlight-Anwendung auch auf anderen Plattformen wie Mac OS X oder Linux. Sie wird bei Visual Basic 2008 Express SP1 erst nach der Installation der »Silverlight-Tools« angeboten.

In diesem Kapitel geht es ausschließlich um den Anwendungstyp »WPF-Anwendung«. Hier gibt es, wie bei Windows Forms, Formulare (die allerdings Fenster heißen), Steuerelemente, Menüs, Symbolleisten, Events, Datenbindung und vieles von dem, was Sie bei Windows Forms kennengelernt haben. Mit einem »kleinen« Unterschied: Es funktioniert fast alles ein »wenig anders« als bei Windows Forms.

Die drei wichtigsten Unterschiede zu Windows Forms sind:

1. WPF zieht eine klare Linie zwischen dem Code zur Darstellung der Benutzeroberfläche und dem Programmcode. Die Oberfläche kann komplett unabhängig von der Programmlogik umgesetzt werden.
2. WPF basiert auf Vektorgrafik, sodass sich alle Oberflächenelemente in ihrer Größe beliebig skalieren lassen.
3. WPF-Controls sind »körperlos«, das heißt, sie besitzen zunächst keine eigene Form. Ihre Gestalt wird jedem Control durch eine Vorlage zugeordnet. Dafür, dass ein Control bereits von Anfang an angezeigt werden kann, sorgt eine interne Standardvorlage.

Am Ende entsteht auch beim Erstellen einer WPF-Anwendung eine reguläre Exe-Datei, die überall dort ausgeführt werden kann, wo das .NET Framework 3.5 installiert wurde.

Trotz grundlegender Unterschiede gibt es aber auch Brücken zwischen WPF und den Windows Forms. Eine Brücke ist der Umstand, dass es problemlos möglich ist, Windows Forms-Controls auf einem WPF-Formular und umgekehrt WPF-Controls auf einem Windows Forms-Control zu platzieren.

TIPP

WPF ist auch in der Hilfe zu Visual Basic 2008 Express ausführlich beschrieben. Wer WPF lernen möchte, sollte diese Einführung durcharbeiten und sich erst dann nach einem Einführungsbuch umsehen.

13.1.1 Fenster statt Formulare

Bei WPF gibt es keine Formulare, was nicht weiter tragisch ist. Das Pendant ist das Fenster, das auf der `Window`-Klasse im Namespace `System.Windows` basiert und von Anfang an Teil einer WPF Windows-Anwendung ist.

13.1.2 WPF-Controls statt Windows Forms-Controls

WPF arbeitet mit einem eigenen Satz an Controls, die im Namespace `System.Windows.Controls` enthalten sind. Die Controls ähneln den Windows Forms-Controls nur auf den ersten Blick, bei genauerer Betrachtung gibt es mehr Unterschiede als Gemeinsamkeiten. Ein Label besitzt z.B. keine Text-, sondern eine `Content`-Eigenschaft. Allerdings nicht, weil die Microsoft-Entwickler mal wieder einen neuen Begriff einführen wollten, sondern weil dieser Eigenschaft ein beliebiges Objekt, z.B. ein anderes WPF-Control, zugewiesen werden kann, das dann in dem Label dargestellt wird. Auch das Eigenschaftenfenster verhält sich nicht ganz so wie gewohnt. Es gibt nur selten Auswahllisten bei Eigenschaften, die mehrere Einstellungen erlauben, und es gibt ein Suchfenster, nach dem sich Eigenschaften anhand ihres Namens lokalisieren lassen, was sehr praktisch ist.

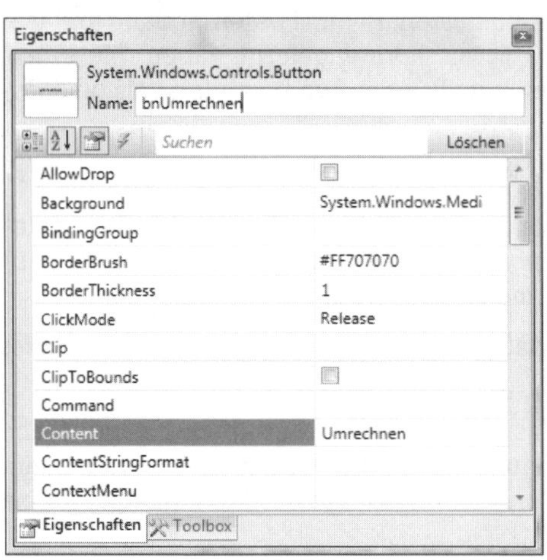

Abb. 13.2: Das Eigenschaftenfenster für WPF-Controls bietet weniger Komfort, dafür eine kleine Suchfunktion.

13.1.3 WPF-Designer statt Windows Forms-Designer

Auch für WPF-Anwendungen gibt es bei Visual Basic einen Designer, der aber nicht ganz an den Komfort des Windows Forms Designers herankommt, mit diesem aber grundsätzlich vergleichbar ist. Auch bei einer WPF-Anwendung werden Steuerelemente aus der Toolbox auf einem Container platziert (sehr viel einfacher ist es häufig, den *XAML*-Code direkt einzutippen – mehr dazu im nächsten Abschnitt). Wird ein Control selektiert, wird der Abstand zum umgebenden Container über Führungslinien angezeigt. Wird seine Größe verändert, wird die aktuelle Höhe und Breite eingeblendet, was am Anfang ein wenig irritierend sein kann. Genauso irritierend kann der Umstand sein, dass man durch einen unbedachten Klick auf den oberen Randbereich der Designerfläche in das bei einer WPF-Anwendung von Anfang an vorhandene Grid neue Unterteilungen einführt, die für die Programmierung aber keine direkte Auswirkung besitzen. Wie bei Windows Forms helfen Führungslinien, die freundlicherweise gleich den Abstand in Pixel anzeigen, dabei, die einzelnen Controls bündig zueinander zu positionieren (das FORMAT-Menü spielt beim WPF-Designer keine Rolle).

Damit hören die Gemeinsamkeiten aber auch fast schon wieder auf. Nicht nur, dass der WPF-Designer insgesamt ein wenig blass wirkt, es gibt einen wichtigen Unterschied. Zusätzlich zur Designerfläche wird unterhalb der sog. **XAML-Code** in einem zweiten Eingabebereich angezeigt. Sie können sich stets entscheiden, ob Sie eine Änderung mit dem Designer oder direkt im *XAML*-Code vornehmen möchten. Einen direkten Vorteil bietet das jedoch nicht. Jede Änderung im Designer führt dazu, dass die entsprechende Änderung im *XAML*-Code nachgetragen wird. Umgekehrt führt eine Änderung im *XAML*-Code unmittelbar dazu, dass sich diese Änderung auf den Designer auswirkt. *XAML* übernimmt bei WPF jene Rolle, die (die Programmiersprache) Visual Basic bei Windows Forms spielt. Sollte der WPF-Designer nach einer Änderung im *XAML*-Code aus dem Tritt geraten, wird eine entsprechende Meldung angezeigt und der Designer »eingefroren«. Erst nach einem Klick auf die Designerfläche geht es weiter.

Abb. 13.3: Der WPF-Designer erfordert häufig ein neues Laden.

Ein schwerwiegender Fehler im *XAML*-Code kann sogar dazu führen, dass der Designer gar nicht mehr angezeigt werden kann. Sie müssen den Fehler beheben und den Designer neu laden.

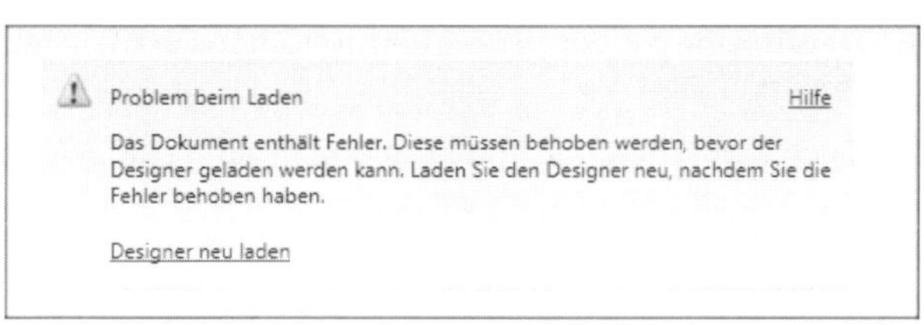

Abb. 13.4: Wenn diese Meldung erscheint, liegt ein Fehler im XAML-Code vor.

Ein weiterer kleiner, aber gleichermaßen wichtiger Unterschied ist der kleine Regler am linken, oberen Rand, den man leicht übersehen kann. Durch ihn kann die WPF-Oberfläche in der Entwurfsansicht in der Größe beliebig skaliert werden. Dass dies so problemlos möglich ist, liegt daran, dass bei WPF alles auf Vektorgrafik basiert.

Abb. 13.5: Beim WPF-Designer werden Designer und XAML-Code im Allgemeinen gleichzeitig angezeigt.

13.1.4 Die Rolle von XAML

WPF-Oberflächen werden komplett in *XAML* definiert. *XAML*, gibt es das in der Apotheke, oder wo findet man dieses seltene Pflänzchen? Die Frage ist natürlich berechtigt, zumal dieses Buch bislang mit Kürzeln und Schlagwörtern nicht gerade sparsam umging. *XAML* ist eine Erfindung von Microsoft, steht für *Extensible Application Markup Language* und ist eine auf XML basierende Beschreibungssprache für WPF-Oberfläche. Die *Extensible Markup Language* (XML) wird in diesem Buch nicht behandelt, Sie finden aber eine kurze Einführung für Visual Basic-Programmierer auf der Buch-DVD.

Die Idee hinter *XAML* ist, dass sie, genau wie HTML für Webseiten, eine reine Beschreibungssprache für WPF-Oberflächen darstellt, die komplett unabhängig von einer Programmiersprache ist. Gegenüber Windows Forms-Oberflächen, die komplett durch Klassen im Namespace `System.Windows.Forms` beschrieben werden, gibt es mindestens zwei Vorteile:

1. Es gibt eine saubere Trennung zwischen Oberflächenbeschreibung und Programmlogik.
2. Auch Menschen, die von Programmierung salopp gesprochen keine Ahnung haben, können ausgefallene WPF-Oberflächen mit allen Raffinessen erstellen.[1] Dafür gibt es von Microsoft ein eigenes Werkzeug mit dem Namen

1. Und das in der Regel besser als jene Menschen, die sich mit Programmierung auskennen.

Expression Blend, das in erster Linie für Designer gedacht ist und dasselbe Projektformat wie Visual Studio 2008 verwendet, sodass sich WPF-Projekte gleichzeitig mit Blend und Visual Studio bearbeiten lassen.

Es ist am Anfang eine gewisse Umstellung, dass eine komplette Benutzeroberfläche durch Eintippen des *XAML*-Codes »zusammengebaut« werden kann. Der folgende *XAML*-Code definiert ein Menü mit einer Reihe von Einträgen:

```
<Menu>
   <MenuItem Header="Datei">
     <MenuItem Header="Neu" />
     <MenuItem Header="Öffnen" />
     <Separator/>
     <MenuItem Header="Senden an">
         <MenuItem Header="E-Mail-Empfänger" />
         <MenuItem Header="Skype-Teilnehmer" />
     </MenuItem>
   </MenuItem>
</Menu>
```

Da der WPF-Designer leider keinen Menüdesigner bietet, ist das oft sogar der schnellste Weg, zu einem Menü zu kommen.

Die für erfahrene Visual Basic-Programmierer übliche Vorgehensweise, alles per Quellcode zu erledigen, steht auch bei WPF immer als Alternative zur Verfügung. Die folgende Befehlsfolge fügt ein Menü mit zwei Einträgen zu einem *Canvas*-Container hinzu:

```
Dim Mn As New Menu
Dim MnItDatei As New MenuItem
MnItDatei.Header = "_Datei"
Dim MnItOeffnen As New MenuItem
MnItOeffnen.Header = "Öffnen"
MnItDatei.Items.Add(MnItOeffnen)
Dim MnItNeu As New MenuItem
MnItNeu.Header = "_Neu"
MnItDatei.Items.Add(MnItNeu)
Mn.Items.Add(MnItDatei)
cvMain.Children.Add(Mn)
```

XAML lernt man am besten an Beispielen, zumal es bei Visual Basic 2008 oft einfacher ist, den *XAML*-Code einzutippen als dieselbe Aktion im Designer zu erledigen. Im Folgenden wird eine kleine WPF-Anwendung Schritt für Schritt umgesetzt, die, wie es für ein »Hallo, Welt«-Beispiel üblich ist, lediglich aus einem Button besteht.

Diese Kleinigkeit kann Ihnen eine längere Fehlersuche verbunden mit den üblichen Tobsuchtsanfällen ersparen: Bei den Namen der *XAML*-Elemente kommt es stets auf die Groß-/Kleinschreibung an.

Und auch das muss irgendwo erwähnt werden. Kommentare werden bei *XAML*, wie bei XML allgemein üblich, über ein »<!--« und über ein «-->« wieder beendet. Sie können sich über beliebig viele Zeilen erstrecken.

Schritt 1

Starten Sie Visual Basic, und legen Sie zur Abwechslung ein Projekt vom Typ »WPF-Anwendung« an. Der Name spielt keine Rolle, und es soll nicht gespeichert werden, da es lediglich ein paar allgemeine Befehle enthalten wird.

Schritt 2

Lassen Sie den Designer links liegen, und konzentrieren Sie sich auf den *XAML*-Bereich. Hier wurde vom Designer bereits ein wenig *XAML*-Code eingefügt, der das Grundgerüst einer Anwendung beschreibt, die aus einem Fenster als Hauptcontainer besteht, in das ein Grid-Control als oberster Container platziert wurde. Ein Grid ist eines von mehreren Containern, die bei WPF als Hauptcontainer eines Fensters infrage kommen. Ein anderer, oft ein wenig besser geeigneter Container, da er eine absolute Positionierung erlaubt, ist das *Canvas*-Control.

Geben Sie unterhalb von `<Grid>` den folgenden *XAML*-Code ein:

```
<Button>Hallo, WPF</Button>
```

Dieser *XAML*-Code definiert einen Button. Ist das nun ein Befehl? Die Antwort lautet, wie so oft, »Jein«. Ja, es ist ein deklarativer Befehl. Nein, es ist kein üblicher prozeduraler Befehl. XAML ist keine Programmiersprache, sondern eine Beschreibungssprache für WPF-Oberflächen.

Sie werden feststellen, dass der Button gleich angezeigt wird und die komplette Fläche des umgebenden Grids ausfüllt. Kein Wunder, denn für den Button wurde keine Breite und Höhe definiert. Das lässt sich schnell nachholen:

```
<Button Height="64"> Hallo, WPF</Button>
```

Damit wird die Höhe auf 64 (auflösungsunabhängige) Pixel festgelegt, was sich ebenfalls sofort auf die Darstellung auswirkt.

Schritt 3

Fügen Sie unterhalb der Button-Definition zwei weitere Button-Definitionen ein, sodass der Grid-Container insgesamt drei Buttons umfasst:

```
<Button Height="64"> Hallo, WPF zum Zweiten</Button>
<Button Height="64"> Hallo, WPF zum Dritten</Button>
```

Sie werden feststellen, dass von den drei Buttons nur der letzte Button angezeigt wird. Das liegt daran, dass bei keinem der Button eine Position angegeben wurde, sie werden daher alle an derselben Position angezeigt. Da Sie bereits über ein wenig Übung im Umgang mit *XAML* verfügen und eventuell HTML kennen, wäre es naheliegend, dass es beim `Button`-Element ein Left- und ein Top-Attribut gibt, über das die Position im Verhältnis zum umgebenden Container angegeben wird. Nun, diese Attribute gibt es nicht, was daran liegt, dass der Container ein Grid ist, wo die Position eines Kindelements über Zeilen und Spalten angegeben wird, die aber noch hinzugefügt werden müssten. Da dies im Moment ein wenig umständlich wäre, tauschen wir doch einfach den Container gegen ein StackPanel aus.

Schritt 4

Ersetzen Sie im *XAML*-Code `<Grid>` durch `<StackPanel>` und am Ende entsprechend `</Grid>` durch `</StackPanel>` (wenn Sie im *XAML*-Code einen Fehler machen, wird dieser genauso in der Fehlerliste angezeigt wie Fehler im Programmcode). Und siehe da, die drei Buttons erscheinen auf einmal untereinander, da ein StackPanel dafür sorgt, dass sämtliche Controls untereinander oder nebeneinander »gestapelt« platziert werden.

Schritt 5

Die Buttons wirken insgesamt ein wenig blass, was bei WPF aber Absicht ist. Anstatt Eigenschaften wie `Font` oder `Background` für jeden Button einzeln einzustellen, gibt es bei WPF eine bessere Variante. Sie besteht darin, einen sog. *Style* zu definieren, der jedem Button automatisch zugeordnet wird.

Geben Sie unterhalb von `<StackPanel>` den folgenden *XAML*-Code ein:

```
<StackPanel.Resources>
  <Style TargetType="Button">
    <Setter Property="Background" Value="DarkOrange"/>
   </Style>
</StackPanel.Resources>
```

Damit wird im Ressourcenbereich, über den jedes WPF-Element verfügt, ein Style definiert, der auf Buttons »zielt«. Über sog. *Setter* wird eine Eigenschaft, über die der Button verfügen muss, mit einem Wert belegt. Das ist typisch für eine Beschreibungssprache, wie es *XAML* eine ist. Anstelle eines Befehls gibt es eine Deklaration.

Sie werden feststellen, dass die drei Buttons nach der Eingabe des letzten Zeichens die Farbe Dunkelorange annehmen. Die Hintergrundfarbe ist natürlich nicht die einzige denkbare Einstellung. Möchten Sie z.B. erreichen, dass die Buttons etwas mehr Abstand vom Rand einnehmen, fügen Sie den folgenden Setter ein:

```
<Setter Property="Margin" Value="10,10,10,10"/>
```

Über die `Margin`-Eigenschaft wird der Abstand zu den umgebenden Rändern eingestellt.

Spätestens zu diesem Zeitpunkt sollte klar sein, wie bei *XAML* der sprichwörtliche Hase läuft. *XAML* ist im wahrsten Sinne eine Beschreibungssprache. Dank IntelliSense und seinen Auswahllisten ist es nicht allzu schwer dahinterzukommen, was erlaubt ist und was nicht. Eine *XAML*-Referenz, in der alle Elemente beschrieben werden, gibt es übrigens nicht. Aus einem einfach Grund: In »Wirklichkeit« wird auf diese Weise die `Button`-Klasse im WPF-Namespace `System.Windows.Controls` angesprochen. Auch hier sind die regulären Klassen der .NET-Klassenbibliothek im Spiel.

Schritt 6

Der Style legt jene Einstellungen fest, die dem Button bzw. allgemein dem ausgewählten Control gleich am Anfang zugeordnet werden. Soll einer der drei

Buttons eine andere Hintergrundfarbe erhalten, muss entweder ein weiterer Style definiert werden, der diesen einen Button gezielt auswählt, oder die Einstellung direkt bei der Definition des Buttons vorgenommen werden:

```
<Button Background="LightGreen" Height="64">Hallo, WPF zum Zweiten
</Button>
<Button Background="LightYellow" Height="64">Hallo, WPF zum Dritten
</Button>
```

So weit, so gut. Doch wird bei WPF auch richtig programmiert? Klar, daran hat sich nichts geändert. Wenn Sie einen der Buttons doppelt anklicken, gelangen Sie wie bei Windows Forms in die Code-behind-Klasse und dort in die eingefügte Ereignisprozedur. Die folgende Prozedur kümmert sich um das `Click`-Ereignis des Buttons:

```
Private Sub Button1_Click(ByVal sender As System.Object, ByVal e As
System.Windows.RoutedEventArgs) Handles Button1.Click

End Sub
```

Für dieses Beispiel wird keine `Click`-Eventprozedur benötigt. Bis auf die Kleinigkeit, dass der e-Parameter vom Typ `RoutedEventArgs` ist, gibt es zu einer Windows Forms-Ereignisprozedur keine Unterschiede.

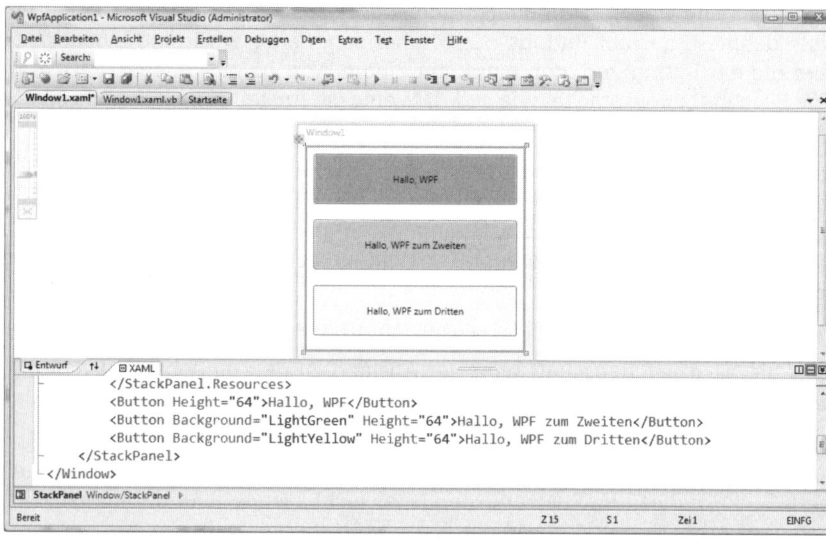

Abb. 13.6: Die Formatierung der Buttons wird durch ein Style-Element gesteuert.

13.2 Ein erstes WPF-Beispiel

In diesem Abschnitt wird ein erstes »richtiges« WPF-Beispiel umgesetzt. Es handelt sich um einen »Spaceshuttle Missions-Finder«. Ziel des kleinen Programms ist es, dass Sie nach Auswahl einer Jahreszahl aus einer ComboBox eine in diesem Jahr durchgeführte Spaceshuttle-Mission aus einer weiteren ComboBox auswählen können und nach Auswahl einer Mission ein paar Eckdaten angezeigt werden. Das Programm ist natürlich alles andere als vollständig (da keine Datenbank im Hintergrund steht und die Missionsdaten für ein paar Missionen in einer XML-Datei abgelegt werden, beschränken sich die Daten auf ein absolutes Minimum) und hätte genauso gut auch mit Windows Forms umgesetzt werden können. Dennoch ist es ein genauso lehrreiches wie ausbaufähiges Beispiel für eine WPF-Anwendung.

Sie finden das Beispiel auf der Buch-DVD in Gestalt der Projektdatei *SpaceShuttleMissions.sln.*

Schritt 1

Starten Sie Visual Basic 2008, und legen Sie ein Projekt vom Typ »WPF-Anwendung« an. Geben Sie dem Projekt den Namen »WPFSpaceShuttle« (der genaue Name spielt wie immer keine Rolle), und speichern Sie es ab.

Ein WPF-Anwendungsprojekt besteht aus folgenden Bestandteilen:

- Der Datei *Application.xaml.*
- Der Datei *Window1.xaml.*
- Der begleitenden Code-behind-Datei *Window1.xaml.vb.*
- Einem Ordner *My Project*, dessen Inhalt weitestgehend dem eines Windows Forms-Projekts entspricht.

Die wichtigste Datei ist natürlich *Window1.xaml.* Sie repräsentiert ein WPF-Fenster. Anders als bei Windows Forms spielt die Code-behind-Datei nicht die zentrale Rolle, da der in der Xaml-Datei enthaltene *XAML*-Code nicht nur zur Beschreibung der Benutzeroberfläche dient, sondern hier auch Elemente wie Triggers oder Storyboards untergebracht werden, deren Funktionalität in einer Windows Forms-Anwendung nur über Programmbefehle hätte realisiert werden können.

Während bei einer Windows Forms-Anwendung »jede Menge« Programmbefehle in die Designerdatei des Formulars eingefügt werden, ist das *XAML*-Grundgerüst, das vom WPF-Designer in `Window1.xaml` eingefügt wird, mehr als überschaubar:

```
<Window x:Class="WpfApplication1.Window1"
  xmlns="http://schemas.microsoft.com/winfx/2006/xaml/presentation"
  xmlns:x="http://schemas.microsoft.com/winfx/2006/xaml"
  Title="Window1" Height="300" Width="300">
  <Grid>

  </Grid>
</Window>
```

`<Window>` definiert das Fenster der Anwendung. Über `x:Class` wird der Name der Klasse festgelegt, welcher der Stammnamespace-Name vorausgeht. Es folgen zwei sog. Namespace-Deklarationen, die zwar unscheinbar aussehen, die aber Voraussetzung sind, damit der Compiler den XAML-Code übersetzen und die XAML-Tags den entsprechenden Klassen zuordnen kann.

Schritt 2

Setzen Sie die `Title`-Eigenschaft des Fensters auf »SpaceShuttle-Mission-Finder« entweder über das Eigenschaftenfenster oder direkt im *XAML*-Code. Für welche Variante Sie sich entscheiden, spielt keine Rolle. Vergrößern Sie das Fenster auf ca. 700 Pixel Breite und ca. 400 Pixel Höhe.

Schritt 3

Platzieren Sie auf dem Fenster insgesamt:

- Ein Label.
- Zwei ComboBoxen nebeneinander mit jeweils einem Label darüber. Die erste ComboBox erhält den Namen »cbJahr«, die zweite den Namen »cbMission«.
- Ein Image-Control rechts von der ComboBox. Es erhält den Namen »imLogo«.
- Ein Expander-Control unterhalb der beiden ComboBoxen. Dies ist ein Container, der eine Fläche umfasst, die bereits zur Entwurfszeit ein- und ausgeklappt werden kann.
- Innerhalb des Expander-Controls jeweils zwei benachbarte Labels in drei Reihen untereinander. Die rechts stehenden Labels heißen nacheinander »lbVehicle«, »lbLaunchDate« und »lbLandingDate«.
- Am rechten Rand innerhalb des Expander-Controls ein weiteres Image-Control. Es erhält den Namen »imMissionLogo«.

Sie werden feststellen, dass die Umsetzung nicht ganz so leicht von der Hand geht wie beim Windows Forms-Designer. Doch geben Sie nicht gleich auf, das ist auch hier alles eine Frage der Übung. Insgesamt ist der WPF-Designer ein wenig sperriger. Orientieren Sie sich bei der Umsetzung an Abbildung 13.7.

Abb. 13.7: Das Fenster des WPF-Beispiels in der Entwurfsansicht

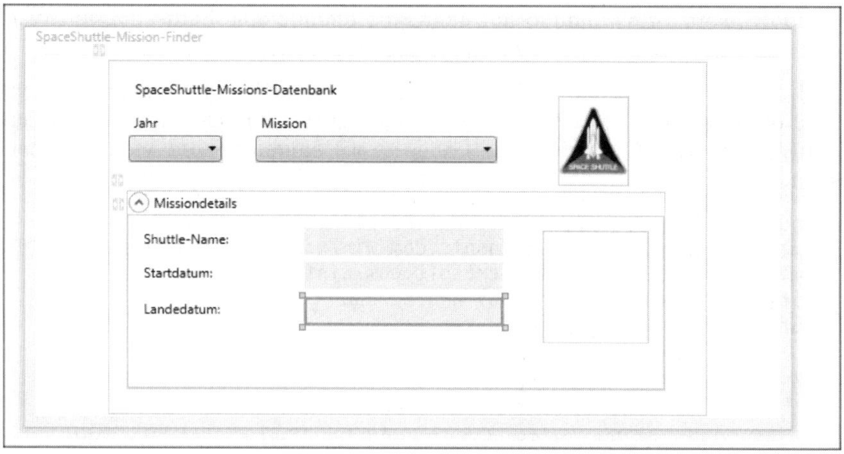

Schritt 4

Damit ist die kleine Oberfläche der WPF-Anwendung fertig. Jetzt werden die Missionsdaten benötigt. Es gibt verschiedene Möglichkeiten, diese zur Verfügung zu stellen. Anstelle einer Datenbank wird für dieses Beispiel eine XML-Datei verwendet, da sich ihr Inhalt dank den `XDocument-/XElement`-Klassen sehr einfach ansprechen und im komfortablen XML-Editor von Visual Basic bequem editieren lässt. Fügen Sie diese über PROJEKT|VORHANDENES ELEMENT HINZUFÜGEN zum Projekt hinzu, und geben Sie ihr den Namen »ShuttleMissions.xml«.

Die *Extensible Markup Language* (XML) ist dazu da, beliebige »strukturierte« Daten zu schreiben. Die Namen in den spitzen Klammern (die sog. »Tags«) können frei festgelegt werden. Wichtig ist, dass es genau ein Stammelement an der Spitze und zu jedem öffnenden auch ein abschließendes Tag gibt. Wie bei *XAML* kommt es auch bei XML auf die Groß-/Kleinschreibung bei den Namen an.

Geben Sie in die XML-Datei den folgenden XML-Text ein, wobei es natürlich nur auf die Struktur ankommt und nicht auf die genauen Inhalte (Sie können den Dateiinhalt auch aus der entsprechenden XML-Datei aus dem Projekt von der Buch-DVD kopieren):

```
<?xml version="1.0" encoding="utf-8" ?>
<ShuttleMissions>
  <Mission Name="ST114">
    <LaunchDate>26.07.2005</LaunchDate>
    <LandingDate>09.08.2005</LandingDate>
    <Vehicle>Discovery</Vehicle>
    <MissionLogo>ST114.jpg</MissionLogo>
  </Mission>
  <Mission Name="ST117">
    <LaunchDate>8.6.2007</LaunchDate>
    <LandingDate>22.06.2007</LandingDate>
    <Vehicle>Atlantis</Vehicle>
    <MissionLogo>ST117.jpg</MissionLogo>
  </Mission>
  <Mission Name="ST118">
    <LaunchDate>8.8.2007</LaunchDate>
    <LandingDate>21.08.2007</LandingDate>
    <Vehicle>Endeavour</Vehicle>
    <MissionLogo>ST118.jpg</MissionLogo>
  </Mission>
  <Mission Name="ST124">
    <LaunchDate>31.05.2008</LaunchDate>
    <LandingDate>14.06.2008</LandingDate>
    <Vehicle>Discovery</Vehicle>
    <MissionLogo>ST124.jpg</MissionLogo>
  </Mission>
```

```
  <Mission Name="ST126">
    <LaunchDate>14.11.2008</LaunchDate>
    <LandingDate>30.11.2008</LandingDate>
    <Vehicle>Endeavour</Vehicle>
    <MissionLogo>ST126.jpg</MissionLogo>
  </Mission>
</ShuttleMissions>
```

Die Missionsdaten stammen von der Webseite der amerikanischen Weltraumbehörde NASA (*http://www.nasa.gov*). Fühlen Sie sich frei, weitere Datensätze hinzuzufügen.

Schritt 5

Stellen Sie in den Dateieigenschaften der XML-Datei bei *BuildVorgang* »Inhalt« und bei *In Ausgabeverzeichnis kopieren* »Kopieren, wenn neuer« ein. Damit wird erreicht, dass die XML-Datei automatisch ins Ausgabeverzeichnis kopiert wird, wenn sie aktueller ist als die sich dort bereits befindende Datei.

Schritt 6

Für jede in der XML-Datei angegebene Logo-Datei wird natürlich im Projektverzeichnis eine entsprechende Bitmap-Datei benötigt, die Sie über PROJEKT|VORHANDENES ELEMENT HINZUFÜGEN ebenfalls zum Projekt hinzufügen. Diese Dateien erhalten bei *BuildVorgang* automatisch die Einstellung »Ressource«, sodass sie im Quellcode über ihren Namen angesprochen werden können (der bei Windows Forms übliche Weg über die Projektressourcen wäre bei WPF deutlich umständlicher). Ein zu einer Spaceshuttle-Mission passendes Logo finden Sie auf der NASA-Website unter *http://www.nasa.gov/mission_pages/shuttle/main/index.html*. Hier finden Sie auch die Details zu allen Shuttle-Missionen für den Fall, dass Sie die XML-Datei ein wenig erweitern möchten, was generell eine gute Idee wäre.

Schritt 7

Schalten Sie per [F7] auf das Programmcodefenster um, und definieren Sie oberhalb des `Class`-Befehls eine kleine Struktur:

```
Structure SPMission
  Friend Name As String
  Friend Vehicle As String
  Friend LaunchDate As Date
  Friend LandingDate As Date
  Friend Logo As BitmapImage
End Structure
```

Nach dem Motto »Es muss nicht immer eine Klasse sein« kommt für dieses Beispiel zur Abwechslung eine Struktur zum Einsatz, die eine einzelne Mission definiert. Der Gültigkeitsbereichsmodifizierer `Friend` wurde gewählt, da die Struktur nicht nach außerhalb des Programms zur Verfügung gestellt werden soll.

Schritt 8

Definieren Sie unterhalb des `Class`-Befehls ein Dictionary, das später alle `SPMission`-Objekte aufnehmen wird.

```
Private SPMissionDic As New Dictionary(Of String, SPMission)
```

Schritt 9

Fügen Sie in `Window1_Loaded` (dem Pendant zu »Form_Load«) die folgenden Befehle ein:

```
SPMissionInit()
Dim AlleJahre = From M In SPMissionDic Select
Year(M.Value.LaunchDate) Distinct
For Each J As String In AlleJahre
  cbJahr.Items.Add(J)
Next
cbJahr.SelectedIndex = 0
```

Zuerst wird die Prozedur `SPMissionInit` aufgerufen, welche die XML-Daten einliest. Dann werden in einer genauso kurzen wie eleganten LINQ-Abfrage die Jahreszahlen aller Starttermine (dank `Disctinct`) genau einmal in die Liste eingetragen. Am Ende werden die Jahreszahlen in die ComboBox übernommen. Auch bei WPF gibt es Datenbindung, doch für das erste Beispiel wurde auf diese etwas fortgeschrittenere Technik verzichtet.

Schritt 10

Fügen Sie die Prozedur `SPMissionInit` ein:

```
Sub SPMissionInit()
    SPMissionDic = New Dictionary(Of String, SPMission)
    Dim XDoc As XDocument = XDocument.Load("ShuttleMissions.xml")
    For Each X1 In XDoc...<Mission>
      Dim M As New SPMission
      M.Name = X1.Attribute("Name").Value
      M.LaunchDate = X1.Element("LaunchDate").Value
      M.LandingDate = X1.Element("LandingDate").Value
      M.Vehicle = X1.Element("Vehicle").Value
      M.Logo = New BitmapImage(New _
        Uri(X1.Element("MissionLogo").Value, UriKind.Relative))
      SPMissionDic.Add(M.Name, M)
    Next
End Sub
```

Diese Prozedur legt ein neues `Dictionary`-Objekt und durch Lesen der XML-Datei für jeden `Mission`-Knoten ein `SPMission`-Objekt an, das mit den Angaben zur Mission bestückt und am Ende dem Dictionary hinzugefügt wird. Damit stehen alle Missionsdaten in `SPMissionDic` zur Verfügung.

Schritt 11

Fügen Sie in die `SelectionChanged`-Ereignisprozedur der ComboBox `cbJahr` die folgenden Befehle ein:

```
Dim MissionenProJahr = From M In SPMissionDic.Values Where _
  Year(M.LaunchDate) = cbJahr.SelectedItem Select M
cbMission.Items.Clear()
For Each M As SPMission In MissionenProJahr
  cbMission.Items.Add(M.Name)
Next
cbMission.SelectedIndex = 0
```

Dieser Code wird nach Auswahl einer Jahreszahl aus der ComboBox `cbJahr` ausgeführt. Er ermittelt über eine LINQ-Abfrage alle Missionen, bei denen die Jahreszahl mit der ausgewählten Jahreszahl übereinstimmt, und überträgt die Missionsnamen in die ComboBox `cbMission`. Auch hier erweist sich LINQ als eine sehr praktische Angelegenheit.

Schritt 12

Fügen Sie in die `SelectionChanged`-Ereignisprozedur der ComboBox `cbMission` den folgenden Befehl ein:

```
ShowMissionsDetails(cbMission.SelectedItem)
```

Dieser Befehl zeigt über den Aufruf von `ShowMissionsDetails` die Details zu einer Mission an.

Schritt 13

Fügen Sie die Prozedur `ShowMissionDetails` ein:

```
Sub ShowMissionsDetails(ByVal Mission As String)
    If Mission IsNot Nothing Then
      lbLaunchDate.Content = SPMissionDic(Mission).LaunchDate
      lbLandingDate.Content = SPMissionDic(Mission).LandingDate
      lbVehicle.Content = SPMissionDic(Mission).Vehicle
      imMissionLogo.Source = SPMissionDic(Mission).Logo
    End If
End Sub
```

Über den Missionsnamen als Schlüssel werden die Daten einer Mission aus dem Dictionary abgerufen und in den drei Labels sowie dem Image-Control angezeigt.

Geschafft! Wenn Sie alles richtig gemacht haben, sollte sich das Projekt über [F5] starten lassen, die Jahre bzw. die Missionen dieser Jahre sollten in den beiden ComboBoxen zur Auswahl stehen und die Details zu einer gewählten Mission im Expander-Bereich angezeigt werden. Zugegeben, es gibt kleinere WPF-Beispiele für den Einstieg, und WPF kann in diesem Beispiel seine Vorteile noch nicht richtig ausspielen. Insbesondere wird Ihnen auffallen, dass die Controls allesamt ein wenig blass und »konturenlos« wirken. Das ist normal bei WPF, denn im Allgemeinen werden diese Dinge über Styles, Skins und Templates nachträglich hinzugefügt. Mit den Style-Elementen, die im letzten Beispiel gar nicht zum Einsatz kamen, haben Sie bereits ein zentrales WPF-Element für diesen Zweck kennengelernt.

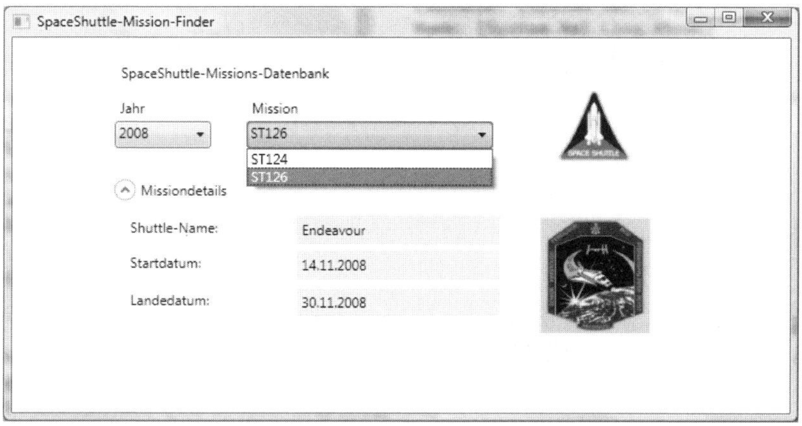

Abb. 13.8: Der Space-Shuttle Mission-Finder in Aktion

13.3 WPF-Spielereien

In diesem Abschnitt lernen Sie ein paar »Spielereien« kennen, die sich mit WPF-Controls relativ einfach durch ein wenig *XAML*-Code realisieren lassen. Auch wenn es eher »Beispielchen« als Beispiele sind, lernen Sie bei jedem der Beispiele wichtige Elemente der WPF-Programmierung kennen.

13.3.1 Bunte Buttons

Einen Button bunt zu machen, ist nicht schwer, doch wie wäre es, wenn ein Button anstelle einer einheitlichen Hintergrundfarbe einen schicken Farbverlauf zeigen würde? Was bei Windows Forms nur etwas für Insider ist, geht bei WPF sehr einfach. Der »Trick« (der natürlich keiner ist) besteht ganz einfach darin, der `Background`-Eigenschaft einen sog. »Gradientbrush« (auf Deutsch »Farbverlauf«) z.B. in Gestalt eines `LinearGradientBrush` zuzuweisen.

Sie finden das Beispiel auf der Buch-DVD in Gestalt der Projektdatei *WPF-BunterButton.sln.*

Der folgende *XAML*-Code sorgt dafür, dass ein Button mit einem von Rot nach Lila verlaufenden Farbverlauf angezeigt wird. Bewegt sich der Mauszeiger über den Button, wird er automatisch in der Standarddarstellung angezeigt.

```
<Grid>
  <Button Height="100" Width="200" Content="Rainbow" FontSize="24"
FontWeight="800" Foreground="White">
      <Button.Background>
        <LinearGradientBrush>
```

```
            <GradientStop Offset="0.2" Color="Red" />
            <GradientStop Offset="0.4" Color="Yellow" />
            <GradientStop Offset="0.6" Color="Green" />
            <GradientStop Offset="0.8" Color="Blue" />
            <GradientStop Offset="0.9" Color="Purple" />
        </LinearGradientBrush>
      </Button.Background>
    </Button>
</Grid>
```

Abb. 13.9: Ein gewöhnlicher Button mal richtig bunt

13.3.2 Schiefe Buttons

WPF-Controls müssen nicht »kerzengerade« stehen. Über eine 2D-Transformation, bei der einfach die Positionspunkte des Controls neu berechnet werden, kann ihre äußere Form einfach verändert werden.

Sie finden das Beispiel auf der Buch-DVD in Gestalt der Projektdatei *WPF-SchieferButton.sln.*

Das folgende Beispiel zeigt den kompletten *XAML*-Code für eine `Style`-Definition für Buttons, die dazu führt, dass diese über die `RenderTransform`-Eigenschaft »schief« angezeigt werden. Bemerkenswert ist das Prinzip, nach dem Style-Vorlagen als »Ressourcen« angesprochen werden, die in dem dafür vorgesehenen Bereich des `Window`-Objekts untergebracht werden:

```
<Button Style="{StaticResource SchieferButton15}"
```

Diese Deklaration ordnet dem Button die Vorlage »SchieferButton15« zu. Ein wenig gewöhnungsbedürftig sind dabei vor allem die geschweiften Klammern, die bei *XAML* häufiger vorkommen.

```
<Window x:Class="Window1"
  xmlns="http://schemas.microsoft.com/winfx/2006/xaml/presentation"
  xmlns:x="http://schemas.microsoft.com/winfx/2006/xaml"
  Title="Schiefer Button" Height="300" Width="300">
```

```
  <Window.Resources>
    <Style x:Key="SchieferButton15">
      <Setter Property="Button.FontSize" Value="20"/>
       <Setter Property="Button.Foreground" Value="White"/>
       <Setter Property="Button.RenderTransformOrigin" Value="0.5,.5"/>
       <Setter Property="Button.RenderTransform">
       <Setter.Value>
            <RotateTransform Angle="15"/>
         </Setter.Value>
       </Setter>
    </Style>
  </Window.Resources>
  <Canvas>
    <Button Style="{StaticResource SchieferButton15}" Background="Blue"
Canvas.Left="10" Canvas.Top="20" Height="50" Width="120" >Hallo, WPF1!</
Button>
   <Button Style="{StaticResource SchieferButton15}" Background="Green"
Canvas.Left="40" Canvas.Top="90" Height="50" Width="120" >Hallo, WPF2!</
Button>
    <Button Style="{StaticResource SchieferButton15}" Background="Red"
Canvas.Left="70" Canvas.Top="160" Height="50" Width="120" >Hallo,
WPF3!</Button>
  </Canvas>
</Window>
```

Abb. 13.10: Buttons, auf die schiefe Bahn geraten (dank Style-Element)

13.3.3 Sich automatisch ändernde Properties dank Trigger

Bei WPF ist eine Property mehr als nur ein passiver Platzhalter für einen Wert. Ändert sich der Wert einer Property, können dadurch automatisch eine oder mehrere andere Properties einen anderen Wert erhalten, ohne dass dafür eine explizite Zuweisung erforderlich ist. Dieser Mechanismus wird »Trigger« (zu Deutsch »Schalter«) genannt.

Sie finden das Beispiel auf der Buch-DVD in Gestalt der Projektdatei *WPF-TriggerBeispiel.sln*.

Das folgende Beispiel zeigt einen Button, bei dem eine Reihe von Eigenschaften immer dann neue Werte erhalten, wenn sich der Mauszeiger über der Buttonfläche befindet.

Neu ist die Art und Weise, wie die Trigger im Ressourcenbereich des Grids untergebracht werden. Sie sind Teil eines Style-Elements, das über das `TargetType`-Attribut gezielt den Buttons zugeordnet wird. Der Trigger bezieht sich auf die Eigenschaft `IsMouseOver` eines Buttons, der `True` sein muss, damit die folgenden »Property-Setter« wirksam werden. Schaltet der Trigger wieder um, nehmen die Eigenschaften automatisch wieder ihre ursprünglichen Werte an.

```
<Window x:Class="Window1"
  xmlns="http://schemas.microsoft.com/winfx/2006/xaml/presentation"
  xmlns:x="http://schemas.microsoft.com/winfx/2006/xaml"
  Title="WPF-Trigger-Beispiel" Height="240" Width="300">
  <Grid>
    <Grid.Resources>
        <Style TargetType="{x:Type Button}">
            <Style.Triggers>
                <Trigger Property="IsMouseOver" Value="true">
                    <Setter Property = "Foreground" Value="Red"/>
                    <Setter Property="FontWeight" Value="Bold"/>
                    <Setter Property = "FontSize" Value="16"/>
                </Trigger>
            </Style.Triggers>
        </Style>
    </Grid.Resources>
      <Button Width="120" Height="40"> Hallo, WPF</Button>
    </Grid>
</Window>
```

13.3.4 Einfache Animationen

Animation bedeutet bei WPF schlicht und einfach die Veränderung einer (im Prinzip beliebigen) Eigenschaft über eine Zeitachse, die vom Programmierer festgelegt werden kann. Möchte man z.B. erreichen, dass ein Button seine Größe ändert, wenn der Anwender den Mauszeiger über seine Innenfläche bewegt, wird dies mit einer Animation der für die Größe zuständigen Eigenschaft innerhalb eines festgelegten Wertebereichs auf einer zuvor angelegten Zeitachse realisiert.

Sie finden das Beispiel auf der Buch-DVD in Gestalt der Projektdatei *WPF-MorphEffekt.sln*.

Das folgende Beispiel simuliert einen einfachen »Morphing-Effekt«, in dem drei Bitmaps (die jeweils ein Porträt eines ehemaligen Bundespräsidenten zeigen) überlagert werden und jeweils ein Bild durch Animieren der `Opacity`-Eigenschaft, welche die Durchsichtigkeit steuert, von 0 auf 1 in das nächste Bild eingeblendet wird.

```
<Window x:Class="Window1"
  xmlns="http://schemas.microsoft.com/winfx/2006/xaml/presentation"
  xmlns:x="http://schemas.microsoft.com/winfx/2006/xaml"
  Title="Ein kleiner Morphing-Effekt" Height="300" Width="300">
  <Grid>
    <Grid.Triggers>
      <EventTrigger RoutedEvent="Grid.Loaded">
          <BeginStoryboard>
            <Storyboard TargetName="pic2" TargetProperty="Opacity">
                <DoubleAnimation From="1" To="0" Duration="0:0:4"
                                 AutoReverse="True"
                                 RepeatBehavior="Forever"/>
            </Storyboard>
          </BeginStoryboard>
          <BeginStoryboard>
             <Storyboard TargetName="pic3" TargetProperty="Opacity">
                <DoubleAnimation From="1" To="0" Duration="0:0:4"
                                 AutoReverse="True"
                                 RepeatBehavior="Forever"/>
              </Storyboard>
          </BeginStoryboard>
      </EventTrigger>
    </Grid.Triggers>
    <Image Name="pic1" Source="HeinrichLuebke.jpg"/>
    <Image Name="pic2" Source="RichardVonWeizsaecker.jpg"/>
    <Image Name="pic3" Source="GustavHeinemann.jpg"/>
  </Grid>
</Window>
```

Abb. 13.11: Die Animation der Opacity-Eigenschaft führt zu einem einfachen »Morphing-Effekt« (und damit zu zwei überlagerten ehemaligen Bundespräsidenten).

13.3.5 Bewegung dank Animation

Wer bei Animation zunächst einmal an Bewegung denkt, liegt natürlich auch bei der WPF nicht daneben, denn eine Bewegung ist nichts anderes als die Animation von Eigenschaften wie Left oder Top auf einer Zeitachse. Möchte man z.B. einen Ball über die Innenfläche eines Fensters bewegen, werden die Eigenschaften `Left` und `Top` eines Ellipse-Controls animiert.

Für Animationen gibt es nach Art der Eigenschaft, die animiert werden soll, verschiedene Animationsklassen. Für eine Animation einer Double-Eigenschaft gibt es die `DoubleAnimation`. Diese kann allerdings nicht irgendwo in den *XAML*-Code platziert werden, sie muss Teil eines sog. *Storyboards* sein, das den Rahmen für die Animation darstellt. Der *XAML*-Code für die Animation der `Top`-Eigenschaft einer bestimmten Ellipse lautet wie folgt:

```
<BeginStoryboard>
  <Storyboard
    TargetName="Ball1"
    TargetProperty="(Canvas.Left)">
    <DoubleAnimation From="0" To="{Binding Breite}"
                     SpeedRatio="4"
                     Storyboard.TargetProperty="(Canvas.Left)"
                     Duration="0:0:10"
                     AutoReverse="True"
                     RepeatBehavior="Forever" />
  </Storyboard>
 </BeginStoryboard>
```

Über `TargetName` wird das Objekt ausgewählt, über `TargetProperty` die zu animierende Eigenschaft. Innerhalb von `DoubleAnimation` werden u.a. Startwert, Endwert, Geschwindigkeit und natürlich die zu animierende Eigenschaft ausgewählt. Der Ausdruck `Storyboard.TargetProperty="(Canvas.Left)"` bezieht sich auf die `Canvas.Left`-Eigenschaft der Ellipse, die in runde Klammern gesetzt wird, da es sich um einen sog. *Pfad* (zu einer bestimmten Eigenschaft) handelt. Gewöhnungsbedürftig ist auch die Schreibweise zur Angabe des To-Wertes: `To="{Binding Breite}"`. Über den Ausdruck in geschweiften Klammern wird die `Breite`-Property der `Window1`-Klasse ausgewählt.[1]

Sie finden das Beispiel auf der Buch-DVD in Gestalt der Projektdatei *WPF-MoveBall.sln*.

Das folgende Beispiel bewegt nicht nur eine Ellipse in einer Art »Endlosschleife« über die Innenfläche des Fensters, sondern zeigt ganz nebenbei, wie ein im Grunde sehr einfaches »Problem« bei *XAML* gelöst werden kann – das Einbauen einer Variablen in den *XAML*-Code, die im Visual Basic-Programmcode definiert wird. Was sich zunächst sehr einfach anhört, ist nicht ganz so einfach zu lösen,

1. Wenn Sie WPF als ein wenig seltsam empfinden, habe Sie natürlich recht, seltsam bedeutet nicht automatisch schlecht. Im Gegenteil, es ist ein Zeichen dafür, dass hinter der WPF ein durchdachtes Konzept steht.

vor allem wenn man noch am Anfang steht und nicht im Traum daran denken würde, dass dies etwas mit Datenbindung zu tun hat.

Das Beispiel wäre übrigens bei Weitem nicht so umfangreich, wenn darauf verzichtet werden würde, die Breite und Höhe des Fensters als variable Startwerte für die Animation in den *XAML*-Code einzutragen. Diese kleine Anforderung macht es erforderlich, zwei Properties zu definieren und die Schnittstelle `INotifyPropertyChanged` in der `Window`-Klasse zu implementieren. Dank des durch diese Schnittstelle definierten `PropertyChanged`-Events erfährt der Bindungspartner von Änderungen, die an den Eigenschaften im Programmcode vorgenommen werden. Von den beiden Ellipsen, die im *XAML*-Code definiert werden, bewegt sich übrigens nur eine, da als »Target« der beiden Animationen eine einzelne Ellipse ausgewählt wurde. Sollen sich beide Ellipsen bewegen, wird eine weitere Animation samt Storyboard benötigt.

Die Datei Window1.xaml

```
<Window x:Class="Window1"
  xmlns="http://schemas.microsoft.com/winfx/2006/xaml/presentation"
  xmlns:x="http://schemas.microsoft.com/winfx/2006/xaml"
  Title="Ein Kreis, der sich bewegt" Height="400" Width="500">
  <Window.Resources>
      <Style TargetType="Ellipse">
          <Setter Property="Width" Value="40"/>
          <Setter Property="Height" Value="40"/>
      </Style>
  </Window.Resources>
  <Window.Triggers>
    <EventTrigger RoutedEvent="Window.Loaded">
      <BeginStoryboard>
         <Storyboard  TargetName="Ball1"
                      TargetProperty="(Canvas.Left)">
          <DoubleAnimation From="0" To="{Binding Breite}"
                           SpeedRatio="4"
                           Storyboard.TargetProperty="(Canvas.Left)"
                           Duration="0:0:10"
                           AutoReverse="True"
                           RepeatBehavior="Forever" />
           <DoubleAnimation From="0" To="{Binding Hoehe}"
                            SpeedRatio="5"
                            Storyboard.TargetProperty="(Canvas.Top)"
                            Duration="0:0:10"
                            AutoReverse="True"
                            RepeatBehavior="Forever" />
          </Storyboard>
      </BeginStoryboard>
    </EventTrigger>  </Window.Triggers>
  <Canvas>
      <Ellipse Name="Ball1" Canvas.Left="40" Canvas.Top="40"
        Fill="DarkOrange"/>
      <Ellipse Name="Ball2" Canvas.Left="10" Canvas.Top="140"
        Fill="Blue"/>
  </Canvas>
</Window>
```

Die Datei Window1.xaml.vb

```
' ------------------------------------------------------------
' Beispiel für eine einfache Animation
' Jetzt lerne ich Visual Basic 2008
' ------------------------------------------------------------
Class Window1
  Implements System.ComponentModel.INotifyPropertyChanged
  Private mBreite As Single
  Private mHoehe As Single

  Public Property Breite() As Single
      Get
          Return mBreite
      End Get
      Set(ByVal value As Single)
          mBreite = value
          RaiseEvent PropertyChanged(Me, _
       New System.ComponentModel.PropertyChangedEventArgs("Breite"))
      End Set
  End Property

  Public Property Hoehe() As Single
      Get
        Return mHoehe - 40
      End Get
      Set(ByVal value As Single)
        mHoehe = value
        RaiseEvent PropertyChanged(Me, _
       New System.ComponentModel.PropertyChangedEventArgs("Hoehe"))
      End Set
  End Property

  Sub New()
    Me.DataContext = Me

    ' Dieser Aufruf ist für den Windows Form-Designer erforderlich.
    InitializeComponent()

    ' Fügen Sie Initialisierungen nach dem InitializeComponent()-
Aufruf hinzu.

  End Sub

  Private Sub Window1_SizeChanged(ByVal sender As Object, ByVal e As
System.Windows.SizeChangedEventArgs) Handles Me.SizeChanged
    Breite = Me.Width
    Hoehe = Me.Height
  End Sub

  Public Event PropertyChanged(ByVal sender As Object, ByVal e As
System.ComponentModel.PropertyChangedEventArgs) Implements
System.ComponentModel.INotifyPropertyChanged.PropertyChanged

End Class
```

13.3.6 Das Prinzip der Datenbindung

Von der Datenbindung war bereits im letzten Abschnitt die Rede. Sie ist einer der Eckpfeiler, auf denen WPF basiert. Möchte man z.B. erreichen, dass die Properties einer Klasse in TextBoxen angezeigt und editiert werden können, wird dies bei WPF über Datenbindung realisiert.

Die Datenbindung wird initialisiert, indem im Konstruktor der `Window`-Klasse der *DataContext* mit dem Objekt initialisiert wird, an das gebunden werden soll:

```
Me.DataContext = mP.CurrentItem
```

In diesem Fall ist `mP.CurrentItem` das aktuelle Element, das von einer zuvor angelegten CollectionView zur Verfügung gestellt wird:

```
mP = New CollectionView(mPersonen)
```

`mPersonen` ist eine `List(Of Person)`-Collection. Über die CollectionView stehen vertraute Methoden wie `MoveCurrentToNext` zur Verfügung, über die sich der aktuelle Datensatz im Rahmen der Datenbindung bewegen lässt.

Sie finden das Beispiel auf der Buch-DVD in Gestalt der Projektdatei *WPF-Datenbindung.sln*.

Das folgende Beispiel simuliert das Prinzip der Datenbindung, in dem drei TextBoxen über ihre `Text`-Eigenschaft an drei Felder einer Klasse `Person` gebunden werden, die in Gestalt mehrerer Objekte dieses Typs in einer Collection enthalten ist.

Die Datei Window1.xaml

```
<!-- Ein Beispiel für eine einfache Datenbindung -->
<!-- Jetzt lerne ich Visual Basic 2008-->
  <Window x:Class="Window1"
  xmlns="http://schemas.microsoft.com/winfx/2006/xaml/presentation"
  xmlns:x="http://schemas.microsoft.com/winfx/2006/xaml"
  Title="WPF-DataBinding Beispiel" Height="300" Width="400">
  <Grid Background="LightGreen">
      <Grid.RowDefinitions>
          <RowDefinition Height="40"/>
          <RowDefinition Height="40"/>
          <RowDefinition Height="40"/>
          <RowDefinition Height="40"/>
          <RowDefinition Height="40"/>
      </Grid.RowDefinitions>
      <Grid.ColumnDefinitions>
          <ColumnDefinition Width="80" />
          <ColumnDefinition/>
      </Grid.ColumnDefinitions>
      <Label Grid.Column="0" Grid.Row="1" Content="Name"/>
      <Label Grid.Column="0" Grid.Row="2" Content="Alter"/>
      <Label Grid.Column="0" Grid.Row="3" Content="E-Mail"/>
```

```
      <TextBox Text="{Binding Path=Name}" Grid.Column="1"
Grid.Row="1" Width="200" Name="tbName"></TextBox>
      <TextBox Text="{Binding Path=Alter}" Grid.Column="1"
Grid.Row="2" Width="200" Name="tbAlter"></TextBox>
      <TextBox Text="{Binding Path=EMail}" Grid.Column="1"
Grid.Row="3" Width="200" Name="tbMail"></TextBox>
      <Button Width="40" Height="32" Grid.Column="1" Grid.Row="4"
Content="&lt;" Name="bnMovePrev" Margin="36,0,0,0"
HorizontalAlignment="Left" />
      <Button Width="40" Height="32" Grid.Column="1" Grid.Row="4"
Content="&gt;" Name="bnMoveNext"  Margin="0,0,41,0"
HorizontalAlignment="Right" />
  </Grid>
</Window>
```

Die Datei Window1.xaml.vb

```
' -------------------------------------------------------------
' Jetzt lerne ich Visual Basic 2008
' Datenbindung an einem einfachen Beispiel
' -------------------------------------------------------------
Class Window1
  Private mPersonen As List(Of Person)
  Private mP As CollectionView

  Sub New()
    mPersonen = New List(Of Person)
    ' Fügen Sie Initialisierungen nach dem InitializeComponent()-
Aufruf hinzu.
    mPersonen.Add(New Person() With {.Name = "Alfred", .EMail =
"alfred@localhost.de", .Alter = 44})
    mPersonen.Add(New Person() With {.Name = "Bert", .EMail =
"bert@localhost.de", .Alter = 52})
    mPersonen.Add(New Person() With {.Name = "Chris", .EMail =
"chris@localhost.de", .Alter = 36})
    mPersonen.Add(New Person() With {.Name = "Dieter", .EMail =
"dieter@localhost.de", .Alter = 42})
    mPersonen.Add(New Person() With {.Name = "Erik", .EMail =
"erik@localhost.de", .Alter = 49})
    mP = New CollectionView(mPersonen)
    Me.DataContext = mP.CurrentItem
    ' Dieser Aufruf ist für den Windows Form-Designer erforderlich.
    InitializeComponent()
 End Sub

  Private Sub bnMoveNext_Click(ByVal sender As System.Object, ByVal e
As System.Windows.RoutedEventArgs) Handles bnMoveNext.Click
    mP.MoveCurrentToNext()
    If Not mP.IsCurrentAfterLast Then
        Me.DataContext = mP.CurrentItem
    Else
        mP.MoveCurrentToLast()
    End If
  End Sub
```

```
  Private Sub bnMovePrev_Click(ByVal sender As System.Object, ByVal e
As System.Windows.RoutedEventArgs) Handles bnMovePrev.Click
    mP.MoveCurrentToPrevious()
    If Not mP.IsCurrentBeforeFirst Then
        Me.DataContext = mP.CurrentItem
    Else
        mP.MoveCurrentToFirst()
    End If
  End Sub

End Class
```

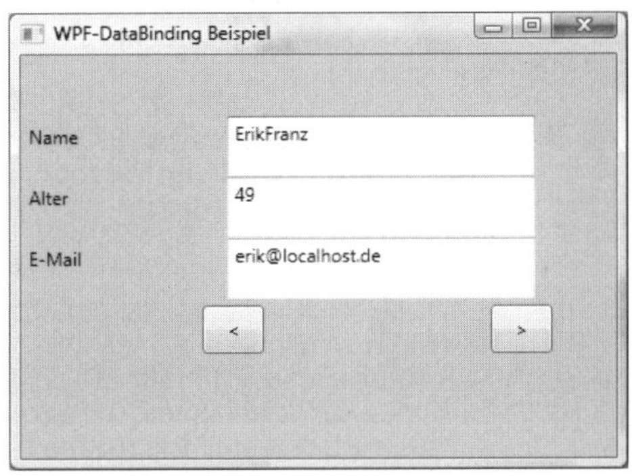

Abb. 13.12: Die TextBoxen erhalten ihren Inhalt über Datenbindung.

13.3.7 Runde Buttons

Es wurde bereits zu Beginn des Kapitels erwähnt, dass WPF-Controls »körperlos« sind, sie besitzen keine »fest eingebaute« Darstellungsform. Ein Button muss nicht rechteckig sein, bei einer ListBox müssen die einzelnen Elemente nicht untereinander angezeigt werden usw. Wird einem Control eine entsprechende Template-Vorlage zugeordnet, kann sie im Prinzip jede beliebige Form annehmen.

Sie finden das Beispiel auf der Buch-DVD in Gestalt der Projektdatei *WPF-RunderButton.sln.*

Das folgende Beispiel zeigt ansatzweise, wie ein runder Button realisiert werden kann. Ansatzweise deswegen, weil es nicht genügt, nur die Form auszutauschen. Wenn der sog. »Visual Tree«, der die hierarchische Struktur der einzelnen Controls umfasst, die ein Control darstellen, neu zusammengebaut wird, dann muss dies komplett geschehen. Das bedeutet z.B., dass das bei den meisten Programmierern als selbstverständlich vorausgesetzte Verhalten eines Controls, dass beim Anklicken mit der Maus das Control seine Form als »visuelles Feedback« ändert, ebenfalls nachgebaut werden muss. Und genau das wird aus Platzgründen nur ansatzweise realisiert.

Ein etwas umfangreicheres Beispiel finden Sie in der WPF-Dokumentation beim Stichwort »Beispiel für ein Button-Control Template« (online unter *http://msdn.microsoft.com/de-de/library/ms753328.aspx*).

```
<Window x:Class="Window1"
  xmlns="http://schemas.microsoft.com/winfx/2006/xaml/presentation"
  xmlns:x="http://schemas.microsoft.com/winfx/2006/xaml"
  Title="Ein Button einmal richtig rund"
  Height="300" Width="300">
  <Window.Resources>
    <ControlTemplate x:Key="RunderButtonTemplate">
      <Grid>
        <Ellipse x:Name="AussenKreis" Width="120" Height="120">
        <Ellipse.Fill>
          <LinearGradientBrush StartPoint="0,0" EndPoint="0,1">
                 <GradientStop Offset="0" Color="Red" />
               <GradientStop Offset="1" Color="DarkOrange"/>
          </LinearGradientBrush>
        </Ellipse.Fill>
        </Ellipse>
        <Ellipse Width="100" Height="100">
           <Ellipse.Fill>
              <LinearGradientBrush StartPoint="0,0" EndPoint="0,1">
                 <GradientStop Offset="0" Color="White"/>
                 <GradientStop Offset="1" Color="Transparent" />
              </LinearGradientBrush>
           </Ellipse.Fill>
         </Ellipse>
          <ContentPresenter VerticalAlignment="Center"
           HorizontalAlignment="Center"
           Content="{TemplateBinding Button.Content}"/>
      </Grid>
      <ControlTemplate.Triggers>
        <Trigger Property="Button.IsMouseOver" Value="True">
          <Setter TargetName="AussenKreis" Property="Fill"
Value="LightSalmon"/>
         </Trigger>
         <Trigger Property="Button.IsPressed" Value="true">
              <Setter Property="RenderTransform">
                 <Setter.Value>
                   <ScaleTransform ScaleX="0.9" ScaleY=".9"/>
                 </Setter.Value>
              </Setter>
              <Setter Property="RenderTransformOrigin"
                 Value=".5,.5"/>
         </Trigger>
       </ControlTemplate.Triggers>
      </ControlTemplate>
  </Window.Resources>
  <Grid>
      <Button Foreground="White" Name="Button1"
       Template="{StaticResource RunderButtonTemplate}">Hallo, WPF</
Button>
  </Grid>

</Window>
```

Abb. 13.13: WPF-Controls wie ein Button können eine beliebige Form besitzen.

13.4 Ein Devisenrechner mit WPF

Zum Abschluss dieses kurzen Kapitels ein Beispiel, das etwas mehr von den Möglichkeiten von WPF erahnen lässt, da z.B. erneut die Datenbindung ins Spiel kommt, die bei WPF bekanntlich sehr flexibel ist. Sie sorgt dafür, dass die Deviseninformationen automatisch in der ListBox angezeigt und nicht Element für Element hinzugefügt werden müssen.

Sie finden das Beispiel auf der Buch-DVD in Gestalt der Projektdatei *WPF-DevisenRechner.sln*.

Aus Platzgründen werden sowohl der *XAML*-Code als auch der Visual Basic-Code nicht vollständig abgebildet. Im *XAML*-Code ist die Art und Weise bemerkenswert, wie die ListBox definiert wird:

```
<ListBox HorizontalAlignment="Left" Margin="12,24,0,53"
  Name="liDevisen" Width="190"
  ItemsSource="{Binding Source={StaticResource Daten}}">
  <ListBox.ItemTemplate>
    <DataTemplate>
      <StackPanel Orientation="Horizontal" Margin="1" Width="180">
        <TextBlock Width="120" Margin="2"
                   Text="{Binding Path=DevisenName}" />
        <TextBlock Width="60" Margin="2"
                   Text="{Binding Path=ISO}" />
      </StackPanel>
    </DataTemplate>
   </ListBox.ItemTemplate>
</ListBox>
```

Die ListBox besteht aus einem `ItemTemplate`, das die Vorlage für einen Eintrag darstellt. Diese wiederum besteht aus einem DataTemplate, das den Inhalt eines Eintrags definiert. Dieser besteht aus zwei `TextBlock`-Elementen, die ihren Inhalt über Datenbindung aus den Properties `DevisenName` und `ISO` beziehen, die zu dem Objekt gehören, das über `ItemsSource` an die ListBox gebunden wird. Daten ist eine Ressource, die im *XAML*-Code wie folgt definiert ist:

```
<Window.Resources>
  <src:Devisen x:Key="Daten" />
</Window.Resources>
```

`Scr` bezieht sich auf einen sog. *Namespace*, der im Kopf des `Window`-Elements definiert wird:

```
xmlns:src="clr-namespace:WPFDevisenrechner"
```

»WPFDevisenrechner« ist der Namespace des Projekts. Auf diese Weise werden die in dem Projekt definierten Klassen, in diesem Fall die Klasse `Devisen`, dem *XAML*-Code unter dem Namen »Daten« verfügbar gemacht. Das DataTemplate greift auf diese Daten zu.

Der Visual Basic-Programmcode definiert u.a. die Klassen `Devise` und `Devisen`. Letztere leitet sich von einer bei WPF beliebten Collection vom Typ `ObservableCollection` ab:

```
Class Devisen
  Inherits System.Collections.ObjectModel.ObservableCollection(Of
Devise)
```

Ihre Stärke liegt in dem Umstand, dass sie mit den Objekten der Collection synchronisiert ist und z.B. immer dann ein `CollectionChanged`-Event auslöst (das in diesem Beispiel aber nicht benutzt wird), wenn ein Element zur Collection hinzugefügt wird oder geändert wurde.

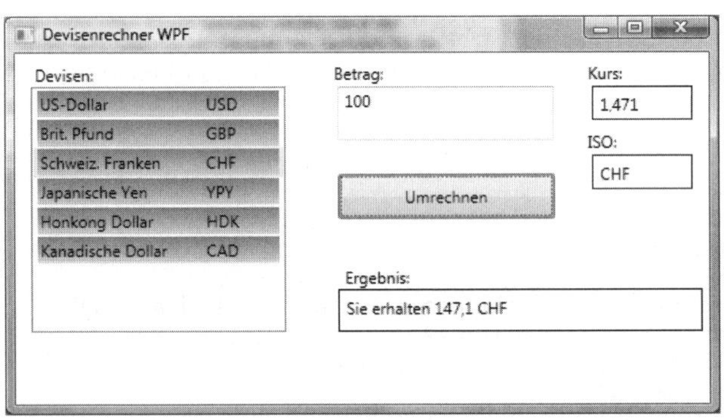

Abb. 13.14: Ein kleiner Devisenrechner – die Inhalte der ListBox sind Devise-Objekte.

13.4.1 Devisenkurse über das Internet

Natürlich wäre es nett, wenn es eine Möglichkeit gäbe, die aktuellen Devisenkurse über das Internet zu erhalten. Im Jahre 2009 sollte das doch kein Problem sein. Abgesehen davon, dass dies bereits im Jahre 1995 (grundsätzlich) kein Problem war, ist das natürlich eine sinnvolle Erweiterung.

Es gibt grundsätzlich zwei Möglichkeiten, um an die Daten zu gelangen:

1. Indem eine Webseite mit Devisenkursen geladen und ausgewertet wird.
2. Indem eine sog. Webservice-Funktion aufgerufen wird, die den aktuellen Kurs für eine Devise liefert, deren Name als Parameter übergeben wird.

Variante 1 ist grundsätzlich einfach zu realisieren.

Sie finden das Beispiel auf der Buch-DVD in Gestalt der Projektdatei *Internet-Devisenrechner.sln.*

Die folgende Befehlsfolge lädt eine Webseite als Zeichenfolge.

```
Dim Url As String = "http://de.finance.yahoo.com/waehrungsrechner"
If My.Computer.FileSystem.FileExists("DevisenDaten.html") Then
  My.Computer.FileSystem.DeleteFile("DevisenDaten.html")
End If
My.Computer.Network.DownloadFile(Url, "DevisenDaten.html")
tbDevisenDaten.Text =
My.Computer.FileSystem.ReadAllText("DevisenDaten.html")
```

Das Herunterladen der Daten ist eine Kleinigkeit, das Problem ist nur, die Kurse aus dem HTML »herauszufischen«. Das kann eine recht knifflige Angelegenheit werden. Diese Variante ist also eher etwas für Menschen mit viel Zeit und dem Vertrauen, dass sich der Aufbau der Seite so schnell nicht ändern wird.

Würde die Seite im XML-Format vorliegen, wäre das Auswerten deutlich einfacher. Das folgende Beispiel geht von seiner Seite mit folgendem Aufbau aus:

```
<?xml version="1.0" ?>
<Devisen Stand="1.4.2009">
  <Devise ISO="USD">
    <Kurs>0.75</Kurs>
  </Devise>
  <Devise ISO="CHF">
    <Kurs>0.98</Kurs>
  </Devise>

  <!-- usw. -->

</Devisen>
```

Sie finden diese Datei im Internet unter der Adresse *http://www.activetraining.de/devisen.xml.* Die folgende Befehlsfolge lädt die Daten in ein DataSet, dessen Inhalt anschließend in einem DataGridView angezeigt wird:

```
Dim DevisenXmlUri As New Uri("http://www.activetraining.de/
devisendaten.xml", UriKind.Absolute)
Try
  Dim Ds As New DataSet("DevisenDaten")
  Ds.ReadXml(DevisenXmlUri.AbsoluteUri)
  dgDevisen.DataSource = Ds.Tables(1)
Catch ex As Exception
  MessageBox.Show("Fehler beim Abruf der XML-Daten!", ex.Message)
End Try
```

Ein wenig eleganter geht es mit *LINQ to XML*, das in diesem Buch leider aus Platzgründen nicht vorgestellt werden kann. Die folgende Befehlsfolge lädt dieselben XML-Devisendaten aus dem Internet, dieses Mal in ein `XDocument`-Objekt, sodass die ISO-Namen als Collection an die ComboBox gebunden werden können:

```
Dim DevisenXmlUri As _
 New Uri("http://www.activetraining.de/devisendaten.xml", _
 UriKind.Absolute)
Try
  Dim XDoc As XDocument = XDocument.Load(DevisenXmlUri.AbsoluteUri)
  Dim Devisen = From D In XDoc...<Devise> Select New With _
   {.ISO = D.Attribute("ISO").Value, _
    .DeviseName = D.Element("DevisenName").Value, _
    .Kurs = D.Element("Kurs").Value}
  cbDevisen.DisplayMember = "ISO"
  cbDevisen.ValueMember = "Kurs"
  cbDevisen.DataSource = Devisen.ToList
Catch ex As Exception
  MessageBox.Show("Fehler beim Abruf der XML-Daten!", ex.Message)
End Try
```

Die folgende Zuweisung zeigt den Kurs in einem Label an:

```
lbKurs.Text = cbDevisen.SelectedValue
```

Abb. 13.15: Devisendaten aus dem Internet – einmal im HTML-Format, einmal im XML-Format.

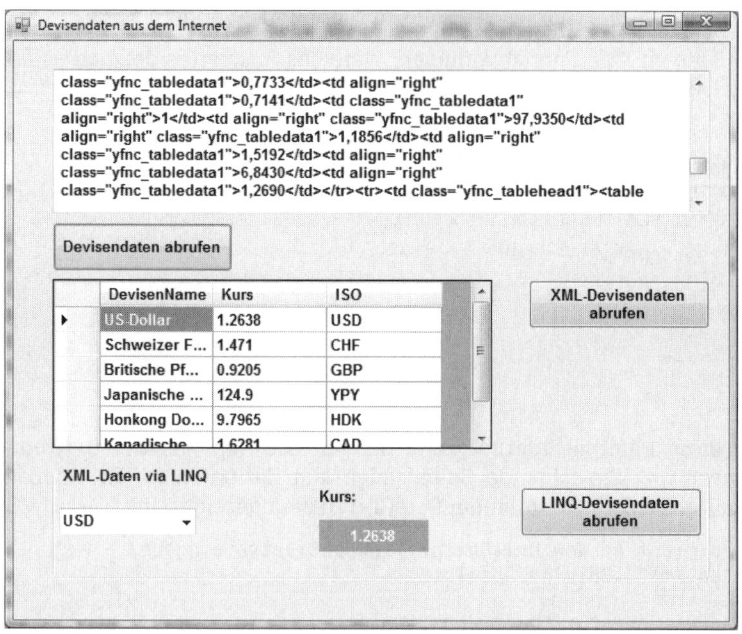

Fazit: Liegen Daten im XML-Format vor, ist die Auswertung dank der `XDocument`-Klasse im Namespace `System.Xml.Linq` eine Kleinigkeit.

Variante 2 ist ebenfalls einfach, setzt aber voraus, dass es einen Webservice gibt, der sich (kostenlos) aufrufen lässt. Und das ist leider nicht selbstverständlich, was auch nachvollziehbar ist, denn warum soll sich jemand die Mühe machen und tagesaktuelle Devisenkurse kostenlos zur Verfügung stellen? Dennoch, ein Angebot gibt es. Sie finden es unter der Adresse:

http://www.webservicex.net/CurrencyConvertor.asmx?WSDL

Sie finden das Beispiel auf der Buch-DVD in Gestalt der Projektdatei *DevisenrechnerWebService.sln.*

Die Vorgehensweise ist bei Visual Basic 2008 sehr einfach. Sie fügen über PROJEKT|DIENSTVERWEIS einen Verweis auf den Webservice ein, was zur Folge hat, dass Visual Basic ein sog. *Proxy-Objekt* (also einen Stellvertreter) angelegt, über das die Methode des Webservices aufgerufen werden kann. Damit unterscheidet sich der Aufruf der Webservice-Funktion durch nichts von dem Aufruf einer lokalen Methode.

Gehen Sie wie folgt vor, um den Aufruf durchzuführen:

Schritt 1

Legen Sie ein neues Windows Forms-Anwendung-Projekt an.

Schritt 2

Platzieren Sie auf dem Formular eine ComboBox, eine Textbox, einen Button und ein Label.

Schritt 3

Wählen Sie PROJEKT|DIENSTVERWEIS, und klicken Sie auf *Erweitert*, da ein »altmodischer« Webservice eingefügt werden soll. Geben Sie in das URL-Feld die obige URL ein, und klicken Sie auf *Gehe zu*, um die WSDL-Datei, welche die Webservice-Funktionen definiert, herunterzuladen.

Schritt 4

Tragen Sie bei WEBVERWEISNAME »DevisenWS« ein, und bestätigen Sie die Auswahl über *Verweis hinzufügen*. Dadurch wird eine Klasse mit dem Namen »CurrencyConvertor« im Namespace »DevisenWS« angelegt.

Schritt 5

Fügen Sie in `Form_Load` die folgenden Befehle ein:

```
cbDevisen.Items.AddRange(New String() {"CAD", "CHF", "USD", "JPY"})
cbDevisen.SelectedIndex = 0
tbBetrag.Text = "1000"
```

Der Einfachheit halber werden die Devisennamen fest in die ComboBox eingetragen.

Schritt 6

Geben Sie in die Click-Ereignisprozedur des Buttons die folgenden Befehle ein:

```
Dim Ws As New DevisenWS.CurrencyConvertor
Dim StartCur As DevisenWS.Currency = _
 GetCurrencyByName(cbDevisen.SelectedItem)
If StartCur <> 0 Then
  Dim Kurs As Double = Ws.ConversionRate(StartCur, _
   DevisenWS.Currency.EUR)
  tbErgebnis.Text = String.Format("Für {0} _ erhalten Sie {1} {2}",
tbBetrag.Text, tbBetrag.Text * Kurs, cbDevisen.SelectedItem)
Else
  MessageBox.Show(String.Format("Devise {0} nicht gefunden.", _
   cbDevisen.SelectedItem), My.Application.Info.Title)
End If
```

Zuerst wird die CurrencyConvertor-Klasse instanziiert, um über die Instanz die Webservice-Funktion ConversionRate aufrufen zu können, der zwei Parameter übergeben werden: die Devise, von der umgerechnet werden soll, und die Devise, in die umgerechnet werden soll.

Schritt 7

Ein kleines Problem gilt es noch zu lösen. Die Funktion ConversionRate erwartet die Devisen als Parameter vom Typ einer Konstanten, die Teil der Konstantenliste Currency ist, und nicht als Name (also als String-Parameter). Die folgende Funktion liefert zu dem Namen der Konstanten, der dem ISO-Namen der Devise entspricht, den Wert der Konstanten als Wert vom Typ DevisenWS.Currency:

```
Function GetCurrencyByName(ByVal CurName As String) As
DevisenWS.Currency
  Dim CurValues() As DevisenWS.Currency =
[Enum].GetValues(GetType(DevisenWS.Currency))
  For Each Cur As DevisenWS.Currency In CurValues
    If [Enum].GetName(GetType(DevisenWS.Currency), Cur) = CurName
Then
      Return Cur
   End If
  Next
  Return Nothing
End Function
```

Geschafft. Wenn Sie das Projekt mit F5 starten, aus der ComboBox eine Devise auswählen und in die TextBox einen Betrag eingeben und auf den Button klicken, sollte kurze Zeit später, eine Internet-Verbindung natürlich vorausgesetzt, der Währungsbetrag in dem Label erscheinen. Sie haben damit eine Funktion aus den Weiten des Internets aufgerufen.

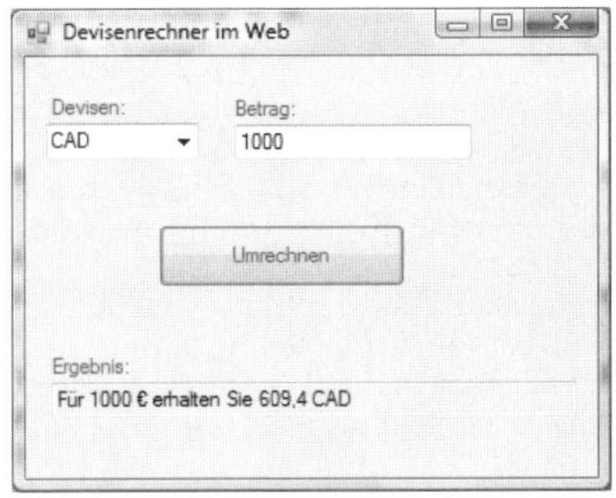

Abb. 13.16: Das unscheinbare Programm führt die Devisenumrechnung über einen Webservice-Aufruf durch.

13.5 Zusammenfassung

Die *Windows Presentation Foundation* (WPF) ist aufgrund der gebotenen Möglichkeiten eine faszinierende Angelegenheit für Visual Basic-Programmierer. Leider ist WPF deutlich komplexer und vielschichtiger als Windows Forms, sodass die Einarbeitung gerade für erfahrene Programmierer, die in diesem Punkt praktisch von vorne anfangen und viele vertraut gewordene Techniken vergessen müssen, mehr Geduld und Ausdauer erfordert. Auch der WPF-Designer in Visual Basic 2008 ist nicht der Weisheit letzter Schluss, sondern eher eine Art »Provisorium«. Mit der nächsten Version von Visual Studio wird auch die Entwicklungsumgebung auf WPF umgestellt werden. Dann wird es mit Sicherheit einen Designer geben, der keine Wünsche offenlässt. Spätestens dann wird es selbstverständlich sein, dass angehende Visual Basic-Programmierer gleich mit der WPF beginnen. Es lohnt sich daher, am Ball zu bleiben. WPF ist, mittelfristig gesehen, die Zukunft der Windows-Benutzeroberflächen.

13.6 Fragen zum Abschluss des Kapitels

Frage 1 Nennen Sie drei Vorteile von WPF gegenüber Windows Forms und zwei Gründe, die nach wie vor für Windows Forms sprechen.

Frage 2 Wie sieht der *XAML*-Code aus, der dafür sorgt, dass drei TextBoxen untereinander angezeigt werden, ohne dass Größe und Position einer TextBox explizit festgelegt werden müssen?

Frage 3 Wie lässt sich am einfachsten erreichen, dass alle drei TextBoxen einen hellblauen Hintergrund und Arial 16 pt fett als Schriftformat verwenden?

Frage 4 Erstellen Sie ein kleines WPF-Programm, bei dem sich die Helligkeit der Hintergrundfarbe des Fensters per Datenbindung über einen Regler einstellen lässt, ohne dass ein Event beteiligt ist.

Die Antworten zu den Fragen finden Sie in Anhang C.

KAPITEL 14

jetzt lerne ich

Von der Idee zum fertigen Windows-Programm

Die bisherigen Kapitel des Buches haben stets verschiedene Teilbereiche von Visual Basic beleuchtet und mit kleinen Beispielen illustriert. In Kapitel 9 wurden verschiedenere kleinere Windows-Programme vorgestellt, in Kapitel 12 ein kleines Windows-Programm, das auf einer Datenbank basiert. In diesem Kapitel wird in einem »großen Finale« eine Windows-Anwendung Schritt für Schritt von der Idee über die Umsetzung bis zur »Auslieferung« vorgestellt. Vorgestellt wird ein nützliches »Mini-Programm« für den Alltagsgebrauch. Anstelle Windows Forms das neue WPF (Kapitel 13) für die Oberflächengestaltung zu verwenden, wäre eine Idee, ist aber nicht zwingend erforderlich, da sich die Vorteile von WPF bei diesem Programm kaum auswirken würden. Theoretisch ließe sich das Programm auch mit der Vorgängerversion Visual Basic 2005 umsetzen, wenngleich auch Hobby-Programmierer, sofern nichts dagegen spricht, stets mit der aktuellsten Version arbeiten sollten.

14.1 Die Idee

Am Anfang steht immer eine Idee. Der junge *Bill Gates* hatte angeblich eine Eingebung, als er beim Fensterputzen von der Leiter fiel und, nachdem er unsanft auf dem Boden gelandet war, auf einmal viele Fenster sah, die lautlos über den blauen Himmel schwebten, andere haben ähnliche Einfälle beim Duschen oder beim Warten im Stau auf der Autobahn. Wie eine Idee zustande kommt, spielt natürlich keine Rolle. Wichtig ist lediglich, sie festzuhalten und daraus bei Zeiten etwas zu machen. Die nächsten Schritte sind, die Idee etwas genauer zu beschreiben und dabei, sofern das Ziel der Idee eine Software ist, die Merkmale zusammenzustellen. Auch wenn Träumen erlaubt ist und eine wichtige Antriebsfeder in einem kreativen Prozess ist, sollte man sich bereits zu diesem frühen Zeitpunkt darüber im Klaren sein, dass sich nur ein Bruchteil davon in einem realistischen Zeitrahmen realisieren lassen wird und daher bereits einige der etwas ausgefalleneren Ideen auf die nächste oder übernächste Version verschieben.

Lohnt es sich denn heutzutage überhaupt noch, etwas selber zu entwickeln? Es gibt doch »Abermillionen« von Programmen bereits fertig, die sich meistens von irgendwoher herunterladen lassen? Grundsätzlich ist das natürlich richtig, doch liegt es in der Natur der Sache, dass viele Programme genau die gesuchte Funktionalität nicht bieten, nicht auf dem neuesten Stand sind oder aus einem anderen Grund nicht infrage kommen. Niemand wird die 112. Textverarbeitung programmieren wollen, um Microsoft und den etwas kleineren Platzhirschen Konkurrenz zu machen, aber sowohl im Bereich der Branchenanwendungen als auch im Bereich der kleinen Helfer für die Praxis gibt es noch viel Raum für Verbesserungen. Dass es nicht nur Spaß macht, etwas Neues zu starten, sondern dass es auch nach wie vor auch eine Möglichkeit ist, eine Existenz aufzubauen bzw. einen Nebenverdienst zu erhalten, zeigt das Beispiel *Apple AppStore* sehr eindrucksvoll, wo in der Rekordzeit von einigen Monaten Tausende kleiner Anwendungen entstanden sind, die auf einem Apple *iPhone* oder *iPod Touch* laufen (diese Programme werden aber nicht mit Visual Basic erstellt).

Einen formalen Weg zum Skizzieren von Ideen gibt es genauso wenig wie ein Programm dafür. Über eine Technik, die als **Mind Mapping** (zu Deutsch »Gedächtniskarte«) beschrieben wird (*http://de.wikipedia.org/wiki/Mindmap*), lassen sich allgemein Ideen recht gut ausarbeiten. Ein nettes Werkzeug, mit dem sich solche Mind Maps erstellen lassen, ist **FreeMind** (*http://freemind.sourceforge.net/wiki*). Auch Ideen für Programme lassen sich auf diese Weise ausarbeiten. Für den Anfang reichen aber auch ein leeres Blatt Papier und ein klassischer Bleistift oder Kugelschreiber.

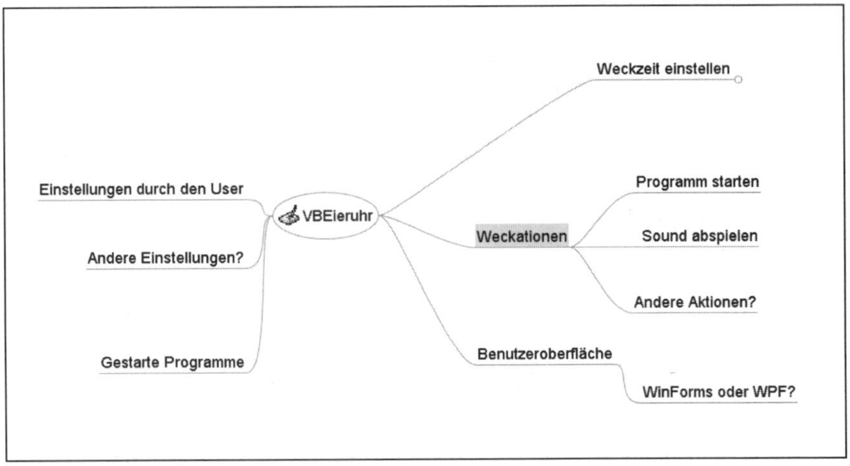

Abb. 14.1: Die Programmidee für die VBEieruhr mit dem freien Tool FreeMind skizziert

Heutzutage dürften deutlich mehr Anwendungen für das Web als für den Windows-Desktop entwickelt werden. Als dritte Plattform hat sich die mobile Plattform etabliert. Alle drei Sorten von Anwendungen können mit Visual Basic entwickelt werden, für die Entwicklung mobiler Anwendungen, die z.B. auf Handys mit Microsoft-Betriebssystem laufen, wird allerdings die Professional Edition von Visual Studio benötigt. Seit Kurzem gibt es mit den Browser-Anwendungen eine vierte Kategorie. Eine Browser-Anwendung ist eine Anwendung, die im Browser läuft (das legt der Name bereits irgendwie nahe). Es handelt sich aber nicht um eine Webanwendung, die auf einem Webserver ausgeführt wird und ihre Ergebnisse an den Browser schickt, sondern um ein Programm, das zwar vom Webserver geladen wird, dann aber komplett lokal ausgeführt wird und vom Webserver gegebenenfalls Daten nachlädt. Mit dem relativ neuen *Silverlight* von Microsoft lassen sich diese Browser-Anwendungen auch mit Visual Basic entwickeln. Dafür wird eine Erweiterung benötigt, die aktuell noch in einer Testversion vorliegt und erst mit der nächsten Version von Visual Studio offizieller Teil der Entwicklungsumgebung werden wird. Silverlight ist eine hochinteressante Angelegenheit, die in diesem Buch aber nicht weiter vertieft werden kann.

TIPP

Wer sich für Silverlight interessiert, benötigt die *Microsoft Silverlight Tools für Visual Studio 2008 SP1*. Download unter *http://www.microsoft.com/downloads/details.aspx?displaylang=de&FamilyID=c22d6a7b-546f-4407-8ef6-d60c8ee221ed*.

14.1.1 Die Idee wird konkreter

Im Folgenden soll eine kleine »Eieruhr« für den Windows-PC umgesetzt werden. Wie of kommt es vor, dass man mal eben noch ein paar Minuten an etwas sitzen möchte. Oder dass man ein bis zwei Stunden an etwas arbeiten und dabei die Zeit nicht aus den Augen verlieren möchte. Die **VBEieruhr** soll diesen Zustand ändern. Sie stellen eine Zeit ein und legen fest, was nach Ablauf der Zeitspanne passieren soll. Entweder wird ein Systemsound abgespielt, ein beliebiges Programm wird gestartet oder eine zuvor ausgewählte Klangdatei abgespielt. Wird das Formularfenster geschlossen, läuft das Programm weiter und wird über das Info-Feld in der Taskleiste (auch »Systray« genannt) gesteuert. Alles das ist mit der *VBEieruhr* möglich, die in diesem Abschnitt Schritt für Schritt umgesetzt wird. Dabei lernen Sie folgende Techniken kennen:

- Umgang mit Ressourcen (hier werden die Bitmaps des Programms abgelegt).
- Umgang mit mehreren Formularen.
- Wie sich im Info-Feld der Taskleiste (»Systray«) Programme unterbringen lassen (über die NotifyIcon-Komponente).
- Wie sich Programmeinstellungen speichern lassen, sodass sie beim nächsten Programmstart wieder zur Verfügung stehen.

Sie sehen, die *VBEieruhr* ist nicht nur praktisch, sondern auch lehrreich, was die Visual Basic-Programmierung betrifft.

Die *VBEieruhr* ist zwar ein einfaches Programm, geht aber bereits weit über den Umfang eines typischen »Hallo, Welt«-Programms hinaus. Sie macht deutlich, dass auch kleine Programme schnell umfangreicher werden und, wenn ein Programm gewisse Grundanforderungen erfüllen soll, einfach etwas mehr Zeit in die Umsetzung investiert werden muss. Wenn angehende Programmierer eines mitbringen müssen, dann sind es Geduld und Ausdauer und damit auch Zeit (eigentlich sind es bereits drei Dinge).

> Sie finden das komplette Programm auf der Buch-DVD in Gestalt der Projektdatei *VBEieruhr.sln* und können es durch Laden der Projektmappendatei in Visual Basic/Visual Studio laden und zur Ausführung bringen. Deutlich mehr lernen Sie, wenn Sie die Umsetzung Schritt für Schritt nachvollziehen und sich dabei die Zeit nehmen, die einzelnen Schritte auch zu verstehen.

14.2 Die Umsetzung Schritt für Schritt

In diesem Abschnitt wird die komplette *VBEieruhr* Schritt für Schritt umgesetzt. Die Schrittfolge wurde durch den Autor mehrfach geprüft. Sollte es wider Erwarten kleinere Unstimmigkeiten geben, verwenden Sie den Quellcode auf der Buch-DVD als Referenz.

Schritt 1

Legen Sie ein neues Projekt vom Typ »Windows Forms-Anwendung« an. Geben Sie dem Projekt den Namen »VBEieruhr«, und speichern Sie es über *Alle speichern* gleich ab.

Als Erstes ist eine kleine Vorbereitungsmaßnahme erforderlich, die für einige der folgenden Schritte benötigt wird. Diese besteht darin, eine Reihe von Bitmaps zu den Projektressourcen hinzuzufügen, sodass sie später z.B. den ToolStrip-Buttons zugeordnet werden können. Dabei gibt es aber ein kleines Problem. Visual Basic 2008 Express enthält, anders als die Standard und Professional Edition, von Haus aus leider keine Bitmaps, sodass Sie sich selber auf die Suche begeben müssen. Und das ist leider nicht ganz so einfach, da es eine Weile dauert, bis man aus dem riesigen Angebot an »Free Icons« ein paar passende Bitmaps gefunden hat. Kapitel 9 geht auf dieses Thema etwas ausführlicher ein. Im Folgenden wird davon ausgegangen, dass Ihnen ein paar (halbwegs) passende Bitmaps zur Verfügung stehen.

> Für das Beispielprojekt verwendet der Autor das **Krypton Icon Pack** der kleinen Firma *Component Factory* (*http://www.componentfactory.com/windows-forms-icons.php*), die eine angenehme Optik besitzen und deren Symbole eine breite Palette abdecken, die allerdings nicht kostenlos sind (und daher dem Buch auch nicht beigelegt werden können).

Schritt 2

Öffnen Sie über PROJEKT|VBEIERUHR EIGENSCHAFTEN die Projekteigenschaften. Hier können Sie einiges einstellen (der Schritt wird daher auch noch mehrfach wiederholt werden), unter anderem im Register *Ressourcen* auch die Ressourcen des Projekts bearbeiten. Fügen Sie hier über RESSOURCE HINZUFÜGEN|VORHANDENE DATEI

HINZUFÜGEN nacheinander insgesamt drei Bitmaps hinzu, und geben Sie ihnen im Einzelnen die Namen »Beenden«, »Einstellungen« und »Info«. Diese Namen dienen lediglich der Zuordnung und haben keine tiefere Bedeutung. Welche Bitmaps Sie auswählen, spielt ebenfalls keine Rolle, sie sollten allerdings thematisch zu den Namen passen und im Idealfall 16 x 16 Pixel groß sein (bzw. nicht allzu viel größer sein).

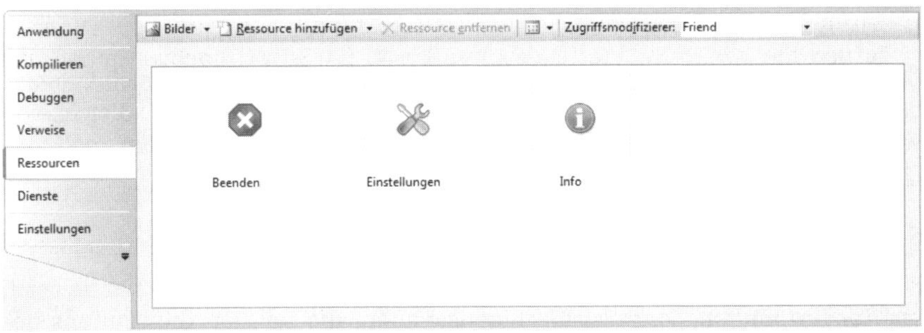

Abb. 14.2: Zu den Projektressourcen wurden drei Bitmaps hinzugefügt

Schritt 3

Ordnen Sie auf dem Formular eine *Timer*-Komponente an. Sie werden feststellen, dass sie nicht auf dem Formular erscheint, sondern im darunter liegenden Komponentenfach. Geben Sie dem Timer den Namen »tmEieruhr«.

Schritt 4

Ordnen Sie auf dem Formular eine *NotifyIcon*-Komponente an, die ebenfalls im Komponentenfach landet. Geben Sie ihr den Namen »VBEieruhrNotify«.

Als Erstes wird die Benutzeroberfläche »zusammengebaut«, daran hat sich seit Version 1.0 bei Visual Basic nichts geändert. Die Benutzeroberfläche besteht in diesem Fall aus insgesamt drei Formularen, die der Reihe nach umgesetzt werden.

Schritt 5

Das mit Abstand umfangreichste Formular ist das Startformular, das von Anfang an Teil des Projekts ist. Ändern Sie bei diesem Formular als Erstes ein paar Eigenschaftswerte. Orientieren Sie sich dabei an Tabelle 14.1.

Tabelle 14.1: Die Eigenschaften des Formulars, die neue Werte erhalten

Eigenschaft	Neuer Wert
Name	fmHaupt
FormBorderStyle	FixedSingle
Font	Arial, 11 pt, Fett
MaximizeBox	False
Text	VBEieruhr

Tabelle 14.1: Die Eigenschaften des Formulars, die neue Werte erhalten (Forts.)

Eigenschaft	Neuer Wert
Icon	Diese Änderung ist optional. Anders als bei den übrigen Bitmaps, die über Ressourcen zugeordnet werden, wird das Icon direkt ausgewählt. Wählen Sie hier ein passendes Icon (am besten in der Größe 16 x 16) aus, das anstelle des Standard-Icons angezeigt werden soll.

Schritt 6

Ordnen Sie auf dem Formular ein *ToolStrip*-Control an. Es platziert sich automatisch am oberen Rand (dafür ist seine `Dock`-Eigenschaft zuständig). Gleichzeitig wird ein Eintrag zum Komponentenfach hinzugefügt. Geben Sie dem *ToolStrip*-Control den Namen »tsHaupt«.

Schritt 7

Fügen Sie zur neuen Symbolleiste insgesamt drei Buttons hinzu. Es handelt sich um *ToolStripButton*-Controls. Die Eigenschaften, die bei den drei Buttons geändert werden sollen, sind in Tabelle 14.2 zusammengestellt.

Abb. 14.3: Zum Formular wurde eine Symbolleiste mit drei Buttons hinzugefügt.

Tabelle 14.2: Die Eigenschaften der ToolStrip-Buttons, die neue Werte erhalten

1. ToolStripButton	
Eigenschaft	Neuer Wert
Name	tsbnBeenden
Text	Programm beenden
Image	Beenden (aus den Projektressourcen)
ToolTipText	Programm beenden
2. ToolStrip-Button	
Name	tsbnEinstellungen
Text	Programmeinstellungen
Image	Einstellungen (aus den Projektressourcen)
ToolTipText	Programmeinstellungen
3. ToolStrip-Button	
Name	tsbnInfo
Text	Über das Programm
Image	Info (aus den Projektressourcen)
ToolTipText	Über das Programm

Schritt 8

Platzieren Sie auf dem Formular als Nächstes ein *ContextMenuStrip*-Control, und geben Sie ihm den Namen »cnmnVBEieruhr«. Dies ist ein etwas seltsames Control, da es die meiste Zeit unsichtbar ist und erst, wenn es über seinen Eintrag im Komponentenfach selektiert wird, sichtbar wird und anschließend gleich wieder verschwindet, sodass man schnell vergessen kann, dass es überhaupt existiert. Der Hintergrund ist, dass ein Kontextmenü in der Regel durch Anklicken einer Fläche mit der rechten Maustaste geöffnet wird, also anders als ein reguläres Menü nicht permanent sichtbar ist. Wird es über seinen Eintrag im Komponentenfach selektiert, wird es unterhalb der Titelleiste des Formulars sichtbar, und Sie können wie bei einem regulären Menü Einträge hinzufügen oder vorhandene Einträge bearbeiten. Fügen Sie drei Einträge hinzu: »Wiederherstellen« als *MenuItem*, einen Separator (Trennstrich) und »Beenden« als weiteres *MenuItem*. Um die Benennung müssen Sie sich zur Abwechslung einmal keine Gedanken machen, denn wie Sie bereits aus Kapitel 9 wissen, vergibt Visual Basic die Namen halbwegs »intelligent«. So besitzt der erste Eintrag den Namen »WiederherstellenToolStripMenuItem«.

Abb. 14.4: Zum Kontextmenü wurden drei Einträge hinzugefügt.

Mit *cnmnVBEieruhr, tsHaupt, VBEieruhrNotify* und *tmEieruhr* befinden sich inzwischen vier Komponenten im Komponentenfach des Formulars *fmHaupt*.

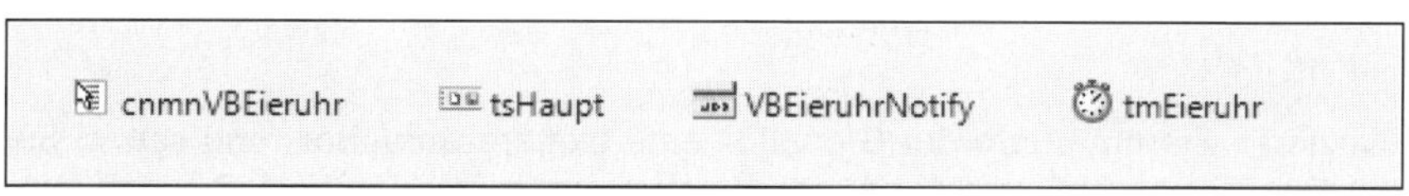

Abb. 14.5: Das Komponentenfach ist auf vier Komponenten angewachsen.

Schritt 9

Ordnen Sie unterhalb der Symbolleiste ein *NumericUpDown*-Control an, und geben Sie ihm den Namen »udMinuten«. Geändert werden bzw. sollten lediglich die Eigenschaften *Font* und *TextAlign* (Tabelle 14.3).

Tabelle 14.3: Die Eigenschaften des NumericUpDown-Controls, die neue Werte erhalten

Eigenschaft	**Neuer Wert**
Name	udMinuten
Font	15,75
TextAlign	Center

Schritt 10

Platzieren Sie oberhalb des *NumericUpDown*-Controls ein Label, um es zu beschriften.

Schritt 11

Platzieren Sie unterhalb des *NumericUpDown*-Controls drei Buttons nebeneinander. Die Buttons erhalten die Namen »bnStarten«, »bnAnhalten« und »bnBeenden« und entsprechend die Beschriftungen »&Starten«, »&Anhalten« und »&Beenden«. Über diese Buttons wird die Eieruhr später gesteuert.

Schritt 12

Platzieren Sie unterhalb der Buttons eine GroupBox, und setzen Sie die `Text`-Eigenschaft auf »Weckzeit«. GroupBox-Controls sind rein passive Gebilde, die in erster Linie zum Gruppieren anderer Controls da sind – daher auch der Name.

Schritt 13

Platzieren Sie in die GroupBox ein Label, und setzen Sie die `Name`-Eigenschaft auf »lbWeckzeit«. Als kleine »Verschönerungsmaßnahme« können Sie weitere Eigenschaften setzen, die in Tabelle 14.4 zusammengestellt sind.

Tabelle 14.4: Die Eigenschaften des Label-Controls, die neue Werte erhalten

Eigenschaft	Neuer Wert
Name	lbWeckzeit
Font	15,75
TextAlign	MiddleCenter
Text	
BackgroundColor	DarkControl

Schritt 14

Platzieren Sie unterhalb der GroupBox eine weitere GroupBox, und setzen Sie die *Text*-Eigenschaft auf »Aktionen«. Hier werden später die Weckaktionen ausgewählt.

Schritt 15

Platzieren Sie in die GroupBox als Erstes ein *RadioButton*-Control. Geben Sie ihm den Namen » rbProgrammStart«, und setzen Sie die *Text*-Eigenschaft auf »Programm starten«.

Schritt 16

Platzieren Sie unterhalb des Radiobuttons eine ComboBox, und geben Sie ihr den Namen »cbProgrammPfad«. Hier soll ein bereits gestartetes Programm erneut ausgewählt werden können.

Schritt 17

Platzieren Sie rechts vom Radiobutton einen Button, geben Sie ihm den Namen »bnPfadAuswahl«, und setzen Sie die *Text*-Eigenschaft auf »...«. Über diesen Button soll das zu startende Programm, sofern diese Aktion gewählt wurde, ausgewählt werden.

Schritt 18

Platzieren Sie unterhalb der ComboBox ein weiteres RadioButton-Control. Geben Sie ihm den Namen »rbSystemSound«, und setzen Sie die `Text`-Eigenschaft auf »Systemsound spielen«. Wird diese Option gewählt, wird zur Weckzeit ein Systemsound gespielt.

Schritt 19

Platzieren Sie unterhalb des Radiobuttons eine ComboBox, und geben Sie ihr den Namen »cbSystemSounds«. Hier soll ein Systemsound ausgewählt werden können.

Schritt 20

Platzieren Sie unterhalb der ComboBox ein weiteres RadioButton-Control. Geben Sie ihm den Namen »rbWavDatei«, und setzen Sie die `Text` Eigenschaft auf »Wav-Datei spielen« Wird diese Option gewählt, wird zur Weckzeit eine zuvor ausgewählte Wav-Datei gespielt.

Schritt 21

Platzieren Sie rechts vom Radiobutton einen Button, geben Sie ihm den Namen »bnWavAuswahl«, und setzen Sie die `Text`-Eigenschaft auf »...«. Über diesen Button soll die abzuspielende Wav-Datei, sofern diese Aktion gewählt wurde, ausgewählt werden.

Damit ist das Hauptformular fertig. Das war der angenehmere Part. Jetzt wird es ein wenig »unangenehmer«, denn es geht an die Programmierung. Für ein solch kleines Programm ist die Anzahl der Codezeilen bereits relativ hoch. Doch aufgeben gilt nicht. Wenn Sie es bis hierher geschafft haben, bewältigen Sie auch die nächste Etappe.

Abb. 14.6: Das fertige Hauptformular in der Entwurfsansicht

Schritt 22

Schalten Sie per F7 auf das Programmcodefenster für das Formular um.

Schritt 23

Fügen Sie oberhalb des `Class`-Befehls zwei `Imports`-Befehle ein:

```
Imports System.Reflection
Imports System.IO
```

Diese »Imports« lassen sich auch in den Projekteigenschaften einstellen und gelten dann für das gesamte Projekt. Auch wenn dies sicher praktischer ist, hat diese Variante den kleinen »Vorteil«, dass man durch die lokalen »Importe« explizit darauf hingewiesen wird, dass bestimmte Klassen verwendet werden.

Schritt 24

Definieren Sie unterhalb des `Class`-Befehls ein paar Variablen:

```
Private WeckzeitMinuten As Integer
Private Weckzeit As TimeSpan
Private EierUhrLaueft As Boolean
Private ProgAusfuehrenPfad As String
Private ProgAusfuehrenArgs As String
```

Im Folgenden wird eine Reihe von Ereignisprozeduren mit Inhalten gefüllt. Sie wählen dabei den Prozedurrahmen stets auf dieselbe Weise aus, indem Sie in der linken Auswahlliste das Steuerelement und in der rechten Auswahlliste das Event auswählen.

Schritt 25

Fügen Sie in die `ValueChanged`-Ereignisprozedur des *NumericUpdown*-Controls den folgenden Befehl ein:

```
WeckzeitMinuten = udMinuten.Value
```

Er setzt die Weckzeit auf den neu eingestellten Wert.

Schritt 26

Fügen Sie in die `Click`-Ereignisprozedur des Buttons *bnStarten* die folgenden Befehle ein:

```
If rbProgrammStart.Checked Then
  ' Eventuelle Kommandozeilenwerte abtrennen
  Try
    ProgAusfuehrenPfad = cbProgrammPfad.Text
    If cbProgrammPfad.Text.Contains(" ") Then
       ProgAusfuehrenPfad = cbProgrammPfad.Text.Substring(0,
cbProgrammPfad.Text.IndexOf(" "))
       ProgAusfuehrenArgs =
cbProgrammPfad.Text.Substring(cbProgrammPfad.Text.IndexOf(" "))
    End If
    If Not File.Exists(ProgAusfuehrenPfad) Then
       MessageBox.Show("Das ausgewählte Programm gibt es nicht.",
My.Application.Info.Title)
       cbProgrammPfad.Select()
       Exit Sub
    End If
    ' Programmpfad in ComboBox übernehmen
    If cbProgrammPfad.FindString(cbProgrammPfad.Text) = -1 Then
       cbProgrammPfad.Items.Add(cbProgrammPfad.Text)
    End If
    tmEieruhr.Start()
    EierUhrLaueft = True
    Weckzeit = New TimeSpan(0, WeckzeitMinuten, 0)
    bnStarten.Enabled = False
    bnAnhalten.Enabled = True
    bnBeenden.Enabled = True
    udMinuten.Enabled = False
  Catch ex As Exception
    MessageBox.Show("Programm kann nicht gestartet werden!", _
                    My.Application.Info.Title)
  End Try
End If
```

Schritt 27

Fügen Sie in die `Click`-Ereignisprozedur des Buttons *bnAnhalten* die folgenden Befehle ein:

```
If bnAnhalten.Text = "&Anhalten" Then
  tmEieruhr.Stop()
   EierUhrLaueft = False
  bnAnhalten.Text = "&Fortsetzen"
```

```
Else
  EierUhrLaeuft = True
  bnAnhalten.Text = "&Anhalten"
  tmEieruhr.Start()
End If
```

Schritt 28

Fügen Sie in die `Click`-Ereignisprozedur des Buttons *bnBeenden* die folgenden Befehle ein:

```
tmEieruhr.Stop()
EierUhrLaeuft = False
bnAnhalten.Enabled = False
bnBeenden.Enabled = False
bnStarten.Enabled = True
udMinuten.Enabled = True
Weckzeit = New TimeSpan(0, WeckzeitMinuten, 0)
lbWeckzeit.Text = Weckzeit.ToString()
```

Schritt 29

Fügen Sie in die `Tick`-Prozedur der *Timer*-Komponente die folgenden Befehle ein:

```
Weckzeit = Weckzeit.Subtract(New TimeSpan(0, 0, 1))
lbWeckzeit.Text = Weckzeit.ToString()
If Weckzeit.TotalMinutes = 0 Then
  ' Formular sichtbar machen
  Me.Show()
  tmEieruhr.Stop()
  EierUhrLaeuft = False
  bnStarten.Enabled = True
  udMinuten.Enabled = True
  bnAnhalten.Enabled = False
  bnBeenden.Enabled = False
  If rbProgrammStart.Checked Then
     Process.Start(ProgAusfuehrenPfad, ProgAusfuehrenArgs)
  ElseIf rbSystemSound.Checked Then
  ' ### Dieser Teil ist wirklich ein wenig "advanced", dafür aber
sehr flexibel
    Dim SysSounds As Type = GetType(Media.SystemSounds)
    Dim SoundProps As PropertyInfo() = _
     GetType(System.Media.SystemSounds).GetProperties( _
     System.Reflection.BindingFlags.Static + _
     System.Reflection.BindingFlags.Public + _
     System.Reflection.BindingFlags.CreateInstance)
    For Each Pi As PropertyInfo In SoundProps
        If Pi.Name = cbSystemSounds.Text Then
           My.Computer.Audio.PlaySystemSound(Pi.GetValue(Nothing, _
            Nothing))
        End If
     Next
  ' ### Hier geht der "Advanced"-Teil zu Ende
```

```
Else
  Try
     My.Computer.Audio.Play(cbWavPfad.Text)
  Catch ex As InvalidOperationException
     MessageBox.Show("Wav-Datei kann nicht abgespielt werden!", _
                     ex.Message)
  End Try
  End If
End If
```

Die Aufgabe der `Tick`-Prozedur ist es zu prüfen, ob die Weckzeit abgelaufen ist, und, sollte dies der Fall sein, die ausgewählte Aktion durchzuführen. Das Starten eines Programms ist sehr einfach, dazu genügt ein Aufruf der Start-Methode der `Process`-Klasse. Auch das Abspielen einer Klangdatei im Wav-Format ist über `My.Computer.Audio.Play` keine echte Herausforderung. Erstaunlich knifflig ist das Abspielen eines Systemsounds, und zwar aus einem einfachen Grund. In der ComboBox werden die Namen der Systemsounds aufgelistet, der `PlaySystemSound`-Methode erwartet den Systemsound allerdings als Objekt. Wie macht man aus einer Zeichenkette ein Objekt, das so heißt, wie es die Zeichenkette vorgibt? Über eine Technik, die als *Reflection* (zu Deutsch »Abfrage der Struktur eines Objekts«) bezeichnet wird und die in einem *Jetzt lerne ich Visual Basic*-Buch nur am Rande erwähnt werden kann, da sie zwar alles andere als kompliziert, aber doch etwas zu speziell für den Anfang ist. Daher nur die Kurzfassung: Über Reflection wird die Eigenschaft von `Media.SystemSounds` gesucht, deren Name in der ComboBox ausgewählt wurde, und als `PropertyInfo`-Objekt der `PlaySystemSound`-Methode übergeben. Natürlich wäre es deutlich einfacher, die Namen über einen `Select Case`-Befehl abzufragen und in jedem `Case`-Zweck die `PlaySystemSound`-Methode mit dem jeweiligen Systemsound-Parameter aufzurufen, doch in diesem Buch sollen Sie natürlich auch ein paar der etwas fortgeschritteneren .NET-Programmiertechniken kennenlernen.

Schritt 30

Fügen Sie in die `FormClosing`-Ereignisprozedur des Formulars die folgenden Befehle ein:

```
' Ist der Grund für das Schließen, dass der Anwender das Fenster
geschlossen hat?
If e.CloseReason = CloseReason.UserClosing Then
  ' Formular unsichtbar machen
  Me.Hide()
  ' NotifyIcon sichtbar machen
  VBEieruhrNotify.Visible = True
  ' Ballon-Tipp anzeigen
  VBEieruhrNotify.ShowBalloonTip(1, "VB-Eieruhr", "Programm läuft
weiter ...", ToolTipIcon.Info)
  ' Formular soll nicht geschlossen werden
  e.Cancel = True
End If
```

Schritt 31

Fügen Sie in die `Form_Load`-Ereignisprozedur die folgenden Befehle ein:

```
' Start-Button sichtbar machen
bnStarten.Enabled = True
' Anhalten- und Beenden-Button unsichtbar machen
bnAnhalten.Enabled = False
bnBeenden.Enabled = False
' Minium und Maximalwert für Rauf- und Runterzähler setzen
udMinuten.Minimum = 1
udMinuten.Maximum = 999
udMinuten.Value = 5
' Timer einrichten
tmEieruhr.Interval = 1000
' Weckzeit als TimeSpan-Objekt initialisieren
Weckzeit = New TimeSpan(0, WeckzeitMinuten, 0)
' Weckzeit ausgeben
lbWeckzeit.Text = Weckzeit.ToString()
' Radiobutton voreinstellen
rbSystemSound.Checked = True
' Bei den übrigen RadioButtons ein CheckedChanged-Event auslösen,
damit die Eingabeelemente
' deaktiviert werden
rbProgrammStart_CheckedChanged(Nothing, Nothing)
rbWavDatei_CheckedChanged(Nothing, Nothing)
' Die Namen der Systemklänge in ComboBox laden
Dim SysSounds As Type = GetType(Media.SystemSounds)
For Each Pi As PropertyInfo In SysSounds.GetProperties
    If Not Pi.CanWrite Then
        cbSystemSounds.Items.Add(Pi.Name)
    End If
Next
' Einen Systemsound voreinstellen
cbSystemSounds.SelectedIndex = 0
' Ein paar Formulareinstellungen vornehmen
Me.ShowInTaskbar = False
Me.MinimizeBox = False
Me.MaximizeBox = False
' NotifyIcon unsichtbar machen
'EieruhrNotify.Visible = False
' Autovervollständigen für die Programmpfad-Auswahlbox deaktivieren
cbProgrammPfad.AutoCompleteMode = AutoCompleteMode.Suggest
cbProgrammPfad.AutoCompleteSource = AutoCompleteSource.FileSystem
' Eventuell gespeicherte Programmnamen laden
EinstellungenLaden()
```

Schritt 32

Fügen Sie in die Click-Ereignisprozedur des Buttons *bnPfadAuswahl* die folgenden Befehle ein:

```
' Dateiauswahldialog anzeigen
Using Ofd As New OpenFileDialog
  Ofd.Filter = "Exe-Datei (*.exe)|*.exe|Alle Dateien|*.*"
  If Ofd.ShowDialog = Windows.Forms.DialogResult.OK Then
    If cbProgrammPfad.FindString(Ofd.FileName) = -1 Then
      cbProgrammPfad.Items.Add(Ofd.FileName
      cbProgrammPfad.SelectedIndex = 0
     End If
  End If
End Using
```

Schritt 33

Fügen Sie in die Click-Ereignisprozedur des Buttons *bnWavAuswahl* die folgenden Befehle ein:

```
Using Ofd As New OpenFileDialog
   Ofd.Filter = "Wave-Datei (*.wav)|*.wav|Alle Dateien|*.*"
    If Ofd.ShowDialog = Windows.Forms.DialogResult.OK Then
       If cbWavPfad.FindStringExact(Ofd.FileName) = -1 Then
          cbWavPfad.Items.Add(Ofd.FileName)
          cbWavPfad.SelectedIndex = 0
      End If
    End If
End Using
```

Schritt 34

Fügen Sie in die Click-Ereignisprozedur des ToolStrip-Buttons *WiederherstellenToolStripMenuItem* die folgenden Befehle ein:

```
VBEieruhrNotify.Visible = False
Me.Show()
```

Schritt 35

Fügen Sie in die Click-Ereignisprozedur des ToolStrip-Buttons *BeendenToolStripMenuItem* die folgenden Befehle ein:

```
' Programm komplett beenden - löst kein Form_Closing aus!
VBEieruhrNotify.Visible = False
' Programmpfade in der ComboBox sichern
EinstellungenSichern()
' Programm beenden
Environment.Exit(0)
```

Schritt 36

Geben Sie die Prozedur *EinstellungenSichern* ein:

```
Sub EinstellungenSichern()
  ' Alle Pfade sichern
  If My.Settings.ProgrammstartPfade Is Nothing Then
      My.Settings.ProgrammstartPfade = _
       New Collections.Specialized.StringCollection()
  End If
  For Each Pfad As String In cbProgrammPfad.Items
      If My.Settings.ProgrammstartPfade.IndexOf(Pfad) = -1 Then
          My.Settings.ProgrammstartPfade.Add(Pfad)
      End If
  Next
  My.Settings.Save()
End Sub
```

Hier wird eine zuvor in den Projekteigenschaften getroffene Einstellung über `My.Settings` angesprochen. Bemerkenswert ist, dass es kein Problem ist, mehrere Zeichenketten in einer Einstellung zu speichern, wenn diese vom Typ `StringCollection` ist. Damit haben Sie nicht nur eine weitere Collection kennengelernt, sondern etwas gelernt, das auch viele erfahrene Programmierer nicht wissen dürften.

Schritt 37

Geben Sie die Prozedur *EinstellungenLaden* ein:

```
If My.Settings.ProgrammstartPfade IsNot Nothing Then
  For Each Pfad As String In My.Settings.ProgrammstartPfade
    cbProgrammPfad.Items.Add(Pfad)
  Next
  If cbProgrammPfad.Items.Count > 0 Then
     cbProgrammPfad.SelectedIndex = 0
  End If
End If
```

Diese Prozedur wird nach dem Programmstart ausgeführt. Hier werden die in den Programmeinstellungen enthaltenen Pfade geladen.

Schritt 38

Fügen Sie in die `CheckedChanged`-Ereignisprozedur des RadioButtons *rbProgrammStart* die folgenden Befehle ein:

```
cbProgrammPfad.Enabled = rbProgrammStart.Checked
bnPfadAuswahl.Enabled = rbProgrammStart.Checked
```

Schritt 39

Fügen Sie in die `CheckedChanged`-Ereignisprozedur des RadioButtons *rbSystemSound* den folgenden Befehl ein:

```
cbSystemSounds.Enabled = rbSystemSound.Checked
```

Schritt 40

Fügen Sie in die CheckedChanged-Ereignisprozedur des RadioButtons *rbWavDatei* die folgenden Befehle ein:

```
cbWavPfad.Enabled = rbWavDatei.Checked
bnWavAuswahl.Enabled = rbWavDatei.Checked
```

Schritt 41

Fügen Sie in die Click-Ereignisprozedur des Buttons *tsbnBeenden* den folgenden Befehl ein:

```
BeendenToolStripMenuItem.PerformClick()
```

Schritt 42

Fügen Sie in die MouseClick-Ereignisprozedur der Komponente *VBEieruhrNotify* die folgenden Befehle ein:

```
' Aktuelle Weckzeit anzeigen, wenn Formular unsichtbar ist
Dim BalTipText As String
If e.Button = Windows.Forms.MouseButtons.Left And Me.Visible = False
Then
  If EierUhrLaueft Then
    BalTipText = "Aktuelle Zeit: " & Weckzeit.ToString
  Else
    BalTipText = "Eieruhr läuft nicht."
  End If
  'EieruhrNotify.ShowBalloonTip(200, "Aktueller Status", BalTipText,
ToolTipIcon.Info)
End If
```

Ein Anklicken des Symbols im Info-Feld der Taskleiste soll bewirken, dass der Programmstatus als »BalloonTip« angezeigt wird.

Schritt 43

Fügen Sie in die Click-Ereignisprozedur des ToolStrip-Buttons *tsbnEinstellungen* die folgenden Befehle ein:

```
Dim F As New fmEinstellungen
F.ShowDialog()
```

Schritt 44

Gleich ist es geschafft. Fügen Sie in die Click-Ereignisprozedur des ToolStrip-Buttons *tsbnInfo* die folgenden Befehle ein:

```
Dim F As New fmInfo
F.ShowDialog()
```

Das waren in der Tat eine Menge Befehle. Damit ist das Hauptformular abgeschlossen. Jetzt fehlen die übrigen beiden Formulare, die sowohl was ihre Oberfläche als auch ihren Code angehen deutlich überschaubarer sind.

Schritt 45

Fügen Sie über PROJEKT|WINDOWS FORM HINZUFÜGEN ein neues Formular hinzu, und geben Sie ihm gleich zu Beginn den Namen »fmEinstellungen«. Auch wenn Visual Studio (bei der Express Edition weniger) eine reichhaltige Auswahl an Formularvorlagen anbietet, basieren alle auf ein und demselben Formular.

Schritt 46

Ordnen Sie auf dem Formular zwei GroupBox-Controls an, und platzieren Sie dort die Steuerelemente gemäß Abbildung 14.7. Die Namen der Controls sind in der Abbildung ebenfalls zusammengestellt. Es handelt sich um ein relativ einfaches Dialogfeld-Formular, sodass keine Besonderheiten zu beachten sind.

Tabelle 14.5: Die geänderten Eigenschaften beim Formular fmEinstellungen

Steuerelement	Eigenschaft	Neuer Wert
1. GroupBox	Text	Farbe
2. Label in der 1. GroupBox	Name	lbHintergrundFarbe
Button in der 1. GroupBox	Name	bnFarbeEinstellen
Button in der 1. GroupBox	Text	...
2. GroupBox	Text	Programmeinstellungen
2. Label in der 2. GroupBox	Name	lbProgrammeinstellungenPfad
Button in der 2. GroupBox	Name	bnProgrammEinstellungenLoeschen
Button außerhalb der GroupBox	Name	bnSchliessen

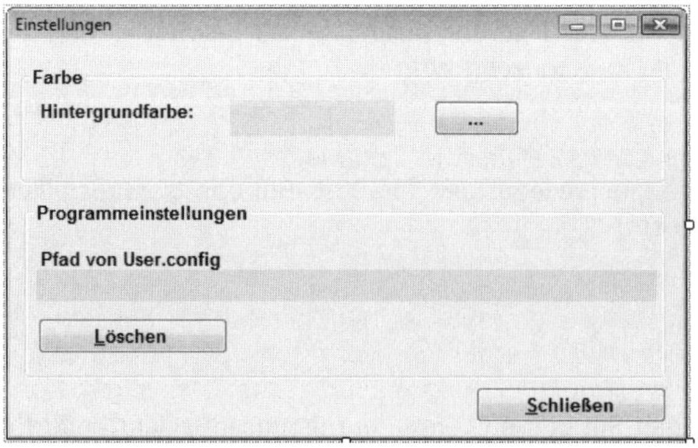

Abb. 14.7: Das fertige Formular fmEinstellungen in der Entwurfsansicht

Schritt 47

Die Formularoberfläche steht, jetzt geht es wieder an die Programmierung. Schalten Sie per F7 auf das Programmcodefenster für das Formular um.

Schritt 48

Als Erstes werden zwei Namespaces importiert:

```
Imports System.IO
Imports System.Configuration
```

Schritt 49

Was Sie an dieser Stelle noch nicht ahnen können, ist, dass Visual Basic den zweiten `Imports`-Befehl zwar anstandslos schluckt, die Klasse *ConfigurationManager*, die im weiteren Verlauf des Programms angesprochen werden soll, aber trotzdem nicht zur Verfügung stellt. Der Grund ist, dass dazu noch ein Verweis auf die Assembly-Bibliothek *System.Configuration.dll* über PROJEKT|VERWEIS HINZUFÜGEN und eine Auswahl der Bibliothek aus der Liste hinzugefügt werden müssen. Der Grund, dass der `Imports`-Befehl auch ohne das Setzen eines Verweises anstandslos akzeptiert wird, liegt einfach darin, dass der Namespace bereits durch eine andere Assembly-Bibliothek definiert wird, nur eben ohne die Klasse *ConfigurationManager*.

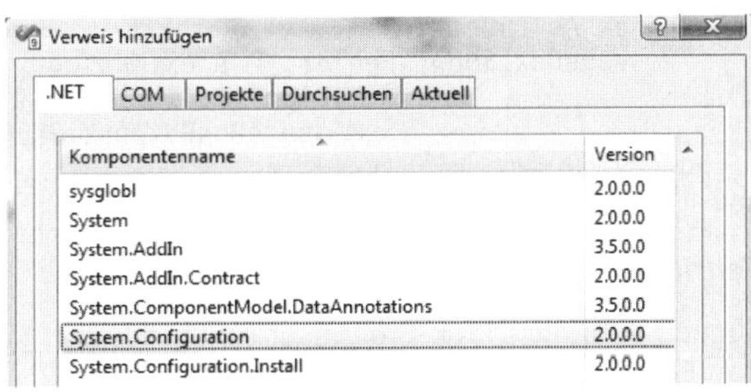

Abb. 14.8: Auf die Bibliothek System.Configuration.dll muss ein Verweis gesetzt werden.

Schritt 50

Definieren Sie unterhalb des `Class`-Befehls die Variable *ConfigPfad*:

```
Private ConfigPfad As String =
ConfigurationManager.OpenExeConfiguration(ConfigurationUserLevel.
PerUserRoamingAndLocal).FilePath
```

Dieser Befehl ist verdächtig lang für eine Variablendeklaration. Der Grund ist, dass die Variable mit dem aktuellen Pfad der Konfigurationsdatei für den angemeldeten Benutzer vorbelegt werden soll. Diesen Pfad abzufragen ist gar nicht so einfach, wie es sich anhört. Man muss bereits ein wenig tiefer in die .NET-Trickkiste greifen und die Klasse `ConfigurationManager` mit ihrer Methode `OpenExeConfiguration` bemühen. Das funktioniert an dieser Stelle natürlich nur, weil dies eine *Shared*-Methode ist und die Klasse dazu nicht instanziiert werden muss.

Wenn Sie einen Haltepunkt auf die Deklarationszeile setzen, werden Sie feststellen, dass die Programmausführung mit dem Laden des Formulars an dieser Stelle anhält, dieser Befehl also als Erstes ausgeführt wird.

Schritt 51

Fügen Sie in `Form_Load` die folgenden Befehle ein:

```
lbHintergrundFarbe.BackColor = fmHaupt.BackColor
lbHintergrundFarbe.Text = ""
lbProgrammeinstellungenPfad.Text = ConfigPfad
```

Schritt 52

Fügen Sie in die `Click`-Prozedur des Buttons *bnProgrammEinstellungen-Loeschen* die folgenden Befehle ein:

```
If MessageBox.Show("Soll User.config gelöscht werden?", _
                   "Bestätigung erforderlich", _
                    MessageBoxButtons.YesNo) = _
Windows.Forms.DialogResult.Yes Then
  Try
    File.Delete(ConfigPfad)
    MessageBox.Show("User.config wurde gelöscht", _
                        My.Application.Info.Title, _
                        MessageBoxButtons.OK)
  Catch ex As Exception
     MessageBox.Show("Fehler: " & ex.Message, _
                        My.Application.Info.Title, _
                        MessageBoxButtons.OK)
  End Try
End If
```

Schritt 53

Fügen Sie in die `Click`-Ereignisprozedur des Buttons *bnSchliessen* den folgenden Befehl ein:

```
Me.Close()
```

Schritt 54

Fügen Sie in die `Click`-Ereignisprozedur des Buttons *bnFarbeEinstellen* die folgenden Befehle ein:

```
Using Cd As New ColorDialog
  Cd.Color = fmHaupt.BackColor
  If Cd.ShowDialog = Windows.Forms.DialogResult.OK Then
     lbHintergrundFarbe.BackColor = Cd.Color
     fmHaupt.BackColor = Cd.Color
  End If
End Using
```

Damit ist auch das zweite Formular fertig, und Sie haben es in Kürze geschafft. Es fehlt noch ein kleines Info-Formular, in dem ein paar Daten über das Programm angezeigt werden.

Schritt 55

Fügen Sie über PROJEKT|WINDOWS FORM HINZUFÜGEN ein neues Formular hinzu, und geben Sie ihm den Namen »fmInfo«. Stellen Sie die `FormBoderStyle`-Eigenschaft auf »FixedDialog«, da das Fenster in seiner Größe nicht veränderbar sein soll, und tragen Sie für die `Text`-Eigenschaft z.B. »Über das Programm ...« ein.

Zwar bietet Visual Studio (aber nicht in der Express Edition) eine Vorlage für ein Info-Formular an, auf dem bereits Steuerelemente platziert sind, es bringt aber keine Vorteile gegenüber einem Eigenbau.

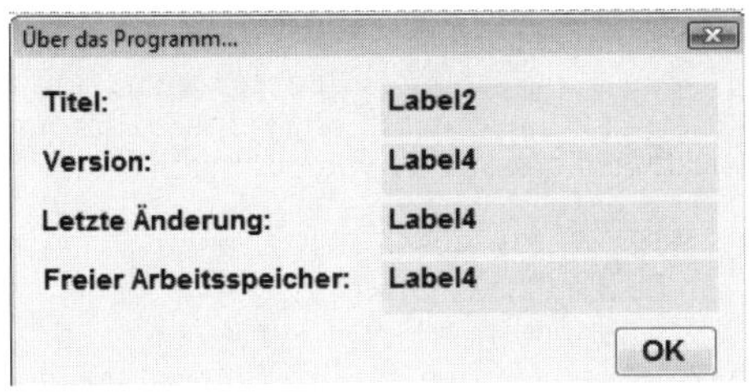

Abb. 14.9: Das fertige Formular fmInfo in der Entwurfsansicht

Schritt 56

Ordnen Sie auf dem Formular gemäß Abbildung 14.9 vier Labels und daneben vier Textboxen an. Die Namen der Textboxen sind »lbTitel«, »lbVersion«, »lbLetzteAenderung« und »lbFreierSpeicher«, womit auch ihre Funktion beschrieben wäre. Ordnen Sie außerdem einen Button an (Text = »OK«, Name = »bnOK«).

Schritt 57

Schalten Sie per F7 auf das Programmcodefenster für das Formular um, und geben Sie in `Form_Load` die folgenden Befehle ein:

```
lbFreierSpeicher.Text =
My.Computer.Info.AvailablePhysicalMemory.ToString("n0") & " Bytes"
lbTitel.Text = My.Application.Info.Title
lbVersion.Text = My.Application.Info.Version.ToString
lbLetzteAenderung.Text =
My.Settings.LetzteAenderung.ToShortDateString
```

Schritt 58

Geben Sie in die `Click`-Prozedur des *OK*-Buttons den folgenden Befehl ein:

```
Me.Close()
```

Geschafft, die Umsetzung der *VBEieruhr* wäre damit (endlich) fertig. Nach knapp 60 Schritten und mehreren gefühlten Stunden, welche die Umsetzung gedauert haben dürfte. Wenn Sie alles richtig gemacht haben (und dem Autor keine Flüchtigkeitsfehler unterlaufen sind), sollte das Programm auf Anhieb funktionieren. Mit dem Start per F5, der das Projekt in der Debug-Konfiguration erstellt und die resultierende Exe-Datei im Ausgabeverzeichnis zur Ausführung bringt, sollte das Hauptfenster sichtbar werden. Hier stellen Sie die Anzahl in

Minuten ein, nach der etwas passieren soll. Was passieren soll, muss in der zweiten GroupBox eingestellt werden. Voreingestellt ist das Abspielen eines Systemklangs.

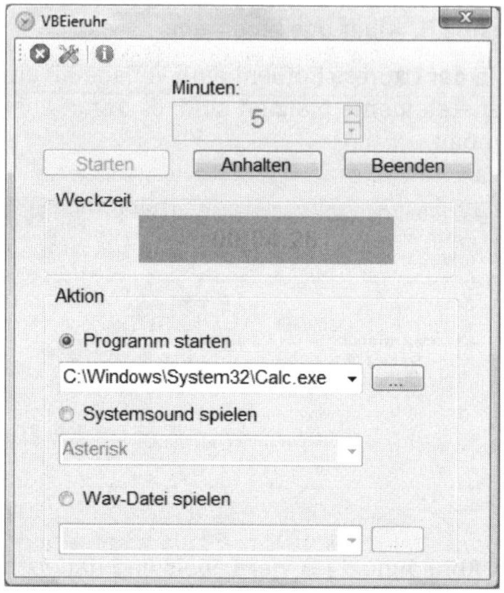

Abb. 14.10: Die VBEieruhr in Aktion – gleich wird der Rechner gestartet.

TIPP

Möchten Sie erreichen, dass der Zeitgeber nicht im Sekundentakt, sondern in einem kürzeren Takt herunterzählt, was zu Testzwecken praktisch ist, da Sie nicht jedes Mal eine Minute warten müssen, bis etwas passiert, können Sie vor das Setzen der `Interval`-Eigenschaft des Timers folgende Befehlsfolge einfügen:

```
#If DEBUG Then
  tmEieruhr.Interval = 100
#End If
```

Sie bewirkt, dass, wenn das Projekt in der Debug-Konfiguration ausgeführt wird (in diesem Fall besitzt die interne Visual Studio-Variable *DEBUG* den Wert 1), die `Interval`-Eigenschaft auf den Wert 100 (statt 1000) gesetzt wird und der Timer damit zehnmal so schnell läuft.

Ein wenig gewöhnungsbedürftig ist, dass mit dem Schließen des Anwendungsfensters die Anwendung nicht beendet wird. Sie wird lediglich minimiert und läuft im »SysTray« weiter. Um sie aus diesem Zustand wieder zu erwecken, muss das Icon mit der rechten Maustaste angeklickt und der Eintrag WIEDERHERSTELLEN gewählt werden. Alternativ kann das Programm an dieser Stelle auch beendet werden. Im Anwendungsfenster wird das Programm ausschließlich über den *Beenden*-Button in der Symbolleiste beendet, nicht über den Schließen-Button. Wundern Sie sich daher nicht, wenn sich nach einer Weile ein Dutzend Symbole im SysTray tummeln. Es sind alles noch laufende *VBEieruhr*-Anwendungen.

Abb. 14.11: Wird das Anwendungsfenster geschlossen, läuft die VBEieruhr im SysTray weiter.

TIPP

Eine einfache Möglichkeit zu verhindern, dass eine Windows-Anwendung mehrfach starten kann, besteht darin, in den Projekteigenschaften im Register *Anwendung* die Einstellung *Einzelinstanzanwendung erstellen* zu setzen.

14.2.1 Die Versionsnummer und andere Programminformationen werden gesetzt

Klicken Sie im Register *Anwendung* der Projekteigenschaften auf *Assemblyinformationen*. Es erscheint eine Dialogbox, in der neben der Versionsnummer der Assembly andere wichtige Angaben, wie der offizielle Programmname oder der Name der Firma, eingetragen werden können. Diese Angaben werden zum Beispiel im Eigenschaftendialogfeld der Datei im Windows-Explorer angezeigt.

Abb. 14.12: Zu den Assemblyinformationen gehört auch die Versionsnummer der Assembly.

14.3 Die Weitergabe des Programms

Wenn eine Anwendung einen praktischen Nutzen erfüllt, möchte man sie im Allgemeinen einem größeren Kreis an Anwendern zur Verfügung stellen. Die Zeiten, wo man durch eine einzige Software zum Millionär werden konnte, sind vermutlich vorbei, doch gibt es ja noch andere Gründe, die einen dazu bewegen könnten, ein selbst entwickeltes Programm über das Internet anzubieten. Wer sein Programm über seine Webseite anbieten möchte, muss dazu lediglich die

Exe-Datei auf den Webserver laden. Das setzt allerdings voraus, dass der potenzielle Anwender bereits über die .NET-Laufzeit in der beim Erstellen verwendeten Version verfügt. Da dies auch im Jahre 2009 nicht vorausgesetzt werden kann (erst mit Windows 7 wird alles an Bord sein, was für die Ausführung einer .NET-Anwendung benötigt wird), sollte man ein Link auf die Microsoft-Download-Seite zur Verfügung stellen.

Möchte man, wie es im Allgemeinen üblich ist, dem Anwender ein Installationsprogramm zur Verfügung stellen, ist dies mit den Mitteln von Visual Basic 2008 Express leider nicht möglich. Man benötigt dazu leider die Professional Edition von Visual Studio, die dafür das Setup-Projekt bietet. Es gibt zum Glück Alternativen. Eine ist der sehr gute *Advanced Installer*, der, trotz seines Namens, in der Grundversion kostenlos ist.

HINWEIS

Die Download-Adresse des *Advanced Installers* lautet: *http://www.advancedinstaller.com/download.html*

Es ist wichtig zu verstehen, dass es keine explizite freie Version des Programms gibt. Sie nutzen die freie Version, indem Sie als Projekttyp *Simple* wählen und die Features der kostenpflichtigen Version in diesem Fall nicht zur Verfügung stehen.

HINWEIS

Alle Angaben zum *Advanced Installer* beziehen sich auf den Zeitpunkt *Februar 2009*. Die aktuelle Version lautet 6.8. Auch wenn es keine Garantie gibt, dass das Programm auch in Zukunft kostenfrei genutzt werden kann, spricht nichts dafür, dass sich darin etwas ändern wird.

Abb. 14.13: Der Advanced Installer wird heruntergeladen.

Gehen Sie wie folgt vor, um für die *VBEieruhr* ein Installationspaket zu erstellen.

Schritt 1

Starten Sie den *Advanced Installer*, übernehmen Sie den voreingestellten Projekttyp *Simple*, und bestätigen Sie die Auswahl mit *OK*. Das startet einen kleinen »Wizard«, der Sie durch die folgenden Schritte führt. Leider gibt es den *Advan-*

ced Installer nur in einer englischsprachigen Version, doch sollte dies kein Hinderungsgrund sein, ihn zu verwenden. Klicken Sie auf *Weiter*, um den Assistenten zu starten.

Abb. 14.14: Ein Assistent ist beim Anlegen eines Setup-Pakets behilflich.

Schritt 2

Im ersten Schritt möchte der Assistent den Namen des Setup-Projekts und einen (optionalen) Firmennamen wissen. Diese Angaben lassen sich zu einem späteren Zeitpunkt ändern, sodass es keine allzu große Rolle spielt, was Sie an dieser Stelle eingeben.

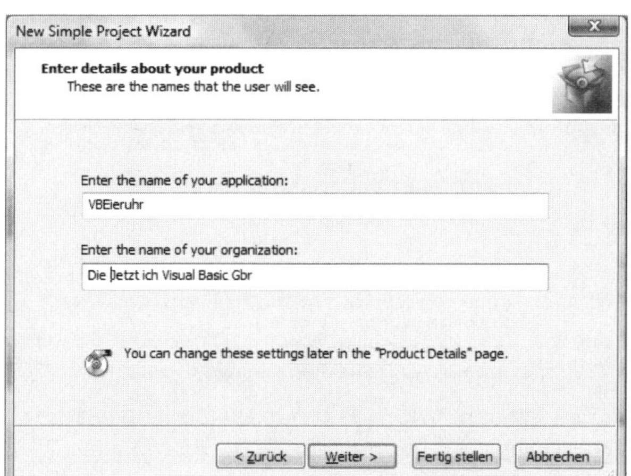

Abb. 14.15: Als Angaben werden der Name der Anwendung und der einer Organisation gefragt.

Schritt 3

Jetzt kommt ein wichtiger Schritt, denn es muss das Verzeichnis ausgewählt werden, in dem sich die Dateien befinden, die zur Anwendung gehören und damit Teil des Installationspakets werden sollen. Doch welches Verzeichnis ist hier gemeint? Das Projektverzeichnis vielleicht? Nein, auch wenn dies naheliegend wäre. Gemeint ist das Ausgabeverzeichnis bzw. jenes Verzeichnis, in dem sich die zur Ausführung erforderlichen Dateien befinden. Bezogen auf das *VB-Eieruhr*-Projekt ist es das Unterverzeichnis *bin\debug*, das Sie an dieser Stelle auswählen.

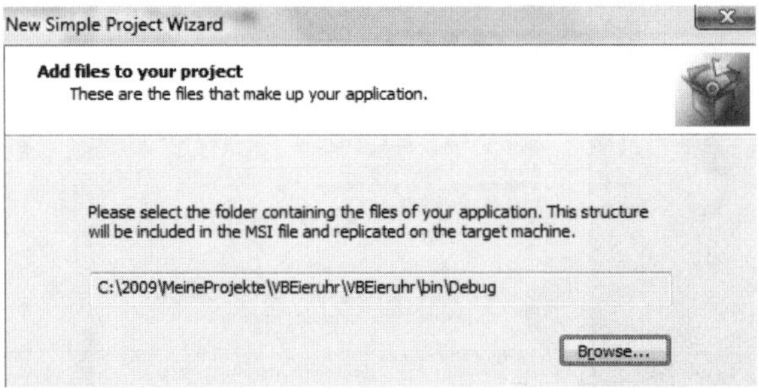

Abb. 14.16: An dieser Stelle wird das Ausgabeverzeichnis des Projekts ausgewählt.

Schritt 4

Auch der nächste Schritt ist wichtig, denn Sie legen fest, dass nur die Exe-Datei *VBEieruhr.exe* Teil des Installationspakets werden wird, nicht aber die Datei *VBEieruhr.vshost.exe*, die für die Ausführung keine Rolle spielt. Außerdem übernehmen Sie die Voreinstellung »Create shortcut in the Start Menu for this file«, die bewirkt, dass durch die Installation im Startmenü eine Verknüpfung angelegt wird, über die die Anwendung aufgerufen wird.

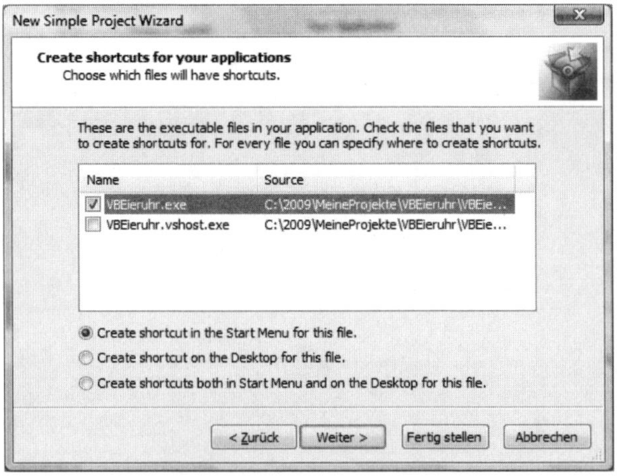

Abb. 14.17: Nur VBEieruhr.exe soll Teil des Installationspakets sein.

Schritt 5

Damit sind alle Angaben gemacht. Über einen Klick auf *Fertig stellen* wird das Installationspaket erstellt. Zuvor sollten Sie die Installer-Projektdatei (Erweiterung *.Aip*) noch speichern, da Sie ansonsten die Einstellungen beim nächsten Mal erneut treffen müssten. Wo Sie die Projektdatei speichern, spielt keine Rolle.

Abb. 14.18: Der Assistent ist bereit, das Installationspaket zu erstellen.

Schritt 6

Der Assistent arbeitet und ist kurz danach fertig. Die Frage ist nur, wo das Installationspaket angelegt wurde? Sie finden es, wenn nichts anderes festgelegt wurde, im Verzeichnis *Eigene Dateien* (Windows XP, Windows Server 2003) bzw. *Dokumente* (Vista) unter dem Namen *VBEieruhr.msi*.

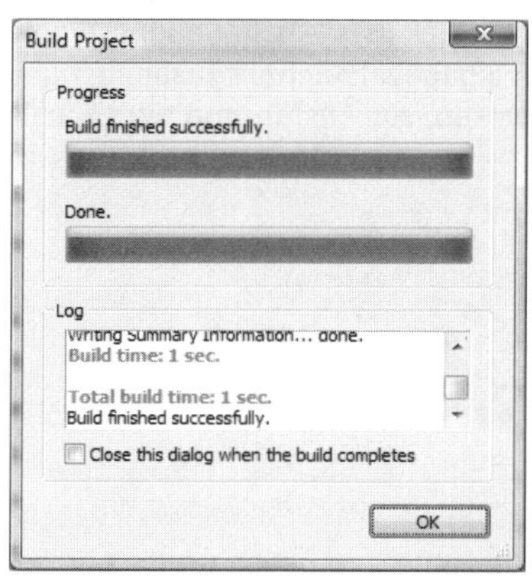

Abb. 14.19: Der Assistent hat das Installationspaket erstellt.

VBEieruhr.msi ist die Datei, die weitergegeben (oder über das Internet als Download angeboten) wird (Msi-Dateien werden auch als Windows Installer-Pakete bezeichnet). Führt der Anwender sie aus, startet ein typisches Setup-Programm, und der Anwender erhält die Gelegenheit, ein Verzeichnis auszuwählen, in das die Programmdatei kopiert wird. Außerdem wird eine Verknüpfung im Startmenü angelegt, über welche die Exe-Datei vom Anwender aufgerufen werden kann.

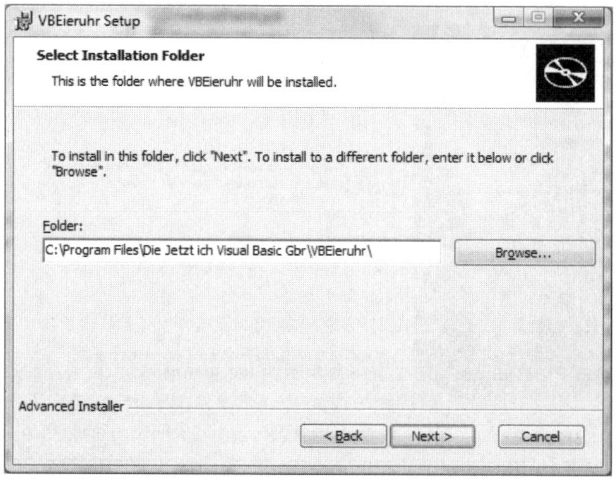

Abb. 14.20: Bei der Ausführung der Msi-Installationsdatei kann das Verzeichnis ausgewählt werden, in das die zu installierenden Dateien kopiert werden.

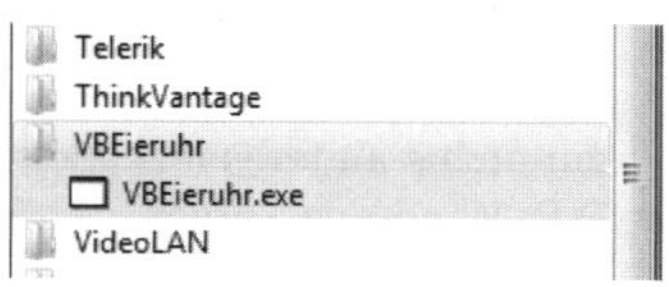

Abb. 14.21: Nach der Installation steht VBEieruhr.exe über das Startmenü zum Aufruf bereit.

Ein Blick in das Installationsverzeichnis macht deutlich, dass dort das komplette Ausgabeverzeichnis zusammengefasst wurde. Das wäre nicht erforderlich gewesen, zur Ausführung wird nur *VBEieruhr.exe* benötigt.

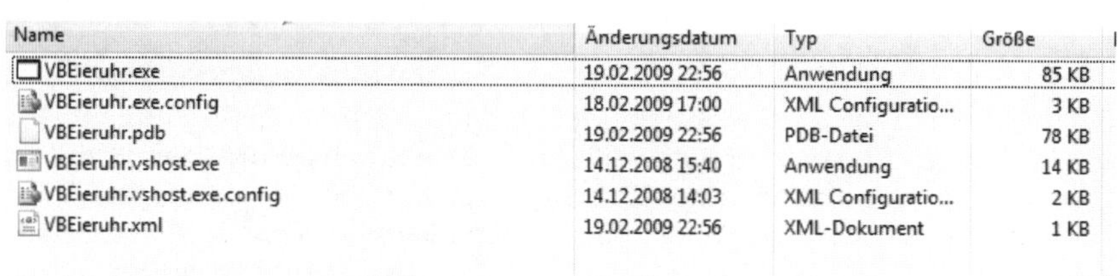

Abb. 14.22: Ein Blick in das Installationsverzeichnis

Sie sollten an dieser Stelle das Setup-Projekt erneut auswählen und dieses Mal darauf achten, dass wirklich nur die Exe-Datei ausgewählt wird.

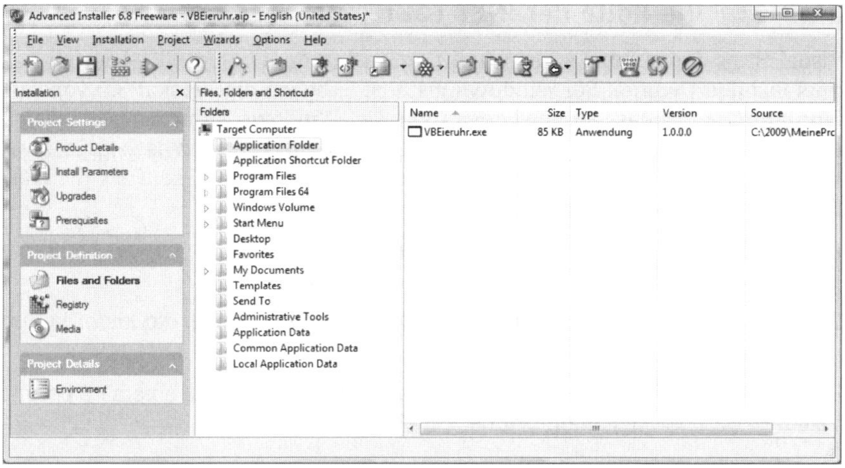

Abb. 14.23: Jetzt wird nur die Exe-Datei in das bei der Installation ausgewählte Anwendungsverzeichnis kopiert.

14.3.1 Vom Debug- auf den Release-Modus umschalten

Bevor das Programm ausgeliefert ist, sollten Sie das Projekt vom Debug- auf den Release-Modus umschalten (zwingend erforderlich ist es allerdings nicht). Das hat den Vorteil, dass die Exe-Datei ohne die sog. *Symbolinformationen* erstellt wird, die ausschließlich zum Debuggen gebraucht werden. Das Umschalten geschieht im Register *Kompilieren* der Projekteigenschaften. Beachten Sie, dass sich dadurch auch der Ausgabepfad ändert, in dem die Exe-Datei abgelegt wird – von *bin\debug* auf *bin\release*.

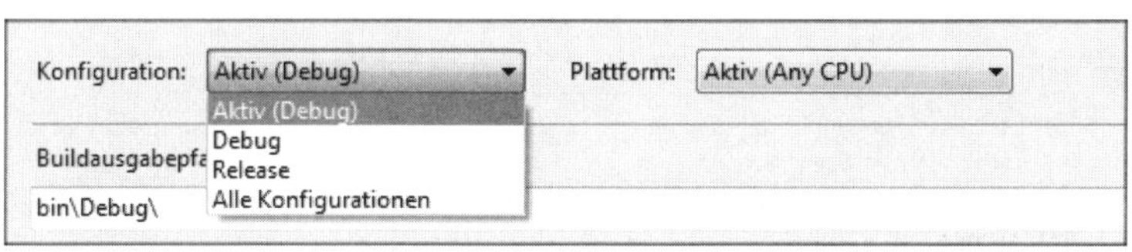

Abb. 14.24: Vor der Auslieferung sollte auf die Release-Konfiguration umgeschaltet werden.

Eventuell wundern Sie sich, weil Ihnen die Debug- und Release-Konfiguration bislang noch gar nicht aufgefallen ist. Das hat einen einfachen Grund. Dazu muss in den Optionen der IDE unter Projekte und *Projektmappen|Allgemein* die Einstellung *Erweiterte Buildkonfiguration anzeigen* gesetzt werden.

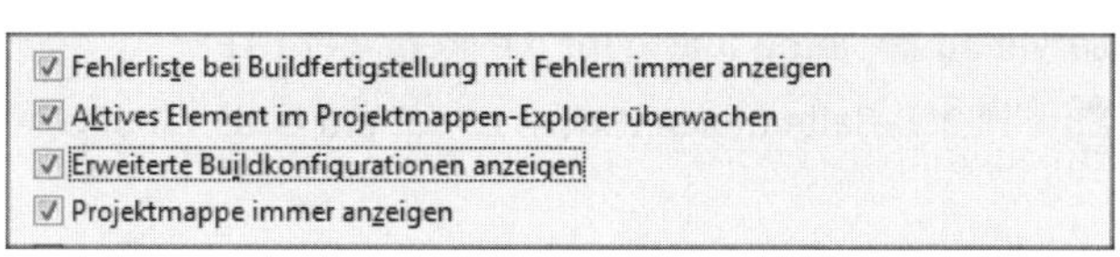

Abb. 14.25: Die erweiterte Buildkonfiguration muss erst einmal aktiviert werden.

14.3.2 Die Rolle der .NET-Laufzeit

Visual Basic-Programme können nur dort ausführen, wo die .NET-Laufzeit bereits installiert wurde. Bei Windows Vista ist lediglich die Version 3.0 von Anfang an dabei, sodass sie hier genau wie bei Windows XP und darunter einmalig installiert werden muss. Da das .NET Framework inzwischen in zwei Versionen im Umlauf ist, gibt es auch zwei Versionen der .NET-Laufzeit, die weitergegeben werden können:

- Die .NET 2.0-Laufzeit in Gestalt der Datei *Dotnetfx.exe*, die nur ca. 22 MByte groß ist.
- Die .NET 3.5-Laufzeit in Gestalt der Datei Dotnetfx35.exe, die leider knapp 200 MByte groß ist.

Die Laufzeit muss (natürlich) nicht installiert werden, wenn auf einem PC bereits Visual Basic 2008 installiert wurde.

14.3.3 Wenn nur die .NET 2.0-Laufzeit zur Verfügung steht

Sollte die .NET 3.5-Laufzeit aus irgendeinem Grund auf dem Zielcomputer nicht zur Verfügung stehen und mit der Anwendung nicht weitergegeben werden können, gibt es einen Ausweg. In den Projekteigenschaften (bzw. bereits beim Anlegen eines neuen Projekts) kann die Version der .NET-Laufzeit ausgewählt werden, auf die das Programm basieren soll (Sie finden die Einstellung im Register *Kompilieren* unter den erweiterten Kompilierungsoptionen). Sofern das Programm keine der erst mit .NET 3.5 eingeführten Merkmale wie LINQ benutzt, spricht nichts dagegen, .NET 2.0 als Laufzeit einzustellen.

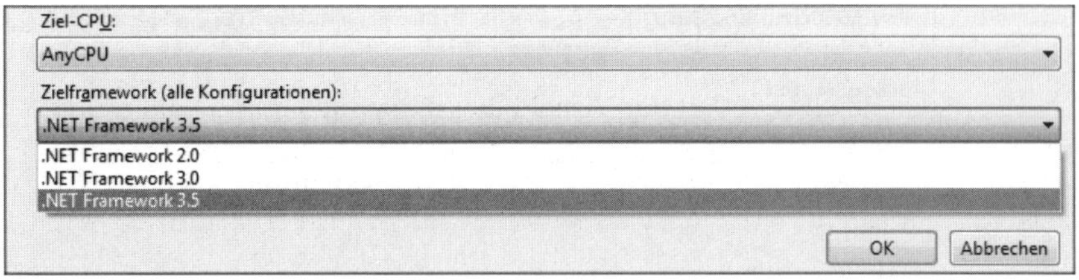

Abb. 14.26: In den erweiterten Compilereinstellungen in den Projekteigenschaften kann auch die .NET Framework-Version ausgewählt werden.

14.3.4 Das Programm zum Download anbieten

Dieser Punkt soll nur kurz angedeutet werden. Ein Programm zum Download anzubieten, bedeutet:

1. Die Exe-Datei (oder Zip- oder Msi-Datei) in ein Verzeichnis auf Ihren Webserver zu kopieren (das geht meistens per FTP).
2. Eine HTML-Seite anzufertigen, in der ein Link auf die Datei enthalten ist.

Mehr ist nicht zu tun. Klickt ein Besucher auf den Link, wird in dem Browser (FireFox, Internet Explorer usw.) automatisch der Download gestartet, und die Datei wird heruntergeladen.

Hier ist ein kleines Grundgerüst für eine HTML-Seite, die neben einer kleinen Überschrift den Link auf die Exe-Datei enthält, die sich in diesem Fall im relativen Verzeichnispfad *bin* des Webservers befindet:

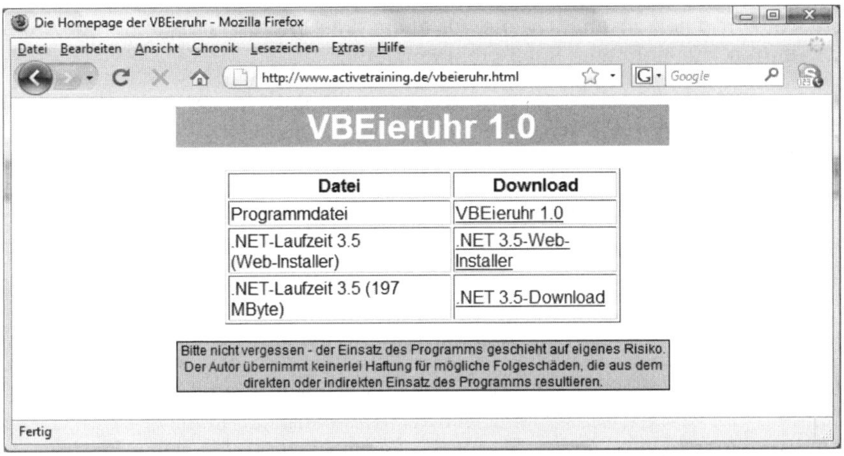

Abb. 14.27: Die Homepage der VBEieruhr im Internet

Windows-Programmierung ist auch im Jahre 2009 die Politik der kleinen Schritte, das wurde bei der Umsetzung der *VBEieruhr* in diesem Kapitel wieder einmal deutlich. Ein Laie mag sich eventuell vorstellen, dass man einem Computer nur sagen muss, was er tun soll, ein Programmierer weiß, dass dies ein relativ zeitaufwendiger Vorgang ist, bei dem es darauf ankommt, viele Kleinigkeiten zu beachten.

Die Rundreise durch die Welt der Visual Basic-Programmierung geht an dieser Stelle zu Ende. Der Autor hofft, dass es eine genauso unterhaltsame wie informative Reise war und Sie am Ende nicht nur zur Erkenntnis gekommen sind, dass Visual Basic für Sie auch in Zukunft das ideale Programmierwerkzeug ist (was es definitiv ist), sondern dass es auch eine gute Idee war, den Einstieg mit diesem Buch zu beginnen, was angesichts der unzähligen Alternativen im Web nicht mehr ganz so selbstverständlich ist wie noch vor einigen Jahren.

Hat es Sie gepackt, und wollen Sie sich intensiver mit Visual Basic beschäftigen? Dann geht es auf mehreren Ebenen weiter:

- Beschäftigen Sie sich ausgiebig mit der Dokumentation. Das ist zwar nicht ganz so unterhaltsam, wie ein Buch zu lesen oder durchs Web zu surfen, aber Sie finden hier alles ausführlich erklärt, was ein Visual Basic-Programmierer wissen muss.
- Arbeiten Sie die Beispiele auf der Buch-DVD durch. Viele der kleinen Beispiele konnten im Buch nur oberflächlich beschrieben werden, wenn Sie die Listings studieren, lernen Sie einiges über die Visual Basic-Programmierung.

- Surfen Sie ein wenig durch das Web. Es gibt viele Webseiten mit Visual Basic-Know-how. Tabelle 14.6 stellt ein paar Adressen zusammen, wobei die Auswahl mehr als willkürlich ist und der Umstand, dass vielleicht wichtige Sites nicht genannt werden, nichts zu bedeuten hat, außer dass auch der Autor eines Visual Basic-Buches nicht alles wissen kann und Sie vieles sehr viel schneller durch »Googeln« herausfinden als durch Abtippen einer URL aus einem Buch. Eine Webseite, die Sie in jedem Fall besuchen sollten, ist *www.coding4fun.de*. Hier stellt Microsoft Deutschland ein paar interessante Themen zusammen, die vor allem jene interessieren und begeistern dürften, die mehr zum Spaß programmieren.
- Sie möchten mehr lernen und vertrauen (ganz zu Recht) dem seit Hunderten von Jahren bewährten Medium Buch. Gibt es ein Nachfolgebuch zu diesem Buch? Einen Fortsetzungsband gibt es zwar nicht, aber das Visual Basic 2008-Kompendium des Autors versteht sich als ein umfassendes Lern-, Arbeits- und Nachschlagebuch für alle, die sehr viel mehr mit Visual Basic machen möchten, als es auf den knapp 400 Seiten in diesem Buch erklärt werden konnte.

Tabelle 14.6: Interessante Adressen für Visual Basic-Programmierer

Adresse	Was wird geboten?
http://msdn.microsoft.com/vbasic	Die offizielle »Homepage« von Microsoft für Visual Basic, aber auf Englisch.
http://www.coding4fun.de	Eine Webseite von Microsoft mit vielen Themen, die gerade Hobbyprogrammierer interessieren dürften.
http://www.activevb.de	Eine gut gemachte Webseite (es gibt viele andere) mit sehr viel Know-how für alle Visual Basic-Versionen und einem aktiven und freundlichen Forum.
http://www.microsoft.com/germany/msdn/	Die Startadresse des deutschsprachigen MSDN-Portals, das die zentrale Know-how-Seite von Microsoft für alle Entwickler im deutschsprachigen Raum ist.

Anhang A

jetzt lerne ich

Das kleine .NET-Lexikon

Dies ist nicht der ganz große Brockhaus, sondern eine kleine Zusammenstellung jener Begriffe und Kürzel, die Ihnen beim Programmieren mit Visual Basic 2008, vor allem aber in der Hilfe und im Web immer wieder begegnen.

.NET

Die Kurzform des .NET Frameworks.

.NET Framework

Sammelname für alles, was für das Ausführen und Umsetzen von .NET-Anwendungen benötigt wird. Im Wesentlichen besteht das .NET Framework aus drei Dingen:

1. Die CLR.
2. Die .NET-Klassenbibliothek.
3. Compiler für Visual Basic und C#, die Managed Code erzeugen.

Die aktuelle Version des .NET Frameworks ist 3.5 SP1.

.NET-Klassenbibliothek

Aus mehreren Dutzend Assemblies bestehende Sammlung von mehreren Tausend Klassen, die Teil der .NET-Laufzeit sind und von jeder Programmiersprache, die für .NET angeboten wird, benutzt werden.

.NET-Laufzeit

Ein Satz von System- und Bibliotheksdateien, der vorhanden sein muss, damit Visual Basic-Programme unter Windows ausgeführt werden können. Die .NET-Laufzeit wird von Microsoft über eine Datei mit dem Namen *Dotnetx35.exe* (ca. 200 MByte Umfang) weitergegeben und läuft ab Windows XP. Die Laufzeit der älteren Version 2.0 heißt *Dotnetfx.exe*, ist nur knapp 22 MByte groß und läuft theoretisch noch auf Windows 98. Beim Anlegen eines Visual Basic-Projekts kann ausgewählt, auf welchen der beiden Laufzeiten das Programm basieren soll.

Assembly

Ein anderer Name für eine Visual Basic-Programmdatei bzw. allgemein für eine .NET-Programmdatei (sie trägt stets die Erweiterung *.exe* oder, wenn es sich um eine Programmbibliothek handelt, *.dll*), wenngleich Assemblies auch Ressourcen (z.B. Bitmaps und Zeichenketten) enthalten können.

C#

Ausgesprochen wie »C-Sharp«. Die zweite Programmiersprache von Microsoft für .NET. Die Syntax von C# ist bezüglich ihrer Syntax stärker an die Sprachen C, C++ und Java angelehnt. C# bietet grundsätzlich die gleichen Möglichkeiten wie Visual Basic.

CAS

Code Access Security (zu Deutsch »Codezugriffssicherheit«). Sorgt bei .NET dafür, dass eine Assembly nur das darf, was ihr aufgrund der nach dem Start zugeteilten Berechtigungen gestattet wird. CAS, das immer im Spiel ist, sorgt zum Beispiel dafür, dass ein Visual Basic-Programm, das über ein Netzwerkverzeichnis gestartet wird, von der CLR automatisch weniger Berechtigungen erhält, sodass bei der Ausführung auf einmal Ausnahmen auftreten (etwa beim Schreibzugriff auf eine Datei), die bei der Ausführung von einem lokalen Laufwerk (hier erhält das Programm FullTrust, darf also alles) nicht auftreten. Mit .NET 3.5 SP1 wurde diese künstliche Einschränkung allerdings aufgehoben, sodass auch von einem Netzwerklaufwerk gestartete Assemblies FullTrust-Berechtigungen erhalten. Abgesehen von diesem Umstand spielt CAS für die Programmierung im Allgemeinen keine Rolle.

ClickOnce

Ein in Visual Basic 2008 fest eingebauter Bereitstellungsmechanismus für die Weitergabe von Anwendungen. Über ERSTELLEN|<PROJEKTNAME> VERÖFFENTLICHEN werden alle für die Installationen erforderlichen Dateien in ein »Bereitstellungsverzeichnis« kopiert, aus dem die Anwendung heraus installiert wird. Soll die Installation im lokalen Netzwerk möglich sein, muss das Verzeichnis über das Netzwerk zugänglich sein. Theoretisch ist auch eine Installation über das Internet möglich. Da das Bereitstellungsverzeichnis auch ein lokales Verzeichnis sein kann, eignet sich ClickOnce bei Visual Basic 2008 Express für die Weitergabe der Anwendung, da der Inhalt des Bereitstellungsverzeichnisses z.B. auf eine DVD kopiert werden kann, über welche die Anwendung weitergegeben wird. Der Anwender installiert die Anwendung entweder durch den Aufruf von *Setup.exe* (hier wird vor der Installation geprüft, ob alle Voraussetzungen erfüllt sind, und fehlende Komponenten, wie die .NET-Laufzeit, werden zuvor nachinstalliert) oder alternativ durch Öffnen der sog. Bereitstellungsmanifestdatei (Erweiterung *.Application*). Anders als bei einer regulären Installation wird die Programmdatei nicht in ein Verzeichnis im *Programme*-Verzeichnis, sondern in ein »internes« ClickOnce-Verzeichnis kopiert. ClickOnce ist daher nicht nur aus diesem Grund nicht in jedem Fall eine Alternative zu einem regulären Setup-Programm.

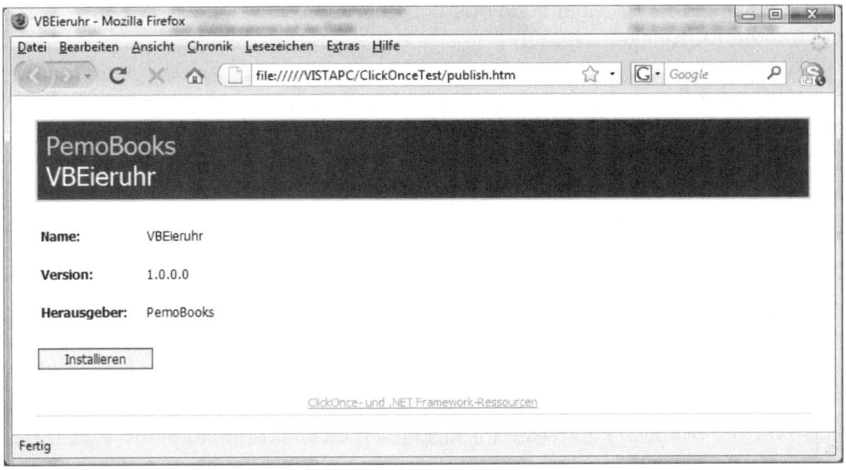

Abb. A.1: Das Ergebnis einer ClickOnce-Veröffentlichung ist eine Html-Datei, über welche die Installation der Anwendung gestartet wird.

CLR

Common Language Runtime. Der Teil der .NET-Laufzeit, der für die Ausführung von Managed Code zuständig ist.

Compiler

Allgemein eine Bezeichnung für ein Programm, das den Quelltext einer »Hochsprache« wie Visual Basic in den Befehlscode einer Maschine, wie der virtuellen Maschine CLR oder des Prozessors, übersetzt. Einen Compiler gibt es seit Visual Basic Version 5.0 (ca. 1997), nur dass dieser damals Maschinencode und keinen IL-Code erzeugte. Eine Laufzeit war aber auch damals erforderlich.

Global Assembly Cache (GAC)

Verzeichnis der .NET-Laufzeit, in der sich alle Assembly-Bibliotheken befinden, die von allen Assemblies angesprochen werden können.

LINQ

LaNguage Integrated Query. Eine mit .NET 3.5 und Visual Basic 2008 eingeführte Erweiterung sowohl der .NET-Klassenbibliothek als auch der Programmiersprache, durch die Abfragen gegen beliebige Collections mit SQL-ähnlichen Sprachelementen möglich sind.

LINQ to SQL

Eine mit Visual Basic 2008 eingeführte Erweiterung, mit deren Hilfen sich Tabellen und Abfragen einer SQL Server-Datenbank direkt auf Programmklassen abbilden lassen, sodass sich die Datenbankinhalte über Instanzen dieser Klassen ansprechen lassen. Im Zusammenhang mit LINQ ergeben sich somit leistungsfähige Abfragemöglichkeiten, deren Ergebnis im Rahmen der Datenbindung direkt Steuerelementen zugewiesen werden kann. Leider funktioniert *LINQ to SQL* nur mit SQL Server- und SQL Server Compact-Datenbanken, und leider wird *LINQ to SQL* zugunsten des mit Visual Basic 2008 SP1 eingeführten und etwas flexibleren, aber auch deutlich anspruchsvolleren *Entity Frameworks* nicht weiterentwickelt werden.

Managed Code

Auch verwalteter Code genannt. Managed Code ist ein Befehlscode, der von der CLR ausgeführt wird, welche die Rolle einer »virtuellen Maschine« spielt. Managed Code basiert auf der .NET-Sprache Intermediate Language (IL), in die ein Visual Basic-Programm beim Kompilieren übersetzt wird.

Namespace

Die .NET-Klassenbibliothek ist in Bereiche unterteilt, die Namespaces (zu Deutsch »Namensraum«) genannt werden.

Starker Name

Engl. »Strong Name«. Eine reguläre Assembly, die mit einem Schlüsselpaar bestehend aus einem privaten und öffentlichen Schlüssel signiert wurde, besitzt einen starken Namen, der aus dem Namen der Assembly (ohne Erweiterung), einer Kulturinformation (meistens »neutral«), der Versionsnummer und der Kurzform des öffentlichen Schlüssels, dem »Public Key Token«, besteht. Dieser Dateiname ist wirklich eindeutig. Das Signieren einer Assembly wird im Register *Signierung* der Projekteigenschaften durchgeführt.

Windows Presentation Foundation (WPF)

Ein Satz von Klassen im Namespace `System.Windows` für die Umsetzung moderner Benutzeroberflächen für Windows-Anwendungen. WPF führt im Vergleich zu Windows Forms, das mit .NET 1.0 eingeführt wurde und damit noch aus dem Jahr 2002 stammt, viele neue Konzepte ein. Das interessanteste Konzept ist die vollständige Trennung zwischen dem Code, der die Benutzeroberfläche definiert, und dem Programmcode. Die Benutzeroberfläche wird komplett in XAML definiert, das als *Extensible Application Markup Language* auf XML basiert. Über das XAML-Element <Button> wird ein Button definiert, für das der Compiler die `Button`-Klasse im Namespace `System.Windows.Controls` einsetzt. Visual Basic 2008 besitzt einen WPF-Designer, der XAML-Code generiert, der aber noch Wünsche offen lässt. Mit dem Nachfolger (»Visual Basic 10«) wird es einen deutlich komfortableren Designer geben, da dann auch die Entwicklungsumgebung selber auf WPF basieren wird.

XML

Extensible Markup Language, zu Deutsch erweiterbare Beschreibungssprache. Bietet die Möglichkeit, über frei definierbare Markierungen beliebige Daten zu beschreiben. Läuft bei Office 2007 unter dem Namen *OpenXML* das neue Standardformat für alle Dokumente.

Anhang B

jetzt lerne ich

Visual Basic 2008-Befehlswörter

Wozu noch eine Liste aller Befehlswörter, wo doch alle Befehle von Visual Basic 9.0 in der umfangreichen Dokumentation zu finden sind? Weil die umfangreiche Hilfe manches Mal ein wenig unübersichtlich ist (suchen Sie einmal nach den Stichwörtern »Befehlsreferenz« oder »Befehle«), eine solche Übersicht das beruhigende Gefühl bietet, nichts zu verpassen, und weil die Befehle und Schlüsselwörter an dieser Stelle auch ein wenig verständlicher beschrieben werden. Die Referenz in diesem Anhang versteht sich als Ergänzung zur Visual Basic-Hilfe. Sie finden eine Übersicht über alle Visual Basic-Schlüsselwörter in der Hilfe in der Kategorie *Entwicklungstools und -sprachen|Visual Studio|Visual Basic|Referenz (Visual Basic)|Visual Basic-Referenz.*

TIPP

Die *Visual Basic 9.0 Language Specification* steht (allerdings nur auf Englisch) unter der Adresse *http://msdn.microsoft.com/en-us/library/ms234437.aspx* als Word-Dokument zum Download zur Verfügung.

Befehl/ Schlüsselwort/ Operator	Bedeutung	Anmerkung
AddHandler	Richtet einen Ereignishandler ein.	Eine Alternative zu WithEvents/Handles – etwas flexibler zur Programmausführung.
AddressOf	Bildet einen Delegaten für den Aufruf der angegebenen Funktion oder Prozedur.	–
Aggregate	LINQ-Abfrageoperator	Neu bei Visual Basic 9.0
Alias	Wird im Declare-Befehl benutzt, um der aufzurufenden Funktion einen anderen, in der Regel kürzeren Namen zu geben.	–
And	Logische UND-Verknüpfung.	–
AndAlso	Führt die folgende logische UND-Verknüpfung nur dann aus, wenn die vorangegangene Verknüpfung einen True-Wert ergab.	–
As	Ermöglicht bei der Variablendeklaration die Angabe eines Typs, bei der Definition einer generischen Klasse die Angabe von Einschränkungen.	–
Boolean	Datentyp	–
ByRef	Bewirkt die Übergabe des Parameters als Referenz.	Der Default ist die Übergabe als Wert.
Byte	Datentyp	–
ByVal	Bewirkt die Übergabe des Parameters als Wert.	Bei Visual Basic seit .NET der Default.
Call	Ruft eine Funktion oder Prozedur auf.	Obsolet
Case	Leitet den Vergleichszweig in einem Select Case-Befehl ein.	–
Catch	Leitet den Ausnahmebehandlungsteil in einem Try Catch-Block ein.	Auf den Catch-Befehl können eine oder mehrere Variablendeklarationen folgen sowie eine When-Klausel, die eine zusätzliche Bedingung festlegt.
CBool	Konvertiert einen Wert in den Datentyp Boolean.	–
CByte	Konvertiert einen Wert in den Datentyp Byte.	–

Befehl/ Schlüsselwort/ Operator	Bedeutung	Anmerkung
`CChar`	Konvertiert einen Wert in den Datentyp `Char`.	–
`CDate`	Konvertiert einen Wert in den Datentyp `Date`.	–
`CDbl`	Konvertiert einen Wert in den Datentyp `Double`.	–
`CDec`	Konvertiert einen Wert in den Datentyp `Decimal`.	–
`Char`	Datentyp	–
`CInt`	Konvertiert einen Wert in den Datentyp `Integer`.	–
`Class`	Leitet die Definition einer Klasse ein.	Klassen können über das `Partial`-Befehlswort auf mehrere Module verteilt werden.
`CLng`	Konvertiert einen Wert in den Datentyp `Long`.	–
`CObj`	Konvertiert einen Wert in den Datentyp `Object`.	–
`Const`	Leitet die Definition einer Konstanten ein.	Auch Konstanten besitzen einen Typ.
`Continue`	Beendet den aktuellen Schleifendurchgang, sodass vorzeitig ein neuer Schleifendurchlauf eingeleitet wird.	–
`CSByte`	Konvertiert einen Wert in den Datentyp `SByte`	–
`CShort`	Konvertiert einen Wert in den Datentyp `Short`.	–
`CSng`	Konvertiert einen Wert in den Datentyp `Single`.	–
`CStr`	Konvertiert einen Wert in den Datentyp `String`.	–
`CType`	Führt eine Konvertierung (Type Casting) in den angegebenen Typ durch.	Schneller geht es mit `DirectCast`, wenn bereits zur Entwurfszeit klar ist, dass die Typkonvertierung möglich ist.
`CUInt`	Konvertiert einen Wert in den vorzeichenlosen Datentyp `UInt`.	–
`CULng`	Konvertiert einen Wert in den vorzeichenlosen Datentyp `ULng`.	–

Befehl/ Schlüsselwort/ Operator	Bedeutung	Anmerkung
`CUShort`	Konvertiert einen Wert in den vorzeichenlosen Datentyp `UShort`.	–
`Date`	Datentyp	–
`Decimal`	Datentyp	–
`Declare`	Deklariert eine API-Funktion.	–
`Default`	Kennzeichnet die Default-Eigenschaft einer Klasse.	Diese Eigenschaft erwartet einen Parameter, muss also mit einem Index aufgerufen werden.
`Delegate`	Definiert einen Delegaten.	Delegaten werden oft indirekt angelegt, z.B. über `AddressOf`.
`Dim`	Leitet eine Variablendeklaration ein.	–
`DirectCast`	Führt eine Typenumwandlung durch, wenn zwischen den beiden Typen eine direkte Beziehung (erben oder implementieren der Schnittstelle) existiert.	Schneller als `CType`, wenn die Voraussetzungen erfüllt sind.
`Distinct`	LINQ-Abfrageoperator	Neu bei Visual Basic 9.0
`Do`	Leitet eine `Do`-Schleife ein.	–
`Double`	Datentyp	–
`Each`	Gibt die Schleifenvariable in einer `For Each`-Schleife an.	Der direkte Zugriff auf den Enumerator über `GetEnumerator` kann manchmal etwas flexibler sein.
`Else`	Leitet den Alternativzweig in einem `If`-Befehl ein.	–
`ElseIf`	Leitet einen weiteren Zweig in einem `If`-Befehl ein.	–
`End`	Beendet das Programm.	`Environment.Exit` ist die bessere Alternative. Hier muss ein Rückgabewert festgelegt werden, der vom aufrufenden Programm ausgewertet werden kann.
`EndIf`	Beendet einen `If`-Befehl.	–
`Enum`	Definiert eine Konstantliste.	Auf die Mitglieder kann über die `Enum`-Klasse zugegriffen werden.

Befehl/ Schlüsselwort/ Operator	Bedeutung	Anmerkung
Erase	Löscht ein Array und gibt den Speicher wieder frei.	Steht nur aus Kompatibilitätsgründen zur Verfügung.
Error	Simuliert das Auftreten eines Fehlers, sprich einer Ausnahme.	Steht nur aus Kompatibilitätsgründen zur Verfügung.
Event	Definiert ein Event.	–
Exit	Verlässt eine Programmschleife oder eine Prozedur/Funktion.	–
False	Logische Konstante (0)	–
Finally	Leitet den Teil eines `Try Catch`-Blocks ein, der in jedem Fall am Ende ausgeführt wird.	–
For	Leitet eine Schleife ein.	–
Friend	Gültigkeitsbereichsmodifizierer für eine Variable oder ein Member, das dadurch in der gesamten Assembly, aber nicht von einer anderen Assembly aus angesprochen werden kann.	–
From	LINQ-Abfrageoperator	Neu bei Visual Basic 9.0
Func(Of Typ)	Definiert eine Funktionsvariable, der ein einfacher Funktionsausdruck zugewiesen werden kann.	Neu bei Visual Basic 9.0.
Function	Leitet eine Funktionsdefinition ein.	–
Function	Definiert direkt den Funktionsausdruck für eine Funktionsvariable.	Neu bei Visual Basic 9.0
Get	Leitet den `Get`-Accessor einer Eigenschaft ein.	–
GetType	Gibt ein `Type`-Objekt des angegebenen Typen zurück.	–
GetXmlNamespace	Operator, der einen XNamespace abruft (z.B. aus einem Namespace-Import durch den `Imports`-Befehl).	Neu bei Visual Basic 9.0
Global	Steht für die »Spitze« der Namespace-Hierarchie.	–
GoSub	Ruft ein »Unterprogramm« an.	Obsolet
GoTo	Führt innerhalb einer Prozedur einen Sprung zu einer Sprungmarke durch.	Zwar obsolet, kann aber manchmal ganz nützlich sein.

Befehl/ Schlüsselwort/ Operator	Bedeutung	Anmerkung
`Group By`	LINQ-Abfrageoperator	Neu bei Visual Basic 9.0
`Handles`	Verknüpft eine Prozedur, welche die richtige Signatur besitzt, mit einem Event.	Die Variable muss mit `WithEvents` deklariert worden sein.
`If`	Leitet eine `If`-Bedingung ein.	–
`Iif`	Logischer Ausdrucksoperator, der mit drei Werten arbeitet und in Abhängigkeit vom ersten Ausdruck, der `True/False` ist, den zweiten oder dritten Ausdruck zurückliefert. Kann auch mit zwei Operanden aufgerufen werden.	Neu bei Visual Basic 9.0.
`Implements`	Implementiert die angegebene Schnittstelle in der Klasse.	–
`Imports`	Fügt einen Namespace zur Liste der Namespaces zu, die zur Namensauflösung durchsucht werden.	Eine wenig bekannte Option ist es, für einen Namespace einen kürzeren Namen festzulegen, der anstelle des Namespace-Namens verwendet wird. Bei Visual Basic 9.0 kann der Befehl auch einen XML-Namespace bekannt machen.
`In`	Gibt die Gruppe an, welche die Schleifenvariable in einer `For Each`-Schleife durchlaufen muss.	-
`Inherits`	Gibt eine Klasse an, von der sich eine andere Klasse ableiten soll.	–
`Integer`	Datentyp	–
`Interface`	Leitet die Definition einer Schnittstelle ein.	–
`Is`	Wird im Zusammenhang mit `TypeOf` benutzt, um die Typengleichheit festzustellen.	Nur eine von mehreren Alternativen.
`IsNot`	Pendant zum `Is`-Operator.	–
`Join`	LINQ-Abfrageoperator	Neu bei Visual Basic 9.0
`Let`	Vermutlich ältester BASIC-Befehl der Welt.	Obsolet
`Lib`	Teil eines `Declare`-Befehls, durch den die Datei, in der sich die API-Funktion befindet, festgelegt wird.	–

Befehl/ Schlüsselwort/ Operator	Bedeutung	Anmerkung
`Like`	Operator, der ähnliche Zeichenketten vergleicht.	Sehr praktisch, wird oft übersehen.
`Long`	Datentyp	Bei .NET 64 Bit.
`Loop`	Beendet eine Programmschleife.	–
`Me`	Steht für die aktuelle Instanz der Klasse.	–
`Mod`	Liefert den Rest einer Division.	–
`Module`	Leitet ein »Modul« ein. Entspricht einer Klasse, in der alle Mitglieder automatisch freigegeben sind.	Typisches Visual Basic-Konstrukt, für das es bei .NET keine Entsprechung gibt.
`MustInherit`	Definiert eine abstrakte Basisklasse, die abgeleitet werden muss.	–
`MustOverride`	Definiert in einer abstrakten Basisklasse ein Mitglied, das in einer abgeleiteten Klasse überschrieben werden muss.	–
`MyBase`	Steht für die Basisklasse der Klasse.	–
`MyClass`	Steht für eine Objektvariable, die einen Verweis auf die aktuelle Instanz der Klasse in ihrer ursprünglichen Implementierung enthält, also ohne eventuell überschriebene Mitglieder zu berücksichtigen.	Sehr speziell, wird nur selten benötigt.
`Namespace`	Definiert einen neuen Namespace. Die Definition wird durch `End Namespace` beendet.	Im Allgemeinen genügt der Stamm-Namespace, der in den Projekteigenschaften eingestellt wird.
`Narrowing`	Wird im Zusammenhang mit einer Operatorüberladung verwendet und gibt an, dass eine eingrenzende Konvertierung (z.B. `String` in `Boolean`) erlaubt ist.	–
`New`	Legt eine neue Instanz der folgenden Klasse an.	–
`Next`	Beendet eine `For`-Schleife.	–

Befehl/ Schlüsselwort/ Operator	Bedeutung	Anmerkung
`Not`	Logischer Operator, der alle Bits in dem Wert umdreht.	Das Ergebnis ist der numerische Wert, bei dem alle Bits »umgedreht« wurden. Bei `True`-/`False`-Werten ist es das Gegenstück des Resultats.
`Nothing`	Steht für eine leere Objektreferenz.	Wird auch als Null-Wert bezeichnet.
`NotInheritable`	Gibt an, dass eine Klasse nicht abgeleitet werden kann.	–
`NotOverridable`	Gibt an, dass eine Eigenschaft oder Methode in einer abgeleiteten Klasse nicht überschrieben werden kann.	–
`Object`	Datentyp	–
`Of`	Wird bei generischen Datentypen benutzt, um den Datentyp zur Laufzeit festzulegen.	–
`On`	Wird im Zusammenhang mit `On Error` und den Compileroptionen `Option Explicit` und `Option Strict` benutzt.	Im Grunde obsolet.
`Operator`	Leitet die Definition eines benutzerdefinierten Operators im Rahmen der Operatorüberladung ein.	–
`Option`	Leitet den `Option Strict`-, `Option Explicit`-, `Option Base`- und `Option Infer`-Befehl ein.	–
`Optional`	Markiert einen Prozedurparameter als optional.	Sollte durch überladene Methoden ersetzt werden.
`Or`	Logische ODER-Verknüpfung.	–
`Order By`	LINQ-Abfrageoperator	Neu bei Visual Basic 9.0
`OrElse`	Variante des `Or`-Operators, bei der die zweite Bedingung nicht mehr geprüft wird, wenn die Auswertung der ersten Bedingung `True` ergeben hat.	–
`Overloads`	Gibt an, dass eine Methode oder Eigenschaft überladen wird.	In der Regel optional.

Befehl/ Schlüsselwort/ Operator	Bedeutung	Anmerkung
`Overridable`	Gibt an, dass eine Methode oder Eigenschaft überschrieben werden kann.	–
`Overrides`	Gibt an, dass eine Methode oder Eigenschaft in einer abgeleiteten Klassen überschrieben wird.	–
`ParamArray`	Wird in einer Prozedurdefinition dazu benutzt, den letzten Parameter als Array zu deklarieren, sodass für ihn beliebig viele Argumente übergeben werden können.	Sollte durch überladene Methoden ersetzt werden.
`Partial`	Markiert eine partielle Klasse.	–
`Partition`	LINQ-Abfrageoperator	Neu bei Visual Basic 9.0
`Private`	Legt den Gültigkeitsbereich einer Variablen oder eines Members auf Klassen- oder Strukturebene fest, das dadurch nur innerhalb der Klasse/Struktur angesprochen werden kann.	–
`Property`	Leitet die Definition einer Eigenschaft ein.	–
`Protected`	Gültigkeitsbereichsmodifizierer für eine Variable oder ein Member einer Klasse. Es gibt an, dass das Element außerhalb der Klasse, in der es definiert wird, nur in Klassen zur Verfügung steht, die sich von der Klasse, in der das Element definiert wird, ableiten.	–
`Protected Friend`	Erweitert den Gültigkeitsbereichsmodifizierer Protected in der Form, dass für die Assembly, in der es definiert ist, der Gültigkeitsbereich `Friend` gilt, für andere Assemblies dagegen `Procteded`. Das bedeutet konkret, dass in anderen Assemblies das Element nur in jenen Klassen zur Verfügung steht, die sich von der Klasse ableiten, in der es definiert ist.	–

Befehl/ Schlüsselwort/ Operator	Bedeutung	Anmerkung
`Public`	Legt den Gültigkeitsbereich einer Variablen oder eines Members auf Klassen- oder Strukturebene fest, das dadurch in der gesamten Assembly als auch außerhalb der Assembly von anderen Assemblies aus angesprochen werden kann.	–
`RaiseEvent`	Löst ein Event aus.	–
`ReadOnly`	Deklariert eine Eigenschaft als Nur-Lese-Eigenschaft	–
`ReDim`	Ändert die Größe eines dynamischen Arrays.	–
`REM`	Leitet eine Kommentarzeile ein.	Obsolet
`RemoveHandler`	Trennt die Verbindung zwischen einem Eventhandler und dem Event.	–
`Resume`	Setzt in einer `On Error Goto`-Fehlerbehandlung die Programmausführung bei der Stelle fort, die den Fehler verursacht hat.	Im Grunde obsolet, kann aber noch nützlich sein.
`Return`	Beendet ein mit `GoSub` begonnenes Unterprogramm.	Sehr,sehr obsolet
`SByte`	Vorzeichenbehafteter `Byte`-Wert (–127 bis +128)	Ist kein Teil des CTS.
`Select`	Leitet einen `Select Case`-Befehl ein.	–
`Select`	LINQ-Abfrageoperator	Neu bei Visual Basic 9.0
`Set`	Leitet den `Set`-Accessor in einer `Property`-Definition ein.	–
`Shadows`	Ermöglicht, dass in einer abgeleiteten Klasse ein Mitglied den Namen eines Mitglieds der Basisklasse erhalten darf, ohne dass es überschrieben werden muss.	–
`Shared`	Gibt ab, dass das Mitglied über die Klasse und nicht über eine Instanz der Klasse angesprochen wird.	Shared-Variablen teilen sich alle Instanzen der Klasse.
`Short`	Datentyp	–
`Single`	Datentyp	–

Befehl/ Schlüsselwort/ Operator	Bedeutung	Anmerkung
`Static`	Kann für Prozedurvariablen benutzt werden, damit diese zwischen zwei Aufrufen ihren Wert behalten.	Etwas altmodisch und steht eher aus Kompatibilitätsgründen zur Verfügung.
`Step`	Legt die Schrittweite des Schleifenzählers in einer `For-Next`-Schleife fest.	–
`Stop`	Hält die Programmausführung an	Sollte über einen Haltepunkt erreicht werden.
`String`	Datentyp	–
`Structure`	Leitet die Definition einer zusammengesetzten Variablen ein.	–
`Sub`	Leitet eine Prozedur ein.	–
`SyncLock`	Leitet einen Befehlsblock ein, der nur von einem Thread durchlaufen werden kann und für die übrigen Threads gesperrt ist. Als Parameter wird die Instanz eines im Prinzip beliebigen Objekts übergeben, das bei allen Folgeaufrufen aber identisch sein muss.	–
`Then`	Beendet die Bedingung in einem `If`-Befehl.	Ist optional, wenngleich es die IDE immer einfügt.
`Throw`	Wirft eine Ausnahme.	–
`To`	Wird in einer Schleife, einem `Select Case`-Befehl oder bei einer Array-Definition benutzt, um Start- und Endwert eines Bereichs zu trennen.	Arrays beginnen trotzdem stets bei 0.
`True`	Logischer Wert (–1)	–
`Try`	Leitet einen `Try Catch`-Block zum Abfangen einer Ausnahme ein.	–
`TryCast`	Führt wie `CType` und `DirectCast` eine Typenkonvertierung durch, wirft aber keine Ausnahme, wenn diese fehlschlägt, sondern gibt einen `True-False`-Wert zurück.	–
`TypeOf`	Vergleicht zusammen mit dem `Is`-Operator eine Objektvariable mit einem Typ.	Oft ist `TypeName` ein wenig praktischer.
`UInteger`	Vorzeichenloser Ganzzahlen-Datentyp	–

Befehl/ Schlüsselwort/ Operator	Bedeutung	Anmerkung
`ULong`	Vorzeichenloser Ganzzahlen-Datentyp	–
`UShort`	Vorzeichenloser Ganzzahlen-Datentyp	–
`Using`	Instanziiert die folgende Klasse und sorgt bei `End Using` dafür, dass das Objekt »entsorgt« wird und über einen Aufruf von `Dispose` Unmanaged Ressourcen freigegeben werden.	–
`Variant`	Standarddatentyp bei früheren Visual Basic-Versionen.	Obsolet
`Wend`	Beendet eine `While`-Schleife.	Obsolet
`When`	Wird im Rahmen eines `Try Catch`-Befehls verwendet, um eine zusätzliche Bedingung festzulegen.	Sehr speziell.
`Where`	LINQ-Abfrageoperator	Neu bei Visual Basic 9.0
`While`	Leitet eine `While`-Schleife ein und verwendet Schlüsselwort einer Do-Schleife.	–
`Widening`	Wird im Zusammenhang mit einer Operatorüberladung verwendet und gibt an, dass eine erweiternde Konvertierung (z.B. String in `Boolean`) erlaubt ist. Ist eher der Vollständigkeit halber dabei, da eine erweiterte Konvertierung immer erfolgreich ist.	–
`With`	Leitet einen `With`-Block ein, der auch verschachtelt werden kann.	Es gibt keine Möglichkeit, innerhalb eines Blocks auf die Objektreferenz einer höheren Ebene zuzugreifen.
`With`	Erhält im Zusammenhang mit den Objektinitialisierern eine erweiterte Bedeutung.	Neu bei Visual Basic 9.0
`WithEvents`	Sorgt bei einer Variablendeklaration dafür, dass Events empfangen werden können.	–
`WriteOnly`	Markiert eine Eigenschaft, die nur geschrieben werden kann.	–
`Xor`	Logische Verknüpfung	–

Anhang C

jetzt lerne ich

Lösungen zu den Übungsaufgaben

In diesem Anhang finden Sie die Lösungen zu den Fragen am Ende der Kapitel 1 bis 14. Nehmen Sie sich die Zeit, und arbeiten Sie die Antworten der Reihe nach durch. Sie lernen noch ein paar »Geheimnisse« der Visual Basic-Programmierung kennen, die in den Buchkapiteln unerwähnt blieben.

Kapitel 1

Antwort 1

Weil dadurch alle zum Projekt gehörenden Dateien in dem ausgewählten Verzeichnis gespeichert werden. Ansonsten werden sie in einem temporären Verzeichnis abgelegt und lassen sich nach einem Absturz von Visual Basic relativ schwierig (wenn überhaupt) wiederherstellen.

Antwort 2

Im Verzeichnis *Visual Studio 2008\Projects* als Unterverzeichnis von *Eigene Dateien*.

Antwort 3

Das Projekt wird (im Debug-Modus) erstellt, was bedeutet, dass alle zum Projekt gehörenden Quelltextdateien kompiliert werden, was zur Folge hat, dass die Exe-Datei im standardmäßig festgelegten Ausgabeverzeichnis (*bin\debug*) abgelegt und anschließend ausgeführt wird.

Antwort 4

Nein, da die Ressourcen beim Erstellen Teil der Exe-Datei werden.

Antwort 5

In den Projekteigenschaften im Register *Anwendung* und dort unter *Assemblyname*. Hier ist am Anfang der gewählte Projektname eingetragen.

Antwort 6

Nur, wenn auf dem anderen PC bereits die .NET-Laufzeit installiert wurde. Da diese in der aktuellen Version 3.5 leider 200 MByte groß ist, sollte der Programmierer sie seinem Kumpel nicht als E-Mail-Anhang mitschicken (das könnte die Freundschaft auf eine harte Belastungsprobe stellen), sondern lediglich einen Link auf die Microsoft-Seite mit der Bitte, die Laufzeit herunterzuladen und zu installieren.

Kapitel 2

Antwort 1 Ein Projekt ist eine Art »Kunstbegriff«, der nur im Rahmen der Entwicklungsumgebung von Visual Basic existiert. Hier steht das Projekt für alle zum Programm gehörenden Dateien (diese Dateien werden als Inhaltsdateien beim Erstellen berücksichtigt). Die Projektdatei besitzt die Erweiterung *.Vbproj* und enthält neben den Namen der zum Projekt gehörenden Dateien auch Projekteinstellungen. Visual Studio-Projektdateien liegen in einem auf XML basierenden Format mit Namen *MsBuild* vor.

Antwort 2 Eine Projektmappendatei (Erweiterung *.Sln*) fasst eines oder mehrere Projekte zusammen. Visual Basic besitzt die Eigenheit, mit dem Anlegen eines neuen Projekts auch eine Projektmappendatei mit demselben Namen anzulegen, die am Anfang im Projektmappen-Explorer aber nicht angezeigt wird. Damit der Projektmappen-Explorer auch die Projektmappe anzeigt, muss die Einstellung *Projektmappe immer anzeigen* in den Visual Basic-Optionen (unter EXTRAS|OPTIONEN) aktiviert sein.

Antwort 3 Zunächst in einem temporären Verzeichnis (bei Windows XP unter *%Userprofile%\Lokale Einstellungen\Anwendungsdaten\Temporary Projects,* bei Vista unter *%Userprofile%\AppData\Local\Temporary Projects*), sobald das Projekt gespeichert wird unter *%Userprofile%\Eigene Dateien\Visual Studio 2008\Projects* (Windows XP) bzw. *%Userprofile%\Documents\Visual Studio 2008\Projects* bei Windows Vista. In den Visual Basic-Optionen kann eingestellt werden, dass mit dem Anlegen eines neuen Projekts dieses sofort regulär gespeichert werden soll.

Antwort 4 Ein Visual Studio-Projekt entspricht 1:1 einem Verzeichnis auf der Festplatte. Alle zum Projekt gehörenden Dateien sind in diesem Verzeichnis abgelegt. Wird im Projekt ein Verzeichnis hinzugefügt, z.B. für Bitmaps, wird auch im Projektverzeichnis ein entsprechendes Unterverzeichnis angelegt.

Antwort 5 Beim Drücken von [F5] wird das Projekt im sog. Debug-Modus erstellt und anschließend ausgeführt. Das bedeutet, dass Haltepunkte im Quelltext (mehr dazu in Kapitel 10) berücksichtigt werden. Beim Drücken von [Strg] + [F5] wird das Projekt im sog. Release-Modus erstellt und anschließend ausgeführt. Eventuell vorhandene Haltepunkte werden nicht berücksichtigt.

Antwort 6 Ja, und es ist in den Optionen von Visual Basic sehr einfach möglich, jedem Menübefehl einen individuellen Tastaturshortcut zuzuordnen.

Kapitel 3

Antwort 1 Ein Formular ist ein anderes Wort für ein Windows-Fenster, das durch die `Form`-Klasse repräsentiert wird. Mit der `Form`-Klasse haben die Microsoft-Entwickler ein Modell eines typischen Windows-Fensters geschaffen, das über seine Eigenschaften und Methoden die Funktionalität eines Fensters zur Verfügung stellt (und über seine `Protected Overrides`-Eigenschaft `WndProc` ein sehr einfaches Überschreiben der Fensterfunktion in einer abgeleiteten Klasse erlaubt).

Antwort 2 Durch Kopieren in die Zwischenablage und anschließendes Einfügen so oft das Steuerelement benötigt wird.

Antwort 3 Über das FORMAT-Menü und die verschiedenen Befehle zum Anpassen von Größe, Position und Abstand.

Antwort 4 Eine Ereignisprozedur ist eine Visual Basic-Prozedur, die automatisch von der .NET-Laufzeit aufgerufen wird, wenn das Ereignis eintritt, mit dem die Prozedur verknüpft ist. Das kann entweder über `WithEvents/Handles` oder über den `AddHandler`-Befehl geschehen. Letzterer bietet die Besonderheit, dass der sog. *Handler* über `RemoveHandler` wieder deaktiviert werden kann.

Antwort 5 Über einen Doppelklick auf das gewünschte Ereignis im Eigenschaftenfenster, in dem bei Visual Basic 2008 neben Eigenschaften auch Ereignisse aufgelistet werden.

Antwort 6 Durch Anklicken der Toolbox an einer freien Stelle mit der rechten Maustaste und Auswahl von *Toolbox zurücksetzen*.

Kapitel 4

Antwort 1 Der Datentyp einer Variablen legt fest, welche »Sorte« von Daten in der Variablen gespeichert werden kann. Wichtige Datentypen sind `Integer` (ganze Zahlen bis etwa 2 Milliarden, positiv wie negativ), `Single` (Zahlen mit einem Nachkommaanteil und bis zu sieben Nachkommastellen) und `String` (Zeichenketten mit bis zu etwa 2 Milliarden Zeichen). Auch wenn ein Datentyp nicht zwingend vorgeschrieben ist, sollte er bei einer Variablendeklaration immer angegeben werden. Bei lokalen Variablen, die mit der Deklaration ihren Wert erhalten, ist Visual Basic in der Lage, den Datentyp zu erkennen, sodass eine explizite Angabe in dieser Situation überflüssig ist, aber trotzdem angegeben werden sollte, da die Angabe die Lesbarkeit des Quellcodes verbessert.

Antwort 2 Ganz einfach, durch den Datentyp `Byte` wird festgelegt, dass die Variable nur Werte zwischen 0 und 255 annehmen kann. 1000 liegt damit außerhalb des erlaubten Bereichs für eine `Byte`-Variable.

Antwort 3 Der Fehler ist nicht ganz einfach zu finden. Der Schleifenendwert `Messwerte.Length` ist genau um 1 zu groß für das Array, dessen Index im Bereich 0 bis `Messwerte.Length -1` liegen darf.

Antwort 4 Die Variable Faktor hat den Wert 0, daher führt die Multiplikation mit Wert innerhalb der Schleife dazu, dass die Abbruchbedingung nie erfüllt werden kann.

Antwort 5

```
For i As Short = 0 To Test.Length - 1
  Select Case Test.Substring(i, 1)
      Case "ä"
          Neu &= "ae"
      Case "ö"
          Neu &= "oe"
      Case "ü"
          Neu &= "ue"
      Case "Ä"
          Neu &= "Ae"
      Case "Ö"
          Neu &= "Oe"
      Case "Ü"
          Neu &= "Ue"
      Case Else
          Neu &= Test.Substring(i, 1)
  End Select
Next
```

Eine Alternative ist die Replace-Methode einer String-Variablen, die aber immer nur ein Zeichen austauschen kann.

Antwort 6 Das ist der Klassiker unter den Programmbeispielen. Wenn Sie im Buch ein wenig blättern, finden Sie auch ein Primzahlenbeispiel. Die folgenden Befehle geben die Primzahlen im Bereich 3 bis 100 aus:

```
Dim IsPrim As Boolean
For i As Short = 3 To 100 Step 2
  IsPrim = True
  For j As Short = 3 To Math.Sqrt(i) Step 2
    IsPrim = (i Mod j) <> 0
    If IsPrim = False Then Exit For
  Next
  If IsPrim Then
     Messagebox.Show(i)
  End If
Next
```

In der verschachtelten Schleife wurden ein paar einfache Optimierungen vorgenommen:

- Da gerade Zahlen keine Primzahlen sein können, werden nur die ungeraden Zahlen getestet. Die Schleife zählt daher in Zweierschritten.
- Eine Zahl muss nur durch alle Zahlen bis zu ihrer Quadratwurzel geteilt werden, da sich ansonsten Divisionen wiederholen würden (die Zahl 15 würde erst durch 3 und dann noch einmal durch 5 dividiert werden).
- Ergibt die Division einen Rest von 0, ist es keine Primzahl, und die For-Schleife wird vorzeitig verlassen.

Das obige Beispiel hätte im Prinzip bereits mit Visual Basic 1.0 funktioniert. In der modernen Visual Basic-Programmiersprache gibt es andere Möglichkeiten. Ausgangspunkt für eine moderne Variante ist die folgende Funktion, die ein `True` zurückgibt, wenn die ihr übergebene `Integer`-Zahl eine Primzahl ist:

```
Function IsPrim(ByVal n As Integer) As Boolean
  For m = 2 To Math.Sqrt(n)
    If n Mod m = 0 Then Return False
  Next
  Return True
End Function
```

An dieser Funktion ist nichts ungewöhnlich. Ein wenig ungewöhnlich ist die Art und Weise, wie diese Funktion seit Visual Basic 9.0 aufgerufen werden kann.

Variante 1: Über einen sog. *Predicate-Delegaten*

```
Dim CheckPrimP1 As New Predicate(Of Integer)(AddressOf IsPrim)
Dim Zahlen = Enumerable.Range(3, 100).ToArray()
Dim Prims = Array.FindAll(Zahlen, CheckPrimP1)
```

Ein *Predicate-Delegat* steht für eine Funktion, die einen Parameter von dem Typ erwartet, der bei der Deklaration des Delegaten angegeben wird, und die einen Rückgabewert vom Typ `Boolean` besitzt.

Variante 2: Über einen `Func(Of Typ)`-Funktionsausdruck

```
Dim CheckPrimP2 As New Func(Of Integer, Boolean)(AddressOf IsPrim)
Dim Zahlen = Enumerable.Range(3, 100).ToArray()
Dim Prims = Zahlen.Where(CheckPrimP2)
```

Ein Funktionsausdruck ist ein Ausdruck, der für eine Funktion steht. Der `Where`-Methode des Arrays `Zahlen` wird ein Funktionsausdruck übergeben, was zur Folge hat, dass die Funktion für jede Zahl im Array einmal aufgerufen wird. Es werden nur jene Zahlen an `Prims` übergeben, für welche die Funktion einen `True`-Wert zurückgibt.

Variante 3: Über einen LINQ-Ausdruck

```
Dim CheckPrimP2 As New Func(Of Integer, Boolean)(AddressOf IsPrim)
Dim Zahlen = Enumerable.Range(3, 100).ToArray()
Dim Prims = From z In Zahlen Where IsPrim(z)
```

Diese Variante entspricht der Variante 2, nur dass sie dank der LINQ-Operatoren `From`, `In` und `Where` etwas »eleganter«, sprich natürlicher geschrieben werden kann.

In allen drei Fällen enthält die Variable `Prims` am Ende die Primzahlen zwischen 3 und 100, und in allen drei Fällen wird das Array mit den Zahlen von 3 bis 100 nicht in einer Schleife wie sonst üblich, sondern über `Enumerable.Range(3, 100)` angelegt. Die drei Varianten sind nicht unbedingt besser, aber einfach moderner und dadurch ein wenig effektiver.

Kapitel 5

Antwort 1 Eine Klasse definiert ein Objekt. Ein Objekt ist eine Instanz einer Klasse.

Antwort 2 Die `New`-Prozedur wird automatisch beim Instanziieren der Klasse aufgerufen. Sie wird *Konstruktor* genannt.

Eine Ausnahme liegt vor, wenn die `New`-Prozedur mit `Shared` deklariert wird. In diesem Fall gehört der Konstruktor zur Klasse und nicht zu einer Instanz der Klasse. Dieser freigegebene Konstruktor wird genau einmal aufgerufen, wenn die Klasse zum ersten Mal angesprochen wird.

Antwort 3 Ein Feld ist eine reguläre Variable, eine Eigenschaft wird (wie eine Funktion oder Prozedur) durch den `Property`-Befehl definiert und besitzt einen `Get`- und einen `Set`-Accessor, der mit dem Zuweisen an die Eigenschaft bzw. dem Abfragen des Eigenschaftswertes aufgerufen wird. Eigenschaften, die als `ReadOnly` deklariert sind, besitzen nur einen `Get`-Accessor, da ihr Wert nur gelesen werden kann.

Antwort 4 Wenn sich zwei Prozeduren, Funktionen oder Eigenschaften mit identischem Namen durch ihre sog. *Signatur*, das heißt durch die Anzahl und/oder die Datentypen ihrer Parameter, unterscheiden, ist das kein Problem. Dies wird Überladen genannt.

Antwort 5

1. Eine Schnittstelle muss vollständig implementiert werden, bei einer Basisklasse nur die mit `MustOverride` deklarierten Mitglieder.
2. Eine Schnittstelle kann von mehreren anderen Schnittstellen erben, eine abstrakte Basisklasse (wie jede Klasse) nur von einer einzigen Klasse.
3. Eine abstrakte Basisklasse kann auch reguläre Mitglieder enthalten und damit Programmcode, eine Schnittstelle besteht nur aus Definitionen.

Antwort 6

- Fehler 1: Die Eigenschaft `KontoStand` ist `ReadOnly`, ihr kann daher kein Wert zugewiesen werden.
- Fehler 2: Die Klasse besitzt keinen Konstruktor, der einen String als Argument erwartet, daher kann beim Instanziieren auch keiner übergeben werden.
- Fehler 3: Die Eigenschaft `BankName` ist zwar `WriteOnly`, aber ihr kann trotzdem kein Wert zugewiesen werden, da sie nicht mit `Shared` deklariert wurde und sie daher nicht direkt über die Klasse angesprochen werden kann.
- Fehler 4: In der Property `BankName` wird der zugewiesene Wert, der im `Value`-Argument übergeben wird, nicht der Variablen `mBankname` zugewiesen.
- Fehler 5: Da es keinen `New`-Konstruktor gibt, kann die Eigenschaft `KontoNr` nicht abgefragt werden, da die Variable `mKontoNr` keinen Wert erhalten konnte.

Kapitel 6

Antwort 1

Es sind mehrere Tausend Klassen. Die genaue Zahl ließe sich durch Zählen ermitteln, wobei nicht ganz eindeutig ist, welche Assembly-Bibliotheken zum Kern der .NET-Klassenbibliothek gehören und welche zum »Umfeld«. Per Reflection gibt es die Möglichkeit, eine Assembly-Bibliothek zu laden und alle Klassen zu durchlaufen. Das folgende Beispiel zählt die Klassen in der Bibliothek *Mscorlib.dll:*

```
Imports System.Reflection
Imports System.Runtime.InteropServices

Dim CLRDir As String = RuntimeEnvironment.GetRuntimeDirectory()
Dim AnzahlKlassen As Integer
Dim Ass As Assembly = Assembly.LoadFile(CLRDir & "\Mscorlib.dll")
For Each T As Type In Ass.GetTypes
  If T.IsClass Then
   AnzahlKlassen += 1
  End If
Next
```

Ein Klassenzähler müsste alle Assemblies im Laufzeitverzeichnis durchgehen und die Klassen zählen. *Mscorlib.dll* enthält in der Version 2.0 übrigens 1.413 Klassen.

Antwort 2

Durch den `Imports`-Befehl, durch den der Namespace `System.Windows.Forms` im Programm bekannt gemacht wird und daher nicht mehr vorangestellt werden muss:

```
Dim Frm As New Form()
Frm.Controls.Add (New Button)
```

Über `Global` lässt sich die Spitze der Namespace-Hierarchie ansprechen. Das macht es etwas einfacher, einen kompletten Namespace im Programm anzugeben.

Antwort 3

Der Grund ist, dass die `StringBuilder`-Klasse zum Namespace `System.Text` gehört und dieser entweder vorangestellt oder per `Imports`-Befehl bekannt gemacht werden muss.

Antwort 4

Der `My`-Namespace fasst wichtige Funktionen der Klassenbibliothek zusammen, sodass sie sich einfacher ansprechen lassen. Der folgende Befehl prüft, ob eine Netzwerkverbindung existiert:

```
If My.Computer.Network.IsAvailable Then
```

Antwort 5

Die folgende kleine Routine löscht (als Teil einer Konsolenanwendung) alle Dateien im Verzeichnis *C:\Temp*, deren Datum des letzten Zugriffs eine Jahrszahl besitzt, die kleiner 2000 ist:

```
Dim TmpPfad As String = "C:\Temp"
Dim AnzahlGeloescht As Integer
For Each Fi As FileInfo In New DirectoryInfo(TmpPfad).GetFiles()
  If Fi.LastAccessTime.Year < 2000 Then
    Fi.Delete()
```

```
    AnzahlGeloescht += 1
  End If
Next
Console.WriteLine(String.Format("{0} Datei(en) gelöscht.",
AnzahlGeloescht))
```

Möchte man den Pfad des temporären Verzeichnisses des angemeldeten Users erhalten, liefert dieses der Befehl:

```
Dim TmpPfad As String = System.IO.Path.GetTempPath
```

Antwort 6 Die folgende Routine verpasst (als Teil einer Konsolenanwendung) allen Dateien mit der Erweiterung *.Jpg* im Ordner *Eigene Bilder* die Erweiterung *.Jpeg*. Die Änderung wird aber nicht tatsächlich durchgeführt, da *ChangeExtension* den neuen Dateinamen lediglich zurückgibt, ihn aber nicht ändert.

```
Dim BilderPfad As String = _
 Environment.GetFolderPath(Environment.SpecialFolder.MyPictures)
Dim AnzahlGeaendert As Integer
For Each Fi As FileInfo In _
 New DirectoryInfo(BilderPfad).GetFiles("*.jpg")
  Console.WriteLine(String.Format("Neuer Dateiname: {0}", _
   Path.ChangeExtension(Fi.FullName, "*.jpeg")))
  AnzahlGeaendert += 1
Next
Console.WriteLine(String.Format("{0} Datei(en) geändert.", _
  AnzahlGeaendert))
```

Antwort 7 Die folgende Routine erzeugt sechs Zufallszahlen im Bereich 1 bis 49 und schreibt diese zunächst in ein Array, das erst sortiert und dann einmal binär und einmal Zahl für Zahl als Text gespeichert wird.

```
Dim LottoZahlen(5) As Byte
Dim R As New Random()
Dim z As Byte
For i As Integer = 1 To 6
  Do
    z = R.Next(1, 50)
  Loop Until Array.IndexOf(LottoZahlen, z) = -1
  LottoZahlen(i - 1) = z
Next
Array.Sort(LottoZahlen)
Process.Start("Notepad", "LottoZahlen.dat")
My.Computer.FileSystem.WriteAllBytes("LottoZahlen.dat", _
 LottoZahlen, True)
Using Tw As StreamWriter = _
 My.Computer.FileSystem.OpenTextFileWriter("LottoZahlen.txt", False)
  For i As Integer = 1 To 6
    Tw.WriteLine(LottoZahlen(i - 1))
  Next
End Using
Process.Start("Notepad", "LottoZahlen.txt")
```

Bei einer Textdatei werden die Zahlen Ziffer für Ziffer gespeichert, bei einer Binärdatei wird jede Byte-Zahl durch ein Byte repräsentiert. Die binäre Variante ist daher stets kleiner.

Antwort 8

Diese Aufgabe ist tatsächlich bereits ein wenig anspruchsvoller, denn es kommt ein rekursiver Aufruf einer Funktion vor. Es ist die Funktion `ListFileSize`, welche die Größe aller Dateien in einem Verzeichnis aufaddiert und anschließend die Unterverzeichnisse durchgeht und sich für jedes Unterverzeichnis erneut selber aufruft. Das folgende Listing ist eine kleine Konsolenanwendung, welche die Gesamtgröße aller Dateien in dem im Programmtext festgelegten Verzeichnis ausgibt:

```
' -------------------------------------------------------------
' Lösung zur Aufgabe 8 in Kapitel 6
' Jetzt lerne ich Visual Basic 2008
' -------------------------------------------------------------
Imports System.IO

Module Module1

  Sub Main()
   Dim StartDir As String = _
    Environment.GetFolderPath(Environment.SpecialFolder.MyDocuments)
   ' Falls das MyDocuments-Verzeichnis zu groß ist
   StartDir = "C:\Temp"
   Dim GesamtGroesse As Long = ListFileSize(StartDir)
   Console.WriteLine("Gesamtgröße: {0:n}", GesamtGroesse)
   Console.ReadLine()
  End Sub

  Function ListFileSize(ByVal Dir As String) As Long
    Dim TmpSumme As Long = GetDirSize(Dir)
    ' Jetzt alle Unterverzeichnisse durchgehen
    For Each SubDir As DirectoryInfo In _
     New DirectoryInfo(Dir).GetDirectories
       TmpSumme += GetDirSize(SubDir.FullName)
    Next
    Return TmpSumme
  End Function

  Function GetDirSize(ByVal Dir As String) As Long
    Dim TmpSumme As Long
    For Each Fi As FileInfo In New DirectoryInfo(Dir).GetFiles()
        TmpSumme += Fi.Length
    Next
    Return TmpSumme
  End Function

End Module
```

Kapitel 7

Antwort 1 Ganz so einfach geht es bei Visual Basic leider noch nicht, man muss dem Compiler mit dem Function-Befehlswort mitteilen, dass rechts vom Gleichheitszeichen ein Funktionsausdruck steht:

```
Dim AltersCheck = Function(P) P > 60
```

Antwort 2 Der Funktionsausdruck könnte wie folgt lauten:

```
Dim AltersCheck = Function(Pers1 As Person, Pers2 As Person) _
  IIf(Pers1.Alter > Pers2.Alter, Pers1, Pers2)
```

Die folgende kleine Konsolenanwendung gibt den Namen der älteren von zwei Personen aus:

```
Module Module1
  Sub Main()
    Dim AltersCheck = Function(Pers1 As Person, Pers2 As Person) _
     IIf(Pers1.Alter > Pers2.Alter, Pers1, Pers2)
    Dim P1 As New Person With {.Name = "Harry", .Alter = 55}
    Dim P2 As New Person With {.Name = "Hugo", .Alter = 37}
    Dim PAlter As Person = AltersCheck(P1, P2)
    Console.WriteLine("Der älterere ist {0}", PAlter.Name)
    Console.ReadLine()
  End Sub

End Module
```

Antwort 3 Zugegeben, die Aufgabe ist etwas konstruiert, zeigt aber, wie flexibel der Umgang mit Funktionsausdrücken sein kann.

```
Dim CheckUngerade = Function(z As Integer) z Mod 2 = 1
Dim CheckGerade = Function(z As Integer) z Mod 2 = 0
Dim CheckArray() As Func(Of Integer, Boolean) = {CheckUngerade, _
 CheckGerade}
Dim Zahlen() As Integer = {12, 32, 44, 55, 66, 72}
For i As Integer = 0 To Zahlen.Length - 1
  Dim z As Integer = New Random(Now.Millisecond).Next(0, _
   CheckArray.Length)
  If z = 0 Then
    Console.WriteLine("Prüfung auf Ungerade: {0}={1}", _
     Zahlen(i), CheckArray(0)(Zahlen(i)))
  Else
    Console.WriteLine("Prüfung auf Gerade: {0}={1}", _
     Zahlen(i), CheckArray(1)(Zahlen(i)))
  End If
Next
```

Antwort 4 Für Objekte mit einer »Kenn-Eigenschaft« eignet sich die Dictionary-Collection:

```
Dim Team As New Dictionary(Of Integer, FussballSpieler)
```

Der Schlüsselwert ist in diesem Fall vom Typ Integer, sodass sich z.B. die Spielernummer eignen würde. Der Vereinsname kommt nicht infrage, da er nicht eindeutig ist.

Die LINQ-Abfrage lautet wie folgt: **Antwort 5**

```
Dim Zahlen() As Integer = {11, 16, 20, 25, 36, 100}
Dim QuadratZahlen = From z In Zahlen Where Math.Sqrt(z) Mod 2 = 0
```

Antwort 6:

Bei der LINQ-Abfrage wurde am Ende lediglich ein `Select` »vergessen«, durch welches das Objekt spezifiziert wird, das von der Abfrage zurückgegeben wird. Da es bei Visual Basic auch entfallen kann, wird die Abfrage trotzdem ausgeführt. Korrekt müsste sie lauten:

```
Dim AusleihTitel = From B In Buecher Where B.Ausgeliehen = True Join
P In Personen On Buecher.PersonNr Equals P.PersonNr Select B
```

In diesem Fall besteht das Ergebnis aus `Buch`-Objekten.

Kapitel 8

Dazu muss die `KeyDown`-Ereignisprozedur der TextBox die folgenden Befehle enthalten: **Antwort 1**

```
If e.KeyCode = Keys.Escape Then
  Sender.Text = ""
End If
```

oder mit einer korrekten Typenkonvertierung:

```
If e.KeyCode = Keys.Escape Then
  CType(Sender, TextBox).Text = ""
End If
```

`KeyDown, KeyPress, KeyUp.` **Antwort 2**

Über das `Validating`-Event, das folgende Befehle enthalten könnte: **Antwort 3**

```
If IsNumeric(Sender.Text) = False Then
  e.Cancel = True
End If
```

Über die `ErrorProvider`-Komponente und deren `SetError`-Methode. Sie führt dazu, dass neben der TextBox ein dezent blinkendes Ausrufezeichen erscheint. **Antwort 4**

Antwort 5

```
For m As Short = 1 To 12
  liMonate.Items.Add (Monthname(m))
Next
```

Das ist relativ einfach. Die `DoubleClick`-Ereignisprozedur des ListView-Steuerelements erhält dazu die folgenden Befehle: **Antwort 6**

```
Dim Mp3Name As String = ListView1.SelectedItems(0).Text
Process.Start(MusikPfad & "\" & Mp3Name)
```

Es ist interessant, dass kein Media-Player explizit gestartet werden muss, dies geschieht vielmehr indirekt durch Öffnen einer MP3-Datei. Dadurch startet der Media-Player, der mit der Erweiterung *.Mp3* verknüpft ist.

Kapitel 9

Antwort 1 Ein Formular kann theoretisch beliebig viele Symbol- und Menüleisten enthalten. Auch eine GroupBox kann als Container-Steuerelement mit einer Symbol- und Menüleiste ausgestattet werden.

Antwort 2 Der `ShowDialog`-Methode kann lediglich der Besitzer des Fensters als optionaler Parameter übergeben werden (was im Allgemeinen aber keine Rolle spielt), aber es gibt die Möglichkeit, sie in dem Formular, das aufgerufen werden soll, erneut zu überladen. Das ist eine sehr einfache Technik, da in der Formularklasse lediglich eine Prozedur eingegeben werden muss, die »ShowDialog« heißt (wenngleich das keine Voraussetzung ist, da es im Grunde keine Rolle spielt, wie die aufzurufende Methode heißt) und die einen oder mehrere Parameter entgegennimmt. Diese `ShowDialog`-Methode erwartet einen Farbwert:

```
Overloads Function ShowDialog(ByVal Farbe As Color) As DialogResult
  Me.BackColor = Farbe
  Return Me.ShowDialog()
End Function
```

Das Schöne an der Überladung ist, dass auf einmal drei `ShowDialog`-Versionen zur Auswahl stehen, was auch im Visual Basic-Editor in der Auswahlliste angezeigt wird.

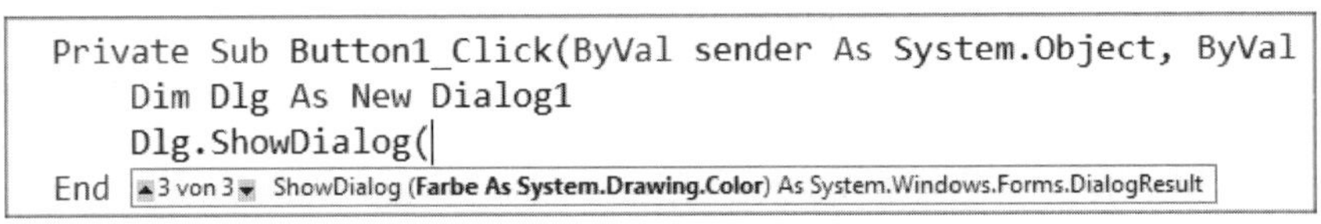

Abb. C.1: Die Show-Dialog-Methode ist jetzt dreifach überladen.

Der Rückgabewert der `ShowDialog`-Methode steht für den Button, mit dem der Anwender das Formular geschlossen hat. Die Eigenschaften `AcceptButton` und `CancelButton` des Dialogformulars wählen jene Buttons aus, die auch über die [↵]- bzw. die [Esc]-Taste »bedient« werden können.

Antwort 3 Die Kleinigkeit, die der Programmierer übersehen hat, ist, dass `ShowDialog` ein blockierender Aufruf ist. Der folgende Befehl wird daher erst dann ausgeführt, wenn das Formular wieder geschlossen wurde. Entweder ruft der Programmierer das Formular mit `Show` nicht blockierend auf, oder, was natürlich die echte Lösung ist, der Titel wird vor dem Aufruf gesetzt.

Antwort 4 Die Frage, um die es in Wirklichkeit geht, lautet: Existiert ein Formular noch als Objekt, nachdem es vom Anwender wieder geschlossen wurde? Die Antwort hängt wie bei jedem Objekt davon ab, ob noch eine Variable eine Referenz auf das Formularobjekt hält. Im folgenden Fall steht der Inhalt der TextBox noch zur Verfügung:

```
Dim Dlg As New Dialog
Dlg.ShowDialog()
MessageBox.Show(Dlg.TextBox1.Text)
```

Schließt der Anwender das Formular, wird es zwar geschlossen und ein `Form_Closed`-Event ausgelöst, das Objekt verbleibt im Arbeitsspeicher und damit auch der Inhalt der TextBoxen, auch wenn diese nicht sichtbar sind. Würde vor dem Abfragen der TextBox Dlg = Nothing ausgeführt werden, wäre der Textboxinhalt nicht mehr ansprechbar.

Kapitel 10

Antwort 1

Die Antwort auf diese umfangreiche Frage ist vermutlich zu einfach, denn in dem Beispielcode zeigt der Compiler bereits durch eine Warnung an, dass irgendetwas nicht stimmt. Die Warnung besagt, dass der zweite Catch-Zweig nie erreicht werden kann, da der erste Catch-Zweig immer aktiv wird, da hier die allgemeinste aller Ausnahmeklassen geprüft wird.

Antwort 2

Der Wert der StackTrace-Eigenschaft ist eine lange, lange Zeichenkette, die am Ende auch die Zeilennummer enthält. Mit ein wenig Stringakrobatik kommt man an sie heran:

```
' Variante 1: Auf die herkömmliche Tour
Dim St As String = Ex.StackTrace
Dim ZeilenNr1 As Integer = CType(St.Substring(St.IndexOf("vb:Zeile ")
+ 9), Integer)
```

IndexOf gibt die Position von »vb:Zeile« zurück, darauf wird 9 addiert, weil dies die Länge von »vb:Zeile « mit einem Leerzeichen ist, und per SubString-Methode werden alle Zeichen bis zum Ende geholt. Dass die Zeichenkette mit einem Punkt endet, stört in diesem Fall nicht, da dies für CType ein erlaubtes Zeichen in einer Zahl ist (manchmal muss man diese Dinge billigend in Kauf nehmen, wenngleich dies nicht der allerbeste Programmierstil ist).

Wo es eine Variante 1 gibt, gibt es doch sicher auch eine Variante 2. So ist es auch, diese macht von den sog. *regulären Ausdrücken* (engl. »Regular Expressions«) Gebrauch, mit denen sich Textpassagen mithilfe sog. *Muster* finden lassen. Da dies ein typisches Profi-Thema ist, bleibt es bei dem folgenden Beispiel und dem Hinweis, dass die .NET-Klassenbibliothek im Namespace System.Text.RegularExpressions ein paar leistungsfähige Klassen, im Mittelpunkt RegEx, zu bieten hat.

```
' Variante 2: Auf die elegante Tour

Dim St As String = Ex.StackTrace
Dim Rx As New Regex(".+vb:[a-z]+\s*(?<ZeilenNr>[1-9]{1,3})",
RegexOptions.IgnoreCase)
Dim ZeilenNr2 As Integer =
CType(Rx.Match(St).Groups("ZeilenNr").Value, Integer)
```

Der reguläre Ausdruck lautet ».+vb:[a-z]+\s*(?<ZeilenNr>[0-9]{1,3})« und »matcht« einen Ausdruck, der mit beliebigen Zeichen beginnt (der Punkt mit dem +), auf die ein »vb:« folgt, auf das mindestens ein Buchstabe folgt, auf den kein oder mehrere Leerzeichen folgen, auf den wiederum drei Ziffern zwischen 1 und 9 folgen, die in einer Gruppe mit dem Namen »ZeilenNr« zusammengefasst werden. War doch gar nicht so kompliziert.

Antwort 3

Die Lösung aus der letzten Antwort kann immer dann nicht funktionieren, wenn die Zeilennummer nicht Teil der *StackTrace*-Zeichenkette ist. Das ist der Fall, wenn die Exe-Datei ohne Debug-Informationen ausgeführt wird.

Ob ein Programm im Debug-Modus läuft, lässt sich feststellen, indem die interne Konstante `DEBUG` über die Befehle zur bedingten Kompilierung abgefragt wird. Im folgenden Beispiel wird der Ausgabebefehl über `Console.WriteLine` nur dann kompiliert, wenn das Programm in der Debug-Konfiguration kompiliert wurde:

```
#If DEBUG Then
  Console.WriteLine("Debug...")
#End If
```

Es ist wichtig zu verstehen, dass die Befehle `#If` und `#End If` bereits bei der Kompilierung des Quelltextes »ausgeführt« werden. In der Programmdatei sind sie nicht mehr enthalten.

Antwort 4 Haltepunkte werden mit dem Projekt gespeichert, müssen also nicht erneut gesetzt werden, wenn das Projekt wieder geladen wird. Alle Haltepunkte werden über DEBUGGEN|ALLE HALTEPUNKTE DEAKTIVIEREN deaktiviert. Das ist bei größeren Projekten sinnvoller, als die Haltepunkte zu entfernen.

Kapitel 11

Antwort 1 Ein Thread ist eine Art »Unterprozess«, der bei Visual Basic eine Prozedur ausführt, die über den `AddressOf`-Operator übergeben wird. Ist die Prozedur fertig, endet auch der Thread. Jeder gestartete Thread läuft parallel zum Hauptthread auf derselben CPU bzw. demselben Kern. Eine echte Parallelverarbeitung wird es erst mit Visual Basic 10.0 geben.

Antwort 2 Leerlaufzeiten der CPU werden effektiver genutzt, längere Operationen können auf einem eigenen Thread und damit im »Hintergrund« ausgeführt werden, während die Benutzeroberfläche weiterhin auf Benutzeraktivitäten reagieren kann.

Antwort 3 Im Prinzip beliebig viele, in diesem Punkt gibt es offenbar kein offizielles Limit.

Antwort 4 Die `Thread`-Klasse besitzt eine Shared-`CurrentThread`-Eigenschaft, deren `ManagedThreadId`-Eigenschaft für die ID des aktuellen Threads steht. Viel praktischer ist es allerdings, dem Thread zu Beginn einen Namen zuzuweisen. Dann findet man diesen während einer Programmunterbrechung in der Thread-Liste der Entwicklungsumgebung wieder (aber nicht bei Visual Basic 2008 Express).

Antwort 5 Der Programmierer hat übersehen, dass ein nachträglich gestarteter Thread nicht schreibend auf die Steuerelemente zugreifen kann, die immer auf dem Hauptthread angelegt werden. Aus diesem Grund kann der zweite Thread nicht direkt auf den Fortschrittsbalken zugreifen. Es kommt zu einer Exception. Es gibt zwei Möglichkeiten, diese bei Windows Forms zu vermeiden:

1. Indem der Schreibzugriff in einer Prozedur durchgeführt wird, die über einen Delegaten und die `Invoke`-Methode des Steuerelements durchgeführt wird.
2. Indem der zweite Thread über die BackgroundWorker-Komponente gestartet wird und der Fortschrittsbalken in der `ReportProgress`-Methode aktualisiert wird. Das erspart das Anlegen eines Delegaten und den Weg über die `Invoke`-Methode.

Beide Varianten werden in Kapitel 11 vorgestellt, daher an dieser Stelle nur die Kurzfassung. Das Kopieren der Datei übernimmt die selbst definierte Prozedur FileCopy, die nichts anderes tut, als die Datei »portionsweise«in einen Byte-Puffer einzulesen, der am Ende als Ganzes in die Zieldatei geschrieben wird:

```
Sub FileCopy()
  ' Datei portionsweise in einen Buffer lesen
  Dim FiQuelle As New FileInfo(tbQuellDatei.Text)
  Dim ZielBuf(FiQuelle.Length - 1) As Byte
  Dim PortionsGroesse As Integer = 65356
  Dim AnzahlGelesen As Integer
  Using FsQuelle As FileStream = File.OpenRead(tbQuellDatei.Text)
      Do
        If AnzahlGelesen + PortionsGroesse > ZielBuf.Length Then
            PortionsGroesse = ZielBuf.Length - AnzahlGelesen
        End If
        AnzahlGelesen += FsQuelle.Read(ZielBuf, AnzahlGelesen, _
         PortionsGroesse)
        If ckThread.Checked Then
           BackgroundWorker1.ReportProgress(AnzahlGelesen)
        Else
           ProgressBar1.Value = AnzahlGelesen
        End If
        If ckThread.Checked = False Then
           StatusMeldung(String.Format("{0} Bytes gelesen", _
            AnzahlGelesen))
        End If
        If FsQuelle.Position = FiQuelle.Length Then Exit Do
           ' Achtung: Kleine Verzögerung als "Vorführeffekt"
           Threading.Thread.Sleep(500)
     Loop
  End Using
  ' Jetzt kompletten Buffer schreiben
  Using FsZiel As FileStream = _
   File.OpenWrite(Path.Combine(tbZielverzeichnis.Text, _
     Path.GetFileName(tbQuellDatei.Text)))
   FsZiel.Write(ZielBuf, 0, ZielBuf.Length)
  End Using
  If ckThread.Checked = False Then
     ProgressBar1.Value = 0
     StatusMeldung(String.Format("Datei wurde geschrieben - {0} _
      Bytes", ZielBuf.Length))
  End If
End Sub
```

Auch wenn die FileStream-Klasse eine BeginRead-Methode besitzt, bei welcher der Inhalt einer Datei von Anfang an asynchron und damit auf einem zweiten Thread gelesen wird, wird von dieser Möglichkeit keinen Gebrauch gemacht, da es bei dem Beispiel in erster Linie um den Einsatz der Background-Worker-Komponente geht. Der Dateiinhalt wird daher mit der Read-Methode und nicht mit der BeginRead-Methode eingelesen. Der wichtigste Aspekte ist in diesem Zusammenhang, dass die FileCopy-Prozedur sowohl vom Hauptthread als auch vom BackgroundWorker-Thread aufgerufen werden kann – welche Variante verwendet werden soll, wird vom Anwender über eine CheckBox (ckThread) eingestellt. Da bei Verwendung des BackgroundWorkerThreads in FileCopy kein direkter Schreibzugriff auf die Steuerelemente möglich ist, wird überall dort, wo ein solcher Zugriff ansteht, eine entsprechende Abfrage eingebaut, die dafür sorgt, dass der Zugriff nicht durchgeführt wird.

Damit wirklich ein Unterschied zwischen dem Kopieren auf dem Hauptthread und dem Kopieren der Datei auf dem BackgroundWorker-Thread spürbar ist, wird nach jedem Einlesen einer Portion Bytes eine kurze Verzögerung eingebaut. Dadurch tritt der typische Effekt ein, dass beim Kopieren auf dem Hauptthread das Formular schnell einfriert (das ist natürlich auch eine Möglichkeit, die Nützlichkeit einer bestimmten Technik zu demonstrieren).

Doch warum wird das Kopieren der Datei nicht einfach per CopyFile-Methode durchgeführt? Das wäre mit einem Aufruf erledigt:

```
My.Computer.FileSystem.CopyFile(tbQuellDatei.Text, _
 tbZielverzeichnis.Text)
```

Das wäre zwar deutlich einfacher, doch da die Datei hier in einem Rutsch kopiert wird, gibt es keine Möglichkeit, den Fortschrittsbalken zu aktualisieren, was etwas schade wäre.

Über den Aufruf von ReportProgress wird der Fortschrittsbalken mit der Anzahl der bereits geladenen Bytes aktualisiert und die Anzahl der bereits gelesenen Bytes angezeigt:

```
Private Sub BackgroundWorker1_ProgressChanged(ByVal sender As Object,
ByVal e As System.ComponentModel.ProgressChangedEventArgs) Handles
BackgroundWorker1.ProgressChanged
  ProgressBar1.Value = e.ProgressPercentage
  StatusMeldung(String.Format("{0} Bytes gelesen", _
   e.ProgressPercentage))
End Sub
```

Das komplette Beispiel finden Sie in Gestalt des Projekts *Antwort_1105.sln* auf der Buch-DVD.

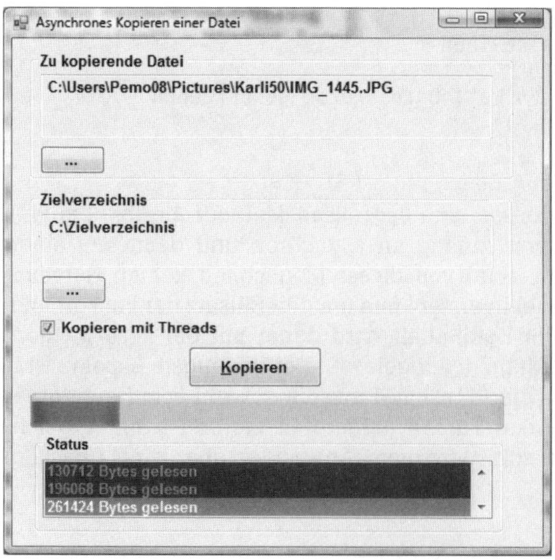

Abb. C.2: Die Datei wird auf einem Background-Worker-Thread kopiert.

Antwort 6

Wenn zwei Threads parallel laufen, lässt sich nicht vorhersagen, welcher der beiden Threads als erster fertig ist, da die CPU jedem Thread seine Rechenzeit aufgrund seiner Priorität, die bei verschiedenen Threads unterschiedlich festgelegt werden kann, und unter Einbeziehung einer Zeitscheibe zuteilt (ein solcher Zustand heißt auch »Race Condition«). Ist es wichtig, dass zwei Threads in einer bestimmten Reihenfolge beenden, muss ein Thread auf den anderen warten, was sich durch ein »Signal« erledigen lässt, auf das ein Thread wartet und das von dem zweiten Thread gesetzt wird.

Das folgende Programmbeispiel ist bereits etwas fortgeschrittener und basiert auf einer Konsolenanwendung und nicht auf einer Windows Forms-Anwendung. In der `Main`-Prozedur der Konsolenanwendung werden zusätzlich zum Hauptthread zwei Threads gestartet, die jeweils eine Prozedur mit einer kleinen Zählschleife aufrufen. Um zu erreichen, dass Thread `T2` immer nach `T1` beendet, muss dieser auf ihn warten. Dies wird am einfachsten über den Befehl `T1.Join()` erreicht, der vor dem Start von `T2` ausgeführt wird und der bewirkt, dass der Hauptthread nicht eher fortführt (und damit nicht eher `T2` startet), bis der Thread `T1` fertig ist.

```
' ------------------------------------------------------------
' Eine mögliche Lösung zur Aufgabe 5 in Kapitel 11
' Jetzt lerne ich Visual Basic 2008
' ------------------------------------------------------------
Imports System.Threading

Module Module1

  Private WarteSignal As New EventWaitHandle(False,
EventResetMode.AutoReset)

  Sub Main()
    Console.Title = "Thread-Synchronisation mit WaitHandle"
   Thread.CurrentThread.Name = "Haupthread"
    Dim TS1 As New ParameterizedThreadStart(AddressOf TuWas)
    Dim TS2 As New ParameterizedThreadStart(AddressOf TuWas)
    Dim T1 As New Thread(TS1)
    T1.Name = "T1"
    Dim T2 As New Thread(TS2)
    T2.Name = "T2"
    T1.Start(25)
    ' Hauptthread wartet auf Beendigung von T1
    T1.Join()
    T2.Start(25)
    ' Hauptthread wartet auf Beendigung von T2
    T2.Join()
    TuWas(5)
    Console.ReadLine()
  End Sub

  Sub TuWas(ByVal Anzahl As Object)
    Dim T As Thread = Thread.CurrentThread
    For i As Integer = 1 To DirectCast(Anzahl, Integer)
     Console.WriteLine("{0} sagt: {1}", T.Name, i)
    Next
    Console.WriteLine("{0} ist fertig...", T.Name)
  End Sub
End Module
```

In einer Windows Forms- oder WPF-Anwendung liegen die Verhältnisse etwas anders. Hier würde das Warten des Hauptthreads auf die Beendigung eines weiteren Threads die komplette Anwendung lahmlegen, was im Allgemeinen nicht erwünscht ist. Hier steht mit dem sog. *WaitHandle* eine Alternative zur Verfügung. Ein WaitHandle ist wie eine Ampel, die von mehreren Threads wahlweise auf rot oder grün geschaltet werden kann und die bewirkt, dass ein Thread so lange anhält, wie die Ampel auf Rot steht, und erst dann fortfährt, wenn die Ampel (von einem anderen Thread) auf Grün umgestellt wurde.

Das folgende Beispiel demonstriert den Einsatz eines WaitHandles an einem sehr einfachen Beispiel, in dem zwei Threads zwei verschiedene Prozeduren starten und die eine Prozedur am Ende die Ampel auf Rot stellt, sodass sie nicht eher beenden kann, bis die zweite Prozedur diese Ampel auf Grün gestellt hat (Sie finden das Beispiel in der Projektmappendatei *Aufgabe1106B.sln*).

```
' ------------------------------------------------------------
' Ergänzung Lösung zur Aufgabe 6 in Kapitel 11
' Jetzt lerne ich Visual Basic 2008
' ------------------------------------------------------------
Imports System.Threading

Module Module1

    Private Ampel As New EventWaitHandle(False,
EventResetMode.AutoReset)

    Sub Main()
        Dim T1 As New Thread(AddressOf TuWas1)
        T1.Name = "T1"
        Dim T2 As New Thread(AddressOf TuWas2)
        T2.Name = "T2"
        T1.Start()
        T2.Start()
        Console.ReadLine()
    End Sub

    Sub TuWas1()
        Dim T As Thread = Thread.CurrentThread
        For i As Integer = 1 To 25
            Console.WriteLine("{0} sagt: {1}", T.Name, i)
        Next
        Ampel.Set()
        Console.WriteLine("{0} ist fertig...", T.Name)
    End Sub

    Sub TuWas2()
        Dim T As Thread = Thread.CurrentThread
        For i As Integer = 1 To 25
            Console.WriteLine("{0} sagt: {1}", T.Name, i)
        Next
        Ampel.WaitOne()
        Console.WriteLine("{0} ist fertig...", T.Name)
    End Sub

End Module
```

Kapitel 12

Antwort 1

Beide Datenbanktypen unterscheiden sich trotz der ähnlich klingenden Namen grundlegend. Eine *SQL Server Compact-Datenbank* (SSC) ist eine simple dateibasierte Datenbank, die nur lokal angesprochen werden kann. Es gibt keine Benutzerverwaltung, keine gespeicherten Prozeduren und andere fortgeschrittenere Merkmale. Dafür läuft sie auch auf mobilen Geräten, auf denen Windows Mobile läuft. Zu ihren weiteren Vorteilen gehört der Umstand, dass sie dieselbe »SQL-Sprache« spricht wie der große Microsoft SQL Server und als fester Teil des .NET Frameworks 3.5 überall dort angesprochen werden, wo die .NET 3.5-Laufzeit vorhanden ist.

SQL Server Express ist die um einige »Enterprise-Merkmale« reduzierte Version des Microsoft SQL Servers, einem der leistungsfähigsten Datenbankmanagementsysteme überhaupt. Visual Basic 2008 Express kann SQL Server-Datenbanken innerhalb der Entwicklungsumgebung nur als Datenbankdateien ansprechen, nicht als Server-Datenbanken.

Im Quellcode kann auch ein Programm, das von Visual Basic 2008 Express ausgeführt wird, auf eine SQL Server-Datenbank im Netzwerk zugreifen. Dazu muss in der Verbindungszeichenfolge statt ».\SQLEXPRESS« der Name des Servercomputers angegeben werden (und dort in der SQL Server-Konfiguration das »Named Pipes«-Protokoll aktiviert werden, was deutlich macht, dass auch der Umgang mit einem SQL Server Express ein gewisses Grundwissen über SQL Server- und Windows-Administration voraussetzt). SQL Server-Datenbankdateien (Mdf-Dateien) können grundsätzlich nur lokal angesprochen werden.

Antwort 2

Die Verbindungszeichenfolge muss neben dem Namen der SQL Server-Instanz, dem der Name des lokalen Computers (hier kann ein Punkt eingetragen werden) vorausgeht, vor allem den Pfad der Mdf-Datei enthalten:

```
Dim CnSt As String = "Data Source=.\SQLServerEx08;Integrated
Security=True;AttachDbFileName=|DataDirectory|\Finanzen.mdf;User
Instance=true"
```

Der Platzhalter »|DataDirectory|« bewirkt, dass an seiner Stelle der Pfad des Anwendungsverzeichnisses eingesetzt wird, was sehr praktisch ist.

Normalerweise heißt eine SQL Server-Express-Instanz »SQLEXPRESS«, aber theoretisch kann sie bei der Installation auch einen anderen Namen erhalten, wenngleich dies selten vorkommen dürfte, sodass die obige Annahme, dass die SQL Server-Instanz einen anderen Namen tragen könnte, nicht ganz realistisch ist.

Die folgende Befehlsfolge füllt die Datensätze der Tabelle *Belege* der Datenbank *Finanzen.mdf* in ein DataGridView:

```
Dim Cn As New SqlConnection(CnSt)
Dim Cmd As SqlCommand = Cn.CreateCommand
Cmd.CommandText = "Select * From Belege"
Dim Da As New SqlDataAdapter(Cmd)
Dim Ta As New DataTable
Da.Fill(Ta)
DataGridView1.DataSource = Ta
```

Antwort 3 Der Datenadapter verbindet die Datenbank über ein Command-Objekt mit einer `DataTable`, in welche die über das Command-Objekt abgerufenen Datensätze abgelegt werden, sodass sie dem Programm z.B. über Datenbindung zur Verfügung gestellt werden können.

Antwort 4 Der CommandBuilder ist die einfachste Variante, um einen Datenadapter mit den für das Durchführen einer Delete-, Insert- und Update-Operation erforderlichen Command-Objekten zu bestücken. Für jedes Command-Objekt baut der CommandBuilder ein SQL-Kommando, wobei er die Namen der Felder aus dem bereits vorhandenen Select-Command-Objekt ableitet.

Der CommandBuilder kann immer dann nicht zum Einsatz kommen, wenn der Datenadapter mit einem Command-Objekt verknüpft ist, das für ein SQL-Kommando steht, das die Datensätze aus mehreren Tabellen verknüpft. In diesem Fall muss das Kommando vom Programmierer angelegt werden.

Antwort 5 Die *BindingSource*-Komponente ist für die Bindung einer Datenquelle, im einfachsten Fall eine `DataTable`, gegen die Steuerelemente zuständig, die über ihre `DataSource`- oder `DataBindings`-Eigenschaft mit der *BindingSource*-Komponente verbunden wurden. Sie hat mit einer Datenbank nichts zu tun, da auch eine Collection als Datenquelle infrage kommt. Die *BindingSource*-Komponente unterhält auch den aktuellen Datensatzzeiger, der festlegt, welche Feldinhalte in den gebundenen einfachen Steuerelementen wie TextBoxen und Labels angezeigt werden.

Antwort 6 Die Ursache für den Fehler ist recht subtil. Grundsätzlich ist die Befehlsfolge im `Click`-Event des Update-Buttons in Ordnung:

```
Dim Cb As New SqlCommandBuilder(Da)
Da.Update(Ta)
```

Das Problem ist nur, dass in `Form_Load` die Connection im Rahmen eines `Using`-Befehls geöffnet wurde und damit durch das `End Using` implizit wieder geschlossen wird. Und mit einer geschlossenen Verbindung kann der Datenadapter nicht funktionieren. Es ist in den meisten Fällen ratsam, die Verbindung für die gesamte Dauer der Programmausführung offen zu halten, was bedeutet, dass das Connection-Objekt nicht mit `Using` angelegt werden kann. Auch wenn man manchmal liest, dass eine Verbindung »so schnell wie möglich« wieder geschlossen werden sollte, um Ressourcen zu sparen, gilt dies nicht für eine typische Windows-Anwendung.

Kapitel 13

Antwort 1 WPF ist nicht der Überflieger, der alles bisher Dagewesene in den Schatten stellt, besitzt aber klare Vorteile gegenüber Windows Forms:

1. Es gibt eine klare Trennung zwischen Benutzeroberfläche und Programmcode.
2. WPF bietet weitreichendere grafische Möglichkeiten durch Vektorgrafik und DirectX.

3. WPF bietet einen grundsätzlich moderneren Ansatz, der dazu führt, dass die Oberfläche deutlich effektiver durch die Anwendung gesteuert werden kann, als es bei Windows Forms möglich ist.

Aber auch Windows Forms hat seine Vorzüge:

1. Windows Forms bietet ein vertrautes und überschaubareres Programmiermodell.
2. Für Visual Basic 2008 gibt es einen sehr guten Designer, der alle Ansprüche erfüllt.
3. Windows Forms kann eine ganze Menge und bietet unter anderem 2D-Grafik, umfangreiche Bitmap-Operationen und andere »Spielereien«, die auch erfahrene Programmierer längst nicht alle kennen.

Antwort 2

Der *XAML*-Code könnte wie folgt aussehen:

```
<StackPanel>
  <TextBox>Textbox1</TextBox>
  <TextBox>Textbox2</TextBox>
  <TextBox>Textbox3</TextBox>
</StackPanel>
```

Indem anstelle des *Grids* ein *StackPanel* als Container verwendet wird, werden die TextBoxen automatisch untereinander angeordnet.

Antwort 3

Damit die drei TextBoxen nicht so blass aussehen, wird z.B. in `<Windows.Resources>` ein passender Style definiert:

```
<Style TargetType="TextBox">
  <Setter Property="Background" Value="LightBlue"/>
  <Setter Property="Margin" Value="10,10,10,10"/>
  <Setter Property="TextAlignment" Value="Center" />
  <Setter Property="Width" Value="200" />
  <Setter Property="FontSize" Value="16"/>
  <Setter Property="FontFamily" Value="Arial"/>
  <Setter Property="FontWeight" Value="Bold"/>
</Style>
```

Antwort 4

Das Erstaunliche bei WPF ist, dass sich die gestellte Anforderung komplett in *XAML*-Code realisieren lässt: *Property-Bindung* ist das Stichwort. Gebunden werden soll die `Opacity`-Eigenschaft des Canvas-Containers an die `Value`-Eigenschaft des Slider-Controls. Der entscheidende Part ist, wie die `Opacity`-Eigenschaft gebunden wird:

```
<Canvas Background="DarkBlue" >
  <Canvas.Opacity>
    <Binding ElementName="FarbSlider" Path="Value"/>
    </Canvas.Opacity>
</Canvas>
```

Ändert sich die `Value`-Eigenschaft des Slider-Controls, erhält die `Opacity`-Eigenschaft automatisch den aktuellen Wert dieser Eigenschaft.

Hier ist der komplette *XAML*-Code, in dem zusätzlich ein TextBlock-Control an die `Value`-Eigenschaft des Slider-Controls gebunden wird:

```
<Window x:Class="Window1"
  xmlns="http://schemas.microsoft.com/winfx/2006/xaml/presentation"
  xmlns:x="http://schemas.microsoft.com/winfx/2006/xaml"
  Title="Aufgabe 4 - Kapitel 13" Height="300" Width="300">
  <Canvas Background="DarkBlue" >
    <Canvas.Opacity>
        <Binding ElementName="FarbSlider" Path="Value"/>
    </Canvas.Opacity>
    <Slider Minimum="0.2"  Maximum="1" Value=".5" Canvas.Left="40"
    Canvas.Top="120" Width="200" Name="FarbSlider"></Slider>
      <TextBlock Foreground="Yellow" FontSize="24" Background="red"
       Canvas.Top="20" Canvas.Left="20" Height="32"  Width="240"
       TextAlignment="Center" Name="OpaWert">
       <TextBlock.Text>
         <Binding ElementName="FarbSlider" Path="Value"/>
       </TextBlock.Text>
     </TextBlock>
    </Canvas>
</Window>
```

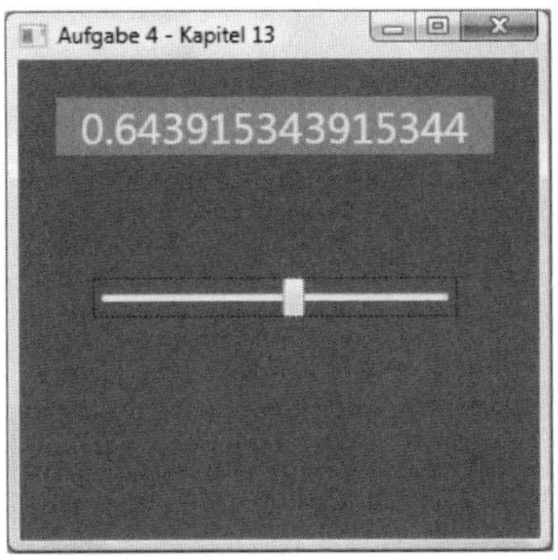

Abb. C.3: Der Slider steuert sowohl die Durchlässigkeit des Canvas als auch den Inhalt des TextBlock-Controls.

Stichwortverzeichnis

informit.de
Home
Deutsche Bücher
Englische Bücher
eBooks
Videotraining
Service
Newsletter
Kontakt
Mein Konto
My InformIT
Suche:
Alle Produkte
GO
Computer
Zertifizierungen
Studium & Wirtschaft
Sachbuch
Ratgeber
Video-Training & Software
Weitere Themen
Industrie+Behörden
Partnerprogramm
Seite empfehlen
Hallo und Herzlich Willkommen bei informit.de
Aktuelles Fachwissen rund um die Uhr - zum Probelesen, zum Downloaden oder auch auf Papier.
Stöbern Sie z.B. unter eBooks, Büchern, Video-Trainings oder lassen Sie sich bei MyInformIT punktgenau über das informieren, das Sie wirklich wissen wollen.
Für Anregungen, Wünsche und Kritik dankt Norbert Mondel, Ihr InformIT-Manager.
Aus unserem Computerlexikon
WLAN
Hier geht's zum Lexikon
Download des Tages
Pünktlich ab 0:00 Uhr:
Dreamweaver CS3
Nur € 2.99!
Unsere aktuellen Empfehlungen für Sie
Codin' For The Web
TYPO3
Linux